Fiorella Turolli

Die göttliche Vorsehung
und der Wegbereiter Gottes

Fiorella Turolli

Die göttliche Vorsehung und der Wegbereiter Gottes

Mit einem Vorwort von René Laurentin

EDITION CHRISTLICHE MYSTIK

Bibliografische Informationen der Deutschen Bibliothek

Die Deutsche Bibliothek verzeichnet diese Publikation in der Deutschen_Nationalbibliografie; detaillierte bibliografische Daten sind im Internet über http://www.dnb.ddb.de abrufbar.

Fiorella Turolli
Die göttliche Vorsehung und der Wegbereiter Gottes
1. Auflage 2008

Titel der italienischen Originalausgabe
LA DIVINA PROVVIDENZA · e il Condottiero di Dio
con la prefazione di René Laurentin

Übersetzung: Ingrid Malzahn
Titelbild: EDIZIONI SEGNO SRL
Lektorat: Ursula Gast
Schrift: Punkt 11,25/12,25 Adobe Garamond
Satz und Litho: AALEXX Druck GmbH
Druck: FINIDR s.r.o., Czech Republik

Bitte besuchen Sie uns im Internet unter www.edition-christliche-mystik.de

ISBN 978-3-931723-37-8

Inhaltsverzeichnis

Vorbemerkung der Autorin

Fiorella Turolli wollte mit diesem Buch ihr Zeugnis über das Leben und die Erfahrungen von Fra' Elia fortsetzen. Sie bittet die Kurie von Terni um Entschuldigung für eventuelle (theologisch) unpassend oder unexakt benutzte Ausdrücke, mit denen die Autorin keinesfalls die Wahrheit verändern möchte.

Vorwort

Für Leser, die die beiden ersten Bände nicht gelesen haben, möchten wir zuerst an die Suche und an die Berufung von Fra' Elia erinnern, die voller Probleme und Schwierigkeiten steckten. Dies änderte sich erst in dem Moment, als er in Terni einen Ort gefunden hatte, der seiner Berufung als Begründer einer neuen Kongregation entsprach. Cataldo Elia, mit dem religiösen Namen Bruder - ital. Fratello - und abgekürzt Fra' Elia, wurde am 20. Februar 1962 in eine bäuerliche Familie in Apulien im äußersten Zipfel Süditaliens hineingeboren.

Mit sieben Jahren war er plötzlich überrascht, „Engel zu sehen." Er erzählte es ganz ruhig seiner Mutter, während sie den Brotteig knetete. Für diese Eröffnung erhielt er zunächst einmal einen Klaps. Jedoch waren dies erste Anzeichen für seine später auftretenden Wundmale, die sich mit den Freuden des Herrn zeigen sollten.

Im Jahr darauf hatte Fra`Elia eine „Erscheinung der Jungfrau" – es folgten andere Erscheinungen, und zwar an jedem Freitag.

1990 trat er ins Noviziat bei den Kapuzinern in Lovere ein. Er war damals 28 Jahre alt.

Hier hat er die Stigmata an der Brust und die Wunden der Dornenkrone an seinem Kopf empfangen.

Jene spektakulären Zeichen, die bei Pater Pio zu vielen Verfolgungen geführt haben, wurden auch für ihn zum Problem, weil sie ihn in seiner „finsteren Nacht der Seele" verwirrten und sein Leben in der Gemeinschaft durcheinander brachten. Er vermochte „diese Dinge" nicht zu akzeptieren, von denen er anfangs glaubte, sie seien eine Form von Herpes.

Er geriet in eine seelische Krise und dachte darüber nach das Kloster zu verlassen, in der Hoffnung, dass der Herr die Zeichen dann wieder von ihm nehmen würde. Man erklärte ihm, dass niemand etwas dagegen habe, und dass es vielleicht für ihn besser sei, in einem alten, einsamen Kloster zu leben, doch Fra' Elia verspürte nicht die Berufung zu einem Dasein als Eremit. Nach seinem Noviziat wurde er in ein anderes Kloster versetzt und 1994 verließ er endgültig die Kapuziner.

1997 begann für ihn jeden Tag ein neues Abenteuer. Er wurde Krankenpfleger bei den Franziskanerschwestern der Klinik San Francesco in Bergamo und machte ein Praktikum sogar bei den Olivetanern von Monte Uliveto (Siena). Aber auch das entsprach nicht seiner Berufung. Fra' Elia erinnert sich, ein Jahr zuvor eine Vision von einer blonden Frau gehabt zu haben: Sie hatte 15 Jahre zuvor ein Buch über Pater Pio gelesen und im Herzen immer gehofft, eines Tages auch ein solches Buch zu schreiben. Durch Freunde gelang es Fra' Elia, diese Frau zu finden: Sie heißt Fiorella Turolli und ist die Autorin dieser Reihe von Büchern. Im ersten Buch „Fra' Elia, der Engel mit den Wundmalen

Christi“ beschreibt Fiorella seine Charismen und Wundmale. Das zweite Buch erzählt von „Fra' Elia von den Aposteln Gottes“ auf seinem Weg ins Licht, und das dritte, für das wir das Vorwort schreiben, berichtet von Fra` Elias Erfahrungen in Calvi und seinem weiteren Leben.

Wer ist Fra' Elia?

Er ist ein einfacher, transparenter, demütiger Mensch von kleiner Statur, ruhig, aber von einem inneren Glühen beseelt. Ohne Pause war er auf der Suche nach einem Kloster, das er renovieren konnte. Er fand eines in Udine, eines in Veneto, ein anderes in der Toskana, ein viertes in Bergamo (trotz der Hilfe von Fiorella und anderer Freunde aber zu teuer). An diesem Punkt sagte der Bürgermeister von Calvi, etwa hundert Kilometer von Rom entfernt, zu ihm: „Auf meinem Land gibt es ein kleines Kloster aus dem 13. Jahrhundert, eine Ruine, aber ich kann sie dir zu einem guten Preis überlassen: 200 Millionen Lire (100.000 Euro).“

Eine gemeinnützige Stiftung mit dem Namen „Fra' Elia von den Aposteln Gottes“ wurde gegründet, die am 25. Juni 2003 eine Anzahlung von 25.000 Euro machte und für den Rest einen Kredit mit einer Laufzeit von 15 Jahren aufnahm. Das alles hat Fra` Elias Dasein in ein Leben des Gebets und der Arbeit verwandelt, ein Leben, das in der Passion mit Christus vereint ist. Fra' Elia, der manuell überaus geschickt ist, arbeitet selbst mit an der Renovierung des Klosters, zusammen mit seinen fünf Arbeitern, unter der freiwilligen Aufsicht dreier Wohltäter, eines Architekten, eines Ingenieurs und eines Rechtsanwalts, alle aus Bergamo. Fra' Elia besuchte mich im Februar 2005, und am 27. März 2006 habe ich ihn in dem kleinen Kloster besucht, das er seit nunmehr drei Jahren renoviert.

Die Gewölbe, zum Teil gut erhalten, haben wieder zu ihrem harmonischen Urzustand zurückgefunden. Fra`Elia gibt der verlassenen Ruine eine neue Jugend, sodass das uralte Kloster langsam wieder seine inspirierende Seele zurückerhält, jedoch: die Restaurierung und Modernisierung werden sich noch lange hinziehen. So sieht man hier auch heute teilweise noch Mauern ohne Dächer, und an den Zimmern für die Mitbrüder, die Mitschwestern und etwa fünfzehn jungen Leute, die hier einmal leben sollen, wird nach wie vor gearbeitet. Es gibt schon Kandidaten auf der Warteliste.

Was soll man von Fra' Elia denken? Es liegt nicht an mir, über ihn ein Urteil zu fällen. Das tut schon in aller Ernsthaftigkeit der Bischof von Terni, Monsignore Vincenzo Paglia. Er ist eine bemerkenswerte Seele und in der Ökumene bekannt als der Begründer der international tätigen Bewegung S. Egidio.

Unser Vorwort bezieht sich aufFra`EliasPersönlichkeit „außerhalb der Reihe“: auf eine transparente Persönlichkeit, die ich langsam aufzudecken suche.

Er hat die Einfachheit eines Kindes bewahrt, das auf dem Land aufwuchs – in bodenständiger Gemeinschaft mit den Pflanzen und Tieren eines Bauernhofs. Er ist ein Mensch aus einem Guss, einfach, direkt, ohne komplizierten Überbau, im Inneren durch nichts zu erschüttern. Sein Leben wird auf geheimnisvolle Weise verklärt aufgrund seiner Identifikation mit Christus durch sein Mitleiden der Passion, aber auch durch die Freude und Gewissheit von Jesu` Auferstehung.

Das, was in seinem Leben allein zählt, ist die Gestalt Christi, mit dem er eins wird. Demütig und mit seiner ganzen Kraft widmet er sich allen Aktivitäten, so gegensätzlich sie auch sein mögen: Er ist ein Mann, der für alles bereit ist. So ist er auch stark genug, die Wundmale zu empfangen und die ganze Passion Christi vollständig zu durchleiden - vom Todeskampf bis zur Auferstehung.

Seine vierzigtägige Fastenzeit, in der er sich nur von Wasser ernährt und die die ganze Karwoche hindurch andauert, hat ihn noch nie von seiner täglichen Arbeit abgehalten.

Er ist liebenswürdig und anspruchsvoll zugleich, geduldig und unternehmungslustig, konsequent und mit einem klaren Konzept. Alles das reflektiert sich in der Harmonie der Konstruktion des Hauses und hat die Anmutung einer Schönheit, die von weiter her kommt und nicht aus ihm selbst. Wenn man sein Leben betrachtet, so scheint er keineswegs von der Gnade, die in ihm wirkt, erdrückt oder überfrachtet zu sein. Er ist fest entschlossen, in allem was er tut, wie ein gutes Pferd, das die Hand des Reiters spürt, die ihn führt.

Charismen

Diese innere Gnade ist die Essenz seines Lebens, vervollständigt durch Charismen und Gaben des Heiligen Geistes, die seinem Zeugnis und seinen Handlungen Harmonie und Kraft verleihen. Er beweist auch die Freizügigkeit Gottes. Seine Mission wird durch die Charismen der Fernwahrnehmung, des Blicks in die Zukunft, in den Raum und in die Herzen, aber auch der Bekehrung und Heilung sowie der Bilokation begünstigt. Dies sind Phänomene, die seit Jahrhunderten in der theologischen Mystik bekannt sind (St. Ambrosius IV s.), und die ich Gelegenheit hatte zu studieren. (M. Yvonne – Aimée Edizioni F.- X De Guibert 1990) und deren Echtheit ich überprüfen konnte, indem ich Natuzza Paravati in Kalabrien besucht habe. Das Phänomen der Bilokation ist noch nicht Objekt eigentlicher wissenschaftlicher Studien gewesen und ist auch sehr schwierig zu beobachten in Anbetracht der Tatsache, dass man sich nicht an zwei Orten zur gleichen Zeit aufhalten kann. Man muss sich auf Kontrollen beschränken, um die Übereinstimmung dieses Phänomens zu verifizieren, um es wenigstens erklären und beschreiben zu können. Manche fragen sich, ob es sich um ein nicht natürliches Phänomen handele, eine jener Möglichkeiten der menschlichen Natur, die vielleicht mit der Erbsünde verloren gingen, oder (und das ist eher wahrscheinlich) eine übernatürliche Gabe.

Die Theologen erklären es als die Fähigkeit der Seele, zu agieren und sich in der Ferne zu materialisieren; andere wieder, die das Phänomen näher studiert haben, sprechen auch (in mystischer Weise) vom „Astralkörper" oder „Ätherkörper", oder besser noch, von einem Energiekörper in Anbetracht der Tatsache, dass er seelisches Handeln in die Ferne ausdehnt, oder vom „spirituellen Körper", gemäß dem Ausdruck des heiligen Paulus in Kor. 1, 15-44.

Charismen sind die operationalen (tätigen) Gaben des Heiligen Geistes, mit denen er seine Macht mittels seiner Propheten und Werkzeuge manifestiert.

Fra' Elia fastet während der gesamten Fastenzeit, lebt nur von Wasser, ohne Schwäche oder erkennbare Reaktionen zu zeigen. Oft kooperieren Bilokationen mit einer Mission der Heilung oder anderem. Zum Beispiel bei einem italienischen Prälaten, Monsignore Eugenio Marturano. Er war früher Beamter der römischen Kurie beim kirchlichen Gericht in Rom. Er hatte Fra' Elia besucht, um ihn zu bitten, für seine Operation zu beten (bei ihm war eine schwere Krankheit diagnostiziert worden, sodass eine Niere entfernt werden sollte). Fra' Elia erklärte ihm, wie Engel heilen. Dann besuchte er ihn nachts in Bilokation und heilte ihn. Als die Chirurgen operierten, entfernten sie nur eine Zyste, und die Niere blieb an ihrem Platz.

Das war vor zwei Jahren, und dem Monsignore geht es bestens. Ein anderes Mal kam Fra' Elia in Bilokation zu einem Kleinkind, das einen Zigarettenstummel verschluckt hatte. Man hätte es ins Krankenhaus bringen müssen, doch Fra' Elia erschien und es gelang ihm, mit seiner Hand, die von seinem Engel geführt wurde, den Stummel zu entfernen, an dem das Kind fast erstickt wäre. Viele Fälle dieser Art sind verifiziert und mit Erlaubnis der Zeugen veröffentlicht worden. Fra' Elia besitzt auch die Gabe der Befreiung derer, die auf verschiedenste Art und Weise vom Dämon gequält werden.

Die Rache des Dämons

Dafür zahlt er aber auch seinen Preis. Denn der Teufel, wie er allgemein genannt wird, übt Rache an jenen, die eine Gefahr für sein Reich darstellen. Bruder Elia muss, wie auch andere Seher, die ich kenne, die Revanche des Teufels erdulden. Diese kann sich äußern in Taten oder Versuchungen, aber auch mit Schlägen und Verletzungen.

Während der Karwoche 2004 war Fra`Elia einmal nicht bei der Arbeit erschienen. Die besorgten Brüder riefen Maurer, die im Kloster arbeiteten, herbei, um sein Zimmer zu betreten. Die Tür war fest geschlossen und nur mit Mühe gelang es ihnen, sich Eintritt zu verschaffen. Da erblickten sie Fra`Elia: Er war oben auf dem Kleiderschrank: verletzt, blutend, ein wahrhaft unglaublicher Anblick!

Ich habe zur Genüge mit Exorzisten zusammen gearbeitet und die gut dokumentierten Fälle aus der Vergangenheit studiert, sodass ich diese verborgene Seite des Christentums gut kenne. Wir müssen unterstreichen, dass die Stigmata der Passion den Quälereien des Dämons entgegen stehen. Die Schmerzen während der drei Tage der Passion sind viel heftiger als die Quälereien des Dämons. Dennoch sind sie wesentlich leichter zu ertragen, weil es Schmerzen der Liebe sind.

Harmonie in der Kirche

Was mich im Fall von Fra' Elia besonders freut: Seine Gnade hat, trotz der Niederlage in seiner Berufung zum Franziskaner, die ihn für rund sechs Jahre verunsichert hatte, ihre harmonische Integration in der Kirche gefunden. Daran hatte einer seiner Bischöfe hohen Anteil, der die äußeren und inneren Kräfte in der richtigen Ordnung eingliederte. Monsignore Vicenzo Paglia, Bischof von Terni, (100.000 Einwohner, mit Umgebung noch 60.000 mehr) hat die Zeit und den Mut gefunden, sich des außergewöhnlichen Falls von Fra' Elia anzunehmen. Wo andere Prälaten es sich geradezu zur Pflicht machen, solch außergewöhnliche Charismen zu ignorieren oder zu unterdrücken, hat Monsignore Vicenzo Paglia es verstanden, Fra`Elia einen diskreten und organisch passenden Platz in dem unterschiedlichen Zusammenspiel seiner Diözesen zuzuweisen. Er hat ihn mit Sympathie und Umsicht beobachtet und ihn auch gelegentlich zu sich bestellt, um ihn besser kennen zu lernen und richtig einordnen zu können. Und er hat ihm seine Arbeit in materieller und spiritueller Hinsicht erleichtert.

Was das betrifft, habe ich härteste Opposition gegen die Charismatiker beobachten können. In Terni ist man gemäßigter als anderswo, aber es ist notwendig, die Charismatiker zu verstehen und zu kanalisieren, und zwar so, dass das Neue friedlich seinen Weg in die Kirche findet, ohne Affront oder Kriegserklärungen. Der Bischof beobachtet Fra` Elia Tag für Tag. Seine Erkenntnisse über ihn, gewachsen aus Beobachtungen und Fakten, aus gründlicher Prüfung sowie langer Tradition und Erfahrung innerhalb der Kirche, ließen ihn zu der klaren Überzeugung kommen: Bei Fra' Elia handelt es sich wirklich um ein Phänomen des Lichts.

Der Bischof kommt zu dem Schluss, dass Fra' Elia kein Schwindler ist, sondern ein durch und durch ehrbarer Mensch und Christ.

Das wird eine ganz wichtige Etappe für die „Stiftung Fra' Elia" sein, von der man in diesem Buch noch hören wird. Denn in unserer heutigen Zeit wird der Glaube zunehmend zerstört durch den immer weiter verbreiteten Materialismus und Agnostizismus. Da sind die Zeichen des Himmels besonders hilfreich, um bei den Menschen in dieser Zeit der Erstickung des Glaubens wieder einen Sinn für Gott und das Spirituelle hervorzurufen. Wir sind keine Tiere, wir dürfen uns nicht nur auf unseren täglichen Trott beschränken: Wir kommen von weiter her und sind berufen, uns mit der Fülle von Gottes Liebe zu vereinen; vom Eros zur Agape, vom Nehmen zum Geben, wie Papst Benedikt XVI. in seiner ersten Enzyklika sagt.

Es war für mich wieder eine Freude, beim Bischof von Terni vorbeizuschauen und bei der Gelegenheit auch in dem alten Gemäuer zu wandeln, dem Fra' Elia wieder Bedeutung und Leben gab; hier nimmt man den Geist und Hauch einer anderen Welt wahr, eines anderen Lebens, es sind Orte der Kraftübertragung, die den Glauben und die Hoffnung stärken und festigen.

R. Laurentin

DIE GÖTTLICHE VORSEHUNG

und der Wegbereiter Gottes

Aus dem Evangelium nach Matthäus (9,37-10,8)

Die Ernte ist groß, aber wenige sind die Arbeiter. Darum bittet den Herrn der Ernte, dass er Arbeiter in seine Ernte sende! Und er rief seine zwölf Jünger zu sich und gab ihnen Macht über unreine Geister, dass sie die austrieben und heilten alle Krankheiten und Gebrechen.

Die Namen aber der zwölf Apostel sind diese: zuerst Simon, genannt Petrus, und Andreas, sein Bruder Jakobus, der Sohn des Zebedäus, und Johannes, sein Bruder; Philippus und Bartholomäus; Thomas und Matthäus, der Zöllner; Jakobus, der Sohn des Alphäus, und Thaddäus; Simon Kananäus und Judas Iskariot, der ihn verriet.

Diese Zwölf sandte Jesus aus, gebot ihnen und sprach: Geht nicht den Weg zu den Heiden und zieht in keine Stadt der Samariter, sondern geht hin zu den verlorenen Schafen aus dem Hause Israel.

Geht aber und predigt und sprecht: Das Himmelreich ist nahe herbeigekommen. Macht Kranke gesund, weckt Tote auf, macht Aussätzige rein, treibt böse Geister aus. Umsonst habt ihr's empfangen, umsonst gebt es auch.

Der Glaube

Der Glaube ist der spirituelle Teil unseres Seins,
Und ein Anker für den, der auf etwas ewig
Großes und Unendliches hoffen will
Und die Erleichterung im Leiden
Und die Blume welche aus der
Ungewissheit der Seele sprießt,
Die eine Zukunft braucht
Und duftet nach der Essenz Gottes.

Celso Turolli (Mein Vater)

Die Hoffnung

Hoffnung bedeutet fliegen zu können, auch wenn man keine Flügel hat
Hoffnung bedeutet in der Nacht zu sehen, ohne das Licht des Tages abzuwarten
Hoffnung ist einen Schneeball in der Hand zu halten
Ohne daran zu denken dass unsere Wärme ihn in Wasser verwandelt
Hoffnung bedeutet in einem Chor von Engeln eine einzige Stimme herauszuhören
Ohne zu denken, dass das einzige was uns davon bleibt
Die schwachen Schläge unseres Herzens sind.

Die Barmherzigkeit

Heißt die Ordnung des Universums verstanden zu haben,
denjenigen, der die Sonne wieder erweckt hat, das Wasser hat
strömen lassen, den Himmel erleuchtet, und den Samen gesät hat.
Es heißt den Beginn unserer irdischen Reise und den
letztendlichen Zweck unseres Lebens verstanden zu haben.
Und verstanden zu haben, dass alles von ihm aus seinen Anfang
nimmt, und alles zu ihm zurückkehrt, zur Unendlichen Liebe.
Es heißt verstanden zu haben, dass auch wir, seine Kinder,
die Sonne von einer Welt in die andere tragen können,
von einem Herzen zum anderen, ganz einfach,
indem wir einander lieben, wie er es uns gelehrt hat.
Dann erkennen wir ihn in den Gesichtern unserer Brüder
Und behandeln sie so, wie wir wünschen, von ihnen behandelt zu werden.

Fra' Elia von den Aposteln Gottes

Rom, 10. August 2004

„Ich möchte evangelisieren, zu tausenden Personen von Jesus sprechen, und vielleicht ist jetzt der Moment gekommen, es zu tun.“ Wer zu mir spricht ist nicht Fra' Elia, sondern ein bekannter Autor des italienischen Fernsehens, den ich heute zum ersten Mal treffe. Vor mir sitzt Stefano Jurgens, dessen Handschrift seit dreißig Jahren große Erfolgssendungen wie *„La Corrida“*, *„Domenica In“* und viele andere tragen, und der sich unerklärlicherweise an mich gewandt hatte, um mich um eine Zusammenarbeit zu bitten.

Wir sitzen unter der Markise einer kleinen Bar in der Via Ostiense, an der Basilika des Heiligen Paulus.

Eine sanfte Brise streichelt uns und es ist nicht einmal zu heiß. Wir haben August und ich kann mich seltsamerweise nicht erinnern, und darum möchte ich es wenigstens erwähnen, jemals, seit ich geboren wurde, um diese Zeit in Rom gewesen zu sein, noch nicht einmal für die Arbeit. Seit ich klein war, verbrachte ich meine Sommer bei meinen Großeltern am Lago Maggiore und später immer in einem Haus am Meer oder auf Reisen! Ich hätte geschworen, dass meine sommerlichen Gewohnheiten sich nie ändern würden, stattdessen befinde ich mich in diesem Jahr direkt in Rom, gerufen von einer herausragenden Persönlichkeit im Bereich der Kommunikation.

Ich befinde mich hier nicht, um zum x-ten Mal wieder einmal eine Einladung für Fra' Elia abzuschlagen (der regelmäßig jedes Interview ablehnt), sondern wegen meines ersten Buchs über ihn „Der Engel mit den Wundmalen Christi", das diesen sensiblen Herrn sehr berührt hat. Deshalb wollte er ab diesem Jahr, nach dreißig Jahren seichten Programms (seine Worte) mit mir (?) als Autorin für den Herrn zusammenarbeiten. Bereits in seinem Brief, den ich wenige Tage zuvor erhielt, hatte er geschrieben: „Ich stehe zur Verfügung und mache mich zum Werkzeug des Heiligen Geistes, ganz sicher, dass Ihre Hilfe, Frau Fiorella, für mich sehr wertvoll sein wird. Lassen Sie mich wissen, wann Sie in Rom sein werden, und ich werde alles tun, um Sie zu treffen. Grüßen Sie Fra' Elia. Bis bald."

Und jetzt sitze ich hier vor ihm, um ihm zuzuhören, und um ehrlich zu sein, traue ich meinen Ohren kaum!

Wie es scheint, habe ich gerade eine positive Periode! Eine angenehme Überraschung reiht sich an die andere, nach einer Zeit der Höhen und Tiefen, wenn nicht sogar Krisen, oder sagen wir der „Bewusstwerdung und des Wachstums". Fakt ist, dass ich im Moment den nötigen Schwung habe, alles auszuführen, was die Göttliche Vorsehung mir vorlegt.

Morgen, am 11. August, werde ich Fra' Elia alles berichten. Ich kann es kaum erwarten, bei ihm zu sein.

12. August 2004

Unter dem Laubengang des Landhauses ist Fra' Elia gerade dabei, ein großes Kruzifix aus Gips zu restaurieren. Neben ihm, angewurzelt wie zwei Wachposten, stehen seine beiden Neffen Alessandro und Carmelo, die als Berater für die Farben fungieren, während sich seine Eltern, wie immer mit Arbeit beschäftigt, hin und wieder mit klugen Ratschlägen einmischen. Die Hunde haben sich an ihrer Leine still zur Ruhe hingelegt, während die Katze hinten am Holzschuppen ihren Jungen Milch gibt. Sogar der sonst so überaus geschwätzige Papagei schweigt wie durch ein Wunder, faul in seinem Käfig hin- und herschaukelnd. Und in dieser wundersamen Szenerie, die wie aus einer anderen Zeit zu stammen scheint, sitze ich ein paar Meter von ihnen entfernt an dem großen Tisch in der Mitte und kann nicht anders als meine Freude darüber, hier zu sein, auf einem Blatt Papier festzuhalten; eine seltene Gelegenheit, endlich einmal die so lange zurückliegende heitere Atmosphäre der ersten Zeit wieder zu erleben, die ich schon für immer verloren geglaubt hatte. In dieser liebenswürdigen Stille eines warmen Sommernachmittags, lediglich unterbrochen vom Zirpen der Zikaden und meiner Stimme, entwirren Fra' Elia und ich in Ruhe alle offen gebliebenen Dinge, ohne Eile. Ich kann kaum glauben, dass ich endlich einmal alle Punkte auf meiner „Liste" mit ihm durchgehen kann, die mit der Zeit immer länger geworden war. Was für eine Freude, ihn hier so in Ruhe an seinem Kruzifix arbeiten zu sehen, während ich mich mit ihm unterhalte und er, offenbar an meiner Geschichte interessiert (die später zu „seiner Geschichte" wird), mich hin und wieder anschaut und fragt: „Und weiter?" I

Ich frage ihn um Erlaubnis, gewisse Dinge niederschreiben zu dürfen und er antwortet, dass ich die Wahrheit schreiben müsse. Er ist praktisch mit allem einverstanden, und so spüre ich in mir wieder neue Kraft (als Schriftstellerin) und die nötige Energie, auch durch die wieder hervorsprudelnden Emotionen, die Erzählung über sein Leben fortzusetzen. Leider hatte ich seit einiger Zeit einen Stillstand, weil ich mich wie blockiert gefühlt hatte. Da ich im Wesentlichen vom Werk Fra' Elias erzählen will, habe ich auf konkretere Fakten gewartet, ohne mir klar zu sein, dass es bereits eine ganze Menge Dinge gab, die es wert waren, über sie zu berichten.

Aber Tatsache ist, dass mir einfach das Gefühl dafür gefehlt hat, der unerlässliche Motor dafür, in Worte zu übertragen, was ich gesehen, gefühlt und erfahren habe an der Seite einer großen Seele. Ich muss natürlich zugeben, dass ich auch Momente der Verwirrung hatte: zu viele Leute, zu viele Ratschläge, zu viele Einmischungen. Doch jetzt weiß ich, dass der Moment gekommen war um anzufangen, unterstützt auch durch ein tröstliches Gefühl der Gnade, dieses wundervolle Gefühl, das sich zeigt, wenn man sich endlich von jeder Konditionierung befreit hat. Man hört nur noch auf Ihn, der Glaube sagt dir, dass der Herr mit dir ist, wenn du dich voller Vertrauen und ohne Einschränkungen seinem Willen überlässt, mit der Gewissheit, das Richtige zu tun. Und wenn du das begreifst, dann füllt sich deine Seele mit Freude. Vermutlich muss ich noch viel an mir arbeiten, an meinem Ego, an meinen Fehlern, und mein Herz und meinen Geist von allen Verwirrungen frei machen. Sie werden mit verursacht durch meine Unsicherheit, meine Zweifel, aber auch die vielen Einmischungen und verschiedenen Meinungen, die all die Scharen von Menschen mit sich bringen, die Fra' Elia permanent umgeben.

Mein Ziel ist es und ist es immer gewesen, mit dem Leser das zu teilen, was die Gnade Gottes mir erlaubt hat zu erleben, im Bewusstsein, dass es eine zu großartige Sache ist, um sie allein für mich zu behalten. Aber das ist sicher nicht einfach. Fra' Elia gehört allen, und er wurde uns vom Himmel geschickt, um uns zu helfen, die Liebe des himmlischen Vaters besser zu verstehen, durch sein Beispielgeben, seine Worte und Handlungen. Ich muss mich, um von ihm zu erzählen, in die Rolle der Übersetzerin hineindenken, ohne menschliche Bedingtheiten, in einen Zustand des Ausgeglichenseins, der mir erlaubt, die Wahrheit zu verstehen und darüber zu schreiben.

Und nun ist der richtige Moment gekommen, obwohl ich mich immer noch wundere, wieso die Wahl gerade auf mich gefallen ist und nicht auf irgendeinen gelehrten Theologen. Aber wie Monsignore Martorano mir einmal erklärt hat, wählt der Herr immer die aus menschlicher Sicht am wenigsten Geeigneten!

Gestern, am 11. August, habe ich Fra' Elia von dem Gespräch mit dem Autor von RAI erzählt, aber er schien mir keineswegs so begeistert zu sein, wie ich das war; auch wenn er mich lächelnd daran erinnerte, dass wenn Gott die Sache wolle, sie sicher zustande kommen würde. Ich informierte ihn auch darüber, dass unser erstes Buch „Fra' Elia – Der Engel mit den Wundmalen Christi", nach Aussage der Verleger Grasmück, sich auch in Deutschland gut verkaufen und die französische Ausgabe Ende des Jahres zur Auslieferung kommen würde.

„Apropos", sagte ich zu ihm, „Pater Jean Bernard, der Theologe, der das Buch übersetzt hat, wird dich bald in Calvi besuchen. Und er möchte, dass wir nach Paris kommen, in seine Gemeinschaft, zu einem Gebetstreffen." Keine Antwort. Ich fahre fort: „Das Buch wurde auch bereits in Spanisch übersetzt, und demnächst folgen Maltesisch und Englisch."

Mir kommt das alles total unwirklich vor, aber ihn lassen diese Dinge völlig gleichgültig, auch wenn ich annehme, dass er sich für mich freut. Er hebt noch nicht einmal den Kopf von seiner Arbeit, er scheint vollkommen in seiner Restaurierung aufzugehen. Und auch wenn ich weiß, dass er mir zuhört, ist es, als spräche ich von einer fremden Person.

Maria Magdalena

Und dann unterbricht er mich plötzlich: „Das erste, was wir in Paris tun werden, ist, am Grab von Maria Magdalena zu beten." Überrascht von dieser Behauptung, die mir völlig neu war, weil ich noch nie von einem Ort gelesen hatte, an dem die Heilige begraben sein soll, frage ich ihn: „Wieso weißt du, dass Maria Magdalena in Paris begraben ist?" Er richtete seine Augen voller

Licht auf mich und sagte allem Anschein nach gleichmütig: „Sie hat es mir gesagt." Und dann fuhr er fort, die Statue zu bemalen, als wäre nichts gewesen.

Natürlich verharre ich stumm, ohne einen Atemzug, während er in Gedanken weiter fortfährt: „Du kannst dir nicht vorstellen, wie schön sie ist! Groß, schlank, ein Leuchten im Blick, sie hat lange schwarze Haare, in zwei Zöpfen zusammen gebunden, die ihr fast bis zum Knie reichen. Ihr Aussehen hat etwas Stolzes und Majestätisches!"

Als er meine Verwunderung sieht, präzisiert er: „Sie ist mir bei einer meiner `spirituellen Reisen` begegnet, wie du das bezeichnest." Und er lacht: „Sie selbst ist es gewesen, die mir empfohlen hat, ihrem Grab die Ehre zu erweisen. Sie erwartet uns dort!"

„In Ordnung", antworte ich. „Wir werden sie besuchen, aber sag mir: Wie war sie gekleidet?" „Sie trug eine weiße Tunika, die unten am Rand und an den Ärmeln grau war, mit einem V-Ausschnitt, der verziert war mit einem knopfartigen Muster, einem Band um die Taille und einem dunklen Mantel, weich und samtig.

Sie war die erste Frau, die hinausging und evangelisierte, weil die Apostel voller Angst waren nach allem, was passiert war. Sie war viel mutiger und spornte sie an, indem sie zu ihnen sagte: `Schlaft nicht, sondern schaut nach vorne mit lichtvollen Augen, denn Christus ist auferstanden. Kommt aus der Dunkelheit heraus und geht und seht, dass der Herr lebendig und wirklich ist.` Die Apostel dachten nicht daran, weil sie glaubten, Maria Magdalena hätte Halluzinationen, doch sie, wohl wissend, dass sie sich über sie lustig machten, schob einen von ihnen zornig beiseite, machte die Tür weit auf und lief hinaus. Es blies ein frischer Wind, und Licht erhellte das Zimmer, was die Apostel sichtlich beunruhigte, so groß war ihre Angst, vom römischen Militär entdeckt zu werden.

In jener Nacht kam der Herr zu ihnen und sagte: `Friede sei mit euch.` Die Apostel waren wie erstarrt. Sie erkannten ihn und in dem Augenblick rief er nach Thomas, aber Thomas war nicht da."

Und während er den Körper der Christusfigur, in Hautfarbe völlig neu bemalt, für einen Moment zum Trocknen in den Schatten stellte, erinnerte Fra' Elia sich an einen Traum, den er kürzlich in drei aufeinander folgenden Nächten gehabt hatte.

Der Traum

„Ich erinnere mich sogar an das Datum und die Stunde, immer dieselbe, um zwei Uhr in der Nacht, am 20. 21. und 22. Juli. Ich erinnere mich deshalb, weil dieser Traum nicht wie ein richtiger Traum war, sondern wie etwas, was ich verstehen sollte, und zwar so sehr, dass er sich dreimal wiederholt hat. Ich befand mich im Halbschlaf, als ich mich auf einem riesigen Steinlöwen sitzen sah. Vor meinem Auge sah ich, immer angeordnet in Dreierreihen, einen extrem langen Zug von Königen vorbeiziehen. Sie hatten ein herrliches Äußeres, schienen stolz – es war faszinierend anzusehen. Sie trugen prächtige Gewänder und die vorherrschende Farbe war Purpur. Einige trugen Fellmützen, andere Hermelinumhänge. Während sie an mir vorbeigingen, winkten sie mir grüßend zu und lächelten mich an. Nach den Königen kamen die Päpste, wieder in einem sehr langen Zug und in Dreierreihen angeordnet.

Entlang dem Straßenrand standen in endlosen Reihen Frauen, die wie im antiken Rom gekleidet waren und im erhobenen Arm große Fackeln hielten, die mir aus riesigen Tierhörnern gemacht schienen. Am Ende des Zuges der Päpste erkannte ich Papst Johannes XXIII. und Papst Paul VI., die den Zug abschlossen. Nachdem letzterer an mir vorbeigegangen war, berührte Papst Johannes mit einem väterlichen Lächeln mit seinem Hirtenstab dreimal meinen Kopf und setzte dann den Weg weiter in Richtung des Lichts fort.

In diesem Augenblick näherte sich mir ein wunderschönes weißes Pferd. Mein erster Impuls war, auf das Pferd zu steigen, doch es stellte sich auf seine beiden Hinterbeine, als wolle es mir zu verstehen geben, dass es sich nicht unterwerfen wollte. Ich hatte Angst und hielt inne. An diesem Punkt näherte sich das Pferd und ließ sich von mir streicheln. Nachdem wir Freundschaft geschlossen hatten, ließ es sich besteigen und trug mich langsam in die Landschaft hinaus. Plötzlich tauchte neben uns, Schulter an Schulter, eine Herde grauer Pferde im Galopp auf. Es war eine riesige Schar und als mein Pferd sie sah, bäumte es sich auf und ließ mich zu Boden fallen. Ich dachte sofort, dass ich jetzt brutal zertrampelt werden würde und bereitete mich aufs Sterben vor. Als ich am Boden lag, hatte ich kaum die Zeit, meinen Blick durch die Staubwolke auf die rasenden Läufe zu richten, unter denen die Erde erzitterte.

Ich dachte, ich sei bereits tot, als ich mich an meiner rechten Seite plötzlich ganz sanft angehoben fühlte. Es war das weiße Pferd, das mich wegzog, um mich vor dem Wüten dieser wild gewordenen Herde zu retten.

Nunmehr in Sicherheit, wachte ich auf. Ich blickte auf die Uhr. Es war 2.15 Uhr und ich begann zu beten.

In der dritten Nacht präsentierte sich der Traum identisch, bis zur Ankunft von Papst Johannes XXIII., der, nachdem er mich dreimal berührt hatte, seinen Weg ins Licht weiter fortsetzte. Aber an diesem Punkt kam nicht das weiße Pferd, sondern ein weiterer Zug von Karossen, die den Päpsten in Richtung eines herrlich goldgelben Lichtes folgten. Ich werde niemals die Schönheit und Majestät dieser herrlichen Könige vergessen können. Und auch nicht jener Päpste, von denen ein aufrichtiger und wahrhafter Frieden ausging.

Ich versuchte, mir den Sinn dieses Traumes zu erklären, aber es gelang mir nicht. Auch andere, denen ich den Traum erzählte, hatten keine Erklärung. Donnerstag, den 15. Juli, rief mich ein befreundeter Theologe aus München an, Gino Cadeggianini, ein Regisseur des Deutschen Fernsehens. Nach den üblichen Grußworten erinnerte ich mich des Traums und fragte auch ihn nach einer möglichen Erklärung. Er gab mir eine positive Antwort und wusste einen tiefen spirituellen Sinn daraus abzuleiten. Er schloss aus dem Traum, dass die Könige die unendlich vielen Gesichter Gottes zeigen sollten, und die Zahl drei seine Vollkommenheit.

Was sagst du dazu?"

Da ich eine Leidenschaft für die Deutung von Symbolen habe (seit Jahren macht es mir Spaß Träume zu deuten), hörte ich sehr aufmerksam zu und schrieb Wort für Wort mit, was Fra' Elia mir gerade erzählt hatte. Wie wir alle wissen, dienen Träume zuweilen dazu, die Realität zu erhellen, wenn es uns nicht gelingt sie im Wachzustand zu begreifen, oder sie wollen uns vor etwas warnen, das kurz bevorsteht. Bedauerlicherweise träumt man aber gewöhnlich in Symbolen, und so muss es uns zunächst gelingen, ihre Symbolsprache zu verstehen. Symbole haben drei Bedeutungen: Die erste ist die leichteste, nämlich jene, die der Wirklichkeit entspricht, die der Mensch gewohnt ist zu sehen und zu erkennen. Zum Beispiel bedeutet ein Ehering die Treue, eine ausgestreckte Hand einen Pakt der Freundschaft, die Farbe weiß Reinheit, usw. Und dann gibt es immer noch eine moralische Bedeutung, und auch eine spirituelle, die ich natürlich nicht fähig bin zu entziffern. Die reale jedoch schon.

Ein paar Symbole waren mir augenblicklich klar, und ich sprach sofort über sie zu Fra' Elia, der mich, überrascht und perplex, reden ließ, ohne zu widersprechen. Aber um die ganze Botschaft zu verstehen (denn es handelte sich ganz sicher um eine Botschaft),musste ich noch ein Weilchen über einige Besonderheiten nachdenken und sie miteinander verbinden, um das Knäuel zu entwirren. Fra' Elia und seine zwei Neffen standen, hingerissen von der Schönheit des Sternenhimmels, wortlos da, die Köpfe nach oben zum Himmel gerichtet, um die Sternschnuppen zu zählen, während ich unweit von ihnen ein seltsames Gefühl verspürte:

Mir schien, als wäre auch ich völlig eingetaucht in den großartigen Frieden des Universums.

Freitag, 13. August 2004

Ich wachte in meinem Bett auf und wartete auf „das Parfum", das sich jede Nacht, zwischen Donnerstag und Freitag, überall im Haus ausbreitet, wenn das mystische Geschehen sich wiederholt. Wenn Fra' Elia anwesend ist, ist der

Duft derart stark, dass er es schafft, alle Gäste aufzuwecken. Das war schon in Bergamo so, als er noch bei uns in unserem alten Haus wohnte und er drei Stockwerke unter meinem und unter dem Zimmer meines Ehemannes schlief, und auch im Kloster von Pater Oronzo, wo er einen ganz anderen Flügel bewohnte. Überall dort, wo ich mich gerade aufhalte, bin ich stets von diesem gesegneten Duft geweckt worden. Jetzt, in der Stille dieser sternenübersäten Nacht, erwartete ich zitternd die Stunde, in der seine Wunden sich öffnen und unter peinigenden Schmerzen von neuem aufbrechen würden. Im wenigen Tagen würden sie wieder vernarben und sich anschließend gegen Dienstag oder Mittwoch auf die Größe von Kratzern reduzieren.

Endlich, am Donnerstag, würde es Fra' Elia wieder gut gehen, ein ganzer Tag um sich zu erholen, bis um Mitternacht. Und dann geht das ganze wieder von vorn los. Und da war er plötzlich: Ein feiner Hauch von Rosenduft umgab mich flüchtig, um sofort wieder zu verschwinden.

„Da haben wir es", dachte ich, während ich weiter auf der Hut war. Es war etwa halb vier Uhr morgens. Plötzlich, nach einem noch intensiveren Hauch, war das ganze Zimmer erfüllt von Rosenduft, währenddessen ich vom Flur leichte Geräusche vernahm. Impulsiv warf ich mir etwas über und öffnete ganz leise, ohne Licht zu machen, die Tür. Angestrahlt vom fahlen Mondschein, sah ich ihn vor mir im Unterhemd, die Augen eingefallen und leidend, die Arme vom Körper weggestreckt. An ihnen sah man große dunkle Wunden, aus denen das Blut tropfte. Instinktiv senkte ich den Blick und schaute auf seine Füße, wo ich die gleichen runden Wundmale sah, die mir wie von Feuer eingebrannt schienen. Ich stand wie versteinert da.

„Ich habe gerade den Fußboden sauber gemacht, weil ich ihn mit Blut beschmutzt habe. Die ganze Nacht schon versuche ich, das Brennen zu lindern, indem ich zwischen meinem Zimmer und der Dusche hin- und herwandere. Ich muss die Hände und die Füße in kaltes Wasser halten, ich versuche jetzt ein wenig zu schlafen." Fra` Elia drehte sich um und ging leichten Schritts zu seinem Zimmer. *„Mamma mia*", entschlüpft es mir im Flüsterton, bevor ich meine Tür wieder schloss.

Aber wie voraussehbar, gelang es Fra' Elia die ganze Nacht nicht zu schlafen, und als ich gegen halb acht hinunter in die große Küche kam, machte er sich bereits am Herd zu schaffen. Wir frühstückten alle gemeinsam und gingen den Tag durch, der gerade angefangen hatte und uns ein heiteres, frisches Lüftchen bescherte. Danach ging jeder an seine gewohnte Arbeit.

Nach dem üblichen Besuch in der Kirche setzte Fra' Elia sich vor seinen Christus, den er heute fertig machen wollte. Er examinierte ihn genau, prüfte, ob die Farben völlig getrocknet waren, um dann zufrieden mit dem Resultat auszurufen: „Jetzt muss ich nur noch für das Blut sorgen." Der Körper, die Haare, die Dornenkrone, das weiße Tuch mit den Mäandern, waren ihm perfekt gelungen. Fra' Elia hatte mit sicherer Hand ein Talent bewiesen, dass ich ihm nicht zugetraut hätte, besonders in der Komposition diffiziler Farbmischungen, wie der Farbe der Haut und im Gebrauch spezieller Techniken, wie zum Beispiel mit Eiweiß, das ihm gestattete, den Haaren Glanz zu geben und sie mit Lichtreflexen zu versehen.

„Bravo Elia", rief ich ehrlich aus. „Du bist wirklich ein Künstler." Und dann fragte er mich, den Blick auf der Suche nach der rechten Inspiration auf sein Werk gerichtet: „Fio, wie muss ich das Blut machen?" Meine Überraschung verbergend, antwortete ich: „Schau dich doch selbst an Elia, und kopiere deine Wunden, und unter die Dornenkrone malst du dieselben Verletzungen wie du sie hast, du trägst ja die Zeichen noch." Er antwortete mir nichts und machte sich daran, die Arbeit auszuführen.

Jetzt hängt der Christus an der Fassade des Hauses seiner Eltern auf dem Land, in der Mitte eines großen Freskos, das derselbe Fra' Elia entworfen hat und das die Sonne darstellt. Es ist einfach wunderschön.

Interpretation des Traumes aus meiner Sicht

In der Zwischenzeit grübelte ich immer weiter über die Details von Fra' Elias Traum nach und war mir sehr sicher, zu einem Schluss gekommen zu sein. Es war gar nicht so schwierig gewesen. Zunächst der Löwe aus Stein, auf dem Elia saß, um dem Zug der Könige und Päpste zuzuschauen: Sicherlich war der Löwe nicht der König des Waldes, sondern vielmehr das Symbol für den Heiligen Markus, den Evangelisten. Der Heilige Markus – Venedig – Papst Johannes, der dort Patriarch gewesen war – Bergamo, Stadt in der Lombardei, die aber im Altertum zu Venedig gehört hatte und ihre Löwen auf den Toren der Stadt zeigt, auf ihren Adelspalästen und zu Füßen ihrer Kirchen - schließlich Papst Montini, ein Lombarde, der an der Seite von Papst Johannes erscheint, jedoch im Traum nichts sagt: alle diese Symbole sind miteinander verbunden und bedeuten, dass der spirituelle Weg von Fra' Elia in Bergamo begonnen hat, unterstützt und gesegnet von Papst Johannes, und sich danach in der Lombardei unter Papst Montini fortgesetzt hat.

Ganz offensichtlich war all das vom Himmel so bestimmt gewesen und das zeigte die Pracht des Zuges, zusammengesetzt aus Menschen unterschiedlicher Rassen, wunderschön und mächtig. Es handelte sich um Könige und Päpste unterschiedlicher Zeitalter, denn die ersten Könige des Zuges waren mit Tierfellen bekleidet, dem typischen Gewand früherer Generationen. Alle diese Könige haben die Geschicke der Welt gelenkt und waren im Zug immer angeordnet in Dreierreihen. (Drei ist die Zahl der Vollkommenheit Gottes.)

Schließlich kamen am Schluss des Zuges die beiden Päpste, die sich Fra`Elia so darstellten, dass sie ihm eine göttliche und schwierige Aufgabe anvertrauten. Er solle das große Werk, das die Menschheit betrifft, vorwärts bringen, so wie es all die Personen des Zuges vor ihm getan hatten. Indem einer der beiden Päpste ihn mit seinem Hirtenstab dreimal berührt hatte (im Traum verstärkte der zweite Papst die Wichtigkeit der Angelegenheit, denn es ist noch nie jemand von zwei Päpsten ernannt oder ausgezeichnet worden), gab er ihm zu verstehen, dass er wirklich vom Herrn beauftragt worden sei, das Werk Gottes fortzuführen. Diesmal jedoch nicht als ein König oder als Papst, sondern unter dem Schutz des weißen Pferdes, das ihn letztendlich vor den großen Gefahren retten würde, die im Anmarsch waren.

Aber wen repräsentiert das stolze weiße Pferd? Das weiße Pferd war immer ein Symbol für Freiheit, also darf ich annehmen, dass Fra' Elia frei sein muss, um den Plan, den Gott ihm anvertraut hat, voranzubringen. Als das Pferd sich ihm präsentiert hatte, gab es ihm zu verstehen, dass es wichtig sei und sich nicht unterwerfen wolle. Und in der Tat, ein Plan Gottes darf nicht dem menschlichen Willen unterworfen oder gar von Fra' Elia selbst abgeändert werden. Dann schlossen sie Freundschaft und begannen gemeinsam vorwärts zu gehen. Wie alle wissen, hat Fra' Elia bereits den Weg eingeschlagen, der ihm gezeigt worden ist, und trotz tausenderlei Schwierigkeiten ist er dabei, ihn in jedem Fall weiterzugehen.

Die Horde der grauen Pferde, die ihn fast überrennen, bedeuten soviel wie große, gefährliche dunkle Schatten, die gewiss seinen Untergang wollen. Weiße Pferde und graue Pferde, alles Pferde der gleichen Rasse. Sein weißes Pferd ist loyal und intelligent und rettet ihm schließlich das Leben. Wer aber könnte die Kraft und Macht einer wild gewordenen Herde von Pferden haben?

Plötzlich ging mir ein Licht auf und ich hatte die Antwort: Die Gefahren könnten von der Kirche selbst kommen. Die Kirche sind auch wir, und daher könnte es üble Nachrede geben, Missverständnisse, Verleumdungen, Neid - oder auch eine Gefahr, die von der kirchlichen Autorität herrührt, die Fra' Elia irgendetwas auferlegen könnte.

Aber da wird das weiße Pferd sein, das ihn retten wird. Es ist sein Freund, und meiner Ansicht nach, da es sich ja ebenfalls um ein Pferd (dieselbe Rasse wie die anderen) handelt, kann es nichts anderes sein als eine andere kirchliche Autorität, vielleicht sein Bischof.

Zwei Bedeutungen stehen für das gleiche Symbol: Das Pferd einerseits für Freiheit und Moral, andererseits für wichtige Autorität und das Spirituelle. So kann das stolze und unbezähmbare weiße Pferd auch für den Plan Gottes stehen.

Kommen wir nun zur dritten Nacht. Der Traum verändert sich, nach den Päpsten folgen noch viele Karossen, und alle zusammen gehen vorwärts auf ein goldgelbes Licht zu. Aber Fra' Elia kann nicht sehen, woher das Licht kommt.

Meiner Meinung nach symbolisieren die Karossen die Nationen der Welt, die sich nach vielen schrecklichen Ereignissen in allen Epochen der Menschheit in Frieden vereinen. Sie vereinen sich, um dem einzigen Weg des Heils zu folgen, der Wahrheit des Lebens, symbolisiert durch das goldgelbe Licht. Gold ist die Farbe des Königtums, steht hier also für den König des Universums.

Fra' Elia hatte seinen Jesus kaum an der Wand befestigt, als ich ihm mitteilte, das ich den Traum gedeutet hatte. „Lass hören", sagte er neugierig zu mir. Er schien mir überrascht, als ich von dem Löwen zu ihm sprach und der Bedeutung, die ich meiner Meinung nach der ganzen Geschichte gab, aber er war damit nicht so zufrieden, wie ich es erwartet hätte. „Du willst mehr wissen als ein Theologe." „Das ist nicht wahr", gab ich zurück, „ich habe die einfachste Bedeutung herangezogen, nicht jene spirituelle!"

Aber er wollte nichts mehr darüber hören und begann sofort mit einer anderen Arbeit. Es war hart für mich zu kapitulieren und deshalb rief ich ihm, während ich die Treppe hochstieg, mit gewollt hochnäsigem Ton zu: „Erinnere dich, eines Tages in nicht all zu ferner Zukunft, wird es ein Bischof sein, der dich retten wird, erinnere dich daran!" Ich hörte keinerlei Erwiderung.

Kurz darauf kam ich mit meinen Notizen wieder herunter und machte es mir auf der Bank unter dem Laubengang bequem, um sie in Ruhe noch einmal durchzulesen. Der Tag endete so traumhaft wie er begonnen hatte, die Mutter von Fra' Elia widmete sich einer Häkelarbeit und die drei anderen Frauen des Hauses räumten die paar Dinge auf, die noch von ihrer Arbeit auf dem großen Tisch liegen geblieben waren.

Jetzt musste derselbe Tisch für das Abendessen gedeckt werden. Auch Fra' Elia, der damit beschäftigt war seine Pinsel zu waschen, stand stillschweigend da, als wolle er sich an dem schier unglaublichen Frieden erfreuen, wie wir alle um ihn herum auch.

Plötzlich sagte er völlig unerwartet, ohne die Augen von seiner Arbeit zu heben, zu mir: „Fio, wärest du bereit, im nächsten Jahr während meiner Passion hierher zu mir zu kommen?" „Ich bin immer bereit, zu dir zu kommen, Elia."

Er lächelte und fuhr fort, seine Pinsel in Ordnung zu bringen.

Samstag, 14. August 2004

Vorabend der großen Ferien! (*Ferragosto:* In Italien der Beginn der großen Ferien am15. August, dem Fest von Mariä Himmelfahrt, Anm. der Übersetzerin). An diesem Abend werden meine Tochter und ihre Familie gemeinsam mit Maria und allen anderen Freunden vom Meer am Strand feiern und dabei die traditionellen Feuer anzünden. Im Vorjahr war auch ich bei ihnen, aber ich erinnere mich nicht, ob ich glücklich war, oder ob ich mich noch mitten in der Krise befand, die mir sehr viel Schmerz bereitet hat und mich zu ausgedehntem Nachdenken zwang. In jedem Fall kam es mir vor, als wäre seit vergangenem Sommer eine Ewigkeit vergangen, vielleicht weil ich mich seither anders fühle, stärker, weniger ängstlich und ganz sicher mehr auf den Herrn vertrauend. Als ich deshalb die Notizen des Vorjahresnoch einmal durchlas, erkannte ich mich fast nicht wieder.

Leider ist die Unvollkommenheit der Menschen so, und obwohl ich mich immer zu bessern versucht habe, besonders indem ich mir vornahm „nicht mehr urteilen zu wollen", muss ich gestehen, dass man vor Rückfällen immer auf der Hut sein muss. Dabei nützt es gar nichts, wenn man sich damit tröstet, dass sogar der Apostel Petrus aufgrund seiner Angst seinen Meister verraten hat.

Darum möchte ich hier im Anschluss wiedergeben, was aufgrund von Missverständnissen und Unverständnis alles passieren kann. Fra' Elia hatte in der Tat recht als er zu mir sagte, dass ich trotz all der Beweise, die der Herr mir gegeben habe, ihm noch immer nicht vollkommen vertrauen würde! Hier also das, was ich in meinem Tagebuch vom vergangenen Jahr gelesen habe:

San Pietro in Bevagna, 11. August 2003 – Die Heilige Klara

Diese Zahl, die Elf, taucht immer wieder auf und regt mich zum Nachdenken an. Vielleicht, weil so viele wichtige Geschehnisse, die das Leben von Fra' Elia betreffen, immer genau am 11. eines Monats passiert sind? Jemand hat mir einmal erklärt, dass es die Zahl der Madonna sei (am 11. Februar ist sie in Lourdes erschienen), aber mir erscheint sie auch als die Zahl der Heiligen Klara, wenn man bedenkt, dass wir heute ihr Fest feiern.

Ich habe nie daran gedacht, meine Schreibarbeit sofort wieder aufzunehmen, nachdem ich das zweite Buch über Fra' Elia beendet hatte, aber ich spüre einen starken Impuls, es zu tun. Mit diesem Gedanken kehre ich zurück zu jenem warmen Abend des vergangenen 25. Juli, als mir im Garten der Schwestern des Ordens der *Maestre Pie di Trevi* (der Frommen Meister von Trevi), umgeben vom feurigen Licht des Sonnenuntergangs, das letzte Kapitel sozusagen „aus der Hand geflossen war". Ich schrieb alles in einem Atemzug, wie bei einem Diktat, und mit einem Gefühl großer Melancholie im Herzen. An diesem Nachmittag hatte Fra' Elia den Vertrag für seinen Kauf des Klosters in Calvi dell' Umbria unterschrieben, und ich hatte Angst, das sich an diesem Punkt unsere Wege trennen würden. Ich hatte mit Fra' Elia darüber noch nicht gesprochen, aber ich „fühlte", dass auch er darüber nachdachte, dass nun möglicherweise die Stunde gekommen war, seinen Weg alleine weiter zu gehen.

Er würde nun sein Kloster haben, seine jungen Mitbrüder, die sich bald zu ihm gesellen wollten und Schwester Domenica. Dagegen ich, in meinem Haus weit weg von Calvi, mit meinem Ehemann, meinen Kindern und Enkelkindern...

Ich war mir sicher, dass Fra' Elia seit einiger Zeit über dieses Thema nachgrübelte. Ich hatte das aus einigen seiner Verhaltensweisen mir gegenüber geschlossen. Ich hielt es für absolut richtig, dass jeder seine eigene Bestimmung akzeptierte.

Und vielleicht war ja heute der richtige Augenblick für eine Trennung gekommen. Vielleicht! Ich wollte das Terrain jetzt sondieren. Ich erinnere mich, dass ich, unmittelbar nachdem ich das letzte Kapitel beendet hatte, es ihm mit der Bitte um seine Zustimmung vorgelesen hatte.

Er saß auf einer Mauer neben Schwester Angelica. Ich war ein paar Meter von ihnen weg, ging zu ihnen und unterbrach ihre Unterhaltung. Beide schienen begierig mir zuzuhören. Das Buch endete mit folgenden Worten: „Jemand, der viel größer ist als der Mensch und alle Wissenschaft, befindet sich schon seit Ewigkeit an seiner Seite und ich bin mir sicher, dass er ihm auch in diesem seinem neuen Leben beistehen wird. In seinem wahren Leben, das jetzt beginnt. Segne ihn Herr, jetzt liegt es vor allem an dir und meine Aufgabe ist beendet. (Wenn du meinst, o mein Herr?)" Ich hatte mit Absicht eine Klammer offen gelassen, um Fra' Elias Reaktion zu sehen, und wie ich vorhergesehen hatte, sagte er kein Wort. Wir schauten uns an, und während ich den Text vorlas, sah ich seine erstaunten Augen und hunderte von Fragen, während mir Schwester Angelica mit liebenswürdigen Worten ihr Lob aussprach.

Von dem Tag an begannen unsere langen Schweigepausen, nur unterbrochen von den letzen Gebetstreffen im Juli, die uns im übrigen verboten, auf „du und du" miteinander zu verkehren. Das deshalb, weil er bei dieser Arbeit immer von zweien seiner zukünftigen Brüder begleitet wurde, die ihm später nach Umbrien folgen wollten.

Ich hatte dabei immer die Rolle einer Assistentin von Fra' Elia inne: beantwortete die Fragen der Menschen, die aus allen Teilen Italiens angereist waren, schrieb ihnen Kräuterrezepte auf, verkaufte meine Bücher, eilte herbei, wenn Fra' Elia mich irgendwie brauchte. Vor allem fungierte ich als stets aktive Chronistin der Ereignisse: Ich hatte auch die Aufgabe, die spontanen Zeugnisse all jener zu sammeln, die angaben, mit Hilfe von Fra' Elia Protagonisten außergewöhnlicher Dinge geworden zu sein.

Etwa zwei Wochen später, anlässlich eines dieser Gebetstreffen, nahm uns der Pfarrer zu einem Abendessen bei einer Familie seiner Gemeinde mit. Wir saßen alle um einen großen runden Tisch in fröhlicher Unterhaltung, als die Sprache plötzlich auf das Thema „zukünftige Gebetstreffen" kam. Es war damals, dass Fra' Elia sich auf einmal an mich wandte – ich saß ihm gegenüber – mit den

Worten: „Apropos Reisen, von jetzt an wirst du mich nicht mehr begleiten, jetzt sind da meine Brüder."

Meine Bitterkeit darüber verbergend, dass er mir das auf diese Weise zu Gehör brachte, ohne Vorwarnung, und was viel schlimmer war, in Gegenwart all dieser fremden Leute, die sofort verblüfft ihre Ohren spitzten, sagte ich: „Selbstverständlich Fra' Elia, ich habe es mir schon gedacht." Dann fuhr ich mit meinem Essen fort, als wäre nichts geschehen.

Ich nahm mir jedoch vor, ihn privat damit noch einmal zu konfrontieren, und zwar bei der erstbesten Gelegenheit. Aber die Möglichkeit ergab sich nicht. Dann kam sein Umzug von Bergamo ins Kloster. Er machte alles alleine oder besser, er ließ sich von wenigen seiner Freunde helfen und von einem jungen Ehepaar, seinem Neffen mit Frau, die die letzte Woche bei ihm verbracht hatten. Er kündigte sämtliche Anschlüsse und übergab die Schlüssel zu seiner Wohnung den Eigentümern.

Am Abend vor seiner Abreise luden Gualtiero und ich ihn noch einmal zum Abendessen zuuns ein, zusammen mit seinen Verwandten, aber außer ihm kam nur seine Nichte mit ihrem Kind, da ihr Ehemann anderweitig verpflichtet war. Der ganze Abend spielte sich ohne Besonderheiten ab. Ein formelles Abendessen, sehr ungewöhnlich für uns. Wir aßen unter der Pergola voller Glyzinien, die er im vergangenen Sommer für uns gebaut hatte und redeten über Banalitäten. Ich wusste, dass Fra`Elia mir keine Informationen geben würde, weder wo er provisorisch in Calvi wohnen würde (da das Kloster im Moment praktisch noch unbewohnbar war), noch wo er seine Habseligkeiten hinschicken würde. Es war ganz offensichtlich, dass ich nicht mehr seine „Mutter, Freundin, Vertraute" war, wie er mich so oft bezeichnet hatte, und dass diese gemeinschaftlichen Abende nun für immer vorbei sein würden.

Gleich nach dem Abendessen erschien Elia mir sehr müde zu sein, und deshalb bot ich mich an, ihn mit meinem Auto nach Hause zu bringen. Ich erinnere mich, dass er noch ganz klar im Kopf war und den Wagen selbst lenken wollte. Ich machte es mir hinten bequem. Ich wollte das betretene Schweigen brechen und beeilte mich etwas zu sagen, das rhetorisch nicht im geringsten zu der traurigen Stimmung in meinem Herzen passte. „Das war unser letztes Abendessen, Elia. In dieses Haus wirst du nicht mehr zurückkommen, da ja auch wir imSeptember umziehen werden." (Stattdessen zogen wir im Oktober um.)

„Das macht nichts", antwortete er eilig, „wenn sich ein Kapitel schließt, öffnet sich ein anderes, und müssen wir nicht demnächst nach Deutschland fahren? Du sprichst doch Deutsch, oder?" (In der Tat waren wir im Mai des darauf folgenden Jahres nach Deutschland eingeladen worden.) Ich schwieg überrascht, und nach wenigen Minuten verabschiedeten wir uns.

Es war der 18. Juli.

Die Krise

Am nächsten Tag fuhren Gualtiero und ich ebenfalls in Richtung Rom, wo wir etwas Geschäftliches zu erledigen hatten. Als wir an die Autobahnausfahrt *Magliano Sabina* kamen, konnten wir gar nicht anders als einen Umweg über Calvi zu machen. Denn Gualtiero hatte das Kloster noch nie gesehen und wünschte sich dies so sehr - obwohl wir wussten, dass Fra' Elia erst nach uns dort eintreffen würde. Auch hatte ich Post für ihn, die ich in einer extra zu diesem Zweck bereit gestellten Schachtel vor der Tür deponieren wollte. Ich erinnere mich, dass mein Ehemann, der von den Vorfällen nichts wusste, ihn wie so oft scherzend anrief und fragte: „Rate, wo wir sind?" Elia ging auf das Spiel ein, und da noch viele Kilometer Straße vor ihnen lagen, nutzte er den Anruf aus, um sich bei mir zu erkundigen, welcher Weg am besten zu befahren sei, da ihr Transporter ziemlich groß war.

Sie würden erst am späten Nachmittag ankommen. Nach Rom fuhren mein Ehemann und ich weiter nach Sizilien, zu einer Reihe von „Show-Rooms", die nötig waren für unsere Arbeit. Während dieser ganzen Zeit bekam ich keinen einzigen Anruf von Fra' Elia. Ich verwunderte mich darüber nicht allzu sehr, ich hatte es sogar erwartet. Zum Ausgleich bekam ich jedoch weiterhin Anrufe von Priestern, Gläubigen, Menschen, die Hilfe benötigten, und auch von Fra` Elias Arzt, da auch er ihn nicht erreichen konnte.

Von Sizilien kehrten Gualtiero und ich nicht gleich nach Bergamo zurück, sondern wir fuhren auf direktem Weg zu unserer ersehnten Sommerfrische, nach San Pietro in Bevangna am Ionischen Meer. Dort erwartete uns unsere Freundin Maria, die die erste gewesen war, die mir vor kaum drei Jahren am Strand von Fra' Elia erzählt hatte. Alles hatte hier an diesem Ort begonnen und würde hier am selben Ort enden, grübelte ich überzeugt vor mich hin, während ich zwischen tiefen Seufzern den bitteren Brocken hinunterschluckte. In jedem Fall schien es mir ganz logisch, Wehmut und Erstaunen zu bekunden nach den drei Jahren, die ich ausschließlich Fra' Elia und seinem Projekt gewidmet hatte, und da nun alles so brüsk zu Ende ging. Was ich jedoch nicht akzeptieren konnte, war, dass Fra' Elia mit mir nicht darüber geredet hatte. Die Tage vergingen und ganz langsam brach sich eine Art innerer Rebellion in mir Bahn, von der ich nie gedacht hätte, dass mich so etwas befällt. Was hatte ich denn Böses getan, dass er mich so behandelte? Wie kam es, dass ich ihm noch nicht einmal eine Erklärung wert war? Ich versuchte ihn anzurufen, aber sein Telefon war abgeschaltet. Auch Anna rief mich aus Verona an, weil es ihr nicht gelang, mit ihm in Verbindung zu kommen, genauso wie Curzio und Dario aus Cercivento. Elia schien von der Welt losgelöst zu sein. Ich wusste nicht mehr, was ich denken sollte.

Natürlich hätte ich mehr Vertrauen haben und einfach abwarten müssen. Fra' Elia war dabei, sein eigentliches Leben zu beginnen, und wie immer bei so wichtigen Dingen, hatte er das Bedürfnis sich zu isolieren, um vollkommen den Willen des Herrn verstehen zu können. Das war bereits früher vorgekommen, für lange Perioden. Der Unterschied war nur, dass er mich die anderen Male immer vorgewarnt hatte. Diesmal war das nicht geschehen, und ich wusste mir dafür keine Erklärung zu geben.

Meine Rebellion verwandelte sich in Zorn, dann in tiefe Traurigkeit und am Ende in heftige Schmerzen. War es denn möglich, dass Fra' Elia auch unsere Freundschaft abbrechen wollte? Oder war vielleicht irgendetwas Schlimmes passiert, im Hinblick darauf, dass niemand ihn erreichen konnte? Ich war auch in Verlegenheit, weil Gualtiero fortfuhr mich zu fragen, ob Elia angerufen hätte. Es war das erste Mal, dass mein Ehemann nach seiner langen und schwierigen Operation wieder Urlaub am Meer machen konnte und er brannte darauf, Elia in seinem heimatlichen Umfeld, an den Orten seiner Kindheit, zu besuchen. Genauso wie er sich auch darauf freute, Fra' Elias Vetter Nicola und dessen Familie wieder zu sehen.

Man hätte einen warmherzigen Empfang von Seiten Elias erwarten können, so wie er ihn uns bisher immer bereitet hat, und darum war auch mein Ehemann recht verwundert über diese ungewohnte Situation. Seit wir uns kannten, war so etwas noch nie vorgekommen. Inzwischen verbrachte ich meine Zeit mit ausgedehnten Bädern in diesem herrlichen kristallinen Meer, Spaziergängen mit Gualtiero, und, wie man so schön sagt, mit gesunder Lektüre, die ich mich zwang zu verstehen, die mich aber in der Tat überhaupt nicht interessierte. Handelte es sich vielleicht um eine Prüfung, die ich zu bestehen hatte? Ganz bestimmt. Aber im Augenblick begriff ich noch nichts. Ich war voll in meinem Stolz getroffen, der mich daran hinderte, vernünftig zu sein. In wenigen Tagen würden meine Kinder hier eintreffen, unsere Freunde waren bereits angekommen und wenn ich nur ein Fünkchen mehr Geduld und Klugheit besessen hätte... In dieser Ecke des Paradieses, die umgeben ist von einer reichen, fast tropischen Vegetation und umspült vom Meer meiner Träume, hätte ich die glücklichste Frau der Welt sein können.

Stattdessen beschloss ich, Nicola anzurufen, Fra' Elias liebsten Vetter, mit dem zusammen er aufgewachsen war. Ich habe, kurz nachdem ich Elia kennen gelernt hatte, häufig mit ihm telefoniert, um durch ihn Fra' Elia besser verstehen zu lernen. Und in der Tat haben seine Erklärungen mir große Dienste geleistet. Bald darauf wurden wir Freunde, mit bedingt durch günstige Umstände und vereint in dem gemeinsamen Wunsch, Fra' Elia und sein Werk zu unterstützen.

„Ciao Nicola, hier ist Fiorella, alles in Ordnung? Hast du Fra' Elia gesehen?"

„Ich habe ihn nur ein einziges Mal gesehen und das in großer Eile. Er scheint mir abgemagert zu sein, es geht ihm nicht sehr gut, er ist immer auf dem Land bei seinen Eltern. Ich weiß nichts von ihm."

Dann weihte ich ihn in meine Probleme ein, seinen Trost suchend, und, klug wie immer, gab er ihn mir. Zum Schluss sagte er, dass er sich entschlossen habe, sich an diesem Punkt bei Fra' Elia rar zu machen und alles dem Willen Gottes zu überlassen. „Wenn er will, dass mein Schicksal mit seinem verbunden ist", fügte er hinzu, „wird er mir den Weg zeigen und sollte Fra' Elia mich brauchen, werde ich für ihn da sein."

Immer noch bockig, ich weiß nicht warum, gelang es mir nicht zu verstehen, dass dies der einzig richtige Weg war. Wir tauschten einige Neuigkeiten über die letzten Gebetstreffen von Fra' Elia aus und beschlossen dann, uns zu verabreden. Aber vorher wollte ich Fra' Elia durch Nicola noch eine Botschaft zukommen lassen, falls er ihn sehen sollte. „Wenn du ihn siehst, sage ihm, dass er für mich gestorben ist, ich will ihn weder sehen noch hören. Sag ihm, wenn er mit mir geredet hätte wie immer, dann ich hätte ich sein Verhalten verstehen können. Sag ihm das!"

Die Reaktion von Nicola kam postwendend: „Was sagst du da? Eine so schöne Sache kann doch nicht so enden! Das sind Missverständnisse, so etwas ist ganz unmöglich, lass mich machen, ihr müsst das miteinander klären!"

Voller Zorn erwiderte ich: „Das interessiert mich nicht! Ich möchte nur mit dir reden und auch mit deiner Frau. Wenn es dir passt, bitte ich dich um ein Treffen am 6. August, am Nachmittag, weil ich an dem Tag Gualtiero zum Flughafen Brindisi bringen muss. Auf dem Rückweg könnte ich bei euch zuhause vorbei schauen."

„In Ordnung, ich erwarte dich auf dem Land."

Natürlich bemühte sich mein Ehemann, der das Gespräch mit angehört hatte, wie gewohnt meinen Zorn zu besänftigen. Und, mir einen viel stärkeren Glauben demonstrierend, als ich ihn hatte, fügte er hinzu: „Vielleicht verstehst du es im Moment nicht, aber es ist unmöglich, dass es auf diese Art und Weise endet. Wenn es Gott war, der dich ihm zur Seite gestellt hat, dann ist es immer noch er, der entscheiden wird, wann und wie er dich wieder von ihm trennt, und das dann bestimmt nicht im Streit"

Aber ich war mir sicher, dass Gott Gott ist und alle Menschen unvollkommen waren, Fra' Elia mit eingeschlossen. Ich hörte nicht auf Gualtiero. Dieser verdammte Stolz ließ mich wirres Zeug faseln, und ich war mir dessen noch nicht einmal bewusst. Und so kam jener gesegnete 6. August, an dem mein Ehemann meinen Sohn in Frankreich besuchen wollte, um mit seiner üblichen Entschlackungsdiät anzufangen, die für ihn sehr wichtig war, da er gezwungen war eine enorme Zahl lebenswichtiger Medikamente einzunehmen. Ich wäre gerne mit ihm gefahren - was tat ich hier eigentlich? Aber Elisabetta und die

Kinder waren gerade erst angekommen und ich wollte mich auch ihnen widmen.

17. Tag des Schweigens – 6. August

Nicola wartete auf mich unter der Brücke an der Kreuzung nach Ostuni und in wenigen Minuten erreichten wir sein Landhaus, wo seine Ehefrau Rosanna uns mit ihrem schönsten Lächeln erwartete. Wir setzten uns alle drei in den Garten auf der Rückseite des Hauses, und ohne jede Mühe begann ich mit meinem heftigen Gefühlsausbruch.

„Hast du ihn gesehen?" „Ja". „Hast du ihm alles gesagt?" „Ja." „Und wie hat er reagiert?" „Anfangs war er sehr wütend und dann sagte er mir, dass auch er unter der Situation leiden würde." „Und was hat er dir darauf geantwortet, dass er mich vor allen anderen sozusagen gefeuert hat, was ganz sicher eine Menge Getratsche hervorrief? " „Er tat es, weil er sich unter Beobachtung fühlte. Er weiß sehr gut, dass du dich daraufhin schlecht gefühlt hast, aber er dachte, du würdest es verstehen. Danach ist ihm die Situation aus der Hand geglitten. Auf jeden Fall geht es ihm nicht gut, er steckt auch mit seinen Freunden hier ziemlich in der Krise."

Während es in dem Ton weiterging und ich mir sicher war, richtig verstanden worden zu sein, darf ich sagen, dass ich mich von einem Teil meiner Last befreit fühlte; doch ich blieb fest in meinem Entschluss, ihn nicht sehen zu wollen und nichts mit ihm zu klären zu haben, da die Fakten ja für sich selbst sprachen.

Obwohl Nicola darauf drang, ihn anzurufen, blieb ich fest bei meiner Position und kehrte ziemlich zufrieden in mein Feriendomizil zurück. Am selben Abend noch rief Fra' Elia bei mir an. Seine Stimme war irgendwie verändert und schrill und sein Ton klang in meinen Ohren wie Donnerhall. „Hörst du mich? Ich erwarte dich übermorgen Nachmittag in Francavilla, um vier Uhr. Ich werde dich an der Brücke abholen . Kommst du?"

Wie versteinert und ohne meine Stimmlage zu verändern erwiderte ich: „Warum willst du mich sehen? Ich habe nichts mit dir zu klären, doch falls ich kommen sollte, möchte ich nur im Beisein von Nicola mit dir sprechen!" „In Ordnung!" Mit etwas versöhnlicherer Stimme sagte er dann: „Nicola und Rosanna werden auch da sein, ciao." In mir ertönte das gewohnte Glöckchen, das sich immer dann einstellt, wenn ich über eine noch ungelöste Frage nachdenken soll: „Da ist noch etwas, das ich verstehen soll", sagte es mir. „Lieber Gott, hilf mir, hilf mir zu verstehen, um alle Knoten zu entwirren."

Im Haus von Nicola – Freitag, 6. August

Elia, pünktlich wie gewohnt, schoss mit seinem Wagen an mir vorbei und deutete mir an, ihm zu folgen. Sein Gesicht erschien mir müde und mitgenommen, und vor allem hatte es einen Ausdruck von Traurigkeit und Schmerz.

Einen Schritt zurückgehend, kehrte ich mit meinen Gedanken zu einem Tag der Vorwoche zurück. An jenem Tag war ich, vor dem Telefonat mit Fra' Elia, noch trauriger und verwirrter als sonst und hatte die Idee, Maria anzurufen. Maria ist jene Charismatikerin aus der Toskana, die mir Pater Massimo vorgestellt hatte, und die Fra' Elia und mich im Juli 2002 in ihr Haus eingeladen hatte, um uns einige Botschaften zu übermitteln, die ihn betrafen. (Nachzulesen in dem Buch „Fra' Elia – Das Mysterium des Lichts".) Dieses Mal rief ich sie in der Hoffnung an, dass sie mir helfen könne, mein Inneres zu erleuchten und ich gestehe, dass ich nach dem Gespräch mit ihr ein wenig mehr Frieden gefunden hatte.

Hier ihre Worte: „ Der Welpe ist gut und voller Liebe, er meditiert in Einsamkeit und reflektiert auch darüber, wer an seiner Seite bleiben soll. Sage ihm, dass er sich von vielen opportunistischen und unfähigen Menschen frei machen soll, die ihn umgeben. Er wird dich bald anrufen, und du wirst ihn mit seinem Vetter besuchen. Nur die Distanz zu allem und jedem wird ihn verstehen lassen können, was sein Herz will. Diese Prüfung wird auch dir von Nutzen sein, sage ihm, dass ich mich jeden Tag dem Herrn aufopfere, damit er ihm bei seiner Mission beisteht. Lass mich wissen, wie es weitergeht."

Und jetzt fuhr ich hinter dem Auto von Elia her und wandte mich dabei an den Herrn, an Lechitiel und an meinen Schutzengel, mir bei dem Treffen beizustehen.

Kaum waren wir durch das Tor von Nicolas Haus gefahren, als wir beide zur gleichen Zeit aus unseren Autos stiegen. Während Elia die Tür zuschlug, fragte er mich: „Wie geht es dir?" „Bestens", antwortete ich. „Und dir?" „Mir geht es auch bestens."

Und schon wandte er mir seinen Rücken zu und ging Richtung Garten hinterm Haus. Nachdem wir die ganze Familie begrüßt hatten, setzten wir uns an beide Seiten des Tisches: Rosanna mir gegenüber, Nicola zu meiner Linken, Elia rechts von mir. Nicola fing mit dem Gespräch an und danach ergriff ich das Wort, in einem Klima leichter Anspannung, ihm dabei in die Augen blickend, wobei er mir Punkt für Punkt keine Antwort schuldig blieb. Wir begannen damit, einige jüngereMissverständnisse zu klären, dann ein paar weiter zurückliegende. Danach ging es um einige seiner Verhaltensweisen mir gegenüber, die mich schlichtweg geärgert hatten. Aber das waren nicht die Themen, über die wir sprechen mussten.

An einem gewissen Punkt sagte er zu mir: „Du leidest, und ich leide auch. Als ich den letzten Satz von deinem Manuskript hörte, habe ich mich gefragt: Was soll das bedeuten? Ich habe damals nichts zu dir gesagt, jedoch viel darüber nachgedacht." Ich hörte ihm reglos zu, noch auf weitere Erklärungen wartend, aber er fügte dem nichts mehr hinzu. Es war ganz offenkundig, wie er selbst mir oft genug erklärt hatte, dass jeder über seinen eigenen freien Willen verfügte. Auch wenn der Herr einen ruft, können wir immer ablehnen und niemand darf unsere Entscheidung beeinflussen.

Ich fing an zu verstehen, dass dieser letzte Satz in meinem Buch für Fra' Elia wie eine Absage geklungen haben mochte. Aber warum nicht darüber reden? Wie auch immer, von jenem Moment an fuhr er fort, sich nur noch über rein organisatorische Dinge zu unterhalten, und leider hatten sich auch einige kleinere Gruppen von Personen in sein Leben eingemischt, die Unheil stifteten, indem sie herumtratschten und Dinge erfanden, die in der Summe Zwietracht gesät hatten.

Wahrscheinlich war Fra' Elia auch deshalb verbittert. Maria, die Charismatikerin, hatte in Bezug darauf sicherlich die Wahrheit gesagt, aber ich wagte nicht, das Fra' Elia bei dieser Gelegenheit zu sagen. Und während die Seelen milder gestimmt wurden, nahm in mir die Idee Form an, dass auch ich Abstand halten sollte, wie Nicola, ohne Ressentiments und nur die Veränderungen akzeptierend, die dem Willen des Herrn entsprachen. Wenn Er mich noch benötigte, um Fra' Elia zu helfen, würde ich ihm zur Verfügung stehen, andernfalls wäre es auch in Ordnung. Es war nicht an Fra' Elia mich zu fragen, ob ich ihm helfen würde!

Helfen wobei? Ich wusste noch immer nicht, welche die ersten Schritte in seinem neuen Leben sein würden!

Er war ein Frater, Prior eines Klosters, und bis hierher hatte der Herr ihn geführt und sich dabei auch meiner bedient. Jetzt würden ihn sicherlich andere begleiten, Schritt für Schritt. Wenn der Herr noch wünschte, dass auch ich weiter für seinen Plan arbeiten sollte, würde er es vor allem zuerst Fra' Elia wissen lassen und in der Folge auch mich. In der Zwischenzeit würde ich in aller Ruhe abwarten.

Ich dachte wieder an die poetischen Worte, die Fra' Elia vor noch nicht allzu langer Zeit einmal zu mir gesagt hatte: „Gott hat dich erwählt, es war nicht menschlicher Wille, sondern der Wille Gottes. Fiorella, mach dein Herz frei, schenke es Gott, denn Gott lebt in dir!" Aber habe ich wirklich mein Herz frei gemacht? War ich wirklich frei bis zu dem Punkt, seine Stimme zu hören und zu verstehen? Als wir uns verabschiedeten, konnte ich wenigstens sehen, dass Fra' Elias Gesichtsausdruck sich verändert hatte. Er wirkte gelöster und heiter und seine Worte, gänzlich unerwartet, klangen in meinen Ohren wie ein Zeichen des Friedens: „Möchtest du morgen nach Francavilla zurückkommen?

Wir werden zusammen in die Messe gehen." „Ja", antwortete ich, ohne groß nachzudenken. „Um welche Uhrzeit?" „Um acht Uhr dreißig."

Die Heilige Klara

Und so befand ich mich am 10. August wieder unter der Brücke nach Francavilla, diesmal um auf Fra' Elia zu warten.

Da ich mich ein wenig mit der Zeit vertan hatte, kam ich dort schon um acht Uhr an, und um mir die Wartezeit zu verkürzen, machte ich das Radio an. Eine klare und gut ausgebildete Stimme sagte gerade: „Franziskus wäre ohne Klara unvollkommen gewesen. Klara war diejenige, die ihn bekannt gemacht hat." Dann ging die Stimme weg und trotz meines heftigen Suchens konnte ich die Station, aus der sie gekommen war, nicht mehr finden. Verwundert über das, was ich gerade gehört hatte, konnte ich nicht anders, als über meine eigene bisherige Rolle nachzudenken. Vielleicht war es ja auch meine Aufgabe, Fra' Elia in der Welt bekannt zu machen?

Auf einmal tat mein Herz einen Sprung. „Elia kommt", dachte ich. Und in der Tat, jedes Mal, wenn Elia sich mir nähert, spüre ich dasselbe Gefühl. Ich „spüre" auch, wenn er sich in Gefahr befindet. In diesem Fall ist das Gefühl anders. Es macht sich als ein starker Druck in der Herzgegend bemerkbar, der sich bis zum Hals und in den Magen ausdehnt und mir die Luft nimmt. Auch tritt bei mir kalter Schweiß aus, der erst aufhört, wenn ich herausfinde, um was es sich handelt.

Ich blickte mich um, aber von Elia war noch nicht einmal ein Schatten zu sehen. Seltsam. Enttäuscht, mich geirrt zu haben, beschloss ich, ihn anzurufen. „Ich bin im Anmarsch", und schon sah ich ihn auf der gegenüberliegenden Seite auftauchen. „Ich war mir nicht ganz sicher, wann genau du ankommst und deshalb bin ich vor einer Minute hier vorbeigefahren, in Richtung Friedhof da hinten. Ich hatte noch nicht einmal Zeit auszusteigen, schon hast du angerufen!" Er lächelte mich an.

„Und ich habe gespürt, dass du vorbeigefahren bist, Elia. Auch ich habe dich schon bitten wollen, mit mir das Grab deiner Schwester zu besuchen!"

Wir werden nach der Messe dorthin gehen."

In ein paar Minuten waren wir bei seinem Landhaus, und es blieb uns gerade genug Zeit, seine Eltern zu begrüßen, aus meinem Wagen in seinen umzusteigen und schon machten wir uns wieder auf den Weg Richtung Pfarrkirche. Es war neun Uhr und als wir ankamen, und die Messe war bereits zu Ende. Hinter der Piazza befand sich noch eine andere Kirche, aber die nächste Messe dort würde erst um elf Uhr gefeiert werden. Im Eiltempo erreichten wir zu Fuß eine kleine Kirche in der Nähe, in der die Messe gerade erst anfing. Wir blieben hinten stehen, um nicht die Leute zu stören, die sich bereits in den Bänken zusammengedrängt hatten, und ich bemühte mich sofort, mich auf die Liturgie zu konzentrieren. Mein Geist war leer. Ich wollte weder mehr in die Zukunft denken noch planen, sondern von Tag zu Tag leben und akzeptieren, was der Herr mir schickte.

Ich vertraute mich ihm vollkommen an und bat ihn, für alles vorzusorgen, auch im Detail. „Ich stehe zu deiner Verfügung, das weißt du, mach mit mir, was du willst. Ich bitte dich, hilf mir verstehen, was du von mir willst." Während ich zum Altar blickte, konnte ich nicht anders, als das große Bild über ihm zu betrachten, auf dem die Gestalt einer Frau in einer braunen Kutte abgebildet war. In seiner Predigt erinnerte der Priester an die Heilige Klara, die Patronin jener Kirche, und zu meiner Überraschung hatte ich das Gefühl, als wären die Worte direkt an mich gerichtet. Mit einem Gefühl der Dankbarkeit dachte ich an jene Heilige und flehte auch sie um ihre Hilfe an. Nach der Messe fuhren wir zum Friedhof, und während der Fahrt dorthin erzählte ich Fra' Elia, was ich im Radio gehört hatte. Ich verbarg auch nicht mein Erstaunen darüber, dass wir durch Zufall ausgerechnet eine Kirche betraten, die der Heiligen Klara geweiht war. Und während er mir zustimmend zuhörte, war ich mehr denn je davon überzeugt, dass mir vom Himmel schon die nötige Hilfe zukommen würde.

Wir waren am Friedhof angekommen. Ein langer Weg, gesäumt von Zypressen, die mit dem strahlenden Licht liebäugelten, ein tief azurblauer Himmel, eine sanfte Brise und wir: schweigend, langsam, Seite an Seite nebeneinander einhergehend. Ich bewunderte die künstlerisch gestalteten Tore der Grabkapellen der Familien, die uns beim Spaziergang zu beobachten schienen. Auf einmal sagte Fra' Elia nachdenklich: „Ich bin immer hinter großen Türen eingesperrt gewesen und sogar wenn ich eines Tages sterben werde, wird man mich nicht hierher bringen, sondern hinter mir immer noch große Türen verschließen." Dabei schaute er mich resignierend an.

Wir unterhielten uns über allerlei Dinge, und obwohl sich alles so abspielte wie immer,spürte ich, dass sich für mich ein Kapitel geschlossen hatte und dass ich, um wieder zu mir selbst zu finden, eine lange Periode der Einsamkeit und des Nachdenkens brauchen würde. Vielleicht hatte ich davor auch Angst. Als wir wieder in seinem Elternhaus angekommen waren, wollte ich mich verabschieden, aber Elia erlaubte es mir nicht, sondern wollte, dass ich zum Mittagessen bliebe. In der Zwischenzeit schrieb ich für ihn den Terminkalender mit allen seinen Verpflichtungen von September bis Dezember ab und händigte ihm einige Dokumente bezüglich bürokratischer Dinge aus, die bisher ich abgewickelt hatte. Dann nahm ich noch einmal den Entwurf meines Buches zur Hand, weil ich, trotz seiner Zustimmung, wegen einiger Seiten meine Zweifel hatte. Fra' Elia wollte die letzte Seite noch einmal lesen und als er zu dem letzten Satz kam, fragte er mich: „Warum hast du geschrieben, dass deine Aufgabe beendet ist? Ich werde das ändern. Er nahm seinen Kugelschreiber und änderte den Teil, den ich in so negativer Haltung zu Papier gebracht hatte.

Auch ich war damit einverstanden und während er schrieb, sagte ich: „Ja, du hast recht, wer bin ich schon, um mit Bestimmtheit etwas zu behaupten, was ich noch gar nicht wissen kann. Wenn Er es ist, der alles so gewollt hat, wird es immer noch Er sein, der entscheidet, wie es weiter geht." „Genauso ist es", erwiderte er. Und so diktierte er mir die letzten fünf Zeilen, die mir perfekt vorkamen. Und ganz im Gegensatz zu dem, was ich vorhergesehen hatte, musste ich noch oft hierher aufs Land zurückkehren, weil mir klar wurde, dass er ja auch noch die Entscheidung für das Titelbild des Buches treffen musste, für die Serie der Fotos sowie die Zeugenaussagen.

Auch Prof. Margnelli und andere geschätzte Besucher hielten uns die letzten Augusttage auf Trab. Fra' Elia war voller Fröhlichkeit, was sich auch auf mich übertrug und mein Inneres in wohltuende Energie verwandelte. Am Anfang unserer Begegnung hatte Fra' Elia einmal zu mir gesagt: „In deinem Schweigen und in deiner Fähigkeit zu lieben wächst du von Tag zu Tag. Mach dich frei, denn frei hat Gott dich geschaffen und frei möchte er dich in jeder Weise haben, und an jedem Ort, wo du dich gerade befindest, stets bereit für ihn!" Und jetzt war ich frei und bereit.

Bis jetzt war ich noch nicht fähig gewesen, diese Worte in die Praxis umzusetzen. Tief im Inneren hatte ich sie nicht verstanden, auch wenn ich seine Einladung mit Begeisterung angenommen habe und Elia wie in einem wunderbaren Abenteuer gefolgt bin. Nur durch das Leiden ist es mir vielleicht gelungen, eine kleine Stufe weiter emporzusteigen. Und plötzlich fühlte ich mich wie von einer großen Last befreit, von der Angst, dem Zweifel, dem Misstrauen, der Unsicherheit. Befreit vom Einfluss meiner kulturellen Umgebung, von meinem mentalen Überbau, den Steuerungsmechanismen, meinen Gewohnheiten, Vorurteilen, frei an jedem Ort, sei es in Bergamo oder Canicattì, mit oder ohne meine Familie, frei wo auch immer. Und vielleicht würde es mir nun, frei von jedem emotionalen und mentalen Einfluss, gelingen, das für mich richtige Leben zu erkennen und anzunehmen.

Noch einmal dankte ich dem Herrn, dass ich bis zu dem Moment an der Seite Elias hatte sein dürfen und er mir erlaubt hat, so außergewöhnliche Erfahrungen zu machen. Wie hatte ich all das nur vergessen können? Elia und ich haben viele spirituelle und materielle Situationen miteinander geteilt, schwierige und aufregende, aber mein fragiles menschliches Maß hinderte mich manchmal daran, mich an die Tatsache zu gewöhnen, dass seine Mission weiter voran ging. In mir rief es Ängste hervor und gelegentlich auch eine kleinliche Rebellion, obwohl ich Vertrauen hätte haben müssen, nach allem was Fra' Elia mich täglich voller Geduld lehrte und mir vorgelebt hat. Wie auch immer, jetzt hatte ich es begriffen.

29. August 2003 – 9.30 Uhr

An diesem Morgen sind meine Tochter Betta und ihre Familie abgereist, mein Sohn Robi und seine Verlobte haben beschlossen, Grottaglie zu besuchen und mein Ehemann, der nach seiner Diät in Frankreich wieder zurückgekehrt war, las die Zeitung. Endlich konnte ich die Feder wieder zur Hand nehmen, nach ein paar Tagen fröhlichen Durcheinanders und beflügelten Lebens am Strand mit den Kindern und Enkelkindern.

Ich fühlte mich leicht und heiter, auch wenn ich mich in einer Art Stillstand befand. Ich habe in diesen Tagen meine Familie genossen, was schon lange nicht mehr vorgekommen war. Trotzdem fühlte ich mich ein wenig distanziert von meiner Familie, auch wenn ich für sie eine immer größere Liebe empfinde, mit der ich sie gern im Schlepptau hin zu einem größeren Licht mitnehmen möchte. Aber jeder muss seinem eigenen Weg folgen, in seinem eigenem Tempo, und der Herr hat es nicht eilig. Mal sehen, was er für mich bereithält! Elia und ich hörten täglich voneinander. An diesem Nachmittag hatte er lachend zu mir gesagt: „Auch dein Verleger Piero Mantero ist mit deinem letzten Satz nicht einverstanden. Er hat mich angerufen, um mir zu sagen, dass er das Manuskript gelesen hat, das du ihm geschickt hast. Schau mal in die letzte Ausgabe vom ‚*Segno*'. Er hat die letzte Seite veröffentlicht, jedoch die letzten Worte „Meine Aufgabe ist beendet!" weggelassen." Und dabei kicherte er in einem fort.

„Mach dir keine Sorgen," antwortete ich ihm, „ich habe ihm schon den Satz, den wir zusammen verbessert haben, zugeschickt: ‚Segne ihn und führe ihn mit deiner Erleuchtung wie auch bisher, in jedem Moment seines Lebens. Beschütze ihn und hilf ihm, weil er nur mit dir, im Vertrauen auf dich, immer und überall wird hingehen können, als ein Pilger in der Welt und für die Welt.', ist das in Ordnung so?" Intuitiv spürte ich, dass er damit zufrieden war.

Vor dem Ende der Ferien trafen wir uns noch einmal, auch zusammen mit Gualtiero. Wir sprachen nicht ein einziges Mal von irgendwelchen Projekten oder einer zukünftigen Arbeit, die wir üblicherweise sonst immer schon lange im Voraus planten. Wir lebten von Tag zu Tag. Eines Tages besuchten wir auch Pater Oronzo in seinem Haus in Ostuni, wo er bei seiner Schwester zu Gast war. Es gab ein Fest des Hausherrn, und deshalb waren auch Verwandte gekommen, um ihn zu feiern. Ich wurde sehr herzlich empfangen, da alle mein Buch gelesen und auch die Sendung „*Miracoli*" gesehen hatten. Und so kam es, dass jemand mich ganz beiläufig und mit der ihm eigenen Logik fragte, was ich in Bezug auf Fra' Elia zu tun beabsichtige. „Ziehst du in sein Kloster um?" „Wir werden sehen, ich weiß es noch nicht", antwortete ich verblüfft. Das Schöne war, dass sowohl Elia als auch Gualtiero sich in Schweigen übten. Als ich dann später mit meinem Ehemann noch einmal darüber sprach, meinte er, dass es doch ganz logisch sei, dass die Leute dächten, mein Platz sei an der Seite von Fra' Elia. Logisch für den Verleger, logisch für die Leute... außer für Fra' Elia und mich.

30. August 2003

Ich habe soeben von Fra' Elia gehört. Wir haben über den Terminplan für September und Oktober gesprochen. Obwohl ich immer noch fest entschlossen war, auf Distanz zu ihm zu gehen und meine Mitarbeit von mir aus nicht mehr anzubieten, muss ich aber für den Augenblick, bevor Fra' Elia entscheidet wie er sich neu organisiert, unbedingt das zu Ende führen, was ich seinerzeit initiiert habe. Es gab da Schwierigkeiten, weil es für Fra`Elia zu viele Einladungen von Pfarrern für Gebetstreffen gab. Wegen der Verantwortung für sein Kloster wollte er sich nicht zu lange „außerhalb" der Mauern aufhalten und seine jungen Mitbrüder alleine lassen. Am Mittwoch, den 3. September, wollten wir auf unserer Fahrt nach Calvi ausführlicher darüber reden.

Denn in der Tat würden sich im September die ersten zwei Brüder auf Dauer im Kloster einfinden, und dafür war noch eine Menge zu tun, um nicht zu sagen: alles. Seit dem 19. Juli, dem Tag seines Umzugs, war es Fra`Elia und seinen Helfern innerhalb von ein paar Wochen gelungen, zwei Zimmerchen so gut wie möglich herzurichten und den Flur oberhalb des Kreuzgangs zu säubern, der nun als Küche fungieren musste.

Noch gab es weder Licht, noch Gas, noch Glasscheiben an allen Fenstern. Das Dach war baufällig und bei jedem Unwetter kam überall das Wasser durch. Ich fragte mich, wie er es anstellen wollte, diesen feuchten und kalten Ort, der schon seit Jahrzehnten verlassen dastand, vor dem Wintereinbruch bewohnbar zu machen. Aber für Elia stellte das nicht einmal entfernt ein Problem dar. Er hatte schon bei der Gemeinde die nötigen Anträge gestellt und wartete voller Vertrauen auf eine Antwort. Im Augenblick war er ganz allein. In Calvi kannte er nur den Bürgermeister, den Pfarrer und die Postbotin Alberta, die sich zufällig am Ort aufhielt, als er mit seinemTransporter eintraf. Aber nun benötigte das alte und abgenutzte Kloster dringend ein paar Hände zur Arbeit, sowie passende Werkzeuge und die wichtigsten Rohmaterialien, um Notlösungen für die am meisten heruntergekommenen und gefährdeten Teile zu finden. Wenn die Göttliche Vorsehung nicht sofort zur Hilfe käme, dachte ich, würde Fra'

Elia in der Tat nicht in der Lage sein, selbst in diesen Mauern zu wohnen, geschweige denn einer seiner Mitbrüder.

19. Juli 2003 – am Abend

Endlich kam der kleine Transporter, den ein Freund ihm geliehen hatte, vollbeladen mit all den Dingen, an denen er am meisten hing, und mit seinem Bett am Bestimmungsort an: Kloster S. Berardo, Via Francesco – Calvi dell' Umbria. Seine vier Freunde (darunter der zukünftige Frater Sergio, sein Bruder Sandro, Pepe und Massimiliano) halfen ihm ausladen, während die Postbotin Alberta und eine Freundin von ihr, die sich zufällig hier in der Nähe aufgehalten hatte, sich beeilten der Gruppe entgegenzulaufen und ihre Hilfe anzubieten.

Als Fra' Elia das alte Tor offen fand, stürzte er ins obere Stockwerk, wo es ihm mit Mühe gelang eine kleine Tür zu öffnen, für die er den Schlüssel besaß. Der Verfall, bedingt durch die vielen Jahre des Verlassenseins, war ganz offensichtlich, doch Elia schien es nicht zu sehen. Die beiden Zimmer, die seit einigen Jahren unbewohnt waren (mir schien als hätten die früheren Besitzer sie auch als Hühnerstall genutzt), hatten Türen und Fenster, und da war auch ein Bad, von dem man sogar annehmen konnte, dass es funktionierte, obwohl es mit dicken Schmutzschichten bedeckt war.

Und dann der Flur über dem Chor: Wände aus rohem Stein, Spinnweben, Staub und angehäufter Schutt auf dem Boden, zerbrochene Fensterscheiben, und das Dach mit riesigen Löchern!

Die drei jungen Männer, die ihm gefolgt waren, schienen total bestürzt zu sein, aber Elia keineswegs. Er öffnete sogar ein Fenster, um Alberta zu fragen, ob irgendwo im Haus Besen zu finden wären. Er wollte sofort mit dem Saubermachen beginnen, bevor er seine Sachen hoch holte. Alberta erzählte mir, dass Fra' Elia überglücklich war, nicht im geringsten müde von der Reise oder abgeschreckt von dem, was er vorfand. Er teilte jedem sofort eine Aufgabe zu und es gelang ihnen, „das Gröbste" mit den Lappen, die sie in ihren Autos fanden und einem Reisigbesen, der auf der Rückseite des Klosters zusammen mit einer verrosteten Sichel liegen gelassen worden war, zu säubern. Inzwischen machte Elia sich mit erstaunlicher Energie daran, das kniehohe Gras, das den antiken klassischen Brunnen inmitten des Klosters verdeckte, zu schneiden. Als er mit der Arbeit fertig war, durstig und schweißbedeckt, schaute er in den Brunnen.

Es kam ihm vor, als würde er tief unten das Glitzern von Wasser sehen. Ein schneller Blick nach oben, und da war die Rolle für den Ziehbrunnen. Ohne auch nur einen Augenblick nachzudenken, setzte er sie in Bewegung.

Ein paar Sekunden später trank er bereits aus einem im Lauf der Zeit angeschwärzten Eimer ein wunderbar frisches und sauberes Wasser. „Nein!", rief

Alberta ihm zu, als sie ihn sah: „Der Brunnen ist seit Jahren nicht mehr benutzt worden, das Wasser steht seitdem und der Eimer ist eine Tränke für die Mäuse." Aber nun hatte Fra' Elia schon getrunken ...

Vor Einbruch der Nacht gelang es den vier jungen Leuten, alles in Ordnung zu bringen, und gutgelaunt und zufrieden machten sie sich daran, sich in ihren Schlafsäcken zur Ruhe zu legen.

Erste Septemberwoche 2003

Bevor ich aus meinem Urlaub wieder nach Hause zurückkehrte, nahm ich Kontakt mit meinem Malerfreund Gianpaolo Belotti auf, der das Titelbild für den Umschlag des ersten Buchs „Fra' Elia, der Engel mit den Wundmalen Christi" gestaltet hatte. Die Idee stammte zwar von Fra' Elia, aber die künstlerische Ausführung war von Gianpaolo. Ich wollte ihn fragen, ob er auch für das zweite Buch mit uns zusammen arbeiten wolle.

Ich sagte ihm, dass Fra' Elia selbst es war, der an ihn gedacht hätte, und er war sofort begeistert.

„Wann kommt ihr mich besuchen?", fragte er mit einem ein wenig vorwurfsvollen Ton.

„Du hast recht, Gianpaolo, aber du weißt doch, dass Fra' Elia nach Umbrien umgezogen ist, nicht wahr?" Ohne auf seine Antwort zu warten, erzählte ich ihm von den zahlreichen Verpflichtungen Fra' Elias.

Gianpaolo gab sich nicht geschlagen und insistierte: „Ich habe bei „Segno" gelesen, das Fra' Elia Mitte September hierher kommen wird, ich will ihn unbedingt sehen, und dann habe ich einen sehr geschätzten Freund, der ihm vielleicht helfen könnte, sag ihm das!"

„Okay, Gianpaolo, ich hoffe wirklich, dass Fra' Elia für alle Zeit finden wird, ciao."

Als ich Fra' Elia von Gianpaolos Einladung erzählte, sagte er mir, er würde ihn mit Freuden wieder sehen.

Am 3. September, auf unserer Rückreise vom Meer, klopften Gualtiero und ich wie versprochen an die Tür des Klosters, aber niemand antwortete uns. Obwohl es schon einige Tage her war, dass Fra' Elia es in Besitz genommen hatte. Wir versuchten es mit Rufen, mit Telefonieren, mit Absuchen des umliegenden Geländes - vergeblich. Sein Mobiltelefon antwortete, dass er im Augenblick nicht erreichbar sei. Natürlich beschlossen wir zu warten, in der Hoffnung, dass nichts Ernstes passiert war.

Endlich sahen wir ihn von der Ferne mit schnellem Schritt daherkommen. Er kam von der Gemeinde, in die er sich begeben hatte, um die Installationen von Licht und Gas anzumahnen. Wenn er sich Sorgen machte, ließ er es sich nicht anmerken; im Gegenteil, er empfing uns mit großer Wärme, und uns vorausgehend führte er uns den mittlerweile vollkommen sauber gemachten Kreuzgang entlang, ungeachtet des konstanten Herabrieselns von Putz, um mit uns zu den beiden Zimmern hochzugehen, die im Augenblick als Wohnstatt fungieren mussten. Obwohl sie schon etwas eingerichtet waren, wie zum Beispiel mit Bett und Schrank, sah ich noch keine anderen Möbel oder Utensilien, oder sonst Nützliches, das den grundlegenden Anforderungen an ein funktionierendes Haus entsprochen hätte. Ich entdeckte eine aufgeklappte Strandliege, von der Fra' Elia mir erklärte, sie gestern am Markt für ein paar Lire gekauft zu haben, damit wir etwas zum Sitzen hätten! „Noch habe ich weder Tisch noch Stühle", erklärte er uns leichthin. „Weder Ofen, noch Gas, noch Licht, aber im Moment hat Don Filippo sich angeboten, mich zu bewirten:" (Don Filippo ist der Pfarrer eines Ortes in der Nähe, der ein Jahr zuvor den Kauf des Klosters vermittelt hatte, Anm. der Autorin.) „In ein paar Tagen treffen Möbel aus Venetien hier ein, die mir einige Freunde spendieren, und in der Gemeinde hat man mir versichert, dass nächste Woche die Installationen gemacht werden."

Im Hinblick auf die Situation schlug Gualtiero vor in ein nahes Agriturismo zu gehen, um dort zu Mittag zu essen, an einem gedeckten Tisch, wo wir viel leichter unsere Karten offen legen und darüber diskutieren konnten, was zu tun sei. Fra' Elia entschied sich dafür, nicht alle Einladungen, die ihn aus ganz Italien erreichten, anzunehmen. Und obwohl er sich als Pilger in der Welt für die Welt fühlte, zog er es vor, der Meinung seines Bischofs zu folgen. Da er eine geweihte Person war, wollte er gehorsam gegenüber seinen Vorgesetzten sein. Während der Wartezeit würde er seine früher zugesagten Verpflichtungen zu Ende führen, und zwar wie es aussah, bis zum Ende des Jahres. Er schien mir guter Laune, ohne irgendwelche Probleme. Er teilte uns noch mit, dass Don Filippo die Kurie auch schon um einen Termin gebeten habe und er selbst ihn dorthin begleiten wolle.

Alles lief also bestens. In der Zwischenzeit hatte er die Zweige des alten Feigenbaums beschnitten, die ihn daran gehindert hatten, das Fenster seines Zimmers zu öffnen und tausend andere Sachen erledigt: sich von Gerümpel befreit, geputzt, Platz geschaffen, um sich später ordentlich einrichten zu können. Er hatte sich auch ein paar Eisenregale gekauft, die er in der zukünftigen Küche anbrachte, um die noch verpackten Töpfe und Teller dort abstellen zu können.

Er wollte alles alleine machen, bevor seine Mitbrüder eintrafen, damit sie ihre Wohnstatt so angenehm wie möglich vorfanden.

Gegen Mitte September begann Fra' Elia wie vorgesehen mit seinen Gebetstreffen in und um Bergamo. Und so trafen wir uns an einem lauen Herbstabend wieder, der Maler Gianpaolo und seine Frau Lucia, Fra' Elia und ich, auf dem wunderbaren Landgut von Franciacorta, als Gäste unseres Freundes Demetrio und seiner Familie. Gianpaolo hatte alles organisiert und seltsamerweise hatte Fra' Elia nichts dagegen einzuwenden gehabt. Seit langer Zeit schon nahm er von niemandem mehr private Einladungen an, sei es, weil er einfach keine Zeit mehr dafür hatte, oder, weil er darüber hinaus auch nur noch zu Gebetstreffen verreiste, wenn er von einem Pfarrer dazu eingeladen worden war. In diesem Fall zog er es vor, sein Gast oder der einer religiösen Institution zu sein.

Doch für seinen Malerfreund hatte er eine Ausnahme gemacht. Nach dem Abendessen zogen sich Signore Demetrio und seine Frau mit Fra' Elia zurück, während Gianpaolo und ich uns über das Titelbild des zweiten Buches einig wurden. Seine Idee, geringfügig anders als meine, gefiel mir sofort und in wenigen Tagen würde er uns die ersten Entwürfe zur Prüfung vorlegen. Zum Glück hatte Fra' Elia noch ein paar Tage im Norden zu tun, sodass er vor seiner Rückkehr noch dazu kommen würde, sich die Entwürfe anzuschauen. Jetzt war nicht mehr viel Zeit zu verlieren, da der Verleger das Buch noch vor Ende des Jahres der Öffentlichkeit präsentieren wollte!

Auf der Fahrt zurück nach Hause erzählte Fra' Elia mir, dass Signore Demetrio ein Bauunternehmer war, der Baustellen in ganz Italien betrieb. Er wolle ihm sehr gerne bei der Restaurierung des Klosters helfen und ihm zu diesem Zweck schnellstmöglich einen Trupp Bauarbeiter aus Caserta schicken, die im Augenblick frei waren: fünf bis sechs Arbeiter, für die es kein Problem darstelle, sich von ihrem Standort aus nach Calvi zu begeben. Er sagte mir auch, dass er sie sogar für einen Monat bezahlen würde, genauso wie die Baumaterialien und alles Nötige, um mit der Arbeit anfangen zu können. „Und während wir für die Kost und das Logis sorgen", fügte er hoffnungsfroh hinzu, „wird die Göttliche Vorsehung für den Rest sorgen!"Und so würde sich Anfang November der Maurerpolier Giuseppe mit seiner ganzen Mannschaft, bestehend aus dem Riesen Alessandro, Pietro, Antonio und Vincenzo, im Kloster in Calvi einfinden, um dort für einen Monat zu bleiben und mit den Arbeiten zu beginnen.

20. – 21. September 2003

Wir beendeten die Gebetstreffen vom September mit einem Besuch bei unserem Verleger und einem Besuch in Cercivento.

Ich erinnere mich an das Datum, da ich in jenen zwei Tagen die Zeugin zweier ziemlich einzigartiger Episoden geworden bin.

In Cercivento mussten wir einiges über Fra' Elias Pläne bezüglich des Anbaus von Heilpflanzen besprechen und über die zukünftige Gemeinschaft für

Jugendliche in Nöten, für die sich der Bürgermeister mit so viel Beharrlichkeit eingesetzt hatte. Die Sache kam gut voran und wir waren alle außerordentlich zufrieden. Am Abend aßen wir alle zusammen im Haus des Bürgermeisters Dario und seiner Frau Irma. Fra' Elia blieb über Nacht bei ihnen, während ich bei unseren Freunden Manuela und Giuliano zu Gast war. Am Morgen standen wir früh auf. Wir waren alle zum Frühstück bei Dario eingeladen, der uns danach zu unserem Verleger begleiten wollte - etwa eine Stunde mit dem Auto entfernt. Fra' Elia machte den Eindruck, schlecht geschlafen zu haben, und darum erkundigte ich mich bei ihm, wie es ihm gehe. „Mir geht es gut", antwortete er ausweichend. Dann wandte er sich zu Irma und fuhr fort: „Heute Nacht habe ich eine junge Frau, die wie eine Braut gekleidet war, aus dem Schrank kommen sehen. Sie kam an mein Bett, lächelte mir zu und ging dann wieder weg. Vielleicht ist es die Seele eines jungen Mädchens, das einmal in dem Haus gewohnt hat und vor langem ganz plötzlich gestorben ist. Sie muss schon lange hier sein, weißt du etwas darüber, Irma?"

Irma, ziemlich verblüfft, bestätigte auf der Stelle die These von Fra' Elia. Sie erinnerte sich daran, dass eine Urahnin von ihr genau in jenem Zimmer gestorben war, und zwar genau am Tag ihrer Hochzeit. „Ich kenne die Geschichte nicht ganz genau, aber ich erinnere mich, dass meine Großmutter sie oft erzählt hat! Was soll ich jetzt tun, Fra' Elia?" „Lass für sie Messen lesen!" war seine Antwort.

Ungefähr eine Stunde später waren wir schon in Feletto Umberto, wo uns ein Meer von Menschen erwartete.

Der Tag spielte sich ab wie immer: Treffen in Gruppen von 10 – 15 Personen, intensives Gebet und am Ende Heilige Messe, zelebriert von Pater Bruno, einem Kapuzinerpater und guten Freund von Fra' Elia.

Nach der Messe gelang es Pater Bruno endlich, sich durch die Menge, die Fra' Elia umgab, einen Weg zu bahnen. Um die vielen Menschen, die noch mit ihm sprechen wollten, nicht vor den Kopf zu stoßen, begleitete Fra' Elia, ein paar artige Worte an sie richtend, Pater Bruno in den Garten. „Gestattest du mir auch, zwei Minuten mit dir zusammen sein? Wir sehen uns ja kaum noch, deshalb muss ich es ausnutzen, wenn die Gelegenheit sich bietet. Erinnerst du dich hin und wieder noch an mich?"

Seine Worte hatten einen humorvollen Ton, obwohl auch ein wenig Bedauern mitschwang, da ihre früher einmal im Monat stattfindenden Treffen seit einem Jahr eine andere Richtung bekommen hatten. Fra' Elia umarmte ihn, während ich, ein wenig abseits stehend, seine Antwort mithören konnte: „Nicht nur vergesse ich dich nicht, sondern heute, an Pater Pios Namenstag, habe ich sogar noch eine Botschaft für dich. Er hat mir gesagt, dass du sein spiritueller Sohn bist, aber dass es zwischen euch ein Missverständnis gegeben hat."

Dann rief Fra' Elia mich zu sich. „Fiorella, hast du Papier und Feder?" „Ja", sagte ich und lief sofort zu ihnen hin. Ich lehnte mich an eine Mauer und schrieb eilig auf, was Fra' Elia mir für Pater Bruno diktierte. Als er das Geschriebene las, war Pater Bruno tief gerührt, da er perfekt verstand, worauf Pater Pio sich bezog und dadurch in Fra' Elia einen wirklichen Boten des Herrn erkannte.

Roberto

Während der Rückfahrt erhielt ich einen Anruf meines Ehemannes. In der Regel ruft er mich, wenn ich mit Fra' Elia auf Reisen bin, nie an. Er weiß genau, dass meine Mitarbeit unter diesen Umständen hektisch und kompliziert ist. Deshalb wartete er stets auf meinen abendlichen Anruf, bei dem wir dann immer wie gewohnt unsere familiären und spirituellen Erlebnisse auf den aktuellsten Stand brachten.

Darum war ich sehr erstaunt seine Stimme zu hören: „Ich habe gerade mit Roberto in Rom gesprochen. Er hat versucht, dich am Handy zu erreichen, aber es war ausgeschaltet. Sie haben soeben erfahren, dass sein Bruder eine überaus schwere Form von Leukämie hat. Er wollte dich bitten, mit Fra' Elia darüber zu sprechen."

Obwohl ich bestürzt und schmerzlich betroffen war, war mir im Moment nicht danach, Fra' Elia zu stören. Es war zehn Uhr abends und er schien mir sehr müde zu sein. „Wir werden morgen mit ihm darüber reden", erwiderte ich ihm.

„Wenn er morgen noch lebt!", sagte mein Mann mit Nachdruck. An diesem Punkt, als hätte er unsere Unterhaltung mitgehört, unterbrach Fra' Elia mich und sagte: „Sag Gualtiero, dass Roberto mich auf der Stelle anrufen soll."

Roberto ist ein junger Mann von 35 Jahren, der seine erste Liebe geheiratet hat. Jetzt ist er Vater von zwei prächtigen Kindern. Er war einige Jahre Mitarbeiter unserer Firma. Er war so gut und pflichtbewusst, dass mein Ehemann bald daran dachte, ihn zum Vertragshändler unserer Produkte für die gesamte Region Latium zu befördern. In seiner Jugend, die er in Rom verbracht hatte und begünstigt durch seine Unbefangenheit, nicht zuletzt auch durch sein gutes Aussehen, wurde er früh Teil einer Gruppe Jugendlicher um die Showmasterin *De Filippi* in der TV-Serie „Amici" (Freunde). Dies war eine tägliche Sendung für junge Leute, die auch nach seiner Einstellung in unsere Firma noch weiterlief.

Als die Serie ausgelaufen war, bot ihm die Gesellschaft an, innerhalb der Organisationsgruppe weiter für sie zu arbeiten, und im Hinblick auf das sehr interessante Gehaltsangebot beriet er sich auch mit mir und Gualtiero darüber.

Für Roberto war die Wahl nicht leicht, vor allem weil er uns mehr als Freunde denn als Arbeitgeber sah. Er wusste aber, dass die Möglichkeit, Karriere bei den Medien zu machen, seinem Wesen eher entsprach. Jedenfalls haben wir uns nie aus dem Augen verloren. Jedes Mal, wenn wir in Rom zu Besuch bei Gualtieros Mutter sind, ist das Frühstück mit Roberto in der Bar unten im Haus sozusagen Pflicht, was noch dadurch erleichtert wird, dass wir nicht weit voneinander wohnen. Er war einer der ersten, der mein erstes Buch über Fra' Elia gelesen und uns geglaubt hat. Und nun suchte er verzweifelt, mich zu erreichen.

„Hallo... ciao Roberto!" Nach den ersten Worten nahm Fra' Elia mir das Handy aus der Hand und führte das Gespräch mit ihm weiter. Ich erinnere mich, dass er Roberto nur wenige Sekunden zuhörte, bevor er ihn beruhigte und sagte: „Ich bin sicher, dass diese Krankheit genauso verschwinden wird, wie sie gekommen ist." Es war das erste Mal, dass ich Fra' Elia mit absoluter Sicherheit bestätigen hörte, dass es eine Heilung geben würde. Ich war kurz erstaunt, beruhigte mich dann aber wieder und war so glücklich für Roberto, dass ich nicht im mindesten daran zweifelte, Fra' Elia könnte sich irren.

Wir kamen sehr spät und sehr müde in Bergamo an, doch am nächsten Tag konnte Fra' Elia sich keine Minute ausruhen. Am frühen Morgen, bevor er wieder losmusste, holte Curzio ihn ab, um mit ihm zusammen einen Ofen zu kaufen. In Kürze würde der Winter in Calvi beginnen!

Curzio

Über diesen Freund von Fra' Elia habe ich bereits in meinen vorhergehenden Büchern gesprochen. Er war sein erster Freund in Bergamo, jener, der noch vor uns allen von Fra' Elia eingeladen worden war, ihm während seiner „Passion" im Haus seiner Mutter in Apulien beizustehen und mir darüber sein Zeugnis gab. Ich glaube, dass ich Curzio gar nicht so zu beschreiben vermag, wie er es verdient.

Er ist nicht nur ein Freund (brüderliche Freunde hat Fra' Elia viele), auf den er immer zählen kann, sondern er besitzt die schönsten Tugenden, wie Bescheidenheit, Loyalität, vollkommene Verfügbarkeit; das alles neben einer lebhaften Intelligenz, vereint mit einer großartigen Ausgeglichenheit und einem festen Glauben. Er ist ein feinfühliger Musiker und ein überaus fähiger Experte für Informatik. Nach dieser kurzen Vorstellung muss ich zumindest auch noch hervorheben, dass seine spirituellen Fähigkeiten noch unendlich viel größer sind, und erst wenn man ihn näher kennt, ist man in der Lage sie zu erkennen. Wann immer Fra' Elia in Bergamo eintrifft, dem zentralen Ausgangspunkt für alle Gebetstreffen in Norditalien, ist Curzio stets für ihn da, nicht nur für seine normale Mitarbeit und die zahlreichen Aktivitäten innerhalb der Stiftung, sondern vor allem auch als ein vertrauenswürdiger Freund für delikate Aufgaben. Seit ein paar Jahren arbeite ich viel mit ihm zusammen. Sagen wir, wenn ich die „Sekretärin oder Assistentin“ von Fra' Elia bin, dann ist er seine rechte Hand und auch - die meine. Es ist ungewöhnlich, das zu sagen, aber wir stimmen immer in allem überein, vielleicht weil wir ähnlich gelagerte Persönlichkeiten sind, die uns gestatten mit derselben Logik zu denken; da wir aber auch beide täglich direkt mit Fra' Elia in Verbindung stehen, fällt es uns leichter, die Dinge klar zu erfassen und mit größter Ruhe voranzubringen.

Nach seinem Besuch im Friaul hatte Fra' Elia gerade die Zeit, für ein paar Tage nach Calvi zurück zu kehren und endlich zwei seiner Mitbrüder zu empfangen. Gleich danach ging es wieder zurück nach Mailand, zur Pfarrgemeinde der *Santissima Trinita*, wo er für Anfang Oktober von hunderten Gläubigen erwartet wurde, die aus allen Teilen Italiens anreisten.

Nachdem die Gebetstreffen dort zu Ende waren, kehrte Fra' Elia nicht nach Calvi zurück, weil er am 3. Oktober schon wieder in Sizilien sein musste, genauer gesagt in Lucca Sicula. Deshalb beschloss er, vom Flughafen Mailand direkt nach dort weiterzureisen und fragte mich, ob ich ihn begleiten würde.

Den einen Tag Pause ausnutzend, baten ihn meine beiden Freundinnen Stefania und Antonietta, die ihm bereits angeboten hatten, ihm bei seinem Projekt zu helfen, ein paar alte Freunde aus Bergamo in dem wunderschönen Park der Villa von Stefania zu treffen. Ich erinnere mich, dass dieser 2. Oktober 2003 ein äußerst milder und sonniger Nachmittag war, als Fra' Elia, begleitet von Curzio und mir, dort von etwa dreißig Freunden empfangen wurde, die es gar nicht erwarten konnten, ihn wiederzusehen.

Unter ihnen waren auch Rechtsanwalt Maurizio Asti mit seiner Mutter und der Ingenieur Alberto Noro, der bereits in Verona die Gelegenheit hatte, ihn kennen zu lernen. Und wie das immer so ist, wollte jeder mit Fra`Elia privat sprechen, und so kam es, dass er trotz der anstrengenden Tage in Mailand stundenlang auf einer Steinbank, versteckt unter einer jahrhundertealten Eiche, saß, um allen zuzuhören und sie zu trösten.

Curzio und ich erzählten derweil von ihm. Die alten Freunde wollten weiter über sein Leben informiert sein, und alle wollten die Geschichte dieses jungen Mannes hören, über den soviel gesprochen wurde. Ich verkaufte auch eine Menge Bücher, die dazu beitrugen und immer noch dazu beitragen, wie Tropfen im Meer, einen Ziegelstein mehr für sein Kloster kaufen zu können. Auch bei dieser Gelegenheit, und auch danach, erhielt ich zahlreiche Zeugnisse von Gnaden, die der Herr vom Himmel regnen ließ, vielleicht weil er durch Fra' Elia ein Zeichen seiner Größe geben wollte.

Obwohl ich das Datum für meinen Umzug aus der Altstadt für den 10. Oktober angesetzt hatte, nahm ich die Einladung, Fra' Elia nach Sizilien zu begleiten mit großer Freunde an. Ich hatte mich bereits zur Genüge vorbereitet, und so würde ich es bei meiner Rückkehr sicher schaffen, die letzten Sachen einzupacken. Unser neues Haus, ein alter umgebauter Bauernhof, lag in der unmittelbaren Umgebung der Stadt, in einer ruhigen hügeligen Gegend, und an den Ufern eines sprudelnden Bächleins. Was für mich aber am meisten zählte war, dass auch meine Tochter Elisabetta mit ihrer Familie dorthin ziehen würde - direkt neben uns. Deshalb konnte ich kaum die Stunde unseres Umzugs erwarten. Ein großes Haus mit vier Etagen zu räumen und es auf eine Etage zu reduzieren, von halber Größe, stellte mich vor eine lange und schwierige Arbeit des Aussonderns und der Organisation. Speziell im Hinblick auf Fra' Elias Reisen blieb mir wenig Zeit dafür, und es erwarteten mich auch noch die letzten Messetermine, und die Mitarbeit in der Firma, die unseren Betrieb gekauft hatte, würde erst Ende des Jahres aufhören. Mir war bewusst, dass ich mich auf zu viele belastende Aufgaben eingelassen hatte, aber ich war voller Begeisterung wegen all dem erfreulichen Neuen in meinem Privatleben, und so rüstete ich mich mit viel Kraft und gutem Mut, um alles so gut wie möglich über die Bühne bringen zu können.

Ich beschloss jedoch, mir eine Pause für spirituelle Reflektionen gleich nach den Gebetstreffen in Modena am 18. und 19. Oktober zu nehmen. Ich spürte, dass ich sie wirklich nötig hatte. Für November hatte Fra' Elia nur eine Einladung nach Verona angenommen, und da Anna und Gian ihm dort halfen, würde er mich gewiss nicht brauchen. Danach würde er einen Monat lang Calvi nicht mehr verlassen, da er so viel wie möglich mit den Bauarbeitern, die Demetrio ihm schickte, zusammen arbeiten wollte, damit er ihnen während dieser Zeit soviel wie möglich von Nutzen sein konnte.

Wie immer waren die Tage in Mailand, genauso wie in Sizilien, bereichernd und angefüllt mit intensivem Gebet und begeisternden Erlebnissen, worüber ich einen Artikel hier einfügen möchte, der Ende des Jahres 2003 bei „Segno" erschienen ist.

Worte von Fra' Elia

Von jetzt an werde ich nicht mehr von überfüllten Kirchen erzählen, von Reisebussen, die aus ganz Italien ankommen, von langen Schlangen von Gläubigen, die sich anstellen, um von Fra' Elia die Eucharistie zu empfangen, oder von den flehentlichen Bitten während der Anbetung. Auch nicht von außergewöhnlichen Ereignissen, die ständig auf die Fürbitten von Fra' Elia von den Aposteln Gottes erfolgen. Von jetzt an ist es immer das gleiche, wohin immer ich ihn auch begleite, von Mailand nach Lucca Sicula, einem Dörfchen mit 2500 Seelen, hundert Kilometer von Palermo und achtzig Kilometer von Agrigent entfernt. Ich würde mich nur wiederholen. Stattdessen möchte ich seine mit unschuldiger Schlichtheit in den Pfarrgemeinden vorgetragenen Worte niederschreiben, weil es das ist, was Fra' Elia will: das Wort Gottes zu denen zu bringen, die nach ihm suchen und zu den verlorenen Schafen, die gar nicht wissen dass sie verloren sind.

Hier also einige Auszüge:

Ich bin ein Redner, welcher gekommen ist um eure Herzen aufzurütteln. Ich bin genauso wie ihr, gleich mit euch, ein Kind Gottes, wie ihr. Vielleicht bin ich eine Stufe weiter, weil der Herr mich gesandt hat, ein Pilger in der Welt und für die Welt zu sein. Das Leben ist ein Geschenk Gottes. Die Jugend muss lernen, sich ihm zu stellen und es zu lieben. Von klein an müssen sie wissen, und zwar von ihren Eltern, dass das Leben hart ist und man alles mit der Hilfe Gottes erreichen muss. Das hilft sehr, vor allem dabei, nicht das zu wollen, was man nicht haben kann. Schließt die Tür zum Herrn nicht aus Stolz, Überheblichkeit, Arroganz. Erhaltet euch eure Unschuld ... eure Unschuld, eure Arglosigkeit, muss an erster Stelle stehen. Treten wir nackt vor den Herrn und sagen wir ihm die Wahrheit. Er wird uns verstehen und uns helfen. Leider sind es in dieser Welt immer die Unschuldigen, die Arglosen, die bezahlen müssen. Beten wir für sie.
Beten wir für die Familien der Kranken, der Gefangenen, der Ausgestoßenen.
Beten wir für die Ehepaare, die getrennt leben.
Beten wir für die Familien in Unfrieden und Schwierigkeiten.
Beten wir für die verlassenen Kinder.
Beten wir für jene, die keine Kinder haben, sich aber welche wünschen.

Nachdem er in Sizilien auch über die großen Probleme gesprochen hatte, die die ganze Menschheit betreffen, wie zum Beispiel der Zerfall der Familien, Ehebruch, Selbstmord und Verbrechen oder Drogen, wandte sich Fra' Elia sehr besorgt, aber mit großer Autorität, an die Anwesenden und fragte sie: „Warum geht ihr zu Wahrsagern und Hexen, um eure Probleme zu lösen? Warum habt ihr neben dem Kreuz, das ihr um den Hals tragt, auch noch einen Talisman? Gott braucht keinen Talisman an seiner Seite. Gott ist Gott und er allein ist euer Heil, das einzige Heilmittel für eure Leiden! Bei ihm findet ihr Heilung, im Haus des Herrn, an der Seite Jesu. Kommt ins Haus des Herrn, er wartet immer auf euch, und nicht nur, wenn ihr ihn braucht! Er schenkt euch jeden Tag Gnaden, auch wenn ihr sagt, dass es nur das Glück war.

Wenn ihr Probleme habt, bekommt ihr eine Depression, und wenn ihr dann mental oder körperlich schwach seid, könntet ihr leicht in die Hände des Teufels fallen. Gebt acht bei Eifersucht, Neid, übler Nachrede, wovon der Feind sich nährt, um noch größeres Übel zu bewirken. Das geschieht häufig, wenn wir uns schwach fühlen und nicht Gott suchen. Wir können nicht allein leben und dem Weg allein folgen, ohne Ihn! Der Mensch kann nicht so anmaßend sein zu glauben, dass er alles alleine machen kann, ohne göttliches Eingreifen! Mit seiner Hilfe schaffen wir es, dass sich das Blatt wendet, dass wir wieder stark werden, neu beginnen und gegen das Böse angehen, gegen die Depression und die Versuchungen des Teufels. Gott möchte nicht, dass wir unglücklich sind. Mit ihm an unserer Seite gelingt es, allem und jedem mit Freude entgegen zu treten - und Freude ist ansteckend.

Die eheliche Liebe ist wie die Liebe Gottes für die Kirche! Sie ist heilig und von Gott gewollt.

Vater und Mutter dürfen sich nicht in das Leben ihrer Kinder einmischen. Sie setzen sie in die Welt, nicht um sich selbst zu verwirklichen, sondern um sie gehen zu lassen, damit sie in Freiheit ihre eigene Wahl treffen können, besonders in der Liebe. Es ist Gott, der in ihre Herzen einen Funken eingepflanzt hat, der sich im richtigen Moment entzünden muss. Nicht die Eltern dürfen die Wahl für sie treffen oder sie bei ihrer Wahl beeinflussen. Dann werden die beiden ein Fleisch, und mit Gottes Hilfe werden sie alle Gelegenheiten meiden, die sie von ihrem heiligen Versprechen abbringen könnten. Dazu braucht man den Willen, mit der Familie vereint zu bleiben, nicht nur aus Liebe zu Gott, sondern auch aus Liebe der Eheleute zueinander und zu den Kindern. Die Liebe innerhalb der Familie ist wie eine Blume, die man jeden Tag gießen muss, durch den gemeinsamen Dialog und durch den Willen, miteinander zu wachsen, immer im Vertrauen auf die Hilfe des Herrn. In ihn Vertrauen zu haben, darin liegt das alleinige Heil! Und die ohne Schuld geschiedenen Männer und Frauen? Sie können und müssen in das Haus des Herrn gehen und Trost in der Kirche suchen. Jeder muss ins Haus des Herrn kommen, fühlt ihr euch an der Seite Jesu denn nicht geborgen?

Warum fahrt ihr dann fort, zu den Wahrsagern und Hexen zu gehen, um eure Zukunft zu erfahren? Was für eine Rolle spielt es, sie zu wissen? Der Herr begleitet euch immer, er führt euch, er hat euch niemals verraten, was gibt es denn Besseres für euch? Warum wendet ihr euch nicht an Ihn und bittet ihn um Gnaden und um Kraft? Wenn euer Herz aufrichtig ist, wird der Herr euch erhören. Heute wird der Pfarrer die Fürbitten sprechen, vereinigen wir uns mit ihm voller Vertrauen und Hoffnung! Ruft nicht die 444-666 an. Gott ist viel größer, viel mächtiger, viel barmherziger! Beten wir auch für all jene, die ihn nicht kennen. Das gemeinsame Gebet ist wie ein Strom Lava, der mit ganzer Macht zum Himmel hoch steigt. Und Gott hört es.

Beten wir auch für die Geschiedenen, die verlassenen worden und einsam sind, für die von der Gesellschaft Ausgegrenzten, für die misshandelten Kinder, für die abgetriebenen Kinder, für die Märtyrer der Kriege, für die Missbrauchten, für alle vergessenen Personen.

Wenn ihr den Priester fragt, wie es ihm geht, antwortet er euch immer, dass es ihm gut gehe, auch wenn das gar nicht stimmt. Trotzdem strahlt er immer. Er lebt für euch und er liebt euch. Trotzdem lasst ihr ihn oft allein und er leidet deswegen genauso wie ich leide. Behaltet in euren Herzen die Liebe für die Kirche, die euer Zuhause ist. Der Priester ist einfach nur jemand, der Euch führt und leitet. Der Herr spendet euch durch seine Worte Trost. Kommt in die Kirche, vertraut euch ihm an und er wird euch helfen, euch trösten, euch auf eure Fragen eine Erklärung zu geben versuchen. Ihr werdet überrascht sein, wie einfach das Leben euch dann erscheinen wird. Heute ist die Kirche voll, aber morgen? Kommt nicht nur wegen mir. Morgen werde ich nicht mehr da sein, aber ich wünsche mir, dass dieses Haus so voll bleibt wie heute, wenigstens einmal in der Woche. Schreibt in eure Herzen das ein, was ihr hier in dieser Kirche am Tag eurer Taufe eingeschrieben bekommen habt, bei eurer Firmung, bei eurer Hochzeit und eines Tages beim Sakrament der Letzten Ölung. Hier ist es, wo ihr die besten Geschenke eures Lebens erhalten habt! Hier leuchtet die Flamme des Friedens, des Glaubens, der Hoffnung, der Vergebung, der Liebe, der Bekehrung, genauso wie sie in euren Herzen wieder aufflammen muss. Es ist die Flamme, die jeder von euch in seinem Innersten angezündet bekommen hat, damit es euch gelingt, ihn jeden Tag zu sehen und euer Leben mit ihm zu teilen. Nur mit der Gnade Gottes kommt man voran! Aber um ihn hören zu können, muss man seinen Geist leer und frei von allem Denken machen! Und in der Kirche können wir unseren Geist frei von allem machen, alleine, vor dem Kruzifix, und dort ist der Platz, wo er zu uns sprechen wird."

Bruder Sergio und seine Mama Signora Rosa

Als der Maurerpolier Giuseppe am 2. November sich mit seinem Bautrupp im Kloster vorstellte, um mit der Arbeit zu beginnen, wurden sie, außer von Fra' Elia auch von Fra' Sergio, damals noch Postulant, und dem jungen Fabio empfangen. Der hatte darum gebeten, eine Zeit lang für eine spirituelle Erfahrung im Kloster verbringen zu dürfen; auch dabei Schwester Domenica, die am 25. Oktober hier eingetroffen war. Die anderen zukünftigen Mitbrüder mussten noch etwas warten, bis ihre Räume fertig waren. Fra' Elia beschloss, die Renovierungsarbeiten am Dach zu beginnen, da ihm ein Stück der verfaulten Zwischendecke auf den Rücken gefallen war, zum Glück ohne ernsthafte Folgen. Gleich danach wollte er ein Zimmer für zwei andere Mitbrüder und ein kleines Zimmer und Bad für Schwester Domenica herrichten lassen. Sie war die erste Schwester der wachsenden Gemeinschaft und im Augenblick noch gezwungen, in einem anderen Kloster in der Nähe von Calvi zu wohnen. Die dafür vorgesehene Zeit war ein Monat, aber diese Aufgabe war weder einfach noch leicht, weil die Probleme, die nach und nach auftraten, gelinde ausgedrückt, gigantisch waren.

Fra' Sergio war also der erste Mitbruder, der aufgenommen worden war, und zwar genau am 24. September des Jahres 2003.

Er war Fra' Elia das erste Mal während eines Gebetstreffens in Spinea begegnet, im Januar2002. Wenn ich meine Notizen von damals nachlese, lese ich, dass er in Gesellschaft seines Bruders und seines Freundes Massimiliano war. Es sind dieselben, die Fra' Elia bei seinem Umzug von Bergamo nach Calvi geholfen hatten.

Das Seltsame war, dass Fra' Elia in Spinea, während der Kommunion, ausgerechnet Fra' Sergio ein Kreuz auf die Stirn zeichnete, und niemand anderem. Er machte diese Geste so schnell, dass niemand sie bemerkte, außer die beiden Freunde hinter ihm, die ziemlich perplex darüber waren. Auch Sergio gelang es nicht, sich darauf einen Reim zu machen. Diese erste Begegnung mit Fra' Elia erschütterte ihre Seelen so sehr, dass sie beschlossen, auch für das nächste Gebetstreffen im April nach Spinea zurückzukehren.

Dieses Mal kam auch Signora Rosa mit ihnen, die Mama von Sergio und Sandro, sowie ihr Freund Pepe. Wie üblich, wurden alle zusammen als Gruppe von Fra' Elia empfangen. Trotz der wenigen Worte, die gewechselt wurden, war Signora Rosa im innersten tief berührt und folgte Elia seither in alle Städte des Nordens, begleitet noch von vielen anderen Leuten. Bald nach diesem Sonntag im April bekam Signora Rosa einen Telefonanruf von Anna aus Verona (die am Sitz der gemeinnützigen Stiftung der Gemeinschaft der Apostel Gottes wohnte). Sie wollte ihr sagen, dass Fra' Elia am nächsten Samstag gern ihren Sohn Sergio in Verona sehen würde. Mama Rosa war verblüfft, leitete die Botschaft aber an ihren Sohn weiter. Der erklärte jedoch überrascht, er habe nie darum gebeten, Fra Elia zu treffen. Von Neugier gepackt, stellten Sergio und seine Freunde sich in Verona vor und wurden nach etwa einer Stunde von Fra' Elia empfangen, der sie wie beiläufig fragte, was er denn für sie tun könne.

Verwirrt antworteten sie ihm, dass sie einen Telefonanruf mit einer Einladung von Signora Anna bekommen hätten. Fra' Elia lächelte und erwiderte, dass dies ganz unmöglich sei, da er sie extra angewiesen hätte, niemanden anzurufen. Nach ein paar Minuten jedoch begann er mit jedem von ihnen über ihre Probleme zu sprechen, und während er redete, schob er ganz ungezwungen seine Kutte hoch, um ihnen seine Stigmata zu zeigen. Jener Moment intimer Ergriffenheit und Teilnahme markierte den Beginn einer aufrichtigen spirituellen Beziehung, die sich in der Folge immer weiter entwickelte. Von dem Tag an begannen die Dinge, über die sie mit Fra` Elia gesprochen hatten, sich für die ganze Familie zu verbessern, sowohl in Bezug auf ihre Gesundheit als auch auf ihre Arbeit.

Einen Monat später war Fra' Elia selbst es, der Mama Rosa zuhause anrief. „Fast wäre ich in Ohnmacht gefallen", erzählte sie mir, als ich Gelegenheit hatte, sie besser kennenzulernen. „Ich wusste nicht, was ich sagen sollte, aber Fra' Elia nahm mir sofort jegliche Befangenheit, sodass es mir gelang, ihm für die empfangenen Besserungen zu danken. Andere Telefonate mit meinen Söhnen folgten. Ich erinnere mich, dass er einige Zeit später sogar kam, um die Büroräume Sandros zu segnen, und genau bei dieser Gelegenheit bemerkte ich, dass seine weiße Kutte zu weit war und auch schlecht geschnitten. Ich weiß nicht, woher ich den Mut nahm, ihn um Erlaubnis zu fragen, ihm ein Gewand schneidern zu dürfen, da ich doch früher als Schneiderin bei einer großen Firma in Deutschland tätig war. Fra' Elia dachte einen Augenblick nach und stimmte dann zu. Ich war überglücklich und fing sofort an, mich darauf vorzubereiten.

Am nächsten Tag begab ich mich zu unserem Freund Massimiliano, Inhaber eines großen Stoffgeschäfts, für den es kein Problem war, mir sowohl einen passenden Stoff als auch farbfeste grüne Borten zu besorgen, die so schwer zu finden sind. Und dann ging mir alles mit größter Leichtigkeit von der Hand, ohne Hindernisse, ohne Fehler. Von dem Tag an bin ich die Schneiderin von Fra' Elia!"

Und von einem Tag zum anderen geriet Rosa in einen wunderbaren Zustand der Gnade, der ihr gestattete, auch in ihrem Haus den unverwechselbaren Duft Fra' Elias wahrzunehmen, genauso wie die sanfte Berührung ihres Schutzengels und die zarten Geräusche himmlischer Präsenzen, die täglich halfen und ihr Sicherheit und Frieden vermittelten.

Schwester Domenica

Geboren in Trient, ist Schwester Domenica stark wie ein Fels, eine wahre Apostolin des Glaubens, nach Wissen dürstend, demütig und sanft, jedoch gleichzeitig voller Mut und unbezähmbar. Sie ist eine unermüdliche Trösterin für die Notleidenden, ein sicherer Hafen für ihre Freunde, aber ein „harter Knochen" für ihre Feinde. Als kleine Waise war sie in einem Kloster mit eiserner Disziplin aufgewachsen, doch es mangelte ihr nicht an frühkindlicher Liebe, die die Oberin ihr wie einem eigenen Kind zukommen ließ. Schon ziemlich früh erkannte sie in ihrem Herzen den Ruf des Herrn und wurde Ordensschwester.

Ich kann gar nicht anders als lächeln, wenn ich daran denke, wie Schwester Domenica abends auf einem ungemütlichen Stuhl in der Küche des Klosters sitzt und sich *„Ranger"* anschaut, eine Sendung am frühen Abend, die von texanischen Aufsehern zu Pferd erzählt, bei denen die Guten immer die Bösen besiegen. Es ist unausweichlich, dass sie sich nicht zurückhalten kann, dabei auszurufen: „Los, mach schon, gib es ihm, na endlich!“, wie es die Kinder machen, weil die Ranger unbedingt alle Bösewichte zu vernichten hatten. Diese kurzen Momente der Erholung sind ihre einzigen am Tag, da es unendlich viel Arbeit für sie zu tun gibt neben den intensiven Zeiten des Gebets, auf die sie nicht verzichten kann, sowie dem nachmittäglichen Rosenkranz mit Fra' Elia. Die Speisekammer und die Küche sind ihr anvertraut, und jeden Tag gibt es zwölf bis fünfzehn, manchmal sogar achtzehn Personen zu verköstigen, mittags und abends. Sie weiß nie genau, wie viele zusätzliche Tischgenossen es über die Mitglieder der Gemeinschaft hinaus geben wird. Fra' Elia bittet gewöhnlich alle zum Essen, die kommen, um bei der Arbeit mitzuhelfen. Die Klosterregel besagt, dass jeden Tag alles geteilt werden muss, was die Göttliche Vorsehung schickt und Schwester Domenica bestätigt, dass es niemals an etwas fehlen würde.

Jetzt Schwester in Pension, war sie viele Jahre lang Lehrerin in einem Kindergarten an verschiedenen Orten der Halbinsel gewesen: in Kalabrien, am Lago Maggiore, in Mailand, Treviso, Genua und Trient. Da sie eine sehr fleißige und fantasievolle Lehrerin war, wurde sie von allen sehr geschätzt, ganz besonders von den Kindern selbst. Wann immer sie konnte, dehnte sie ihr Apostolat auch in die Familien aus, indem sie das Wort Gottes zu den Kranken brachte, zu den Alten, und oft betete sie mit ihnen den Rosenkranz.

Als das Pensionsalter kam, beendete sie ihre Lehrtätigkeit mit blutendem Herzen. Sie fühlte sich noch nicht danach, sich zur Ruhe zu setzen. Während sie die Entscheidung für ihr weiteres Leben fürs erste hinausschob, nahm sie sich ein Sabbatjahr und zog in eine kleine Wohnung nach Trient um. Ein Franziskanerpater abonnierte für sie die Zeitschrift *„Segno del sopranaturale“(„Zeichen des Übernatürlichen“)* und sagte ihr, dass es sich um ein Magazin handele, das vertrauenswürdig sei. Und genau in dieser Zeitschrift las sie im Jahre 2002 etwas über Fra' Elia und seine besonderen Fähigkeiten. Sie unterhielt sich mit Freunden darüber und schlug ihnen vor, ihn doch beim nächsten Gebetstreffen in Spinea zu besuchen. Sie organisierten zwei Autos und fuhren los, ohne vorher einen Termin für eventuelle Gespräche mit ihm zu machen. Eine Frau aus der Gruppe hatte große Probleme mit ihrem Sohn, eine andere, die nicht sprechen konnte, schrieb Fra`Elia einen Brief. Sie kamen um 12.30 Uhr in Spinea an und Fra' Elia empfing gerade die letzte Gruppe. Dies wissend, begaben die Ehemänner sich zum Mittagessen, während Schwester Domenica sich nicht geschlagen gab, sondern, als die Tür aufging, ihre Freundinnen einfach am Ärmel packte und in das Zimmer zog, vor einen mehr als erstaunten Fra' Elia.

„Kaum hatte er mich erblickt“, so die Worte von Schwester Domenica,„sagte er zu mir: Du wirst mit mir kommen. Verlasse deine Wohnung, dann bist du nicht mehr allein!“ Fra'Elias Ruf kam völlig unvermittelt und ich sagte sofort zu, ohne mir darüber näher Gedanken zu machen oder zu reflektieren." Sie bat ihre Vorgesetzte um die Erlaubnis und schließlich traf sie, begleitet von unserem Freund Massimiliano, Luigi und Mariucca, die Organisatoren von Spinea, an Bord eines kleinen Lasters mit all ihrem Mobiliar im Kloster in Calvi ein, um ein neues Kapitel ihres Lebens zu beginnen, als unentbehrliche tragende Säule in einem Haus des Herrn.

Die Wüste

Gegen Ende des Monats begann endlich meine Zeit „in der Wüste". Sie war nicht freiwillig, sondern von den Umständen aufgezwungen, und zwar ohne jegliches Gefühl des Verletztseins für einen von uns. Fra' Elia und ich telefonierten nur sehr selten miteinander. In der Tat war jeder von uns damit beschäftigt, jede Menge Probleme zu lösen. Er hatte viel zu tun mit seinen Postulanten, mit den Restaurierungsarbeiten, mit dem Pfarrer und Bürgermeister von Calvi (die ihm gewiss helfen würden, die nötigen Genehmigungen zu bekommen) und mit seinen Besuchen bei der Kurie. Ich erinnere mich, dass kein Tag ohne Hindernisse verstrich, die er sich bemühte, mit jener Kraft aus dem Weg zu räumen, die von der Gewissheit herrührte, dass Gott ihm schon beistehen würde. „Hab keine Angst, ich bin immer an deiner Seite, gemeinsam kommen wir voran."

Seine Schwierigkeiten wurden durch die Tatsache verschärft, dass er als Geistlicher noch nicht offiziell von der Kirche anerkannt war und daher noch jedem seine absolute Authentizität beweisen musste. Darüber hinaus war er gezwungen, Kredite aufzunehmen, ohne irgendeine Garantie geben zu können. Er besaß keinen Cent. Die einzigen Mittel, die er zur Verfügung hatte, waren die Spenden, die ihm die Gläubigen bei ihren paar Besuchen hinterließen. Von diesen musste er leben, das Darlehen für das Kloster zurückzahlen, das Material für die Renovierung des Klosters noch gar nicht gerechnet.

An die Arbeiter würde Demetrio denken, wenigstens für einen Monat. Aber Fra' Elia wurde nicht müde zu kämpfen, manchmal wurde er wütend, wenn die Bürokratie zu langsam war und dem Herrn, der es eilig hatte, seiner Ansicht nach die Zeit stahl.

Auf jeden Fall verlor er nicht seinen Mut. Er klagte nie, ließ sich nicht deprimieren und zeigte sich für seinen stürmischen Charakter fast zu geduldig. Mir scheint, dass er sich in jenem November auch an Anna und Gian gewandt hat, wegen Problemen mit der Buchhaltung. Ich fühlte innerlich, dass er mit schlafwandlerischer Sicherheit den richtigen Weg beschritt und niemanden benötigte. Ich war froh, denn auch mir war es gelungen, Ordnung in meine Sachen zu bringen und mein Leben zu leben wie früher. Hin und wieder erfuhr ich von Curzio, dass auch er im Kloster praktisch ein- und ausging, in seiner Rolle als Sekretär der Stiftung. Genau in dieser Zeit mussten auch der Kaufvertrag vom Notar beglaubigt sowie andere Angelegenheiten organisiert werden, für die er zuständig war. Ich weiß, dass sich in der Zeit auch einmal die Gelegenheit bot, dass alle zusammen einen schönen Nachmittag mit Pater Oronzo verbringen konnten, dem spirituellen Vater von Fra' Elia, und dass das Wetter noch so wunderbar war, dass die Arbeiter am Dach arbeiten konnten, was im Hinblick auf den bevorstehenden Winter das Wichtigste war.

Darüber hinaus hatten sich auch neue Freunde um Fra' Elia geschart: Letizia und Simona aus Perugia (unter anderem auch die Organisatorinnen eines großen Wohltätigkeitsessens), die Carabinieri von Calvi, die sehr pflichtbewusst, wann immer es nötig ist, mit Fra' Elia zusammenarbeiten. Ganz besonders der Carabinieri Giovanni, der es noch nicht einmal fertig bringt, auch nur einen einzigen Tag vom Kloster fernzubleiben und die Postbotin Alberta, die, da sie auch die entlegensten Winkel der Gegend kennt, die Aufgabe übernommen hatte, die dringendsten Aufträge für Fra' Elia zu erledigen.

Währenddessen war ich zuhause und dachte über alles gründlich nach. Ohne dass jemand es bemerkt hätte, nutzte ich die Zeit, mich von allem und jedem fernzuhalten. Ich brauchte keinerlei Gesellschaft, außer natürlich die meiner Familie. Ich fühlte mich wie jemand, der in der Luft hing, war aber getragen von der Gewissheit, das Richtige zu tun. Meine Tage als Fra' Elias „Mutter-Freundin-Vertraute", sowie später als Reisebegleiterin-Journalistin, schienen mir praktisch beendet zusein. Übrig blieb nur noch die letzte Reise gegen Jahresende nach Benevento, Mitte Dezember. Doch da diese Stadt nicht weit weg von Calvi und der Besuch bereits perfekt organisiert war, war ich sicher, dass Fra' Elia es schaffte, alleine oder mit Frate Sergio dorthin zu fahren. Auch was die praktischen Dinge betraf, zeigte Fra' Elia sich als ein Meister der Ausführung. Deshalb konnte ich ganz beruhigt sein (es war schwer für mich, mir um ihn keine Sorgen zu machen). Statt dessen konnte ich mich um die Besonderheiten meines neuen Hauses kümmern, die Auswahl der Bäume, die zu pflanzen waren, oder mein neues Umfeld erforschen und mich an meinen Enkelkindern und vielen anderen Dingen erfreuen. Aber in Wirklichkeit war ich am liebsten alleine. Alle sentimentalen Gefühle beiseite schiebend, sagte mein Verstand mir in aller Kühle, dass neben Fra`Elias Brüdern und Schwestern nun wirklich kein Platz mehr für mich war. Ich hatte absolut kein Recht, meinen Schnabel in ihre Angelegenheiten zu stecken, es sei denn der Herr wolle es so. Und während ich abwartete, dass der Herr mich erleuchten würde, schaltete ich alle Mobiltelefone ab. Ich änderte meine private Telefonnummer daheim, was praktisch hieß, dass ich mich weder von Fra' Elia, noch von den Freunden in Bergamo, noch nicht einmal von Curzio, finden lassen wollte. Ich hatte den Wunsch zu verschwinden. Ich versank in eine seltsame Dimension, nennen wir sie Vergessen. Ich benahm mich so, als ob nichts aus meiner Vergangenheit mich mehr etwas anging. Wie auch immer, es ging mir gut und ich blickte vorwärts, immer noch überzeugt, das Richtige zu tun. Bockig wie ein Maulesel weigerte ich mich sogar, mit Curzio zusammenzuarbeiten, als er im Auftrag von Fra' Elia in mein Haus kam, um mich zu fragen, warum ich das Telefon nicht beantworten würde. Und hin und wieder provozierte ich sogar den Herrn, indem ich vorgab, dass nur er allein meine Schritte dirigieren dürfe. „Mir geht es gut hier, das weißt du. Wie auch immer, wenn du mich brauchst, so bin ich bereit, was immer es auch sein sollte!" Wie um mich von meinen häufigen Gesprächen mit Gott abzulenken, stand die Messe in Mailand vor der Tür, die mich ohne viel Rücksicht wieder in die raue Realität katapultierte. Ich musste für etwa zehn Tage nach Mailand fahren und aus diesem Grund zu meinem Leidwesen zumindest das mobile Telefon der Firma wieder reaktivieren.

Rückkehr an die Basis

Es dauerte gar nicht lange, da riefen mich auch schon Freunde aus Bergamo an, um mir zu sagen, dass in der führenden Zeitung der Stadt eine negative Pressenotiz erschienen war, die Fra' Elia betraf. Praktisch teilte darin die Kurie mit, dass Fra' Elia kein Geistlicher sei, dass man nicht wisse, woher er komme und noch nicht einmal die Kapuzinerpatres etwas über ihn sagen könnten. Vor langer Zeit sei ein gewisser Bruder Elia bei ihnen gewesen, der aber dann zu einem Leben als Laie zurückgekehrt sei. Ich erinnere mich noch, dass auch Anna mich ziemlich beunruhigt aus Verona angerufen hatte, genauso wie Curzio und andere Freunde. Auch unser Verleger rief mich an, weil sich die Pressenotiz zur großen Freude unserer Gegner schnell verbreitet hatte, und forderte mich auf, so schnell wie möglich für einen offiziellen Widerruf zu sorgen. Auch Fra' Elia rief mich an, der sich als einziger keine Sorgen darüber machte. Er hatte sich bereits mit seinem Bischof unterhalten und würde bald erfahren, ob er der Diözese Terni angehörte, deshalb sollten wir alle ganz ruhig bleiben.

Die Messe war noch nicht zu Ende, als ich, es war am 28. November 2003, die Stimme unserer Freundin Mariucca aus Spinea, am Telefon vernahm. Sie informierte mich darüber, dass in der *„Gazzetino Veneto"* ein niederträchtiger Artikel erschienen sei, mit folgendem Titel: „Die Kurie distanziert sich von dem Heiler Fra`Elia." Untertitel: „Er gehört zu keinem Institut geweihten Lebens. Er kann keine Gebetstreffen an Kultorten abhalten."

Ich erfuhr, dass der Artikel in drei Absätze gegliedert und voll von Verleumdungen war. Instinktiv, bevor ich noch den ganzen Beitrag persönlich zu Ende gelesen hatte, ließ ich mir die Telefonnummer des Chefredakteurs der Zeitung geben und rief ihn an. Ein überaus freundlicher Herr antwortete mir in besänftigendem Ton und versicherte mir, dass er bereit sei, einen Widerruf zu veröffentlichen, aber natürlich nur, wenn er von autorisierter Stelle komme. Ich hatte damals keinerlei Ahnung von kanonischem Recht, von der Bedeutung eines Laienbruders und von den verschiedenen Prozeduren, denen man im Fall einer neuen religiösen Gemeinschaft folgen muss. Das erste, was mir dazu einfiel war, dass Fra' Elia sofort einen Rechtsanwalt brauchte. Ich rief ihn sogleich an und unterrichtete ihn über mein beabsichtigtes Vorgehen. Auch er war bereits über die Sache informiert worden und wartete darauf, die Zeitung persönlich zu Gesicht zu bekommen. Wie auch immer, er schien mir nicht besonders besorgt zu sein, wenn ihm die Sache auch missfiel, und was den Rechtsanwalt betraf, so hatte auch er schon daran gedacht. Keiner von uns verlor ein Wort über das lange Schweigen, das uns für über einen Monat getrennt hatte.

Am selben Abend schloss die Messe in Mailand ihre Tore und Gualtiero und ich kehrten endlich wieder nach Hause zurück. Doch mein Gehirn plagte sich mit der Frage, was mir im Leben von Fra' Elia entgangen sein könnte und wo wir eventuell einen Fehler gemacht haben könnten. Es gelang mir nicht, mich von dem gravierenden Vorfall frei zu machen und ohne langes Nachdenken und ohne jemanden zu fragen, eilte ich zum Telefon, um Monsignore Marturano zu kontaktieren. Er war früher am Kirchengericht des Vikariats Rom tätig und einer der wichtigen Prälaten, die Fra' Elia während der drei Tage seiner Passion, die er in dem Jahr in Rom verlebt hat, beigestanden hatte. Er hatte mir gesagt, dass der Herr mich erwählt habe, weil ich die am wenigsten geeignete Person sei. Er war ein erleuchteter Theologe und ein Mann des Gesetzes, der, seit wir uns kannten, mein einziger und wertvoller Ratgeber war.

Ich gab ihm einen kurzen Überblick über alles, was passiert war und fragte auch ihn, wo wir einen Fehler gemacht haben könnten.

„Ihr habt nirgendwo Fehler gemacht", waren seine ersten tröstenden Worte. Und während er mir für den mühevollen Weg, den Fra' Elia bisher gegangen war, Mut machte, gab er mir den Rat, bevor ich mich an einen Rechtsanwalt wandte, einen minutiösen Lebenslauf über Fra' Elia zusammenzustellen, mit allen Dokumenten, die meine Argumente untermauerten. Zum Beispiel das Ablegen seiner Gelübde in privater Form (nach dem Verlassen des Klosters konnte er seine Gelübde nicht öffentlich ablegen), die Regel der neuen Gemeinschaft, die noch darauf wartete, in Brüderlichkeit unter einem Dach zusammenleben zu können, Ziele und Pläne Fra' Elias,neben seinem Curriculum und dem Bericht von Prof. Margnelli, in dem er die Echtheit der Stigmata bestätigt. Darüber hinaus sollte ich mir Referenzen von Pfarrern besorgen, die Fra' Elia kannten und ihn in ihre Pfarreien eingeladen hatten, alles in allem eine minutiöse Arbeit mit großer Verantwortung. „Ich glaube, dafür bin ich nicht die Richtige", antwortete ich ihm alarmiert. Und er: „Nur du allein bist ihm von Anfang an bis zum heutigen Tag gefolgt und nur du allein kennst alle seine Schritte. Du brauchst nur die Wahrheit zu schreiben, ich werde dir helfen, versuche ganz präzise zu sein, dann schicke mir alles per Fax zu, damit ich es so schnell wie möglich korrigieren kann. Erst nachdem ich meine Zustimmung gab, bringst du die Dokumente zu eurem Rechtsanwalt."

Aber zu welchem Rechtsanwalt?, fragte ich mich, als ich den Hörer aufgelegt hatte. Wir kannten viele Rechtsanwälte. Einige davon waren sogar Freunde von Fra' Elia, nur er konnte bestimmen, wen er für diese Aufgabe auswählen wollte. Ich verschob das Thema auf einen günstigeren Augenblick.

Indessen war mein Ehemann zu mir gekommen, der immer über jeden meiner Gedanken und über alles, was Fra' Elia betraf, auf dem Laufenden war, weil er längst erraten hatte, was mir durch den Kopf ging, und sagte: „Du kannst ihn jetzt nicht in Stich lassen!" Seine Aufforderung überraschte mich nicht. Auch mein eigenes Herz sagte mir, dass man für eine gerechte Sache kämpfen müsse, und dabei stünde ich in der ersten Reihe. Jedenfalls verschob ich alles auf den übernächsten Tag.

Am nächsten Morgen rief Fra' Elia bei uns an, um zu hören, ob es etwas Neues gebe. „Ja, ich habe mir erlaubt, Monsignore Martorano anzurufen, um ihm alles zu erzählen. Er war sehr freundlich und hat mir gute Ratschläge gegeben." „Das hast du gut gemacht", erwiderte er mir im Tonfall eines ehrlichen Mitstreiters. „Tu, was er dir sagt, und erst wenn er alles für gut befunden hat, gehe zu dem Rechtsanwalt, den wir bei der Contessa von Bergamo kennen gelernt haben. Du weißt, von wem ich spreche?" „Ja, ich erinnere mich zwar nicht an seinen Namen, aber ich weiß, wen du meinst. Ich werde meine Freundin Stefania anrufen, damit sie mir seine Telefonnummer gibt und ihn dann so schnell wie möglich anrufen."

Diese kurzen, strikt „beruflichen" und abgehackten Gespräche unterbrachen meinen „spirituellen Streik". Doch sobald meine mir von Monsignore Marturano auferlegte Arbeit und Aufgabe für Fra' Elia zu Ende war, würde ich meine Denkpause auf der Stelle wieder aufnehmen.

Im Augenblick war es nicht gut, die Zeit mit geistigen Tüfteleien zuzubringen, stattdessen musste ich handeln. Der Herr wusste schon, wen ich benötigte, und er würde mir ganz bestimmt helfen. Jedenfalls stellte ich mir die Frage, ob nicht vielleicht diese Angelegenheit die Antwort war, auf die ich gewartet hatte! Monsignore Martorano hatte mir gesagt, dass nur ich alleine diese Arbeit tun könne. Aber entspricht das der Wahrheit? Ich war mir sicher, dass nicht Fra' Elia mich rufen sollte, sondern eine höhere Instanz, die unabhängig von unser beider Absichten, mich ohne den Schatten eines Zweifels verpflichten müsste, mich wieder in Fra' Elias Kielwasser zu begeben. Ich möchte betonen, dass die in Einsamkeit verbrachte Zeit recht unbeschwert für mich war. Meine Haltung war so, dass ich quasi alles akzeptieren und für alles bereit sein würde, was der Herr von mir wollte. Doch er selbst müsste es mir sagen. Ein schöner Vorwand!

Erstaunlicherweise gelang es mir, die gesamte Dokumentation mit größter Leichtigkeit in wenigen Tagen fertig zu bekommen und bereits ein paar Tage später gab Monsignore Marturano dafür seine Zustimmung.

Der Rechtsanwalt

Also setzte ich mich mit dem Rechtsanwalt Maurizio Asti aus Bergamo in Verbindung und gemeinsam mit Curzio begab ich mich in sein Büro, um mich mit ihm zu beraten.

Wir stellten uns vor, und ohne große Vorrede setzten wir ihn über die Fakten ins Bild. Wir hatten auch die berühmte „*Gazzettino*" mit dabei, die uns Mariucca hatte zukommen lassen, die unter anderem auch behauptet hatte: „Fratello Elia, aus Kalabrien stammend (jeder weiß, dass er Apulier ist), lebt in Spinea (wann jemals?) ... es existiert eine soziale Stiftung. Es scheint, dass man in Wirklichkeit die Absicht hat, diese in eine religiöse Institution umzuwandeln. Es existiert keine Art von Mutterhaus (in der Tat war man ja noch auf der Suche nach einem geeigneten Kloster). Darüber hinaus ist die Wahl seines Namens nicht zufällig. Der ursprüngliche Kapuzinerbruder Elia von Cortona ist lange Zeit ein treuer Schüler des Heiligen Franziskus gewesen." Und dann folgt, sehr listig, der Satz: „Der Bruder Elia für das dritte Jahrtausend hat sich sehr wohl überlegt, sich diesen Namen anzueignen. Für die Kurie von Noncello ist Elia nur ein privater Bürger."

Während Curzio und ich, geschockt über all diese Lügen und niederträchtigen Unterstellungen, daran dachten, etwaige Denunzierungen klarzustellen, schien der Rechtsanwalt, während er die Zeitung las, sich köstlich zu amüsieren. „Ich habe Fra' Elia nur zweimal im Haus unserer gemeinsamen Freundin Stefania getroffen, doch das hat mir genügt, zu wissen, wen ich vor mir hatte." Und während er die gebundene Akte, die ich für ihn vorbereitet hatte, prüfte, mitsamt einer Erklärung des Ex-Priors von Fra' Elia, in dessen Hände er stets seine Gelübde erneuert hat, fügte er hinzu: „Wir werden jetzt Klarheit schaffen. Wahrscheinlich ist keine einzige Kurie richtig informiert worden. Diese Dokumente sind bestens geeignet, wir werden sie der Kurie von Bergamo schicken, von Verona und Pordenone, sowie dem Chef des `*Gazzettino*` zusammen mit einem Brief von mir. Bleibt ganz ruhig und grüßt mir Fra' Elia." Beruhigt blieben wir noch ein Weilchen sitzen, um uns miteinander zu unterhalten und dabei fanden wir heraus, dass Maurizio (heute gehört er zu unserer großen Familie) nicht nur ein brillanter Rechtsanwalt war, sondern auch ein ebenso guter Theologe, ein Ex-Professor für Religion...

Das also war der Grund, warum Fra' Elia ihn ausgewählt hatte, dachte ich; wie immer, Fra' Elia weiß ganz genau, was er tut.

Die Maurer beginnen zu verstehen

In der Zwischenzeit zogen sich die Arbeiten am Dach in die Länge. Außer dass man die zahlreichen Löcher stopfte, mussten auch viele Ziegel erneuert werden, die Decken verstärkt und Lösungen für tausend andere unvorhergesehene Probleme gefunden werden. Alle Brüder, Fra' Elia inbegriffen, halfen mit, soviel sie konnten, außer am Freitag, wenn Fra' Elias Hände und Füße die Wunden tragen.

Es war an einem Freitag, als Antonio und die anderen, die an einem Kamin arbeiteten, einen starken Rosenduft wahrnahmen, der direkt aus dem Kamin zu kommen schien. „Was für ein Duft!", rief Antonio aus. „Was machen die denn da?" Und während der Duft immer intensiver wurde, machte einer von ihnen eine Bemerkung über seltsame Geschehnisse, die sich in dem Kloster wiederholten. „Habt ihr nicht gesehen, dass Fra' Elia hin und wieder unerwartet am Dach erscheint? Wie schafft er es, hierher zu kommen, ohne dass wir es bemerken? Obwohl die Treppe im Inneren da unten gerade erst in Ordnung gebracht worden ist, die zum Kamin führt. Was für ein Mysterium! Und dann, habt ihr neulich nicht bemerkt, dass es überall geschneit hat, außer hier auf dem Dach? Vielleicht will der Herr, dass wir schnell fertig werden. Wer weiß, wieso Fra` Elia diese Bandagen um die Handgelenke trägt? Und so ging es weiter, bis sie sich eines Tages, getrieben von Neugier, bei Curzio erkundigten, woher dieser Bruder denn käme, und warum er so oft ein so starkes Parfum benutze.

An diesem Punkt schien es Curzio richtig, ihnen alles zu erzählen. Ich weiß nicht, wie der Maurerpolier Giuseppe und die anderen darauf reagiert haben, aber ich weiß, dass sie statt des einen Monats Arbeit im Kloster, der vorgesehen war, alle weiteren Angebote für andere Arbeiten abgelehnt haben und seit damals für immer in Calvi geblieben sind.

Die Göttliche Vorsehung gibt es

Wer würde für ihre Gehälter sorgen? „Die Göttliche Vorsehung." So lautete Fra' Elias zuversichtliche Antwort. Und in der Tat, nach über einem Jahr Arbeit kann ich bestätigen, dass diese, dank der Göttlichen Vorsehung, nicht einmal unterbrochen werden musste. Wenn Fra' Sergio am 20. jeden Monats anfing, sich Sorgen zu machen, wie die Rechnungen bezahlt werden sollten, wies Fra'

Elia ihn gutmütig zurecht, indem er sagte: „Du hast immer noch nicht genügend Vertrauen. Kontrolliere am Ende des Monats die Bankauszüge, und du wirst schon sehen. Und so begab Frate Sergio sich jedes Monatsende zur Bank, prüfte das Konto, um zu entdecken, dass die Göttliche Vorsehung regelmäßig vorgesorgt hatte, ja ihnen sogar immer 200 bis 300 Euro mehr überwiesen hatte, als sie benötigten!

Sofort nach den nötigsten Instandhaltungsarbeiten kam der Moment, die Gemeinde auf ihr Vorhaben hinzuweisen, das Kloster komplett zu restaurieren. Dafür gab es entsprechende Zeichnungen und Pläne, zum Beispiel für die Restaurierung der Fresken im Kreuzgang, für die der Bereich „Schöne Künste" zuständig war. Natürlich war es nötig, sich an einen tüchtigen Fachmann zu wenden, oder sogar an mehrere gute Fachleute.

Einen Architekten musste man nicht suchen, da seit einiger Zeit ein junger Architekt aus Bergamo, Giuseppe Tomasella, ein Freund von Frate Sergio und dessen Bruder, regelmäßig ins Kloster kam. Als er von den Erfordernissen dort hörte, bot er sich spontan und *tutto gratis e amoris Dei* (umsonst und aus Liebe zu Gott) an, wodurch er Frate Sergio eine große Sorge abnahm. Stattdessen musste man jetzt einen Ingenieur suchen. Fra' Elia rief mich noch einmal an: „Erinnerst du dich an jenen Ingenieur, den wir einmal in Bergamo getroffen haben, bei deiner Freundin, der Contessa, zusammen mit dem Rechtsanwalt?" „Nein, Fra' Elia, ich erinnere mich nicht genau." „Wenn du mit deiner Freundin sprichst, wird sie sich sicherlich an einen Herrn erinnern, der einen kranken Sohn hatte. Sie hat ihn eines Tages zu mir nach Verona gebracht. Du wirst sehen, dass sie sich erinnert!"

Auch bei dieser Gelegenheit war ich über seine Bitte verwundert, bedenkt man, dass Fra' Elia in Wirklichkeit viele Ingenieure kennt, unter anderem auch solche, die sich angeboten hatten, ihm zu helfen. Doch wer weiß, aus welchem mysteriösen Grund er ausgerechnet diesen wollte! Ich rief also meine Freundin Stefania an, die sogleich wusste, um wen es sich handelte. Innerhalb weniger Stunden sprach ich schon mit dem Ingenieur Alberto Moro aus Bergamo, der die Aufgabe mit Begeisterung annahm. Er verzichtete auf jegliches Honorar, genauso wie Rechtsanwalt Maurizio Asti und wir alle, die sich glücklich schätzen, an einem großartigen Projekt zum Ruhm des Herrn mitarbeiten zu dürfen.

Und so war die Mannschaft schließlich komplett: Architekt, Ingenieur, Rechtsanwalt, der Sekretär Curzio, und vielleicht konnte ich ja auch bleiben. Alle waren aus Bergamo und Personen, die sich nicht kannten, die aber von nun an zusammenarbeiten würden. Ich möchte auch Anna und Gian aus Verona erwähnen, die sich um die Buchhaltung kümmerten und sich neben dieser speziellen Aufgabe mit so viel unbezahlbarer Liebe und Phantasie aufopferten, um der Gemeinschaft von Fra' Elia zu helfen. Hinzu kommen all die anderen, die für die Organisation der Gebetstreffen in den verschiedenen Städten verantwortlich waren, und die vielen alten und neuen Freunde, die sich ununterbrochen auch für die niedrigsten Arbeiten anboten. Zu dieser Mannschaft gehören auch der Bürgermeister von Cercivento und seine Frau Irma, der Sekretär Giulano und seine Frau Manuela, die für Fra' Elia und seine Jugendlichen ein großartiges, komplexes und wunderbares Werk verwirklichen. Mit dabei auch unser brillanter Verleger Pietro Mantero, der stets auf alles, was Fra' Elia betrifft, ein Auge hat und von Mal zu Mal außergewöhnlichere Lösungen vorschlägt, und noch viele andere Personen. Aber kehren wir wieder zu unserer Geschichte zurück.

Der Schwanz des Feindes

Indessen hatten unsere lombardischen Freunde, die aus der Vergangenheit gewohnt waren, Fra' Elia häufig zu sehen und anfingen ihn zu vermissen, sich vorgenommen, eine Busfahrt zu organisieren, um ihn zu besuchen. Sie riefen mich an um zu hören, ob sie eventuell am nächsten Samstag von Mailand losfahren könnten. Ich versuchte sie davon abzuhalten, indem ich ihnen erklärte, dass das Kloster eine riesige und gefahrvolle Baustelle sei und die Kirche nicht benutzt werden könne. In jedem Fall müsste ich erst Fra' Elia fragen.

Das Kloster war noch nicht ans Telefonnetz angeschlossen worden, deshalb war die einzige Möglichkeit, mit ihm zu sprechen, sein Mobiltelefon. Fra' Elia, der niemals irgend jemanden enttäuschen wollte, versicherte mir, dass er den Pfarrer fragen würde, ob er ihm für diese Gelegenheit vielleicht gestatten würde, die Gruppe aus Mailand in der Pfarrkirche zu empfangen. Die Erlaubnis wurde erteilt.

Doch sei es, weil die Fahrt von Mailand besonders lang gedauert hat, sodass die Pilger erst am Nachmittag eintrafen, oder sei es, weil am Samstag Nachmittag, nach 17 Uhr, die abendlichen Sonntagsmessen begannen: Zeit und Plätze für die Pilger waren merklich reduziert worden, was zu einigen Schwierigkeiten in der Organisation und in Bezug auf die Erwartungen der Reisegruppe geführt hatte.

Fra' Elia tat jedenfalls sein Bestes, und zu guter Letzt reisten alle zufrieden wieder ab, aber nicht ohne Fra' Elia das Versprechen abzunehmen, ihnen beim nächsten Mal, genau einen Monat später, mehr Zeit zu widmen. Denn trotz allem hatten die tollkühnen Milanesen die Absicht, einen Monat später wieder nach Calvi zu kommen! Gerührt stimmte Fra' Elia zu und bemühte sich sofort, mit dem Pfarrer eine Vereinbarung zu treffen, dass er ihm die Pfarrkirche beim nächsten Mal genau zu dem dafür festgesetzten Termin für den Empfang von etwa fünfzig Gläubigen zur Verfügung stellen würde. Die Erlaubnis wurde gewährt. Am Abend vor ihrer Ankunft rief Fra' Elia noch einmal im Pfarrbüro an, um den Don an ihre Vereinbarung zu erinnern. Überraschenderweise hatte der Don aber seine Meinung geändert oder möglicherweise sein gegebenes Versprechen vergessen, jedenfalls war es jetzt auf einmal unmöglich, die Leute dort unterzubringen.

Fra' Elia war enttäuscht, und es tat ihm für die vielen Leute, von denen einige auch krank waren, Leid. Sie hatten ungeachtet der Kälte und der Unbequemlichkeit, jedoch angespornt durch ihren Glauben, die beschwerliche Reise von 600 Kilometern auf sich genommen. Deshalb entschloss er sich, sie in dem eisigen Kloster zu empfangen und danach direkt in ihrem Reisebus, in kleinen Gruppen, mit ihnen zu sprechen. Und sogar unter diesen Umständen gelang es Fra' Elia, die Menschen zu trösten, mit ihnen zu beten und sie zu segnen. Als sie spät am Abend alle wieder nach Hause zurückkehrten, konnte man ihren Gesichtern die Freude und den heiteren Frieden ansehen, den Fra' Elia ihnen vermittelt hatte. Zuhause angekommen riefen viele mich an, um mir dies zu bezeugen.

Von jenem Tag an gab es jedoch zwischen Fra' Elia und dem Don Reibereien, Befindlichkeiten, eine Barriere von Missverständnissen und Trotzhaltungen, die immer undurchdringlicher wurde und im Dorf den Klatsch nährte, was geradewegs zu Verleumdungen jeglicher Art führte. Wenn jemand den Don fragte, wer Fra' Elia sei, antwortete er: „Ich kenne keinen Fra' Elia, ich kenne stattdessen nur einen Signore Cataldo."

Leider habe ich erst später erfahren, dass er sogar die Dreistigkeit besaß, hinzuzufügen: „...von Beruf Betrüger". Ich habe niemals verstanden, warum sich diese unerfreuliche Situation entwickelt hat. Fra' Elia wollte nie darüber sprechen, obwohl leicht zu sehen war, wie sehr er unter der Situation litt. Obwohl Fra' Elia sich bereits mit seinem Bischof in Verbindung gesetzt hatte und in der Kurie jeder über ihn Bescheid wusste, erinnere ich mich an Folgendes: Fra' Elia hatte im Monat September nach zahlreichen vergeblichen Versuchen, Monsignore Vincenzo Paglia, den Bischof von Terni, Amelia und Narni,persönlich zu treffen, ihm einen Brief geschrieben, um ihn respektvoll um eine Audienz zu bitten. Er verfolgte das Ziel, sich ihm vorzustellen und mit ihm über die Erneuerung seiner Gelübde zu sprechen, die Fra' Elia sehr gerne in seine Hände abgelegt hätte. Ich nehme an, dass der Don über all das informiert war, genauso wie alle anderen Priester der umliegenden Gemeinden. Wie oft hat Fra' Elia ihn eingeladen, in der falschen Hoffnung, er würde vielleicht eines Tages im Kloster bei ihm vorbeischauen, wenn vielleicht auch nur, um ihm seinen Ärger ins Gesicht zu schreien. Das hätte wenigstens alles geklärt.

Stattdessen geschah gar nichts und das Gerede nahm immer weiter zu. Fakt ist, dass Fra' Elia und seine Gemeinschaft aufhörten, die Messe in ihrer Pfarrgemeinde zu besuchen und vorzogen, diese in einem der umliegenden Dörfer zu besuchen, besonders in der Kirche von *Sacro Speco di San Francesco in San Urbano,*Narni. Dort freundete sich Fra' Elia mit Pater Paolo an, der später auf Wunsch des Bischofs von Terni der offizielle Beobachter von Fra' Elia wurde. Durch die Gnade Gottes boten sich Don Filippo und andere befreundete Priester an, an ihren freien Tagen die Messe im Kloster zu feiern, während Fra' Elia mit Hilfe von Giuseppe und seiner ganzen Mannschaft sofort daran ging, einen alten Raum des Klosters mit einer gewölbten Decke, der im Erdgeschoß lag, in eine kleine entzückende Kappelle umzubauen. Diese Arbeit hatte vor allen anderen Vorrang. Was bedeutete schon das Wasser, das an Regentagen durchs Dach sickerte, oder der eisige Winterwind, der durch die geborstenen Fensterscheiben pfiff, verglichen mit ihrem Bedürfnis nach einer Gebetsstätte, die mit der Würde und Heiligkeit der neuen religiösen Gemeinschaft übereinstimmte...

Ende des Jahres 2003

Und so kamen wir zu den ersten Tagen im Dezember. Fra' Elia und ich waren durch die Umstände gezwungen worden, das Blatt zu wenden und uns ausschließlich auf die jüngsten Geschehnisse jener Tage zu konzentrieren. Wir begannen uns wieder täglich telefonisch auszutauschen, vor allem auch über die optimale Arbeit des Rechtsanwalts, die damit ihr Ende fand, dass die *Gazzetino-Veneto* eine vollständige Rehabilitierung zur Verteidigung Fra' Elias veröffentlicht hat. Und so fragte Fra' Elia mich eines Tages völlig überraschend: „Du kommst doch mit nach Benevento, nicht wahr?" Ich gab ihm eine zustimmende Antwort, wobei ich völlig meinen ganzen angestauten „Missmut" vergaß. Es waren exakt vierzig Tage vergangen seit dem Beginn meines damaligen „temporären Streiks".

Il Segno del Sopranaturale – Monat Februar
Benevento – 14. Dezember 2003

„Der Herr stürzt die Mächtigen und erhebt die Niedrigen!" So begann Monsignore Pasquale Mainolfi von der Pfarrgemeinde S. Gennaro in Benevent seine Predigt während der Abendmesse am Sonntag, dem 14. Dezember 2003. Die Anspielung auf den kürzlich erfolgten Sturz Saddam Husseins in der Gegenwart von Fra' Elia, war mehr als offensichtlich. Dann, sich an Fra' Elia wendend, fuhr er fort: „Zwischen mir und Fra' Elia besteht eine lange Freundschaft, und zwar derart, dass ich sogar während seiner letzten Passion in Rom an seiner Seite sein durfte. Deshalb habe ich auch das Gefühl sagen zu dürfen, dass er die Seele eines Kindes hat. Du, Fra' Elia, bist ein einfacher Mensch und trotzdem, vielleicht gerade deshalb, hat der Herr Dich zu seinem Propheten erwählt. Du bist ein Prophet Gottes! Ich dagegen, der eine Hochschule abgeschlossen hat, habe das Gefühl, `in Schwierigkeiten zu stecken`, wie man auf neapolitanisch zu sagen pflegt! Aber hin und wieder versuche auch ich ein Kind zu sein, und ich empfehle euch allen, es ebenso zu tun. Reinigen wir unsere Herzen, entdecken wir wieder die Unschuld, und wir werden viel leichter zum Thron Gottes gelangen."

Nach der Messe begab sich das ganze Volk Gottes mit Fra' Elia und allen Priestern zu der wundervollen Madonnenstatue in einer Seitenkapelle der Kirche, um sich gemeinsam ihrem Unbefleckten Herzen zu weihen und um den Frieden für alle Völker zu erbitten.

Gleich nach meiner Rückkehr nach Bergamo, am 17. Dezember, erhielt ich die Nachricht von einer ersten Gnade aus Benevento. Eine Frau, die bereits an einer Brust an Krebs operiert worden war, sollte dringend an der zweiten Brust operiert werden. Da sie sich nicht persönlich zu Fra' Elia hatte begeben können, hatte eine Freundin ihr sein Foto gezeigt. „Mach dir keine Sorgen", waren seine exakten Worte, „alles wird gut gehen". Und er sagte es, ohne auch nur den Schatten eines Zweifels aufkommen zu lassen, sodass die Freundin dachte, die Operation würde gewiss erfolgreich sein. Stattdessen, als die kranke Frau sich wegen einer letzten Absprache zu ihrem behandelnden Arzt begab, hörte sie ihn sagen, dass keine Operation mehr nötig sei.

Während der Rückfahrt von Benevento informierte Fra' Elia mich darüber, dass er von seinem Bischof noch keine Antwort auf seinen Brief erhalten habe. Jetzt war es absolut notwendig, noch vor Ende des Jahres, seine Gelübde zu erneuern. „Wenn mein Bischof mich nicht ruft, dann werde ich meine Gelübde bei meinem Pater Spiritual, Pater Oronzo, ablegen", brummelte er wie zu sich selbst. „Gut! Und die Krippe? Wirst du dieses Jahr eine machen?" „Sicher, ich muss nur einen Platz finden, wo nicht der Regen durchtropft. Das Dach ist noch nicht fertig und leider ist da noch so viel zu machen, dass ich zweifle, ob mir das gelingen wird."

„Und dein Zimmer? Schläfst du noch unter freiem Himmel?" „Nicht ganz. Zum Glück ist es noch nicht sehr kalt und es hat auch noch nicht viel geregnet. In jedem Fall habe ich alle Löcher zugestopft", kicherte er zufrieden. Wir kamen Montag an einem späten, lauen Wintermorgen in Calvi an. Gegen Abend kam die Postbotin Alberta, um mich abzuholen und mich zu meinem gewohnten Gästezimmer in ihr Haus zu begleiten, denn leider war man im Kloster noch nicht in der Lage, mich unterzubringen. Am nächsten Tag würde ich den ersten Zug nach Bergamo nehmen.

Wann immer ich Gast bei Alberta bin, geht es mir wirklich gut. Sie ist sehr sympathisch, intelligent und gebildet. Auch wenn wir beide, nach den langen

Tagen im Kloster mit den Pilgergruppen, fast immer todmüde waren, gelang es uns nie einzuschlafen, bevor wir uns nicht ein wenig über unsere Angelegenheiten unterhalten hatten. Wir vertrauten uns dies und jenes an und holten gegenseitigen Rat ein, und was mich betraf, bat ich sie auch um Informationen in Bezug auf die örtliche Umgebung, die mir für mein drittes Buch von Nutzen sein konnten.

Meinen Notizen entnehme ich, dass ich sie bei einer solchen Gelegenheit auch gefragt habe, ob sie die Geschichte des Klosters kennen würde. „Ich nicht, aber eine sehr gute Freundin von mir, die in ihrer Diplomarbeit in Architektur ausgerechnet das Kloster in Calvi als Thema vorgelegt hat. Wenn du willst, spreche ich mir ihr."

Innerhalb weniger Tage stellte sie für mich den Kontakt zu der Architektin Dr. Elisa Ciaberna her, die mir mit größter Freundlichkeit ihre wunderbare Arbeit übergab, damit ich sie nach Belieben nutzen konnte.

Die Geschichte des Klosters von Calvi

Von der antiken Kirche San Francesco in Calvi finden sich Spuren schon im Jahre 1213, als der Heilige Franziskus, der an diesem Ort predigte, den jungen Berard zu seiner Religion berief. Berard war Spross einer reichen Familie, der – eingenommen von der Predigt des Armen von Assisi – ihm das Land für den Bau der Kirche mit angrenzendem Kloster geschenkt hatte. In der Folge hat Berard das Evangelium bis nach Marokko getragen, wo er, zusammen mit fünf anderen Brüdern, den Märtyrertod starb, was wiederum zur Folge hatte, dass er später heilig gesprochen wurde.

Das genaue Datum der Gründung dieser Ansiedlung, die im Verzeichnis der „zur Provinz des Heiligen Franziskus" gehörendenFranziskanerklöster erscheint, das Paolino di Venezia uns gegen 1330 hinterlassen hat, ist nicht bekannt.

In jedem Fall steht fest, dass es bereits im Jahre 1292 existiert hat, als Nicolo IV. mit einer päpstlichen Bulle den franziskanischen Kirchen an verschiedenen Orten Ablässe bewilligt hat. Unter diesen Orten erscheint auch Calvi.

Entsprechend damaliger Tradition erhebt sich das Kloster etwa 500 Meter entfernt von der Stadtmauer von Calvi dell' Umbria, weit weg vom Stadtzentrum, auf einem Hügelkamm. Dieser trennt die Täler von Ortricoli und Magliano Sabina, an der Kreuzung der alten Straße nach Narni. Es war Franziskus selbst, der den ersten Kern von Brüdern in Calvi begründet hat und man nimmt an, dass er selbst direkt neben der Baustelle in einer Kate gewohnt hat, während die Arbeiten in Gang waren.

In den Statuten von Calvi von 1367 ist zu lesen: „Wir setzen fest und ordnen an, dass jedes Jahr für die Brüder des Heiligen Franziskus in Calvi fünfhundert Ziegel für die Reparatur der Dächer des Klosters S. Francesco in Calvi, der Kirche und für das Wohnhaus des Hl. Franziskus, gekauft und ihnen geschenkt werden."

Vom ursprünglichen architektonischen Komplex ist heute nur noch die Nordwand erhalten, die Fassade der Kirche und das kleine Oratorium. Dieses Letztere, bestehend aus zwei Räumen, ist dem hinteren Bauwerk nach dem Brand und der Plünderung, die die Lanzichenecchi im Jahre 1527 verübt haben, einverleibt worden.

Das Kloster war immer von Franziskanern bewohnt, wie man in einem Brief von 1612 an den „ehrwürdigsten Herrn Kardinal Lante" lesen kann, den ihm wahrscheinlich der Prior geschickt hatte: „Weil dem Kloster S. Francesco der Ruin droht und es eine Restaurierung und andere wichtige Dinge nötig hat, reichen weder Vermögen noch Besitz, sondern man benötigt noch andere Zuflüsse, und da meine Gemeinschaft arm ist, kann sie diese selbst nicht erbringen. Und so, nach alljährlichen und endlosen Bitten, kommen wir zum Jahr 1810, in dem alle Güter des Klosters S. Berardo von Calvi verpachtet wurden. Es ist das erste Mal, dass man liest, dass das Kloster seinen Namen geändert hat. Vielleicht um es dem Heiligen aus Calvi zu widmen, der für seine Errichtung so viel getan hat?

Gegen Ende 1890 kann man keine Notizen mehr finden, doch nimmt man an, dass die Brüder das Kloster verlassen und an die Gemeinde verkauft haben, oder direkt an private Bürger. Es war genau in diesem Jahr, dass die Kirche S. Francesco, ein Annex des Klosters, zur Pfarrkirche von S. Valentino wurde. Über das Jahr 1891 liest man im Protokoll eines Pastoralbesuchs: „Für 3000 Lire könnte man das Kloster zurückkaufen, aber es ist klein und es lohnt sich nicht, es zu restaurieren. Es gibt Nebengebäude und winzige Gemüsegärten. Würden der Olivenhain und das Land einmal zum Aufgabenbereich des Klosters gehören, würde das sehr kostspielig werden."

1919: Der Bürgermeister von Calvi sorgt dafür, dass die Reparatur der Schäden, die das Erdbeben am 13. Januar 1915 an der Kirche S. Francesco verursacht hat, vorangetrieben wird.

1927: Der Bürgermeister schreibt: Ich schlage vor, jemanden sowohl für die Reinigung der Fresken des Chors als auch für die Restaurierung der drei Gemälde \`das Kommen des Heiligen Geistes\`, \`der Heilige Berard\`, \`das Martyrium des Hl. Pankrazius\`, zu schicken, und zwar auf Kosten des Landesdenkmalamtes, zuzüglich zu dem Beitrag desUnterzeichners.

1941: Reparatur des Daches

1945: Restaurierungsarbeiten infolge der Kriegsschäden vorgenommen. Es findet sich keine Spur von einer Restaurierung des ursprünglichen Brunnens aus dem 13. Jahrhundert. Er liegt in der Mitte des Kreuzgangs, und wenn man den Status des fortgeschrittenen Verfalls der Fresken aus der zweiten Hälfte des

17. Jahrhunderts bedenkt, die Szenen aus dem Leben des Heiligen Franziskus darstellen, kann man annehmen, dass niemand sie seit der letzten Reinigung im Jahre 1917 mehr angerührt hat.

Von diesem Datum an folgen dunkle Jahre, in denen nichts Wichtiges passiert ist, das für die Geschichte des Klosters interessant sein dürfte; ja es scheint sogar richtig anzunehmen, dass das Kloster vollständig verlassen worden war.

Bei der Befragung einiger Calvesen erfuhr ich, dass der Kreuzgang in den letzten Jahren Gegenstand von Schändungen jeder Art geworden ist: Ziel unerlaubter Zusammenkünfte, Aufbewahrungsort für gestohlene Autos, Ort frivoler Feiern, mit Tötung und Garen der betreffenden Tiere (an den Mauern des Kreuzgangs kann man noch die auffallend dunklen Streifen der Flammen sehen) mit dementsprechenden Schäden an einem großen Teil der antiken Fresken. Wie konnte all dies geschehen? Warum griff niemand ein, um einen so bedeutenden Ort für die Christenheit zu verteidigen? Wahrscheinlich wartete man auf die Göttliche Vorsehung. Und nun hat der Herr eingegriffen, in dem er einen seiner Botschafter hierher geschickt hat.

25. Juni 2003: Schließlich kauft Fra' Elia, nach langen Verhandlungen, einen Teil des Klosters von drei verschiedenen Eigentümern. Ein vierter Teil, der der Kurie gehört, wurde Fra' Elia als ein unentgeltliches Darlehen überlassen. Und von da an begann die Wiedergeburt des Klosters.

Kaum hatten die Arbeiten begonnen, wurde dem Ingenieur, dem Architekten, dem Maurerpolier Giuseppe und allen anderen Adepten der Arbeit sofort klar, dass das von Fra' Elia so heiß ersehnte Kloster die geforderte Summe nicht wert war, die sich zudem immer weiter erhöhte. Aber Fra' Elia sagte sich, dass der Herr ihm dieses Kloster gezeigt habe, und so sollte es dieses sein. Neben all den dringenden und unerlässlichen Dingen, wie der Reparatur des Daches, der Fenster und Türen, musste, bevor alles zusammenstürzte, zuerst einmal für ein Fundament gesorgt werden. Wichtig auch alle Arbeiten des Unterhalts, der Trockenlegung, Reinigung, Wiedergewinnung antiker Teile, und das alles ohne geeignete Ausrüstung, und dazu kamen noch die Zellen für die neuen Brüder!

Man benötigte verschiedene Techniker, auch von den örtlichen Behörden, sowohl aus der Provinz, als auch der Region. Lange und ausgedehnte Treffen zeitigten manchmal positive Ergebnisse, manchmal negative - ein veritabler Kampf. Niemand hätte sich je die vielen, viel zu vielen Schwierigkeiten ausmalen können, denen Fra' Elia sich permanent stellen musste, ohne je den Mut zu verlieren oder das schlechte Geschäft zu bedauern. Doch am Ende, zwischen Machbarem und nicht Machbarem, enormen Kosten und Zuwendungen dank der Göttlichen Vorsehung, vollbrachten Giuseppe und seine Mannschaft wahre Wunder, indem sie allein mit der Kraft der Liebe arbeiteten, ohne Ruhepause, zum Wohl aller. Und sie arbeiten auch heute noch daran, wenn auch leider der Bau neuer Zellen noch etwas auf sich warten lässt.

In meinen Notizen lese ich, was Fra' Elia mir in Bezug auf den Kauf des Klosters erzählt hat:„Als ich beim Notar bemerkte, dass viele den Preis erhöht hatten anstatt einem Werk Gottes zu helfen, rebellierte etwas in mir. Aber eine Stimme sagte zu mir: `Mach dir keine Sorgen. Jetzt regelst du das hier, danach werde ich da sein.` Also hielt ich den Mund und unterschrieb. Der Herr sagte zu mir: `Wenn du mit einer feindseligen Person verhandeln musst, berühre sie, damit deine Hand sie besänftigt.` Auch der Bürgermeister war mit mir da, der Arme, er befand sich zwischen zwei Brandherden, auf einer Seite die Brüder, und auf der anderen der Druck der Verkäufer."

Rund um den 20. Dezember 2003

Fra' Elia rief mich ganz aufgeregt an, um mir mitzuteilen, dass sein spiritueller Vater, Pater Oronzo, zur Mission der Franzikaner-Schwestern nach Afrika gefahren war und aus diesem Grund nicht in der Lage sei, ihm seine Gelübde der Armut, der Keuschheit und des Gehorsams abzunehmen. Weihnachten nahte und in dieser besonderen Zeit wäre es schwer, einen befreundeten Priester zu finden, der bereit sei, die Zeremonie mit ihm zu feiern.

„Ich könnte Monsignore Marturano um Rat fragen?", schlug ich ihm umgehend vor.

Nach einigen Sekunden des Nachdenkens antwortete mir Elia: „Mach das."

Ich hatte Glück, und innerhalb weniger Minuten unterhielt ich mich bereits mit dem Monsignore, Don Eugenio, wie er genannt werden möchte. Nachdem der Don meine Bitte gehört hatte, sagte er sehr freundlich zu mir: „Ich habe bereits mit zwei Bischöfen über

Fra' Elia gesprochen, die sich glücklich schätzen würden, ihn kennen zu lernen. Vielleicht könnten sie ihm danach seine Gelübde abnehmen, da aber Weihnachten vor der Tür steht, bezweifle ich, ob sie zwischen den Jahren Zeit dafür finden."

„Don Eugenio, ich weiß, dass Fra' Elia seine Gelübde gerne in die Hände seines Bischofs ablegen würde, doch während er auf dessen Antwort wartet, hat er an seinen Pater Spiritual gedacht, der sich aber leider in Afrika befindet."

„Gib mir ein paar Stunden Zeit, wir werden uns heute Abend nochmals über den letzten Stand der Dinge austauschen. Ich wollte mit dir aber noch über etwas anderes sprechen: Erinnerst du dich an den Eremiten, über den ich zu Fra' Elia gesprochen habe? Hier in der Gegend gibt es noch ein wunderschönes Projekt, über das ich mit euch diskutieren wollte. Ihr müsst unbedingt kommen und es euch anschauen."

„Monsignore, warum sagen Sie `ihr`? Elia allein trifft die Entscheidungen." „Das weiß ich, aber ich wollte auch deine Meinung bezüglich diverser Probleme hören, wie zum Beispiel der organisatorischen. Jedenfalls musst du unbedingt mitkommen, und dann zeige ich dir auch noch etwas anderes." Trotz meiner Neugier hielt ich mich zurück, wohl wissend, dass jetzt nicht die Zeit für weitere Fragen war. Darum antwortete ich: „Wenn Sie es wünschen, werde ich selbstverständlich kommen, im Januar, was meinen Sie?" „Sehr gut, aber jetzt konzentrieren wir uns erst einmal auf die Gelübde von Fra' Elia. Wir sprechen uns heute Abend wieder, ciao."

Pünktlich um 20 Uhr telefonierte ich erneut mit Monsignore Marturano. „Wie ich mir schon gedacht habe, ist es um diese Zeit unmöglich, einen freien Priester in ganz Rom zu finden, genauso wenig wie eine freie Kirche, wir müssten weiter suchen." Während ich ihm zuhörte, ging mir plötzlich ein Licht auf, sodass ich ihn unterbrach und ausrief: „Sie, Monsignore - Sie sind die am besten geeignete Person, um Fra' Elia seine Gelübde abzunehmen!" Einige Augenblicke der Stille und dann wieder seine warme Stimme: „Wirklich, ich habe an mich gar nicht gedacht. Ich bin es gewohnt, immer zuerst an die anderenzu denken. Aber wenn der Herr es will, werde ich glücklich sein und mich geehrt fühlen, Fra' Elia in meiner Privatkapelle zu empfangen."

Seine Demut, seine Liebenswürdigkeit und seine große Bereitschaft rührten mich. Wir setzten unser Gespräch noch ein paar Minuten fort und vereinbarten dann als Termin den 28. Dezember gegen 11 Uhr, natürlich wenn Fra' Elia damit einverstanden wäre. Er selbst wollte alles organisieren.

Als ich Fra' Elia darüber informierte, erschien er mir äußerst zufrieden: „Und du, wann kommst du?"

„Ich? Warum sollte ich kommen?", log ich schamlos, als ob seine Frage in mir keine Freude ausgelöst hätte. „Du hast mir gesagt", fuhr ich fort, dass dieses Jahr ein paar unserer gemeinsamen Freunde in das Kloster kommen werden, sie könnten dich doch begleiten." „Das geht nicht. Sie müssen bald wieder abreisen, und danach musst du kommen!"

Ich erinnere mich, weil es vielleicht das erste Mal war, dass Fra' Elia so mit mir sprach und in einer so ungewöhnlich bestimmten Art insistierte, als hätte weder ich, noch er, eine andereWahl, so als wäre die Sache von einem höheren Willen bestimmt worden. Jedenfalls hatte ich dieses Gefühl. Vielleicht war Fra' Elia, der wirklich alles von mir wusste, meiner inneren Hochs und Tiefs müde geworden und wollte ein für alle Mal meinem lächerlichen Benehmen ein Ende bereiten. Und so fuhr er entschiedenen Tons fort: „Ohne lange Ausreden, ich hole dich am 27. Dezember um 16.30 Uhr am Bahnhof Orte vom Zug ab, okay?"Und so war es. So wurde ich von dem Tag an wieder in die Geschichte Elias hineinkatapultiert, mit erneuertem Enthusiasmus und größter Freude. Es waren Gefühle, die mir ermöglichten, mich den großartigen Ereignissen zu stellen, die uns seither mit unglaublicher Schnelligkeit überrollten, mit großer Gelassenheit und Sicherheit, in der Gewissheit, dass auch ich vom Herrn geführt wurde, genauso wie Fra' Elia, und dass er es war, der mich an seine Seite rief.

Weihnachtliche Gnaden

In der Zwischenzeit arbeiteten alle im Kloster, die Brüder inbegriffen, ohne Pause am Dach, um die Arbeit bis zum Weihnachtsabend fertig zu bekommen. Fra' Elia musste seine wundervolle und gigantische Krippe am einzig warmen Platz des Hauses aufstellen, dem Flur oberhalb des Kreuzgangs, der im Augenblick als multifunktionaler Ort genutzt wurde: Vorratskammer, Küche, Wohnzimmer. Die Fensterrahmen waren noch nicht ausgetauscht worden, und durch Tausende von Rissen drang eisige Luft, teilweise ein wenig gemildert durch den riesigen Holzofen, der auch im Treppenhaus-Vorzimmer für eine angenehme Wärme sorgte. Das Vorzimmer war von der Küche durch eine Öffnung getrennt, die durch einen dichten Vorhang abgeschirmt wurde. Wenigstens zu Weihnachten sollte durch die Decke kein Wasser tropfen, und zum Glück hatte sich das Wetter bis zum 23. Dezember gut gehalten, dann kühlte die Temperatur ab, sodass Schneefall drohte. Es fehlten nur noch ein paar Ziegel, die Feinarbeit an den Dachgauben, die Befestigung einiger Balken - es war unbedingt nötig, diese Arbeiten zu Ende zu bringen.

Wie in einem schönen Weihnachtsmärchen, vielleicht wegen der Gebete aller, sollte der Himmel jedoch unsere Helden belohnen und ihre Unternehmungen mit Erfolg krönen. Über Nacht senkte er die Temperatur ab und verhinderte somit, dass es schneite. Am frühen Nachmittag des Weihnachtsabends jedoch stieg die Temperatur um zwei Grad, und zwar so, dass weiße Flöckchen durch die Luft zu wirbeln begannen. Noch ein paar Stunden und alles würde beendet sein. Fra' Elia, Giuseppe, Alessandro und alle anderen hielten sich, verbissen wie nie zuvor, nicht an die Regeln der Natur sondern fuhren fort zu arbeiten, ungeachtet des plötzlichen Lüftchens, das vor wenigen Momenten aufgekommen war. Doch was passierte jetzt? Wieso hörte es auf zu schneien? Alle hoben die Köpfe, um die merkwürdigen Kapriolen des Wetters zu überprüfen und konnten sehen, dass es rundherum überall schneite, außer auf ihrem Dach. Und so kam es, dass alle ganz schnell zu ihren Familien heimkehren konnten, während es Fra' Elia gelang, seine Krippe noch vor Mitternacht fertig aufzubauen - schöner denn je.

Auch ich baute meine kleine Krippe auf dem Klavier auf, in meinem neuen Haus. Am Weihnachtsabend lud ich meine ganze Familie ein, Kinder und Enkel, meine Schwester mit Ehemann, deren Kinder und Enkel, zum traditionellen Abendessen, das wir alle gemeinsam kochten. Ich hatte das Bedürfnis, richtig zu feiern.

Am 26. Dezember, während ich die Reste des Weihnachtsessens zusammentrug, rief mich Roberto aus Rom für die gewohnten Weihnachtswünsche an. „Verzeih mir die Verspätung, aber ich habe bis zur letzten Minute gearbeitet." „ Es ist immer eine Freude, dich zu hören, Roberto, wie geht es deinem Bruder?" Und nachdem er mich darüber informiert hatte, dass er auf die neue Therapie zufriedenstellend ansprach, erzählte ich ihm, dass Fra' Elia am 28. Dezember in Rom seine Gelübde erneuern würde.

Roberto gehört zu unserer großen Familie von dem Augenblick an, als sein Bruder erkrankt war. Roberto hatte Fra' Elia am Telefon während unserer Rückfahrt vom Friaul kennen gelernt und ihn in der Folge im Kloster getroffen. Die Begegnung hatte ihn so bewegt, dass Roberto sehr viele Bücher über Fra' Elia an Freunde und Arbeitskollegen verschenkt hatte und darüber hinaus bemüht war, Fra' Elia bei seinem Werk zu helfen. Als ein Mann des Glaubens hatte er Fra' Elia eines Tages gebeten, ihn zu einer jungen Freundin zu begleiten, die ein Kind erwartete und Probleme zu haben schien.

Das war der Beginn ihrer Freundschaft, die noch durch die Tatsache bekräftigt wurde, dass diese junge Mutter die Gnade erhielt, die sie sich so sehr gewünscht hatte. Deshalb war ich nicht überrascht, als Roberto zu mir sagte: „ Ich möchte ihn so dringend sehen, auch wenn es nur für eine Minute ist. Sag mir, wann ihr beim Monsignore eintrefft, und ich werde dort sein und auf euch warten." „Ich muss aber vorher Fra' Elia Bescheid sagen, Robi, das weißt du. Auf jedem Fall bin ich mir ganz sicher, dass er sich freuen wird, dich wiederzusehen!"

Wie ich vorhergesehen hatte, stimmte Fra' Elia seiner Bitte zu, sodass am 28. Dezember, pünktlich um elf Uhr, Roberto Maltoni auf seinem Motorrad vor dem Portal des Monsignore anhielt.Wir trafen fast gleichzeitig ein - wir mit Anna und Gian, die sich in Rom mit ihren Freunden Rosaria und Pietro zum Einkaufen treffen wollten.

Nachdem ich ihn umarmt hatte, lud Fra' Elia Roberto zu meiner großen Überraschung ein, ohne Zögern und mit nur zwei Worten, ihm zu folgen. Roberto warf mir einen ungläubigen Blick zu, als wolle er sich vergewissern, ihn richtig verstanden zu haben, und da ich der Szene beigewohnt hatte, gab ich ihm einen zustimmenden Wink.

Monsignore Eugenio wartete in seiner Kapelle auf uns, zusammen mit zwei Herren.

„Sehr gut", sagte er, als er uns erblickte. „Ich sehe, Fra' Elia, dass auch du an deine zwei Zeugen gedacht hast."

Ein Artikel, erschienen im „Segno del sopranaturale" („Zeichen des Übernatürlichen") „Spezial Fra' Elia" – Februar 2004

In der Privatkapelle von Monsignore Eugenio Marturano, früher Beamter der Kurie am Kirchengericht des Vikariats in Rom, hatte im Beisein von vier Zeugen die bewegende Zeremonie der Erneuerung der Gelübde von Fra' Elia von den Aposteln Gottes stattgefunden. Es war am 28. Dezember 2003. Der oben genannte Monsignore hatte die Feier in einer von Frieden und Freude getränkten Atmosphäre zelebriert.

Alles hatte sich in der einfachsten Art abgespielt, so wie Fra' Elia es sich gewünscht und Monsignore Marturano in seiner Predigt betont hatte: Der Herr ist gekommen, um die Welt zu erlösen, und dazu hat er eine bescheidene Futterkrippe gewählt, weit entfernt von Prunk und Privilegien, genauso wie diese Zeremonie in einer kleinen Privatkapelle abgehalten wurde, so privat wie die Gelübde der Armut und Keuschheit, die Fra' Elia in die Hände eines Priesters hatte ablegen wollen. Der Herr, wer weiß schon warum, erwählt immer die in den Augen der Welt am wenigsten geeignet scheinenden Personen. Aber Er kennt ihren Gehorsam und ihre Herzen und weiß sie als seine Werkzeuge zu nutzen. Ich denke, wenn wir fünf dazu berufen worden sind, an diesem gesegneten Tag an Fra' Elias Seite zu sein, am Fest der Heiligen Familie, so wird es einen Grund dafür geben, und ich denke, dass der Herr ihn uns auch peu à peu enthüllen wird.

Gewiss sind wir nicht nur da um Zeugnis zu geben, sondern um irgendetwas zu tun, und auch auf dich, Roberto, dem das alles eher zufällig geschah, wird sicherlich eine Aufgabe warten. Der vierte Zeuge, Roberto Maloni, Direktor eines bekannten Fernsehprogramms von Kanal 5 und ein alter Freund von mir, war einfach nur für einen Gruß vorbeigekommen, nicht ahnend, dass Fra' Elia ihn einladen würde, an der Zeremonie teilzunehmen.

„Überlassen wir uns alle den Armen des Herrn, lassen wir uns voller Vertrauen von ihm leiten. Er liebt uns und wird uns niemals ein Bündel zu tragen geben, das unsere Kräfte übersteigt, genauso wenig wie er dir, Fra' Elia, Leiden schicken wird, die du nicht fähig bist zu ertragen. Heute ist auch der erste Jahrestag des Heimgangs von Maria Cristina, der Schwester von Fra' Elia, die ganz sicher jetzt hier mitten unter uns weilt, um mit uns zu beten."

Jeder von uns ergriff das Wort, einer nach dem anderen, und in der Tat hörten wir wunderbare und unvermutete Dinge, die dazu führten, dass einige sogar ein paar Tränen vergossen. Ganz besonders erinnere ich mich an das, was Roberto sagte und in meinen Ohren wie ein Zeugnis der empfangenen Gnaden klang und wie ein klare Wahl Gottes (und das hat sich später bewahrheitet), der ihn in Fra' Elias „Armee" haben wollte.

„Als ich noch ein Kind war, habe ich den Herrn gebeten, mir mehr Glauben zu schenken und mich einen Menschen wie Pater Pio kennen lernen zu lassen.

Ich erinnere mich, dass ich ihn mit Beharrlichkeit darum bat, als Gegenleistung dafür würde ich ihm immer dankbar sein und mich ihm zur Verfügung stellen. Der Herr erhörte mich, und heute hat meine Anwesenheit hier mich dazu gebracht anzunehmen, dass der Herr, wie Monsignore Eugenio bereits sagte, etwas von mir will - und ich bin dafür bereit."

Fra' Elia sprach als letzter und das, was er gesagt hat, wird für immer in unseren Herzen bleiben. Danke, Herr!

Die Heiligen Drei Könige

Die drei Magier seid ihr, Seelen auf dem Weg zur Erleuchtung. Die Straße ist lang, die Hindernisse sind mannigfaltig, groß die Mühen und die Versuchungen stark, anzuhalten und sich auszuruhen, fasziniert von der bezaubernden Schönheit auf einer Strecke unseres Weges. Da sind viele Zweifel und Unsicherheiten über das Ende der Reise und die Realität des Ziels, doch das Licht, das euch erwartet, übersteigt jede Hoffnung und jede Erwartung, und so hält es keinem Vergleich stand gegenüber dem Preis, den ihr jetzt bezahlt - verloren,wie ihr seid, im Schatten eurer irdischen Wege.

Erinnert euch aber daran, dass die letzte Geste der drei Magier die war, dass sie ihre Gaben Christus zu Füßen legten, Gaben, auf die sich ihre Existenzen gründeten; das heißt, Gold steht für die Liebe zum Reichtum, der Weihrauch bedeutet die Lust auf Macht, und die Myrrhe stellt die Sexualität dar. Der bewusste Verzicht auf diese Anhaftungen möge die Gabe sein, die ich euch bei dieser Gelegenheit empfehle eurem inneren Kind zu opfern, und damit eurem Geist (Spirit), damit er in Weisheit, Liebe und Heiligkeit wachse.

Fra' Elia

Das Buch in deutscher Sprache

Kaum wieder von Rom zurückgekehrt, informierte mich unser Verleger Pietro Mantero, dass der deutsche Verlag, die Edition Christliche Mystik, mein erstes Buch „Fra' Elia, der Engel mir den Wundmalen Christi" aus einer Reihe anderer Bücher ausgewählt hatte, um es bis zur Frankfurter Buchmesse in deutscher Sprache vorzustellen. Ich war sehr erstaunt und es schmeichelte mir, insbesondere weil ich von dieser wichtigen Initiative bisher gar nichts gewusst hatte. Sollte nämlich mein Buch das Rennen gewinnen, hatte Piero mir eine höchstwillkommene Überraschung machen wollen, was ihm auch bestens gelungen ist.

„Das Buch soll im Mai fertig sein, und du sollst zur Präsentation nach Deutschland kommen. Die Übersetzerin wird Frau Ingrid Malzahn sein, die Journalistin, die du im vorigen Jahr mit Fra' Elia in Bergamo kennen gelernt hast!“

Und in der Tat hatte ich vor etwa einem Jahr eine sehr liebenswürdige Österreicherin getroffen, zusammen mit ihrem deutschen Ehemann. Sie war nach Italien gekommen, um in der Nähe von Como an geistlichen Exerzitien teilzunehmen. Ingrid hatte durch Zufall mein Buch in die Hand bekommen und in Italienisch gelesen und es dem deutschen Verleger für eine Publikation vorgeschlagen. Deshalb, und weil sie wusste, dass ich nicht weit weg von Como wohnte, hatte sie mich angerufen und gefragt, ob sie mich kennen lernen dürfe. Da sich Fra' Elia durch Zufall an diesem Tag ebenfalls in Bergamo aufhielt, konnten wir uns alle zu einem Mittagessen in meinem Haus treffen. Ich erinnere mich, dass wir vergnügte Stunden, die auch reich an Spiritualität waren, miteinander verbracht hatten. Nie hätte ich mir vorstellen können, dass Ingrid, die von der Begegnung mit Fra' Elia tief berührt war, mein Buch selbst ins Deutsche übersetzen würde. Da ein professioneller Übersetzer für den kleinen Verlag viel zu teuer gewesen wäre, hatten die Verleger sie gebeten, es zu übersetzen. Die Wege des Herrn sind wirklich unergründlich!

Erste Begegnung im Jahr mit Monsignore Martorano

Nach dem Weihnachtsfest begaben wir uns, wie versprochen, zu Monsignore Martorano, um mit ihm und seiner Sekretärin Dina (die schon bei Fra' Elias Gelübden Zeugin war) den berühmten Eremiten in der Nähe von Amatrice zu besuchen. Die Landschaft, voller Zauber unter einer Schneedecke gelegen,präsentierte sich unseren Augen wie eine riesige Krippe, unbewohnt und still, so als würde sie darauf warten, durch unsere Gegenwart zum Leben zu erwachen.

Es war ein Freitag, und wie immer hatte Fra' Elia in der Nacht kein Auge zugetan. Es war schneidend kalt, und es schmerzten ihn seine Hände und Füße in besonderem Maße. Es war unübersehbar, dass er ziemlich nervös war. Dina und ich indessen waren fast euphorisch, glücklich, uns endlich wiederzusehen und die Gelegenheit zu haben, ein paar Tage miteinander verbringen zu können. Ich erinnere mich, dass wir uns während der Fahrt fröhlich miteinander unterhielten, ohne daran zu denken, dass es Fra' Elia nicht gut gehen könne und er vielleicht ein wenig Ruhe vorgezogen hätte.

Als wir an unserem Ziel ankamen, brachte Dina uns sofort zu ihrem schönen Ferienhaus, das natürlich seit einigen Monaten unbewohnt und daher nicht beheizt war. Und während sie, bestens organisiert, zwischen dem Kamin und dem Mittagessen, das sie komplett von zuhause mitgebracht hatte, hin- und hereilte, weihte Monsignore Marturano uns in sein großartiges Projekt ein. Ganz in der Nähe des Eremiten, wohin sich ihre Gebetsgruppe jeden Monat zu einer Wallfahrt begab, war man dabei, ein großes Gästehaus für die Pilger zu errichten, die ein paar Tage für spirituelle Exerzitien an diesem Ort verbringen wollten. Monsignore Martorano hatte auch die Zusammenarbeit mit Fra' Elia vorgesehen und wollte unsere Meinung hören, auch in Erwartung der vielen Leute, die dorthin kommen würden. Ich erinnere mich, dass, während wir über technische Probleme und mögliche Änderungen diskutierten, Fra' Elia auf einmal einen Zornesausbruch bekam. Danach stand er auf und teilte uns kurz mit, dass er in sein Zimmer gehen und sich ein wenig ausruhen wolle. Zusammen mit Dina humpelte er die Treppe hoch, während wir von unten die glühenden Wundmale auf seinen Füßen sehen konnten.

Kaum war er oben, wandte ich mich an Don Eugenio im Bemühen, Fra` Elias manchmal etwas zu schroffen Charakter zu rechtfertigen. Der Don unterbrach mich lächelnd. „Mach dir keine Gedanken! Sein Charakter ist ein Zeichen seiner Authentizität. Besser ausgedrückt: Er ist wie ein Kind, rein und unschuldig, unverblümt und ehrlich. Kinder kennen keine Diplomatie, sie spielen keine Rollen, bei jeder neuen Situation zeigen sie ihre Freude oder ihren Unmut, genau wie Fra' Elia, verstehst du mich?"

Ja, ich habe es verstanden. Auch heute hat Don Eugenio mir wieder etwas beigebracht. Und während Dina sich im oberen Stockwerk aufhielt, nutzte ich die Zeit, um endlich Don Eugenio mein Herz auszuschütten. Ich erzählte ihm von meinen vergangenen Zweifeln und von den großen Schwierigkeiten, die unvermeidlich auftreten, wenn man an der Seite eines Charismatikers wie Fra' Elia weilt. Don Eugenio hörte mir wie ein Vater zu und beschenkte mich mit äußerst wertvollen Ratschlägen, die ich in der Folgezeit stets aufs Wort beherzigt habe. Bevor ich heute irgendeine wichtige Wahl oder Entscheidung in Bezug auf Fra' Elia treffe, rufe ich, wenn mich auch nur der leiseste Zweifel befällt, Don Eugenio an in der Gewissheit, dass ich mit Hilfe seines Rates weniger Gefahr laufe, einen Fehler zu machen.

Am Ende unseres Gesprächs zeigte Don Eugenio mir ein Büchlein mit Botschaften. „Lies sie und lass mich wissen, wie du darüber denkst." „Aber Don Eugenio", erwiderte ich, „ich bin mit Sicherheit nicht die richtige Person, um ein Urteil zu fällen."„Lies sie", insistierte er mit einem Lächeln. „Es liegt mir sehr daran zu hören, wie du darüber denkst."

Als ich am nächsten Abend auf dem Flughafen, während ich darauf wartete, nach Bergamo zurück zu fliegen, jenes Büchlein wieder in den Händen hielt, begann ich neugierig darin zu blättern. Mir sprangen Sätze in die Augen, die zum Teil heimtückische und trügerische Inhalte hatten,auch wenn sie mit einem Schuss Mystik gewürzt waren.

Da las ich von Gebetsempfehlungen zu genau festgesetzten Zeiten und Konditionen, mit der Vorgabe, man werde nur so erhört. Während ich mit der Lektüre fortfuhr, bemerkte ich, wie diese Botschaften auf schamlose Weise irdische Macht versprachen, wobei sie eine recht bescheidene und kindliche Sprache benutzten, die mit Sicherheit eines hohen Geistes nicht würdig war. Darüber hinaus schmeichelte diese sogenannte „himmlische Mutter" ganz besonders der Person, die diese Botschaften empfing, indem sie sie *„amore mio"* – „mein Liebling" nannte. Da gab es viele Phrasen, die gewiss nicht mit einem hohen Geist in Zusammenhang zu bringen sind, am allerwenigsten mit der Mutter Jesu.

Zu Hause angekommen, übermittelte ich Don Eugenio am Telefon sofort meine Zweifel. Er war überhaupt nicht überrascht (mir schien sogar, dass er vor sich hinlachte) und tröstete mich damit, dass das, was mir aufgefallen war, genau das sei, was er von mir habe hören wollen. Hatte er mich etwa auf die Probe stellen wollen?

Die Göttliche Vorsehung ist unermesslich

Indessen fuhr man im Kloster fort, täglich Hunderte von Schwierigkeiten zu meistern. Der Bedarf war schier unermesslich, aber die Göttliche Vorsehung war stets wachsam und immer großzügig, und sie verhielt sich so, dass man mit der Arbeit stets pünktlich fortfahren konnte.

Eines Tages hielt ein riesiger Laster vor dem Kloster, beladen mit Holz. Die beiden Fahrer fragten Giuseppe, wohin sie das Holz abladen könnten. Giuseppe war wegen dieser unvorhergesehenen Lieferung überrascht und zunächst sehr ablehnend, da er mangels Lagers oder geeigneten Abstellraums, wo er das Holz hätte stapeln können, im Erdgeschoß erst einmal einen engen Raum leer räumen musste, der vollgestopft war mit verschiedensten Materialien. Giuseppe hatte mit Fra' Elia abgemacht, dass er selbst die Verantwortlichen eines Warenlagers benachrichtigen würde, wenn der geeignete Moment für eine Lieferung gegeben sei. Warum war diese nun zu früh angekommen? Fra' Elia befand sich noch nicht einmal im Kloster, was tun? Schließlich, im Hinblick darauf, dass das Wetter im Augenblick zu halten schien, deponierten sie die ganze Ladung vorerst auf einer Wiese und deckten sie mit großen Plastikbahnen zu in der Hoffnung, sie später an einen besser geeigneten Ort transportieren zu können. Eine Woche guten Wetters würde reichen, um dieser unnötigen Mühsal zu entgehen! Als Fra' Elia am Abend ins Kloster zurückkam, hörte man, wie Giuseppe ihn scharf zurechtwies: „Warum habt ihr das viele Holz ausgerechnet heute anliefern lassen? Schauen Sie, wo wir es lagern mussten! Hoffen wir, dass es nicht zu regnen anfängt."

Fra' Elia jedoch fiel aus allen Wolken. Er hatte in der Tat nichts bestellt. Sie riefen beim Warenlager an und baten um eine Erklärung, aber wie bereits besprochen, hatte der Verantwortliche ihnen nichts geschickt, und er musste ihnen auch nichts mehr schicken, weil der Bedarf durch die gesegnete Hand der Göttlichen Vorsehung gedeckt worden war. Wer hatte diese Ladung mit den großen, wertvollen Balken geschickt, die so perfekt geeignet waren für den gesamten Dachstuhl des Klosters? Doch niemand vermochte je in Erfahrung zu bringen, wer der großzügige Wohltäter gewesen war.

Jedenfalls traf auch in den folgenden Monaten – es gab ein erstaunliches und unerwartetes Klima der Solidarität - weiterhin Baumaterial jeglicher Art im Kloster ein: Geräte und Güter, Gerüste und andere Dinge, spontane Spenden einer Welt, die uns bis dahin unbekannt war, die sich uns in kleinen Gruppen präsentierte, angespornt von der Hoffnung, Hilfe für ihre kleinen und großen Probleme zu finden, quasi im Tauschhandel für ein Gebet oder einen Segen.

Alles war von Nutzen und alles traf immer zur rechten Zeit ein. Sogar eine Gruppe von Schwestern kam, die ihre Spitzenarbeiten brachten, genauso wie Elektriker, Weißbinder und Schreiner. Alle waren bereit, Fra' Elia in ihrer freien Zeit zur Hand zu gehen, sodass sich der Kreuzgang Schritt für Schritt belebte und seinen vitalen Aspekt zurück gewann.

Ich erinnere mich, immer noch in einem sehr kalten Monat, dass die Brüder sich über Fliesen unterhielten.

„Wir brauchen eine ganze Menge davon", sagte Frate Sergio, „für die Fußböden, die Bäder, die Küche: diese rechteckigen, um die Wände zu fliesen, aber unser Haushaltsplan sagt, dass wir uns im Moment keine neuen Ausgaben leisten können", schloss er betrübt. Ich wanderte zwischen Küche und dem Zimmer von Schwester Domenica hin und her. Es war das einzige, das durch einen kleinen elektrischen Ofen beheizt war und notierte, was mir auffiel, sodass ich dem Gespräch nicht komplett folgen konnte. Das einzige, was ich begriff war, dass sie es sich nicht erlauben konnten, die Fliesen zu bestellen. Gegen Mittag kamen, direkt aus Rom, Don Giancarlo aus Modena und der Ingenieur Suffritti im Kloster vorbei, um Fra' Elia zu begrüßen und ihm ihre eventuelle Zusammenarbeit anzubieten. Glücklich, seine alten Freunde wiederzusehen, bestand Fra' Elia darauf, dass sie zum Essen blieben.

Kaum, dass sie am Tisch Platz genommen hatten und Gespräche nach dem Gebet erlaubt waren, unterbrach die schöne kraftvolle Stimme von Don Giancarlo die Stille und ertönte in unseren Ohren wie ein Trompetenstoß: „Könnt ihr zufällig Fliesen brauchen?" „Was für Fliesen?", mischte ich mich verblüfft ein. „Von jedem Typ, wir haben Unmengen davon", antwortete mir Don Giancarlo, ohne den Blick von Frate Sergio zu bemerken, der sich mit meinem kreuzte.

Wieder einmal hatte die Göttliche Vorsehung im genau richtigen Moment eingegriffen. Ich erinnere mich an einen Nachmittag zu Beginn des Frühlings, als Fra' Elia sich nach vielem Nachdenken entschlossen hatte, eine Statue der Jungfrau zu kaufen, um sie in einer Nische des Kreuzgangs aufzustellen, der gerade fertig renoviert war. „Ich weiß, dass sie viel kostet", sagte er zu sich selbst, während er einen Katalog durchblätterte. „Wir werden bei etwas anderem sparen, aber diese Nische kann nicht ohne eine kleine Madonna bleiben."

Auch Schwester Domenica und ich konsultierten den Katalog, aber leider hatten alle Madonnen, die uns und Fra' Elia gefielen, Augen aus Glas und das erhöhte den Wert der Madonna beträchtlich. Jedenfalls hätte ich nie gedacht, dass heilige Statuen so teuer sind! Also beschlossen wir nach längerem Abwägen, für den Kauf am nächsten Tag nach Rom zu fahren. Kurz bevor wir uns auf den Weg machen wollten, läutete das Telefon. Es war Schwester Floriana, die aus ihrem Kloster in der Nähe von Orvieto anrief. Fra' Elia befand sich gerade neben dem Telefon und nahm das Gespräch entgegen.

Schwester Domenica und ich, völlig verblüfft, hörten ihn fragen: „Wie hoch ist sie? Ja, das könnte gut passen. Ich komme sofort mit Schwester Domenica und Fiorella." Tatsächlich war es so, dass Schwester Floriana ihn gefragt hatte, ob er eine schöne Madonna gebrauchen könne, 80-90 Zentimeter hoch, die sie am Dachboden gefunden hatten und von der sie nicht wussten, wo sie sie aufstellen sollten. Als er den Hörer aufgelegt hatte, glänzten die Augen von Fra' Elia wie zwei Sterne und blitzen uns voller Freude zu, während Schwester Domenica und ich vor Staunen unfähig waren, einen Kommentar dazu abzugeben. In weniger als einer Stunde befanden wir uns bereits im Hof des Klosters der Schwestern der Seligen Angelina, um eine wunderschöne Madonna von Lourdes zu bewundern, mit Augen aus Glas, die Schwester Floriana in den Armen hielt. Es ist unnötig zu sagen, dass die *Madonnina* wie nach Maß für die Nische im Kreuzgang gemacht schien und auch heute noch fortfährt, uns selig zwischen den schönsten Blumen zuzulächeln, die Fra' Elia jeden Tag mit unendlicher Liebe pflegt.

Besuch bei einem orthodoxen Bischof

In der Zwischenzeit erreichtenFra' Elia aus jeder Ecke Italiens Einladungen zu Gebetstreffen, oder auch Anfragen bezüglich eines Besuchs im Kloster. Es war meine Aufgabe, sie zu beantworten und darüber hinaus zu informieren, dass Besuche im Kloster im Moment praktisch noch nicht möglich waren, und dass Fra' Elia sich nur einmal im Monat vom Kloster wegbegeben könne. Für Ende Januar hatte Fra' Elia sich entschlossen, die Einladung von Monsignore Deodato, einem orthodoxen Bischof, anzunehmen, der sich Fra' Elias Teilnahme für das Ende einer Gebetswoche für die Einheit der Christen wünschte, da er selbst ein Symbol für die Einheit und des Glaubens darstelle.

Die ganze Nacht würde das Allerheiligste angebetet werden und eine riesige Zahl von Pilgern kommen, ein Grund für Fra' Elia, die Einladung mit Freude anzunehmen. Deshalb kam er mit dem Flugzeug nach Bergamo, um von dort mit dem Wagen nach Incisa Scapaccina-Asti weiter zu fahren.

Die Reise war ziemlich kompliziert und verlief durch viele Hügel, die bedeckt waren mit nackten Weinreben und der berühmten Halbwüsten-Landschaft von Langhe, oft ohne eine Wegmarkierung, sodass wir uns mehr als einmal im Weg irrten. Angesichts der schneidenden Kälte bestand nicht die Gefahr von Nebel, aber trotz des guten Wetters hatten wir den Eindruck, die einzigen Bewohner an diesem Ort zu sein. Was die wenigen Passanten betraf, denen wir begegneten, so war ihnen das orthodoxe Kloster, das unser Ziel war, vollkommen unbekannt und noch nicht einmal das uns als Referenzkontakt angegebene Telefon antwortete. Trotz meiner minutiösen Organisation mit den zuständigen Personen schien mir, dass der Feind hier sein Spiel trieb, bis zu dem Punkt, dass wir, in Incisa Scapaccina angekommen, auf der Piazza hielten, weil wir nicht mehr wussten, wohin wir weiterfahren sollten. Mittlerweile war es fast dunkel geworden. Zufällig sahen wir in der Ferne zwei Herren, die sich miteinander unterhielten. „Ja, ich denke, Sie meinen ein Kloster außerhalb des Dorfs, hinter dem Friedhof rechts. Versuchen sie es dort, Sie werden eine Piazza mit einer großen Eiche finden, die können Sie gar nicht verfehlen."

Und so, nachdem die Glocken dreier kleiner weißer Paläste geläutet hatten, alle mit einer religiösen Inschrift versehen, erschien endlich jemand auf der Treppe. Wir hatten unser Ziel erreicht.

In Incisa Scapaccino – Ökumenisches Treffen mit Fra' Elia zum Abschluss der Gebetswoche für die Einheit der Christen – Artikel erschienen im *„Il Segno del Sopranaturale"* („Zeichen des Übernatürlichen"), März 2004.

In Umsetzung des Wunsches des Heiligen Vaters, der mit seinem Beispiel das Gewissen aller Menschen guten Willens aufrütteln will, wollte Seine Exzellenz, der orthodoxe Bischof Monsignore Deodato, eine Woche intensiven Gebets mit einer Heiligen Messe im Ritus der orthodoxen orientalischen Liturgie abschließen, die er selbst unter Teilnahme von Fra' Elia von den Aposteln Gottes zelebriert hat.

Das Ganze fand am 24. und 25. Januar in Inscisa Scapaccino (Asti) statt, in der Kapelle des Klosters, die die ganze Nacht von Samstag auf Sonntag offen blieb, um den Pilgern, die aus allen Teilen Italiens angereist waren, Gastfreundschaft zu gewähren. Wie Monsignore Deodato sagt, ist der Pilger selbst ein lebendiges Gebet. Sein Reden, sein Handeln, seine Mahlzeiten, sein Schlafen, sein Leiden, seine Freude, bestehen im Glauben an Christus, unserem einzigen Heil. In der Stille vernimmt man den rufenden Ton des Vaters und spürt das Werk des Heiligen Geistes in seiner Totalität.

Und ich glaube wirklich, dass auch Fra' Elia sich als ein Pilger nach Incisa Scapaccino begeben hat, als Pilger für die Welt und in der Welt, weil der Heilige Geist es so gewollt hat. .

Denn genau am 24. und 25. Januar hätte er eigentlich für ein Gebetstreffen in Rom sein sollen, doch im letzten Moment haben die Organisatoren wegen unvorhersehbarer Komplikationen das Treffen absagen müssen. Deshalb hat Fra' Elia an diesem Datum die Einladung von Monsignore Deodato angenommen: „Wir sind noch nie im Piemont gewesen",sagte er mir ohne lange Vorrede, „es ist nötig, auch einmal dorthin zu gehen". Und so hatte ich ihn am Freitagmorgen des 23. Januar vom Flughafen Bergamo abgeholt, um sogleich mit ihm mit dem Wagen weiter nach Incisa zu fahren, ohne das nähere Programm von Monsignore Deodato zu kennen, allein in der Überzeugung, dort Menschen zu begegnen und wie immer mit ihnen gemeinsam zu beten.

Die Kavaliere von San Quentino

Auch die *Cavalieri* von San Quentino, einer alten Rittervereinigung, die im Jahre 991 zum Schutz der Pilger, die sich ins Heilige Land begaben, gegründet worden war, waren bei der Zeremonie anwesend.

Ihre Geschichte begann mit dem Bau des Klosters in S. Quintino in Spigno und dem Geschenk von Gütern für den Unterhalt der Mönche, denen die Pflege der Abtei anvertraut war. Heute kämpfen die Kavaliere für die Einheit der Christlichen Kirchen, und das war der Grund, warum sie zur Schlusszeremonie der ökumenischen Woche eingeladen worden waren, die sicherlich reiche Früchte von Frieden und innerer Ruhe in den Seelen der Teilnehmer hinterlassen hat.

Nach seiner Rückkehr aus dem Piemont hielt Fra' Elia sich noch einen Tag in Bergamo auf, da seine vielen Freunde aus Bergamo, allen voran der Maler Gianpaolo Belotti (von ihm stammt das Titelbild meines zweiten Buches) ihn unbedingt hatten sehen wollen. Fra' Elia konnte die Einladung in sein Haus nicht abschlagen, und deshalb stimmte er zu, etwa fünfzig Personen dort zu empfangen. Wenige Tage nach diesem Treffen erhielt ich einen Brief von Maria Rosa, einer Frau, die mit Gianpaolo das Treffen vorbereitet hatte, und mit der ich mich sofort in seelischem Einklang befand. Ich möchte vorausschicken, dass mich in jener Zeit immer noch gelegentlich Zweifel und Unsicherheiten befielen, sodass dieser Brief mir Mut machte und mir letztlich bei meinen Reflektionen eine Hilfe war. Ich glaube, er kann vielen Menschen eine Hilfe sein, und das ist der Grund, warum ich ihn hier veröffentliche.

Brief an Fiorella

„Fiorella, halte ein wenig inne in dieser Welt des Chaos, suche dich selbst und verstehe, wie sehr der Herr dich braucht und begreife, wie perfekt du in seinen globalen Plan eingefügt bist. Wundere dich nicht darüber, was dir passiert. Fühle dich niemals wie ein Fisch auf dem Trockenen, oder fehl am Platz.

Wenn du du selbst bist, lösen sich der Stress, die Strapazen und die Anspannung wie Schnee in der Sonne auf, weil du dich dann nicht zwingst, jemand zu sein, der du nicht bist. Das heißt in der Tat, du sollst nicht versuchen jemand zu sein, sondern du sollst \`du sein\`, sei ganz einfach \`du\`. Erhebe dein Herz und sei immer und ewig dankbar, weil Er, der Herr, dir deinen Weg enthüllt. Denke immer daran, dass das, was du denkst, das, was du tust, und so wie du dich verhältst, einen ganz speziellen Effekt auf den Zustand der ganzen Menschheit haben kann (also auf alle, was viele nicht verstehen). Beginne von jetzt an, nur die positiven Seiten deines Lebens zu sehen und suche das Beste in jeder Situation. Wenn du es in seiner ganzen Tiefe betrachtest, wirst du es entdecken. Es ist da, jedoch so gut verborgen, dass es manchmal wie entschwunden scheint. Wisse, dass alle Dinge zum Guten führen, für die Seelen, die Gott wirklich lieben und ihn an die erste Stelle in ihrem Leben stellen. Dein Glaube muss von jetzt an stärker werden und unerschütterlich. Du musst den festen Willen haben, durchzuhalten, besonders in diesen Zeiten. Es darf dir nichts ausmachen, wie dunkel und finster dir eine Situation auch erscheinen mag. Es kann sogar vorkommen, dass es nötig ist, mit anzusehen, wie die Situation sich weiter verschlechtert, bevor Veränderungen und Besserungen eintreten. (Wie recht sie hatte!)

Alles, was du wissen musst, ist, dass alles sich in einer authentischen Perfektion abspielt, im rechten Moment, und dass alles in den Händen Gottes liegt. Sei dir bewusst, dass Gott überall ist, in jeder Sache, und dass es keinen Ort gibt, in dem er nicht gegenwärtig ist, und dass das letztendliche Ziel die Vollkommenheit aller Dinge und jedes Menschen ist. Darum öffne einfach dein Herz allen Menschen und der ganzen Welt und liebe sie.“

Maria Rosa und ich trafen einander nie wieder. Wie seltsam manchmal die Zufälle des Lebens doch sind!

Für den Monat Februar möchte ich besonders das Treffen von Piacenza hervorheben und für den März, während der Fastenzeit, den Besuch Fra' Elias bei der italienischen Mission in Zug in der Schweiz.

Piacenza

In der riesigen Pfarrkirche der SS. Trinità(Heiligste Dreifaltigkeit), vielleicht nenne ich sie besser eine Basilika, fanden, wie in jedem Monat, intensive und fruchtbare Gebetstreffen unter der Teilnahme von Fra' Elia von den Aposteln Gottes statt. Ich glaube, dass selbst die große atemberaubende Ikone, die über dem Hauptaltar thront und in ganz Europa wegen ihrer Schönheit bekannt ist, erstaunt war wegen des unvorhergesehen großen Andrangs von Menschen aus ganz Italien. In der Tat schnellten die Anmeldungen für private Gespräche mit Fra' Elia sprunghaft in die Höhe, und nur dank der perfekten Zusammenarbeit all der unermüdlichen Organisatoren gelang es uns, alle Besucher zufrieden zu stellen weil, wie man ja weiß, Fra' Elia niemanden „wegschicken" möchte.

Darum, um es allen zu ermöglichen mit ihm sprechen zu können, hatte Fra' Elia sich entschlossen, die Besucher in Gruppen von sieben bis acht Personen auf einmal zu empfangen, und dann am Sonntag sogar in Gruppen von zehn bis fünfzehn. Schließlich musste er den kleinen Raum, in dem er die Menschen empfing, verlassen, weil in der letzten halben Stunde noch drei Reisebusse mit insgesamt 150 Personen angekommen waren. Sie setzten sich in die ersten Reihen der riesigen Kirche, und nachdem Fra' Elia sich bei ihnen entschuldigt hatte, dass seine zur Verfügung stehende Zeit abgelaufen war, bat er sie, sitzen zu bleiben, während er an ihnen vorbeigehen würde, um sie anzuhören. Ein kleiner Wortwechsel mit jedem von ihnen, ein kurzes Kreuzzeichen auf ihre Stirn, ein Streicheln für die Kleinsten, ein Wort des Trostes für die am meisten Verzweifelten. Es spielte sich immer so ab, Tag für Tag dasselbe, von kurz vor neun Uhr morgens bis zur Abendmesse.

Und auf einmal wurde die riesige Kirche von Piacenza zu klein für die sonntägliche Abendmesse! Zu unserer Überraschung reichten die Sitzplätze nicht aus, sodass die Menschen hinten und seitlich dicht gedrängt nebeneinander stehen mussten. Zwei Stunden intensiven Gebets, der Anbetung, verzehrender Bitten inmitten einer Stille, die permanent mit Aufmerksamkeit und totaler Anteilnahme angefüllt war. Was ist es, das eine so immense Menschenmenge anzieht?

Ist es die Neugierde auf einen einfachen Ordensbruder, über den sie in den Medien erfahren hatten oder die Attraktivität eines Menschen, den viele als ein Zeichen der Liebe Gottes für seine Geschöpfe ansehen? Fest steht, dass sich die Neugierde nach einer gewissen Zeit verflüchtigt, während sich die Pläne Gottes, auch wenn er sie durch eines seiner Werkzeuge verwirklicht, unmissverständliche Zeichen seiner Größe hinterlassen.

Es sind die Zeugnisse der vielen Menschen, die fortlaufend eintreffen und öffentlich gemacht werden, und denen Hoffnung vermitteln, die das Bedürfnis haben, gehört, getröstet, geheilt zu werden. „Kommt nicht wegen mir,“wiederholt Fra' Elia unermüdlich. „Nicht ich bin es, der euch heilt! Er ist es, der euch erhört und euch liebt! Öffnet eure Herzen der Liebe Gottes, bittet ihn und er wird euch helfen! Lernt zu lieben, zu vergeben, zu vergessen. Macht es, wie er es uns gelehrt hat. Er hat uns noch nie betrogen, wir ihn schon! Ich kann nur für euch beten! Beten wir auch für jene, die wir nicht kennen, für unsere Feinde, für all jene, die Gott nicht kennen. Seien wir alle Brüder, alle seine Kinder, er liebt uns alle gleich!

Friede und Wohlbefinden euch allen - wie ein alter Weiser sagt: `Einen fließenden Strom kann man nicht aufhalten!`“

Italienische Mission in Zug (Schweiz), 6.– 7. März 2004

Die Absicht von Don Carlo war, ein intimes Treffen mit Fra' Elia und den Mitgliedern seiner Gemeinde zu organisieren, mit alten und jungen Emigranten aus Italien, und zwar am Tag der Kranken, den man in der Schweiz am 7. März feiert. Auch hier war die Organisation gründlich und gewissenhaft vorbereitet worden, durch eine schriftliche Einladung an alle Teilnehmer, mit genauer Angabe des Tages und der Stunde des Termins.

Ist es nötig zu sagen, dass die Anzahl der Personen, die aus der ganzen Schweiz angereist kamen, dreimal oder sogar zehnmal so hoch war wie vorgesehen? Reisebusse aus Lugano, Locarno, der französischen und der deutschsprachigen Schweiz, sogar ein Herr aus Indien, der nur Englisch sprach und eine Dame orientalischer Herkunft waren nach Zug gekommen. Ich erkundigte mich bei einer Frau, die von weit her gekommen war, wie sie von dem Besuch Fra' Elias erfahren hatte mitten in der deutschsprachigen Schweiz, und sie antwortete mir: „Meine Kusine in London hat es mir gesagt!“

Auch hier gelang es allen, mit Fra' Elia zu sprechen, den Rosenkranz mit ihm zu beten, das Erbarmen Gottes anzurufen und dem Herrn Dank zu sagen. Während der Predigt hat Don Carlo Fra' Elia ein Zeichen der Liebe Gottes für seine Geschöpfe genannt; aber er fügte auch mit Nachdruck hinzu, dass er nicht Gott sei: „Verlangt also von ihm nicht, was noch nicht einmal Jesus möglich gewesen ist.“

Auch der Herr konnte nicht alle Wunder wirken, die man von ihm verlangte, weil nicht genügend Glaube vorhanden war. Der Glaube rettet und öffnet uns für das göttliche Licht, das uns regeneriert und heilt. Für viele von uns ist unser Gott das Materielle. Wir lassen uns im täglichen Leben davon ersticken. Wir arbeiten nicht, um zu leben, sondern wir leben um Dinge anzuhäufen, die zu unserem Unglück werden. Aber wir Christen wissen, dass in uns ein göttlicher Funke lebt. Wir müssen diesen Funken nähren und ihn von dem Gestrüpp frei machen, das ihn abwürgt. Halten wir inne, schauen wir in unser Inneres voller Vertrauen, und wir werden den göttlichen Funken dort finden.

Erinnern wir uns an das, was Jesus oft wiederholt hat: Dein Glaube hat dich geheilt.

Samstag

Am Ende der Messe sprach auch Fra' Elia: „Heute ist der Tag der Kranken, auch ich bin krank, aus Liebe zu Gott. Jesus hat mit Hilfe seines Glaubens geheilt. Glaubt, liebt und vergebt!

Der Herr hat Lazarus vor den Augen aller wieder ins Leben zurückgeholt. Er hat uns ungeheuerliche Dinge vor Augen geführt, aber wir, haben wir sie verinnerlicht? Sind sie in unsere Herzen eingetreten? Entzünden wir in unseren Herzen eine Kerze. Versetzen wir uns in die Madonna, die himmlische Mutter, die dem Willen Gottes gehorcht hat. Sie wusste, dass ihr Sohn sterben muss, ihre Schmerzen waren unermesslich groß, und trotzdem hat sie den Willen Gottes akzeptiert. Sie hat sich nicht dem Schmerz hingegeben, der Depression, sie hat nicht rebelliert. Sie fuhr fort den Vater zu lieben, indem sie sagte: `Dein Wille geschehe.` Und was tun wir? Wie viel Glauben haben wir?

Stattdessen verlangen wir die Heilung, im Bewusstsein, dass Gott alles kann. Es ist wahr, Gott hat die Macht, aber oft stoßen wir auf eine Zementmauer in unseren verschlossenen Herzen, die sich der Liebe nicht öffnen will, obgleich der Herr uns seine Liebe auch durch seine Lehren offenbart hat. Er hat uns gelehrt, hier auf der Erde, mit ihm an unserer Seite, ein unbeschwertes Leben zu führen. Aber wir haben dem abgesagt, indem wir ein materialistisches Leben vorziehen, das uns am Ende zu Sklaven, unglücklich und depressiv macht. Die Depression ist keine Krankheit, sondern die Frucht eines irregeleiteten Lebens.

Warum versuchen wir nicht, uns dem Herrn zu nähern, indem wir das in die Praxis umsetzen, was er uns gelehrt hat? Ein Beispiel wäre der familiäre Dialog, ein wenig mehr an die Bedürfnisse unserer Seele zu denken und an die Personen, die uns umgeben, auch an jene, die wir nicht kennen; für unsere Feinde zu beten, für die Priester, für die verlassenen Seelen. Als Kinder Gottes gibt es viel zu tun, als Diener Gottes. Nehmt an unserer Aufgabe teil und denken wir immer daran, dass uns bei unseren Aufgaben immer die Gnade Gottes beisteht und immer beistehen wird!

Die Barmherzigkeit zählt zu unseren Aufgaben. Heute ist der Tag für uns alle, für jene, die sich zwischen Leben und Tod befinden, für jene, die bitten, dass ihre Lieben geheilt werden. Vereinigen wir uns mit ihnen, und Gott wird uns erhören. Gott gibt uns alle Gnaden, die wir uns ersehnen, wenn sie unserer

Seele dienlich sind und der gesamten Herde des Herrn nutzen.Lernen wir vergeben, vergessen, geben - lieben wir einander. Bitten wir um seine Hilfe: Wenn wir es wirklich wollen, wird Er unsere Herzen verändern.

Sonntag

Meditiert still über den heutigen Tag: Wer liegt im Krankenhaus, wer bei sich daheim? - all die Kranken!

Die Möglichkeit, krank zu werden, ist in jedem von uns angelegt. Da gibt es jene, bei denen sich eine Krankheit entwickelt, und jene, bei denen sie sich nicht entwickelt. Und es gibt jene, die früher sterben, und jene, die später sterben. Wir rechnen nie damit. Es ist nicht der Herr, der uns die Krankheiten schickt: Der Herr straft nicht. Er bestraft noch nicht einmal einen Hund. Er liebt uns.

Denken wir an all die Krankenhäuser, in denen Kinder liegen, die Kleinsten in der Herde des Herrn. Denken wir an ihre Familien, die mit ihnen zusammen leiden. Und hoffen wir, dass sie in ihrem Leid Licht und Hoffnung finden können. Kaum werden wir krank, geraten wir völlig durcheinander. Der Herr möchte das nicht für uns. Er umarmt uns und erwartet uns. Er möchte uns für sich haben. Er urteilt nie! Er vergibt uns immer!

Heute habe ich vom Fenster Don Carlos aus viele junge Leute vorbeihasten sehen. Das Haus des Herrn war da, zwei Schritte entfernt, das sie erwartete, aber sie wussten es nicht. Warum lehren ihre Eltern sie nicht, das zu verstehen?

Der Herr möchte sie hier haben, in seinem Haus. Seien wir seine Kinder!

Wir haben als Christen das Recht zu wissen, dass Gott uns bei sich haben will und uns hier erwartet, wenigstens eine Stunde pro Woche! Sagt, wer trägt dafür die Verantwortung, dass die Kirchen leer sind?

Als ich die jungen Leute da unten sah, wollte ich zu ihnen gehen und sie mitnehmen und wenn ich noch länger geblieben wäre, hätte ich das getan! Ich wäre ihnen auch in die Bar nachgegangen. An euch liegt es, das zu tun! Erinnert euch daran, dass die Kirche für alle da ist, die Verantwortung liegt bei euch allen! Schaut, nur ein einziges junges Mädchen befindet sich hier am Altar, und sie ist eine Ministrantin!

Der Herr wird sie erleuchten! Und die anderen jungen Leute? Wo sind sie? Nehmt euch die Christen zum Vorbild, nicht die Models! Wählen wir einen Weg, der reich ist und erfüllt von der Liebe! Der Herr sagt: Ich werde euch mit mir nehmen, ich werde euch in die Wüste führen, wo ich euch mit Milch und Manna nähren und zu euren Herzen sprechen werde. Ich werde euch die Kraft geben, vorwärts zu gehen. Ihr seid nicht allein und verlassen, sondern ihr werdet zu uns allen gehören! Der Glaube ist das Licht, die Gnade Gottes, die unser Herz zum Wohlgefallen Gottes verwandelt. Seien wir demütig und lassen uns von ihm verwandeln. Überlassen wir uns seiner Liebe, die uns zum ewigen Leben führen wird. Frieden und Freude euch allen!"

Anrufungen Fra' Elias vor dem Allerheiligsten

„Herr Jesus, wir bitten dich für alle deine Kinder, anwesend und nicht anwesend,
Schaue auf sie, behüte sie, erleuchte sie... Nur du allein kannst es!
Beschütze und behüte die jungen Menschen, die nicht in dein Haus kommen.
Denke an sie: Nur du kannst es!
Erhöre alle, die dich um eine Gnade bitten... die Angst haben...
die leiden und nicht mehr wissen, an wen sie sich wenden können.
Nur du, mit deiner Gnade und deiner Milde kannst ihnen helfen!
Gegrüßet seist du, Maria ...
Herr Jesus, wir vertrauen dir alle Kranken in den Hospitälern an.
Die Ärzte sind verunsichert, setze du dich für sie ein. Rühre ihr Herz an, erleuchte sie!
Nur du kannst es!
Herr Jesus, hilf dieser schwachen Mutter,
die so oft ihre Geduld verliert. Sie ist nicht sie selbst und du weißt es!
Pass auf diesen Sohn auf, der sich versteckt, weil er Angst hat.
Hilf ihm! Nur du kannst es!
Herr Jesus, schenkeden Priestern Kraft, den jungen Unterscheidungsvermögen
für ihre Berufungen, rühre ihre Herzen, entferne die Zweifel und Finsternis.
Schenke uns allen Kraft und vergrößere unseren Glauben
und mache uns zu Teilnehmern am himmlischen Mahl.
Ehre sei dem Vater!

Ein Tag im Kloster von Fra' Elia in Calvi dell' Umbria – 9. März 2004

Hier herrscht wirklich das Chaos: überall Bauschutt und Staub, doch damit nicht genug: Es herrscht zudem noch eine sibirische Kälte. Dieser März, der sich verrückter gebärdete denn je, hat uns mit einer letzten Welle von Schnee und Eis auch noch mit einem Nordwind „beglücken" wollen, der sogar die Planen wegfetzte, die die Speisen in der Küche abdeckten.

Jetzt, nachdem die Arbeiten am Dach endlich beendet sind (die schon am Heiligen Abend hätten fertig sein sollen), begann man mit den Innenarbeiten.

Jenes gesegnete Dach hatte zum Jahresende über dem Flur zur Küche noch immer reichlich Steinchen und Staub durchdringen lassen sowie anderen Unrat aus Jahrzehnten!

„Wir müssen dem Herrn danken, dass der Regen nur dort durchkam und lediglich die paar Räume überschwemmt hat. Seht ihr nicht, wie die Göttliche Vorsehung an uns denkt?“, sagte Fra' Elia immer, getragen von seinem unerschütterlichen Glauben. Seit dem Vortag war man endlich dabei, die Pfosten einiger Fenster zu erneuern, die zerbrochene, oder überhaupt keine Scheiben besitzen.

Das prächtige franziskanische Kloster, das die gemeinnützige Stiftung zum Teil für Fra' Elia erworben hat (die Raten wird man in fünfzehn Jahren getilgt haben), um Fra' Elia zur Verwirklichung seines Projekts zu verhelfen, hatte sich in der Realität als marodes Bauwerk entpuppt. Seit vier Monaten wird nun ununterbrochen daran gearbeitet, aber man hat den Eindruck, dass die Arbeiten über einen gewissen Punkt nicht hinauskommen. Die Küche gleicht nach wie vor einem Lager nach einem Erdbeben, die Räume waren noch immer nur halb bewohnbar und zugig. Hier nehmen die Brüder, die Schwester und sechs Arbeiter gemeinsam mit Fra' Elia jeden Tag ihre Mahlzeiten ein. Sie alle arbeiten, ungeachtet der Kälte und Unwetter, verbissen vom Morgen bis zum Abend.

Nur die Zimmer besitzen Türen, während die Küche durch eine Art Flur-Speisekammer-Abstellkammer durch einen Vorhang vom Flur getrennt ist. Zum Glück geben hier drei Öfen genügend Wärme ab. Nur heute ist es eiskalt, weil gerade die Fenster ersetzt werden. Zehn Minuten vor dem Mittagessen ist erst eins von drei Fenstern eingesetzt worden. Bis 13 Uhr will Schwester Domenica den Tisch für elf Personen decken.

Ich habe mich in das Zimmer, eine bessere Aufbewahrungskammer, von Schwester Domenica verkrochen, weil ich trotz meines guten Willens niemandem nützlich sein kann. Zu groß ist das Durcheinander. Was tun? Ich schreibe. Wir sind gerade erst aus der Schweiz zurückgekehrt. Fra' Elia geht es wirklich nicht gut. Wir befinden uns in der Karwoche und er lebt von Brot und Wasser. In diesem Jahr kann er sogar ein wenig Brot vertragen, neben Gemüsebrühe und Tee. Man hat ihm auch bittere Kräuter verabreicht, aber auch die vertrug er nicht. Ich hatte es vorgezogen, ihn bis hierher zu begleiten, anstatt ihn mit dem Zug fahren zu lassen. Kaum in Calvi angekommen, machte sich Fra`Elia gleich wieder an die Arbeit, mit seinen Arbeiterfreunden, die bereit waren, alles für ihn zu tun, nachdem auch sie die ungewöhnlichsten Erfahrungen mit ihm gemacht hatten. Arbeit und Gebet. Das ist das Leben im Kloster.

Ich rufe derweil meine Freundin Alberta an, die Postbotin des Ortes, um ihre Gastfreundschaft in Anspruch zu nehmen. Sie würde gegen Abend vorbeikommen und mich abholen. Bis dahin unterhalte ich mich mit Schwester Domenica und Frate Sergio, der mir ziemlich besorgt erscheint. „Was ist los, Frate

Sergio?", frage ich ihn alarmiert. „Ich habe die Konten geprüft. Wir haben nur die Hälfte von dem auf dem Konto, was wir den Arbeitern zahlen müssen. Ich weiß nicht, wie wir das machen sollen."

Fra' Elia, der hinter mir steht, ist schneller als ich: „Volk ohne Glauben, die Göttliche Vorsehung hat uns auch in diesem Monat geholfen." Er leert auf dem Tisch ein kleines Säckchen mit Schweizer Franken aus, eine kostbare Gabe von Don Carlo und seiner Pfarrgemeinde, die großzügigerweise eine Kollekte für die Restaurierung des Klosters gemacht haben.

Frate Sergio, Schwester Domenica und ich zählen sie sofort durch, müssen aber leider feststellen, dass es für die Gehälter nicht ausreicht.

Plötzlich erinnere ich mich, dass Don Carlo mich vor meiner Abfahrt bat, einen Moment zu warten. Als er zurückkam, drückte er mir drei grüne Banknoten in die Hand (von je hundert Franken, wie ich dachte), wobei er sagte, das sei seine persönliche Spende. Stotternd bedankte ich mich bei ihm und eilte schnell zu Fra' Elia, der mit seinem Gepäck schon das Haus verlassen hatte. In der Eile hatte ich das Geld nicht in mein Portemonnaie getan, sondern in die Manteltasche gesteckt.

Mit einem Geistesblitz gehe ich also sofort meine Manteltaschen durchsuchen und finde die grünen Scheine. Nicht schlecht! Beim Entfalten sehe ich, dass es sich nicht um 300, sondern sogar um 3000 Franken handelt!

Und so half uns der Herr auch in diesem Monat wieder! Jeden Monat das gleiche Spiel und alle anderen Sorgen, doch Fra' Elia wird nicht müde, uns mitzuteilen, dass er weiterhin an die gesegneten Zahlungen glaubt, weil dies der Wille des Herrn sei. Fest steht, dass die Arbeiten, die gemacht werden müssen, extrem aufwändig sind, wenn nicht eine großzügige Hand eingreift, die ich ganz profan als „Kapitalgeber" bezeichnen möchte, denn ich weiß wirklich nicht, wie es weitergehen soll. Von heute an bis Ostern kann Fra' Elia an keinem Gebetstreffen mehr teilnehmen, weil er zu große Schmerzen leidet, was bedeutet, dass es auch keine Spenden gibt. Hoffen wir auf ein Wunder!

Gebete

Trotz seines mühsamen Lebens, der harten täglichen Arbeit, der Leitung des spirituellen Lebens seiner Brüder, der Reisen, bei denen er sich Tausende von Problemen anhörte, die die Menschheit peinigen, fuhr Fra' Elia wie immer weiter fort, sich selbst seine Schlafenszeit zu stehlen, um zu beten oder Lobpreisungen für den Herrn niederzuschreiben. Wenn man ihn tagsüber arbeiten sah, glaubte man nicht, dass er in ständigem Kontakt mit dem Herrn stand! Es gelang Fra`Elia sehr geschickt, diese mystische Seite an sich zu verbergen, indem er nur seine irdische zeigte, die allen Menschen gemeinsam war.

Doch nachts schaffte er es nicht zu schlafen und er musste unbedingt mit „ihm“ sprechen und sich „ihm“ nahe fühlen. Hin und wieder, in den Nächten von Donnerstag auf Freitag, wenn er seinen üblichen Schmerzen zum Opfer fiel, wäre er gerne im Bett geblieben, aber angeblich erlaubten seine Engel es ihm nicht, sondern zwangen ihn zum Aufstehen. „Du musst mit uns beten. Es gibt so viele Personen, die deine Hilfe brauchen!“ Dann stand er auf und betete.

Wenn ich mich tagsüber im Kloster aufhielt, dann rief er hin und wieder zu mir herüber: „Nimm deine Feder!“ Da ich sofort verstand, was er wollte, eilte ich zu ihm. Wir setzten uns auf einen Sockel inmitten des Bauplatzes und während er ins Leere starrte, begann er, mir fünf oder sechs Gebete (oder Botschaften) ohne Unterbrechung hintereinander zu diktieren. Das konnte auch während einer unserer Autofahrten passieren, sogar im Flugzeug oder in der Küche. Und ich danke dem Herrn dafür. Wie auch immer, aufgrund der Geschwindigkeit, mit der die Worte aus ihm heraussprudelten, gelang es mir nicht immer ihm zu folgen, sodass ich ihn hin und wieder unterbrechen musste, auch weil mir die Hand weh tat. Hier nun eine Gruppe von fünf Gebeten:

Gebet an den Erzengel Michael

Heiliger Erzengel Michael,
verteidige uns im Kampfe,
eile uns zur Hilfe
gegen die Hinterlist und Tücke des Teufels!
Möge Gott über ihn und sein Reich herrschen!
Wir bitten dich flehentlich.
Und du, Fürst der himmlischen Heerscharen,
lege mit himmlischer Macht
Satan und die anderen bösen Geister
in der Hölle in Ketten,
die sich in der Welt herumtreiben
zum Verderben der Seelen.
Amen.

Mai

Als Pilger im Haus des Herrn
gehe ich um Frieden zu bringen
und die Essenz meiner Liebe

in das Herz all jener,
die mich aufnehmen
mit dem Duft des Sommers,
der Wärme in den Familien,
die mich ringsherum um Hilfe anflehen ...
Und hier bin ich,um mit ihnen zu beten.
„Gegrüßet seist du Maria, Mutter der Barmherzigkeit ...
Habe Erbarmen mit allen ..."
Und am Ende wird der Preis mein Sohn sein,
weil ihr mit mir betet und ich mit euch.
Und Er wird euch das Herz geben, an dem es euch mangelt,
die Hoffnung, den Glauben und die Liebe.
Wenn die Liebe fehlt, mangelt es an allem.
Und es ist der Herr, der euch die Erleuchtung bringt,
gratis, durch seine Liebe.
Ein Pilger bin ich, von Haus zu Haus,
damit ich euch begegne, und ihr mir.
Ich grüße euch und gemeinsam mit euch erinnere ich mich. Amen.

Ich sehe

Ich sehe das, was du mich sehen lässt,
ich sehe das, was ich sehe.
Aber wie oft habe ich das sehen wollen,
was ich sah!
Doch in deinen Augen war es ein Nichts!
Mit den klaren Augen einer Taube,
mit den reinen Augen einer Schwalbe
lässt du mich das sehen, was ich nicht sehen kann.
Und wie oft wollte ich das nicht sehen,
was ich bedauerlicherweise sehe.
Es ist die reine Wahrheit! Alles ist wahr!
Alles erblüht wie ein kleines Kind,
das wächst und erleuchtet wird.
Und du führst es mit deiner Hand
sanft und in Demut, mein Vater!
Auch ich sehe in meinem Wachstum
einen einzigen Gott, der mich führt:
Du, der mir den Weg zeigt ...
Der die reine Wahrheit ist!

Du lehrst mich Weisheit, die ich nicht kenne ...
Du führst mich, streichelst mich, lässt mich wachsen
in einer großen Liebe, um jene zu lieben,
die nicht wissen, wie man liebt ... Amen.

Duft des Frühlings

Was für einen wunderbaren Duft hat dieser Weißdorn!
Welchen Duft diese Rose!
Wie viele Düfte umgeben uns, oh meine Mutter!
Wie soll unser Duft sein?
Voll der Freude, Liebe, um zu dir zu kommen?
Wie die Lilie?, das Maiglöckchen?, die Hyazinthe?
Wie schön dieser Frühling ist
mit diesem lieblichen und feinen Duft,
wie ein Gebet.
Es ist ein Lobpreis für dich, oh Maria!
Alle diese Düfte sind für dich,
weil jedes deiner Kinder eine Blume ist,
die zu dir kommen wird, oh meine Mutter!

Aus ganzer Seele
Glaube ich an Gott
Vom Ende des Tages bis in die Nacht.
Es ist nicht die Nacht, sondern immenses Licht
Vom Frühling bis zum Herbst.
Da, der Winter nähert sich, in Vollendung.
Und in der Stille wirkt Gott.

Und dann der Sommer.
Der Himmel, die Berge, das Meer, die Flüsse, die Bäche,
die Schwalben und das ganze Universum verschmelzen ineinander!
Und alles das fördert die Begegnung mit Gott!

A propos: Heilige und Mystiker

Beim Lesen von Geschichten über Heilige habe ich entdeckt, dass nicht alle Asketen waren. Pater Pio war, menschlich betrachtet, sehr anspruchsvoll und präzise in allem, was das praktische Leben im Kloster betraf. Er interessierte sich sogar für die Kerzen, die seiner Ansicht nach zu schnell verbraucht waren.

Dann gab es sehr fähige Organisatoren, Männer oder Frauen, die sehr resolut waren und in der Realität viel mehr verankert als man gemeinhin annehmen würde. Sie waren mit Sicherheit nicht den ganzen Tag in ätherische Gebete vertieft oder auf den Knien, die Augen zum Himmel gerichtet. Ihre Heiligkeit zeigte sich in ihrem Verhalten. Sie waren ein glühendes Beispiel von Barmherzigkeit, von Nächstenliebe und Selbstlosigkeit in allem was sie taten. Dennoch standen sie mit ihren Füßen fest auf dem Boden und lösten jeden Tag persönlich Probleme, ähnlich jener, wie alle Normalsterblichen sie jeden Tag zu lösen haben.

Auch für Fra' Elia trifft das alles zu. In der Praxis ist der spirituelle Mensch aber dadurch nicht entzaubert! Fra' Elia hat, außer mit seiner Liebenswürdigkeit und Menschlichkeit, die Menschen auch durch seine Virilität für sich eingenommen, man könnte auch sagen mit seiner „Bodenständigkeit". Er spielt sich selbst keine Komödie vor. Seine Größe liegt in seiner Demut, seinem Dasein in der Realität eines harten Lebens und in der totalen Hingabe an Gott, der ihm sagt, wie die Dinge leichter zu bewerkstelligen sind. Sein Licht stammt von Ihm und da er selbst ein lebendiges Beispiel ist, trägt er es weiter. „Mystiker" heißt soviel wie in ständiger Einheit mit Gott leben, und Fra' Elia tut dies Tag und Nacht, im Gebet und in der Arbeit, in Freude und Leid, während seiner Reisen und seiner Gebetstreffen, in der Einsamkeit und in Gesellschaft. Er lässt sich niemals von Ihm ablenken, weil der Meister und er in seiner Seele eins sind und immer Er es ist, der ihn lenkt und leitet und beschützt.

Eines Tages, während wir dabei waren, das Kloster zu putzen, fragte ich ihn: „Was meinst du, denkt der Herr von dir? Denkt er, du bist ein Verrückter oder ein Heiliger? Und was sagt Er darüber zu dir?" Fra' Elia hielt einen Augenblick inne, stützte sich dann an den Besenstiel, starrte ins Leere und sagte nach ein paar Momenten: „Er sagte mir, dass ich ein Kondottiere bin, ein Wegbereiter!" Dann nahm er seine Arbeit wieder auf.

Wertvolle Ratschläge

Es war lange her, dass ich nicht mehr mit dem Prälaten, Monsignore A. in Pisa, telefoniert hatte. Er hatte Fra' Elia als einer der Ersten kennen gelernt und ihm sein Gewand als Ordensbruder gesegnet. Das geschah im Jahr 2001 und ich erinnere mich, dass Fra' Elia die Begegnung mit dem Monsignore wie eine Erleuchtung empfand. In der Folgezeit schickte ich ihm, gleich nach Erscheinen, mein erstes Buch über Fra' Elia und hin und wieder rief ich ihn an, um ihn bezüglich Fra' Elias Weg zu informieren. Als ich Monsignore Marturano noch nicht kannte, wandte ich mich öfter auch an ihn, um einige wertvolle Ratschläge zu bekommen. Daraus erwuchs für uns eine spezielle Freundschaft, die dazu führte, dass ich ihn auch anrief, wenn mich gelegentlich wieder einmal Ängste und Zweifel befielen, wie in folgendem Fall:

Es war Mitte März und ich war gerade erst wieder aus Calvi zurückgekehrt und erhielt ununterbrochen Telefonate von Personen, die ins Kloster kommen wollten, um Fra' Elia zu treffen. Viele von ihnen mussten mit dem Zug anreisen. Einmal angekommen, fanden sie keine Möglichkeit, ins Kloster zu gelangen. Ich wusste nicht, wie ich ihnen helfen konnte. Wie auch immer, im Moment war Fra' Elia noch nicht in der Lage, jemanden zu empfangen, und da wir uns darüber hinaus in der Fastenzeit befanden, ging es ihm in der Tat auch nicht gut. Deshalb war meine Antwort immer die gleiche: „Sobald die Möglichkeit besteht, wird Fra' Elia den Menschen zwei Tage in der Woche zur Verfügung stehen. Wir werden die Termine über unsere Internetseite mitteilen, oder über `Segno`." Doch nicht alle verfügten über einen Computer oder hatten das Magazin von Segno abonniert, deshalb stellte ich mir die Frage, wie man alles organisieren sollte.

Aber durfte Fra' Elia überhaupt etwas organisieren? Sein Bischof hatte noch nichts von sich hören lassen und die Bedürfnisse des Klosters waren immens. Wie sollte man also am besten vorgehen? Wie sich innerhalb der Regeln der Kirche verhalten?

Kaum hatte ich die herzliche Stimme des Monsignore vernommen, da füllte sich mein Herz schon mit Freude. Ich stellte ihm sofort meine Zweifel und die Schwierigkeit des Falles dar, und mit der großen Weisheit seines Glaubens erwiderte er mir: „Fra' Elia muss gar nichts tun, und noch viel weniger du. Wenn es wirklich ein Werk Gottes ist, wird er für alles vorsorgen. Es ist schwer, zum Kloster zu kommen? Unwichtig. Du hast Angst, dass zu viele Leute kommen? Auch das spielt keine Rolle. Ich bin mir sicher, wenn ihr an einem Samstag oder Sonntag die Pforten öffnen werdet, sei es bei Kälte oder Sturm, Regen oder Schnee, dann werden die Leute mit geöffneten Schirmen ankommen, zufrieden damit, im Freien zu warten, um an die Reihe zu kommen, habe Vertrauen!"

Und genauso geschah es am letzten Samstag und Sonntag in diesem verrückten März, als sich um 8.30 Uhr morgens die Pforten öffneten, bei Blitz und Donner. Es ist richtig, dass ich ein paar Leute, die mich angerufen hatten, informiert hatte; aber niemals hätte ich mir vorstellen können, dass die Leute so zahlreich kommen würden. Ich fand sie schon seit ein paar Stunden wartend vor, durchfroren, Decken über ihre dicken Mäntel gehüllt, wobei einige ganz eng beieinander standen, um sich ein wenig warmzuhalten. Leider war die Temperatur auf vier Grad gesunken, und die Kälte war wirklich unerträglich, verschärft durch einen eisigen Wind, der den Eisregen in die erstarrten

Gesichter peitschte. Ich ließ die Leute in den Kreuzgang eintreten, doch wurde mir bald klar, dass es zu viele waren, und dass nicht genug Platz war, alle hier unterzubringen. Wo überhaupt würde Fra' Elia sie empfangen? Die kleine Kapelle war noch nicht fertig gestellt und oben, wo die Brüder wohnten, war es praktisch unmöglich.

Wie immer war es Fra' Elia, der die Situation löste: „Ich gehe hinunter, unter die Treppe, ich werde sie zu je zehn und zehn empfangen. Schwester Domenica wird mit den Leuten, die im Kreuzgang warten, einen Rosenkranz beten. Dort sind sie geschützt." Und so haben in Calvi die Treffen mit Fra' Elia begonnen, von morgens bis abends, begleitet von Ansprachen und Gebeten Fra' Elias, der sich am Ende des Tages mitten in den Kreuzgang begab und sich noch an alle Anwesenden wandte, die nicht gehen wollten, bevor sie ihn nicht wenigstens für ein paar Minuten reden gehört hatten.

Karwoche
Kloster in Calvi dell' Umbria – Montag, 5. April 2004 – 7.30 Uhr

„Er ist nicht da... er ist nicht da... er ist nicht da, schau unters Bett!" Die aufgeregte Stimme von Schwester Domenica tönte klar und deutlich durch die Stille des Klosters. Sie und Frate Sergio waren in Fra' Elias Zimmer gelaufen, angezogen vom heftigen und andauernden Lärm, der keinen Aufschub zuließ. Aber Fra' Elia war nicht da! Und während Schwester Domenica angsterfüllt in Richtung Bad eilte und sich die Frage stellte, wo er denn sein konnte, blieb Frate Sergio versteinert im Zimmer zurück, krampfhaft nach einer Idee für eine Lösung suchend. Plötzlich hörte er ein schwaches Jammern, das von oben kam.

Frate Sergio hob die Augen und sah ihn: Fra' Elia lag unbeweglich oben auf dem Schrank, ein Arm hing herab, der Kopf war nach hinten gedreht, rücklings zur Kante. Es war nicht möglich, sein Gesicht zu sehen. „Kommt, beeilt euch, schnell, schnell, Fra' Elia liegt oben auf dem Schrank!"

Im nächsten Augenblick kam Schwester Domenica zurück und holte, ohne auch nur ein Wort zu verlieren, die Arbeiter zu Hilfe, die nicht weit entfernt gerade die Kapelle restaurierten. Indessen versuchte Sergio, sich auf einen Schemel zu stellen und die Kopflage von Fra' Elia, der bewusstlos war, zu erleichtern. Sein Jammern war mitleiderregend und Frate Sergio fühlte sich total machtlos. Der Erste, der herbeieilte, war Alessandro Stellato, der Jüngste und Robusteste von allen, ein wahrer Riese. Kaum auf der Schwelle angekommen, fühlte er sich wie von der Kraft einer Windbö zurückgehalten und er hatte das Gefühl, dass jemand mit heftigen Schlägen auf seine Brust losging. Instinktiv bekreuzigte er sich und so gelang es ihm, das Zimmer zu betreten, während auch die anderen angelaufen kamen: Giuseppe Picirillo, der Maurerpolier, Pietro und Antonio Russo, Vincenzo Resigno. Vor ihren Augen schien ein Hurrikan gewütet zu haben: Überall waren Kleidung und Gegenstände verstreut, unter denen ein Zinnkrug hervorstach. Nach der ersten Verwirrung gelang es dem verblüfften Giuseppe, Ordnung in das Chaos zu bringen: „Geht und holt die Leitern, schnell!“ Aber die Leitern befanden sich nicht an ihrem üblichen Platz. Wo konnten sie nur sein? Atemlos und hektisch setzten sie ihre Suche fort und als sie bereits sämtliche Hoffnung aufgegeben hatten, sie jemals zu finden, entdeckte sie jemand im Gestrüpp eines benachbarten Feldes.

Indessen versuchte Frate Sergio mühsam, mit Hilfe von Schwester Domenica und Alessandro Fra' Elia Kissen unter den Kopf zu schieben, der unerklärlicherweise schwer wie ein Felsbrocken war. Erst jetzt konnte Frate Sergio dessen weit aufgerissenen, glasigen Augen sehen, die Pupillen starr, die Stirn bedeckt mit kaltem Schweiß, während duftendes Blut aus seiner Kopfwunde sickerte und sein ganzer Körper steif war. Er reagierte auf keinerlei äußerlichen Reize. „Oh Gott, hilf uns!“

Endlich kamen die Männer mit zwei Leitern an und auch sie fanden es äußerst schwierig das Zimmer zu betreten. Eine mysteriöse Kraft hielt sie zurück. Aber jetzt war nicht die Zeit zum Sinnieren. Man konnte und durfte nicht nachgeben und dem Widersacher eine Siegeschance einräumen! Daher bekreuzigte man sich und weiter ging es, bis es Alessandro und Vincenzo von der einen und Pietro von der anderen Seite, mit äußerster Behutsamkeit und Sensibilität gelang, den starren Körper von Fra' Elia hochzuheben und auf sein Bett zu legen.

Danach, mit aufgewühltem Herzen über das, was sie gesehen hatten, zog sich einer nach dem anderen zurück, um ihn der Pflege der beiden Geistlichen zu überlassen. Frate Sergio lief instinktiv los, um das Eimerchen mit Weihwasser zu holen und versprühte es im ganzen Zimmer, während Schwester Domenica einen Finger darin eintauchte, mit dem sie Fra' Elia ein kleines Kreuzzeichen auf die Stirn machte.

In diesem Augenblick schloss er endlich die Augen und sein Herz nahm wieder seinen normalen Rhythmus auf. Danach wachte er auf: „Wie geht es dir, Fra' Elia?“, fragte ihn die Schwester zitternd. „Der Kopf tut mir weh, hier, wo er mit dem Zinnkrug auf mich eingeschlagen hat“, antwortete Fra' Elia mit einem Seufzer. Die Schwester betastete den schmerzenden Punkt, der durch eine große Beule gekennzeichnet war. Und während Frate Sergio an seinem Kopfende stehen blieb, eilte Schwester Domenica davon und besorgte einen Schwamm für kalte Abreibungen, die Fra` Elia, Gott sei Dank, sofort halfen, sodass es ihm gelang aufzustehen. Doch als er die Küche betrat, konnte jeder die üppigen Rinnsale von Blut sehen, die ihm noch immer übers Gesicht liefen, sowie die geschwollenen Arme voll blauer Flecke.

So also hatte die Karwoche für Fra' Elia begonnen.

Bergamo, 8.30 Uhr – am selben Tag – das Telefon läutet

Eine tiefe Stimme, schwer zu erkennen, begrüßte mich mit dem üblichen *Ciao*. „Was für eine Stimme, Fra' Elia! Was hast du?" „Heute Nacht habe ich den ersten Besuch in dieser Woche bekommen!" „Genau das habe ich befürchtet. Was hat er dir angetan?" „Er hat einen meiner Arme umklammert und mir den Mund zugehalten, bis ich zu ersticken glaubte; und er hat mich auf den Schrank geworfen. Dann ist er auf mir herumgesprungen und hat mit dem Krug, den du mir einmal geschenkt hast, heftig auf mich eingeschlagen, bis dieser kaputt war." „Ich gebe dir jetzt Sergio. Wann kommst du?" „Morgen." „Ciao."

Kloster von Calvi dell' Umbria – Mittwoch, 7. April 2004 – 16.30 Uhr

Fra' Elia ging es schlecht. Seine glänzenden Augen, von dunklen Ringen umgeben, verrieten seinen Schmerz. Er beklagte sich nicht. Obwohl ich insistierte, wollte er nicht zu Bett gehen. Ihm war nicht einmal danach, in sein Zimmer zu gehen, weil er dort die Gegenwart des ewigen Feindes spürte. Er hatte Angst. Unruhig ging er in der Küche auf und ab. Er maß seine Körpertemperatur. Das Thermometer zeigte 41 Grad. Er hatte das Gefühl innerlich zu brennen.

Ich berührte seine Stirn. Sie war eiskalt! Ich sagte es ihm. „Aber ich habe das Gefühl zu verbrennen!", wiederholte er. Meine Hände, die genauso kalt waren, störten ihn. Seinem Gefühl nach glühten auch meine Hände.

Er bat mich, seinen Arm zu berühren. Seine sämtlichen Muskeln zuckten. Es schien, als kochte sein ganzer Körper. Schon in früheren Jahren hatte ich beobachtet, wie seine Muskeln zuckten, wenn er seine Arme ausstreckte, um eine „Aufladung mit Licht" zu erhalten. Heute zeigte sich das gleiche Phänomen. Die Wunden an seinen Füßen waren schon glühend heiß und an den Pulsen sah man kleine Schwellungen, die dabei waren aufzubrechen, was auf den Beginn hindeutete. Ich betastete seine Beule am Kopf, sie war leer und urplötzlich wurde er von der Stirn bis zum Nacken wie von elektrischen Stößen geschüttelt. „Herr, ich bitte dich, steh ihm bei!"

An diesem Abend wollte Fra' Elia, bekleidet mit einem dicken Wollhemd, mit uns allen gemeinsam am Tisch sitzen. Auch seine beiden Schwestern, Maria und Graziella, waren nach Calvi gekommen und augenscheinlich wollte er nicht, dass sie sich Sorgen machten.

Er trank noch nicht einmal seine Gemüsebrühe und hin und wieder wurde er vom Fieber geschüttelt, das er jedoch mit einem beruhigenden Lächeln zu tarnen versuchte. „Geh ins Bett", empfahl ich ihm voller Sorge.

„Noch nicht. Der Feind ist immer noch dort." Als die Arbeiter gegangen waren, legte sich plötzlich ein unglaublicher Friede über uns. Die provisorischen Wasserrohre, die unter der Decke überm Waschbecken baumelten, fingen an zu schaukeln und sich mit unnatürlichen Bewegungen hin- und herzuwiegen, während uns ein lieblicher Rosenduft völlig einhüllte. Es konnten weder der Luftzug noch der Wind sein, da alle Fenster geschlossen waren. Man konnte auch leise Geräusche hören und während die Augen von Schwester Domenica, Frate Sergio und uns allen vor Staunen hin- und her rollten, verkündete uns Fra' Elia, dass seine Engel gekommen seien und er sich nun nicht mehr in Gefahr befinde. „Jetzt könnt ihr mich in mein Zimmer begleiten", fügte er hinzu und erhob sich. Wir folgten ihm schweigend, während er das Fenster öffnete und uns fragte, ob wir den Duft wahrnähmen.

„Ja, den Duft von Lilien!", rief Alberta aus. „Für mich sind es Veilchen", sagte Schwester Domenica. „Ich rieche Rosen", fügte ich, zunehmend verblüffter, hinzu. Auch die Schwestern und Brüder nannten jeweils eine andere Blume. „Ihr habt recht", fügte Fra' Elia hinzu. „Sie schicken uns viele verschieden duftende Blumen. Lasst uns jetzt beten." Nach dem Gebet ließen wir ihn allein.

Donnerstag 8. April 2004 – 8.00 Uhr

Wie jedes Jahr, mit einem Herzen, das mir bis zum Hals schlug, öffnete ich die Tür zu seinem Zimmer. Schwester Domenica und Fra' Sergio waren bereits an seiner Seite. Ich hatte sofort das Empfinden von Kälte, während ich sein gequältes Gesicht betrachtete, geschwollen und aufgequollen. Neben den offensichtlichen Zeichen der Passion Christi schien er erneut vom Bösen attackiert worden zu sein. Es war das erste Mal, dass er sich derart erbost benahm. Mein erster Eindruck war, dass sich in diesem Jahr alles noch schlimmer abspielte als in den vergangenen Jahren. Geschah dies wegen der Weltlage? Ich schaute genauer hin: blaue Flecken und Schwellungen an den Armen, das linke Auge blau geschlagen, mit einem großen Tropfen Blut im Augenwinkel, das rechte Ohr blutend und sein Hemd, Leintuch und Kissen bereits getränkt mit Blut. Ein durchdringender Rosenduft strömte auffällig durchs gesamte Haus, der bis in den Kreuzgang hinunter zog und auch noch ein gutes Stück die Straße entlang. Fra' Elia jammerte, wobei er geschwächt den Kopf bewegte: „Die Schulter! Die Schulter!" In der Stille wartete ich neben Frate Sergio und Schwester Domenica darauf, dass er die Augen aufmachte. „Ciao, Sohn Gottes", entschlüpfte es mir. „Hat er dich auch in dieser Nacht wieder gepiesackt?" „Ja."

Die langen Tage des Todeskampfes hatten gerade erst begonnen und uns erschien es bereits wie eine Ewigkeit.

Ankunft der RAI *(Radio Televisione Italiana)* – 9.30 Uhr

Sie wollten einen kurzen Film drehen, der am Karfreitag um 17. 30 Uhr gesendet werden sollte. In Bezug auf die RAI möchte ich noch einmal hervorheben, dass die Göttliche Vorsehung durch die Journalistin Sara Verta hatte eingreifen wollen, ein ganz besonderes Geschöpf, begnadet mit einer rarenSensibilität und einem immensen Glauben. Während der Aufnahmen wandte sich Fra' Elia an sie und teilte ihr mit, dass sie bald einen kleinen Sohn bekommen werde. Sara war erst seit Kurzem schwanger, wusste aber das Geschlecht ihres Kinds noch nicht. Und im Jahr darauf gebar sie einen Sohn. Seither verfolgte sie den Weg von Fra' Elia, sowohl als Journalistin als auch als Gläubige, und ihr verdanken wir all die wunderbaren Sendungen, die in der Folge bei RAI erschienen sind.

Nach dieser Zwischenbemerkung möchte ich sagen, dass in dem Augenblick, in dem das TV-Team ankam, auch unser überaus geschätzter Monsignore Eugenio Martorano eintraf, früher Beamter beim Kirchengericht in Rom, bei dem Fra' Elia im Jahr zuvor seine Gelübde erneuert hatte, sowie sein uralter Freund Pater Oronzo Saporano, der spirituelle Vater von Fra' Elia. Beide ließen sich überaus zuvorkommend interviewen, wobei sie von ihren persönlichen Erfahrungen berichteten. Vielleicht hatte sie ja der Himmel geschickt!

Dann traf Pater Paolo, der jeden Tag für Fra' Elias Kommunion sorgte, ein, dazu die Arbeiter mit ihren Familien sowie Professor Margnelli und die alten Freunde aus Verona und Francavilla, aus Bergamo, Pilger und einige Bürgermeister und Pfarrer aus der Gegend. Und sogar einige Reisende, die von dem, was hier geschah, gehört hatten, fuhren von der *Autostrada del Sole* ab, um mit uns gemeinsam zu beten.

Nicht allen von ihnen gelang es, Fra' Elia zu sehen, aber sicher ist es ihnen gelungen, diese intensive Atmosphäre äußersten Mitleidens der Passion Jesu mitzuempfinden, an dem Opfer, das er für unsere Erlösung gebracht hat.

Karfreitag 2004 – 9.30 Uhr

Endlich, der Heilige Stuhl schickte seine Experten.

Völlig unerwartet kamen, zusammen mit Professor Marco Margnelli, der Neurophysiologe, der seit ewiger Zeit den Weg Fra' Elias wissenschaftlich begleitet hatte und zwei Vatikanisten ins Kloster, mit dem Ziel, ein Gutachten über Fra' Elia zu erstellen: L.M., Rechtsberater für Heiligsprechungen und Sachverständiger für *Res Mystica* (Experte in Neurowissenschaften), und F. S., Psychiater und Psychotherapeut.

Ich kündigte diesen wichtigen Besuch sogleich Fra' Elia an, der mich bat, sie zu ihm zu führen. Ziemlich verlegen entschuldigten sie sich ihm gegenüber für die Störung und machten sich danach sehr diskret an ihre Arbeit.

Nachdem sie das Zimmer wieder verlassen hatten, bat ich sie, es sich in der Küche neben Professor Margnelli bequem zu machen, und auch ich stellte mich ihnen vor. Ich fragte sie, ob ihr Besuch ein offizieller sei und ob ich die Presse darüber informieren dürfe. Sie waren einverstanden. Sie unterhielten sich noch eine Weile und diskutierten mit dem Professor ihre Beobachtungen. Bei allem, was sie sagten, fiel mir ein Satz besonders auf: „...es ist wahr, dass die Kirche vorsichtig sein muss, aber es ist auch wahr, dass sie bei Fällen wie diesem auch eine Mutter sein muss, um den Betreffenden den Weg zu erleichtern..."

Karfreitag 2004 – Nachmittag

Fra' Elia rief auf Aramäisch den Herrn an.

Vom ersten Tag der Passion Fra` Elias an war auch Dr. Gino Cadeggianini zugegen, ein Theologe, der unter anderem auch Kino- und Filmwissenschaft studierte und auf der bayrischen Akademie für Kinematographie Filmwissenschaft ein Diplom erworben hatte.

Ein Spezialist für kulturelle, religiöse und vor allem übernatürliche Themen, arbeitete er als Produzent, Regisseur und Journalist für das Deutsche Fernsehen. (Er hatte den Ökologiepreis für seinen Film über den Heiligen Franziskus und die Natur gewonnen, für den ihm der Vatikan eine Erstkopie der Bulle, mit der Franziskus zum Nationalheiligen Italiens ernannt worden war, zur Verfügung gestellt hatte.) Dr. Cadeggianini kam ins Kloster, um sich spirituell darauf vorzubereiten, einen Kurzfilm über Fra' Elia zu drehen. Kaum war es am Samstag 15 Uhr, unmittelbar nach dem symbolischen Tod Fra' Elias, der sich im Beisein von Professor Margnelli und anderen Ärzten ereignet hatte, betraten Frate Sergio und Schwester Domenica sein Zimmer zu einem Gebet, nachdem alle gegangen waren. Ich setzte mich indessen vor die Tür, weil ich leider auf weitere Besucher warten musste, während sich Fra' Elias zwei Schwestern in ihrer Funktion als Hausherrinnen um die übrigen bleibenden Gäste kümmerten.

Fra' Elia schien eingeschlummert zu sein, ganz sicher war er nicht bei Bewusstsein. Kaum hatte Schwester Domenica zu beten begonnen, antwortete Fra' Elia, als hätte man ihn dazu aufgefordert. Mit klarer und tiefer Stimme (die nicht seine zu sein schien) rief er den Herrn in aramäischer (!) Sprache an, mit Pausen und Intonationen, die an den Film über die Passion Christi erinnerten. Schwester Domenica lief instinktiv aus dem Zimmer, um mich zu rufen, sodass auch ich ungefähr dreißig Minuten mit ihnen zusammen beten konnte, unterbrochen von einer schmerzlichen Stille. Wir alle, die bestürzt und erschüttert an seiner Seite standen, „sogen" jeden Augenblick und jedes Wort in uns auf und dankten Gott, dass wir Zeugen dieses gesegneten Geschehens sein durften. Der Klang von Fra' Elia erinnerte uns an eine arabische Totenklage, die jedoch für jemanden, der die Sprache kannte, klar und deutlich zu verstehen war. Nur Fra' Elia betete mit lauter Stimme und wir beteten in Gedanken mit. Hin und wieder schlug er sich mit der rechten Faust, in der er den Rosenkranz hielt, auf die Brust, wobei er weinte und Tränen aus Blut absonderte.

Da wir auf das außergewöhnliche Geschehen nicht vorbereitet waren, hatten wir leider keine Kamera dabei.

Unmittelbar nach der nachmittäglichen Sendung von RAI 1, die den Film noch am selben Freitag übertrug, wurde das Kloster buchstäblich von Journalisten überschwemmt. Wieder etwas, das wir nicht vorhergesehen hatten, und wieder schlug uns das Herz bis zum Hals. In einem seiner klaren Momente fragten wir Fra' Elia, wie wir vorgehen sollten, und so wurde ich von ihm mit der Aufgabe betraut, mich mit den Journalisten zu unterhalten. Ich wählte dafür den Kreuzgang, wobei ich ihnen verbot zu ihm hinaufzugehen, und beantwortete, so gut ich konnte, alle ihre Fragen. Auch einige Ärzte aus der Gegend waren gekommen, die mich fragten, ob sie Fra' Elia sehen dürften. Fra' Elia verweigerte natürlich die Erlaubnis. Es war schwierig für mich, sie davon abzubringen, genauso, wie die Journalisten in Schach zu halten, die vorgaben, nur ein paar Fotos machen zu wollen. Aber jemand musste diese Arbeit tun, die, zugegebenermaßen, mich merklich aus dem Gleichgewicht brachte. Ich hatte den Eindruck, mitten in ein Filmfestival hineinkatapultiert worden zu sein statt in ein übernatürliches Phänomen, das Respekt verdiente, Stille, Sammlung, Gebet. Wie war es möglich, dass sie das nicht kapierten?

Alles war ganz anders als die Jahre davor, in der Einsamkeit und Stille von Pater Oronzos Kloster! Einen Moment lang trauerte ich dem letzten Osterfest nach, begriff aber, mit einem Kloß im Hals, dass von jetzt an alles anders sein würde. Nie mehr würde ich den Stern an Fra' Elias Seite sehen, der ihn vom ersten Tag an in seinen einsamen Nächten begleitet hatte, und er würde mir auch nicht mehr seine Gebete diktieren, diese heiß ersehnten Botschaften! Wahrscheinlich würde ich ihm auch nicht mehr assistieren dürfen! Angesichts all dieser Menschen hier, die kamen und gingen, fiel es mir schwer, die neue Realität zu akzeptieren. Es erschien mir nicht gerecht. Ich musste zugeben, dass ich mich wirklich unwohl bei dem Gedanken fühlte, jenen Frieden und jenes Gefühl der Seligkeit, das mich stets bei dem Ereignis befallen hatte, verloren zu haben. Ja, ich fühlte mich richtig elend!

Wann immer ich an seiner Seite weilen wollte – und seien es nur ein paar Minuten – ging jedes Mal die Tür von seinem Zimmer auf und ein Wettstreit der Wartenden setzte ein, wer wohl am schnellsten hineinkam. Und ich hatte das Gefühl, den anderen den Platz abtreten zu müssen. Außerdem durfte ich mein Versprechen, das ich dem Herrn gegeben hatte, nicht vergessen, seinen Willen anzunehmen und nach vorn zu blicken, einzig und allein Werkzeug zur Verwirklichung seines Plans zu sein. Aber dann, in einem der seltenen Momente, in denen er alleine war, rief Fra' Elia mich zu sich und als ich eintrat, sagte er: „Jetzt gehöre ich allen. Der Herr will es so, aber im nächsten Jahr werde ich nach Francavilla gehen. Wirst du mitkommen?" Mit einem Kloß im Hals vor lauter Rührung antwortete ich ihm: „Sicher, Fra' Elia, ich werde dich stets begleiten!"

Karsamstag 2004 – Nachmittag

Fra' Elia gab uns von seinem Fenster aus ein Zeichen, um uns mitzuteilen, dass endlich alles vollendet war. Wir alle (die Schwester, die Brüder, seine beiden Schwestern, die Freunde, der Theologe und ich), die wir auf dem kleinen Platz vor der Kirche gewartet hatten, eilten zu ihm. Und wie in jedem Jahr fanden wir ihn vollkommen bekleidet, die Stigmata verheilt und trocken. Im Vergleich zu einer Stunde davor hatten sie sich merklich verkleinert. Dr. Cadeggianini konnte sich am eigenen Leib davon überzeugen. Fra' Elia zeigte ihm auch die Wunde an seiner Brust. Sie war bereits vollkommen vernarbt und hatte sich auf einen langen roten Strich reduziert. Indessen waren noch schwache Wundmale auf der Stirn übrig geblieben. Dr. Cadeggianini war sehr bewegt und nahm ihn schließlich schweigend in den Arm. Erschüttert verabschiedete er sich bald darauf, mit dem Versprechen, in Kürze wiederzukommen, um die ersten Aufnahmen einer Dokumentation über Fra' Elia zu machen. Im Gegensatz zu den früheren Jahren fühlte sich Fra` Elia dieses Mal noch tagelang sehr mitgenommen. Viel abgemagerter als sonst, mit einem leidenden Gesicht, erklärte er uns, er habe das Gefühl, „auf dem Zahnfleisch" zu gehen. Und in der Tat musste noch viel Zeit vergehen, bis er sich endlich wieder wohlfühlte.

Verirrt

Ausgerechnet an diesem Samstag passierte etwas, das ich wohl mein ganzes Leben lang nicht vergessen werde.

Wie bei jedem meiner Aufenthalte in Calvi war ich auch während dieser Tage Gast von Alberta – der Postbotin. Aber im Gegensatz zu sonst teilte sie mir mit, dass sie mich an diesem Abend nicht würde abholen können.

„Du kennst doch die Straße, nicht wahr?" „Sicher", antwortete ich überzeugt, auch weil der Weg recht simpel war, außer ein paar Abbiegungen, an die ich mich aber genau erinnern konnte.

Also übergab sie mir gegen Mittag ihre Hausschlüssel und sagte mir, dass wir uns am Abend dort sehen würden, gegen 23 Uhr. Außer der Nummer ihres Mobiltelefons hinterließ sie mir zur Sicherheit noch ein paar andere Kontaktanschriften.

Nach dem Abendessen verließ ich mit meinem Wagen das Kloster, um die 28 Kilometer, die mich von meinem heiß ersehnten Bett trennten, zurückzulegen. Ich erinnere mich, dass ich Fra' Elia in einem sehr geschwächten und benommenen Zustand zurückließ, und kaum, dass wir uns verabschiedet hatten, sagte er mir, dass er sofort zu Bett gehen werde.

Nach etwa fünfzehn Kilometern wurde mir bewusst, dass ich die Straße nicht erkannte. Wo war ich nur hingeraten? Ich erinnerte mich weder an diese Häuser noch an den mit Bäumen gesäumten Weg. Ich kehrte bis zur Kreuzung zurück und las alle Wegweiser, die ich bereits hundertmal gesehen hatte, aber auf einmal hatte ich einen Blackout, sodass ich mich nicht erinnern konnte, welche Richtung ich nehmen musste. Hektisch kramte ich in meiner Tasche nach dem Zettel mit den Telefonnummern, die Alberta mir gegeben hatte... da waren sie..., aber ihr Handy war nicht eingeschaltet und das Festnetztelefon war ständig besetzt. Ich begann zu schwitzen. All das war doch gar nicht möglich!!!

Ruhe, sagte ich mir, nicht den Kopf verlieren! Ich bemühte mich, mich zu erinnern, und bog in die größte Straße ein, während ich immer wieder ihre Telefonnummer auf meinem Handy drückte. Aber niemand antwortete. Eine ganze Stunde lang probierte ich jede Möglichkeit aus und als ich jede Hoffnung verloren hatte und auf der Uhr sah, dass es bereits zehn Uhr abends war, rief ich im Kloster an. Fra' Elia antwortete mir. „Bleib, wo du bist, und gib mir irgendeinen Hinweis. Wir kommen sofort, um dich abzuholen." Und während Fra' Elia am Telefon wartete, begann ich die Straße im Rückwärtsgang nach einem Schild abzusuchen. Nach ein paar Minuten, die mir wie eine Ewigkeit vorkamen, las ich den Namen eines kleinen Ortsteils.

„Ich verstehe, bleib, wo du bist. In zehn Minuten sind wir da!" Und so fanden sie mich, in der angekündigten Zeit, mit blinkenden Frontlichtern, Fra' Elia am Steuer neben Frate Sergio. Beide sahen wirklich besorgt aus, nicht zu reden von den Blicken Fra' Elias, auch nicht von den rötlichen Zeichen auf seiner Stirn, die noch recht deutlich zu sehen waren. Ich wäre am liebsten vor Scham im Boden versunken, vor allem, weil es mir peinlich war, dass ich sie zu so später Stunde noch hatte stören müssen, nach allem, was Fra' Elia durchlitten hatte! Ich folgte ihrem Wagen bis zu Albertas Haus, die sich nach kurzer Zeit ebenfalls einfand. Beim Abschied sagte Fra' Elia, dass dies das letzte Mal sei, dass ich bei Alberta schlafen würde, und dass er von nun an und auf ewig immer ein Bett im „Zimmer-für-alles“ von Schwester Domenica für mich bereitstellen würde. Und von diesem Tag an war es mein Zimmer.

Nach Ostern kehrte ich zu meiner Familie zurück, während Fra' Elia mit seinen beiden Schwestern für ein paar Tage zu seinen Eltern fuhr, für eine kurze Zeit der Rekonvaleszenz. Wie üblich rief er mich auch an diesem Morgen von zuhause an und ich war überrascht, ihn so fröhlich lachen zu hören, noch bevor er mich begrüßt hatte. Er konnte gar nicht aufhören. „Warum lachst du?“, fragte ich ihn, verwundert über so viel Heiterkeit. „Was hast du mit deinen Haaren gemacht? Du kommst mir vor wie ein lustiges Gänschen!“ Sagte es und schon lachte er sich wieder kaputt. In der Tat war ich gerade erst von meinem neuen Friseur gekommen, der mir eine neue Frisur hatte machen wollen, ein bisschen zu aufgetakelt, die ich zuhause natürlich neu gekämmt hätte. Aber Fra' Elia hatte mir dazu keine Zeit gelassen und mich angerufen. Auch wenn die Tatsache, dass er mich schon aus der Ferne sah, nicht neu war, gelang es ihm auch diesmal mich zu verblüffen!

An einem anderen Morgen diskutierte ich gerade mit meinem Ehemann über etwas, das sich kurz zuvor ereignet hatte und im Fernsehen berichtet worden war. Fra' Elia rief mich an und bevor ich noch Zeit hatte, ihn zu begrüßen, mischte er sich sogleich in unser Gespräch ein: „Gualtiero hat recht. Du hast es nicht richtig verstanden. Die Fakten sind in der Tat so, wie Gualtiero gesagt hat!“

Und solche Episoden kamen oft vor, so als wäre Fra' Elia bei uns allgegenwärtig! Und ich kann mich - heute wie früher - einfach nicht daran gewöhnen. Niemand kann irgendetwas vor Fra' Elia verbergen und noch viel weniger ihm etwas vorlügen. „Wie machst du das?“, fragte ich ihn kurze Zeit, nachdem ich ihn kennengelernt hatte. „Bist du es, der uns sieht und in uns lesen kann, oder sagen es dir deine Engel?“ „Manchmal bin ich es, der lesen kann, manchmal sind sie es, die mich auf etwas aufmerksam machen, was nicht in Ordnung ist. Ein andermal ist es wieder Er, der mich Szenen sehen lässt.“

Ein Gefangener schreibt an Fra' Elia
(Auszug aus „Il Segno del sopranaturale“ - „Zeichen des Übernatürlichen“ von April 2004)

Lieber Fra' Elia,

ich verwende den Ausdruck „lieber“, weil mir seit einiger Zeit Schwester Marisa von Ihnen erzählt und mir gesagt hat, ich solle Ihnen schreiben. Sie hat mir so viel von Ihnen erzählt, dass ich nicht anders kann, als Sie als einen Freund zu betrachten. Auch wenn ich Sie noch nie mit eigenen Augen gesehen und mit eigenen Ohren gehört habe, so kommt es mir vor, als ob ich Sie schon seit ewigen Zeiten kennen würde, weil ich Sie mit den Augen meines Herzens gesehen habe.

Ich heiße Giovanni und befinde mich in einem Gefängnis. An diesem Ort – in engem Kontakt mit den vielfältigen und großen Leiden jener, mit denen ich hier zusammenlebe und die meist nur den Hass kennen und in den finsteren Ängsten ihre Strafe verfluchen, ohne Glaube und Hoffnung –, wie kann ich die vielen Einsichten vergessen, die in mir verblieben sind, und den verzehrenden Schmerz ausdrücken, von Menschen, die zwar noch am Leben sind,aber trotzdem vom Leben ausgeschlossen;die verzweifelt betteln, leben zu dürfen, fluchend und stöhnend in ihrer tiefen Einsamkeit, sich jeden Tag ein wenig mehr verlassen fühlend? Der Schmerz dieser Existenz ist in seiner Essenz eine Kraft, die den Geist stärkt und angestürmt kommt wie ein Wirbelwind, auf den man nicht vorbereitet ist, um diese harte Prüfung durchzustehen. Und all die vielen Selbstmorde und Akte der Selbstverstümmelung, über die man in den Chroniken nichts liest, weil die Regierungsorgane der Presse angeordnet haben zu schweigen,um die öffentliche Meinung nicht zu beunruhigen. Diese Taten repräsentieren den letzten Aufschrei derer, die von ihrer Schwäche überwältigt werden und es nicht schaffen, aus ihrem Schmerz und ihrem Leiden Kraft zu ziehen, um als bessere und gereifte Menschen wieder nach draußen zu kommen, nachdem sie so etwas wie eine Wiedergeburt erlebt haben.

Ich habe meine Mutlosigkeit überwunden, und zwar nur, weil ich im dunkelsten Moment meines Lebens, als ich in meinen Gedanken bereits mit dem Tod gespielt habe, die endgültige Befreiung von menschlichem Leiden fand, indem Christus mich im Dunkel meiner Zelle mit seinem Licht erleuchtet hat.Ich habe mich gefragt, warum ausgerechnet mich, der so viele Jahre fern von der Kirche und von Gott gelebt hat! Ich wurde von seiner Liebe in die Arme genommen, die in meinem ganzen Körper einen Schauer hervorgerufen hat. Danach hatte ich den Wunsch, meine vielen Sünden zu beichten und den Herrn kennenzulernen und in seiner Liebe zu leben. Ich begann zu verstehen, jeden Tag ein wenig mehr, mich zur Liebe Christi emporzuheben, zu dieser Liebe, die wie keine andere Trost gibt und einem Vergebung schenkt, die Ordnung wiederherstellt und einem den Frieden gibt. Und zwar so sehr, dass man, wenn man glaubt, alles sei zu Ende, und man so von der Verzweiflung gebeutelt ist, dass jede Hoffnung unmöglich erscheint, plötzlich merkt, dass einem nur noch Christus übrig bleibt, der die Qual mit seiner Macht in ein Gärmittel für eine Neugeburt verwandelt. Nur dann, und nur dann, wächst im Schatten, in der Finsternis, das Licht, und das Gute siegt über das Böse.

Ich habe diesen meinen neuen Weg eingeschlagen. Der Herr hat mir die alte, von vielen Krankheiten geplagte Schwester Marisa geschickt, die mich mit der Liebe umfangen hat, mit der Christus ihr Herz angefüllt hat, und Tropfen für Tropfen, Tag für Tag, füllt sie damit mein leidendes Herz.

Es ist wirklich wahr, dass dort, wo eine Einsamkeit zu füllen ist, Christus mit seiner Liebe hineilt. Gewiss bedient er sich dafür meist anderer Personen und seiner Botschafter, aber Er kommt immer angeeilt. So hat er es auch mit mir gemacht, indem er mir eine alte Schwester geschickt hat, jedoch mit einem riesigen Feuer im Herzen. Nun hat diese Schwester zu mir über Sie gesprochen und mich dazu angeregt, Ihnen zu schreiben. Um die Wahrheit zu sagen, habe ich es immer wieder aufgeschoben, weil ich nicht wusste, wie ich mich an Sie wenden sollte.

In jedem Fall warte ich auf ein Schreiben von Ihnen, wie kurz es auch sein mag, in dem Sie mir sagen, dass Sie mich als einen ihrer spirituellen Söhne annehmen, damit Sie mir dabei helfen können, im Glauben zu wachsen. Seit ich im Gefängnis bin, haben mich meine Freunde und wenigen Familienmitglieder verlassen. Deshalb bekomme ich von niemandem Liebe, außer von Schwester Marisa und... hoffentlich auch von Ihnen.

Am 8. Mai fuhren Fra' Elia und ich zum ersten Mal nach Deutschland, um genau zu sein, nach Königstein, etwa fünfzehn Kilometer von Frankfurt entfernt, wo wir zur Präsentation meines ersten Buchs: „Ein Engel mit den Wundmalen Christi" eingeladen worden waren. Am Flughafen warteten Ingrid, meine Übersetzerin, und ihr Ehemann auf uns, die uns sofort in das Ursulinenkloster begleiteten, wo wir in der Zeit unseres Aufenthalts zur Übernachtung eingeladen waren.

Alles war perfekt organisiert, gemäß dem akkuraten deutschen Stil, und mir blieb nichts, um das ich mich noch hätte kümmern müssen. Ich durfte ganz einfach nur Gast sein, während Fra' Elia wie gewohnt seine Mission ausübte: das Kennenlernen und Trösten der Bedürftigen. Die Chronik jener Tage überlasse ich meiner lieben Ingrid:

Zeugnisse von Gnaden, empfangen während des ersten Besuchs von Fra' Elia in Deutschland vom 9. – 11. Mai 2004
von Ingrid Malzahn

Erster Tag:

Vorstellung von Fiorella Turollis erstem Buch in Deutschland **„Fra' Elia, der Engel mit den Wundmalen Christi"**, Edition Christliche Mystik, 2004

Im privaten Kreis wurde im Beisein zahlreicher deutscher Journalisten und Priester das heiß erwartete Buch von Fiorella Turolli *„Un Angelo con le stigmate s'è fermato a casa mia"* in deutscher Sprache vorgestellt.

Unter den Journalisten waren anwesend:

Wolf von Lojewski, bekannter Journalist und Moderator des ZDF mit Ehefrau Ute

Dr. Eleonora Bonacossa-Werner, Autorin mehrerer Bücher zu Themen der Emanzipation und Frauenproblemen. (In der Folgezeit offizielle Übersetzerin von Fra' Elia, zusammen mit Ehemann Thomas Werner)

Mechthild Löhr, Personalberaterin, spezialisiert auf den Finanzbereich kirchlicher Institute und Unternehmen; Beraterin für kirchliche Gemeinschaften; führendes Mitglied der Vereinigung christlicher Unternehmer; Vorsitzende der „Lobby" im Bundestag für das Recht auf Leben (gegen Sterbehilfe und Experimente mit Ungeborenen), zusammen mit ihrem Ehemann Dr. Andreas Löhr.

Ingrid Malzahn, Autorin mehrerer Bücher, darunter eines über Pater Pio, und Übersetzerin der Bücher von Frau Turolli.

Nach der Büchervorstellung fand zu Ehren Fra' Elias und Fiorella Turollis im Haus der Übersetzerin ein Abendessen statt. Unter den vielen Gästen, die Fra' Elia sehen wollten, war auch einer ihrer Freunde, der seit einem Jahr unter einer fortschreitenden lymphatischen Leukämie litt. Wenige Tage zuvor hatte er sich seiner dritten Chemotherapie in der Frankfurter Universitätsklinik unterzogen, weil sich der Status seiner weißen Blutkörperchen auf 100.000 erhöht hatte (normal: 1800-2500). Fra' Elia segnete ihn und versprach ihm, für ihn zu beten. Als der Erkrankte in der Woche darauf erneut eine Blutanalyse im Labor der Klinik machen ließ, hatten sich die Werte zum Erstaunen aller wieder auf 1800 normalisiert. Seither ging es ihm gut, er benötigte keine weitere Therapie mehr machen und betrieb auch wieder Sport. Seine übliche Energie kehrte zurück. Wir beteten alle, dass sein Zustand anhielt. (Mehr als drei Jahre später stiegen die Blutwerte leider wieder an. Anm. der Übersetzerin).

Während des Abendessens konnten alle einen intensiven Rosengeruch wahrnehmen, der auch aus einem Glas Wasser und einem Glas Rotwein strömte, aus denen Fra' Elia getrunken hatte. Die Anwesenden deuteten den Duft als ein Zeichen der Gnade und ich darf sagen, dass sich innerhalb dieser Gruppe im Laufe der Zeit in der Tat zahlreiche Bekehrungen ereigneten.

Montag, 11. Mai 2004

Der Journalist Wolf von Lojewski und seine Frau Ute luden Fra' Elia und Fiorella Turolli in ihr Haus, in der Nähe von Wiesbaden, zu einem Mittagessen ein. Ziel war, Fra' Elia ihrer Freundin Gudrun Lucht vorzustellen, die wegen der gravierenden Krebserkrankung ihres Sohnes, ebenfalls ein junger Journalist im Volontariat des ZDF in Berlin, verzweifelt war: Markus Lucht, 28 Jahre alt, hatte Lungenkrebs mit Metastasen im ganzen Körper verstreut.

Seine Mutter Gudrun war katholisch getauft worden und hatte einen Protestanten geheiratet. Beide waren kurz nach ihrer Ehe aus der Kirche ausgetreten und ließen ihren Sohn nicht taufen. Nachdem die Mutter ihren Sohn derart hatte leiden sehen und das Buch über Fra' Elia (das Ute von Lojewski ihr geschenkt hatte) gelesen hatte, begann sie Gott zu bitten, dass ihr Sohn wieder gesund werde.

Fra' Elia empfing den jungen Markus, machte ein Kreuzzeichen über ihn und sprach etwa zwanzig Minuten alleine (im Beisein von Bernt Rollinger, der für Fra' Elia dolmetschte) mit ihm. Er tröstete ihn liebevoll und empfahl ihm, dass er immer, wenn die Schmerzen unerträglich würden, Gott mit den Worten: „Vater, hilf mir!" anrufen solle. Außerdem versprach Fra' Elia ihm, ihm „spirituell" die ganze Zeit, die ihm noch verblieb, nahe zu bleiben und für ihn zu beten.

Frau Lucht bezeugte brieflich, dass ihr Sohn von dem Moment an, gemeinsam mit seiner Verlobten Sylvie, einer Französin, von ganzem Herzen zu beten begann und dass er sich irgendwie „leicht" gefühlt habe, während seine Schmerzen schrittweise abnahmen. So konnte er das Haus seiner Eltern verlassen und alleine nach Berlin fliegen, wo er noch zwei Wochen mit seiner Verlobten in heiterer Gelassenheit und Frieden zusammen leben durfte. (Ihre Worte.)

Von dort hatte er seine Mutter angerufen und ihr gesagt, er nehme die Gegenwart von Fra' Elia wahr, manchmal auch den Duft von Rosen, und er sich sicher war, dass Fra' Elia ihn beschütze und ihm helfe. Alle seine Ängste waren verflogen, auch die Angst vor dem Tod!

Vier Wochen nach seiner Begegnung mit Fra' Elia starb er in den Armen seiner Verlobten, im vollkommenen Frieden und ohne Schmerzen.

Frau Lucht und die Verlobte ihres Sohnes kamen am 18. September zum Gebetstreffen mit Fra' Elia ins Ursulinenkloster Königstein, um Fra' Elia persönlich zu danken.

Infolge dieser Erlebnisse trat Ute von Lojewski, erschüttert und innerlich sehr bewegt, nach vielen Jahren wieder in die Kirche ein, da sie fest davon überzeugt war, dass Fra' Elia ein Gottgesandter sei.

Sie begann seine Botschaft zu verbreiten, indem sie Dutzende von Büchern über ihn an Freunde und Bekannte verschenkte, von Gott und ihrem Glauben erzählte und Zeugnis ablegte von dem, was sie gesehen und erlebt hatte.

Auch unser österreichischer Freund Bernt Rollinger, der eine italienische Mutter hatte und mit Anna, einer Italienerin aus Padua, verheiratet ist, war nach der Begegnung mit Fra' Elia (und dem schwerkranken Markus) sehr verändert. Bisher kannte ihn jeder als einen Vernunftmenschen, Manager eines multinationalen Unternehmens und einen brillanten Weltenbürger. Auch ihn zwang das Erlebte, wieder mehr über den Glauben nachzudenken und auch öfter eine Messe zu besuchen.

Beide waren mir bei schwierigen Texten an meiner Übersetzung von Fiorella Turollis Büchern immer eine große Hilfe.

Briefe

Zur Bestätigung dessen, was sich in Deutschland ereignete, und des „göttlichen Trostes", den es Fra' Elia überall hinzutragen gelingt, wohin er auch kommt, möchte ich hier den letzten Brief veröffentlichen, den ich nach meiner Rückkehr aus Deutschland erhielt. Er kam aus Piacenza, wohin er sich Ende Februar begeben hatte.

Sehr verehrte Fiorella, ich fühle mich immer noch sehr erbaut über das unendlich Gute, das Fra' Elia bei so vielen Personen, die aus allen Teilen Italiens nach Piacenza gekommen waren, gesät hat. Der Titel Ihres Buches „Der Engel mit den Wundmalen Christi" ist überaus zutreffend. Ich durfte mehrere Wunder miterleben: Menschen meiner Stadt, die schreckliche Qualen gelitten hatten,mit inneren Verletzungen und einer zerrissenen Seele, die wirklich am Boden lagen, traurig und voller Misstrauen, kamen von der Begegnung mit Fra' Elia mit total verwandeltem Gesichtsausdruck zurück, heiter, einige (wie sie selbst sagten) mit Tränen der Freude, endlich von ihrer Last befreit zu sein. Ich selbst konnte in ihnen den Frieden spüren. Der Aufruhr in ihren Herzen hatte sich gelegt. Ich kenne viele Gemeindemitglieder, die das Privileg hatten, ihn zu treffen und in diese Umarmung der Liebe und der Barmherzigkeit einzutauchen. Die mit Problemen Beladenen, geplagt von Widersprüchen und verschiedenen Frustrationen, haben in sich wieder die Hoffnung keimen gespürt. Ich bin überzeugt, dass viele von ihnen wieder in den Schoß der Kirche zurückkehren werden, zu den Sakramenten, und in Zukunft ihr Leben wieder auf Jesus Christus, unseren Herrn, stützen werden und nicht auf das Anhäufen einzelner Cents um jeden Preis.

Wir danken aufrichtig der Heiligen Kirche und Fra' Elia, der uns dieses unschätzbare Geschenk gemacht hat.

Viele in der Gemeinde beten für Euch beide, zwei Engel, die einen Lichtstreifen und Hoffnung für uns alle zurückgelassen haben. Der Herr segne und behüte Sie: GB, Piacenza.
(Der Originalbrief liegt bei der Autorin).

Und die Kette der Briefe riss nicht ab, sowohl im Kloster als auch in Bergamo – Briefe jeden Typs, mit Zeugnissen und Bitten, einige ähnelten sich und konnten in Gebete folgenden Typs eingeteilt werden: 1)Gebete zur Verbesserung der familiären Situation, 2) Gebete „für meinen Sohn, der keine Lust hat zu lernen“, 3) Gebete für... oder: Während des letzten Gebetstreffens in Piacenza habe ich um Gnade gebeten und gespendet, und wenn ich eine wesentliche Verbesserung meiner Situation erkennen kann, gibt es nach erhaltener Gnade eine weitere Spende!

Leider ist das, was ich hier schreibe, wahr und auch heute noch bin ich verblüfft über diesen Typ von Brief. Manche scheinen Fra' Elia wie einen Zauberstab zu benutzen. Bete du für mich, damit du erhört wirst! Aber beten auch sie? Wie können sie Gnade erwarten, wenn sie noch nicht einmal eine Kirche betreten! Die Gnade ist kein Gegenstand, den man einfach durch die Fürsprache von jemand erhält. Man muss sein Herz schon für das Licht offen halten und bereits mit dem Herrn in Kontakt sein und demütig und dankbar dafür sein, was der Herr uns Tag für Tag schenkt, und vor allem auch alle Prüfungen des Lebens annehmen, Krankheit und Leiden mit eingeschlossen. Manchmal zeichnet der Herr uns mit seiner Liebe aus oder will uns ein zusätzliches Zeichen seiner Macht geben, auch mit Hilfe von Fra' Elia. Aber allem voran muss man einen tiefen Glauben und großes Vertrauen in ihn haben und ihn immer ehren und lieben und nicht nur dann, wenn wir ihn brauchen!

Nach dem Gebetstreffen im März in Calvi, und vielleicht auch wegen der Fernsehsendung von RAI, verzehnfachten sich die Anfragen für Einladungen aus allen Teilen Italiens und auch jene von Menschen, die ihn unbedingt im Kloster besuchen wollten. Deshalb kam das ruhige, aber dennoch aktive Leben im Kloster unvorhergesehenerweise ins Wanken. Sie bekamen Telefonanrufe rund um die Uhr, vom Morgengrauen bis in die Nacht. Niemals hatte ich mir derart viel Leid vorgestellt! Alle hatten ihre Nöte, alle wollten etwas und alle, völlig absorbiert von ihren eigenen Problemen, waren unfähig auf die Bedürfnisse anderer Rücksicht zu nehmen, sodass die Brüder gezwungen waren, alle möglichen Regeln festzulegen: Anrufe nur zwischen 9 und 12 Uhr und von 15 bis 18 Uhr.

Doch ohne auch nur die geringste Rücksicht auf die Pflichten anderer zu nehmen, kam jede Menge Anrufe auch außerhalb dieser Zeiten. Um den Brüdern eine merkliche Hilfe zu sein, ließ ich auf der Internetseite von Segno www.edizionisegno.it (auf der alle Informationen über Fra' Elia bekannt gegeben werden), auch meine Mobiltelefonnummer veröffentlichen, sodass viele Telefonanrufe direkt an mich gerichtet wurden. War ich nicht im Dienste des Herrn? Seitdem war auch mein Handy beinahe den ganzen Tag in Aktion. Manchmal war ich wegen höherer Gewalt gezwungen, es auszuschalten, zum

Beispiel, wenn ich mit Fra' Elia auf Reisen war oder während der Gebetstreffen oder Messen in den diversen Pfarrgemeinden. Aber kaum hatte ich wieder frei, schaltete ich es ein, den Sonntag ausgenommen. Auch zahlreiche Briefe trafen nun ein, nicht nur mit verzweifelten Bitten, sondern auch mit guten Nachrichten, Briefe voller Freude, mit Danksagungen für Gnade und Heilung, einfach und liebevoll wie der folgende:

„Ich bin Rita Latini und bin in diesem Sommer zu Fra' Elia gegangen, um meinen Sohn seinen Gebeten anzuvertrauen. Er kennt unsere Geschichte. Das Problem ist noch nicht gelöst, aber etwas ist passiert, das ohne Zweifel übernatürlichen Ursprungs ist. Von den diversen „seltsamen" Dingen, die passiert sind, möchte ich vorausschicken, dass sich das Zimmer meines Sohnes buchstäblich mit Schimmel gefüllt hatte. Es hatte an den Ecken und den Kanten begonnen und sich bis an die Decke und zu den Wänden ausgebreitet. Der Schimmel war immer weiter fortgeschritten. Ich kenne seine Ursache nicht.

Nachdem ich mit Fra' Elia gesprochen hatte, begann das, was ich als Wunder bezeichne! Dieser schreckliche schwarze Schimmel begann, sich Tag für Tag immer weiter zurückzubilden und hellte sich schrittweise immer mehr auf. Heute ist er fast ganz verschwunden. Niemand hat den Schimmel mit chemischen Substanzen behandelt. Und auch die Umweltbedingungen haben sich nicht geändert. Das Einzige, das ich getan habe, war, dass ich ein kleines Kruzifix, das Fra' Elia gesegnet hat, im Zimmer versteckt hatte. Mein Sohn fühlt sich immer noch nicht wohl, aber es geht ihm deutlich besser. Ich schreibe, um Fra' Elia zu danken und ihn zu bitten, dass er weiter für uns beten möchte. Das nächste Mal, wenn er wieder Leute empfängt, hoffe ich, auch meinen Sohn Francesco mitbringen zu können, der mir versprochen hat mitzukommen. Auch das ist bereits ein Wunder für mich, da mein Sohn sich immer nur in seinem Zimmer aufhält und fast nie ausgeht. Früher hätte er mir mit Nein geantwortet. Sein Wunsch, Fra' Elia zu sehen, ist für mich eine weitere Antwort auf meine Gebete. Danke Fra' Elia."

Aber die meisten Briefe waren zudem ziemlich lang, sogar bis zu zehn Seiten, sodass ich erst am späten Abend oder in der Nacht die Zeit fand, sie zu lesen. Es war bald klar, dass es unmöglich war, irgendjemand zu antworten. Fra' Elia erklärte es mir und ich musste meinerseits all den Leuten, die mich anriefen (und anrufen) mitteilen, dass es nicht nötig war, ihm seine ganze Lebensgeschichte zu schreiben. Der Herr kennt sie bereits. Fra' Elia ist kein Psychologe und seine Zeit ist vollkommen den Pflichten eines Ordensbruders gewidmet, als Prior und Apostel für die Welt und die wenige Zeit, die ihm bleibt, ist für die Lektüre der Post und die Lösung der vielen alltäglichen Probleme nötig!

Wer ihm schreiben und ein Foto schicken will, möge es genügen, sein Problem mit wenigen Worten aufzuzeigen, damit Fra' Elia und seine Gemeinschaft dafür beten können. Alle Briefe und Fotos gelangen zu Fra' Elia, werden von ihm gesegnet und in einen großen Korb zu Füßen des Altars gestellt, in der kleinen Kapelle. Dort werden sie jeden Morgen und jeden Abend während des gemeinsamen Gebets vor den Herrn gebracht.

Eine kleine Initiative, um der Göttlichen Vorsehung zu helfen

Um weiterzukommen, hatte Fra' Elia sich wegen der Fülle der Anfragen entschlossen, die Pforten des Klosters einmal im Monat zu öffnen, und zwar immer am letzten Samstag und Sonntag eines Monats, weil die Menschen sich diese Regeln leicht merken konnten. Die Kapelle war zwar noch nicht fertig, aber die schöne Jahreszeit würde es erlauben, die Menschen im Kreuzgang zu empfangen, und der Herr würde schon für das Übrige sorgen.

Wie auch immer, die ökonomische Situation im Kloster war nicht besser geworden. Die Kosten stiegen von Tag zu Tag und damit auch die Probleme.

Als Fra' Elia das Kloster gekauft hatte, wusste er, dass ein kleines Zimmer gleich neben dem Eingang an einen Künstler aus der Gegend vermietet war, der es als Lager benutzte. Der Pfarrer und der Bürgermeister hatten Fra` Elia versichert, dass dieser Herr, der über den Verkauf des Gebäudes an die „Gemeinnützige Stiftung Fra' Elia von den Aposteln Gottes" informiert war, keine Probleme darin sehe auszuziehen. Er müsse nur ein anderes Lager finden und dann sei die Sache klar. Und dann war da noch ein anderer Bewohner, ein toskanischer Professor, der hin und wieder ins Kloster kam, um sich zu erholen. Er war der Besitzer des Zimmers direkt vor der Kapelle. Auch dieser Herr sah angeblich kein Problem darin, an einen anderen Ort zu ziehen. Und durch diese Worte beruhigt, setzte Fra' Elia die Kaufgespräche fort.

Natürlich war der Preis für die Zimmer lächerlich. Stattdessen hielt aber der Künstler die Zusagen gegenüber dem Vermittler nicht ein, sondern bereitete den Brüdern alle möglichen Schwierigkeiten ab dem Augenblick, in dem Fra' Elia unvorhergesehene Arbeiten vornehmen musste. Ihm war nämlich die halbverfaulte Decke auf den Kopf gefallen, was wiederum zu einer Überschwemmung des Flurs führte, ausgerechnet über dem Zimmer mit der zentralen Wasserversorgung. Die Brüder hatten kein Geld für die Reparatur der Hydraulik, und so mussten sie sich eine ganze Woche lang mit Kübeln und anderen Behelfsmitteln herumschlagen, um das verheerende Wasser, das leider ins ganze Kloster gedrungen war, in Schach zu halten.

Nachdem die Göttliche Vorsehung in Form von Freunden eingegriffen hatte, setzten die Brüder die Reparaturarbeiten sogleich fort, vergaßen aber, den

Bewohner des Zimmers darunter zu informieren, was zu allerhand Streitereien führte.

Da ich zur Lösung der finanziellen Probleme damals beitragen wollte, fragte ich Fra` Elia um Erlaubnis, während der Gebetstreffen neben meinen Büchern auch einige andere religiöse Bücher unseres Verlegers (*Edizioni Segno)* zu verkaufen. Und im Hinblick darauf, dass die Leute mich oft nach einem „Souvenir“ des Klosters fragten, verkaufte ich auch kleine sakrale Gegenstände wie kleine Bilder von seiner Madonna (die Königin der Apostel) und seinem Schutzengel oder Rosenkränze. Aufgrund der Umstände und wegen meines Insistierens stimmte Fra' Elia meiner Initiative zu.

Wir fanden eine Firma für sakrale Objekte und in kurzer Zeit gelang es uns wenigstens einmal im Monat, einen hübschen kleinen Verkaufsstand zu improvisieren. Mit dem Verleger Mantero schloss ich einen Vertrag, bei der Gelegenheit seine Bücher zu verkaufen, mit einer guten Preisspanne für Fra' Elia.

Wir dachten auch daran, eine kleine Broschüre anfertigen zu lassen, um Fra' Elia und seine Projekte noch weiter bekannt zu machen. Wer den Wunsch hatte zu helfen, könnte dies dann über entsprechende Spenden an die Gemeinschaft beziehungsweise die gemeinnützige Stiftung tun. Diese Broschüre war sicher von der Göttlichen Vorsehung gewollt, denn pünktlich an jedem Monatsende fand Frate Sergio die für die Fortführung der Arbeiten notwendige Summe vor.

Die Göttliche Vorsehung beginnt übrigens auch mit anderen Mitteln zu arbeiten, zum Beispiel so: Während der diesjährigen Ostertage hat unser Freund Roberto etwa ein Dutzend Freunde ins Kloster begleitet, unter ihnen einige, die zur Welt des Sports und der Politik gehören. Einige dieser Personen, motiviert durch einen großen Glauben, kehrten später zurück, um Fra' Elia ihre Probleme anzuvertrauen, die, Gott sei es gedankt, gelöst wurden. Dadurch sind neue Freundschaften entstanden, die auf einer tiefen spirituellen Basis beruhen und neue konkrete Möglichkeiten eröffnet haben.

Freuden und Leiden – Mai 2004

Wie bei allem gab es neben den guten Seiten auch ausgesprochen ärgerliche. Schon seit Ende Mai hatten wir Reisebusse aus Nord- und Süditalien im Kloster ankommen sehen, was zu zahlreichen Beschwerden seitens der Bürger von Calvi (ca. 1500) geführt hatte; und zwar deshalb, weil die Fahrer, nicht wissend, wo sie parken konnten, ihre Busse einfach seitlich der Hauptstraßen abstellten. Man zog schließlich den Bürgermeister hinzu, dem es mit Duldung der Bewohner gelang, auf einem Stück Land eine Parkbucht als Stellplatz für die Busse auszuweisen. Leider dauerten jedoch die Klagen an, sodass bei jedem

Gebetstreffen stets die Carabinieri anwesend sein mussten. „Verzeiht uns", sagten sie, „aber man hat uns gerufen."

Ungeachtet der kleinen Unannehmlichkeiten kamen die Leute unermüdlich in immer größerer Zahl angereist, teilweise auch von verschiedenen Priestern begleitet. Außer mit Reisebussen kamen auch viele mit ihren Privatwagen, deren Besitzer von der Intoleranz der Bewohner nichts ahnten und dort parkten, wo es sich gerade ergab. Und so wurde Frate Sergio mit einer neuen Aufgabe betraut: Er hatte die undankbare Aufgabe, den Leuten zu sagen, ihre Wagen woanders hinzustellen, oder ihnen einen anderen Stellplatz vorzuschlagen.

Obwohl wir zu jener Zeit weder einen verbindlichen Besuchertermin noch Termine auf unserer Internetseite veröffentlicht hatten, wuchs der Strom von Besuchern an. Vielleicht, weil sie hofften, auf einen wahrhaftigen Gesandten Gottes zu treffen, über den sie so viel Wunderbares gehört hatten, vielleicht auch, weil die Zeugnisse von den erhaltenen Gnaden oder von innerem Frieden über Mundpropaganda weitergetragen wurden, vielleicht aber auch, weil der Herr es so wollte. Fakt ist, dass der Bürgermeister selbst bei einer dieser Gelegenheiten ins Kloster kam, um uns seinen Besuch abzustatten – und natürlich fand er dort auch die Carabinieri vor. Ich war mit meinen Büchern da, zusammen mit Freunden. Diese – Marco, Chiara, Rosanna und Pietro – stellen sich heute bei jedem Treffen in Calvi zur Verfügung, um mitzuhelfen und die Situation unter Kontrolle zu halten, was für mich allein unmöglich wäre.

Während Fra' Elia unter der Treppe seinen Pflichten gegenüber den Gläubigen nachkam, umringten wir alle gutwillig den Bürgermeister, der die Situation sofort erfasste und uns versprach, mit Duldung der Bewohner in kürzester Zeit einen Platz einzurichten, der ausschließlich für die Autos der Gäste von Fra' Elia bestimmt sein würde.

Die Kapelle

So ging der Juni ins Land, unterbrochen von einem großartigen Gebetstreffen in Piani d' Imperia. Und endlich ging es auch dem Ende der Arbeiten an der Kapelle entgegen, oder zumindest beinahe. Die Zügel wurden diesbezüglich nach der Pilgerreise der Brüder und Schwestern, die Fra' Elia zusammen mit seiner Familie nach Lourdes gemacht hatte, weiter angezogen. Nach ihrer Rückkehr aus Frankreich lud Fra' Elia seine Familie ein, noch ein paar Tage im Kloster zu bleiben (da sie es noch nicht kannte). Jeder von ihnen machte sich, so gut er konnte, voller Begeisterung über den ausgesprochenen Frieden, den dieser Ort ausstrahlte, der unerklärlicherweise durch den Willen Gottes für einen aus ihrer Mitte zur Bestimmung geworden war, auf der Stelle an die Arbeiten in der Kapelle, die seit einiger Zeit mangels „Spezialisten" ausgesetzt worden waren.

Fra' Elias Bruder Antonio, ein äußerst geschickter Handwerker, konstruierte und schmückte einen herrlichen Tabernakel aus Olivenholz, der noch gefehlt hatte. Und Fra' Elia gelang es, unterstützt von dessen Ratschlägen, die letzten komplizierten Feinarbeiten zu beenden, und auch seine Schwestern und Sr. Domenica arbeiteten am Altar mit. Die Mutter indes war in der Küche damit beschäftigt, ihre leckeren apulischen Gerichte zu kochen, unter ihnen die von uns so überaus geschätzten „Orecchiette", die wir ihr buchstäblich aus der Hand rissen! Auch das Geschenk eines guten Essens erfreute die Seele zusätzlich, die sich nach ihrer Reise in das gesegnete Land noch immer im Zustand des Glücksbefand. Und so konnte man in kurzer Zeit die Arbeiten zur Zufriedenheit aller beenden. Auch der Maurerpolier Giuseppe schloss seine Arbeit mit einer ungewohnten Aufgabe ab: eine kleine Statue des Erzengels Gabriel zu finden, die Fra' Elia über der Eingangstür zur Kapelle aufstellen wollte. Und er fand sie mit größter Leichtigkeit, von exakt der richtigen Größe und für wenig Geld, direkt im Markt neben seinem Haus! Nur der große Christus aus Holz, der die ganze Welt umarmt (ohne Kreuz, wie Fra' Elia es vorzog), wurde noch nicht über der wunderbar über dem Altar gemalten Sonne befestigt, weil ein Trittbrett fehlte (das der Schmied im Juli fertig haben wollte). „So kann ich die Sonnenstrahlen noch etwas nachbessern", verkündete die überaus pedantische Lucia, eine begabte Malerin und Restauratorin antiker Objekte, jedoch nie zufrieden mit ihrer Arbeit. Und danach würde wirklich alles fertig sein.

Auch Lucia, genauso wie Alberta und alle anderen, zählte zu unserem Team. Ihre Geschichte begann mit einem Besuch im Kloster und nachdem sie die vielfältigen Arbeiten gesehen hatte, die in ihren Kompetenzbereich fielen, bot sie sich als freiwillige Helferin an. Seither zeigte sie sich neben der Sanierung und Wiederherstellung sakraler Gegenstände für alles nützlich und stand dem Kloster für jedweden Bedarfsfall zur Verfügung.

Als wir zur Kapelle zurückkehrten, fiel der Schwester, kurz bevor sie die Tür schloss, auf, dass der Ehrenplatz neben dem Altar unerklärlicherweise noch leer war. Warum hatte für diesen noch niemand an die wichtigste Person gedacht, eine Statue der Mutter und Patronin des Hauses, unser aller Mutter, der Jungfrau Maria? Als wir ihn danach fragten, erwiderte Fra' Elia scheinheilig, dass er bis jetzt die „Richtige" noch nicht gefunden habe und man deshalb noch warten müsse.

Und bevor er nicht die Richtige gefunden hatte, wollte Fra' Elia niemanden in der Kapelle empfangen, obwohl die Heilige Vorsehung, wie Fra' Elia es definierte, schon vor einiger Zeit vorgesorgt und dem Kloster kleine antike Kirchenbänke geschickt hatte, die wie nach Maß gemacht und, neu lackiert, ungeduldig auf Gläubige zu warten schienen. Sie kamen aus einem römischen Kloster. Es war Sr. Floriana von den „Angeline-Schwestern" gewesen, die in Calvi angerufen und gefragt hatte, ob sie für eine kleine Kapelle geeignete

Bänke brauchen würden. Ich bin immer noch erstaunt, ja beinahe verblüfft, über das Ausmaß der Vorsehung, die sich so augenscheinlich manifestiert!

In den ersten Tagen des Juli 2004, wie jedes Jahr um diese Zeit, endeten die Gebetstreffen auf venezianischem Boden, um genau zu sein, in der Pfarrgemeinde von Arino di Dolo. Ich erinnere mich, dass sich alle unsere Freunde dort eingefunden hatten, die zwei Jahre lang nach Spinea zu kommen pflegten, die ersten und emotionalsten Gläubigen, angefangen mit Ugo und Mariucca und Luciano, seit jeher unermüdliche Organisatoren, die uns voller Enthusiasmus ihre überaus gastfreundlichen Häuser zur Verfügung gestellt hatten; Pater Michele, der erste Priester, der Fra' Elia bei sich aufgenommen hatte, und ein weiterer Michele, ein Diakon aus Venedig, der keine einzige Messe mit Fra' Elia versäumt hat; sogar die Ordnungskräfte Luigi und die anderen mit ihren Familien, die wir liebevoll als *Bodyguards* bezeichneten, die Floristin, die Sänger und jene, die von weiter her angereist waren, wie Irma und ihr Ehemann, der Bürgermeister von Cercivento, Manuela und Giuliano und unsere geliebte Schwester Angela, Krankenschwester in einem nahen Kloster, genauso wie Claudia, ein junges Mädchen, das durch Fra' Elia in Spinea „befreit" worden war. Sie hatte in der Zwischenzeit geheiratet und war nun mit ihrem Ehemann hier sowie ihrem großartigen Kind, genauso wie viele, viele andere bekannte Gesichter, die sich lachend um Fra' Elia scharten, um ihm ihn rührender Art ihre Liebe zu zeigen.

Alles in allem waren sie die Ersten gewesen, die Fra' Elia unterstützt hatten, diejenigen, die mit ihren ersten Spenden mitgeholfen hatten, sein Kloster zu erwerben. Sie alle waren aus Sorge darüber gekommen, dass er möglicherweise nicht wiederkommen und sie ihn nicht mehr sehen würden. Sie hatten bei mir angefragt, ob es nicht möglich sei, fortan einen Tag festzumachen, an dem Fra' Elia unbedingt zu ihnen zurückkommt, wenigstens zweimal im Jahr.

Welche Zärtlichkeit, was für eine Liebe! Auch mein Herz zog sich in einem Anflug von Traurigkeit zusammen und obwohl ich wusste, dass Mariucca bald einen Reisebus für eine Fahrt nach Calvi organisieren würde, sagte mir eine kleine Stimme in meinem Inneren, dass es von da an sehr schwierig für Fra' Elia werden würde, an alle Orte seiner Lieben zurückzukehren.

Die Wege des Herrn sind unergründlich und daher war ich sicher, dass sich für ihn, einen Pilger in der Welt und für die Welt, die Straßen, die er von da an beschreiten musste, auf weiter entfernte Orte erstrecken würden. Und deshalb würde er vielleicht nicht mehr auf die altbekannten Pfade zurückkehren können. Darum verbannte ich meine Melancholie und – wie sagte doch Fra' Elia? „Wenn eine alte Zeit endet, öffnet sich eine andere gleich fruchtbare!"

Es war ein wundervoller Tag und die Kirche war randvoll gewesen. Vielen war es nicht gelungen hineinzugelangen. Deshalb ging Fra' Elia, noch bevor die

Messe begonnen hatte, ohne großes Zeremoniell auf die angrenzende kleine Piazza hinaus und verschaffte sich lächelnd Platz zwischen all den Personen, die draußen hatten bleiben müssen, um auch mit ihnen ein Wörtchen zu wechseln. Er wollte unter keinen Umständen jemanden enttäuschen. Ich dagegen beobachtete alles von meiner Position, von meinem Bücherstand aus.

Zeugnis von Angela – Forli

Nachdem ich das zweite Fra'-Elia-Buch gelesen hatte, entstand in mir der starke Wunsch, ein Zeugnis zu geben. Ich hatte Freunde über ihn sprechen hören und war so neugierig auf ihn geworden, dass ich mir 2003 die Fernsehübertragung von „Miracoli" („Wunder") anschaute.

Eines Tages sagten mir meine Freunde: „Fra' Elia kommt nach Forli. Hast du Lust, mitzukommen?" Ich selbst habe zwar keine gesundheitlichen Probleme, doch viele Leute, die ich kenne, haben so schwere Bürden zu tragen, spirituell und körperlich, dass ich mitfuhr, um für sie um Heilung zu bitten. Als ich in die Kirche eintrat, umfing mich eine Wolke aus Rosenduft. Da wenige Leute in den vorderen Reihen saßen, konnte ich mich genauer umsehen, woher der Duft wohl kam. Aber nur einige wenige Rosen, gemischt mit anderen Blumen, standen vor der Himmlischen Mutter. Langsam füllte sich die Kirche und die Messe begann. Im Moment des *Gloria* und des *Sanctus* habe ich diesen Rosenduft wieder gerochen, so intensiv, dass er mein Herz betrunken machte.

In diesem Frühling sagten sie: „Fra' Elia kommt nach Dolo. Wollen wir hinfahren?" Und so machten wir uns auf den Weg. Einige Personen lagen mir besonders am Herzen. Als Fra' Elia auf den Hof hinaustrat, konnten wir ihm entgegengehen und er sagte zu uns: „Macht Platz, ich komme zu euch." Und wir machten Platz. Sogleich tröstete er meine Nichte und ihren Ehemann, die vor zehn Monaten ihren Sohn Elia bei einem Unfall verloren hatten. Danach trat er auch zu mir, die in Tränen der Freude aufgelöst war, weil er meinen Verwandten Trost gespendet hatte, und auch mir machte er Hoffnung für meine nicht anwesenden Freunde, von denen er wollte, dass sie zum Glauben zurückkehrten.

Einer von ihnen musste am nächsten Tag wegen eines Tumors im Kopf ins Krankenhaus eingeliefert werden. Und der Eingriff verlief gut. An diesem wunderbaren Tag ging Fra' Elia durch die Menge, die ihn schweigend vorbeigehen ließ, und lächelnd sprach er mit jedem ein Wort. Ich schaute andauernd auf seine Brust. Die linke Seite zeigte einen dunklen Schatten unter seinem weißen Gewand und ich dachte, es müsse eine Medaille sein. Während der Messe, obwohl wir ein wenig weiter weg saßen, sah ich sie andauernd vor mir. Aber erst in der Nacht, als ich aus lauter Freude den Tag noch einmal Revue passieren ließ, öffnete Jesus mir durch Fra' Elia die Augen meines Herzens. Diese „Medaille" war sein Herz! Bei dieser Erkenntnis fing ich an vor Freude und Schmerz zu weinen.

Segne und beschütze Du ihn, Herr, damit er viele schlafende Brüder und Schwestern zum Glauben zurückführen kann! Und uns, die wir seine Worte vernehmen, gib den Mut seinen Lehren zu folgen, um Apostel des Wortes Gottes zu sein!

Der Regenbogen

Am selben Abend fuhren wir wieder nach Feletto Umberto zurück, wo unser Verleger uns erwartete. Obwohl Fra' Elia wegen des schönen, fruchtbringenden Tages, den wir verbracht hatten, sehr befriedigt, aber auch sehr müde war, setzte er sich diesmal nicht ans Steuer, wie er es sonst oft gerne tat, sondern ließ mich ans Lenkrad. Während wir auf die Autobahn auffuhren, schloss er die Augen, um sich vor dem nächsten Treffen ein wenig zu erholen. Etwa zwanzig Leute würden ihn dort erwarten.

Ich fuhr ruhig dahin und bewunderte das majestätische Panorama, das vor mir lag: Die im feurigen Licht des Sonnenuntergangs leuchtenden Karnischen Alpen bildeten die Kulisse für sanfte Hügel, deren grüne Landschaft mit winzigen Türmchen getupft war, dominiert von einem herrlichen Regenbogen, der sich im blauen Himmel auffächerte.

Wenige Autos kreuzten meinen Weg, als diese zauberhafte Stille, die keinen Raum für irgendwelche Gedanken ließ, plötzlich von einer Stimme unterbrochen wurde. Es war die Stimme von Fra' Elia, der dabei war neue Gebete zu deklamieren, die er mir später aber nicht mehr diktieren konnte. Als er meine Konfusion bemerkte, amüsierte er sich köstlich. „Soll ich anhalten? Soll ich sie aufschreiben?" Fra' Elia gab mir keine Antwort, sondern fuhr unbeirrt und lächelnd weiter, diese wundervolle Natur zu preisen, ein Geschenk des Herrn. Und dann, als ich mich vor lauter Rührung bemühte, mit dem Wagen nicht ins Schleudern zu geraten, wandte er sich an mich und sagte: „Oh Frau..." Ich erinnere mich nicht an seine exakten Worte, aber unter den vielen Worten des Trostes, die er meiner Person widmete, blieb nur die Bedeutung des letzten bei mir hängen. Tatsächlich vernahm ich in jenem Augenblick ein Porträt meiner selbst: „Ich weiß, dass du Schwierigkeiten und Ängste hast und dich manchmal verwirrt fühlst, aber hab keine Angst, ich bin immer an deiner Seite und führe dich. Überlass dich mir! Das hier ist deine Mission, weil ich es so will, Frau!"

Verdutzt schaute ich Fra' Elia an, um ihn um weitere Erklärungen zu bitten. Er jedoch brach in ein dröhnendes Gelächter aus, mich stumm, aber unendlich viel glücklicher zurücklassend.

Die Bücher in französischer Sprache

In Feletto erfuhr ich, dass ein bekannter Schweizer Verlag, „Edition du Parvis", mein Buch erbeten hatte, um es in die französische Sprache zu übersetzen. Der Verlag verkaufte seine Bücher in hundert Länder der Welt, Afrika, Kanada, die Karibik und der Indische Ozean mit eingeschlossen. Fra' Elia war sofort damit einverstanden, und ich als Autorin geriet vor Freude in einen wahren Taumel. Piero sagte mir, dass demnächst der Direktor, Christian Parmentier, nach Bergamo kommen werde, zum üblichen Autoreninterview. Ob ich zur Verfügung stünde? „Sicher", antwortete ich. Und so hatte ich nach meiner Rückkehr die Gelegenheit den sympathischen Christian kennenzulernen und auf alle seine Fragen ehrlich zu antworten (einige davon sehr zurückhaltend und in meinen beiden Büchern nie erwähnt), die in ihrem monatlichen Magazin „Stella Maris" noch vor Erscheinen der beiden Bücher veröffentlicht wurden. Das rief bei den Lesern ein ungeahntes Erwartungsfieber für die Geschichte dieses Bruders hervor, sodass die beiden Bücher nach Erscheinen buchstäblich in die ganze Welt reisten. Auch der Übersetzer, Pater Jean Bernard de Langalerie, rief mich bewegt an, weil er den Wunsch hatte, Fra' Elia so bald wie möglich kennenzulernen. Und so fanden wir uns alle gegen Mitte dieses heißen Monats Juli in Calvi ein, um uns näher kennenzulernen.

Ich informierte auch Piero über die Sache und lud ihn ein, sich der Gruppe anzuschließen, aber leider musste er absagen. Als er den Namen des Übersetzers hörte, war Piero geradezu fassungslos über die Tatsache, dass Pater Jean Bernard ein renommierter Theologe war und dass wir also für die Übersetzung unserer Bücher keinen besser Qualifizierten hätten finden können. Als ich den Pater näher kennenlernte, konnte ich das nur bestätigen. Einfach, herzlich, sehr gebildet, nahm er mir sofort jegliche Befangenheit und gab mir Zutrauen und Mut. Beim Abschied tauschten wir unsere Telefonnummern aus. Von der Persönlichkeit Fra' Elias eingenommen, beabsichtigte er, ihn bald nach Paris einzuladen, und wollte mich zuvor wegen der Formalitäten kontaktieren.

So begann unser Telefonkontakt, in dessen Verlauf er mir sehr behutsam klar machte, dass einige der von mir benutzten Ausdrücke im religiösen Buchkontext ein wenig unpassend waren. Er half mir, die Bedeutung einiger Worte richtig zu verstehen und entsprechend eindeutig anzuwenden. Somit war er mir ein Lehrer in meinem „Metier", auf das ich mich soeben erst eingelassen hatte, das aber bald, wenn auch keine Meisterschaft, so doch wenigstens ein ernst zu nehmender Job werden sollte. Wie auch immer, als Nichttheologin war ich sehr beruhigt über sein abschließendes Urteil. Also begann ich, mit mehr Achtsamkeit zu schreiben und über einzelne Wörter mehr nachzudenken, ohne dabei (wie einige unserer Freunde befürchteten) meine Spontaneität zu verlieren. Jedenfalls versprach ich ihm, zum September, wenn wir uns wiedersehen würden, ihm die ersten Seiten meines dritten Buches mitzubringen, das ich während der Ferien begonnen hatte.

Lucia und Alessio

Nach seiner Rückkehr aus Feletto Umberto widmete sich Fra` Elia, noch bevor er Pater Jean Bernard getroffen hatte, ausschließlich seiner Kapelle. Auch Lucia arbeitete mit, und um den 3./4. Juli herum war sie besonders intensiv mit Sonnenstrahlen beschäftigt, die sie an dem Tag unbedingt fertig malen wollte. Gegen Abend würde der Schmied mit dem Trittbrett vorbeikommen, damit die große Christusfigur endlich an dem Platz befestigt werden konnte, der ihr gebührte. Sie bemerkte noch nicht einmal als Alessio, der Schmied, eintraf. Ihre Augen waren ausschließlich auf die Malerei gerichtet, die ihr, nunmehr beendet, gleichsam eine enorme Befriedigung verschaffte. Als Lucia ging, sagte Fra' Elia zu Alessio: „Schau, was für ein tüchtiges Mädchen das ist." Alessio, vielleicht auch ermutigt durch die unerwartete Einmischung Fra' Elias (der natürlich intuitiv erfasst hatte, was in dessen Kopf vorging), fragte ihn: „Wann kann ich sie wiedersehen?" Und Fra' Elia antwortete: „Sie kommt morgen wieder, weil Leute kommen."

Am nächsten Tag stellte sich Alessio pünktlich wieder im Kloster vor, nur Lucia kam nicht. Vergebliches Warten, aber Lucia tauchte nicht auf. Immer noch entschlossen, sie kennenzulernen, versuchte Alessio, sich Fra' Elia zum Verbündeten zu machen, der zum größten Teil bereits wusste, wie die Geschichte ausgehen würde. Er war damit einverstanden, ihm Lucia bei einem ihrer vielen Besuche vorzustellen, zumal sie, da die Restaurierungen kein Ende nahmen, so gut wie hier zuhause war. Auch Alessio musste noch einige Arbeiten fertig machen, unter anderem auch eine schmiedeeiserne „Abdeckung" für den Brunnen, wodurch ihre Begegnung wie zufällig wirkte. Fra' Elia beobachtete sie aus der Ferne.

Wie in anderen Märchen auch, mochten die beiden jungen Leute sich auf der Stelle und verkehrten bald völlig unbefangen miteinander. Und die Liebe entfachte. Ein Jahr später heirateten sie, aufgeblüht wie die erste Blume in diesen antiken Mauern, die gerade erst wiederbelebt worden waren. Und auch für uns war es wie ein Lichtstrahl, der uns zum Wärmen geschickt war.

Die Truppe festigt sich – Juli 2004

In jenem extrem heißen Juli kehrte ich vor dem Besuch von Pater Jean Bernard für einige Tage nach Rom zurück, um Fra' Elia zu Monsignore Marturano zu begleiten. Die Gelegenheit nutzend, äußerte Roberto den Wunsch, Fra' Elia seinem kranken Bruder vorzustellen. Und so trafen wir uns mit Roberto und seinem Bruder Danilo auf dem Petersplatz.

Durstig durch die Hitze, setzen wir uns etwas außerhalb der Kolonnaden in eine Bar, um uns ein wenig zu erholen. Es war keine Minute vergangen, als ein Priester vor Fra' Elia stehen blieb, mit gefalteten Händen und gesenktem Kopf, um ihn um seinen Segen zu bitten, und kurz daraufkam ein weiterer. Sowohl Fra' Elia als auch wir anderen waren erstaunt über seine Popularität, und es ist nicht gelogen, dass Fra' Elia auf der Stelle aufbrechen wollte, total verlegen wegen so viel Verehrung seiner Person.

Wegen der Parkplatzprobleme in Rom beschlossen wir, den Wagen an einem sicheren, jedoch entfernteren Platz abzustellen und noch einen kleinen Fußmarsch zu Marcos und Chiaras Haus zu machen. Da kam ein Junge mit dem Fahrrad vorbei, der Fra' Elia erkannt hatte und ihm mit lauter Stimme zurief: „Fra' Elia... ciao... sei gesegnet!"

Für Fra' Elia bedeutete dieser Tag das Datum des vollkommenen Freiheitsverlustes. Ob Flughafen oder Supermarkt, Kirchen oder Parkplätze, überall wurde er erkannt, beim Namen gerufen und umringt oder angefasst und ihm wurde auf die „Schulter geklopft", was noch harmlos war. Seither hat Fra' Elia Angst, ein Restaurant in Autobahnnähe zu betreten oder nach den Gebetstreffen durch eine Menschenmenge hindurch den Ort zu verlassen. Er hätte gerne mit ihnen zusammen etwas frische Luft geschnappt, mit den Kindern ein Schwätzchen gehalten, ein paar Fotos machen lassen, aber es war ihm nicht mehr möglich, außer in den seltensten Fällen.

Als wir an jenem Tag an unserem Ziel angekommen waren, zog sich Fra' Elia mit Roberto und Danilo in einen kleinen Salon zurück, während Chiara und ich bei einem fröhlichen Schwatz in der Küche warteten. Als Fra' Elia und die beiden jungen Männer zu uns zurückkehrten, bemerkte ich, dass sie alle ungefähr das gleiche Alter hatten und zwischen ihnen augenblicklich ein wunderbares Feeling entstanden war, so, als würden sie sich schon seit Ewigkeiten kennen. Genauso war es, als die jungen Leute Rosaria und Pietro kennenlernten, deren Tochter danach in Robertos Büro zu arbeiten anfing.

Ich erwähne diese Besonderheit, um zu verdeutlichen, wie viel Vertrauen und Sympathie sich in dieser Gruppe entwickelt hatte. Und Fra' Elia wirkte in ihrer Mitte wie der ältere Bruder, oder besser, wie der Meister unter seinen auserwählten Schülern, während ich mich wie ihre Mutter fühlte. Die Freundschaft zwischen uns wuchs und festigte sich zwangsläufig weiter. Und in den folgenden Monaten, wobei sie sicher ihrer Bestimmung folgten, übernahmen es Roberto und Pietro, die Behörden von Calvi zu kontaktieren und widmeten sich anderen eher bürokratische Aufgaben. Marco und Chiara, genauso wie Rosaria und ihre Schwester Angela mit ihrer Familie, hatten sich zusammen mit mir den Empfang der Pilger zur Aufgabe gemacht, unter Mithilfe der beiden Verlobten Lucia und Alessio sowie Alberta, der Postbotin – im steten Wunsch, gemeinsam zu helfen. Durch diese Gelegenheiten wurden Rosaria und Angela zu äußerst begabten Köchinnen des Klosters, während Schwester Domenica die wartenden Besucher mit wunderbaren Geschichten aus dem Leben von Heiligen unterhielt, unterbrochen von Rosenkranz und Belehrungen über den Wert und die Wirksamkeit von Gebeten, die von Herzen kommen.

So gingen die langen Stunden in der Kälte schnell vorbei. Noch heute frage ich mich, wieso unter den vielen Freiwilligen, die sich im Kloster vorstellten, um Fra' Elia zu helfen, genau unsere Truppe übrig geblieben ist und nicht eine andere. Soviel ich weiß, hat Fra' Elia keine Auswahl getroffen. (Oder vielleicht doch?) Hat wieder einmal die Göttliche Vorsehung es so bestimmt?

Nicht nur Schmerz

Während der Tage der Gebetstreffen erlebten wir nicht nur Schmerz und Leid, sondern da gab es auch Fra' Elias Ansprachen, in denen er sich brüderlich in einem intimen Dialog an jeden Einzelnen von uns wandte, wie ein besorgter Vater, der für alle seine Kinder nur das Beste will. Und dann waren da auch die Zeugnisse, die Danksagungen, und es herrschte so viel Friede und auch Freude, wenn auch nicht jeder sie teilen konnte, wie die folgenden Beispiele zeigen.

Ich erinnere mich an einen Tag, als Alberta und ich uns zum Ausruhen für einen Moment auf ein Mäuerchen gegenüber unseren Büchern gesetzt hatten, wo wir über irgendetwas fröhlich lachten. Eine Frau mit einem ziemlich ernsten Gesichtsausdruck sagte ziemlich angewidert zu uns: „Ich kann nicht verstehen, wieso Fra' Elia ausgerechnet euch beide ausgewählt hat." Da ich nicht recht verstand, was sie meinte, schwieg ich, während Alberta als „waschechte" Umbrierin schlagfertig zurückgab: „Wie man sieht, hat er keine „Besseren" gefunden!", und würdigte sie keines Blickes mehr.

Ein anderes Mal, als ich gerade Bücher verkaufte und man dabei meine auffällige Uhr mit falschen Brillanten sehen konnte, die mir meine Tochter kurz vorher geschenkt hatte, bemerkte eine vornehme Frau in einem arrogantem Ton: „Wenn Sie diese Uhr verkaufen, werden wir das ganze Kloster zurechtweisen lassen!" Noch bevor ich eine Antwort geben konnte, drehte sie mir ihren Rücken zu.

Bei anderer Gelegenheit wiederum näherte sich mir eine Frau mit äußerster Diskretion und überreichte mir ein Briefchen. Sofort las ich es:

ZEUGNIS – „Während ich betete, litt ich schrecklich für meinen Sohn, der an einer Autoimmunerkrankung leidet. Ich möchte mitteilen, dass ich, während ich vor ein paar Tagen das Buch „Ein Engel mit den Wundmalen Christi“ las, direkt an meinem Bett einen intensiven Rosenduft wahrnahm. Ein paar Tage danach sah ich im Halbschlaf eine Person, deren Gesicht ich jedoch nicht erinnere und die ein Buch mit einem hellblauen Umschlag in der Hand hielt, auf dem senkrecht in Großbuchstaben das Wort „Hoffnung“ geschrieben stand. Ich dachte, dass es vielleicht eine Empfehlung für den Titel des dritten Buches sei, aber ich habe auch angefangen zu hoffen und heute bin ich endlich hier. Caterina.“

Ich hingegen denke, liebe Caterina, dass das Wort Hoffnung eine Botschaft für dich gewesen ist, als Folge deiner Lektüre des Buches über Fra' Elia. Offensichtlich hast du in deinem Schmerz die Hoffnung verloren, aber nicht jene, dich mit dem Herrn im Gebet zu vereinen, und so hat er dir helfen wollen, indem er dir den Duft der Gnade schickte. Wahrscheinlich hat er Fra' Elia als Werkzeug benutzt und dich mit dessen Hilfe auch eingeladen, weiterhin zu zu hoffen und das hast du in der Tat getan, Caterina! Ich erinnere mich, dass sich mir am selben Tag auch eine junge Frau genähert hat, die mich beinahe flehend bat, ihr die Bedeutung des Wortes Hoffnung zu erklären.

Ich habe diese Episoden nicht vergessen und auch nicht die Ratschläge, und ich hoffe, dass es mir gelingt, diese einfach durch die Geschichte von Fra' Elia in diesem Buch weiterzugeben, ein wahres Loblied auf die Hoffnung, ohne die er nie die „große“ Reise seines Lebens hätte unternehmen können.

Nach dem angenehmen Treffen mit unseren Freunden kehrten Fra' Elia und ich wieder nach Calvi zurück, da am nächsten Tag Pater Jean Bernard eintreffen würde. Auf den Tag zurückblickend, sagte Fra' Elia: „Der Bruder von Roberto ist ein Skeptiker. Wie auch immer, der Herr wird ihm trotzdem helfen.“ Hoffen wir es, dachte ich und nahm mir vor, ihn bei meinem nächsten Besuch in Rom danach zu fragen. Aber es verging ein ganzes Jahr, bevor es dazu kam.

Landhaus von Rosanna und Nicola
Francavilla Fontana – 14. August 2004

Die Tradition, dass Fra' Elia die Nacht auf Maria Himmelfahrt genauso wie Neujahr stets mit seinem Vetter Nicola und den Jugendfreunden verbrachte, durfte nicht unterbrochen werden. Zu meiner großen Freude war auch ich in diesem Jahr eingeladen, daran teilzunehmen. Fra' Elia wollte zuerst mit seinen Eltern zu Abend essen und erst am späten Abend präsentierten wir uns zu ihrer großen Freude der Gruppe.

Ich sah viele lächelnde Gesichter wieder, die mir bereits bekannt waren: außer Nicola und seiner Familie, Lucia und Domenico, Massimo mit seiner Frau und den Kindern, seinem Priesterfreund, Großen und Kleinen, Jungen und weniger Jungen alles alte Freunde von Elia, die voller Freude auf ihn gewartet hatten.

Das Fest hatte schon begonnen und versprach lustig zu werden. Kaum hatten sie Fra' Elia erblickt, unterbrachen sie ihr „Geschnatter" und umringten ihn, um ihn wie üblich liebevoll in die Arme zu schließen. Keinerlei Scheu, keine Reserviertheit: An diesem Abend war Fra' Elia einer der ihren und so sollte es auch sein. Ich blickte mich um: Eine lange Tafel mit den Überresten appetitlicher Speisen und in einer entsprechend besser beleuchteten Ecke befand sich ein Aufbau für Karaoke, um den sie das Fernsehen beneidet hätte. Eine kleine Gruppe von „Sängern" testete die Mikrofone, während die Kinder im Garten herumtollten und der Rest der Gruppe sich anschickte, einen Sitzplatz zu ergattern, um bei dem Spektakel mitzuhelfen. Auch ich machte es mir in der ersten Reihe neben Nicola bequem. Es war viel Zeit vergangen, seit wir uns zuletzt gesehen hatten, und es gab viel zu erzählen.

Nach einiger Zeit begann der Wettstreit der Gruppen, die sich mit großem Ernst der Melodie hingaben, mit Stimmen, die ich, ehrlich gesagt, kaum ertragen konnte. Erstaunt hat mich jedoch der Priester, im gleichen Alter wie Fra' Elia, der überaus stimmig den ganzen Abend hindurch wie eine Nachtigall sang, genauso wie Massimo und seine Mädchen und all die anderen.

Zuerst waren die Solisten an der Reihe, dann die Gruppen, danach alle anderen, die richtigen Töne treffend oder nicht, bis schließlich auch Fra' Elia auf Verlangen des Publikums gezwungen war, seinen Beitrag zu leisten. Natürlich ließ er sich nicht lange bitten und sang großartig und ohne Hemmung ein Lied von Renato Zero, mit Unterstützung der Gesangsgruppe. Es wurde sogar lauthals eine Zugabe verlangt und Fra' Elia stimmte unter begeistertem Applaus mit Freude zu.

Die Sache überraschte mich nicht. Er liebt es, sich in eine Gruppe einzubringen, er liebt Freude und er liebt es, in seiner Freude von Gott zu sprechen, wenn der Augenblick passt. Und bei jeder Gelegenheit mischt er sich ein, speziell, wenn er etwas nicht gut findet oder etwas mit den göttlichen Lehren nicht konform geht, oder er nutzt die Gelegenheit, um an die Existenz des Herrn zu erinnern.

An jenem Abend erzählte ein junger Mann, der gerade erst aus dem Krankenhaus gekommen war, zwischen all den anderen, dass ihn eine Schwester vor seiner Herzoperation gefragt habe, ob er zur Kommunion gehen wolle. Er habe zugestimmt, aber zu seiner großen Überraschung sei an dem Tag statt eines Priesters eine Behinderte mit dem Austeilen der Kommunion beauftragt gewesen, die er gekannt und für nicht würdig erachtet habe. Und so habe er ihr die Kommunion verweigert. Er erzählte die Geschichte in der absoluten Überzeugung, richtig gehandelt zu haben.

Fra' Elia der hinter ihm saß, konnte nicht anders als sich einzumischen: „Warum hast du den Herrn nicht mit ganzem Herzen haben wollen? Als ob die Hand, die sie dir gibt, nicht auch ER wäre! Du hast einen Fehler gemacht! Er hat dich niemals zurückgewiesen. Er liebt dich, er beurteilt dich nicht und er vergibt dir immer. Wir müssen lernen, nicht zu urteilen, und zu vergeben." Der junge Mann verstand ihn, genauso wie wir alle.

Auch an diesem Abend war es Fra' Elia mit großer Selbstverständlichkeit gelungen, die Gedanken seiner Freunde für kurze Augenblicke zum Himmel zu lenken. Wenig später, eine Minute vor Mitternacht, lud Fra' Elia alle ein, sich um ihn herum zu versammeln. Sie dunkelten das Licht ab und stehend unterm Sternenhimmel sprach er zu uns über die Jungfrau Maria. Danach gab es noch einige Gebete und das Versprechen, uns alle am nächsten Tag bei der Messe wiederzusehen.

Während das Fest andauerte, kehrten wir gleich darauf nach Hause zurück. Wir waren kaum in den Wagen gestiegen, als er zu mir sagte: „Ich war müde, aber ich musste doch abwarten, bis sie mit ihren Vergnügungen fertig waren. Vorher wollte ich sie nicht stören!"

Gespräch mit Pater Ottavio

Wenige Tage später beschlossen wir, die Kräuterapotheken einiger Klöster in der Umgebung zu besuchen. Unser Ziel war zu sichten, welche Heilpflanzen die Brüder dort anbauten und verkauften, im Hinblick auf die Eröffnung und kommerzielle Nutzung einer eigenen kleinen Apotheke Fra` Elias mit „Heilpflanzen der Apostel". Er war der buchstäblich „geborene" Herborist, ein Pflanzenheilkundler, wogegen ich lediglich an einer Universität ein „Diplom" in Pflanzenheilkunde erworben hatte, sodass ich ihm aber zur Hand gehen konnte. Wer weiß, wozu das gut war?!

Natürlich hatte Fra' Elia auch an diesem Tag, wie immer, wenn er auf Reisen ist, für alle Fälle sein Mobiltelefon eingeschaltet. Und in der Tat erhielt er Anrufe von seinem Pater Spiritual, von seinen Mitbrüdern und von Pater Ottavio, seinem Freund und Vertrauten sowie Zellennachbarn aus der Zeit seines Noviziats bei den Kapuzinern. Er war der Erste, der „von seinem Geheimnis" erfahren und ihm geglaubt hatte. Er war auch derjenige, der viele außergewöhnliche Erfahrungen mit ihm geteilt hatte und den ich mit einer List dazu gebracht hatte, mir etwas über Fra' Elias Erfahrungen mit Pater Pio zu erzählen (über die ich in meinem ersten Buch „Der Engel mit den Wundmalen Christi" berichtete). Obwohl sich ihre Wege aufgrund verschiedener Berufungen getrennt hatten, blieben die beiden Freunde stets in Kontakt und oft suchte einer im anderen Trost, auch übers Telefon. Pater Ottaviano hatte seinen Weg gemacht! „Das Gehirn“, wie Fra’ Elia ihn, den mit mehrfachen Hochschuldiplomen Ausgezeichneten liebevoll bezeichnete, war gleich nach der Priesterweihe nach Rom berufen worden, wo er seitdem lebte und seine Studien fortsetzte.

Da ich neben Fra’ Elia saß, musste ich an dem Tag zwangsläufig ihre Unterhaltung mithören.

Ich möchte nur wiedergeben, was mich am meisten berührt hat, weil es genau das ist, was die Menschen in der Kirche suchen: Verständnis und dementsprechende Hilfe.

Hier also ein Teil ihres Dialogs: „... Ich habe dich angerufen, weil ich die ganze Nacht von Zweifeln geplagt wurde. Gestern kam eine Freundin zu mir, um zu beichten. Ich kenne sie seit einigen Jahren und sie ist immer eine brave Christin gewesen. Seit einiger Zeit fiel mir auf, dass sie sich verändert hatte und obwohl sie weiterhin regelmäßig in die Kirche ging, war mir klar, dass irgendetwas nicht stimmte. Eines Tages fragte ich sie und sie antwortete mir, dass sie sich ganz einfach verliebt habe. Zwischen uns herrschte ein großes Vertrauen und ich war gar nicht überrascht, als sie mir im Verlauf ihrer Erzählung sagte, dass ihr Freund bereits verheiratet sei. Stell dir meine Enttäuschung vor! Deshalb war ich wirklich glücklich, als ich sie gestern im Beichtstuhl sah, weil ich dachte, sie bereue es wirklich.“

Fra’ Elia hörte aufmerksam zu, ohne ihn zu unterbrechen.

„... Stattdessen teilte sie mir mit, dass sie ihn über alles liebe und dass sie es nicht schaffe, ihn nicht mehr zu sehen, und daher die Beziehung nicht abbrechen wolle. An diesem Punkt fragte Fra’ Elia ihn: „Und was hast du ihr gesagt?“

Pater Ottavio: „Natürlich habe ich ihr gesagt, dass ich ihr nicht die Absolution erteilen könne.“

„Und was hat sie dir geantwortet?“

„Sie sagte mir, dass sie auch Jesus liebe und ihn daher unmöglich hintergehen könne indem sie verspreche, ihren Geliebten nicht wiederzusehen.“

„Und dann?“

„ Dann habe ich sie weggeschickt, indem ich ihr die Absolution verweigert habe.“

„Warum hast du nicht ein wenig mehr darüber reflektiert? Dass das Mädchen kam, um zu beichten, zeigt doch, dass sie unter dem Gewicht ihrer Schuld leidet. Sie möchte niemandem wehtun, aber im Augenblick schafft sie es nicht. Und du hast ihr noch nicht einmal ein einziges Wort der Hoffnung gegeben. Es handelt sich hier um ein verirrtes Schäfchen, das verzweifelt versucht, seinen Weg wiederzufinden.“

„Aber was hätte ich denn tun können? Sie hat nicht bereut und lebt weiterhinin Schuld!“

„Das ist nicht ganz richtig. Wenn ich mich nicht täusche, hat sie doch gesagt, sie wolle den Herrn nicht hintergehen. Dass sie zwar gern eine klare Lösung hätte, ihr das jedoch nicht gelinge. Schon das ist doch ein Zeichen für ihre Aufrichtigkeit und den Schmerz über ihre Schwäche. Es ist ein Schrei um Hilfe, die du ihr verwehrt hast."

„Du hast recht, Elia. Und was sollte ich jetzt tun?"

„Ich sage dir, was ich dazu fühle: Im Hinblick darauf, dass sie genau am Vorabend zu Maria Himmelfahrt zu dir kam, einem großen kirchlichen Fest, denke ich, dass sie gern mit Frieden in ihrer Seele teilgenommen hätte. Darum hätte ich ihr zugehört und ihr ein Zeichen der Milde und Nachsicht unserer Kirche zukommen lassen, um ihr zu zeigen, dass die Kirche immer eine Mutter ist, die niemanden fortjagt, sondern ihn im Gegenteil annimmt, Verständnis zeigt, hilft und abzuwarten versucht."

„Du hast recht, Elia. Ich denke, dass ich sie suchen gehen muss, aber ich weiß noch nicht einmal, wo sie wohnt."

„Mach dir keine Sorgen! Du wirst sehen, dass dein Schutzengel dir dabei helfen wird."

Einen Tag später klingelte das Telefon und „der Zufall" wollte es, dass ich direkt neben Fra' Elia stand. Pater O: „Ich rufe dich an, um dir zu sagen, dass ich gleich nach unserem Gespräch losgezogen bin und sie gesucht und gefunden habe. Wir haben noch einmal miteinander gesprochen. Ich habe ihr die Absolution erteilt. Ciao und danke!"

Das Mädchen von Imperia

In dem Zusammenhang erinnere ich mich auch noch an ein anderes bedeutsames Ereignis, das sich im Juni des Vorjahres in Piano d' Imperia zugetragen hat und Fra' Elias große Barmherzigkeit zeigt - jene Barmherzigkeit, die er den leidenden Christen durch einen Akt der Liebe oder des Trostes zukommen lässt, weil er sich in der „Pflicht" fühlt, diese Menschen in die ausgebreiteten Arme der Kirche zurückzuführen. Der Herr schaut nicht auf unsere Sünden, sondern auf unser aufrichtiges Herz und den Glauben seiner Kirche, denn schon durch ein einziges ihrer Worte kann eine Seele wiedergeboren werden.

Wie üblich kamen wir spätnachmittags, an einem Freitag, an unserem Ziel an. Das Haus des Pfarrers befand sich direkt vor der Kirche, sodass Fra' Elia, bevor wir eintraten, noch ein Gebet vor dem Allerheiligsten sprechen wollte. Ich folgte Fra` Elia, blieb aber, müde und erhitzt, an der Eingangstür stehen. Ich konnte in der verlassenen Kirche nur drei Personen ausmachen, eine Frau, die die Mutter eines jungen Mädchens sein musste, das ein wenig entfernt von ihr saß, und ein Kind, das diese an der Hand hielt.

Mir war klar, dass sie Fra' Elia erkannt hatten und weil sie ihn nicht stören wollten, gingen sie eilig zum Ausgang, um dort auf ihn zu warten und ihn vielleicht begrüßen zu können. Ich stand hinter ihnen im Halbschatten und als Fra' Elia hinausgehen wollte, sah er nicht mich, sondern bemerkte eine junge Frau, die weinte, ja, geradezu schluchzte.

„Warum weinst du?", fragte er sanft, während er sie mit strahlendem Gesicht anschaute. Aber das junge Mädchen konnte nicht mit dem Weinen aufhören und rieb sich die Augen mit einem Taschentuch, das schon tränennass war. „Sag ihm, warum du weinst!", bedrängte die Mutter sie ernst. Aber es gelang ihr einfach nicht, ein Wort herauszubringen. Also begann Fra' Elia, als hätte er in ihrem Herzen gelesen, seinen Monolog: „Er will dich nicht heiraten?" Und ohne ihre Antwort abzuwarten, fuhr er fort: „Aber du bist ja gegangen, um mit ihm zusammenzuleben! Kein Grund zu weinen! Du hast es getan, weil du ihm einen Beweis für deine Liebe geben wolltest, trotz deiner festen Absicht, erst in der Ehe zu lieben. Du wolltest ihn nicht verlieren. Und nun weinst du, weil die Dinge sich nicht ändern. Aber er liebt dich auch und er wird dich bald heiraten, du wirst schon sehen!"

Und während er ihr diese Worte des Trostes mitgab, lächelte Fra' Elia und marschierte zum Ausgang, während das junge Mädchen immer noch weinte und ich von meinem Platz aus die Szene verfolgte.

Wenn ich solche Episoden hier erzähle, möchte ich betonen, dass Fra' Elia ganz sicher nicht die heute berühmten Liebesaffären gutheißt, ebensowenig Ehebruch oder die Praxis, sich danach schnellstens aus dem Staub zu machen.

Fra' Elias Konzept beruht einzig und allein auf der christlichen Familie, die weiß, wie man in der Gnade Gottes lebt, aber er weiß auch, dass die Wege des Herrn unergründlich sind, und vor allem auch, dass die verirrten Schäfchen, die Hilfe suchen, angehört und getröstet werden müssen, um sie so schnell wie möglich wieder in das Haus des Herrn zurückzuführen.

Um den 20. August herum endeten meine Ferien mit Fra' Elia und seiner Familie, und mitWehmut im Herzen verließ ich das große Haus auf dem Land, um mich wieder zu meiner Familie und meiner Freundin Maria nach *San Pietro* in Bevagna zu begeben.

Ich nahm die Erinnerung an wundervoll und arbeitsam verbrachte Tage mit zurück, in denen ich wie ein Mitglied der Familie aufgenommen war, samt ihren Rhythmen und ihren Pflichten.

Wie könnte ich den Tag vergessen, an dem wir im Freien Soße in den großen Pfannen über einem Feuer kochten oder Mandeln rösteten oder den Tag, an dem wir Brot oder ein Omelett gebacken haben, oder die drei Tage, an denen wir die prächtigen Gewänder für die Krippenfiguren genäht haben! Und die Zärtlichkeit und Liebe der Eltern von Fra' Elia, die sich immer noch nicht damit abfinden konnten, dass es ihrem „kleinen Elia" von einst im Monat vor Ostern immer so schlecht ging, am Beginn seiner Krankheit? „Wie konnten wir das auch verstehen? Wie uns so etwas vorstellen? Und wenn man bedenkt, dass er für die Ärzte eine untererernährtes Kind war! Er wollte nicht essen, während die anderen Kinder alle stark und gesund waren."

Stefano Jurgens

Stefano Jurgens, einer der Autoren der *Domenica-In* (Sonntag-In)-Sendung in den Jahren 2004/2005, lud mich eines Tages als Fernsehgast ein, um über meine Bücher zu sprechen, zu denen er unter recht merkwürdigen Umständen gelangt war: Er hatte sich auf der *Via della Conciliazione* in einer bekannten Buchhandlung eine bestimmte Neuerscheinung kaufen wollen und war dann zufällig auf diesen kleinen, blauen Band gestoßen, der sofort seine Aufmerksamkeit erregte. Also kaufte er sich „*Un angelo con le stigmate s'è fermato a casa mia*" („Der Engel mit den Wundmalen Christi") und las es in einer Nacht aus. Auf der Stelle wollte er mich ausfindig machen.

Ich erinnere mich, dass ich gerade mit Fra' Elia auf einer Reise war, und als sich jemand vom Fernsehen meldete, dachte ich, Fra' Elia solle in eine Sendung eingeladen werden. Deshalb ließ ich den Anrufer gar nicht erst zu Wort kommen. So kam es, dass Stefano mir einen Brief schrieb, dem er seinen hervorragenden Lebenslauf beilegte. Er versicherte mir in dem Schreiben, dass er nicht Fra' Elia, sondern Fiorella für seine Sendung haben wollte. Ich war sprachlos angesichts der Tatsache, dass ein Fernsehprofi, der sich seit über dreißig Jahren eher „halbseidener" Unterhaltung gewidmet hatte, sich von heute auf morgen entschlossen hatte, sich ausschließlich dem Herrn zu widmen, weil er „in Jesus verliebt" war.

„Was muss ich tun?", fragte ich ihn. „Ganz einfach von Fra' Elia erzählen." Es sei ein interessantes Thema, das eine positive Lawine auslösen würde, und wie ich wisse, reiche ein einziger Priester oder heiliger Mönch, um Tausende Seelen wieder zu Gott zurückzuführen. „Erinnerst du dich an Pater Pio? Die Menschen sind sich dessen vielleicht nicht bewusst, aber sie dürsten nach Gott und das Fernsehen ist ein hervorragendes Mittel, um ihn kennenzulernen. Übrigens habe ich immer nur fürs Fernsehen gearbeitet und kenne keine anderen Mittel."

„Ich werde Fra' Elia fragen", stammelte ich „und sage ihnen dann Bescheid."

Als ich am folgenden Tag mit Fra' Elia darüber sprach, zeigte er keinerlei Begeisterung, es schien ihm sogar ausgesprochen gleichgültig zu sein. Und obwohl er wohl wusste, dass das Fernsehen äußerst öffentlichkeitswirksam war und Stefano Jurgens eine seriöse Person, ermutigte er mich mit keinem einzigen Wort dazu. Natürlich verlangte ich in seinem Interesse eine Erklärung von ihm, und so sagte er abschließend, dass es der Herr sei, der entscheide. Man wird sehen, dachte ich.

Der Sommer endete für Fra' Elia mit einer großen Messe auf dem Lande, die am 23. August unter Teilnahme von Nicola und allen seinen Verwandten und Freunden gefeiert wurde.Meine Sommerferien hingegen endeten am Monatsende.

Der Beobachter

Als Fra' Elia ins Kloster zurückkehrte, erwarteten ihn sogleich zwei Überraschungen: eine gute und eine schlechte.

Die erste war, dass der junge Fabio ohne nähere Erklärungen, nachdem er ein Jahr seine Erfahrungen gesammelt und um eine Zeit des Nachdenkens gebeten hatte, nach den Sommerferien einfach nicht mehr ins Kloster zurückkehrte. Die zweite war, dass Fra` Elias Bischof ihm endlich einen „Beobachter" zugeteilt hatte, was so viel heißt, dass er einen Priester seines Vertrauens mit der Aufgabe betraut hat, Fra' Elia und der ganzen wachsenden Gemeinschaft ein Führer, Berater und Pater Spiritual zu sein.

Als Bischof Monsignore Paglia dem Pater Paolo Bini Fra' Elia vorstellte, sagte er zu ihm: „Er wird für dich Vater, Mutter, Vorgesetzter und Bischof sein. Pater Paolo wird mich in allem ersetzen und mir über alles berichten." „Heißt das, dass ich dich von nun an nicht mehr sehen werde?", fragte Fra' Elia alarmiert. „Du weißt, dass ich sehr beschäftigt bin, aber wir werden uns weiterhin sehen, wenn meine Zeit es mir erlaubt."

Und so begann Pater Paolo von Sacro Speco (ein Ort, dessen Name auf den heiligen Bernhard zurückgeht, Anm. der Übersetzerin), der bereits ein Freund der Gemeinschaft war und Fra' Elia schon während der vergangenen Ostertage beigestanden hatte, das Kloster öfter zu besuchen, in der kleinen Kapelle die Messe zu lesen und die Arbeit im Kloster aus der Nähe in Augenschein zu nehmen, um den dort Schaffenden mit Ratschlägen und Führung zur Seite zu stehen.

Fra' Elias Sekretärin

Auch drollige Dinge passierten und passieren noch im Kloster und die folgende Geschichte zeugt davon.

Wie jeder weiß, ist meine Handynummer auf der Internetseite www.edizionisegno.it zu finden, damit ich gegebenenfalls Auskünfte bezüglich der Gebetstreffen von Fra' Elia in Italien oder im Ausland geben kann. Doch hätte ich mir nie die unendliche Vielfalt der Anfragen vorstellen können, angefangen von der Liste der Hotels in der Gegend von Calvi bis zu der, Fra' Elia an bestimmten Autobahnabfahrten zu Gesicht zu bekommen oder auch Anfragen bezüglich seines Essensgeschmacks; es gab aber auch, zum Glück eher selten, verzweifelte Stimmen, die ankündigten, „Schluss zu machen", sowie Stimmen der Resignation, der Angst vor Gewalttaten, des Verlassenseins. Durch das Telefon lernte ich ein breites Spektrum der Gesellschaft kennen und eine Welt verstehen und teilen, die mir bis dahin nahezu unbekannt war, und ich verstand, dass niemand den großen Prüfungen des Lebens entfliehen konnte, die häufig dann auftraten, wenn man sie am wenigsten erwartete.

In den meisten Fällen wussten meine Gesprächspartner, mit wem sie redeten, und nannten mich beim Namen. Denjenigen, die mich danach fragten, stellte ich mich vor und fügte hinzu, dass ich ebenfalls eine freiwillige Helferin sei. (Alle, die Fra' Elia helfen, sind Freiwillige und benötigen keine besondere Qualifikation). Das Problem stellt sich dann, wenn wir irgendwo eingeladen sind und mich jemand vorstellen will. Jeder, sagt das, was er für das Beste hält. Zum Beispiel stellt er mich als „Assistentin" von Fra' Elia vor oder als seine „Sekretärin" oder seine „Biografin". Oft bemerke ich die Verlegenheit derer, die nicht wissen, wie sie mich richtig nennen sollen, und das klingt dann so: „Sie ist seine spirituelle Mutter" oder etwas Ähnliches.

Da ich ständig mit italienischen und ausländischen Priestern in Kontakt stehe, die aufgrund ihrer vielfältigen Verpflichtungen (als Universitätsdozenten, Lehrstuhlinhaber, Konferenzteilnehmer oder als Journalisten und Schriftsteller) durch die ganze Welt reisen, konnte ich feststellen, dass jeder von ihnen eine tüchtige Stütze benötigte, anders ausgedrückt, eine Sekretärin. Einige von den Charismatikern haben sogar fünf und fast immer sind es Frauen. Vielleicht, weil sie exakter oder effizienter arbeiten?

Daher sprach ich das Thema bei Fra` Elia an. Da ich ihn kannte, wartete ich den günstigsten Moment für meine Frage ab: „Kann ich den Leuten, die mich fragen, wer ich bin, sagen, dass ich deine Sekretärin bin?" „Was? Bist du verrückt geworden? Ich bin ein armer Mönch und soll eine Sekretärin haben? Was ist dir denn da in den Sinn gekommen? Ich habe keine Sekretärin!"

„Und was soll ich ihnen antworten?"

„Hast du keinen Namen? Du bist Fiorella, eine freiwillige Helferin."

Und so bezeichnete ich mich auch weiterhin.

Eines Tages rief mich eine Person aus dem Ausland an. Er stellte sich als Organisator von Pilgerreisen im Auftrag einer katholischen Organisation vor und fragte dann, mit wem er denn spreche.

„Ich heiße Fiorella und bin eine freiwillige Helferin."
„Dann geben Sie mir bitte den Verantwortlichen, der für die Organisation ausländischer Pilgerfahrten zuständig ist."
„Sprechen Sie ruhig mit mir, ich bin für die Organisation zuständig."
„Warum haben Sie mir das denn nicht gleich gesagt, so hätten wir Zeit und Kosten sparen können?"
„Sie haben recht", entschuldigte ich mich.
Nach dieser Episode ging ich wieder zu Fra' Elia, um ihn davon zu überzeugen, einmal, obwohl er nur ein einfacher Bruder war, objektiv über sein mit Pflichten angefülltes Leben nachzudenken, das unmöglich ohne die Hilfe einer vertrauenswürdigen Person, die man gemeinhin Sekretärin oder Sekretär nannte, zu bewältigen war. „Hast du denn außer mir noch jemand anderen? Entscheide du!", bat ich ihn und da ich keine Antwort bekam, fuhr ich fort: „Oder ich werde für alle ab sofort deine Sekretärin oder deine Assistentin sein." „Tu, was du willst", erwiderte er betrübt.

Pater Jean Bernard und Maria Magdalena

Im September 2004 besuchte uns im Kloster Pater Jean Bernard.
Ich zeigte ihm die ersten Seiten meines Buches, das ich in Francavilla begonnen hatte und es erstaunte ihn wirklich, dass Fra' Elia während seines Besuchs in Paris auch das Grab von Maria Magdalena besuchen wollte.
„Soweit ich weiß, ist Maria Magdalena nicht in Paris begraben!", rief er verblüfft aus. „Eine ihrer Reliquien befindet sich in einer Kirche in der Nähe von Marseille. Es scheint, dass ihr Körper zerstückelt wurde, um eine Grabschändung zu verhindern und dann an verschiedenen Orten begraben wurde."
„Nein", erwiderte Fra' Elia mit absoluter Gewissheit, „er befindet sich in Paris an einem wunderbaren Ort, unter einer Pyramide."
Pater Jean Bernard bat Fra' Elia, sich etwas klarer auszudrücken.
„Alles, was ich weiß, ist, dass sie wollte, dass wir sie besuchen - wie und wann, das müssen Sie mir sagen", und damit endete für Fra` Elia das Gespräch. Doch Pater Jean Bernard, der von dieser Enthüllung betroffen, neugierig geworden war, gab sich nicht geschlagen und beschloss diese Diskussion bei nächstbester Gelegenheit wieder aufzunehmen. Fra' Elia hingegen beschloss, dessen Einladung nach Paris anlässlich der Präsentation beider Bücher in französischer Sprache anzunehmen, und zwar genau für den Aschermittwoch des folgenden Jahres (2005) und die Tage danach.
Aber Pater Jean Bernard wollte noch mehr für ihn tun. Da er die große Verehrung Fra' Elias für Maria Magdalena kannte, schlug er ihm auch eine Pilgerreise durch Frankreich bis nach Marseille vor, mit Aufenthalten in zwei

bedeutenden Basiliken und dem Besuch jener Stätten, an denen Maria Magdalena dreißig Jahre lang gelebt hatte. Fra' Elia war begeistert von der Sache, sodass er ohne Zögern zusagte und auch Schwester Domenica und mich, seine Sekretärin, einlud mitzukommen.

Kaum wieder nach Paris zurückgekehrt, rief mich Pater Jean Bernard an: „Guten Tag, Fiorella. Ich bin immer noch sehr erstaunt über die Bemerkung Fra' Elias in Bezug auf Maria Magdalena. Weißt du, ob er zufällig diesen berühmten Roman, der gerade über Maria Magdalena erschienen ist, gelesen hat?"

„Ich kann dir versichern, dass Fra' Elia keine Bücher liest."

Wir tauschten uns noch ein wenig darüber aus, wie Fra' Elia ohne den geringsten Zweifel versichern konnte, dass Maria Magdalena in Paris begraben sei, und nahmen uns vor, bald wieder voneinander zu hören.

Natürlich kaufte ich mir sofort den Roman und las ihn in einem Zug durch. Und natürlich informierte ich Fra' Elia über das, was ich gelesen hatte, dass nämlich laut Roman Maria Magdalena in Paris unter einer noch nicht identifizierten Pyramide begraben sein sollte. Doch Fra' Elia schien von dieser Nachricht irritiert zu sein, so als würde ich die Authentizität seiner Fähigkeiten anzweifeln. Ich hingegen hatte keine Zweifel, zumal seine „Offenbarung" über Maria Magdalena vom August stammte; auch, wenn es den meisten Menschen unglaubwürdig erscheinen mochte, glaubte ich ihm, weil ich mir sicher war, dass sie selbst es ihm während einer seiner „spirituellen Reisen" offenbart hatte. Im Übrigen hatten mich meine langjährigen Erfahrungen mit Fra' Elia gelehrt, dass er sich „bei solchen Dingen" noch nie geirrt hat. Jedenfalls konnte ich kaum den Zeitpunkt erwarten, nach Paris zu kommen, in der Gewissheit, dass ihn dort jemand auf die Probe stellen würde.

11./12. September: Zum letzten Mal besuchten wir Pater Linus in Civitavecchia. Zwei intensive Tage, die wie immer wundervoll waren. Wegen der geringen Entfernung würden die Einwohner von Civitavecchia in Zukunft ins Kloster kommen müssen, wenn sie Fra' Elia dort besuchen wollten! Fakt war, dass dieser beschlossen hatte, sein Apostolat auf Orte zu verlegen, die nicht so nahe beim Kloster lagen, um den Pfarrern von weiter entfernten Gemeinden, wie in Mailand, der Schweiz, oder Süditalien, gerecht zu werden.

15. September 2004: Wieder in Deutschland

Hier die Chronik jener Tage:

„Die Charismatiker sind der Sauerstoff für die Katholische Kirche."

„Deutschland braucht Personen wie Fra' Elia, durch den die Größe Gottes erfahrbar wird."

„Er selbst ist ein Ausdruck der Liebe Gottes." (Pater Huberth)

Das sind nur einige der Kommentare, die ich hier und da unter den Leuten, die sich in großer Zahl um Fra' Elia scharten, aufgeschnappt habe. Fra' Elia war von den Ursulinen-Schwestern in deren Kloster nach Königstein eingeladen worden (das etwa 15 Kilometer von Frankfurt entfernt liegt). Die spätsommerlichen Temperaturen waren noch mild und die vier wunderbar sonnigen Tage hatten viele Menschen ermutigt, Katholiken wie Protestanten, auch von weit her in das hübsche Städtchen zu kommen.

Das Buch „Der Engel mit den Wundmalen Christi", das im Mai in deutscher Sprache erschienen war, verkaufte sich bestens und löste, genauso wie in Italien, bei vielen Menschen den starken Wunsch aus, Fra' Elia persönlich zu begegnen. Eine Fülle von Anfragen war beim deutschen Verleger, der Übersetzerin und im Kloster eingegangen, sodass - erfreut über den Erfolg - eine Reihe von Gebetstreffen mit Fra' Elia organisiert wurden.

„Ich bin ein Apostel Gottes, ein Pilger in der Welt und für die Welt. Das ist es, was der Herr von mir will."

So begann Fra' Elia seine Ansprache während der Abendmesse und seine Worte klangen wie ein mächtiger Liebespfeil, der vom Himmel herabschnellte, durch die überfüllte Kirche. Die Menschen hörten ihm sozusagen in andächtiger Stille reglos und innerlich bewegt zu. Neben ihm stand der Dolmetscher und übersetzte, selbst bewegt, Satz für Satz:

„Der Herr liebt euch, er vergibt euch, noch bevor ihr ihn darum gebeten habt. Er kennt eure Bedürfnisse und schenkt euch jeden Tag seine Gnaden, aber ihr bemerkt es noch nicht einmal! Er erwartet euch immer, hier in seinem Haus, aber ihr kommt nicht herein! Ihr glaubt, alles ohne sein Zutun machen zu können, doch das ist nicht möglich!

Er hat euch noch nie verraten. Wir sind es, die ihn verraten haben!

Und alles das geschieht aus Hochmut, Stolz! Ich sage euch jetzt: Es ist leichter, dass Gott euch in einem einzigen Augenblick von Krebs heilt als von eurem Stolz. Der Herr liebt uns, er vergibt uns und er heilt uns. Es wäre leicht, gesund zu bleiben, wenn wir uns nur dem Licht öffnen und unser Leben mit ihm teilen würden! Erinnern wir uns daran, dass stets er es ist, der uns in erster Linie hilft, der uns führt und leitet; und zwar nicht, weil wir uns besondere Verdienste erworben hätten oder weil wir wohltätig sind.

Einfach, weil er uns liebt, uns annimmt, so wie wir in diesem Augenblick sind, möchte er uns ein Zeichen seines Wohlgefallens geben, indem er uns innere Gnade schenkt.

Der Herr sagt: Wie viele Dinge hat man über mich gesagt, die niemals niedergeschrieben wurden, niemals gehört, sondern vergessen und geleugnet wurden. Aber vielleicht kennt ihr mich noch nicht. Obwohl ich immer da bin, in diesem Haus, das auch das eure ist. Ihr geht daran vorbei und tretet nicht ein. Die Tür zu meinem Herzen ist immer offen, aber ihr wollt nicht eintreten, um euch mit euch selbst zu versöhnen! Ihr glaubt,alles von mir zu wissen, aber das gelingt euch nicht und wenn es euch schlecht geht, und in Zeiten der Prüfung, wisst ihr nicht, was ihr tun sollt. Ihr begebt euch auf Irrwege und besucht Wahrsager, damit sie euch die Zukunft vorhersagen, und alles nur, weil ihr mich nicht kennt. Aber erinnert euch: Wenn das Wasser des Meeres aufschäumt und sich wieder beruhigt, wenn die Blätter vom Wind hochgewirbelt werden, dann geschieht das nur, weil ich das so will. Wie könnte der Mensch all das ohne mich tun? Wenn ihr mich sucht, dann fürchtet euch nicht, denn stets bin ich es, der die Begegnung mit mir angenehm macht!

Ihr könnt mich zurückweisen, so viel ihr wollt, ihr könnt fliehen, wohin ihr wollt, ihr könnt mich ignorieren, solange ihr wollt, aber erinnert euch, dass ihr mir am Ende der Zeiten gegenüberstehen werdet und ich es sein werde, der euch den Frieden schenken wird, jenen, den ihr nie gefunden habt, vom Anfang bis zum Ende. Alles ist mein Verdienst.

Du, der den Krieg nicht will, der gegen jeden Missbauch demonstriert, warum gelingt es dir nicht, mit deiner Ehefrau zu sprechen, und warum streitest du mit deinem Bruder um einen Quadratmeter Land? Warum gelingt es dir nicht zu vergeben? Fangt an, zu vergeben, es ist der erste Schritt hin zum Licht...“

Auch ich hörte von der letzten Reihe aus seine sanfte Stimme, die ganz gewiss vom Heiligen Geist inspiriert war, und noch nie zuvor war ich mir der großartigen Wirkung seiner Worte so bewusst geworden wie hier in Deutschland, Worte, die die Gabe hatten, selbst die härtesten Herzen zu rühren.

Ich bin sicher, dass derjenige, der auch nur einmal Fra' Elia hat sprechen hören, es nie mehr vergessen wird. Seine einfachen Worte, jedoch reich an der ewig gültigen Wahrheit, können keine Zweifel hinterlassen, noch nicht einmal bei den weniger entwickelten Seelen. Und das in Deutschland, wo protestantische Christen in der Mehrheit sind und in einer Kirche, in der normalerweise immer nur ein paar Dutzend Leute die Messe besuchten. Viele Besucher nahmen die Gelegenheit wahr, wieder einmal zur Beichte und zur Kommunion zu gehen. Sogar Protestanten!

Es schlossen sich zwei Tage für Privatgespräche mit Fra' Elia an. Es herrschte ein riesiger Andrang, wie in Italien. Nach dem Besuch bei Fra' Elia schienen die Gesichter der Menschen wie verwandelt - entspannter, heiter. Ich erkundigte mich bei den Leuten, aus welchem Motiv sie hierher gekommen waren. Die Antworten lauteten mehr oder weniger immer gleich. Fra' Elia besitze das „Charisma, den Menschen Trost zu spenden“. Wir entnahmen das, noch bevor wir das Buch lasen, seinen Worten, seinen Augen, und hier – sozusagen auf Du und Du – seiner Seele, die so angefüllt ist mit der Liebe Gottes.

„Jetzt geht es mir besser, jetzt fühle ich Frieden in mir, nun habe ich wieder mehr Hoffnung. Ich habe begriffen, dass ich mehr beten muss und dass der Herr meine Gebete hört."

Zweiter Besuch von Fra' Elia in Deutschland im Ursulinenkloster in Königstein/Taunus

Eingeladen hatte die Schwester Oberin Maria-Regina zu einem Gebetstreffen und zu privaten Treffen mit Laien, Schwestern und Priestern. Alle hießen Fra' Elia mit großer Begeisterung willkommen.

Unter den zahlreichen Priestern und Geistlichen verschiedener religiöser Institutionen, die Fra' Elia begegneten, befanden sich auch ein ukrainischer Bischof, einige junge polnische sowie zwei afrikanische Priester und Pater Professor Dr. Bennet Tierney - ein irischer Theologe von der Gemeinschaft der Legionäre Christi, einer amerikanischen Ordensgemeinschaft, die in Südamerika, aber auch in ganz Deutschland evangelisiert. Pater Bennet war extra etwa drei Stunden angereist, um Fra' Elia zu treffen und eine eventuelle gemeinsame Veranstaltung mit Jugendlichen mit ihm zu besprechen.

An den Abenden des 16. und 17. September wurde die Heilige Messe von zwei Priestern aus Zaire, einem polnischen Priester und Pater Bennet gefeiert, der in seiner Predigt die Worte Fra` Elias vertiefte. Die Kirche in Deutschland war wieder mit Menschen gefüllt!

Freitag, 17. September 2004 – Fra' Elias Wunden öffneten sich. Obwohl er sehr große Schmerzen litt, empfing er den ganzen Tag lang Kranke, Priester, Schwestern und Gläubige aus allen Teilen Deutschlands, unterstützt durch zwei überaus tüchtige Dolmetscher, die Italienerin Dr. Eleonora Bonacossa-Werner und ihren Ehemann Thomas Werner.

Ein intensiver Rosengeruch, den alle mit großer Freude wahrnahmen, wehte durch das ganze Kloster.

Gebet am Morgen

Ich grüße dich, mein Engel!
Ich grüße dich, ich rufe dich an
Und du antwortest mir
Im Innersten meines Herzens.

Wie groß du bist, wie immens!
Du, der sogar im Universum alles sehen kann,
Heute brauche ich dich
Wie an jedem Tag.

Ich grüße dich, du voll der Gnade
Du, die bei der Ankündigung des Engels
Ja gesagt hat
Jeden Tag kommen wir zu dir!

Ich grüße dich, mein Erlöser,
Der mein Herz verwandelt
Und es fähig macht zu lieben
Und zu vergeben.

Ich grüße dich noch einmal, mein Engel,
Du, der mich niemals verlässt,
Der du in jedem Augenblick meines Lebens
Immer bei mir bist.
Ich grüße dich, mein Schatten,
Jede Berührung, jede Liebkosung,
Jede Anwesenheit von dir.
Bitte für mich,
Wie ich für dich bete.

Ich grüße dich, Maria, voll der Gnade,
Der Herr ist mit dir.
Du bist gebenedeit unter den Frauen
Und gebenedeit ist die Frucht
deines Leibes, Jesus.

Drei Vaterunser – zwei „Salve, o Regina“

Der Aufzug

Ausgerechnet in Deutschland mussten wir vom Tod des Bürgermeisters von Calvi erfahren. Die Nachricht traf uns völlig überraschend, auch weil wir nichts von seinem Herzleiden gewusst und wir ihn vor unserer Abreise noch in guter Gesundheit erlebt hatten. Fra' Elia konnte nicht mehr tun, als während der Heiligen Messe seiner zu gedenken.

Am Tag des Abschieds kam Eleonora, unsere Übersetzerin, noch einmal ins Kloster. Es war ein Sonntag und das Kloster lag, genauso wie der weite Hof der St. Angela-Schule, den ich aus meinem Fenster sehen konnte, einsam und verlassen da. Die Schwestern waren im Gebet und die Schülerinnen bei ihren Familien. Von Ersteren hatten wir uns bereits während des Frühstücks verabschiedet und nun blieb uns nur noch, das Gepäck zum nächsten Lift zu bringen und hinunterzufahren. Unten angekommen, konnten wir nicht weiter: Wir waren umgeben von verschlossenen Türen! Wie hatte das passieren können?

Wir versuchten gegen die große gläserne Eingangstür zu klopfen, aber ohne Erfolg. Wir gingen zurück zum Lift, um wieder nach oben zu fahren, doch leider hatten wir den Liftschlüssel in unseren Zimmern gelassen. Und während Eleonora versuchte die Schwester Oberin übers Handy zu benachrichtigen, ging sie die Treppe hoch, auf der Suche nach einem Ausweg, fand aber nichts als lauter wunderschöne Klassenzimmer, sämtliche Zugänge zum Kloster waren jedoch versperrt. Ich bekam einen Anfall von Panik. Als Eleonora wieder herunterkam, sagte sie mir, dass das Mobiltelefon der Schwester Oberin ausgeschaltet war. Wen konnten wir noch benachrichtigen? Eleonoras Familie wohnte einige Kilometer entfernt und Ingrid war mit ihrem Ehemann unterwegs hierher, um uns zum Flughafen zu fahren. Und während wir uns um eine Lösung bemühten, zog Fra' Elia eine Postkarte mit einem Bild der Jungfrau Maria aus der Tasche und zog die Karte einfach durch den Türspalt - und siehe da: Die Aufzugtür öffnete sich wie von selbst!

Im Herbst hatte das Schweizer Monatsmagazin „Stella Maris", das in Französisch und Deutsch erscheint und, wie bereits erwähnt, in über hundert Länder der Welt ausgeliefert wird, ein langes Interview mit mir veröffentlicht sowie Teile meines ersten Buches, was die verschiedensten Emotionen bei den Lesern hervorrief: Neugier, Staunen, Unglauben, aber auch Hoffnung und den Wunsch, sich mit Fra' Elia im Gebet zu vereinen. Das führte dazu, dass es eine Fülle von Briefen und Telefonanrufen aus aller Welt hagelte, vor allem in französischer Sprache.

Die Folge davon war, dass wieder neue Pilger in Fra' Elias Kloster strömten, sogar aus Martinique, Afrika, Kanada, nicht zu vergessen die Menschen aus den grenznahen Ländern Europas.

Und hinzu kamen noch an allen Samstagen und Sonntagen Schlangen von Reisebussen aus Veneto all'Irpinia, von der Emilia bis Sizilien und Sardinien, und viele, viele Menschen aus allen Regionen Italiens.

Die Madonna für die Kapelle

Nach dem Besuch in Deutschland war Fra' Elia mit seiner ganzen Gemeinschaft zu einer Pilgerreise nach Fatima eingeladen. Ich erinnere mich weder daran, warum ich zuhause blieb, noch an das Datum ihrer Abreise, aber in meinen Notizen fand ich den liebevollen Bericht eines Telefonats, das ich von Fra' Elia aus Fatima erhalten hatte.

Es war an einem Morgen, an einem für die Lombardei typischen Spätherbsttag, als das Telefon klingelte. Eine freudige Stimme, geradezu glücklich, ließ mich einen Moment stutzen, mit wem ich da telefonierte.

„Ciao, ich muss dir etwas sagen...", hieß es und bevor ich auch nur eine Frage stellen konnte, fuhr die Stimme fort:

„Endlich habe ich die Madonna gefunden, die ich gesucht hatte für unsere Kapelle. Ich musste sie einfach kaufen! Wenn du nur sehen könntest, wie schön sie ist. Es kommt mir vor, als hätte sie unter den Hunderten anderen nur auf mich gewartet. Und stell dir vor: Eigentlich war sie schon verkauft! Als ich sie sah, fing mein Herz wie verrückt an zu pochen."

„Liebe auf den ersten Blick?", unterbrach ich Fra` Elia.

„Ja, also bin ich zum Geschäftsinhaber gegangen, um ihn zu bitten, mir diese Madonna zu verkaufen. Ich musste ihm ziemlich zureden. Er wollte sie mir nicht geben und zeigte mir andere wunderschöne Madonnenstatuen. `Diese oder gar keine`, insistierte ich und am Ende gab er nach: Ich habe nicht viel dafür ausgeben müssen, weil man mich mit einer Kollekte im Reisebus unterstützt hatte. Du wirst staunen, wie fantastisch sie ist! Aber man hat sie bereits nach Calvi geschickt und vielleicht kommt sie ja noch vor mir an."

Und so wurde nach seiner Rückkehr die wunderschöne „Frau aus Fatima" auf den Platz gestellt, der ihr gebührte, und endlich wurde die Kapelle offiziell eröffnet, damit ihr alle Bewunderung zollen konnten.

Aus dem Kalender des Jahres 2004

23. September – Auf der Internetseite einer gewissen Frau Dr. Rodoani erschien eine Serie von Verleumdungen über Fra' Elia und mich. Nachdem Fra' Elia und ich sie gelesen hatten, stuften wir sie als „Müll" ein und dachten, dass sie es noch nicht einmal wert waren, einen Gedanken an sie zu verschwenden. Kurze Zeit danach protestierte jedoch jemand aufs Schärfste gegen die Behauptungen der Frau Dr. Rodoani und schickte ihr per E-Mail präzise und höchstspirituelle Kommentare zu, die *Edizioni Segno* übernehmen und auf ihrer eigenen Internetseite veröffentlichen wollte, sodass sie jeder lesen konnte. Anschließend nahm unser Rechtsanwalt-Theologe Kontakt

mit Dr. Rodoani auf, um sie um eine Stellungnahme zu bitten, aber nichts dergleichen geschah.

Weitere Notizen vom Herbst

Im Oktober 2004 begann für Frate Sergio in Rom das dritte Jahr im Priesterseminar. In meinem Notizheft notierte ich: „Er wird das Leben eines `Pendlers` führen, indem er im Morgengrauen aufsteht und erst am späten Abend wieder ins Kloster zurückkehrt. Zuhause erwarteten ihn dann Arbeit und Studium. Doch er ist stark und entschlossen und wird sein Ziel ganz sicher erreichen."

Wenn eine Tür sich schließt, öffnet sich woanders ein Tor

Vom 9. bis 10. Oktober war Fra' Elia wie jedes Jahr von Don Giancarlo, dem Pfarrer von Collegarola, zu den üblichen Gebetstreffen eingeladen worden. Doch einige Tage vorher teilte mir die höchstbesorgte Stimme des Don, die ich kaum wiedererkannte, mit, dass der Bischof abwesend sei und der Vikar, als sein Vertreter, sich nicht in der Lage sehe, ihm die nötige Erlaubnis für die Einladung Fra' Elias zu erteilen. Deshalb müssten die Gebetstreffen zu seinem größten Bedauern abgesagt werden, aber er sei zu Gehorsam verpflichtet.

Fra' Elia zeigte keinerlei Reaktion. Ich erinnere mich sogar, dass er die Nachricht ganz gelassen kommentierte: „Wie man sehen kann, hat der Herr anders entschieden." Und in der Tat, kurz darauf erhielten wir die Bestätigung dafür: Ausgerechnet um den 10. Oktober herum rief mich Silvie Jardin aus Luxemburg an, die Sekretärin des berühmtesten Mariologen der Welt (Mariologie: Lehre von der Gottesmutter, Anm. d. Übersetzerin), Pater René Laurentin, um bei mir anzufragen, ob gegen Mitte Oktober der Journalist Patrick Sbalchiero ins Kloster kommen könne, um Fra' Elia für Pater Laurentin zu interviewen. Dieser würde sehr gerne persönlich kommen, sehe sich jedoch wegen seiner vielen anderen Verpflichtungen nicht dazu in der Lage. Das Interview solle im darauffolgenden Monat im Novemberheft des *„Chretiens Magazine"* veröffentlicht werden, einer regelmäßig erscheinenden französischen Zeitschrift, deren Herausgeber Pater Laurentin war. Ich fragte Fra' Elia und seltsamerweise stimmte er ohne jegliche Diskussion zu. „Aber du kommst mit!", bestimmte er.

Trotz des „Schwänzchens“ des Feindes siegt stets die Göttliche Vorsehung

Und so bestieg ich am 15. Oktober das erste Flugzeug von Bergamo nach Rom. Um 9 Uhr morgens war ich bereits im Kloster. Am Nachmittag würden die zwei Journalistenfreunde und Mitarbeiter von Pater Laurentin eintreffen und es war meine und Frate Sergios Aufgabe, sie vom Bahnhof Orte abzuholen.

Was sie von Fra' Elia genau wollten, war uns noch nicht recht klar. Ihn kennenlernen, sehen, wo und wie er lebte, ihn also nur interviewen? Ich erinnerte mich, dass mir auch Piero Mantero, der von dem Wunsch Pater Laurentins wusste, „wärmstens“ empfohlen hatte, Fra' Elia anzuraten, diesem Wunsch zu entsprechen. Auch diesmal wollte Mantero selbst bei diesem wichtigen Treffen dabei sein, aber wie so oft, wenn sich die Mitarbeiter von Fra'Elia zu Ehre des Herrn um ihn versammelten, tauchten auch jetzt Hemmnisse und Hindernisse jedweder Art auf, als ob der Feind mit seinem „Schwanz“ herumfuchteln wollte.

Leider muss ich zugeben, dass es ihm sogar oft gelingt, wenigstens einen von uns von etwas abzuhalten, wenn auch nicht alle. In diesem Fall blieb Pieros Wagen liegen und als Piero deshalb mit dem Zug nach Calvi fahren wollte, tauchten auf einmal neue so gravierende Probleme auf, dass er die Reise absagen musste.

Auch Curzio und mir, die wir seit einigen Jahren für Elias Projekte zusammenarbeiteten, passierten jedes Mal die seltsamsten Dinge: Fast immer, um nicht zu sagen immer, mussten wir uns mit einer Reihe ermüdender und negativer Störfaktoren auseinandersetzen, für die wir nichts konnten: Dazu zählten lange Verzögerungen, Stromausfall, Verlust von Dokumenten, die einen Tag zuvor noch auf unseren Schreibtischen gelegen hatten, Abstürzen des Computers, Fehlausdrucke, Verschwinden einer Diskette, die eine Minute zuvor noch da war, und viele andere Dinge, die zu merkwürdig waren, als dass sie als purer Zufall hätten bezeichnet werden können.

Manchmal konnten wir nicht einmal die Arbeit fortsetzen, aber am Ende ging immer alles gut. Wenn ich indessen an meine überstürzte Reise von Bergamo nach Calvi denke, so erinnere ich mich, dass es mir für den Tag gelungen war, ein verbilligtes Flugticket zu ergattern, bevor die beiden Journalisten dort eintrafen. Dieser Flug war jedoch wegen eines technischen Defekts annulliert worden. Man informierte mich, dass das Ticket einige Monate gültig und der schnellstmögliche Flug mit verbilligtem Ticket nach Rom der am Nachmittag des 15. Oktober sei. Zu spät! Ich versuchte zum normalen Tarif ein anderes Ticket für den Flug am Morgen zu bekommen, doch dieser war schon seit Tagen komplett ausgebucht. Resigniert fuhr ich wieder nach Hause und informierte Fra' Elia. Nicht im geringsten besorgt, bestand er weiterhin darauf, dass ich unter allen Umständen bei dem Interview zugegen sein müsse, und versicherte mir, dass ich am nächsten Morgen, also am 15. Oktober, das richtige Flugzeug besteigen würde. Ich stellte keine weiteren Fragen und begab mich am frühen Morgen des nächsten Tages wieder zum Flughafen, ohne Ticket, auf ein Wunder hoffend. Unterwegs fiel mir ein, dass Fra' Elia bei dieser Gesellschaft noch ein einfaches Ticket für einen Flug von Bergamo nach Rom offen hatte. Ich rief also Curzio an, unseren überaus geschätzten Computerexperten und Spezialisten für juristische und bürokratische Fragen und fragte ihn, ob ich Nutznießer von Fra' Elias Ticket sein könne. „Unmöglich", antwortete er mir. „Die Tickets gelten immer nur für den persönlichen Gebrauch!" Aber ich gab mich nicht geschlagen! Am Flughafen angekommen, ging ich direkt zum Ticketschalter, überzeugt, wie Fra' Elia mir gesagt hatte, dort ein Ticket für mich zu bekommen.

Der Zufall wollte es, dass an diesem Schalter nicht die übliche Schlange anstand, und als zweiter Glücksfall stellte sich heraus, dass auf dem ausgebuchten Flug in letzter Minute ein Platz frei geworden war. Und schließlich, als drittes und unfassbares Wunder, durfte ich das offene Ticket von Fra' Elia benutzen, das auf meinen Namen übertragen wurde. So war in wenigen Minuten das Problem per Computer gelöst!

Als ich im Kloster eintraf, klärte ich Fra' Elia näher über die beiden Journalisten auf, in der Hoffnung, dass er sich bereit erklären würde, sie zu empfangen. Doch als Frate Sergio und ich mit den illustren Gästen eintrafen, konnten wir Fra' Elia nirgendwo im Kloster finden. Niemand wusste genau, wo er steckte. Die Arbeiter äußerten sich vage: „Vor einem Moment war er noch hier. Er wird in der Kapelle sein oder vielleicht dort." Und dann tauchte er endlich auf und präsentierte sich in seiner total verstaubten Arbeitskluft, mit fleckigem Pullover, schmutzigen Händen und voller Kalk!

Als ich ihn in dieser Aufmachung sah, brachte ich kein Wort heraus. Ich schwieg und beobachtete, wie ihn die anderen, geblendet von seinen strahlenden Augen, unter allen anderen gleich erkannten, vielleicht auch wegen seines tiefgründigen Blicks, des leidenden Gesichtsausdrucks und seiner von zwei Halbhandschuhen bedeckten Handgelenke. Es war ein Freitag und jeder wusste, was geschehen war. Aber für Fra' Elia war es ein Tag wie jeder andere.
Interview (veröffentlicht in Frankreich, Deutschland und Italien)

Fratello Elia von den Aposteln Gottes

Von Patrick Sbalchiero – „Chrétiens Magazine", Paris – November 2004

„Gestern habe ich die Madonna gesehen." Das erzählte Fra' Elia vor einigen Jahren seinem Vetter Nicola, als handelte es sich um ein ganz banales Gespräch unter zwei Freunden. Wer nun ist dieser Fra' Elia? Ein „Charismatiker", der Wunder bewirkt? Ein Wesen mit übernatürlichen Fähigkeiten? Noch kennen ihn die Franzosen kaum.

Fra' Elia ist weder ein Mann der Öffentlichkeit noch der Medien. Auch redet er nicht gerne von sich selbst noch von den einzigartigen Gnaden, die der Herr ihm geschenkt hat. Bevor ich ihn in Italien aufsuchte, hatte ich versucht, mich durch die Veröffentlichungen über den 42-Jährigen kundig zu machen. Im Verlauf der Lektüre entdeckte ich, dass außergewöhnliche Phänomene und zahlreiche Wunder (das ist die wörtliche Übersetzung) für ihn etwas ganz Alltägliches sind. Gemäß zuverlässiger Quellen lebt Fra' Elia ganz einfach das Mysterium des Glaubens, und zwar mit seinem ganzen Sein, samt seinem Körper. Man fühlt sich an die „Wunder" gemäß den berühmtesten „Heiligenbiografien" erinnert, genauso wie bei den Zeichen der Liebe Gottes in seinem Leben. Wen würde ich da also besuchen? Und was bedeuteten diese Zeichen für sein spirituelles Leben? Hier also nun das, was ich entdeckt habe: Bei ihm sind diese Dinge Zubehör zu dem, was wesentlich ist: Bruder Elia ist ein Mann des Glaubens, der Barmherzigkeit und der Hoffnung, der sein Herz und sein Leben demjenigen geöffnet hat, der kommt und an die innere Tür klopft.

Ich habe vor Augen, wie unser Wagen sich die serpentinenförmigen Straßen Umbriens entlangschlängelt, durch winzige, stille Täler. Die Fahrt dauerte etwas mehr als eine Stunde. Fiorella Turolli, Fra' Elias Biografin, um die fünfzig (Sehr gütig von ihm! Anmerkung der Autorin), überaus freundlich, und ein Mitbruder von Fra' Elia, dem Begründer der neuen Gemeinschaft, begleiteten mich. „Eine Reise durch den Raum", dachte ich im Stillen, aber auch eine „Reise durch die Zeit". Ich hatte den sicheren Eindruck ins vierzehnte Jahrhundert zurückzukehren, das Franz von Assisi auf die Welt kommen sah, die Minderen Brüder und in gewissem Maße auch die moderne Heiligkeit.

Wir hielten vor einem großen Gebäude, verloren in der Landschaft am Ausgang eines Dorfes, das von der einen Seite des Hügels auf uns herunterblickte. Es war ein altes Kloster, mit erhabenen und eleganten Proportionen. Einige Teile waren ziemlich verfallen und es hatte sicherlich schon bessere Zeiten erlebt. „Der Heilige Franziskus ist hier gewesen", erklärte mir Fiorella, als sie das Interesse bemerkte, mit dem ich die zahlreichen Fresken bewunderte, die den Kreuzgang schmückten. „Die Brüder restaurieren ihn gerade, ohne finanzielle Mittel und ohne Sponsor", fuhr sie fort, „aber mit der Gewissheit, dass alle Hilfe von Gott persönlich kommt." „Aus wie vielen Brüdern besteht die Gemeinschaft?", frage ich Fiorella. „Aus dreien, aber sobald die Arbeiten beendet sind, werden mindestens zehn weitere Brüder dazukommen!"

Wir betraten den Kreuzgang und mir wurde klar, dass das Ende der Renovierungsarbeiten noch in weiter Ferne lag. Trotz alldem schien die Stille an diesem Ort von derselben Leichtigkeit zu sein wie die Luft, die man einatmete. Es war der Frieden Gottes, den man fast mit Händen greifen konnte. Wir stiegen eine steile Treppe hoch, die uns zum oberen Stockwerk führte, wo die zukünftigen Mönchszellen untergebracht sein würden. Maurer, Zimmermänner, Elektriker, alles musste zunächst einmal koordiniert werden. Der Platz für das tagtägliche Leben war äußerst reduziert: eine gemeinsame Küche, einem langen Korridor abgerungen, und drei Zellen. Eine Tür öffnete sich: Ein Bruder begrüßte uns und schlug uns vor, die Baustelle zu besichtigen. Hinter ihm tauchte hinter den Bergen von Bauschutt ein junger Mann auf, von kleiner Gestalt, mit braunen Haaren. Auf den ersten Blick unterschied ihn nichts von seinen Kameraden. Wie alle Söhne des Heiligen Franziskus trug er einen Bart. Erkam auf uns zu. Ich erkannte diese honigfarbenen Augen wieder, sanft und leuchtend: Es war Fra' Elia. (Ich, Fiorella, schluckte, ihn so voller Staub zu sehen, in seiner üblichen Arbeitskluft, als hätte ich ihm nicht vorher zwei Freunde und enge Mitarbeiter von Pater René Laurentin angekündigt.)

Wie bereits gesagt, hatte ich vor der Reise nach Italien eine umfangreiche Dokumentation über seine spirituellen Erfahrungen zurate gezogen. Meine Fantasie hatte mich jedoch irregeleitet. Ich hatte eine andere Person vorzufinden erwartet, schweigsam, weit weg von der Realität dieser Welt, verloren in den Wolken. Fra' Elia war das genaue Gegenteil: Seine Antworten auf meine Fragen waren durch keinerlei Diplomatie geschönt. Sie waren ehrlich, direkt, bündig. Es war in der Tat eine außergewöhnliche Begegnung! Erstaunt über das Leuchten in seinem Blick, schaltete ich meinen Kassettenrekorder ein. Fra' Elia war der Begründer der neuen Gemeinschaft der Apostel Gottes. Die kirchlichen Autoritäten hatten sie noch nicht anerkannt (Vorsicht war Vorschrift), aber sie begleiteten sein Abenteuer differenziert und brüderlich.

Mein Gesprächspartner vermittelte mir den Eindruck von seltener menschlicher Ausgeglichenheit und Spiritualität. Aber, wie bei jedem von uns, war auch sein innerer Weg lang und schwierig und häufig mit Zaudern verbunden, Zweifeln und furchtbaren Leiden. Er hatte sein Noviziat bei den Kapuzinern gemacht, jedoch dann in der Hoffnung, der Herr würde „jene Dinge" wieder von ihm nehmen, das Kloster verlassen und sich eine Arbeit gesucht. Er hatte zigmal den Beruf gewechselt: Er war Postzusteller, Fahrer fürObst und Gemüse, Blumenhändler, Altenpfleger und Koch in einem römischen Gefängnis gewesen. Acht Monate hatte er in Indien verbracht, in einer Gemeinschaft für verwaiste Kinder. Er war ein junger Mann wie alle anderen.

Er spielte gerne auf der Gitarre, sang und tanzte mit seinen Freunden.

Gott respektiert unsere Freiheit und wartet geduldig auf uns, während er uns seine Gnaden schenkt. Fra' Elia kennt also viele berufliche und soziale Realitäten. Er ist ein Mann von Erfahrung, mit dem Herzen dem Himmel zugewandt, jedoch mit den Füßen fest auf dem Boden.

Ich stelle ihm meine erste Frage:

„Fra' Elia, wie sind Sie aufgewachsen? Zählt Ihre Familie zu den praktizierenden Christen?"

„Ja. Ich komme aus einer Familie mit acht Kindern. Ich bin der Jüngste! Im Vorjahr habe ich eine Schwester verloren, 49 Jahre alt. Unsere Eltern haben uns jeden Sonntag zur Messe begleitet und uns eine solide Erziehung auf dem Gebiet des Glaubens angedeihen lassen. Wir nahmen auch an den Zeremonien der `Pilgernden Marienstatuen` teil. Und wir haben in der Familie immer den Rosenkranz gebetet."

„Welchen Beruf hatte Ihr Vater?"

„Er war und ist Landwirt."

„Seit wann leben Sie im Kloster?"

„Seit dem 19. Juli 2003.

„Wie kam Ihnen die Idee, eine neue Gemeinschaft zu gründen?"

„Die Idee ist mir nicht einfach so gekommen. Anfangs fühlte ich mich unfähig, überhaupt irgendeine Art von Gemeinschaft zu gründen. Jedoch während des Gebets haben die Dinge sich entwickelt. Mein Schutzengel hat mir gesagt, dass es Zeit sei, aktiv zu werden und diesen Weg einzuschlagen."

„Wie lebt ihr hier? Wie ist Ihre Gemeinschaft organisiert?"

„Ora et labora!" (Bete und arbeite!)

„Das ist in der Tat die Devise der Benediktiner! Arbeitet Ihr viel mit den Händen?"

„Ja - Wir teilen uns hier unsere Zeit zwischen dem persönlichen und dem gemeinschaftlichen Gebet ein, zwischen Arbeit und Zeiten der Stille."

(Fiorella hat mir angedeutet, dass Fra' Elia, bezogen auf die Mitglieder der Gemeinschaft, fünf mal so viel arbeitet wie sie, ohne jemals zu ermüden.)

„Habt Ihr eine Bibliothek?"

„Im Augenblick ist das noch nicht möglich, weil wir noch keinen Platz dafür haben. Doch es ist eine vorgesehen."

„Wie werden die Arbeiten finanziert?"

„Nur durch die Göttliche Vorsehung. Er ist es, der für alles sorgt. Wir machen alles alleine, aber der Herr ist es, der über uns allen wacht."

„Befinden Sie sich in ständigem Gebet?“

„Ja.“

„Hat sich Ihr Gebetsrhythmus mit der Zeit entwickelt?“

„Nicht wirklich. Ich stehe jeden Tag gegen 2 Uhr morgens auf und bete bis zum Morgengrauen.“

„Lesen Sie regelmäßig in der Bibel und das Wort Gottes?“

„Das Evangelium jeden Tages.“

„Sind Sie von der Spiritualität des heiligen Benedikt oder der des heiligen Franziskus beeinflusst?“

„Ja, doch das Charisma der neuen Gemeinschaft der Apostel Gottes ist es zu beten und den zerrütteten, getrennten Familien zu helfen, überall auf der Welt. In erster Linie ist es eine Mission der Evangelisierung innerhalb der Familien.“

„Heißt das, dass Sie an der „Neuen Evangelisierung“ nach Papst Johannes Paul II. teilnehmen?“

„Ja, gewiss. Wir versuchen den Familien zu helfen, die leiden, wie zum Beispiel den vielen jungen Ehepaaren, die sich nach ein paar Monaten schon wieder trennen wollen.“

„Wurde Ihnen diese Mission vom Herrn aufgetragen?“

„Ja. Er hat uns auch gebeten, Jugendlichen in Schwierigkeiten zu helfen, jenen, die Gefahr laufen, von unserer Gesellschaft ausgegrenzt zu werden, nicht nur wegen fehlender materieller Mittel aufgrund wirtschaftlicher Armut, sondern besonders wegen des Fehlens familiärer Bindungen, Wohnmöglichkeit, Integration in Bildung, Arbeit und soziales Leben, praktisch jugendliche Randgruppen. Wir werden ihre Familie sein und mit unserer Hilfe und unserer Liebe und mit der Liebe Gottes werden sie die Menschen von morgen sein.“

„Wie lange werden sie bleiben können?“

„Das hängt von ihnen selbst ab. Sie werden hier eine Bleibe finden, eine Küche, ein Zimmer. Wir sind bereits in Kontakt mit Ehepaaren, die keine Kinder haben, und mit Jugendlichen zwischen zwölf und achtzehn Jahren.“

„Wie viele Brüder leben hier mit Ihnen?“

„Wir sind zehn, aber leider fehlt es uns noch an Platz für alle. Sie werden sich zu uns gesellen, sobald die Bauarbeiten fertig sind.“

„Wann werden die Arbeiten beendet sein?“

„Ich hoffe, in einem Jahr. Danach muss auch unten alles erneuert werden, auf der Ebene des Kreuzgangs. Als wir hier ankamen, drohte alles einzustürzen. Durch das Dach drang Regen und wir mussten praktisch unter freiem Himmel schlafen."

„Kommen die Leute aus der Gegend hierher, um zu beten?"

„Nicht nur aus dieser Gegend. Sie kommen in großer Zahl, auch aus der Lombardei, sogar als ganze Busladungen, hier an! Bis jetzt empfangen wir die Gläubigen an zwei oder drei Tagen, am Ende jedes Monats, mit Rücksicht darauf, dass auf der Baustelle immer noch gearbeitet wird, sonst wäre es schwierig, die Arbeiten in der festgesetzten Zeit zu beenden und gleichzeitig ein authentisches Gebetsleben zu führen."

„Legen Sie auch öffentlich Zeugnis ab? In den Kirchen?"

„Mein Bischof hat mir die Erlaubnis erteilt, in den Kirchen zu sprechen. Es ist keine Sünde von der Liebe Gottes zu reden. Aber es wäre eine Sünde, nichts von ihr zu hören!"

„Wie nehmen die Jugendlichen das auf, was Sie ihnen sagen?"

„Im Allgemeinen zeigen sie großes Interesse an dem, was ich sage, und stellen auch viele Fragen. Sie haben den Wunsch voranzukommen!"

„Gehen Sie auch ins Ausland?"

„Ja, nach Malta, Deutschland, in die Schweiz, nach Frankreich und wahrscheinlich bald auch nach Australien, nach Adelaide, wo 500.000 italienische Immigranten leben, die mich eingeladen haben."

„Wer lädt Sie ein?"

„Ich selbst kenne niemanden. Es sind Priester, die mich einladen. Ich empfehle immer die Erlaubnis des örtlichen Bischofs einzuholen; und erst nachdem dieser die Erlaubnis erteilt hat, kann ich mich dorthinbegeben."

„Was fehlt Ihrer Meinung nach heute, um die Einheit der Christen zu verwirklichen?"

„Die Bekehrung! Nur die Bekehrung fehlt! Insbesondere am Sonntag besuchen die Leute heute nicht mehr die Messe; oft haben ja die Geschäfte an dem Tag auf. Die Menschen werden abgelenkt. Was ist zu tun? Zuallererst müssten alle Bischöfe sich im Sinne dieses Vorhabens bekehren! Sie sind unsere Hirten, die Diener des Volkes Gottes. Sie sind es, die uns den Weg zeigen müssen. Die Mitra, das Kreuz, das sind die Symbole des guten Hirten. Der Herr, er ist immer für uns da. Seine Kirche ist einzig. Nur die echten christlichen Werte wie Liebe und gegenseitiger Respekt, Brüderlichkeit, Geduld usw. werden die Begegnung unter Christen im Geist der Wahrheit ermöglichen!"

„Aber wie erklären Sie sich, dass sich heute so viele Menschen von der Kirche abwenden?"

„Wir haben heute so viele Mittel und Wege zur Verfügung, die uns von Gott ablenken, wie zum Beispiel das Fernsehen, das ein großer öffentlicher Marktplatz ist. Einerseits versiegen die Berufungen, weil niemand die Kinder mehr das Evangelium lehrt, andererseits werden falsche Werte propagiert: Die Jungen träumen davon, Fußballstar zu werden, und die Mädchen Fernseh- oder \`Popstar\`. Es wäre notwendig, dass die Bischöfe zu den Menschen sprechen, das Evangelium zu ihnen bringen! Wenn die Kirche stumm bleibt, wenden die Menschen sich ab und vertrauen ihre Nöte Medien an, Magiern oder wenden sich anderen überaus gefährlichen Dingen zu. Man muss sehr viel beten, in den Familien und ganz besonders zur Jungfrau Maria, weil sie die Mutter Jesu und die Mutter der Kirche ist."

„Beten Sie jeden Tag den Rosenkranz?"

„Ja, jeden Tag."

„Wie sehen Sie die Entwicklung der katholischen Kirche in den kommenden Jahren?"

„Ich bete jeden Tag zum Herrn, dass er das Leben des Heiligen Vaters erhält. Sein menschliches und spirituelles Zeugnis berührt alle Herzen. Er ist wirklich der \`gute Hirte\`."

(In Fra' Elias Umgebung spricht man viel von körperlichen und inneren Heilungen, Befreiung von Dämonen und echten Bekehrungen wie auch von spirituellen Früchten, von denen auch im Sinne einer charismatischen Erneuerung die Rede ist. Darum frage ich, inwieweit er durch diese Bewegung inspiriert sei.)

„In keiner besonderen Weise. Meiner Ansicht nach muss man Differenzierungsvermögen haben und gewissen Erscheinungen Aufmerksamkeit schenken, wie zum Beispiel der \`Ruhe des Geistes\`. Ich möchte hinzufügen, dass die Kirche das Haus des Herrn ist, in der er sich ihr völlig ausliefert. In ihr, in ihrer Liturgie, schenkt Gott sich uns selbst. Alles ist also bereits gesagt worden. Es ist demnach gar nicht nötig, Zusätzliches, Ergänzendes, zu gründen."

„Wer sind Ihre Lieblingsheiligen?"

„Der Herr und seine Mutter."

Die Zeichen Gottes

Man gesteht Fra' Elia zahlreiche Charismen zu: die Gabe der Heilung, die Seelenschau, Bilokation, Erscheinungen, Visionen, Stigmata (die duftendes Blut absondern), Duftphänomene... Zahlreiche Zeugen bestätigen, dass Madonnenstatuen und Bilder vom heiligsten Herzen manchmal in seiner Gegenwart Tränen oder Blut abzusondern beginnen. Andere wiederum sind durch die Gebete von Fra' Elia geheilt worden. Er hat den Ruf ein „Heiler" zu sein, geleitet vom Herrn und von den Engeln. Sehr ernsthafte Zeugnisse über seine Bilokationen machen die Runde. Jesus, Maria und der heilige Pater Pio erscheinen ihm regelmäßig. Die Engelwelt unterhält zu Fra' Elia eine sehr enge Beziehung; Lechitiel, sein Schutzengel, führt ihn, hilft ihm und unterstützt ihn während seiner schweren Prüfungen. Er macht oft ekstatische Erfahrungen, wobei er seinen Körper verlässt.

Zu seinem Charisma der Seelenschau möchte ich folgende Geschichte wiedergeben: Eines Tages sagte eine Frau zu ihm: „Elia, ich brauche deine Hilfe. Samstag und Sonntag muss ich mit einem Kollegen aus meinem Büro zu einem Kongress fahren. Sag du es meinem Ehemann, weil er dir vertraut."

„Sei etwas präziser! Es handelt sich doch hier um deinen Liebhaber und nicht deinen Kollegen!"

„Nein, absolut nicht, Elia!"

„Entweder du sagst mir die Wahrheit oder du richtest kein Wort mehr an mich – entscheide dich!"

„Wer hat es dir verraten? Diese gewissenlose Person hat mir versprochen, nicht darüber zu reden!"

Wenn solche Phänomene echt sind, sind sie immer kohärent, das heißt sie treten in einem höheren Zusammenhang auf. Sie weisen auf eine andere Realität hin und niemals auf sich selbst, vor allem im Evangelium. Sie sind niemals Gegenstand des Glaubens noch ein Beweis für Heiligkeit. In jedem Fall aber können sie das Wirken des Heiligen Geistes bezeugen, in einem Leben, das sich unter den Blick Gottes stellt, verankert und gelebt im Glauben der Kirche, konform mit Christus in der Liebe und im Dienst an den Menschen, seinen Brüdern.

„Was war das erste außergewöhnliche Phänomen, das Sie erlebt haben?"

„Da muss ich in der Zeit weit zurückgehen. Ich war sieben Jahre alt, als ich eine Vision von mehreren Engeln im Zimmer meiner Eltern hatte. Ich rief meine Mutter, die gerade dabei war, Brot zu backen. `Mama komm, sieh dir das an!`Meine Mutter fragte mich: `Aber was soll ich denn sehen?` `Die Engel, die Engel!`, habe ich ihr geantwortet. Aber sie sah nichts und gab mir einen Klaps."

„Sind Ihre Wundmale immer sichtbar?“

„Ja. Anfangs zeigten sie sich als Blutergüsse unter der Haut. Aber was ich Ihnen heute versichern kann, ist, dass sie sehr schmerzhaft sind und ich die Schmerzen jeden Tag erleide.“

„Erleben Sie die Passion Christi jeden Freitag wieder neu?“

„Ja, absolut.“

„In der Karwoche auf noch intensivere Art?“

„In der Tat. An diesen Tagen muss ich im Bett liegen bleiben, völlig gelähmt, unfähig zu arbeiten. Darüber hinaus bin ich gezwungen, während der gesamten Fastenzeit zu fasten; es gelingt mir nur, Flüssiges zu mir zu nehmen.“

„Wie hält Ihr Organismus das aus?“

„Diese Frage zu beantworten, bin ich nicht kompetent. Als ich noch klein war, litt ich in dieser Zeit oft an unerklärlichen Krankheiten. Man dachte, ich wäre unterernährt. Man brachte mich häufig ins Krankenhaus. Man ernährte mich mit Zuckerwasser. Es ist in der Tat so, dass uns das Gebet erlaubt, alles das in heiterer Gelassenheit und Frieden anzunehmen, was Gott uns schickt. Im Gebet kann man alles akzeptieren.“

Diese letzten Worte brannten sich in meinem Geist ein und erinnerten mich an die berühmte Formel der kleinen Therese: „Alles ist Gnade.“ Wenn wir uns dem Licht Gottes in unserem Leben verschließen, sind wir oft unfähig, den Heiligen Geist in uns wirken zu lassen. In der Person Fra' Elias, von aufrichtiger und transparenter Psyche, dominiert der Eindruck: Es scheint, dass der Herr sich in ihm eingerichtet hat.

„Welche italienischen Ärzte haben Ihre Wundmale untersucht?“

„Besonders Professor Marco Margnelli. Und man hat mich auch in eine Klinik in Santa Margarita in Amerika gebracht, wo man mein Herz, meine Haut usw. Tests unterzogen hat und jetzt wollen sie mich auch wieder mitnehmen, um noch weitere Untersuchungen zu machen, aber man hat schon so viele angestellt!

Viele junge Ärzte sehen in mir ein Versuchskaninchen, doch anstatt an Fra' Elia herumzuexperimentieren, täten sie besser daran, einmal über sich selbst nachzudenken. Dann würden sie verstehen, wie groß die Liebe Gottes ist!“

(Fra' Elia vergaß mir zu sagen, was ich bereits aus Fiorella Turollis Feder gelesen hatte: Er war von verschiedenen Medizinern als ein „Himmlischer Paranormaler“ bezeichnet worden.)

„Unter all den Medizinern, die Sie kennengelernt haben, waren darunter auch Gläubige?“

„Ich werde Ihnen ein Wunder Gottes erzählen! Einmal, während der Tage meiner Passion, hat mich ein Arzt bis ins Kleinste untersucht. Jeden Tag kam er an mein Krankenbett und beobachtete meine Wunden. Ich wusste, dass er seit über vierzig Jahren nicht mehr zur Beichte gegangen war. Nachdem er mich am Karsamstag sehr leiden gesehen hatte, fragte er mich: `Was kann ich für dich tun?`

`Du könntest morgen am Altar die erste Lesung halten.`

Früh am Sonntagmorgen kam er ins Kloster, ging beichten und hielt dann die erste Lesung. Von dem Tag an war er ein beispielhafter Christ!“

„Fra' Elia, Sie fallen oft in Ekstase?“

„Ja.“

„Während der Ekstase, entfernen Sie sich da von der Welt ringsum? Gelingt es Ihnen die Menschen um Sie herum wahrzunehmen?“

„Nein, ich bin dann in einer völlig anderen Dimension.“

„Handelt es sich um eine andere Realität?“

„Ja, absolut.“

„Passiert Ihnen das oft?“

„Ja, vor allem zwischen Donnerstag und Freitag, während der Nacht. Ich sehe auch die Engel.“

„Empfangen Sie vom Herrn Botschaften bezüglich Ihrer Mission?“

„Ja, doch anfangs hatte ich Zweifel. All das erschien mir unmöglich. Ich versuchte, es zu verstehen, und betete. Eines Tages fragte ich meinen Schutzengel: `Bin ich es, der Zweifel hat, oder zweifelt der Herr an mir?` Schritt für Schritt wuchs mein Vertrauen in Gott und alles, was er mir vorhergesagt hat, ist dabei sich zu verwirklichen.“

„Ich habe den Eindruck, dass die Engel einen großen Platz in Ihrem Leben einnehmen. Ist das so?“

„Ja.“

„In der heutigen Welt herrscht die Tendenz vor, sie zu vergessen!“

„Wir selbst weigern uns, an sie zu glauben und sie zu sehen, aber Gott, die Kirche und sie sind immer da! Jeder von uns versucht seine Probleme alleine zu lösen, ohne sich darum zu kümmern, was Gott wirklich von uns will.“

„Sehen Sie auch die Jungfrau Maria?“
„Ja, regelmäßig.“

„Erinnern Sie sich an das erste Mal?“
„Das war 1970. Ich war acht Jahre alt.“

„Wie sieht sie aus?“
„Wunderschön und jung. Ihr Gesicht leuchtet. Sie ist unvergleichlich viel schöner als auf allen Bildern, auf denen sie je dargestellt worden ist.“

„Was halten Sie von den zahlreichen aktuellen `Erscheinungen`, überall in der Welt?“
„Wenn es sich um echte Erscheinungen handelt, sind sie willkommen! Wenn es falsche Erscheinungen sind, von denen die Menschen Zeugnis geben, werden sie sich dem Herrn gegenüber verantworten müssen. Die Kirche muss in jedem einzelnen Fall ihr Differenzierungsvermögen ausüben.“

„Haben Sie einen spirituellen Begleiter?“
„Ja, einen Franziskanerpater.“

Vielmehr ein „Charismatiker“ als ein „Heiler“, ist Fra' Elia ganz einfach ein Mann des Glaubens, der Barmherzigkeit und der Hoffnung, ein Diener Gottes im Dienst der Kirche und der Ärmsten der Armen. Der2006 verstorbene Monsignore Paul-Maria Hnilica, Jesuit, Bischof von Rusado, schrieb über ihn: „Ich glaube, dass Fra' Elia ein wertvolles Geschenk der Barmherzigkeit Gottes für die Mutter Kirche und die ganze Gesellschaft ist.“ So gesehen stellen ihn seine besonderen Charismen weder über die Menschen noch neben sie. Für alle bestimmt, zeigen sie die Liebe Gottes sicher auf eine ganz außergewöhnliche, aber reale Art und Weise. Es sind Geschenke des Himmels, die unsere Wunden heilen, unter den liebenden Augen des Vaters und des Sohnes, mit deren Hilfe der Heilige Geist unsere flüchtigen Wirklichkeiten verklärt.

Gleich nachdem Sylvie und Patrick abgereist waren, kam uns auch der Fernsehautor Stefano Jurgens besuchen. Er blieb den ganzen Tag. Natürlich widmete Fra' Elia auch ihm ein bisschen Zeit, in der, wie Stefano mir später gestand, er Trost und Frieden fand. Das Fernsehen war ebenso wenig Thema wie die anvisierten Projekte. Fra' Elia schien an den Vorgesprächen zwischen mir und Stefano nicht interessiert zu sein, obwohl dieser die Idee, via Fernsehkanal zu evangelisieren, noch nicht aufgegeben hatte.
„Es ist noch nicht der Moment dafür“, sagte Fra' Elia. „Überlassen wir es dem Herrn.“ Wie auch immer, seit jenem Tag setzten Stefano und ich unse-

re Freundschaft per Langzeittelefonate fort. Fra' Elia war immer die Hauptfigur unserer Unterhaltungen, aber trotz aller Bemühungen Stefanos und seiner Bekannten hatte der Herr im Augenblick entschieden, dass sein Projekt noch warten müsse. Hatte er vielleicht etwas anderes auf Lager?

Auch die Gebetstreffen in Verona vom 22. bis 23. Oktober wurden wegen einiger Missverständnisse mit dem örtlichen Bischof zugunsten von Calvi abgesagt. Die Veneter kamen daraufhin mit einem Reisebus nach Calvi und alles verlief bestens. Das zeigt, wie die Göttliche Vorsehung führt, Entscheidungen trifft und das Programm von Fra' Elia nach Belieben ändert, um sein Werk fortzuführen, von dem ich ohne irgendwelche Zweifel glaube, dass dieses Werk von Gott selbst geplant und gewollt ist.

Und es stimmt in der Tat, dass, wenn der Mensch eine Tür schließt, Gott eine andere weit öffnet!

Die zweite Tür öffnet sich
Calvi, Gebetstreffen vom 29. bis 30. Oktober

Samstag – wie immer wurde die Tür zum Kloster am ersten Tag um 8.30 Uhr geöffnet, einem Samstag. Jeder von unserer Gruppe befand sich an seinem Platz. Chiara teilte die Nummern aus, Rosaria und Pietro begleiteten die Besucher, Marco stand vor der Kapelle und teilte sie in der Reihenfolge ihrer Ankunft in Gruppen ein, um sie zu Fra' Elia in die Kapelle zu führen. Ich stand mit Angela und Curzio am Büchertisch.

Plötzlich sah ich, wie sich eine Gruppe junger Leute um jemand scharte, wie um einen Schauspieler. Schon kam Marco herbeigelaufen, der mich informierte, dass *Signore* Cesare Prandelli mit seiner Ehefrau gekommen sei und sich in der Reihe angestellt hatte, um von Fra' Elia empfangen zu werden. Die jungen Leute hatten ihn erkannt und um ein Autogramm gebeten. Der Name kam mir irgendwie bekannt vor. „Wer ist er?", erkundigte ich mich. „Er ist der Ex-Fußballtrainer von Rom! Bestimmt hast auch du gelesen oder im Fernsehen gehört, dass er vor einigen Monaten auf ein Milliardenangebot verzichtet hat, um bei seiner kranken Frau sein zu können." „Sicher erinnere ich mich", antwortete ich. „Zeig ihn mir!"

Da es schon Nachmittag war, war ich besorgt, dass die Wartezeit für die beiden vielleicht zu lang war, zumal sie ja wieder in die Lombardei würden zurückkehren müssen. Also bat ich Fra' Elia, das Paar ausnahmsweise vorzuziehen. Bei Kindern und Kranken machte er gelegentlich eine Ausnahme und im Moment sah ich für niemand anderen eine solche Notwendigkeit. Fra' Elia, der noch nie etwas von den Prandellis gehört hatte, empfing sie instinktiv möglichst bald.

Kurze Zeit später berichtete mir Manuela Prandelli selbst von ihrem Gespräch mit Fra' Elia:

„Ich kann nicht operiert werden, Fra' Elia, und ich habe solche Angst! Ich habe noch nicht einmal die nötige Kraft, mich der Chemotherapie zu unterziehen. Ich brauche Hilfe!" Fra' Elia habe ihr ruhig lächelnd zugehört, während seine Augen voller Licht sie mit genau der Kraft aufgeladen hätten, die sie so dringend benötigt habe. Sie gebe zu, dass sie sehr skeptisch gewesen sei und wenn es nicht für ihren Mann gewesen wäre, wäre sie vielleicht gar nicht hergekommen, aber von dem Moment an, wo sie ihn gesehen habe, sei ihr klar geworden, dass nur er werde helfen können. Weiter berichtete sie:

„`Mach dir keine Sorgen`, sagte er zu mir. `Was immer dir die Ärzte auch gesagt haben, bleib ganz ruhig! Der Herr ist viel stärker als jede Medizin! Und darüber hinaus, es darf nicht immer nur das Böse gewinnen!` Und so fing ich an, getröstet von diesen Worten, mich auf der Stelle wohlzufühlen, während mein Ehemann sogar den Rosenduft wahrgenommen hat, ich nicht, vielleicht, weil ich ein wenig skeptisch war?"

Die Begegnung mit Fra' Elia war nach etwa zehn Minuten vorbei und schon saß das Ehepaar Prandelli in seinem Wagen, auf dem Weg nach Brescia.

Sonntag – Wir standen alle sehr früh auf. Vom Küchenfenster aus erblickten wir bereits eine lange Warteschlange. Ich überprüfte auch, ob im Kreuzgang meine Bücher noch alle ordentlich auf ihrem Platz lagen, trotz des Windes in der Nacht. Mein Blick fiel auf den obersten Sims des Klosters und ich bemerkte Nerone, die Katze, die offensichtlich weder einen Schritt nach vorn noch zurückgehen konnte. Der Platz, an dem sie sich befand, war derart schmal, dass ich mich fragte, wie sie dorthin geraten war. Wahrscheinlich war sie aus dem Fenster geklettert, aber wann? Sie schien in Gefahr zu sein. Daher bat ich Schwester Domenica um Hilfe, und um der Katze keinen Schrecken einzujagen, versuchte ich sie mit sanften Worten zu uns herunterzulocken, indem ich ihr meine Hand hinstreckte.

Doch Nerone miaute, während sie herunter schaute und sich keinen Zentimeter vom Fleck bewegte. Ich lief nach unten, um eine Tischdecke zu holen, die ich schlimmstenfalls als Sprungtuch hätte benutzen können. Frate Sergio versuchte es indessen von oben, indem er ihr einen Ast hinhielt, der ihr als Brücke dienen konnte. Die Katze versuchte zu springen, aber es gelang ihr nicht.

In der Zwischenzeit war Fra' Elia dazugekommen und hatte sogleich die Situation erfasst. Er bat mich zurückzutreten, während Schwester Domenica und Frate Sergio vom Fenster zurückgingen. Fra' Elia brauchte sie einfach nur zu rufen. Die Katze vertraute ihm. Sie schien wie hypnotisiert. Sie begann den schmalen Sims entlangzugehen, bog um die Ecke und schon landete sie in den Armen von Fra' Elia, der sie auf zärtlichste Art und Weise empfing.

Das Vögelchen

An jenem Tag kam auch unser sehr geschätzter Freund und Berater, Monsignore Eugenio Marturano, ins Kloster, gemeinsam mit seiner Sekretärin Dina und ihrer Gebetsgruppe. Sie kamen mit zwei Reisebussen, begleitet von zahlreichen Priestern. Der Tag war wunderschön, einer dieser berühmten römischen Oktobertage, und ich erinnere mich, dass man an diesem Tag in der Mitte des Kreuzgangs die heilige Messe feierte. Der Altar war neben dem Brunnen errichtet worden und alle Priester feierten die Messe mit. Fra' Elia stand seitlich neben ihnen. Die Besucher, die Gäste, die Kranken, kurzum wir alle, standen unterhalb zwischen den Säulen des Laubengangs, um von unseren Plätzen aus die ganze Messe mitfeiern zu können.

Jeder der Priester hielt seine eigene bewegende Predigt, und ich glaube, wir alle fühlten uns sehr bereichert. Am Ende lud Monsignore Marturano auch Fra' Elia ein, etwas zu sagen. Und während Fra' Elia gerade einen geeigneteren Platz einnahm, fiel eine kleine Schwalbe aus dem Nest. Eine Frau hob sie auf und trug sie zu Fra' Elia. Die kleine Schwalbe flog von seiner Hand auf und setzte sich auf seine linke Schulter. Fra' Elia, erstaunt über die Ehre, die ihm die kleine Schwalbe durch ihr Verbleiben zukommen ließ, lächelte selig und behielt sie während der ganzen Messe bei sich.

Das war wirklich ein unvergesslicher Tag! Man konnte die Wiedersehensfreude förmlich „mit den Händen greifen" sowie die Intensität des gemeinsamen Gebets und den Frieden, der aus einer echten Vereinigung reiner Herzen kommt, genauso wie den Herrn, der ganz sicher mitten unter uns weilte.

Cesare und Manuela

Es war der 11. November und wir haben die ersten Nebel in Valpadana. Der liebste Ort um diese Jahreszeit war mir mein Haus, im Warmen vor dem Computer, um am dritten Buch über Fra' Elia zu schreiben.

Das Telefon läutete. Es ist mein Sohn, der mir mit ziemlich aufgeregter Stimme mitteilte: „Gleich ruft dich Cesare Prandelli an! Meine Freundin Antonietta hat es mir gesagt, die Freundin einer seiner Freundinnen. Ich habe ihm deine Telefonnummer gegeben!

Der Fußballtrainer Prandelli hatte lange Zeit in Bergamo gelebt und war bei den *Atalantini* seines früheren Clubs noch sehr beliebt. Darum hatte mein Sohn mich erst gar nicht lange gefragt. Sicher kannte er die Geschichte des Ex-Trainers von Rom, die erst kürzlich in allen Zeitungen erschienen war, und ahnte daher den Grund für dessen Besuch. Auch ich war nicht allzu überrascht. Ich musste gar nicht lange warten, als eine angenehme weibliche Stimme sich meldete und sich als *Signora Manuela* vorstellte. Nach herzlicher Begrüßung bat Manuela, mich in meinem Haus besuchen zu dürfen, da sie mir ein kleines Geschenk für Fra' Elia bringen wollte. Instinktiv erwiderte ich: „Ich danke dir sehr Manuela, aber Fra' Elia kommt morgen Abend nach Bergamo, wegen der Gebetstreffen in Mailand, am Samstag und am Sonntag. Warum kommst du nicht morgen um diese Zeit? Dann kannst du es ihm persönlich geben." „Danke, aber ich wollte nicht stören, doch wenn du mir das sagst, werde ich auf jeden Fall sehr glücklich sein, mit Cesare zu kommen. Tausend Dank!"

Am übernächsten Tag, einem Freitag, trafen sie vor der abgemachten Zeit bei mir ein. Ich erinnere mich, dass sie auf dem kurzen Fußweg von ihrem Parkplatz bis zu meinem Haus von vielen Leuten erkannt wurden, sodass ich am nächsten Tag mit allen möglichen Fragen überhäuft wurde. Während wir auf Fra' Elia warteten, nutzte auch ich die Zeit für einige Fragen. Vor allem wollte ich wissen, wie sie von Fra' Elia erfahren hatten. Und wie ich mir schon gedacht hatte, waren sie von einer Bekannten von Herrn Segni, dem Präsidenten des Clubs von Rom, informiert worden, der seinerseits am Karfreitag dieses Jahres von Roberto ins Kloster mitgenommen worden war. Von ihm hatten sie auch meine Bücher bekommen und beide gelesen. Daher rührte auch ihr Entschluss, nach Calvi zu fahren. Manuela erschien mir in guter Form zu sein, auch wenn sie mir versicherte, dass noch harte Therapien auf sie warten würden. Doch seit der ersten Begegnung mit Fra' Elia hatte sie sich viel besser gefühlt und sich als Folge davon entschlossen, sich der schwierigen Therapie mutig und entschlossen zu stellen. Nach diesem Tag folgten Manuela und Cesare Fra' Elia nach Mailand und wenigstens einmal im Monat auch an andere Orte, wo immer er gerade war, sei es in Calvi, Piacenza oder Modena. Manuela sagte mir immer, wo immer Fra' Elia sich auch aufhalte, müsse sie wenigstens ein paar Worte mit ihm wechseln.

Und nach dem einen Jahr unserer Bekanntschaft bestätigte sie mir, dass sie jedes Mal, wenn sie Fra' Elia trifft, eine „Aufladung" erhalte, die ihr eine lange Zeit weiterhelfe. Darüber hinaus schrieb sie Fra' Elias Hilfe und ihren Glauben in Gott auch ihrem Verdienst zu, dass sie die langen und zermürbenden medizinischen Behandlungen ausgehalten habe. Und tatsächlich sagten ihr die Ärzte, nachdem sie die „ersten" Röntgenbilder mit denen „nach der Therapie" verglichen hatten, dass sie sehr sehr viel Glück gehabt habe.

Am schönsten aber ist das, was der Herr sicher auch am meisten schätzt, dass nämlich sowohl Cesare als auch Manuela bei ihren Freunden für den Glauben werben. Ihr Glaube ist viel stärker geworden und die Anzahl der Personen, die durch sie Fra' Elia folgten und sich bekehrten, wirklich sehr groß. Auch dieser Fall spricht für die Wahrheit, dass die Wege des Herrn unergründlich sind.

Die Ravioli

Ausgerechnet an jenem 12. Dezember, als das Treffen mit Cesare und Manuela stattfand, wollten Curzio und ich an dem Abend Fra' Elia eine Überraschung bereiten. Er hatte eine Vorliebe für „Ravioli à la Bergamo", aber seit seinem Umzug ins Kloster keine mehr gegessen. Wir wussten, wo es die besten Ravioli der ganzen Provinz gab, und zudem handelte es sich auch um ein lauschiges Plätzchen, das um diese Jahreszeit wenig frequentiert war. (Was sich inzwischen leider geändert hat.) Deshalb fragten wir Fra` Elia nach dem Besuch der Prandellis, ob er mit uns in die Trattoria, nur ein paar Kilometer weiter, fahren wolle. Seine Augen signalisierten Zustimmung, aber sofort verwies er auf das Problem seines weißen Gewandes und auf die Gefahr, erkannt zu werden. Er wollte und durfte nicht ein Objekt von Neugierigen werden!

„Wir kümmern uns darum!", versicherten wir ihm. Und in der Tat hatten wir bereits an alles gedacht: Hemd und dunkle Hose, Jacke und Mütze von meinem Ehemann, Wollstrümpfe und Sportschuhe (in die er nur mit Mühe hineinkam), eine riesige Sonnenbrille (!). Im Nu hatte wir ihn so „verkleidet", dass er wirklich komplett wie jemand anderes aussah! Wie die Leute im Fernsehkrimi machten wir uns in Curzios Wagen davon.

Kaum hatten wir die Schwelle des Lokals überschritten, bemerkten wir sofort, wie sich die beiden Inhaber anstießen. „Ich glaube es nicht", dachte ich, und ohne den Mut zu verlieren, gingen wir schnell zum äußersten Ecktisch. Fra' Elia zog sein Jackett aus und nahm die Mütze ab, zog sich die Ärmel seines Hemdes weit herunter, um seine Handgelenke mit den Halbhandschuhen zu bedecken, und setzte sich zwischen Curzio und mich.

Nach ein paar Minuten jedoch kamen die beiden Inhaber, die ich gut kannte, an unseren Tisch und fragten ihn ängstlich: „Entschuldigen Sie, aber haben wir Sie nicht schon im Fernsehen gesehen?"

Jeder kann sich die Szene selbst ausmalen. Jedenfalls betreten wir seit jenem Abend kein Restaurant mehr und der köstliche Geschmack jener Ravioli, die wir trotz allem mit großer Freude genossen haben, bleibt leider einmalig.

Abreise nach Mexiko
15. November 2004

Diese Reise war kaum zu beschreiben! Wir brauchten geschlagene 24 Stunden bis ans Ziel! Man ließ uns auf dem Flug nach Avana in ein amerikanisches Flugzeug einsteigen, da unsere Gesellschaft, die Air One, inzwischen bankrott gegangen war. Und dabei gehörten wir schon zu den Glücklichen, dass wir überhaupt abfliegen konnten, denn andere Passagiere mussten einfach am Boden zurückbleiben. Wir wechselten insgesamt viermal das Flugzeug, und da wir keine fünf Minuten lang ausruhen konnten, kamen wir völlig ausgehungert und zerschlagen an unserem Zielort an. Alles schien sich gegen uns verschworen zu haben.

Kurz nach unserer Ankunft kam mein Freund und Ex-Mitarbeiter zu uns, um mit mir die Arbeitstermine durchzugehen, die zum Glück für die späten Nachmittage anberaumt wurden. Dadurch hatten wir den Vormittag zu unserer freien Verfügung. Ich konnte es nicht fassen, dass ich zwei ganze Wochen lang die Gesellschaft meiner Schwester genießen durfte, noch dazu an einem herrlichen Meer in einem Traumklima!

Ich war froh, dass nicht viele Leute am Strand zu sehen waren. November war keine Hochsaison, auch in Mexiko nicht, und die Kinder hatten Schule. Ich genoss es, ohne jeglichen Stress meine Geschäfte zu erledigen, mich gleichzeitig zu erholen und endlich einmal zu mir selbst zu kommen!

Eines Morgens, als meine Schwester und ich „aufgeweicht" im seichten Wasser lagen, bemerkten wir am Strand vor uns eine Gruppe von Damen, die fröhlich miteinander schwatzten. Wir hörten sie Spanisch reden, aber auch Englisch und Italienisch. Etwas weiter weg stand ein junges Paar unter einer Palme und noch ein Stückchen weiter bewegte sich ein anderes Paar in unsere Richtung, mit rhythmischen Schritten, so als trieben sie Sport. Sonst war kein Mensch am Horizont zu sehen. Im Meer waren nur meine Schwester und ich. Als die Damen zu schwatzen aufgehört hatten, gingen sie auseinander, einige legten sich auf Sonnenliegen und zwei der Italienerinnen liefen ins Wasser, in unsere Richtung. Als sie uns in ihrer Sprache reden hörten, stellte sich eine, ganz offensichtlich neugierig, uns vor und fragte uns unter anderem, woher wir kämen, wann wir angekommen seien und wo wir wohnten. Luciana und Elisa schienen sehr gesprächig und hilfsbereit zu sein. Und so begann eine nette Freundschaft, die sich im Lauf der Woche immer weiterentwickelte,

Und so erfuhr ich, dass Luciana seit vielen Jahren in Peru wohnte und eine große Verehrerin von Pater Pio war und dass eine italienische Seherin, an die sie sich im Jahr zuvor wegen gesundheitlicher Probleme gewandt hatte, sie beruhigt und ihr vorhergesagt habe, sie könne nicht sterben, bevor sie nicht eine

Mission zu Ende geführt habe, die ihr anvertraut werde. „Was für eine Mission?!", hatte Luciana unter allen Umständen wissen wollen. „Es ist mir nicht erlaubt, das jetzt zu wissen, aber du wirst es sehr bald erfahren."

Während sie mir die Geschichte bis ins Kleinste erzählte, eine Geschichte, die auch mit Pater Pio und seinen Wundmalen zu tun hatte, wurde mit bewusst, dass Luciana vielleicht genau an diesen Ort geschickt worden war, um mich hier zu treffen: jene Person, die ihr vielleicht sagen sollte, was sie zu tun hatte. Das berühmte Lämpchen in meinem Kopf blinkte wie verrückt und bedeutete mir, dass Luciana mir helfen könne, Fra' Elia in Mexiko und in den Ländern Südamerikas bekannt zu machen. Das konnte „ihre Mission" sein! Als ich sie nach einem katholischen Verleger spanischer Bücher fragte, der bereit sei, ein italienisches, in halb Europa bereits bekanntes Buch zu übersetzen und zu verlegen, und sie mir antwortete, dass ein solcher Verleger ihr bester Freund sei, wusste ich, dass ich mich nicht geirrt hatte.

Und so fingen wir an, über Fra' Elia zu sprechen, und sie hörte mir begeistert zu, wobei sie auch den Wunsch ausdrückte, bald nach Italien zu kommen, um ihn kennenzulernen. Bevor wir wieder in unsere jeweilige Heimat zurückkehrten, verpflichtete sich jede von uns, diese „Mission", an die sie vom ersten Moment glaubte, weiter zu verfolgen. Zuhause angekommen, schickte ich ihr sofort die Bücher und das Filmmaterial sowie ein paar Zeitschriften, damit sie Fra' Elia besser kennenlernen und so zum Gelingen unseres Projekts beitragen konnte. Es ist zwar bis heute noch nicht abgeschlossen, lässt sich aber sicher bald verwirklichen.

Überraschenderweise musste ich feststellen, dass meine Schwester bereits das zweite Mal dem Herrn als Werkzeug für seine Pläne diente, denn wenn sie nicht so insistiert hätte, wäre ich bestimmt nicht zu diesem Zeitpunkt mit ihr abgereist!

Am Ende meiner Mexiko-Notizen stand dann Folgendes: „Heute Morgen geschah etwas Seltsames, das mich total verblüffte. Ich war auf die Terrasse hinausgetreten, als eine Italienerin, die ich kaum kannte und die mich von der Terrasse gegenüber beobachtet hatte, mir zurief: `Signora, ich beobachte Sie schon seit geraumer Zeit! Sie sind von einem ganz weißen Licht umgeben, sehr weit! Und neben Ihnen ist ein anderes Licht, das so groß wie ein Mensch ist!`

Ich fragte sie: `Ist das Licht, das Sie neben mir sehen, größer oder kleiner als ich?` `Es ist gleich groß, nur dass Sie im Licht stehen und das andere leer ist. Es ist einfach nur Licht!` Ich fragte die Frau, ob sie wisse, dass sie besondere Fähigkeiten habe.

`Ich habe noch nie Derartiges gesehen. Es ist das erste Mal, aber glauben Sie mir: Es ist keine Täuschung!` `Ich glaube Ihnen, Signora. Auf jeden Fall danke ich Ihnen, dass Sie es mir gesagt haben!`

Hat die Frau es mit Sonnenreflex in der Glasscheibe verwechselt oder hat sie wirklich den „Geist“ gesehen, der jeden von uns durchdringt? Was für eine merkwürdige Geschichte!“

Silvie

Kaum wieder von Mexiko zurück, bekam ich einen überaus dankbaren Anruf von Silvia, der Sekretärin von Abbé Réné Laurentin. Sie teilte mir mit, dass das Interview, das Patrick Sbalchiero im Oktober mit Fra' Elia in Calvi geführt hatte, im „*Chrétiens-Magazine*“ erschienen war und sie die leuchtenden Augen von Fra' Elia nicht vergessen konnte. Deshalb fragte sie mich, ob sie bald noch einmal nach Calvi kommen dürfe. Ihre Liebenswürdigkeit und ihre Sensibilität waren so offensichtlich, dass meine Wertschätzung und mein Freundschaftsgefühl bei jedem Gespräch mit ihr zunahmen, auch wenn wir nur per Telefon verkehrten.

Sie befragte mich über Fra' Elia und ich sie über Pater Laurentin. Schritt für Schritt vertrauten wir uns auch unsere Erfahrungen an, die mit großer Freude durchwoben waren, aber auch großen Schwierigkeiten und mit Enthusiasmus. Wir verstanden uns auf der Stelle, weil wir auf gleicher Wellenlänge waren und weiterhin sind, mit denselben Wertvorstellungen und dem gleichen Arbeitsstil, der darin besteht, dass wir nichts auf morgen verschieben, was heute getan werden kann, nichts vergessen, präzise und pünktlich sind und unter allen Umständen ein gegebenes Wort halten.

Eine Gnade zu Weihnachten: Das Darlehen wird getilgt

Im November 2004 löste sich für Fra' Elia ein Teil seiner finanziellen Probleme. Ein großzügiger Wohltäter aus Verona, Signore Antonio, wollte dessen-Darlehen mit einer Laufzeit von fünfzehn Jahren tilgen, das die Stiftung der Gemeinschaft Fra' Elia von den Aposteln Gottes beim Kauf des Klosters von Calvi aufgenommen hatte. Dank sei Gott! Obwohl die Sanierungsarbeiten sehr aufwändig waren (mir schienen sie mittlerweile endlos), so entfiel nun wenigstens für immer der recht ansehnliche beträchtliche Betrag für die monatliche Tilgungsrate.

Auch in diesem Fall hatte die Göttliche Vorsehung entschieden. Herr Antonio hatte seine Investition eigentlich schon für etwas anderes vorgesehen, aber dann wollte der „übliche Zufall“, dass er Fra' Elia begegnete.

Das Verbot, die heilige Messe zu feiern
9. Dezember 2004

Ich traf am Tag nach dem Fest der Unbefleckten Empfängnis in Calvi ein, um von dort aus nach Neapel weiterzufahren (zum letzten Gebetstreffen in diesem Jahr). Der Kreuzgang gab die ganze Liebe Fra' Elias für die himmlische Mutter wieder: rundum gab es wunderschöne neue Pflanzen und die Kapelle floss vor lauter weißen Blumen förmlich über. Ganz besonders zogen die kunstvollen Blumenarrangements vor der Statue der wunderschönen Madonna von Fatima alle Blicke auf sich. Auch Lucia und Alessio befanden sich im Kloster. Lucia arbeitete zusammen mit Fra' Elia an der Restaurierung einer lebensgroßen Madonna, die für einen Altar hinten im Flur bestimmt war, wo der zukünftige Trakt für die Jugendlichen hinkommen sollte, doch wer wusste, wann wir sie an ihrem Platz würden bewundern können!

Aber die Göttliche Vorsehung würde wie immer auch dieses Problem lösen, sagte mir eine Stimme tief in meinem Herzen. In dem Raum neben der Küche fand ich Alessio, Giovanni, den Carabiniere, Schwester Domenica und Fra' Elia mit tieftrauriger Miene, der einen Brief in seiner Hand hielt. „Was ist passiert?", erkundigte ich mich alarmiert. Fra' Elia reichte mir das Blatt Papier, ohne ein Wort zu sagen.

Der Pfarrer von Calvi verbot mit wenigen Worten in dem Schreiben, im Kloster eine Messe zu feiern oder sonstige religiöse Aktivitäten abzuhalten. Giovanni ergänzte, dass man sich in der Pfarrei beklagt habe, weil auf der Internetseite unseres Verlegers, www.edizionisegno.it falsche Angaben gemacht worden seien. Es werde der Anschein erweckt, als ob Fra' Elia das ganze Kloster gekauft hätte. Das sei nicht richtig, es müsse korrigiert werden zu: „Die gemeinnützige Stiftung der Gemeinschaft Fra' Elia von den Aposteln Gottes hat einen großen Teil des Klosters gekauft (etwa 80 – 85 %), jedoch die angrenzende große Kirche von der Kurie als ein unentgeltliches Darlehen bekommen."

„Richtig", kommentierte ich, „aber was ist das Problem?" „Das Problem ist, dass man präzise Angaben machen muss", erwiderte Giovanni. Natürlich begriff ich, genauso wie die anderen, aus welcher Ecke die Kritik kam, und ich beeilte mich, unseren Verleger umgehend zur Korrektur zu veranlassen. Wenn man bedenkt, dass Fra' Elia die Informationen im Internet noch nicht einmal gelesen hatte...

Aber warum das alles ? Warum wurde Fra' Elia jeden Tag mit Kritik gequält, mit Boshaftigkeiten, Banalitäten und so Vielem anderen, wodurch das ohnehin schon so harte Leben der gesamten Gemeinschaft noch schwieriger gemacht wurde!

„Was machen wir denn jetzt ohne eine Messe?", klagte Schwester Domenica, während wir ihr kein einziges Wort des Trostes geben konnten.

Fra' Sergios Prüfungen

Aber wie so oft verlor Fra' Elia auch diesmal keine Träne über das Glas verschüttete Milch, sondern schaute weiter nach vorn, um mit der Hilfe Gottes die Alltagsschwierigkeiten zu meistern. Darum erkundigte er sich bei Frate Sergio „Wann hast du deine Prüfung?“ „Am 16. Dezember.“ „Dann wiederholen wir heute Abend den Stoff!“

Nach dem Abendessen saßen wir alle um den großen Tisch in der Küche und Fra' Elia stellte Frate Sergio Fragen über die offenbarten Wahrheiten. Eine Woche später hörte Frate Sergio sich genau diese beim Examen an. Und so war ihm der Sieg sicher.

Seit jenem Abend stellte Fra' Elia Frate Sergio vor jedem Examen wieder Fragen, die ihm in jeder Prüfung prompt vorgelegt wurden.

Mailand – Neapel
Partnerschaft im Zeichen der Liebe mit Fra' Elia

Das Jahr 2004 schloss mit zwei unvergesslichen Gebetstreffen, das erste am 13./14. November bei den Salesianern, inmitten von Mailand, in der Basilika des heiligen Augustin, und das zweite am 11./12. Dezember, bei den Armen Töchtern der Heimsuchung Marias, in ihrem riesigen Institut in Vomero, das gut 180 alten Menschen als Heimstatt dient. Es sind zwei ganz unterschiedliche Treffen, aber von der Begeisterung der Menschen dennoch sehr ähnlich, ebenso von der Demonstration ihres außergewöhnlichen Glaubens, sei es in Mailand oder in Neapel, ihrer Fantasie und Großzügigkeit. Ich spreche von Fantasie und Großzügigkeit, weil Fra' Elias Freunde für ihre Spenden zur Sanierung seines Klosters nichts unversucht lassen, sei es durch eine veranstaltete Lotterie, sei es durch ein Wohltätigkeitsessen oder Spenden von Gegenständen, die in Neapel verkauft werden, wie kleine Krippen und auch geröstete Mandeln, natives Olivenöl, frischer Mozzarella und die typischen deftigen Blätterteigröllchen.

Sowohl in Neapel wie in Mailand, stets gab Fra' Elia alles, indem er sich von morgens bis abends Tausenden von Personen zur Verfügung stellte und alle in Gruppen von bis zu fünfzig Personen auf einmal empfing, um jedem von ihnen die Gelegenheit zu einem kleinen Wortwechsel mit ihm zu geben. In Neapel schlugen, wenn ich hier einen Ausdruck aus dem Sportbereich verwenden darf, die Besucher alle Rekorde: zweitausend Personen, von Samstag bis Sonntag, darunter jene, die sich angemeldet, und jene, die sich nicht angemeldet hatten; es waren Menschen, die aus dem letzten Winkel Italiens gekommen waren, von Ligurien bis Sizilien. Wie leicht abzusehen war, erhöhte sich die Anzahl der Gläubigen mit jedem neuen Treffen, und zwar deshalb, weil Fra' Elia jedes Mal ein Zeichen hinterließ und hinterlässt, wofür man mir nach jedem Treffen zur Bestätigung schriftliche Zeugnisse gab, genauso wie für die vielen Bekehrungen, die Fra' Elias Herz jubeln lassen, weil genau das seine Mission ist: die Herde Gottes zu sammeln und zu vergrößern.

Aber wie überall gibt es auch hier gelegentlich jemand, der nicht ganz zufrieden ist.

Es kam durchaus vor, dass die Tür zu Fra' Elias Zimmer unerwartet aufgestoßen wurde und jemand unter Tränen herauskam, oder mit finsterem bestürztem Gesicht. Es gab Personen, die Fra' Elia schlichtweg fortschickte. Wenn ich Fra` Elia dann nach dem Grund fragte, antwortete er mir ohne Umschweife, manchmal desillusioniert, manchmal auch mutlos oder ärgerlich, zum Beispiel: „Diese Frau wollte, dass ich für sie als Liebesbarometer fungiere! Wie kann sie mich nur so etwas fragen?! Jene wiederum weigert sich, ihrer Tochter zu vergeben. Wie kann sie Gott um Gnade bitten?"

Wahre und falsche Propheten

In Neapel war Fra' Elia unerwarteterweise gezwungen, eine Frau von einem Dämon zu befreien. Sie stürzte sich wie eine Furie auf ihn. Sie war allein gekommen und mit einer Gruppe von fünfzig Personen zu Elia ins Zimmer getreten, sodass die Leute zwangsläufig der ganzen Szene beiwohnen mussten.

Zum Schluss kam die Frau zu mir (ich bin immer an meinem Büchertisch in der Nähe von Fra' Elia, stehe ihm für jeden Dienst zur Verfügung und sammle dabei Zeugnisse und Neuigkeiten, um darüber in der Zeitschrift *„Angeli e Arcangeli"* (Engel und Erzengel) und in meinen Büchern berichten zu können).

Seit Jahren schon war es ihr schlecht gegangen und niemandem war es bis dahin gelungen, sie von der Qual zu befreien. Ich selbst kann bestätigen, dass Fra' Elia auch in den schwierigsten Fällen jemanden auf einen Schlag von Besessenheit befreien kann. Vor allem gelingt es ihm aber, die meisten von denen, die sich selbst für besessen halten, von einer nervösen Störung zu überzeugen, oder von einem harmlosen Zauber. Leider gibt es auch in solchen Fällen Priester, die eine Besessenheit unterstellen.

Man darf sich natürlich nicht von Personen täuschen lassen, die Kreuze anspucken oder andere heilige Gegenstände. In den meisten Fällen, bei denen ich mitgeholfen habe, handelte es sich um labile Persönlichkeiten, die lediglich die Aufmerksamkeit ihrer Lieben auf sich ziehen wollten. Sie besorgten sich im Voraus kleinere Gegenstände, steckten sie sich in den Mund und simulierten dann die Szene. Ich erinnere mich, dass die echten Besessenen (zumindest jene, die ich gesehen habe), eine schreckliche Abneigung gegen Weihwasser hatten und sich weigerten, eine Kirche zu betreten, erst recht zur Eucharistie zu gehen, weil sie diese fürchteten! Daher sollte man mit dem Begriff Besessenheit sehr vorsichtig umgehen.

Die langen Schlangen, die sich zum Empfang der Kommunion, die in jeder Ecke der beiden Kirchen ausgeteilt wurde, bildeten, zeigten wieder einmal, wie es Fra' Elia in seiner Einfachheit gelang, auch die verhärtetsten Herzen zu berühren. Er verkündete ganz einfach das Wort des Herrn, das auf den Maximen beruht: Liebe deinen Nächsten wie dich selbst und verhalte dich ihm gegenüber genauso, wie du möchtest, dass er sich dir gegenüber verhält! Liebe und übe Vergebung! Vergiss das Vergangene! Schaue voller Vertrauen nach vorne, weil du nie allein bist! Lebe in Einfachheit! Entdecke deine Talente wieder, die Gott dir anvertraut hat, und sage zu ihm: Dein Wille geschehe!

Geldbörse wiedergefunden – ein Geschenk der heiligen Lucia 13. Dezember 2004

Wir kehrten mit einem Behälter voller Blätterteigröllchen zurück, die uns unsere so überaus geschätzten Organisatoren, die Rechtsanwälte Giovanni und Antonio Mellilo, kurz vor unserer Abreise noch geschenkt hatten.

Mit diesen als Mittagessen feierten wir die heilige Lucia mit der ganzen Gemeinschaft, unsere Maurer mit eingeschlossen, und natürlich auch unsere Jungvermählten, Alessio und Lucia. Auch der Carabiniere Giovanni war vorbeigekommen, der ein paar Tagen zuvor seine Geldbörse mit sämtlichen Dokumenten verloren hatte, in der Hoffnung, dass Fra' Elia ihm helfen konnte. „Fra' Elia, ich bitte dich, nun kannst nur noch du mir helfen! Ich habe schon überall gesucht. Gestern Morgen, als ich zum Supermarkt ging, hatte ich sie noch. In dem Moment, als ich sie dann brauchte, fand ich sie nicht mehr!"

Fra' Elia dachte ein paar Sekunden lang nach und erwiderte ihm dann: „Ich bin mir sicher, dass du sie vorm Supermarkt verloren hast." „Daran habe ich auch gedacht und in der Tat bin ich sofort dorthin zurückgekehrt und den ganzen Weg vom Auto zum Gebäude noch einmal abgelaufen – nichts. Und wenn ich sie auf der Straße verloren hätte, dann hätte sie bereits jemand gefunden!" Fra' Elia, der verneinend den Kopf schüttelte, schien von Giovannis Erklärungen wenig überzeugt zu sein. Deshalb schlug er ihm kurz darauf vor, zusammen mit ihm und dem Maurerpolier Giuseppe noch einmal zum Supermarkt zurückzufahren. „Vielleicht sehen sechs Augen mehr als zwei!", rief er kichernd aus. Beim Supermarkt angekommen, lenkte Giovanni den Wagen auf den Parkplatz, ungefähr dorthin, wo er ihn drei Tage zuvor auch abgestellt hatte. Sie stiegen aus, Fra' Elia schaute zu Boden, kniete sich nieder und hob eine Geldbörse auf, die direkt vor seinen Füßen lag. „Ist es diese?"

Das verdutzte Gesicht von Giovanni und Giuseppe war kaum zu beschreiben! Fra' Elia fügte hinzu: „Es war mein Engel, der es die ganze Zeit zugedeckt gehalten hat, damit kein anderer es finden konnte. Und heute hat die heilige Lucia es dir zurückgeben wollen."

Ein Kind sieht zu Weihnachten meinen Engel

Vor Weihnachten wollte ich Loretta besuchen, um ihr persönlich meine Wünsche zu überbringen.

Loretta ist diejenige, die mich im Jahr 2000 durch meine Tochter zu sich rufen ließ und mir meine Begegnung mit Fra' Elia vorhersagte. Ich erinnere mich an ihre Worte, als wäre es gestern gewesen: „Du wirst einem Bruder begegnen. Einen wie ihn gibt es nur ein - oder zweimal auf der Welt. Du wirst ein großes Projekt auf den Weg bringen und wirst auch selbst darin involviert sein" Ich erinnere mich, dass ich mich damals wegen meiner heftig aufwallenden Gefühle in einen Stuhl fallen ließ und dass die Begegnung mit Fra' Elia tatsächlich etwa zehn Tage danach stattfand.

In der Folgezeit sagte Loretta mir noch andere wichtige Ereignisse vorher. Zum Beispiel, dass es sinnlos sei, noch weitere Klöster oder Familienhäuser zu suchen. Wenn er es wolle, werde es der Herr sein, der eines in Umbrien finde! Und seit damals hat Loretta mir viele, viele, das Leben Fra' Elias betreffende Dinge vorhergesagt: Hinweise, denen ich folgen solle, Gefahren, die uns bevorstanden, wertvolle Warnungen vor wichtigen Entscheidungen. Manchmal rief sie auch von sich aus an. Auf jeden Fall sprachen wir aus dem einen oder anderen Grund alle zwei oder drei Monate miteinander. Loretta fragte sich, genauso, wie ich mich fragte, warum gerade sie es war, die mich warnen oder bezüglich des Weges von Fra' Elia aufklären musste! Aber sie fand keine Antwort.

„Vielleicht, weil du in meiner Nähe wohnst. Wer weiß das schon! Oder vielleicht, weil dir diese Aufgabe anvertraut worden ist. Du weißt ja, dass die Wege des Herrn wirklich unergründlich sind!", antwortete ich ihr, ohne andere Erklärungen zu riskieren. Wie könnte ich auch!

Loretta ist auch Mutter zweier Kinder, eines Mädchens und eines Jungen. Der Junge, Simone, besaß schon mit sieben Jahre die gleichen Fähigkeiten wie seine Mutter. Es gelingt ihm sogar Engel zu sehen und verstorbene Seelen, mit denen er sich unterhält, als wären es Schulkameraden. Er nennt sie sogar beim Namen: Giulia, Luciano, Marco.

Einige der verstorbenen Seelen sieht er in einer dunklen Wolke. Er sagt, sie schöpften von ihm Licht, das ihnen auf ihrem Weg weiterhelfen würde.

Um zu jenem unvergesslichen Tag im Dezember zurückzukehren: Ich erinnere mich, dass, während ich mich ruhig mit seiner Mutter unterhielt, plötzlich das Kind ins Zimmer kam und sagte, dass es seine Aufgaben erledigt habe.

Während Loretta, ihn in den Arm nehmend, zu ihm sagte, er solle die Signora begrüßen, bemerkte ich, wie mich seine leuchtenden Augen anschauten, oder, besser gesagt, auf etwas in Höhe meiner rechten Schulter.

Da ich mir dachte, dass der Junge da irgendetwas beobachtete, fragte ich ihn, was es sei.

Bevor das Kind antwortete, schaute es fragend seine Mutter an, erstaunt, dass ich ihm diese Frage stellte. „Hab keine Angst, Simone, die Signora ist genauso wie wir." Ich stimmte Loretta zu und sie fuhr fort: „Ist das Giulia, die hier bei dir ist?" „Ja, Giulia ist hier und auch die anderen.", antwortete Simone, ohne seine Augen von meiner rechten Schulter abzuwenden.

„Steht da jemand hinter der Signora?" „Ja." Loretta und ich wechselten einen verständnisvollen Blick.

Nun war es an mir zu fragen. Um seine Fantasie anzuregen, wenn es sich überhaupt um Fantasie handelte, fuhr ich fort: „Vielleicht ist es mein Schutzengel, den du da siehst?"

„Ich weiß nicht!"

„Wie sieht er aus? Ist er groß, mit langen, blonden Haaren und großen Flügeln? Lächelt er?"

„Nein, er ist nicht groß, nicht schlank, er hat kurze, dunkle Haare. Er trägt ein weißes Gewand und schaut ernst drein", erwiderte mir das Kind mit verdutzter Miene.

Wieder wechselten Loretta und ich einen kurzen Blick, bevor sie unvermittelt aufsprang, um in einer Schublade herumzuwühlen. Sie zog einige Bilder heraus, Fotos und auch eine Broschüre, die das Kloster in Calvi zeigte und auch einen Schnappschuss von Fra' Elia. Sie streute alles auf dem Tisch aus und rief dann das Kind. „Erkennst du jemanden unter all diesen Personen?" Das Kind schaute aufmerksam alle Bilder an und zeigte dann, ohne zu zögern, auf das Bild von Fra' Elia: „Er ist es, der hinter der Signora steht!"

Ich sprach später auch mit Prof. Margnelli über Simone. Jener, an solchen Phänomenen interessiert, versprach mir, mich bei einem seiner nächsten Besuche in Mailand anzurufen, um Simone und seine Mutter kennenzulernen. Aber dafür war keine Zeit mehr. Nur drei Monate später verließ uns Marco Margnelli für das ewige Leben.

Die Krippe

Ich darf auf keinen Fall die erste, riesige, beeindruckende Krippe vergessen, die Fra' Elia unbedingt im Kreuzgang aufbauen wollte, und zwar nicht in einer Ecke oder im größeren Teil, sondern im gesamten Kreuzgang!

Ich stellte sie mir wie eine heilige Geschichte zum Erzählen vor, in viele einzelne Szenen übersetzt, angefangen von der Verkündigung und dem Besuch Marias bei Elisabeth, um sie mit der Ankunft der Heiligen Drei Könige zu beenden. Die Schauspieler: Holzpuppen, die Menschen jeder Kategorie und Handwerker aus jener Zeit darstellten, 30 bis 40 Zentimeter hoch, mit Gewändern, die von Fra' Elia selbst und seinen Schwestern im Sommer genäht worden waren. Da gab es Felsen und Berge, ganze Landschaften, bewässert von sprudelnden Bächen, Moos und Bäume, Schafe und jede Art von Tieren. Im Lauf der Stunden wurde der Himmel mit einem unterschiedlichen Licht beleuchtet: blasses Licht am Morgen, warmes Licht am Tag, rötlich bei Sonnenuntergang, während pünktlich bei Einbruch der Nacht ein leuchtender Mond hervorkam, auf einem mit Sternen übersäten Himmel.

Eine lieb gemeinte Anmerkung: Die Madonna lag unter einer Decke, mit dem Kind an ihrer Seite, wie jede Mutter. Das, was mich am meisten berührte, war die Tiefe der Botschaften: jede Geste, jede Stellung, jede Sequenz dieser Geschichte wollte im Betrachter einen Gedanken auslösen, eine Reflexion oder einfach nur ein Gefühl.

Ein großes Zelt war über der Krippe errichtet worden, um sie vor den Unbilden der Witterung zu schützen, sodass sich jedermann bis nach dem Fest der Heiligen Drei Könige an ihr erfreuen konnte.

Großes Jubiläum in Calvi dell' Umbria zur Einkleidung des ersten Novizen: gemäß der Regel der Apostel Gottes und zur Erneuerung der Gelübde von Fra' Elia, dem Begründer und Prior der neuen Ordensgemeinschaft

Erster Artikel, erschienen in der neuen Zeitschrift „Angeli e Arcangeli" (Engel und Erzengel)

28. Dezember 2004

Entgegen allen Vorhersagen zeigte sich eine milde Wintersonne am Himmel, während sich in ganz Italien der Winter die Ehre gab und es in der Nähe von Assisi schneite. Ich war überzeugt, dass selbst die Sonne diesem historischen Tag im Namen der ganzen Schöpfung ihr Bestes geben wollte, um zum Gelingen des Festes beizutragen.

Und es wurde in der Tat ein großes Fest zwischen Himmel und Erde, ein Fest der Reinen im Herzen, der Sanftmütigen und Demütigen, und all der Gläubigen unter uns. Aber vor allem war es ein Fest für den Herrn, der die Antwort auf seinen Willen bekam, mit dem offiziellen Beginn einer neuen Ordensgemeinschaft, der Gemeinschaft der Apostel Gottes.

Ich erinnere daran, dass sich während der Karwoche, vor Ostern, zwei Vertreter des Vatikan im Auftrag des Heiligen Stuhls im Kloster von Fra' Elia in Calvi vorgestellt hatten, um aus der Nähe zu sehen, was Fra' Elia in diesen Tagen durchlebte: Erscheinungen der Striemen der Geißelung am Rücken, Öffnung der Brustwunde, die einer Dornenkrone entsprechenden Wundmale an der Stirn, Wundmale an den Handgelenken und an den Füßen, Verletzungen und Auskugeln der Schulter und das Ausschwitzen von duftendem Blut.

Die Vertreter des Vatikans waren beauftragt worden, darüber einen Bericht zu erstellen. Wenige Monate später und nach diversen persönlichen Gesprächen mit dem Bischof seiner Diözese, Monsignore Vincenzo Paglia, wurde Fra' Elia von ihm liebevoll empfangen und, gemäß der in der Kirche üblichen Praxis, Pater Paolo Bini von den Minderen Brüdern von Assisi anvertraut, welcher der wachsenden Gemeinschaft als „Beobachter" dienen sollte.

„Denke daran, dass Pater Bini für dich Vater, Mutter, Vorgesetzter und Bischof ist, und du ihm gegenüber zu unbedingtem Gehorsam verpflichtet bist", hieß es. Voller Freude stimmte Fra' Elia zu. Daher die Bitte von Pater Bini, die Zeremonie der Einkleidung zusammen mit der Erneuerung der Gelübde von Fra' Elia vorzunehmen, die im Jahr davor am 28. Dezember in Rom stattgefunden hatte.

Und so kam es, dass bei überaus strahlender Sonne – sie strahlte nicht allein – in der Privatkapelle des Klosters und im Beisein des Pater Spirituals von Fra' Elia, des Pater Oronzo Saponaro von den Minderen Brüdern von Trevi (der konzelebriert hat) sowie von Verwandten, Mitarbeitern und Freunden (leider mussten Monsignore Marturano und einige andere wegen Grippe absagen), Pater Bini die Zeremonie mit den feierlichen Worten begann:

„Ich, der Delegierte unseres geliebten Bischofs, Monsignore Vicenzo Paglia, und Vertreter der Kirche, bin heute mit euch hier zusammengekommen, um den Plan Gottes mit einem Menschen hier zu zelebrieren, um Gott die Antwort zu geben, die er gewollt hat, die Antwort und Zusage eines Menschen, der in voller Freiheit den Weg geht, den jener ihm vorgezeichnet hat. Es ist ein historisches Ereignis: Wir nehmen an der Geburt einer neuen Ordensgemeinschaft teil, die gemäß ihrer eigenen Regel leben möchte, der Regel der Apostel Gottes. Möge es ihr wohlergehen und der Segen Gottes mit ihr sein."

Danach begann in einer Atmosphäre innerer Bewegtheit die heilige Messe. Nach der Predigt sprach Fra' Elia seine religiösen Gelübde, die Pater Bini, gemäß den Regeln der Apostel Gottes, akzeptierte.

Am Ende der Messe und vor dem Segen wurde der Ritus der Einkleidung zelebriert, ein Ritus, den zu erleben ich mir nie zu erträumen gewagt hätte. Heute kann ich sagen, dass der Herr es wirklich eilig mit ihm hatte. „Vielleicht war jetzt die Zeit gekommen, in der der Herr seine Pläne verwirklichen wollte. Und wir alle waren hier, um Zeugnis abzulegen.

Dialog bei der Initiation in das Religiöse Leben zwischen Fra' Elia und Fra' Sergio Maria:

Fra' Elia: Sergio Maria, geliebter Bruder, worum bittest du?

Sergio M.: Die Liebe Gottes hat mich in eure Mitte geführt, um Erfahrungen in eurem brüderlichen Leben zu sammeln: Lehrt mich, eingekleidet in das Gewand eines Novizen, Christus in Armut und Demut zu folgen.

Fra' Elia: Gott sei dafür Dank. Wir beglückwünschen uns zu dir, Sergio Maria, und gliedern dich in unsere brüderliche Gemeinschaft ein, damit du ein Herz und eine Seele mit uns wirst.

Alle Anwesenden: Amen.

Fra` Elia: Lasset uns beten! O Gott, Ursprung und Quelle jeder Berufung, schaue mit Wohlgefallen auf diesen deinen Sohn, der darum bittet, in diese brüderliche Gemeinschaft der Apostel Gottes aufgenommen zu werden, und gib, dass durch die Verdienste der Unbefleckten Jungfrau Maria und die Fürbitten der heiligen Apostel Petrus und Paulus, er lernen möge, beharrlich sich selbst zu prüfen und mit unermüdlichem Eifer zu beten, die Reinheit des Körpers und der Seele zu bewahren und sich nach der Liebe Jesu Christi zu verzehren – in Christus, unserem Herrn.

Alle Anwesenden: Amen.

Fra' Elia nahm das neue weiße Gewand mit der grünen Borte, das Frate Sergio von nun an tragen würde, und legte es auf den Altar, damit Pater Bini es segnete. Dann endlich half er Frate Sergio es anzuziehen, begleitet von unserem Applaus und unseren Tränen.

Die Zeremonie durfte nicht enden, ohne dass Pater Oronzo das Wort ergriffen hatte, der Pater Spiritual von Fra' Elia. In gleichsam scherzendem Ton, wahrscheinlich, um hinter den tränennassen Taschentüchern ein kleines Lächeln hervorzulocken, wollte er sich zu den beiden jungen Brüdern in Weiß selbst beglückwünschen.

„Ich bin tief bewegt. Ich weiß nicht, wie es euch ergeht. Zeitlich gesehen bin ich der älteste Freund von Fra' Elia. Ich kenne ihn seit fünfzehn Jahren und bin ihm immer gefolgt, auch als Pater Spiritual, deshalb könnt ihr euch sicher vorstellen, wie groß meine Freude ist, ihn seinen schwierigen Weg ohne jedes Zaudern fortsetzen zu sehen, voller Vertrauen in seinen unerschütterlichen Glauben.

Wie Pater Bini bereits gesagt hat, sind die Gelübde, die Fra' Elia hier erneuert hat, die Antwort auf einen Plan Gottes für dessen Leben, und auch die Geste, die Frate Sergio hier mutig gezeigt hat, ist in seinem Leben der Beginn seiner Zusage Gott gegenüber. Jeder von uns reflektiert mittels des Gesangs den wir während der Kommunion anstimmen, welcher der Plan Gottes in seinem eigenen Leben sein könnte. Jeder von uns hat von Gott Talente bekommen und ist verpflichtet, diese fruchtbringend einzusetzen."

Die Zeremonie endete mit den Grußworten der Priester.

Auch die Mutter von Fra' Sergio, Signora Rosa, hatte das Wort ergreifen wollen, um in dem Augenblick all das auszudrücken, was das Herz ihr diktierte. Aber die Rührung übermannte sie, sodass sie es nicht schaffte, etwas zu sagen. Später dann, während des Mittagessens und weil Pater Oronzo darauf bestand, löste sich der Kloß in ihrer Kehle und sie las ängstlich und mit zitternder Stimme ein Briefchen vor, das sie ihrem Sohn noch nicht überreicht hatte.

Ich möchte die Zeilen hier wiedergeben, zum Wohl jener Eltern, die sich bedauerlicherweise oft dem geistlichen Ruf ihrer eigenen Kinder entgegenstellen.

Brief der Mutter an Frate Sergio

Du weißt, mein Sohn, dass ich dich, noch bevor du geboren wurdest, dem Herrn dargeboten habe.

Ich habe dich ihm dargeboten, weil du in Lebensgefahr warst.

„Erhöre mich, Herr!", flehte ich ihn an. „Du hast zu uns gesagt: `Bittet und ihr werdet empfangen`, und ich betete aus ganzem Herzen: „Bitte lass ihn zur Welt kommen und ich werde ihn dir schenken!"

Später habe ich gebetet, damit all das sich erfüllen möge, obwohl ich in meinem Inneren fühlte, dass der Herr dich im geeigneten Moment rufen würde.

Doch er hat noch viel mehr getan! Er hat dich an die Seite Fra' Elias gerufen, eines seiner auserwählten Söhne, und jetzt bin ich hier vor euch und kann es noch gar nicht glauben. Was für eine große Freude!

Danke Herr! Jetzt bitte ich dich: Erhalte diesem meinem Sohn ein reines Herz, voller Liebe und Zärtlichkeit für alles, was lebt, damit er auf dem Weg zum Licht bleiben kann, gemeinsam mit Fra' Elia, als Pilger in der Welt und für die Welt, und damit sie den Plan zu Ende führen können, den du gewollt hast.

Jesus hat gesagt: „Ich bin nicht gekommen, um die Gerechten zu rufen, sondern die Sünder und an sie wende ich mich, weil ich der gute Hirte bin, der durch die Täler und Wälder wandert, durch Wüsten und Steppen, um meine verirrten Schafe zu suchen." – Mögest du, Bruder Sergio Maria von den Aposteln Gottes, die Kraft haben, seinem Beispiel zu folgen.

Fra' Elia sage ich Dank, Dank ganz besonders für das, was wir alle von ihm gelernt haben.

Du bist uns gesandt worden, um die Menschen wieder aufzurichten, zu rehabilitieren, indem du wieder die Lehren Christi zu ihnen trägst, der niemals aufgehört hat, an die Tür unserer Herzen zu klopfen, um mit seinen Gaben darin einzutreten, die da sind: Liebe, Vergebung, Frieden. Möge Gott dich immer erleuchten und dir beistehen. Deine Mutter.

Leider war das der letzte Tag, an dem wir alle Professor Marco Margnelli sahen. Genau einen Monat später war er bereits beim Herrn. Ich werde ihn immer so in Erinnerung behalten, wie ich ihn bei dieser Gelegenheit gesehen habe, neben seiner Ehefrau, während er mir erzählte, dass sich in seiner Kameratasche ein Zweiglein Zitronenkraut befinde, das Fra' Elia zwei Jahre zuvor auf dem Land bei Francavilla für ihn gepflückt hatte.

Es duftete noch immer.

Gebetswünsche aus aller Welt

Seit Januar 2005 konnten wir die Einladungen, die aus der ganzen Welt, auch aus der Inselwelt ferner Ozeane, Staaten und Kontinente für Fra' Elia eingingen, gar nicht mehr zählen. Ich rief unseren Verleger an, um eine mögliche Erklärung dafür zu finden. Er bestätigte mir, dass der Schweizer Verlag, *Edition Parvis,* der überall bestens bekannt war, und sein Magazin *Stella Maris* in französischer Sprache, in hundert Länder der Welt ausgeliefert worden war, genauso wie mein Buch!

Die Briefe in fremden Sprachen waren bald genauso zahlreich wie die in italienischer Sprache, ebenso meine E-Mails und Telefonate, die durch die Zeitverschiebung tags und nachts eingingen. Ich musste den Schweizer Verlag um Hilfe bitten: „Bitte informieren Sie Ihre Leser, dass die Autorin keine Briefe beantworten, sondern `nur` deren Gebetswünsche weiterleiten kann, die gewissenhaft innerhalb kürzester Zeit weitergeleitet werden."

Die einzige Telefonverbindung zum Kloster war seither praktisch immer besetzt und leider geriet auch das friedvolle Klosterleben völlig durcheinander. Deshalb wurde auf der Internetseite www.edizionisegno.it des Magazins *„Il Segno del sopranaturale"* und *„Angeli e Arcangeli"* der Rat erteilt, sich bezüglich

Informationen oder Gebetswünschen an mich zu wenden, mit dem Ziel, der ganzen Gemeinschaft in Calvi ihre kostbare Zeit für ihre Gebete zu lassen.

Für Ausländer hat dasselbe Magazin *Stella Maris* eine eigene Internetseite in Französisch eingerichtet:

www.frereelie.com und eine E-Mail-Adresse ausschließlich für Gebetswünsche unter fr.elie@wanadoo.fr , die täglich weitergeleitet werden.

Ein Wort zu der Zeitschrift „Angeli e Arcangeli" (Engel und Erzengel)

Es war Piero, der die Idee dazu hatte. Die Neuigkeiten und Zeugnisse über Fra' Elia nahmen so überhand, dass sich für sie mit der Zeit kein Platz mehr in der Zeitschrift *Segno del sopranaturale* fand. Darüber hinaus hatte Eleonora, unsere deutsche Dolmetscherin, eine in Deutschland bekannte Schriftstellerin, sich bereit erklärt, mit einer „Lebendigen Chronik", die das katholische Leben jenseits der Alpen beleuchtete, öfters mit uns zusammenzuarbeiten, was Mantero und ich als sehr anregend empfanden.

Und dann gab es da auch noch die zahlreichen Bitten der Leser, die meine vorigen zwei Bücher gelesen hatten und auf das Erscheinen des dritten Buches drängten. In der Zwischenzeit wollten sie über diesen gesegneten Bruder, von dem sie so angetan waren, die jüngsten Neuigkeiten erfahren (die es zur Genüge gab). Auch viele Anfragen in Bezug auf pflanzliche Heilmittel erreichten uns, von Leuten, die nach Kräutertees fragten, die über diese und jene Pflanze Näheres wissen wollten, die Auskünfte zu Hausmitteln, Ölen, Elixieren, sogar über korrekte Ernährung haben wollten!

All das bewegte uns dazu, die Geburt einer neuen Zeitschrift zu beschließen, die alle zwei Monate erscheinen sollte, die ausschließlich Fra' Elia gewidmet sein und deren Chefredakteurin ich werden sollte. Die Idee gefiel mir und Fra' Elia so gut, dass im Januar 2005 die erste Ausgabe von *Angeli e Arcangeli* erschien, deren Titelblatt der Umarmung Fra' Elias mit seinem ersten Mitbruder und Novizen, Frate Sergio-Maria, gewidmet war.

Fra' Elia und der Professor

Als ich die erste Ausgabe der Zeitschrift Fra' Elia zeigte, schien er mit der Arbeit sehr zufrieden zu sein. Er blätterte das neue Journal langsam durch, wobei er sich hauptsächlich bei den Fotos aufhielt. Dann zeigte er sich zufrieden über die Wahl des Papiers und auch den Titel, den ich für die Rubrik der Pflanzenheilkunde gewählt hatte: *Die Apotheke des Herrn*. „Gut, das gefällt mir!" Dabei sah ich, wie seine Aufmerksamkeit plötzlich von einem kleinen Foto eines Herrn erregt wurde, neben einem Interview, das ich mit dem Herrn über richtige Ernährung geführt hatte.

Während seine Augen weiter an dem Foto hafteten, fragte er mich: „Wer ist dieser Herr?" „Das ist Professor Franco Berrino, Direktor des Nationalen Instituts für Vorsorgemedizin zur Erforschung und Therapie von Krebserkrankungen in Mailand." Und, noch bevor ich etwas hinzufügen konnte, fuhr er fort: „Dieser Herr rettet Leben. Gib mir seine Telefonnummer!" Erstaunt über seine Aussage, die keinerlei Einwand zuließ, suchte ich die Nummer meines Freundes Franco heraus (den ich zusammen mit meinem Sohn in einem französischen Institut kennengelernt hatte, in dem man Nahrung als Heilmittel einsetzt, um jede Art von Krankheit zu heilen) und gab sie ihm.

Von da an empfahl Fra' Elia jedem Krebskranken, der sich um Gebete und Fürsprache bei Gott an ihn wandte, seine Ernährung umzustellen und die Beratung von Professor Berrino aufzusuchen – ohne selbst auch nur irgendetwas über natürliche Ernährung zu wissen.

Der Professor, der auf die Lawine von Patienten nicht vorbereitet war, wurde buchstäblich mit Terminanfragen überhäuft, und zwar derart, dass er bald nicht mehr in der Lage war, Forschung, Kongressbesuche und Krankenbehandlung unter einen Hut zu bekommen. Es war mein Sohn Roberto – ebenfalls Experte für Pflanzenheilkunde und natürliche Ernährung – der mich auf Francos Verzweiflung aufmerksam machte.

Als ich daher Franco anrief, um sicherzugehen, dass Fra' Elia sich nicht mit der Aussage geirrt hatte, dass Franco in der Lage sei, Leben zu retten, fühlte er so etwas wie Verantwortung für dieses Mandat und versprach mir, sich besser zu organisieren. Später hörte ich von den Kranken selbst, dass Professor Berrino von ihnen habe wissen wollen, was Fra' Elia ihnen empfohlen habe. Als er ihre Antwort hörte, war er erstaunt, dass Fra' Elia auf einem Verzicht von Zucker und tierischen Produkten bestanden und ihnen geraten hatte, Vollkornprodukte und Gemüse vorzuziehen und sagte dann. „Fra' Elia hat recht. Tut, was er euch gesagt hat."

Unterdessen hatte Fra' Elia nachgedacht und war überzeugt, dass nicht alle Kranken bereit seien, auf die gewohnten Nahrungsmittel zu verzichten. Mit dem Ziel, dem Professor nicht zu viel Zeit zu stehlen, schlug er mir vor, ein Büchlein zu schreiben. Ein kleines Handbuch solle es sein, in dem ich die Wichtigkeit richtiger Ernährung erklären solle und die Gefahren, die auf uns zukämen, wenn wir uns zu weit von der Natur entfernten und künstliche und gespritzte Nahrung vorzögen.

Auf diese Weise wollte Fra' Elia die Menschen darüber informieren, dass unser Körper Tag für Tag durch Nahrung neu aufgebaut wurde und die Nahrung an unsere Zellen angepasst werden musste. Dadurch sollten die Leute verstehen lernen, dass es keine irreversiblen Krankheiten gab. Erst, nachdem sie sich von der Möglichkeit der Nahrungsumstellung und der Nahrung als Medizin überzeugt hatten, wollte er sie fortan zum Professor schicken.

Und so machte ich mich sofort an die Arbeit, mit der Unterstützung meines Sohnes und natürlich der von Professor Franco Berrino. Innerhalb einer Woche war das Büchlein mit dem Titel „Die Nahrung als Medizin“ fertig. Ich bemühte mich, es so einfach wie möglich zu halten, damit es auch für Kinder geeignet war. Im Übrigen war die Arbeit wirklich einfach für mich, da ich mich mein ganzes Leben lang mit Ernährungswissenschaft beschäftigt hatte und sie immer Teil meines Studiums und meines Berufes war, den ich dreißig Jahre lang ausgeübt hatte.

Mein Verleger war begeistert und so wurde es sofort veröffentlicht und vertrieben.

Die offiziellen Termine Fra' Elias für die erste Jahreshälfte 2005 sahen so aus:

Malta-26. bis 29. Januar
Paris -10. bis 15. Februar
Calvi -Samstag und Sonntag, 26. bis 27. Februar
Palermo – Konferenz in der Universität Palermo
Thema: Glaube und Wissenschaft, 2. bis 3. März
Zug – Schweiz – Italienische Mission, 5. bis 6. März
Francavilla – Karwoche, 20. bis 27. März
Pescara – Samstag und Sonntag,9. bis 10. April
Calvi – Samstag und Sonntag, 23. bis 24. April
Mailand – Samstag und Sonntag, 7. bis 8. Mai
Frankfurt und *München* vom 30. Mai bis 5. Juni
Piani di Imperia – Samstag und Sonntag 11. bis 12. Juni
Calvi – Samstag und Sonntag, 25. bis 26. Juni
Cercivento – Sonntag, 2. Juli (Samstag Treffen beim Verlag Segno in Feletto Umberto)

Die zweite Jahreshälfte hatte Fra' Elia sich reserviert, um eventuell die Einladung der Frau eines italienischen Diplomaten in Australien anzunehmen, die dort schon lange wohnte. Ich war es, mit der Signora Rossella Kontakt aufnahm: „Es ist eine sehr lange Reise, Signora“, antwortete ich ihr etwas zögerlich, als wir uns zum ersten Mal am Telefon darüber unterhielten. „Und außerdem setzt sich Fra' Elia nur in Bewegung, wenn er eine entsprechende Anzahl von Leuten erwarten kann.“

„Genügen ihm 600.000 italienische Ex-Emigranten?“, konterte Signora Rossella.

„Wenn das so ist, werde ich Fra' Elia noch heute Abend fragen." Als ich ihm dann von meinem Gespräch mit der Signora Rossella detailliert erzählte, sagte Fra' Elia, ohne auch nur einen Moment lang nachzudenken: „Ja, wir werden nach Australien fahren, aber nur, wenn der Herr es so will!"

Zeugnis von Rossella

Als ich im Sommer 2002 Pater Savoca vom Institut Ignatium von Messina anrief, wie ich das in den Sommermonaten gewöhnlich immer tat, wenn ich von Sizilien zurückkehrte, kündigte er mir an, dass in Kürze „Einkehrtage" bei ihnen stattfänden. Zu diesem Anlass war ein Bruder aus Bergamo eingeladen worden, der seit seinem fünften Lebensjahr mit seinem Schutzengel sprach.

„Fra' Elia", unterbrach ich ihn und erklärte Pater Savoca, dass ich schon vor einiger Zeit von einer lieben Freundin aus Bergamo, Ileana Cuccinotta, der Mutter von Curzio, von ihm hätte reden gehört.

Am ersten Tag der Einkehrtage stand ich ganz früh auf und nahm einen Reisebus nach Messina. Dort angekommen, wurde mir bewusst, dass ich noch nicht einmal ein Ticket für den Stadtbus hatte und auch keine Ahnung, welchen ich überhaupt nehmen sollte. Ich vertraute auf die Güte Gottes und schaute mich um. Da sah ich zwei alte Damen kommen und vertraute mich ihnen an: „Machen Sie sich keine Sorgen", antworteten sie. „Auch wir sind unterwegs zum Institut und wir können Ihnen sogar ein Busticket geben." So kam ich mit ihnen zusammen an meinem Bestimmungsort an. Ich suchte sofort Pater Savoca und er erklärte mir, dass er noch gar nicht wisse, wie er alles organisieren solle, mit diesen Menschenmassen. Wahrscheinlich würde er Nummern austeilen, um einen geordneten Ablauf gewährleisten zu können. Ich setzte mich auf einen Platz und nahm bis zum Mittagessen an der Veranstaltung teil. Danach wurde bekannt gegeben, dass die Gespräche mit Fra' Elia nachmittags stattfinden würden. Indessen hatte sich bereits ein riesiges Durcheinander gebildet. Ich setzte mich auf eine Bank, während ich darauf wartete, zur Beichte gehen zu können. Hin und wieder schaute ich mich um. Nach einiger Zeit hörte ich hinter mir aus einer Ecke des Raums ein riesiges Geschrei in einem Menschengewühl.

Ich trat näher heran, bis ich in der Mitte des Raums einen Herrn mit einem Block in der Hand sitzen sah, der die besagten Nummern austeilte. Mir wurde sofort klar, dass ich es niemals schaffen würde, mir durch diese schreiende Menge einen Weg zu bahnen, aber ich wollte es zumindest versuchen. Ich weiß nicht, wie es kam, aber zu meiner großen Überraschung sah ich mich plötzlich ein gelbes Billet mit der Nummer 10 ziehen! Ich traute meinen Augen nicht! Ich ging sofort in Richtung des Raumes, wo Fra' Elia die Leute empfing, und stellte mich auf eine Wartezeit ein. Inzwischen wurde die Menge immer größer und schrie immer lauter. Mittendrin wurde laut angekündigt, dass Fra' Elia wegen der großen Zahl an Leuten nicht einzeln empfangen könne, sondern nur in Gruppen zu fünf Personen. Ich schaute auf meine Nummer und dachte: Ich werde aber mit der zweiten Gruppe hineingehen. Der Nachmittag war bereits fortgeschritten und ich dachte an meine Rückreise und ob ich es wohl schaffen würde, den letzten Reisebus zu erwischen. Trotz wiederholter Hinweise, dass dies ein Ort des Gebets war, wurde das Geschrei immer lauter. Endlich kam ich an die Reihe. Kaum im Zimmer, schlug mir ein intensiver Rosenduft entgegen. (Es war ein Freitag.)

Wir reihten uns vor Fra' Elia auf und ich war die Fünfte in der Gruppe. Fra' Elia sprach mit den anderen vier und als er zu mir kam, sagte er: „Nun Sie, Signora". Ich war derart überwältigt, dass ich nichts von dem, was ich vorbereitet hatte, sagen konnte. Ich stotterte nur, dass ich einen Vater von 89 Jahren hätte, der seit drei Jahren in einem Seniorenheim in Australien lebe, wo auch mein Wohnsitz sei, ich seine einzige Tochter sei, doch leider in einer Stadt weit entfernt von ihm wohne. Ich sagte ihm auch, dass jener in Kürze an einem Tumor operiert werde, und bat ihn, den Herrn zu bitten, dass nichts Ernstliches passiere, bevor ich wieder zurück in Australien sei. Fra' Elia fragte mich nach dem Namen meines Vaters und antwortete: „Das geht in Ordnung." Völlig gerührt eilte ich aus dem Zimmer und erreichte noch rechtzeitig meinen Reisebus nach Hause.

Ich hatte nichts für mich selbst erbeten, aber innerhalb kurzer Zeit hatte der Herr auch mir die Gnade gewährt, die von Fra` Elia zu erbitten ich mich nicht getraut hatte. Inzwischen war mein Vater operiert worden mit gutem Verlauf, sodass er bald aus dem Krankenhaus entlassen werden konnte.

Beruhigt von dieser wunderbaren Nachricht, hielt ich mich vor meiner Rückkehr noch ein paar Tage in Rom auf, wobei ich meinen Vater häufig anrief, der mir immer wieder versicherte, dass es ihm wirklich gut gehe.

Um neun Uhr morgens, als ich gerade zurück in Adelaide war, wo ich wohnte, und zur Inspektion einen Rundgang durchs Haus machte, läutete das Telefon. Eine Tante informierte mich, dass mein Vater wegen eines Schlaganfalls wieder ins Krankenhaus eingeliefert worden sei. Ich buchte sofort einen Flug und um 20 Uhr desselben Tages war ich an seinem Krankenbett. Ich fand ihn vollkommen wach, auch wenn er nicht fähig war zu sprechen. Er versuchte jedoch, mir klarzumachen, wie sehr er über meine Anwesenheit erfreut sei. Ich blieb zehn lange Tage bei ihm, während derer er meine Hand hielt. Am elften Tag gab er ruhig und unbeschwert seine Seele an Gott zurück. Die Gebete, um die ich Fra' Elia ersucht hatte, hatten den gewünschten Erfolg: Ich war bei meinem Vater, als seine Seele zum Himmel flog.

Nach der wundervollen Erfahrung, Fra' Elia kennengelernt zu haben, kehrten meine Gedanken oft zu diesem Tag zurück. Ich erinnere mich, dass ich vor meiner Rückkehr nach Australien noch einmal Pater Savoca anrief, um mich von ihm zu verabschieden. Bei der Gelegenheit hatte er mir die Handynummer von Frau Turolli gegeben, für den Fall, dass ich über sie mit Fra' Elia Kontakt aufnehmen wollte. Obwohl ich mich dazu inspiriert fühlte, brachte ich nicht den Mut auf, ihre Nummer zu wählen.

Als ich im nächsten Jahr wieder nach Italien zurückgekehrt war, erfuhr ich von meiner Freundin Ileana, dass das zweite Buch über Fra' Elia erschienen sei. Ich kaufte es mir sogleich und fand es ganz wunderbar, einfach großartig. Ich las es in wenigen Tagen aus. Dann bat ich Ileana, ob sie mir einen Rosenkranz von Fra' Elia weihen lassen könne. Ja, das wolle sie sehr gerne für mich tun. Ich schickte ihr also den Rosenkranz. Sie gab ihn Frau Turolli und nach wenigen Wochen hatte ich ihn zurück. Ich trage ihn immer bei mir, zusammen mit den Dingen, die mir am meisten bedeuten.

Von Australien aus war ich oft in Kontakt mit Ileana, damit ich immer das Neueste über Fra' Elia erfuhr. Da ich mittlerweile wusste, dass es seine Berufung war, „Pilger in der Welt und für die Welt zu sein", wuchs in mir die Idee, Fra' Elia eine Einladung nach Australien zu schicken um dort unter anderem auch die zahlreichen Gemeinschaften italienischer Herkunft treffen zu können. Ileana begrüßte die Idee und riet mir, zu Frau Turolli Kontakt aufzunehmen.

Dienstag 11. Januar 2005

Fra' Elia rief mich am frühen Morgen an und sagte:

„Hast du ein Blatt Papier?" „Ja." „Auch einen Bleistift?" „Ja." „Dann schreibe!"

Ich weiß nicht, wie spät es war, aber ich lag noch im Bett. Seitdem habe ich für solche Fälle immer Block und Bleistift bei mir.

Elia spricht zum Herrn:
Was habe ich getan, mir all das in Blitzesschnelle zu verdienen?
Was habe ich getan, dir sagen zu dürfen, wie grandios du bist?
Was habe ich getan, dir sagen zu dürfen: Verzeih mir?

Der Herr antwortet ihm:
Schau die Welt an!
...es gibt es keine Bestrafungen, Züchtigungen.
Das ist die reine Wahrheit!"

Elia fährt fort:
Nur du siehst sie, stehst ihnen bei, rührst sie an,

du gehst mit ihnen
und schickst ihnen eine Träne nach unten!
Wie großartig das Universum doch ist!

Der Herr antwortet:
Ich bin für die großen und die kleinen meiner Kinder da,
doch am Ende sehe ich nicht, was ich gerne sehen möchte!

Elia fährt fort:
Allein in deine Hoffnung und in dein Vertrauen
versenke ich mich
und dann erblicke ich ebenfalls das Universum,
das seine Ordnung nicht vom Menschen erhielt,
sondern aus deinen Händen, mein Gott!

„Beziehst du dich auf die Tragödie, die den Orient getroffen hat?", fragte ich Fra' Elia.

„Ja, aber nicht speziell. Alle Menschen wollen Gott beurteilen. Er weiß, was er tut!"

Während ich mit Fra' Elia sprach, versuchte ich einige Zeilen niederzuschreiben, in der Hoffnung, seine Worte richtig zu interpretieren. Aber vor allem dachte ich auch an seine Reden und seine Lehren in all diesen Jahren, die uns immer wieder daran erinnerten, dass der Mensch ohne Gott verloren war.

Nach jeder Katastrophe

Die Mütter schreien nach jeder Katastrophe: „Wo ist Gott? Warum hat er uns verlassen?"

Die armen Menschen, verzweifelt und niedergeschmettert, erkennen Gott nicht mehr an oder rebellieren gegen ihn, indem sie ihn der Grausamkeit beschuldigen.

„Gott, wo bist du? Warum hast du all das zugelassen? Wo bist du? Wo bist du?"

Gott ist da, er ist bei ihnen, und Fra' Elia sagt, er gehe den Weg mit ihnen, er berühre sie, er helfe ihnen und er weine mit ihnen.

Fra` Elia sagt: „Der Herr liebt uns, er beurteilt uns nicht, er vergibt uns sogar, bevor wir ihn noch darum gebeten haben. Der Herr kennt unsere wahren Bedürfnisse und er will uns helfen. Wir sind es, die das nicht begreifen, ihn nicht bei uns haben wollen, ihn vergessen! Und so verirren wir uns auf unserem Weg und verursachen unsere Leiden selbst.

Es ist unmöglich, alles allein lösen zu wollen, ohne göttliches Eingreifen! Versuchen wir, voll und ganz auf Gott zu vertrauen, der uns vor allem ein Vater ist, und wir werden erstaunt sein, welche Veränderungen wir sehen werden.

Heute ist die Welt von zu vielen dunklen Schatten überzogen, sie wird von den dunklen Kräften dominiert. Dem Guten gelingt es leider – noch nicht – zu siegen. Seht nur, wie sich die Streitigkeiten in den Familien ausbreiten, die Selbstmorde zunehmen, die Verbrechen, die Kriege.

Die Gesetze des Universums, die Natur selbst, verlangen nach dem strahlenden Licht der Vollkommenheit, nach Gleichgewicht, Gerechtigkeit, nach Liebe. Gott selbst ist jedes Gesetz, jegliche Vollkommenheit, ohne Mängel und Grenzen, das heißt: Er ist die Weisheit, Macht, Barmherzigkeit und unendliche Liebe. Alles kommt von ihm und alles kehrt zu ihm zurück. Wie können wir, seine kleinen, verängstigten Kinder, sein Handeln beurteilen!

Ich stelle mir die Welt wie ein großes Zimmer vor, voll mit dem Qualm eines Feuers. Türen und Fenster sind geschlossen und die Menschen in dem Zimmer sind dabei zu ersticken. Wenn es jemandem gelänge, ein Fenster aufzureißen, um Licht und Luft hereinzulassen, würde die Zeit noch zur Rettung ausreichen."

Fra' Elia sagt weiter, dass Gott dabei sei, das Universum neu zu ordnen. Dabei kam mir der Gedanke, dass Gott vielleicht, um die schreckliche Dunkelheit um uns herum zu besiegen, die uns umgibt, einem ganz reinen Licht erlaubt hat, in diese einzudringen.

22. Januar 2005 – Meine Schwägerin ruft mich an

Es war ungefähr 21 Uhr und ich döste schon auf dem Diwan vor mich hin, als das Telefon klingelte. Es war meine Schwägerin Lori, die mir mit aufgeregter Stimme mitteilte, dass bei ihrem Ehemann eine schwere Krankheit diagnostiziert worden sei – wie ein Blitz aus heiterem Himmel! „Beruhige dich, Lori! Du wirst sehen, es wird schon nicht so schlimm sein", stammelte ich, doch Lori schien mich in ihrer Verzweiflung gar nicht zu hören. „Ich bitte dich, rufe Fra' Elia an! Bitte ihn um Fürsprache! Tu es bitte gleich!" Ich blickte auf meine Uhr und da ich die Gewohnheiten des Klosters kannte, war mir augenblicklich klar, dass ich ihn jetzt nicht erreichen würde. Ich erklärte es Lori und versicherte ihr, dass ich sie bei Erfolg auf der Stelle zurückrufen werde, spätestens aber am nächsten Morgen.

Erschüttert über diese Nachricht, setzte sich mein Ehemann sofort mit seinen anderen Brüdern in Verbindung. Mir blieb nichts anderes übrig, als zu beten. Mit aufrichtigem Herzen flehte ich den Herrn an, mir zu helfen. Ich rief auch meinen Schutzengel an und bat ihn einzugreifen.

An diesem Punkt muss ich etwas vorausschicken: Wer meine beiden letzten Bücher gelesen hat, weiß, dass Fra' Elia sehr oft (drei- bis viermal im Monat) seinen Körper verlässt (der kalt und reglos zurückbleibt), wobei sein Geist von einer undefinierbaren Gruppe von Engeln zu „einer Mission" gebracht wird. Nicht er entscheidet, wohin er gehen muss, sondern die himmlische Truppe führt ihn an, um mit ihm gemeinsam zu heilen und zu beten, dort, wo es am dringendsten nötig war. In einigen Fällen wird er dabei gesehen, in anderen mittels seines Dufts wahrgenommen oder auch gar nicht. Ich kann bezeugen, dass ich die Emanation seines Geistes mindestens drei Mal wahrgenommen habe, dagegen bei vielen anderen Gelegenheiten nur seinen Duft. Andere Personen haben die gleiche Erfahrung gemacht und mir darüber ihre Zeugnisse geschickt. Es handelt sich hier um das Phänomen der Bilokation, was so viel heißt, dass sein Geist an einem anderen Ort weilt als sein Körper.

In dieser Nacht sah ich ihn. Er war inmitten einer Gruppe von ätherischen Wesen (sie erschienen mir nebulös, wie verdünnt oder hinter einer Nebelwand), alle in weißer Kleidung. Auch er war da, doch ihn sah ich sehr klar. Ich hatte den Eindruck, dass er über dem Boden schwebte und sich anschickte, nach rechts zu gehen. Ohne sich von der Gruppe zu trennen, drehte er sich mit bedauerndem Gesichtsausdruck zu mir und sagte in Eile: „Mach dir keine Sorgen, alles wird gut gehen! Ich habe dir hier alles aufgeschrieben." Und während er weiterging, hielt er mir eilig das halbe Blatt eines Hefts hin. Verblüfft und ungläubig zögerte ich, es zu nehmen, sodass das Blatt vor meinen Augen rasch „zerfiel". Es war, als löse es sich in einem silbernen Licht in ein Nichts auf. Als ich mir dessen bewusst wurde, war es schon zu spät, deshalb konnte ich nichts mehr lesen.

Wie auch immer, am nächsten Morgen rief ich sofort Fra' Elia an, aber ohne Erfolg. Und ich weiß nicht, warum, aber auch Lori war nicht zu erreichen. Darum rief ich meine Schwiegermutter an und erzählte ihr von dem „Traum", in der Gewissheit, dass, wie Fra' Elia mir gesagt hatte, alles gut gehen werde.

Noch vor dem Abend rief endlich Fra' Elia mich an, sodass ich ihm von meinem Schwager berichten konnte, erwähnte aber nichts von dem „Traum", der ihn betraf. Ich wollte abwarten, ob er etwas zu dem Thema sagen würde. Stattdessen beruhigte er mich und fügte hinzu, dass er darüber nachdenken würde, was man am besten für ihn tun könne. Drei Tage später, genau am Vorabend unserer Abreise nach Malta, rief er mich wieder an und sagte: „Nimm einen Bleistift! Schreibe auf: „Die richtige Ernährung ist von größter Wichtigkeit: Buchweizen, gekochtes Gemüse und Blattgrün, schwarzer Meerrettichsaft usw. „In wenigen Worten schrieb ich all das auf das halbe Blatt eines Heftes, was Fra' Elia mir wahrscheinlichim „Traum" hatte sagen wollen, und ich war richtig glücklich darüber.

Seitdem war ein ganzes Jahr vergangen und ausgerechnet jetzt hatte die Kernspinaufnahme bewiesen, dass bei meinem Schwager alles wieder in Ordnung war.

Malta – 26. Januar 2005

Am nächsten Tag verließ ich Bergamo, das unter einer dicken Nebelwand lag, auf dem Weg nach Calvi. Von dort würden wir gemeinsam nach Malta fliegen, eingeladen von Noel und seiner Gruppe.

Flughafen Malta – Ankunft um 14. 00 Uhr
Die ganze Gruppe, angeführt vom unermüdlichen Noël, erwartete uns bangend am Ausgang. Es waren schon über zehn Monate seit unserem letzten Besuch vergangen und ihre Begeisterung spiegelte sich in ihren Augen und ihrem Lächeln wider und zeigte uns, dass ihr Wunsch, den Weg gemeinsam mit Fra' Elia weiter zu beschreiten, unverändert geblieben war.

Ein wundervoller Tag! Die Mandelbäume standen in voller Blüte, die Wiesen waren mit allen möglichen Frühlingspflanzen gesprenkelt, wie Bocksbart, Malve, Königskerze, jungem Knoblauch, und das, wo wir noch weniger als zwei Stunden vorher ein völlig verschneites Italien verlassen hatten. Es blieb uns gerade Zeit für die Begrüßung, den Bezug der Hotelzimmer und einen kurzen Snack und schon ging es an den Ort, wo laut Programm das erste Treffen vorgesehen war: „Fra' Elia und die Jugend". Es waren dieselben jungen Leute, die im September 2002 nach Italien gekommen waren, um an einem einwöchigen Seminar mit Fra' Elia teilzunehmen.

Von der Fernsehübertragung „*Miracoli*"(Wunder) tief bewegt, war ein Satz besonders in ihren Herzen hängen geblieben: „Gott ist kein isoliertes und fernes Wesen, sondern er lebt immer mitten unter uns und kann sich auf jede Art und Weise manifestieren und sich eines jeden bedienen, um durch ihn zu sprechen. Bald wird man wissen, was wahre Liebe ist ..."

Da er diesen Gedanken absolut mit ihm teilte, hatte Noël, der Anführer der Gruppe, sofort mit Fra' Elia zu einem gemeinsamen Erfahrungsaustausch zusammenkommen wollen, der schon bald seine Früchte trug.

Als die jungen Leute in Italien angekommen waren, stellten sie sich als Schüler der Heiligen Schriften vor, unter der Leitung eines Priesters. Sobald sie darauf genügend vorbereitet waren, wollten sie evangelisieren, da sie überzeugt waren, dass jeder, der getauft und ein Sohn Gottes war, die Frohe Botschaft in die Welt tragen konnte.

Während unseres Besuchs in Malta im darauffolgenden Mai und nach einer Zeit des Gebets und der Reflexion auf beiden Seiten sagte Fra' Elia zu ihnen:

„Wir müssen den Weg für all jene bereiten, die nach uns kommen werden. Sie werden ihn auf unseren Fundamenten gehen, deshalb werden wir das Rechte tun. Sie werden stark sein müssen, so wie wir. In kürzester Zeit werden alle Menschen evangelisieren müssen. Ihr, die Jugend, bereitet euch darauf vor, ihr müsst Herz und Hirn haben. Der Herr hat es eilig. Und erinnert euch immer daran, dass, wenn der Mensch eine Tür schließt, der Herr euch das ganze Universum öffnen wird."

Ich erinnere mich, wie sie während des Mittagessens und des Abendessens über dieses Thema diskutierten, im Wechsel mit vergnüglichen Augenblicken bei den kurzen Besuchen in den fantastischen Kirchen von Malta. Und so wurde, beflügelt durch dasselbe Ziel, die Idee von einer Gruppe junger Mädchen und Männer geboren, die unter der Führung eines Priesters die spirituellen Töchter und Söhne von Fra' Elia sein sollten, als Pilger in der Welt und für die Welt.Ich erinnere mich, dass Fra' Elia damals noch nicht sein Kloster hatte und daher auch noch nicht in einer Gemeinschaft lebte. Da er noch keinen offiziellen, juristisch anerkannten Sitz hatte, hatte er große Mühe, ihre Begeisterung fürs Erste ein wenig zu bremsen! „Es ist noch nicht der richtige Moment dafür. Bereitet euch in der Zwischenzeit darauf vor. Im nächsten Jahr, wenn ich endlich mein eigenes Haus habe, sprechen wir noch einmal darüber und sobald es möglich ist, kommt ihr, alle dreißig, mich besuchen und ich werde euch bei einem großen Gebetstreffen vorstellen."

Und jetzt, nach Monaten und vielen Telefonaten und Briefwechseln, waren wir wieder in Malta, um mit ihnen ihre Fortschritte im Glauben zu teilen und unsere gemeinsamen Pläne zu konkretisieren.

Der Ort, an dem das Treffen stattfand, wimmelte nur so von Menschen, nicht nur von Jugendlichen, sondern von Leuten jeden Alters, Freunden und Angehörigen. Viele hielten das erste, ins Maltesische übersetzte Buch über Fra' Elia in der Hand und ich muss zugeben, dass das einen gewissen Eindruck auf mich machte. Es war eine große Freude für Fra' Elia, eine so große Anzahl junger Verlobter oder Verheirateter mit ihren Säuglingen zu sehen, die selig in ihren Körbchen schliefen, und zu beobachten, wie sie alle mit Eifer beteten, sangen und dem Evangelium lauschten.

Begeisterung erweckt Begeisterung, und so hatten die jungen Leute, die vor wenigen Jahren mit dreißig Personen angefangen hatten, jetzt eine Gruppe von achtzig gebildet. Was hatten sie gemacht? Gar nichts Besonders. Sie lebten ein modernes Apostolat, das bei ihrer Arbeit begann, indem sie bei Bedarf liebevollen Beistand leisteten. Sie predigten nicht, sondern standen mit Rat und Tat zur Verfügung, wobei sie sich nicht als Lehrer aufspielten, sondern die Hilfsbedürftigen lediglich zu ihrem nächsten Treffen einluden. „Du wirst sehen, dass es dir dann besser geht und du Menschen triffst, die dir helfen können." Ihre Zuwendung erfolgte mit einem einfachen Lächeln und auf Augenhöhe.

Dabei waren sie voller Leben, indem sie ganz einfach auf jemanden zugingen. Ihr Glauben wirkte anziehend! Voller Freude lebten sie mitten in der Welt, während sie sich bemühten, bessere Menschen zu werden, indem sie den Regeln folgten, die sie sich selbst gesetzt hatten, gemäß den Lehren Fra' Elias, dem sie seit zwei Jahren folgten. Das heißt nicht, dass sie keine Probleme hatten. Wie andere Familien hatten auch sie ihre eigenen Prüfungen zu bestehen, seien es Krankheiten, familiäre Unstimmigkeiten, oder wirtschaftliche Schwierigkeiten. Mit der Hilfe Gottes jedoch gelang es ihnen in Frieden zu leben, indem sie jeden Groll und Streit, Missverständnisse und Tratschereien zu vermeiden versuchten. Sie bekämpften auch jeden Neid, jede Eifersucht, jedes Gefühl von Hass. Stattdessen pflegten sie die Liebe, die Verbundenheit, das Vergeben.

Während ihrer Zusammenkünfte an jedem Montagabend, von 8.30 bis etwa 11 Uhr, beteten alle gemeinsam den Rosenkranz, sangen und machten Musik (mit zwei klassischen und zwei elektrischen Gitarren, darunter eine Bassgitarre). Und sie riefen Judas Thaddäus an, den Apostel und Vetter Jesu, und blieben stets in Kontakt mit ihm, weil er auch der Apostel für die unmöglichsten Fälle genannt wurde, und legten die Bibel aus, wobei jeder seine Meinung äußern und über alles debattieren durfte. Zum Schluss gab es immer eine Eucharistische Anbetung. Das Überraschende war, dass es die jungen Leute waren, die ihre Eltern in die Gruppe einführten, und nicht umgekehrt, wie das gewöhnlich der Fall ist.

In ihrer Gruppe waren sämtliche Berufe vertreten sowie alle sozialen Schichten, von sechzehn Jahren aufwärts. Es genügte, dass sie Jesus liebten und den Wunsch hatten, mehr über ihn zu erfahren.

Der Hass in den Familien – die größte Beleidigung für Gott

Am nächsten Morgen, einem Freitag, wurde Fra' Elia nach der Messe zu Familien mit nicht transportfähigen Kranken begleitet, am Nachmittag stand er seiner Gruppe wieder für Privatgespräche zur Verfügung.

Noël hatte alles organisiert, wobei er wie üblich die Anmeldungen entgegengenommen hatte, aber zu unserer größten Überraschung war neben den vorgemerkten Personen auch noch eine Flut weiterer Personen, auch von den benachbarten Inseln, gekommen.

Fra' Elia ging es in der Tat nicht gut: Seine geöffneten Wunden bereiteten ihm seit drei Uhr morgens quälende Schmerzen, und jetzt, gegen 20 Uhr, erschien er völlig erschöpft zu sein. Die Organisatoren und ich waren ziemlich besorgt und deshalb beschlossen wir, die letzte Gruppe um zwanzig Uhr zu ihm ins Zimmer zu führen.

Während Fra' Elia, etwas abseits in einem Winkel des geräumigen Zimmers die Leute empfing, wurden seine Gespräche von den Liedern und Gebeten der Künstler mit den vier Gitarren begleitet. Inzwischen strömten immer mehr Leute herbei und verteilten sich still im ganzen Zimmer, um zu warten, bis sie an die Reihe kamen. Wahrscheinlich hatten sie angenommen, dass Fra' Elia auch nach dem Abendessen noch Leute empfing. Fakt war, dass Noël und ich uns immer besorgtere Blicke zuwarfen, weil die Zeit davoneilte und es schon seit einer Weile 20.30 Uhr geschlagen hatte.

Auf einmal sahen wir, wie Fra' Elia mit entschlossener und zorniger Miene auf einen jungen Mann zuging: „Komm, sofort! Ich habe dir gesagt, dass du sofort zu mir kommen sollst!"

Und so kehrten alle beide in die Ecke zurück, wo Fra' Elia sich mit den anderen unterhalten hatte, wahrscheinlich die Familie des Mannes. Noël und ich blickten auf die Uhr: Es war beinahe 21 Uhr! Wir zählten die Personen und rechneten aus, dass wir in maximal einer Viertelstunde die letzte Gruppe von zehn Personen, die bereits Stunden gewartet hatte, zu ihm würden führen können, danach in einem Rutsch die allerletzten Ankömmlinge. Und während ich meine in die maltesische Sprache übersetzten Bücher signierte, wurde mir bewusst, dass die Zeit nur so dahinflog und der Raum sich vor meinen Augen immer weiter füllte. Als ich schließlich wieder von meinen Büchern hochschaute, war es 21.30 Uhr und während sich mein und Noëls Blicke kreuzten, der mir verzweifelte Botschaften zufunkte, sah ich, dass sich nichts an der Situation geändert hatte. Die Gruppe von Personen, die seit Stunden geduldig auf ihren Plätzen gewartet hatten, sowie all die anderen Leute saßen noch immer ruhig auf ihrer Bank und beteten. Ich eilte zu Fra' Elia in seine Ecke, um nachzusehen, was man für sie tun könne. Mit lauter Stimme hörte ich Fra' Elia noch immer zu den drei Frauen und zwei Männern sprechen, ungeachtet der Zeit und seiner Müdigkeit. „Wollt ihr euch versöhnen oder nicht?Die Vergangenheit ist vorbei, ihr müsst nun das Blatt wenden. Warum dieser Hass? Es gibt keine größere Beleidigung für Gott als den Krieg in den Familien! Wie kann es euch gut gehen, wie könnt ihr Frieden haben, wenn zwischen euch keine Liebe herrscht?"

Dann nahm er die Hände der Frauen und versuchte sie mit den Händen der Männer zu vereinen: Vater, Mutter, Sohn, Ehefrau und Schwester. Wir alle standen da und schauten zu, aber Fra' Elia schien sich dessen nicht bewusst zu sein, so sehr war er bemüht, den Frieden in jenen dem Herrn so wichtigen Kern zu bringen, den heiligsten, in dem man Liebe empfangen und geben muss, damit man in Stärke und Gelassenheit wachsen kann.

Alles beginnt innerhalb der Familie, die ein Ort des Friedens und ein gemütliches Nest sein muss, ein Schmiedeofen für die weisen Menschen von morgen, entsprechend den Lehren Christi.

Danach erfolgte eine lange Umarmung untereinander, aber auch zwischen Fra' Elia und ihnen. Wir standen da und schauten nur zu, die langen Wartezeiten und unsere Sorgen um ihn vollkommen vergessend.

Fra' Elia schien unermüdlich zu sein. Er führte alle Gespräche zu Ende und noch bevor er zu uns über die ihm am Herzen liegenden Themen, wie die Liebe zu Gott, das Vergeben und die Hoffnung, sprach, fand er noch die Kraft uns zu erklären, dass es wichtiger sei, den Frieden in die Familien zu bringen als für eine Heilung Fürsprache zu halten; denn der Herr kenne unsere Bedürfnisse ja bereits, noch bevor wir ihn darum bäten.

„Ich bete jeden Tag für alle, die sich an mich wenden, aber es sind vor allem eure Liebe, euer Glaube und eure Gebete, die sein Herz rühren! Glaubt an ihn und hofft auf ihn! Der Herr ist mächtiger als alle Wissenschaft!

Die Hoffnung ist wie eine Kerze, die in unserem Herzen angezündet ist, ein Licht, das auf Gott gerichtet ist und ihm sagt: `Herr, ich bin sicher, dass du mich heilen wirst!` Es ist ein kleines Licht, das ein viel größeres anzieht, ein Licht, das alles sieht und alles kann."

Der Samstagmorgen war dem Gebet in der Basilika des heiligen Paulus in Valetta gewidmet und der Nachmittag einem letzten gemeinschaftlichen Treffen in einem Dorf in der Nähe, gefolgt von interessanten Interviews von Fra' Elia und der Autorin in den TV-Studios von Malta, die am frühen Abend des 12. September ausgestrahlt werden sollten.

Endlich fanden wir ein wenig Zeit, uns zusammen bei Noëls Familie zu erholen. Fra' Elia hatte im Hinblick auf die totale Verfügbarkeit Noëls für die Nöte seines Nächsten von ihm verlangt, dass er wenigstens während der Stunden im Familienkreis sein Handy ausschaltete: „Erinnere dich immer, dass deine erste Pflicht der Familie gilt. Gib dem Kaiser, was des Kaisers ist, und Gott, was Gottes ist!"

Das Gute dabei war, dass wir endlich auch die Zeit fanden, eine endgültige Regel für die spirituellen Töchter und Söhne von Fra' Elia von den Aposteln Gottes zu entwerfen. Fra' Elia hörte aufmerksam zu und gab dann seine Zustimmung. Unser nächstes Treffen mit der Jugend von Malta würde wahrscheinlich im April stattfinden, im Kloster in Calvi dell' Umbria, wo nach den zwei Jahren jeder Einzelne von ihnen ein weißes Gewand mit grüner Borte aus der Hand von Fra' Elia empfangen würde, als Symbol seiner Verschiedenartigkeit und Zugehörigkeit zu einem Projekt, das ganz sicher Gottes Willen entsprach.

Diese jungen, evangelisierenden Laienapostel, Pilger in der Welt und für die Welt, würden den Frieden in die Familien tragen und den vielen jungen Frauen und Männern, die genauso waren wie sie, als Vorbild dienen. Dem Herrn sei Dank!

Ich vergaß zu erwähnen, dass uns Noël noch am selben Tag unserer Ankunft zu einer wundervollen, jedoch nicht mehr als Gotteshaus dienenden Kirche im Barockstil begleitete. Es war schon eine Weile her, dass sie die Kommune gebeten hatten, sie wieder herrichten zu dürfen. Die Regierung selbst hatte ihnen die Finanzierung für die Restaurierung der Kirche bewilligt und bald würde sie der Ort ihrer Zusammenkünfte sein. Fra' Elia empfahl ihnen, auch um das Pfarrhaus zu bitten und das umgebende kleine Stück Land, um für die Zukunft einen geeigneten Sitz für Büros zu haben und um eventuelle auch einsame und verlassene Personen aufnehmen zu können. Hoffen wir, dass es ihnen gelingen wird! Wenn der Herr es will, ist alles möglich!

Die Wirkung von Gebeten

Erstes Zeugnis

Eine Woche vor Ostern 2004 sah ein junger Mann die Fernsehsendung „Wahre Menschen“, die sich mit religiösen Themen beschäftigt. Noël war als Fernsehgast eingeladen, um ein Zeugnis über die erstaunlichen Wirkungen des Gebets bei jenen Menschen zu geben, die Jesus in ihr Leben eintreten lassen.

Ruth, die Ehefrau eines jungen Mannes, lag im Sterben, aufgezehrt von einem „Lupus“ (einer schweren entzündlichen Autoimmunerkrankung der Haut), der bereits ihre Nieren zerstört hatte. Ihr Körper war enorm aufgedunsen und sie war an eine Maschine angeschlossen, die sie am Leben hielt. Marc wollte unter keinen Umständen aufgeben und nachdem er die ins Programm eingeblendete Telefonnummer von Noël gelesen hatte, setzte er sich sofort mit ihm in Verbindung: „Du bist meine einzige Hoffnung. Ich weiß nicht mehr, an wen ich mich sonst wenden soll!“

Noël erwiderte: „Nicht ich soll deine Hoffnung sein, sondern Gott allein!“

Da keine Zeit zu verlieren war, begaben sich Marc und Noël sofort ins Krankenhaus.

Hier der Bericht von Noël: „Ich habe ein kleines Kreuz auf den Bauch der Kranken gelegt und ihre Stirn mit Weihwasser gesegnet. Danach sind Marc und ich in die Kapelle gegangen, vor den Eucharistischen Jesus und ich habe ihm das Gebet zur göttlichen Barmherzigkeit beigebracht. Wir haben gemeinsam gebetet. Bevor ich wieder ging, empfahl ich ihm, an diesem Abend das Gebet gemeinsam mit seiner Familie weiterzubeten.

Eine Viertelstunde später, nachdem ich wieder daheim angekommen war, rief Marc mich an, um mir zu sagen, dass seine Frau eine große Menge Wasser gelassen habe und ihr zuvor grünliches Gesicht wieder Farbe bekommen habe. Der Arzt wollte es kaum glauben. Er ließ sofort eine Computeraufnahme des

Gehirns machen, überzeugt, dass es geschädigt sei, doch die Aufnahme zeigte das Gehirn eines jungen Mädchens.

Heute geht es der Signora Ruth wieder gut und auch sie selbst hat mir ein schriftliches Zeugnis in maltesischer Sprache übermittelt.

Als sie das Krankenhaus verließ, war sie noch immer ziemlich aufgedunsen, aber heute, nach zehn Monaten körperlicher Aktivität und Lauftrainings, hat sie wieder eine beneidenswerte Figur bekommen."

Zweites Zeugnis

Nach einer Operation an den Stimmbändern konnte ein kleiner Junge von sechs Jahren nicht mehr sprechen. Leider ließen die Ärzte keine Hoffnung zu: Das Kind würde laut Diagnose nie mehr seine Stimme zurückbekommen.

Eines Tages begleitete die Großmutter das Kind in Noëls Frisörladen, um ihm die Haare schneiden zu lassen. Um sich mit dem Jungen anzufreunden, fragte Noël ihn, wie es ihm gehe. Der Kleine fing an zu weinen.

Hier der Bericht von Noël: „Die Großmutter erklärte mir, dass das Kind infolge einer misslungenen Operation stumm sei. Also bot ich mich an, mit ihnen gemeinsam zu beten, wozu mich die Großmutter in ihr Haus einlud.

Wir gingen in das Kinderzimmer, wo ich anfing, ihm von Jesus zu erzählen. Ich fragte ihn: `Weißt du, was Jesus in seinem Leben getan hat?` Er gab mir Zeichen, dass er es wisse und machte mir verständlich, dass Jesus Wunder gewirkt habe. Ich sagte ihm, dass Jesus auch heute noch Wunder wirke. Bei diesen Worten leuchteten seine Augen auf, während ich fortfuhr, ihm von Jesus zu erzählen.

`Nun bitte ihn, dass er dich heile. Während ich dafür die Gebete spreche, sprichst du sie in deinem Geist mit.` An diesem Punkt fing der Kleine an zu weinen. Ich sagte ihm, er solle seine Hand auf seine Kehle legen, während ich die meine darüber legen und wir beide gemeinsam beten würden. Dann lud ich auch seine Mutter zum Gebet ein. Bevor ich beide verließ, empfahl ich sowohl der Mutter als auch dem Kind, jeden Tag zur Messe zu gehen.

Nach einer Woche kam die Mutter in mein Geschäft, mit Geld in der Hand, das sie mir unter vielen Komplimenten geben wollte: `Das ist für dich! Mein Sohn ist geheilt und redet wieder. Schau ihn dir an!`

Ich war so verblüfft, dass ich nur sagen konnte: `Wenn du dieses Geld jemandem geben willst, dann gib es einem Bedürftigen, tue etwas Gutes, aber nicht mir! Ich habe nur gebetet! Und danke Gott, weil er sagt: Heilet die Kranken, erwecket die Toten, macht Aussätzige rein, treibt die Teufel aus! Umsonst habt ihr empfangen, umsonst sollt ihr auch geben!`" (Mt. 10-8)

Drittes Zeugnis

Ein Kollege von Jasmond, Noëls rechter Hand, kam zu ihm und ersuchte ihn um Hilfe. Er wusste um die Wirkung des Gebets, und voller Hoffnung bat er

Noël, ihn ins Krankenhaus zu begleiten, wo sein vierzigjähriger Bruder, Vater zweier Söhne, wegen eines Schlaganfalls lag.

Als wir dort eintrafen, sahen wir, wie er gerade auf die Intensivstation gebracht werden sollte, während seine Frau uns mitteilte, dass die Ärzte ihr keine Hoffnung gemacht hätten. Hier der Bericht von Jasmond: „Ich bat sie, eintreten zu dürfen, und machte ihm das Zeichen des Kreuzes auf die Stirn, während ich ihm zuflüsterte, dass Jesus ihn heilen werde. Dann stellte ich ihm ein Bild des Barmherzigen Jesus auf das Schränkchen neben seinem Bett und sagte zu ihm: `Wenn du gesund bist, lies bitte dieses Gebet`, da ich tief im Innern spürte, dass der Herr ihn heilen werde.

Drei Tage später war ich entschlossen, ihn für eine ganz neue Behandlungsmethode nach England zu bringen. Vor der Abreise wurde noch eine Computertomografie bei ihm vorgenommen. Dabei sahen die Ärzte, dass von dem Trauma nichts mehr zu erkennen war.

Am 4. Tag wurde der Patient aus dem Krankenhaus entlassen und schon drei Wochen später konnte er wieder arbeiten. Er dankte mir für unsere Gebete und natürlich sagte ich ihm, genauso wie Noël, dass er allein Gott dafür danken müsse.“

Rückreise nach Bergamo im Zug – Januar 2005

Immer, wenn ich von Calvi nach Hause zurückkehrte, nahm ich den Intercityzug um 9.20 Uhr ab der Station Orte. An diesem Morgen wollten Fra' Elia und Frate Sergio mich begleiten und im Hinblick darauf, dass die Straßen vereist waren, entschlossen wir uns, rechtzeitig loszufahren. Nach einigen Kilometern war die Straße durch einen Unfall blockiert, zum Glück nichts Ernstes, doch wir verloren eine Menge Zeit. Wie auch immer, nach etwa zwanzig Minuten setzten wir uns wieder in Marsch, aber – Ironie des Schicksals – wurden gleich darauf von einem Polizisten angehalten, der unsere Papiere kontrollieren wollte. Ich fühlte, wie ich zu einem Eisblock gefror. Es fehlten nur noch zehn Minuten bis zur Ankunft des Zuges, und zu allem Überfluss hatten sowohl Frate Sergio als auch Fra' Elia ihre Papiere im Kloster zurückgelassen.

Frate Sergio stieg völlig unbekümmert aus dem Wagen aus und rechtfertigte sich bei dem Polizisten damit, dass er ein Ordensbruder sei „Und auch Fra' Elia ist einer“, fügte er hinzu. „Wir begleiten die Signora zum Bahnhof und da wir in Eile waren, haben wir die Papiere vergessen.“ Währenddessen schritt die Zeit unerbittlich voran und ich hatte bereits jede Hoffnung verloren, an dem Tag noch nach Hause zu kommen; doch der Polizist war sehr verständnisvoll und ließ uns ohne Strafzettel weiterfahren. Wir kamen kurz nach 9.25 Uhr am

Bahnhof Orte an. Obwohl ich mittlerweile keinerlei Hoffnung mehr hatte, noch rechtzeitig in den Zug steigen zu können, rannten wir alle zum Bahnsteig, während uns eine Stimme über den Lautsprecher verkündete, dass unser Intercity mit zwanzig Minuten Verspätung abfahren werde.

Ich blieb eine Woche in Bergamo und schon bald saß ich wieder im Zug nach Calvi, um Fra' Elia und Schwester Domenica nach Paris zu begleiten, einer Einladung von Pater Jean Bernard folgend.

An dieser Stelle möchte ich die Chronik jener Tage wiedergeben, die in der zweiten Ausgabe der Zeitschrift *„Angeli e Arcangeli" (Eng*el und Erzengel) veröffentlicht wurde.

Paris – 10. Februar 2005

Heute wurde die Stadt des Lichts von einem anderen Licht erleuchtet, einem, das aus den überströmenden Herzen quoll und der Hoffnung Tausender von Menschen entsprang, die gemeinsam mit Fra' Elia im Heiligtum der Madonna von Fatima, in der Nähe des *Gare du Nord*, des Pariser Nordbahnhofs, gebetet hatten. Die dreitausend Sitzplätze dieser riesengroßen Kirche reichten für diesen Anlass nicht, sodass sich die stehenden Menschen zu Hunderten bis in den letzten Winkel der Kirche zusammengedrängt hatten, sogar die Treppen zum Chor hinauf. Schließlich waren die Sicherheitskräfte gezwungen, die Kirche um einige hundert Personen zu räumen, aus Angst, die Treppe könnte einstürzen und die Fluchtwege versperren.

Die tüchtigen Organisatoren hatten einen solchen Zustrom von Menschen nicht vorhersehen können, zumal die beiden ins Französische übersetzten-Bücher über Fra' Elia erst etwa einen Monat zuvor erschienen waren. Es kam hinzu, dass in den einschlägigen Zeitschriften über das Ereignis berichtet und auch das Foto eines lachenden Fra' Elia auf der Titelseite veröffentlicht worden war; doch diese Demonstration des Glaubens war absolut nicht vorhersehbar gewesen, in einer Stadt wie Paris, welche die höchste Rate an Laizismus (d.h. einer verweltlichten Gesellschaft) aufwies und nur noch um die fünf Prozent praktizierender Katholiken hatte. (Eine kürzlich veröffentlichte Statistik ergab, dass sich zwar 65 % der Bevölkerung Frankreichs als katholisch bezeichneten, aber nur ein Viertel dieser Katholiken ihren Glauben praktizierten.)

Wie soll man sich also ein derartiges Phänomen erklären! Es konnte sich nicht nur um Fanatismus handeln oder um pure Verzweiflung oder Neugierde. Ich glaube, die Menschen „spüren" oder erfassen intuitiv, wen sie vor sich haben, ob eine Person echt oder falsch ist. Das Volk Gottes irrt sich selten, auch wenn es aus verschiedenen Motiven zu solchen Veranstaltungen kommt. Schon nach dem ersten Mal ist es fähig zu entscheiden, ob es sich lohnt, ein zweites Mal zu kommen. Ich hätte tausend Bücher über Fra' Elia schreiben können, aber wenn er als Bote Gottes seiner nicht würdig gewesen wäre, wäre der Rummel schnell vorbei gewesen.

Stattdessen strömten die Menschen herbei, auch wenn sie ihn nur predigen hörten, wie es in Paris der Fall war. Ein privates Treffen mit all den Menschen wäre schier unmöglich gewesen. Aber alle hatten die Möglichkeit, mit Fra' Elia gemeinsam den Rosenkranz zu beten, nach der Messe seine Ansprache zu hören und bei sieben anwesenden Priestern zu beichten, die sich den ganzen Tag in den Dienst des Herrn gestellt hatten.

Und nach der Messe sprach Fra' Elia zu den Menschen, in einer bemerkenswerten Stille, mit Pater Jean Bernard de Langalerie als Dolmetscher an seiner Seite.

„Liebt einander! Gebt, ohne Lohn, ohne Dankbarkeit zu erwarten! Seid demütig! Sagt dem Herrn jeden Tag Dank! Viele von euch leiden an sogenannten unheilbaren Krankheiten. Fürchtet euch nicht! Der Herr ist viel mächtiger als jede Wissenschaft.Betet: `Herr, nimm diesen dunklen Schatten von mir! Du hast gesagt: Bitte und du wirst empfangen. Deswegen stehe ich jetzt hier vor dir.` Wenn unser Glaube stark ist, überwindet er alles! Doch wenn der Glaube schwankend ist, tritt an seine Stelle die Depression. Und wenn man einmal in dieses Labyrinth eingetreten ist, gelingt es einem nicht mehr, den Weg wieder herauszufinden. Lernt, nicht immer nur nach hinten zu schauen. Wendet das Blatt, das Leben geht weiter. Warum gehen die Depressiven nicht in die Krankenhäuser, auf die Intensivstation, um jene zu sehen, die um ihr Leben kämpfen? Auf diese Weise könnten sie verstehen lernen, dass es ihnen viel besser geht und das Leben ein Geschenk des Herrn ist. Lernen wir, aufrichtig zu beten. Das Gebet besteht nicht aus einstudierten Worten. Man darf kein Herz aus Stein haben. Er möchte uns bei sich in seinem Haus sehen, in unserem Haus, im Hause aller und er will, dass wir lernen zu vergeben. Sagt mir: Warum seid ihr hier? (Antwortim Chor:) Wegen dir! –(Fra' Elia erwidert enttäuscht:) Kompliment! Und der Herr ist euch nicht wichtig? Er ist da und erwartet euch immer, wenigstens für eine Stunde am Sonntag. Dieses Heiligtum hier sollte immer so voll sein, wie heute!

Und dennoch überhäuft er euch mit Gnaden, auch wenn ihr das gar nicht bemerkt und sagt, dass ihr einfach nur Glück hattet!

Seine Worte waren immer einfach, jedoch leidenschaftlich, wenn sie von der Liebe Gottes erzählten, oder er uns erklärte, dass der Herr uns noch nie verraten habe, sondern uns immer vergebe, noch bevor wir ihn darum gebeten hätten; genauso, wenn uns Fra` Elia überzeugen wollte, dass der Herr uns keine Strafen und Krankheiten schickte (sondern wir sie uns durch eigene Fehler und unser Verhalten selbst zuzögen), da wir Kinder Gottes seien und der Herr uns vor allem ein Vater sein wolle.

Deshalb würden sich seine einfachen Worte meiner Meinung nach auch in den verhärtetsten Herzen eingravieren. Vielleicht ist es das, was der Herr von ihm will: dass Fra` Elia uns lehrt, Ihn zu lieben. „Hilf uns, o Herr, zu verstehen, wie sehr du uns liebst!“

Ausnahmezustand

Es passierte zum ersten Mal, dass während eines Gebetstreffens mit Fra' Elia die Hostien ausgingen, während die Eucharistie ausgeteilt wurde. Wie bereits erwähnt, halfen sieben Priester dabei, allen Teilnehmern die Kommunion zu spenden. Doch nach etwa der Hälfte waren die geweihten Hostien zu Ende gegangen, sodass eiligst Nachschub herbeigeschafft werden musste. Doch auch diese reichten nicht aus, sodass eine riesige Menschenmenge ohne Kommunionsgabe vor dem Altar stand.

Nach kurzer Beratung wurde mit lauter Stimme verkündet, dass ausnahmsweise um 16.30 Uhr noch einmal eine Messe gefeiert werde, damit auch die Übrigen die Kommunion empfangen könnten.

Von Maria Magdalena

Eines Morgens, kurz vor unserer langen Pilgerreise quer durch ganz Frankreich, die uns an jene Orte führen sollte, wo Maria Magdalena einst gelebt haben soll, wollte der diesbezüglich ungläubige Pater Jean Bernard, dass Fra' Elia ihn zum Grab von Maria Magdalena begleitete.

Wir waren zu siebt. Drei der Freunde blieben draußen vor dem angeblichen Ort des Grabmals stehen und vier von uns traten ein: Fra' Elia, Schwester Domenica, Pater Jean Bernard und ich. Tief bewegt folgten wir still Fra' Elia, der uns mit absoluter Zielstrebigkeit zu dem berühmten Grab führte. Nachdem er einige Runden um den Sarkophag gedreht hatte, rief er mit Gewissheit aus: „Das hier ist es!“ Dann sagte er zu uns: „Sie ist seit 26 Jahren an diesem Ort hier! Ein Staatsmann hat sie hierher gebracht, ein sehr bedeutender, der sie sehr verehrt hat.“ Fra' Elia kniete sich vor dem Türspalt der Glastür, die den Sarkophag schützte, nieder: „Sie ist es wirklich! Ein Duft von Blumen strömt aus ihrem Körper. Riecht nur!“ Also knieten auch wir uns der Reihe nach nieder, um in der Tat einen leichten Blumenduft zu schnuppern, der durch den dünnen Spalt hervorströmte. Wir blickten nach oben: Über dem Grab hier befand sich eine Pyramide. Fra` Elia hatte also wider anderslautender Thesen über den Ort des Grabes Recht behalten!

Von Paris nach Marseille

In den folgenden Tagen reiste Fra' Elia, begleitet von Schwester Domenica und mir, wie auf einer Pilgerreise quer durch ganz Frankreich, von Norden nach Süden, in Etappen von 450 Kilometern täglich und Aufenthalten in Clermont Ferrand sowie Tarascon. Überall wurde er von Hunderten von Gläubigen empfangen, die in den jeweiligen Basiliken auf uns warteten. Jeden Tag gab es intensive Gebete, Konferenzen und wo es möglich war, auch persönliche Gespräche mit Fra' Elia.

Für ihn war es ein immenses Geschenk, jene Orte besuchen zu dürfen, wo Maria Magdalena dreißig Jahre lang gelebt hatte, und den Rosenkranz vor ihren Reliquien zu beten. Er sagte mir, dass er sie neben sich hören konnte, und seine Rührung war dementsprechend groß. Seine Rede in der Basilika der Maria Magdalena in Marseille, vollkommen durchtränkt vom Leben der Heiligen, bewegte alle Anwesenden, und zwar derart, dass der Präsident der Vereinigung zur Verteidigung jener Orte, die Maria Magdalena als den ersten Apostel Jesu evangelisieren sahen, einen seiner Abgesandten schickte. Dieser dankte Fra` Elia, weil noch nie jemand so über Maria Magdalena gesprochen habe wie er.

Montag, 14. Februar 2005 – Rückkehr nach Paris, wegen der Einladung zu einem Interview durch den berühmten Marianischen Theologen, Pater René Laurentin.

Mit etwas Verspätung trafen wir, begleitet von Pater Jean Bernard, im Kloster der Schwestern Unserer Lieben Frau von Sion (die sich die Bekehrung der Juden zur Aufgabe gemacht haben) ein, etwa dreißig Kilometer von Paris. Als wir dann aufgrund des hohen Verkehrsaufkommens mit Verspätung in die Kapelle des Klosters traten, hatte die Messe, die Pater Laurentin zelebrierte, schon angefangen.

Leise nahmen wir in der letzten Bank Platz. Dennoch sah uns der Pater und in einem geeigneten Augenblick sprach er folgende Worte: „Opfern wir diese Messe für einen Bruder aus Italien auf, der mit den Charismen Gottes ausgezeichnet worden ist.“

Diese Worte überraschten mich und sie bewegten mich auch sehr, weil die Kirche gewöhnlich sehr vorsichtig auf die neuen Charismatiker Bezug nahm und Pater Laurentin war mit Gewissheit einer ihrer berühmtesten Repräsentanten. Doch im Fall Fra' Elias hatte er sich sicherlich genau informiert und das wunderbare Interview gelesen, das seine rechte Hand, Patrick Sbalchiero im *Chrétiens Magazine* im letzten November veröffentlicht hatte.

Jedenfalls war es nach diesem Interview, dass Pater Laurentin Fra` Elia selbst in sein Haus einlud, um ihn persönlich kennenzulernen. Und nun waren wir endlich hier, in seiner Messe, doch leider ging es Fra' Elia, geschwächt durch die Tortur der Fastenzeit (nur Flüssignahrung!) und die Strapazen der letzten vier Tage, in der Tat nicht gut, obwohl er natürlich das Gegenteil beteuerte. Hoffen wir, dass alles gut geht, dachte ich! Indessen war die Messe beendet und in dem Moment, wo Pater Laurentin sagte: „Gebt euch die Hand zum Zeichen des Friedens", gab er ihm noch einmal vor allen ein Zeichen des Wohlwollens, indem er vom Altar herunterkam und durch die ganze Kirche hindurch zu Fra' Elia ging, um ihn mit einem Lächeln zu umarmen.

Später dann, in dessen Büro, hat Fra' Elia alle Fragen ohne Zögern beantwortet. Aber wer war dieser Pater Laurentin?

Lebenslauf von Pater René Laurentin: ein Werk, ein Leben

Über Pater Laurentin zu sprechen, den größten lebenden Mariologen der Welt, ist mehr als gewagt und fast unmöglich. Während ich in seiner Biografie (in französischer Sprache) vom April 2005 blättere, weiß ich wirklich nicht, wo ich anfangen soll. Daher will ich versuchen, mit einer Zusammenfassung seiner persönlichen biografischen Daten zu beginnen.

Geboren am 19. Oktober 1917 in Tours, als Sohn von Maurice Laurentin, Architekt, und Marie, geborene Jactel, beendete er seine Gymnasialstudien am Institut Saint Marie de Cholet. Danach trat er im Oktober 1934 in das Seminar der Katholischen Universität von Paris ein, wo er zeitgenössische Philosophie mit dem Spezialgebiet „Thomas von Aquin" studierte. 1938 absolvierte er seinen Hochschulabschluss in Philosophie an der Sorbonne.

Am Ende seines ersten Jahres in Theologie (1937/1938) wurde er als Offizier der Infanterie während des Zweiten Weltkriegs vom Militär gezogen. Er wurde mit dem Heldenkreuz (zweimal vorgeladen) und dem der Ehrenlegion ausgezeichnet. Während der Gefangenschaft in Belgien (Mai 1940) und seiner Überführung nach Deutschland lernte er auf der Universität Oflag, wo er seine theologischen Studien fortsetzte und unter der Leitung von Pater Génévois, O.P., mit der Mariologie begann, Hebräisch. Von einem deutschen Kriegsgericht wegen „Militärischer Widersetzung" verurteilt, endete seine Gefangenschaft 1945 in der Festung Königstein, wo sich auch ein Gefangenenlager mit sechzig französischen Generälen befand, aus dem der General Giraud entflohen war.

Nach seinem Hochschulabschluss in Theologie (Juli 1946) wurde Pater Laurentin am 8. Dezember von seiner Exzellenz Monsignore Blanchet, dem

Rektor des Katholischen Instituts von Paris, zum Priester geweiht. Der Pater bereitete drei Texte (Literatur und Theologie) über die Jungfrau Maria vor und reiste daher auf der Suche nach Dokumenten in die wichtigsten Städte von Europa: von London über Sevilla, Dresden, Paris, Innsbruck bis nach Klagenfurt, von Ljubljana nach Rom, wo er den Winter 1946/1947 verbrachte. Er war gebeten worden, das Thema „Die selige Jungfrau Maria und ihre Rolle in Europa“ zu vertiefen. 1952 bekam er von der Sorbonne die Doktorwürde (Thema: Mariologie) und am 9. Februar 1953 vom Katholischen Institut von Paris den Doktortitel in Theologie (mit Auszeichnung) verliehen. Im Oktober 1955 wurde er an der katholischen Universität von Angers zum Professor für Theologie ernannt.

Weitere Etappen in Kürze: Vizepräsident der französischen Vereinigung marianischer Studien (1962 – 1977), Berater für die Kommission zur Vorbereitung des II. Vatikanischen Konzils im Jahre 1960, danach Konzilsexperte von 1962 – 1965; ab Frühling 1963 Berichterstatter des Konzils für dieberühmte französische Zeitung *Le Figaro.*

Beim zweiten Wahlgang war er der Erste, der die Wahl von Papst Paul VI. vorhersagte.

Abt Laurentin, der klassisch-theologisch erzogen wurde, tritt nicht gerne öffentlich in Erscheinung. „Nicht ich bin es, der sie gesucht hat! Sie sind es, die gekommen sind, mich aufzusuchen“, pflegt er zu sagen. Im Jahre 1953 hatte Monsignore Théas ihn um ein Werk über „eine Theologie von Lourdes“ gebeten. Als das Werk beendet war, enthielt es mehr als dreißig Bände. Es trug dazu bei, die ständige Polemik hinsichtlich freien Denkens abzustellen, und erneuerte die Pastoral in Bezug auf Lourdes. Dieser Erfolg führte zur Erstellung einer ähnlichen Studie über Pontmain, über die Wunderbare Medaille und Fatima, wo er einen Posten als Berater annahm.1981 wurde er von Rom autorisiert, wieder das Dossier über Yvonne-Aimé de Malestroit zu öffnen und dieses zu veröffentlichen, was durch ein Dekret des Heiligen Offiziums verboten worden war. So gelang es Pater Laurentin durch methodische Arbeit, in ihrer Rehabilitation voranzukommen. Das Werk umfasst zwölf Bände.

Von 1983 an wurde er trotz seines Widerspruchs *der* Spezialist für alle aktuellen Erscheinungen, die sich in aller Welt ausbreiten.

Ständig wird er zu unzähligen Radio- und Fernsehsendungen in Frankreich, Deutschland, Italien, Argentinien, Kanada, Schweiz, Polen, in die Vereinigten Staaten, nach Russland und Venezuela eingeladen. In der Rolle des Universitätsdozenten und kompetenten Journalisten hat Abbé Laurentin mit über zweitausend Artikeln ein großes Fenster zur Welt geöffnet. Davon erschienen tausend im *Le Figaro* und im Verlauf von fünfzehn Jahren etliche Hundert im *Chrétiens Magazine.* Überzeugt, dass das Leben in den Ortskirchen, als Ort lebendiger Tradition, eine unerlässliche Quelle ist, hat er systematisch Kirchen

Fra´ Elias Traum

Das Kloster. Um 1213 erste Hinweise in Calvi dell' Umbria, wurde es 2003 von der Stiftung Fra' Elia von den Aposteln Gottes gekauft (als rechtskräftige Stiftung anerkannt). Diese hat die Renovierungsarbeiten in die Wege geleitet.

Renovierung. Einige Momentaufnahmen von den Renovierungsarbeiten des Klosters.

Renovierung: Alle leisten ihren Beitrag zu den Arbeiten.

Der neue Flügel. So sieht heute der Teil des Klosters aus, in dem die Renovierungsarbeiten beendet sind.

Die Kapelle.
Nach der Renovierung ist die kleine Kapelle des Klosters zu altem Glanz zurückgekehrt.

Die Heilige Thekla
Die vier antiken Reliquienbehälter der Heiligen Thekla, welche Fra' Elia von seinem Freund Guillome, anlässlich seiner letzten Reise nach Brüssel, geschenkt bekam. Die Reliquien der „unschuldigen Märtyrer" helfen besonders unfruchtbaren Frauen und jenen, die eine Fehlgeburt erlitten haben – in vollkommenem Einklang mit der Mission Fra' Elias und seinem Charisma, speziell bei solchen besonderen Problemen Hilfe zu leisten.

Mitbrüder. Fra' Elia umarmt Bruder Sergio Maria, den ersten Novizen der Gemeinschaft der Apostel Gottes. Neben ihnen erkennt man Pater Oronzo, den spirituellen Vater von Fra' Elia.

Schwester Domenica.

Biografin und Freundin. Fra' Elia mit Fiorella Turolli.

Mitarbeiter. Die Gruppe der Freiwilligen, die Fra' Elia während seiner Gebetstreffen in Calvi dell' Umbria hilft. Sitzend von links nach rechts: Angela, Fratello (Bruder) Pasquale, Schwester Domenica, Fra' Elia, Fiorella Turolli, Marco, Fra' Sergio, Pietro. Stehend von links nach rechts: Pepe (der Architekt des Klosters), Rosaria, Chiara, Roberta, zwei Freunde, Alessio, Alberta, die Postbotin (26. März 2006).

Überaus treu: Der Carabiniere Giovanni, ein regelmäßiger Besucher des Klosters.

Freunde. Fra' Elia, gemeinsam mit Freunden aus dem Friaul, die ihm von Beginn an in Liebe gefolgt sind und miteinander zusammenarbeiten, um die Treffen in Udine zu ermöglichen.

Casa-famiglia. Cercivento (Ud).

Casa-famiglia. In Cercivento (UD) hat die Gemeinde Fra' Elia ein historisches Gebäude zur Verfügung gestellt, Casa Cjandin, das dafür bestimmt ist, Jugendliche aufzunehmen, und das ein polyfunktionales Zentrum sein soll für verschiedene Schulen des lokalen Kunsthandwerks. Das Gebäude wurde am 13. Juli 2005 in Gegenwart örtlicher Autoritäten eingeweiht.

Das Interesse der Medien. Einige Artikel, die vor kurzem in der Presse erschienen sind.

Calvi Il convento di San Francesco preso d'assalto dai fedeli

Una folla da Fra' Elia

Cinquemila persone in fila per vederlo

CALVI - Il piccolo borgo umbro e in generale tutto il territorio narnese sono stati letteralmente presi d'assalto da migliaia di pellegrini che lo scorso week end si sono recati da Fra' Elia.
Duemila persone sabato e circa tremila ieri hanno invaso il convento di San Francesco, dove Fra' Elia viene ospitato l'ultimo fine settimana di ogni mese, per poter ricevere in fede ed in preghiera un momento di attenzione dall'ormai conosciuto frate.
Come si diceva, il fine settimana passato, ha fatto registrare il tutto esaurito negli alberghi e negli

mentando vertiginosamente le presenze e la curiosità mediatica,dovute al momento particolare del frate, che nel periodo quaresi-

Ressa e chilometri di file per incontrare frate Elia

di MARCELLO GUERRIERI

CALVI - I carabinieri sono stati costretti a mettere le transenne per evitare calca e disordine. Le tante, tantissime, persone che si sono presentate nell'ultimo fine settimana del mese, davanti a Fra' Elia, ospite della chiesa di San Francesco a Calvi, chiamate da un tam tam irrefrenabile, hanno messo in crisi il traffico insieme agli alberghi, ai ristoranti ed all'intero Comune.

Quattromila, forse addirittura cinquemila, in fila, con la speranza di poter parlare al frate, riuscire a spiegargli i propri problemi, con un servizio d'ordine efficiente e sbrigativo.

Insomma, un fenomeno. E prima di andare avanti nel racconto, va ricordato un fatto curioso: dieci anni un altro frate, che si chiamava anch'egli Elia, era in odore di santità nella stessa chiesa. Una strana coincidenza. E chissà, un precursore?

L'entità del fenomeno lo dimostrano le targhe dei bus, della auto che parcheggiano lungo la strada, provenienti da tutt'Italia, anche dalla Gre-

La strada antistante il convento di Calvi intasata da autobus e vetture dei fedeli

Ormai i miracoli del fraticello hanno varcato i confini, a gara per parlare con il francescano

zando entrò Daniele Radici, all'epoca il sindaco. Sentendo dire che Fra' Elia cercava un convento si fece avanti: "Il convento ve lo trovo io"».

Roma, alla presenza di ... migliaia di devoti giunti da ogni parte del mondo...

Frate Elia

Frate Elia degli Apostoli di Dio, 44 anni, fondatore della comunità religiosa che porta il suo nome, vive nel convento di Calvi dell'Umbria. Fin dai primi anni della sua vita, nel periodo pasquale, accusava strani malori, debolezza, dolori di stomaco, bruciori, che all'improvviso scomparivano dopo la Pasqua. Racconta: «Avevo 7 anni quando ebbi una visione di angeli nella camera dei miei genitori». Adesso nel periodo pasquale Frate Elia rivive la passione di Cristo. Il suo corpo inizia inspiegabilmente a sanguinare come flagellato e si manifestano le stigmate. Intorno alla sua comunità, a Calvi, sta crescendo un movimento di fedeli che attribuisce al frate interventi miracolosi mentre la Chiesa ancora non si sbilancia.

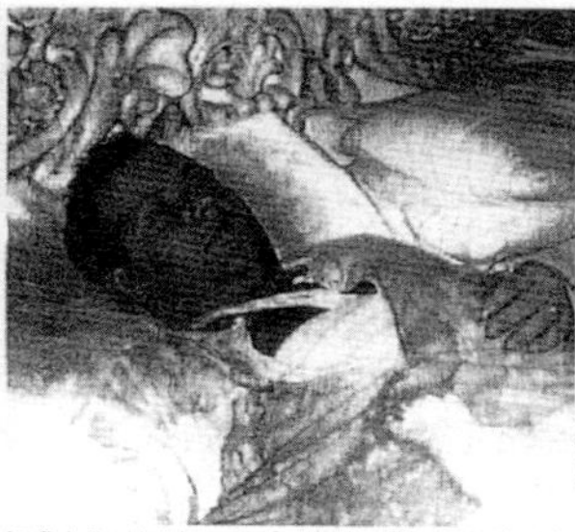

Frate Elia: ha 44 anni. A sette ha raccontato di aver visto gli angeli [Foto da Orvieto Magazine]

Padre Pio: Il 2 maggio del 1999 è stato proclamato beato da Giovanni Paolo II

TRA RELIGIONE E SUGGESTIONE NEL PAESE DI FRATE ELIA OGNI MESE ARRIVANO DECINE DI PULLMAN. E C'E' CHI SI ACCAMPA PER GIORNI FUORI DALLE MURA DEL CONVENTO

L'Umbria in coda per il «nuovo Padre Pio»

Ha le stimmate e dai piedi esce sangue profumato. I fedeli: guarisce e legge nelle anime

la storia
MARIA CORBI

ROMA

La strada che porta al convento di San Berardo è tortuosa e aperta su due valli. Quando arrivi all'incrocio della vecchia strada per Narni ti sembra di essere tornato al tredicesimo secolo.

così, ora che inizia ad essere difficile applicare il silenziatore a questa vicenda, le autorità ecclesiastiche hanno imposto a lui e ai suoi confratelli il divieto di farsi intervistare.

Quando lo vedi, questo frate, figlio di contadini, nato in Puglia 44 anni fa, piccolo e robusto, con la barba e gli occhi mobili, non immagini certo di trovarti di fronte a un asceta. Solo quando alza le braccia e le maniche del saio scoprono le

volta, si è beccato uno schiaffo dalla madre. Esteticamente è più un tipo da «due tiri ad un pallone» che da delirio mistico. E in fondo di lavori «terreni», prima di indossare il saio dei Cappuccini e di inerpicarsi sulla strada della santità, ne ha fatti molti. Postino, garzone di un negozio di frutta e verdura, fioraio, badante, cuoco in un carcere. Nel suo curriculum anche un soggiorno di otto mesi in India come volontario in una

La moglie dell'allenatore Prandelli ha confessato «La sua presenza ti dà serenità e la forza di superare tutto»

francese di «Chretien Magazine». E con la speranza che Dio

ciò che io posso testimoniare oggi è che sono molto dolorose e la sofferenza è giornaliera». Non è stato così e adesso lui racconta di rivivere la passione del Signore ogni venerdì, in maniera più intensa durante la settimana santa: «Durante quei giorni devo stare a letto, stremato, incapace di lavorare. Inoltre devo digiunare per tutti i quaranta giorni della Quaresima. Riesco a bere solo dei liquidi»

In questi, giorni, quindi, rice-

2003, in cui attende altri frati. «Da tre saliremo a dieci», ha annunciato.

Le folle piene di speranza e di attesa che arrivano qui non hanno dubbi sulle conversazioni privilegiate che Frate Elia ha quotidianamente con la Vergine Maria («Bellissima, e giovane. Il suo viso è radioso. E' incomparabilmente più bella di tutte le sue immagini esistenti») ma anche con Gesù, Padre Pio, l'angelo custode Lechitiel. Per l'ultima

maggio, quando fra' Elia tornerà a ricevere. Tre anni fa, le prime volte che i pullman occuparono tutta la strada, la gente del luogo chiamava i carabinieri, spaventata. Oggi si sono abituati a convivere con il «santo» come lo chiamano qui. E hanno capito che anche gli affari ci guadagnano. Gli alberghi si moltiplicano insieme alle visite.

Tra tre settimane anche Francesca ci sarà, di nuovo, con il suo dolore e la sua speranza. «Per-

Calvi dell'Umbria Durante la Quaresima si moltiplicano le persone che cercano di incontrare il religioso

Il convento di San Francesco assediato dai fedeli di Fra' Elia

CALVI DELL'UMBRIA - Una folla immensa di persone provenienti da tutta la penisola per incontrare Fra' Elia: il piccolo comune narnese e ancora più da vicino il convento di San Francesco, dove il frate è ospite, sono presi d'assalto da migliaia di fedeli che già da ieri mattina e fino a stasera si stanno recando dal religioso che in questo periodo quaresimale manifesta da quando era più giovane (oggi ha 43 anni) fenomeni di forte sudorazione, sangue e lesioni improvvise sul corpo e sul palmo delle mani, proprio come quelle raccontate per la Passione di Cristo.
I pellegrinaggi dal frate di calvi dell'Umbria avvengono durante tutto l'anno, nell'ultimo week-end di ogni mese, ma in questo periodo si assiste ad un forte incremento dell'attenzione mediatica e delle visite (in questo fine settimana sono circa cinquemila gli arrivi nel borgo umbro con arrivi di pullman provenienti dalla Sardegna, dal Piemonte, dalla Puglia e da molti altri luoghi della penisola) di tutte quelle persone che attratte dal "momento" particolare del frate chiedono ancora con maggiore coinvolgimento un momento di attenzione.
Già da venerdì sera gli agriturismi e gli alberghi della zona registravano il tutto esaurito e testimonianze raccontano di persone che hanno dormito addirittura nelle macchine e nei camper posteggiati davanti al convento per aspettare di prendere i numeri per le visite al frate, consegnati solo ieri mattina. Soltano questasera, probabilmente molto tardi, finirà il pellegrinaggio di tutti i fedeli e senza dubbio ci sarà chi, a causa della grande quantità di persone, non potrà incontrare Fr'a Elia, accontentandosi soltanto di respirare l'aria di fede e serenità che in questi giorni aleggia nel piccolo comune del narnese.
Lo scorso fine settimana, ricordiamo, sono comunque stati quasi duemila i fedeli che si sono portati nel convento della chiesa di san Francesco per poter essere ricevuti dal religioso.

c. r.

San Francesco Ospita Fra' Elia

Tesi di laurea sul Gattamelata

NARNI - "Erasmo da Narni detto il Gattamelata nella storia e nell'arte" è il titolo di un'interessante tesi di laurea che parla della città e dei suoi illustri personaggi. A discuterla è stata la narnese Eleonora Pace che venerdì si è laureata dottoressa in Lingue e Letterature Straniere presso l'università degli studi di Roma "Lumsa".

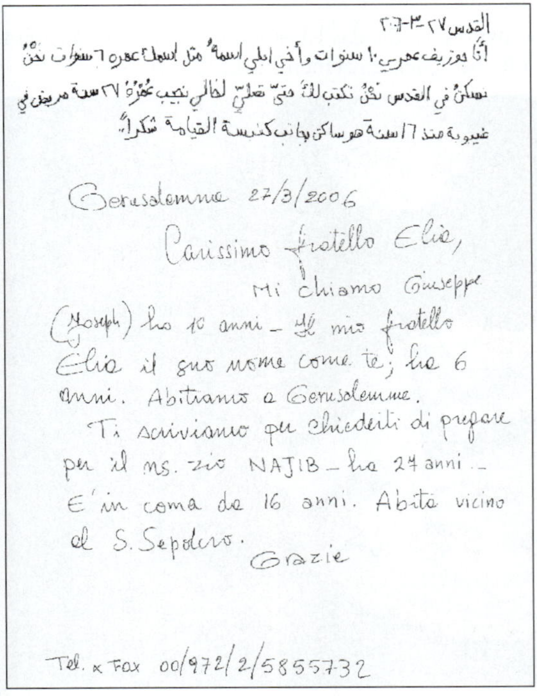

القدس ٢٧-٣-٢٠٠٦

أنا جوزيف عمري ١٠ سنوات وأخي ايلي اسمه مثل اسمك عمره ٦ سنوات نحن نسكن في القدس نحن نكتب لك حتى تصلي لخالي نجيب حمزة ٢٧ سنة مريض في غيبوبة منذ ١٦ سنة هو ساكن بجانب كنيسة القيامة شكراً.

Gerusalemme 27/3/2006

Carissimo fratello Elia,

Mi chiamo Giuseppe (Joseph) ho 10 anni – Il mio fratello Elia il suo nome come te; ha 6 anni. Abitiamo a Gerusalemme.

Ti scriviamo per chiederti di pregare per il ns. zio NAJIB – ha 27 anni. – E' in coma da 16 anni. Abita vicino al S. Sepolcro.

Grazie

Tel. x Fax 00/972/2/5855732

Briefe. Fra' Elia erhält Berge von Briefen und eMails aus der ganzen Welt. Ein Junge von sechs Jahren schrieb ihm sogar aus Jerusalem. Zahlreich auch die Gebetswünsche, welche während der Gebetstreffen entgegen genommen werden.

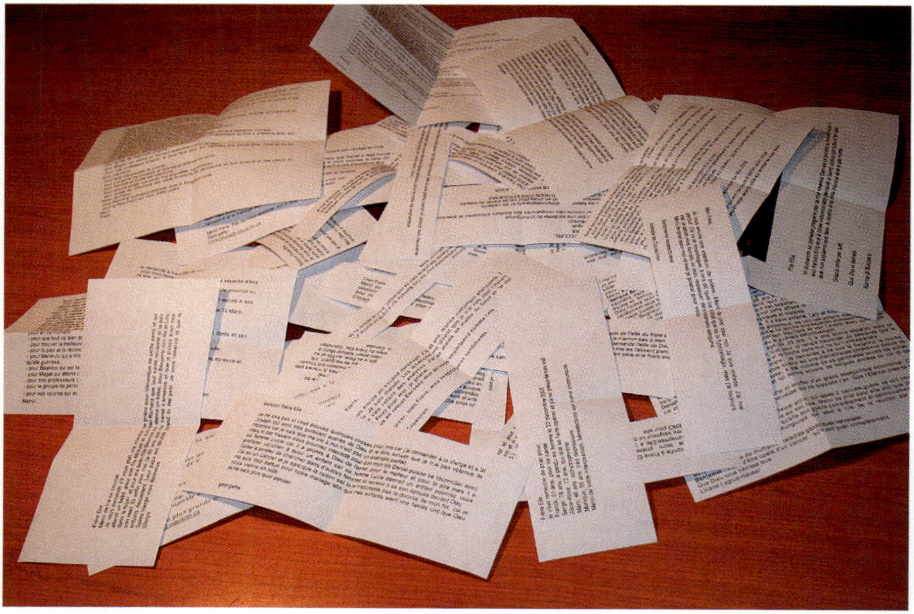

Gebetswünsche. Alle Fotos und Gebetswünsche, die das Kloster erhält, werden in einem Korb gesammelt, über welchem Fra' Elia für jeden einzelnen Fürbitte hält.

Internationaler Ruhm. Fra' Elia ist auch im Ausland schon sehr bekannt und die Bücher von Fiorella Turolli wurden bereits in Französisch, Deutsch, Maltekisch und in Englisch übersetzt.

Die Gelübde. Fra' Elia ist ein geweihter Laienbruder, so er seit 15 Jahren jedes Jahr seine Gelübde erneuert. Die ersten Gelübde hat er am Ende seines Noviziats im Kloster der Kapuziner in Lovere abgelegt. Hier sehen wir ihn beim Ablegen der Gelübde am 17. Februar 2001 und am 28. Dezember 2003, in Gegenwart von Mons. Eugenio Marturano, früher Beamter der Kurie beim Kirchengericht des Vikariats von Rom. Fra' Elia hat noch nicht die ewigen Gelübde ablegen können, da er als Begründer einer neuen religiösen Gemeinschaft, (die unter kirchlicher Beobachtung steht) noch nicht anerkannt wurde.

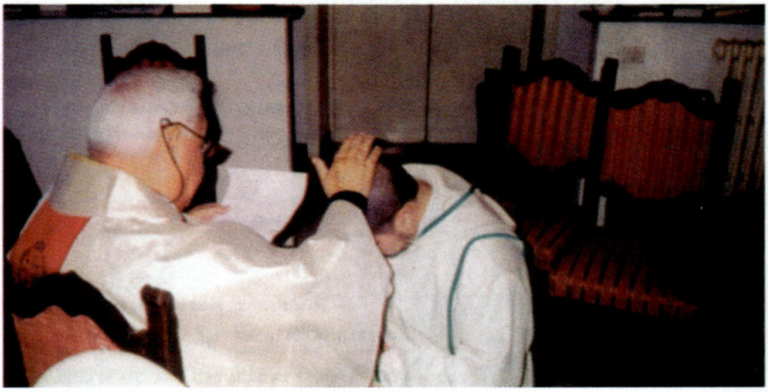

Die Passion. ***Die Fotoserie dokumentiert die Passion, wie Fra' Elia sie Ostern 2006 erneut erlebt hat.***

Mittwoch 12. April, 8 Uhr. Im Refektorium Prof. Marcelletti (Foto zweiter von oben und links) im Gespräch mit Fra' Elia. Prof. Marcelletti trat das Erbe von Prof. Margnelli an, und betreut die wissenschaftliche Beobachtung und Analyse der Phänomene in Bezug auf Fra' Elia. Der Bericht, den der Professor anlässlich der von Fra' Elia erlittenen Passion 2006 erstellt hat, wurde dem Bischof von Terni übergeben, wo er im Moment noch strengster Geheimhaltung unterliegt.

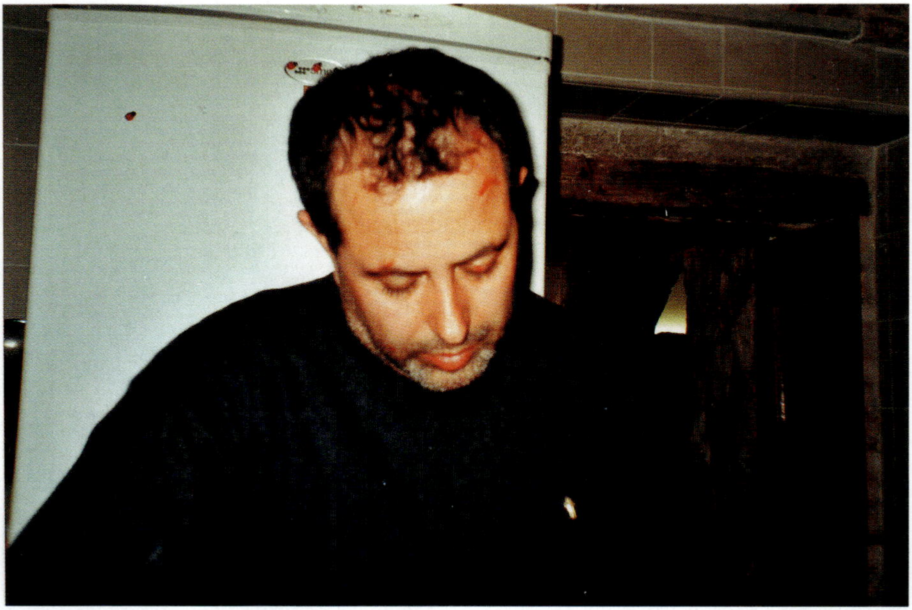

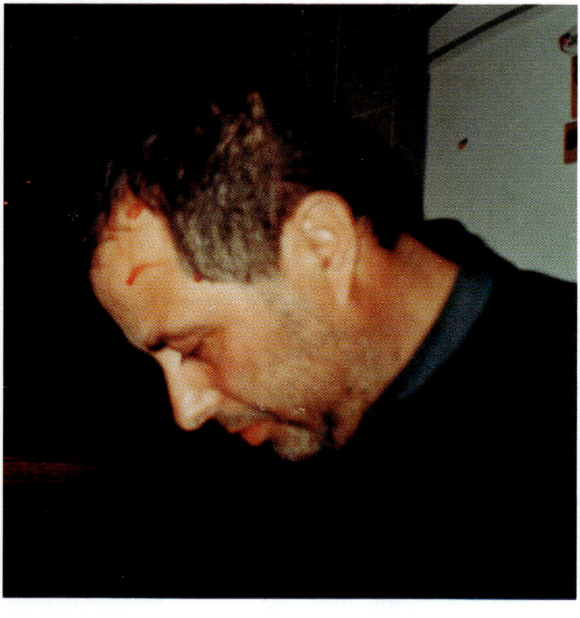

Mittwoch 12. April, Abend. Auf Fra' Elias Gesicht erscheinen die ersten Zeichen der Passion.

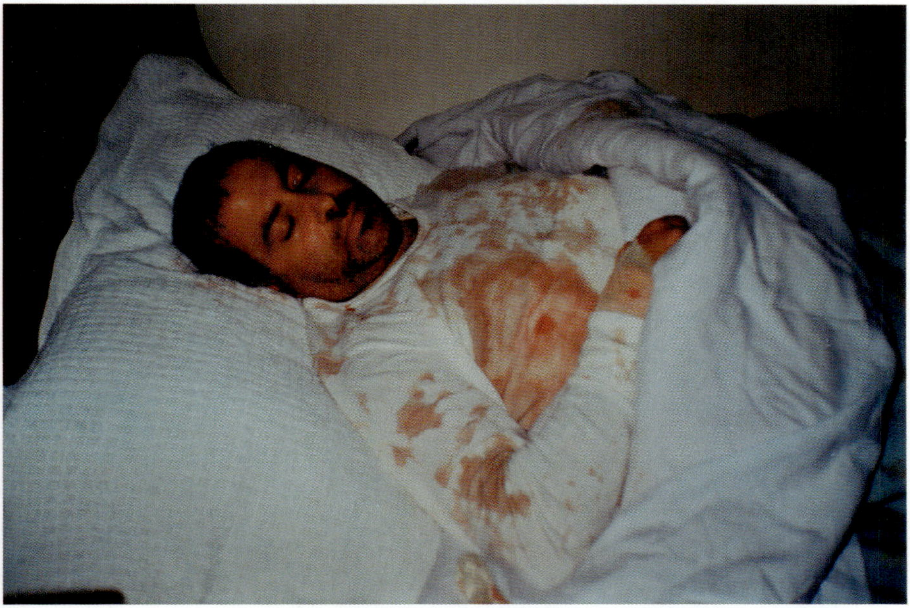

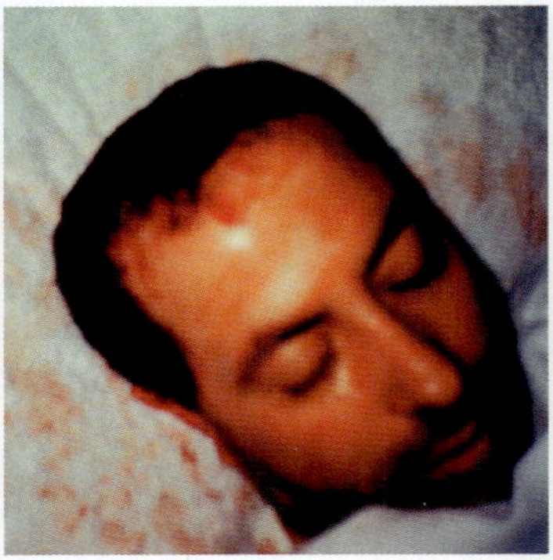

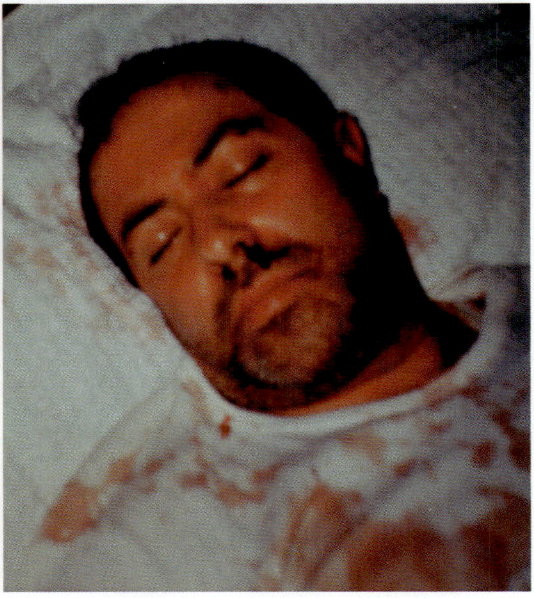

Donnerstag 13. April, 8 Uhr, 9 Uhr, 10 Uhr. Fra' Elia liegt mit den Zeichen der Passion, welche sich auf seinem Körper gebildet haben, leidend und blutend im Bett.

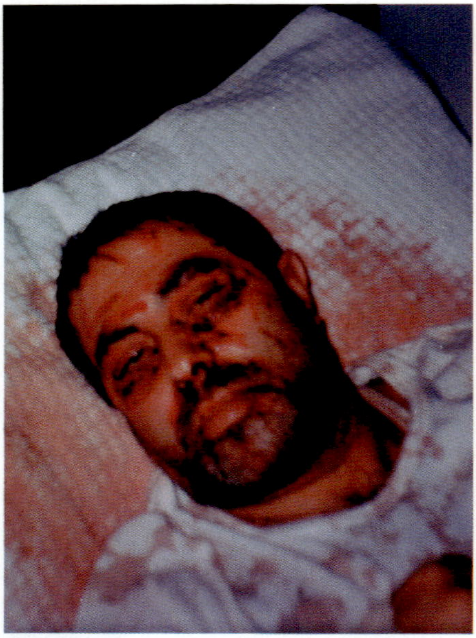
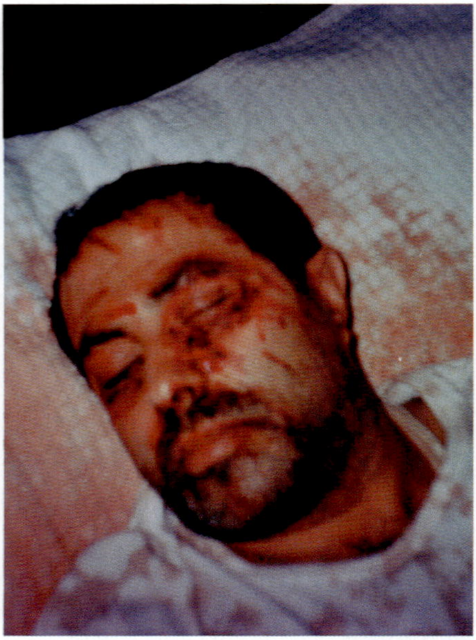

Freitag 14. April, am Morgen. Alle Zeichen der Geißelung sind nunmehr auf Fra' Elias Gesicht und Körper sichtbar.

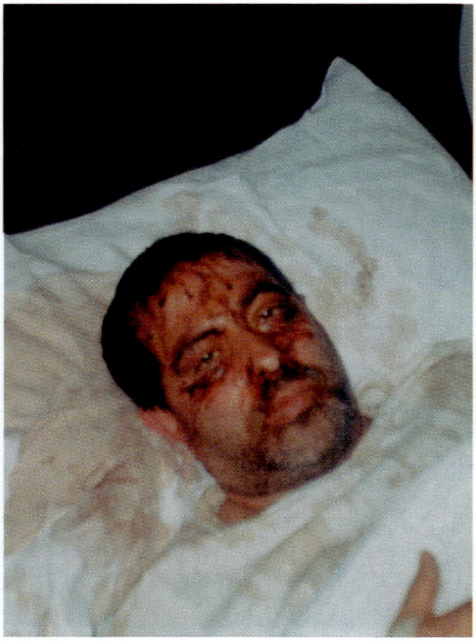
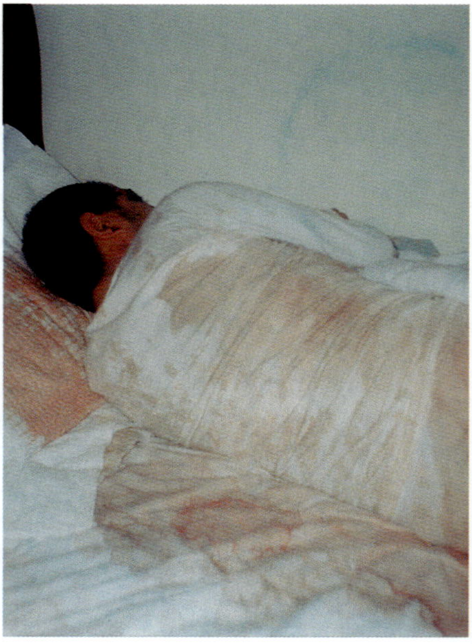

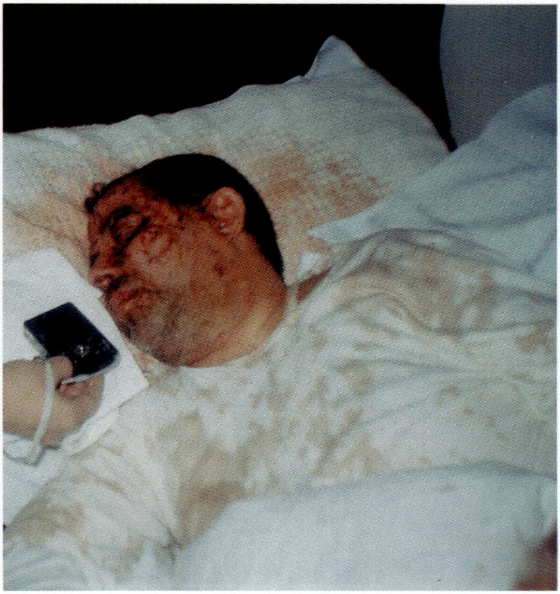

Freitag 14. April.
Fra' Elia spricht aramäisch, während Sylvia Giardin, die Mitarbeiterin von Abbè Laurentin, dies mit dem Recorder aufzeichnet.

Freitag 14. April. Im Mund von Fra' Elia materialisiert sich die Hostie.

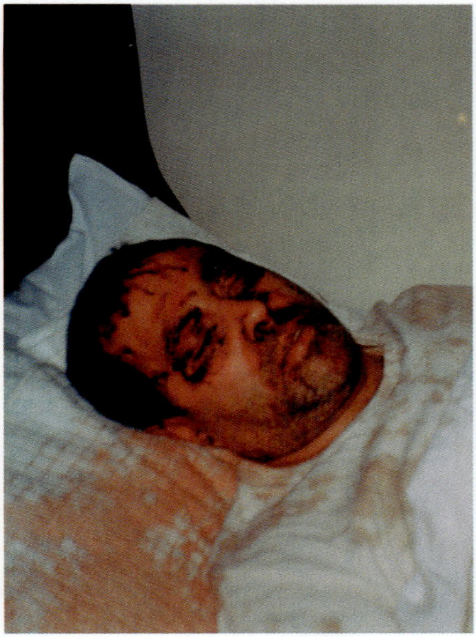

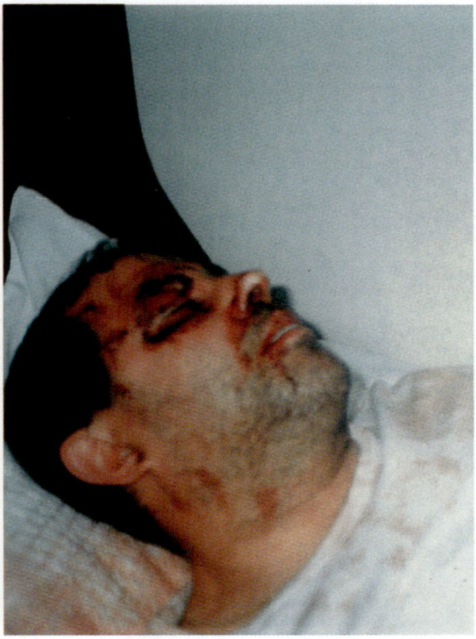

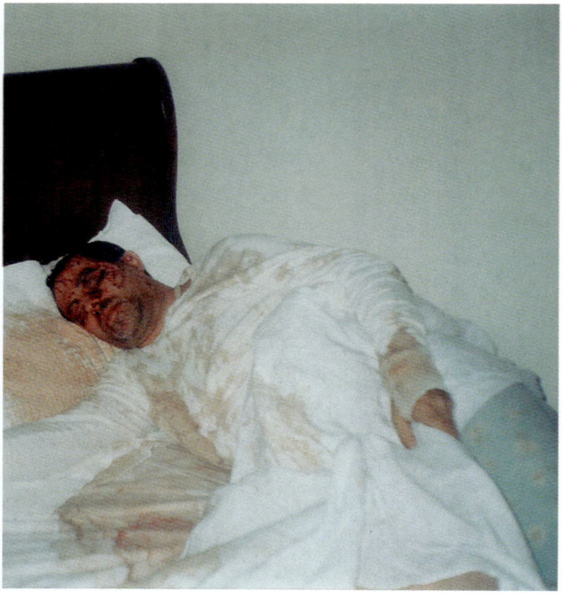

Freitag14. April.
Weitere Bilder von Fra' Elia vom Karfreitag.

Samstag 15. April, 12 Uhr.
Die Stigmata auf den Händen von Fra' Elia.

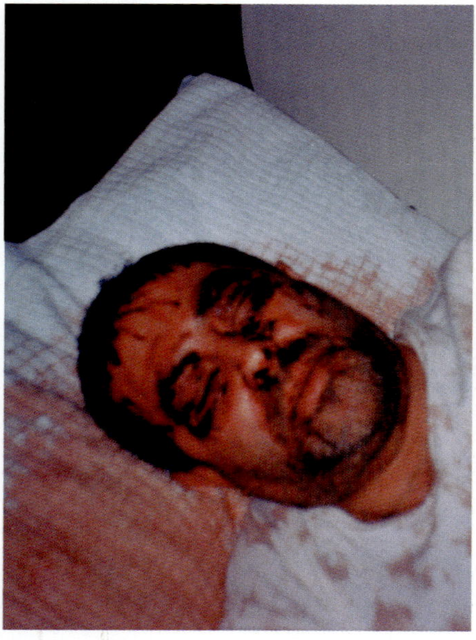

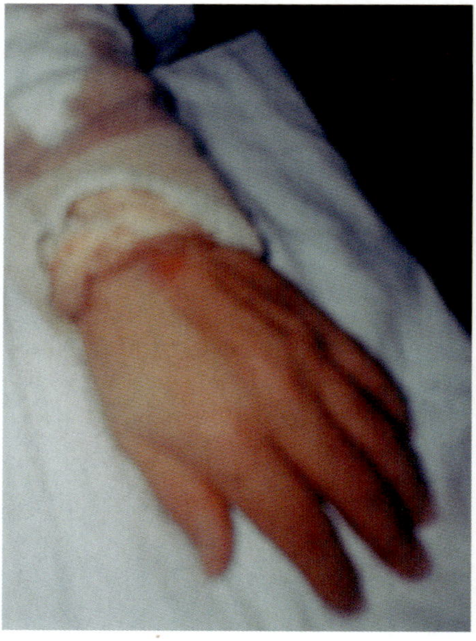

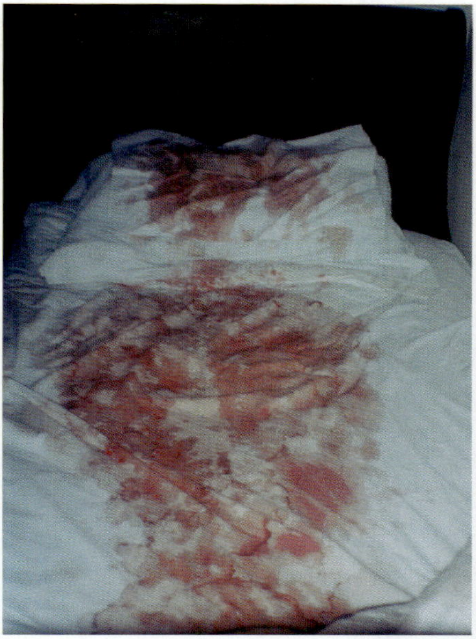

Samstag 15. April, 13 Uhr. Fra' Elias Bett, völlig mit Blut befleckt.

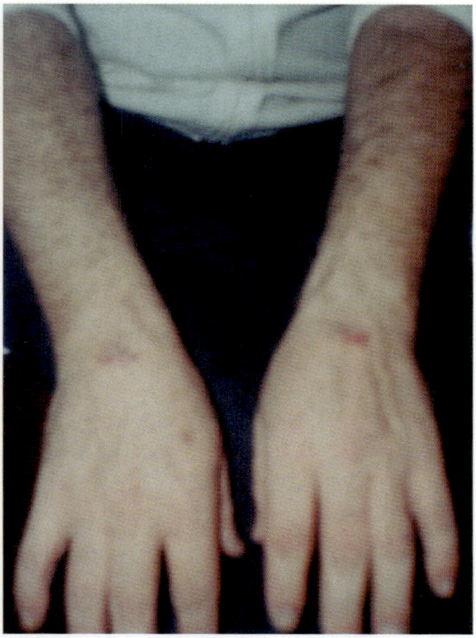

Samstag 15. April. Die Stigmen an Fra' Elias Händen und Füßen beginnen zu verschwinden.

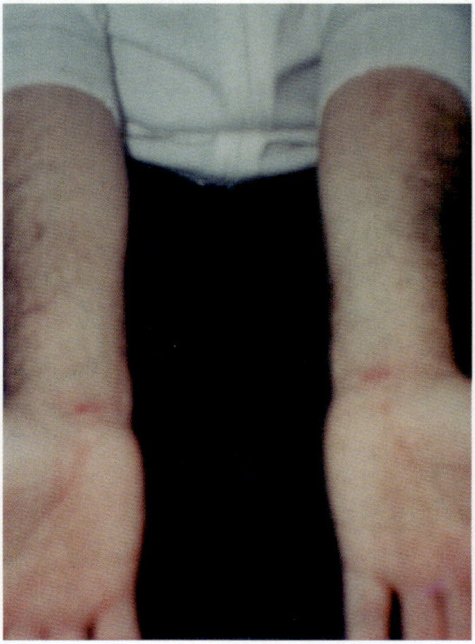

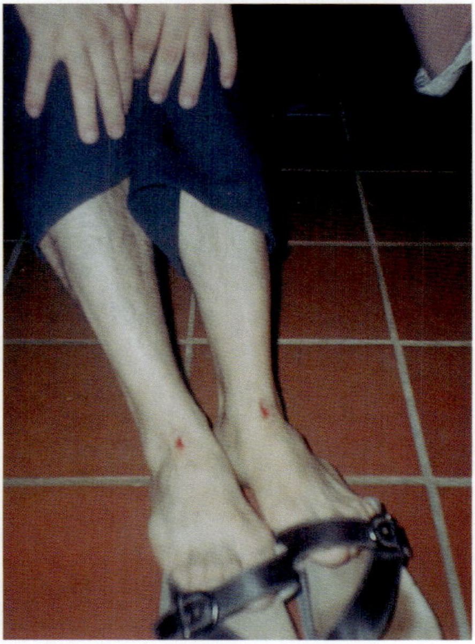

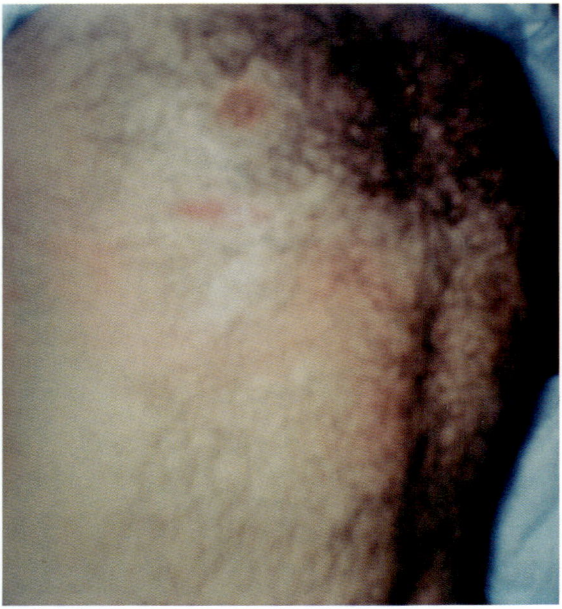

Samstag 15. April.
Auch von den Wunden am Brustkorb und der Seitenwunde sind nur noch schwache Male übriggeblieben.

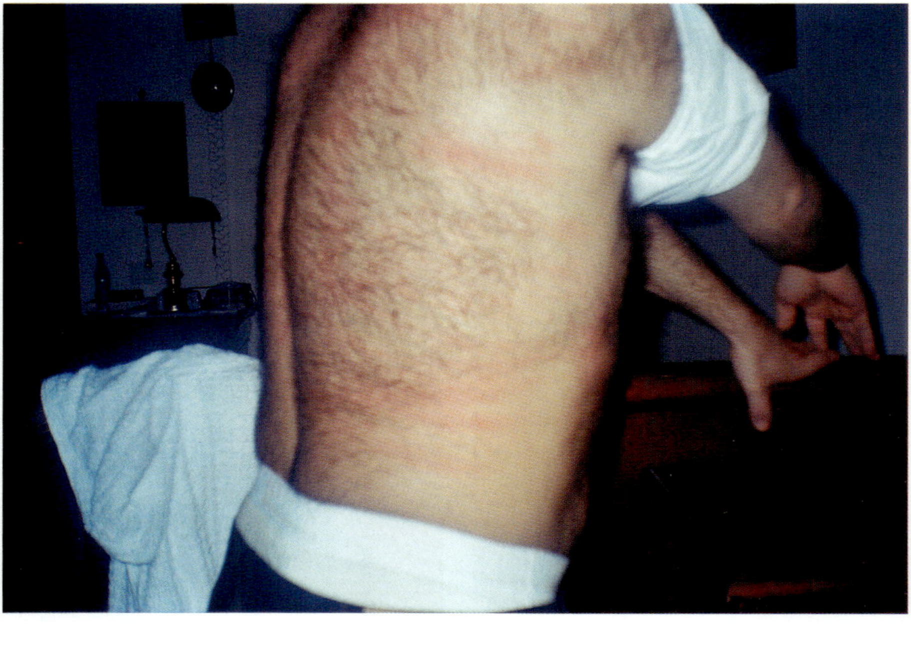

Eltern. Fra' Elia lachend mit seiner Mutter Anna Argentieri und seinem Vater Carmelo Elia.
Charismatiker. Zwei hübsche Bilder von Fra' Elia, aufgenommen während einer seiner vielen Evangelisierungsreisen.

Spirituelle Kinder. Fra' Elia mit Noel Camilleri, der Anführer der spirituellen Kinder von Fra' Elia in Malta, der das weiße Gewand der Laienevangelisierung erhält.

Von Malta nach Calvi. – Die jungen Malteser, die den Spuren Fra' Elias folgen, bestehen nunmehr aus einer Gruppe von 150, und jedes Jahr begeben sich einige von ihnen in das Kloster von Calvi (im Foto der Besuch im Mai 2005). Oben der Buchdeckel des ersten Buchs über Fra' Elia in maltesischer Sprache.

Kinder.
Die Bilder zeigen deutlich die Verbindung Fra' Elias mit den Kleinen und die gegenseitige Zuneigung.

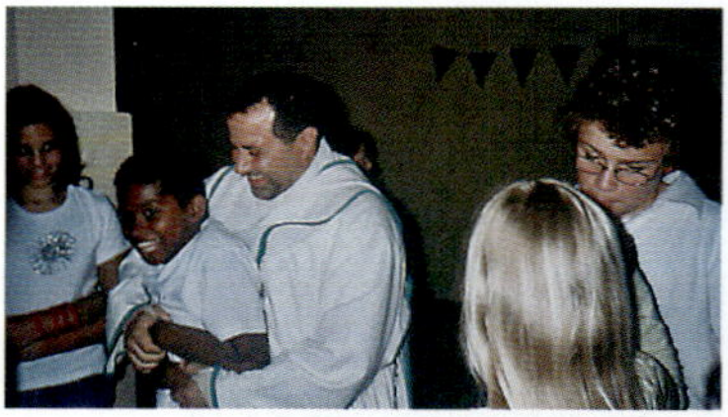

Der Evangelisierer.
Während der Reise nach Deutschland im Mai/Juni 2005 trifft Fra' Elia die Jugendlichen - auch protestantischen Glaubens - und empfängt hilfsbedürftige Personen, ohne einen Unterschied zu machen.

Überfüllte Kirchen.
Wo immer Fra' Elia hingeht, zieht er die Menge der Gläubigen an. (Hier in Brüssel, Oktober 2005).

Wie der Heilige Franziskus.
Während Fra' Elia mit den Menschen spricht, setzt sich ein Vögelchen auf seine Schultern, und lässt sich von ihm sanft in die Hand nehmen.

Fra' Elia mit dem kleinen Papagei Natalino und der Katze Nerone.

René Laurentin. Am 27. März 2006 hat Pater Laurentin Fra' Elia und sein Kloster besucht. Dieses Bild wurde während des Interviews mit Fra' Elia aufgenommen.

Fra' Elia näht Pater Laurentin einen Knopf an der Jacke an.

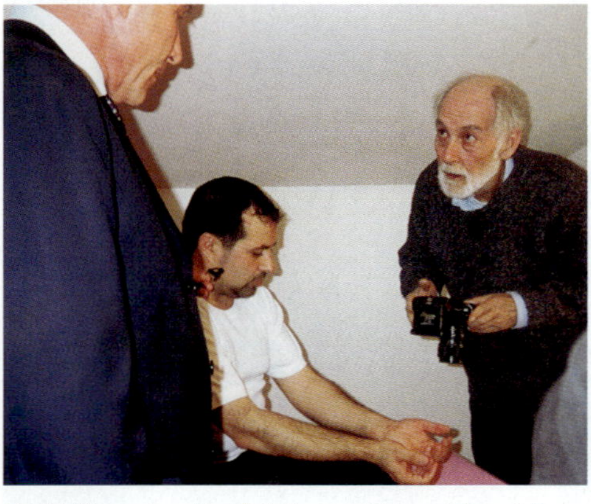

Fra' Elia zeigt Prof. Margnelli und Dr. Vigorelli die Wundmale der Passion, die von ihm fotografiert werden.
Bild rechts: Pater Laurentin mit Fra' Elia in einem Flügel des Klosters, der gerade renoviert wird.

René Laurentin.
Im Foto oben Pater Laurentin während des Interviews mit Fiorella Turolli. Das Foto darunter wurde in der Kapelle des Klosters aufgenommen, während er die Heilige Messe feiert.

Fra' Elia, aufgenommen mit Pater Laurentin und Sylvie Giardin, seine rechte Hand.

Eine fotografische Kuriosität.
Foto des Reliquienbehälters von Maria Magdalena, der in Saint Baume (Frankreich) aufbewahrt wird, aufgenommen am 13. Februar 2005 während des Besuchs von Fra' Elia (Foto von Colette Duval).

in etwa fünfzig Ländern und fünf Kontinenten besucht. Berühmt sind seine Werke über Lateinamerika, Israel, Asien, China und über die frühere Sowjetrepublik in der Zeit der Perestroika. Wohl wissend, dass die Theologie ein liturgisches und ein Gebetsleben beinhaltet, übt er sein pastorales Amt in einer kleinen Ecke eines Klosters in der Umgebung von Paris aus.

Unter der Schirmherrschaft eines Komitees, unter dem Vorsitz seiner Eminenz Kardinal Poupard und zusammengesetzt aus zahlreichen Kardinälen und Akademikern, wurde ihm zu Ehren ein Band mit Auszügen aus allen seinen Werken veröffentlicht (700 Seiten, Edition Desclée).

Seit dem 22. November 1989 ist er Mitglied der Päpstlichen Akademie in Rom. Zudem gehört er zwei weiteren mariologischen Akademien in Rom an.

Die Bandbreite seiner Forschungen

Nur scheinbar voneinander unterschieden und getrennt, spiegeln alle seine Werke einzig und allein seine Vision Gottes im Leben des Menschen wider. Die folgenden Themen zeigen die Bandbreite seines Schaffens:
unterteilt in einige ihrer Aspekte:

- Das Wort Gottes: die Quelle für ein wissenschaftliches Werk biblischer Exegese
- die heilige Katharina Labouré, die Heilige Bernadette, Teresa, Yvonne Aimée de Malestroit: ihr verborgenes Leben, Gebet
- Erscheinungen und Charismen: die Seltenheit von Stigmatisierungen und Bilokationen, in pluridisziplinärer Zusammenarbeit mit spezialisierten Fachärzten auf diesem Gebiet,
- Gott hat noch nicht aufgehört, uns zu überraschen, wenn wir nicht, gemäß unserer Kultur und unserer aktuell gültigen Philosophie, davor die Augen verschließen,
- Wie kann es der Kirche und der Welt (krank?) gelingen, einander letztlich zu verstehen? Titel des Buches: „Die zukünftige Kirche". In diesem Werk erklärt Abbé Laurentin die zweideutige Situation der Kirche nach dem II. Vatikanischen Konzil und ihre Zukunft an der Schwelle zur postmarxistischen Ära.
- Sein jüngstes, 2005 erschienenes Werk trägt den Titel „Erinnerungen – der Weg zum Licht", Edition Fayard

Die Liste seiner Verdienste, Auszeichnungen und Werke, auch international, ließe sich weiter verlängern. Und vor allem ließe sich hier seine ganz besondere Beziehung zu Papst Johannes Paul II. anführen, doch ginge das zu weit. Der

Wert seiner minutiösen und akkuraten Arbeitsmethode sowie die bedingungslose Wertschätzung, die ihm die theologische und akademische Welt entgegenbringt, zeigt diese Botschaft von Kardinal Erzbischof von Lyon, seiner Exzellenz, Monsignore Kardinal Albert Decourtray, die er am 24. November 1989 an den akademischen Sitz von Abbé Laurentin in Angers gerichtet hat:

„Es ist mir eine besondere Freude, mich heute zur feierlichen Ehrung mit dem hochverdienten Abbé Laurentin vereinigen zu können, wenn auch zu meinem größten Bedauern nicht durch meine persönliche Anwesenheit, so wenigstens mit diesen paar Zeilen. Mit welch großer Bewunderung habe ich seit vielen Jahren schon, mit meiner Feder in der Hand, sein kurzes Traktat über die Jungfrau Maria gelesen und wieder gelesen, zusammen mit den wesentlichen Studien der ersten beiden Kapitel über den Heiligen Lukas, die Früchte einer derart methodischen Gelehrtheit, dass sie nichts vom Scharfsinn gesunder Kritik vermissen lassen. Das erklärt zweifelsohne die wichtigste Eigenschaft von Pater Laurentin: die Sorge und das absolute Bedürfnis nach rigoroser Genauigkeit, vereint mit seiner Leidenschaft für unerschöpfliche und endgültige Fragen. Alles das findet man in seinem Werk (und was für ein Werk!) der Forschungen über Unsere Liebe Frau von Lourdes wieder. Hier verbinden sich die verschiedenen Talente eines Historikers und authentischen Theologen, die uns ermöglichen, die Geschehnisse nicht nur in ihrem Ablauf nachzuvollziehen, sondern dank seiner spirituellen Intuition schließlich auch die Seele von Bernadette zu berühren, ohne die Seriosität methodischer Forschung in Frage zu stellen.

Darüber hinaus können wir bestätigen, dass dank Pater Laurentin die Mariologie und die mit Lourdes verbundene Verehrung Marias ihm sehr viel schulden. Und überdies, wer von uns hat nicht die Exaktheit seiner Berichterstattung über das Vatikanische Konzil zu schätzen gewusst, die Scharfsinnigkeit seiner Analysen, mehr noch als seine journalistische Kompetenz, die so vielen Gläubigen ermöglicht hat, eine Sensibilität für die Kirche zu entwickeln, mit der sie Tag für Tag der Arbeit ihrer Konzilsväter folgen konnten. Andere, die viel kompetenter sind als ich, werden aufgrund ihrer wissenschaftlichen Verbindungen sicher andere der zahlreichen Aspekte seiner Arbeit unterstreichen. Was mich betrifft, so unterstreiche ich lediglich die glückliche Verbindung von wissenschaftlicher Strenge und spiritueller Einsicht, verbunden mit dem Eifer des guten Hirten.

Indem ich hier dem lieben Pater Laurentin meine tief empfundenen Glückwünsche ausspreche, wünsche ich ihm, dass er mit Gottes Hilfe noch viele Jahre vor sich hat, um weiter seinen vielfachen und unersetzlichen Beitrag für die ganze Kirche weiter leisten zu können.“

Interview mit Pater René Laurentin

Pater Laurentin: „Welcher Unterschied besteht zwischen dem Leiden, das vom Satan hervorgerufen wird, und dem Leiden während der Tage der Passion?"

Fra' Elia: „Das Leiden, das Satan mir zufügt, muss ich erleiden, während ich den Schmerz während der Tage der Passion in Liebe annehme.

Das folgende Interview ist im *Chrétiens Magazine* veröffentlicht worden.

Radio Courtoise

Noch am selben Tag unserer Ankunft in Paris lud Pater Jean Bernard uns zu einem der zahlreichen Interviews zu einem Radiosender ein, der von einem der wenigen seriösen katholischen Journalisten geleitet wurde (wie es hieß) und der als Einziger den Film mit Mel Gibson verteidigte. Außerdem war er zudem Autor einer wunderbaren Katechese über das Gebet, die Engel und den Glauben.

Auch hier beim Sender erfuhr ich, dass das enorme Interesse an Fra' Elia auf dem Erscheinen der beiden ins Französische übersetzten Bücher über ihn beruhte. Wesentlich für das Interesse war auch, dass sein Foto auf dem Titelblatt der sehr bekannten katholischen Zeitschrift *Stella Maris* abgebildet worden war, die drei aufeinanderfolgende Monate Auszüge aus meinem Büchern und andere interessante Informationen veröffentlicht hatte. Wir wurden vom Radiosender mit großer Wärme empfangen und innerhalb weniger Minuten fanden wir uns alle um einen ovalen Tisch herum sitzen, vor einem Mikrofon, bereit zum Interview. Wir mussten frei sprechen, auch Schwester Domenica und ich, ohne die geringste Vorbereitung, weil dafür die Zeit gefehlt hatte. Geduld!, sagte ich mir. Wie immer würde der Herr uns beistehen und genauso war es auch. Anwesend waren der Priester-Moderator, ein Vatikanist und Spezialist für Heiligsprechungen, ein Schriftsteller, eine Übersetzerin, der Journalist Patrick Sbalchiero, ein Theologe und natürlich Fra' Elia, neben Schwester Domenica und mir. Der Moderator befragte Fra' Elia über sein Leben, seinen Weg, seine Mission und seine Schwierigkeiten. Fra' Elia antwortete ruhig und zeigte sich wieder einmal als ein „Mensch des Gehorsams", oder besser, als jemand, der gewissenhaft das tat, was der Herr ihm aufgetragen hatte. Daraufhin wurde Fra' Elia vom Moderator gerührt als ein Mensch bezeichnet, der zu Gott Ja sagte.

Als das Thema auf Heilungen kam, die seiner Fürsprache zugeschrieben werden, erzählte Fra' Elia eine kleine Geschichte: „Eines Tages ging ich eine sehr kranke Freundin besuchen, die sich vom Herrn die Gnade der Heilung wünschte. \`Bete du\`, sagte sie zu mir, \`weil der Herr dich erhört\`. \`Auch du musst beten`, erwiderte ich ihr, `nicht nur mit Worten, sondern mit ganzem Herzen. Du musst mit Liebe und mit Aufrichtigkeit beten. Wenn du nicht weißt, wie das geht, dann bringe ich es dir bei.` Wir beteten zusammen eine Novene und nach einer Woche, am Ende der Novene, stand sie vom Bett auf. Es ist der Herr, der heilt, und alles, was dafür nötig ist, ist ihn zu lieben!"

Calvi dell'Umbria 26. bis 27. Februar 2005, Samstag, 7.30 Uhr

Fra' Elia ging es schlecht. Er hatte sogar eine Bronchitis und ein wenig Fieber. Er fastete nun bereits etwa vierzehn Tage und diese Fastenzeit gestaltete sich noch schwieriger als die früheren. Die Strapazen in Frankreich hatten ihn sehr mitgenommen und er schlotterte bei dem Gedanken, dass er in ein paar Tagen schon wieder nach Palermo und unmittelbar darauf in die Schweiz reisen sollte.

Doch so war er: Wenn er irgendwohin reisen musste, um die Leute zu trösten, der Jugend zu begegnen, mit vielen Menschen zusammen zu beten, mit dem Herrn zu reden, so fuhr er dennoch, ungeachtet aller Schwierigkeiten, ungeachtet der Fastenzeit, weil er ein Mann Gottes war und als solcher immer in dessen Dienst. Nie nahm er auf sich selbst Rücksicht, nie äußerte er selbst Bedürfnisse irgendwelcher Art, die seine Person betreffen konnten, alle anderen waren viel wichtiger als er selbst. Er stellte sich selbst immer auf den allerletzten Platz. Doch der Herr half ihm, er führte und erleuchtete ihn und ich war mir sicher, dass er dies auch in den folgenden Tagen wieder tun würde.

Zum Glück hatten an diesem Tag wegen der eisglatten Straßen vier Reisebusse absagen müssen, aus Irpinia, Forlí und aus Cesena. Ich dachte: „Es ist wirklich wahr, dass Gott für alles sorgt!"

Die Kälte in jenen Tagen war entsetzlich und ich hoffte wirklich, dass sich Fra' Elia im Bett auskurieren würde, nachdem er die wenigen erwarteten Leute empfangen hatte.

Um acht Uhr morgens kam Chiara aus Rom an, während Pietro, Rosaria und ihre Schwester Angela wegen des Glatteises mit ihren leckeren Speisen später eintrafen. Wie immer kamen auch Alessio und Lucia und unser schweigsamer Architekt Pepe (der sich seit einiger Zeit der Gruppe angeschlossen hatte) und jeder von uns bereitete sich auf den Tag vor, an dem er sich an seinen Platz begeben konnte, um entsprechend seiner Aufgabe, autonom, jedoch mit den anderen perfekt koordiniert, zum Ablauf des Treffens beitragen zu können. Gewöhnlich arbeiteten wir immer auf folgende Weise:

Zuerst informierte ich Pietro über die ungefähre Anzahl der Reisebusse, die kommen sollten. Dann ging er um 8.30 Uhr hinunter, öffnete die Tür und begann die Nummern nach der Ankunft der Leute auszuteilen. Das geschah zur Vermeidung von Durcheinander und übler Laune. Dann kamen die Leute nach unten ins Kloster, während ich mich mit Angela, Alessio und Lucia am Stand mit den Büchern und Geschenkartikeln einrichtete, natürlich auch mit meinem Rezeptbuch für Kräutertees, deren Rezepte ich den Leuten aufschrieb, wenn Fra' Elia das gerade jemandem empfahl.

Meine Aufgabe war es auch, Zeugnisse zu sammeln, Informationen zu geben und für alle Eventualitäten zur Verfügung zu stehen, auch einzugreifen, wenn irgendetwas Besonderes passierte. Währenddessen stellte Pepe sich an der ersten Ecke des Kreuzgangs auf, der zu dem Gang führte, wo sich Fra' Elia aufhielt. Seine Aufgabe war es, den Strom der lauten Personen abzufangen, die sich zusammenballten und womöglich die Gruppe störten, die gerade mit Fra' Elia im Gespräch war.

Marco und Chiara waren vor der Kapelle postiert, in der Fra' Elia die Leute empfing. Sie stellten die Gruppen für die Begegnung mit Fra' Elia zusammen nach ihrem Ermessen, wohl wissend, dass Fra` Elia niemanden abwies.

Manchmal war die Zahl der Personen riesengroß, manchmal waren die Menschen verzweifelt und intolerant, manchmal gesammelt und still. Kinder, Jugendliche, Kranke im Endstadium – alle wollten ihren Platz verteidigen, bis sie an die Reihe kamen. Und alle von ihnen hatten mit so unerträglichen Problemen zu kämpfen, dass es für uns freiwillige Helfer oft schwierig war, die Situation in den Griff zu bekommen. Doch mit der Hilfe Gottes und mit ein wenig Organisationstalent und perfekter Abstimmung untereinander gelang es uns immer, alle zufrieden zu stellen. Und dann war da noch Schwester Domenica, die während der Wartezeit alle zum Gebet aufrief, wobei sie auch noch eine wunderbare Katechetin war; genauso wie die Mitbrüder, die ihrerseits herbeieilten, um Informationen zu geben und leider häufig auch die Besucher bitten mussten, ihre Autos von Ausgängen wegzufahren.

Wie ich bereits sagte, waren gerade nur Marco und Chiara eingetroffen und der besonders eiskalte Tag ließ uns glauben, dass wir noch nicht einmal Nummern würden ausgeben müssen. Zu vereist waren die Straßen, und zum Glück hatten ja einige der Reisebusse abgesagt!

Inzwischen hatte Fra' Elia, trotz des Fiebers darauf vorbereitet herunterzukommen, bemerkt, dass sich vor dem Tor bereits eine große Zahl an Menschen angesammelt hatte. Ungläubig eilten Chiara und ich zum Fenster und sahen, wie ein großer Reisebus sich anschickte, am Straßenrand zu parken. Unmöglich!, schoss es mir durch den Kopf. Alle Reisebusse hatten doch abgesagt! Wir rannten hinunter, weil Pietro und Rosaria auf der Straße behindert wurden. Während Chiara anfing, die Nummern auszuteilen, begab ich mich zu den Leuten, die gerade aus dem Reisebus stiegen, um mich zu erkundigen, woher sie denn kämen.

„Von Formia!"
„ Und Ihre Anmeldung?"
„ Haben wir nicht. Dürfen wir eintreten?"
Und schon kam ein weiterer Reisebus.
„Woher kommen Sie?"
„Aus Neapel!"
„ Kommt herein!"
Und so wurde eine Nummer nach der anderen ausgeteilt, bis der ganze Block mit den vierhundert Tickets vergeben war! Vierhundert Menschen wollten mit Fra' Elia sprechen! Also beschloss Chiara, einzelne Gruppen mit zwanzig Personen auf einmal zu bilden, damit Fra' Elia alle diese Menschen empfangen konnte. Auch diesmal hatte die Göttliche Vorsehung es so bestimmt.

Fra' Elia empfing am Samstag von 8.30 Uhr bis um 16.30 Uhr die Leute, ohne Unterbrechung, ohne ein Glas Wasser zu trinken, ohne auch nur einmal die Kapellezu verlassen, um Luft zu schnappen, während wir hin und wieder im Wechsel auf einen Sprung in die Küche gingen, um uns die eisigen Füße zu wärmen oder ein wenig zu stärken.

Unter den Besuchern waren auch ein paar Priester, die sich für Beichten zur Verfügung stellten und auch, um eine Messe in der Kapelle zu lesen, denn, obwohl die Leute, vermummt mit Mänteln, Schals und Mützen, steif gefroren waren, wollten sie partout nicht heimfahren. Sie wollten mit Fra' Elia beten und seine Worte hören.

Für Fra' Elia war es klar, dass er diesen vielen Menschen, die allen Unbilden des Wetters getrotzt hatten, um mit ihm zusammen zu beten, die Messe nicht verweigern konnte und so nahm er ausnahmsweise das Angebot der Priester an.

Osterpredigt: Wir müssen vor dem Tod keine Angst haben

„Habt ihr die Worte des Pfarrers gehört? Wisst ihr, dass der Herr durch ihn spricht? Er hat ihm diese Worte eingegeben, um euch Mut zu machen. Das heilige Osterfest naht und diese Periode muss für uns alle eine Zeit der Meditation über die Passion sein, über den Tod und die Auferstehung eines jeden von uns, damit wir bessere Menschen werden. Ostern ist das Fest der Vereinigung der Familien, der Liebe in den Familien!

Der Herr ist auferstanden, er ist auferstanden! Wir indessen, jeder Einzelne von uns, sind voller Angst, Angst vor dem Sterben. Aber wenn der Herr vor uns gestorben ist und uns ein Leben nach dem Tod versprochen hat, warum fürchten wir uns dann?

Erinnern wir uns daran, dass der Herr immer hier mit uns ist, in unseren Familien, und uns sagt: `Ich lasse euch niemals alleine, ich werde euch den

Weg in der Wüste zeigen und das Wasser strömen lassen. Denkt nicht an die alten und vergangenen Dinge, jetzt bin ich bei euch und ich werde es euch an nichts mangeln lassen.` Wir blicken immer nach hinten, auf das Leid und die erlittenen Schmerzen. Wir vergeben nicht und daher bleiben wir unglücklich. Meditieren wir! Die Stille bereichert uns und schenkt uns das, was wir manchmal in unseren Familien nicht finden. Sie schenkt uns den Frieden, Gelassenheit und das Gefühl, seine Kinder zu sein.

Versuchen wir, das Gute zu säen, der Früchte wegen. Hetzen wir uns nicht ab, das Gute nur im Materiellen zu suchen, weil der Herr es ist, der uns in allen Stationen unseres Lebens genau das gibt, was wir benötigen!

Erinnern wir uns daran, dass eines Tages – wer weiß schon wo und wann – er uns rufen wird und wir bereit sein müssen.

Wie? Indem wir ihm sagen: `Hier bin ich, Herr, dein Wille geschehe, immer, niemals der meine. Du bist vollkommen und ich nicht, und ich weiß, dass wir in diesem Leben nur auf der Durchreise sind, um wieder zu dir, in dein Haus, zurückzukehren.`

Weg mit unseren Ängsten, mit unseren Leiden! Denken wir nicht an die Krankheiten, an den Tod, der nichts anderes ist als eine Reise zurück. Wir sollten glücklich sein, zu ihm, der uns liebt, vergibt und uns erwartet, zurückkehren zu dürfen.

Wie viele von uns schaffen es, wenn jemand dahinscheidet, zu sagen: `Danke, Herr, dass du ihn/sie zu dir gerufen hast!?

Danke für alles, was du für ihn/sie und für uns getan hast! Und wenn du ihn/sie noch eine Weile hier auf der Erde lässt, danken wir dir für deine Barmherzigkeit. Mach mit uns, was du willst!`

Ich empfehle euch, auch für all jene zu beten, die ihr nicht kennt, für jene, die von Gott fern sind. Er möchte die Einheit und den Frieden für die Familien! Betet für den Papst, den guten Hirten, der allen Menschen gute Ratschläge erteilt."

Sonntag, 27. Februar

Als ich erwachte, begrüßte mich eine dichte Nebeldecke, die mir wie ein dicker Vorhang sogar die Sicht auf die Bäume im Gemüsegarten und die Mauern des Klosters nahm. Aber wie durch ein Wunder verschwand sie gegen acht Uhr und verwandelte sich in winzige Eisflocken, dicht und glitzernd wie ein Lichterregen. Wie immer strömten auch heute die Menschen ungeachtet der Kälte und des Eises, ununterbrochen ins Kloster, doch gegen Mittag ging es Fra' Elia so schlecht, dass er sich gezwungen sah, die Gespräche zu unterbrechen.

Dennoch schaffte er es noch, mit allen Anwesenden zu beten und sie zu segnen.

Aber auch danach gelang es Fra' Elia nicht, zur Ruhe zu kommen. Sein Engel bat ihn, über das schönste Gebet, das der Herr uns gelehrt hat, zu meditieren, und sagte ihm ein kleines diesbezügliches Gedicht auf (ich weiß nicht, wie ich mich sonst ausdrücken soll), als ein Geschenk für jeden von uns.

Vaterunser

In deinem Himmel.
Hier bin ich, dein Sohn, auf dem Weg zu dir,
sündig und im Einklang mit deinem Namen!
In der Stille meines Universums bist du bei mir.
In dieser Welt zwischen Himmel und Erde,
verlasse mich bitte nie!

Dein Name
Ist wie ein Fluss, der keine Grenzen kennt,
aber ich sehne mich nach dir,
dass du uns an der Hand nimmst
und dich niemals von uns entfernst
und uns jeden Tag unseres Lebens rufst
und es uns an nichts mangeln möge.

Sogar in meiner Einsamkeit habe ich gesehen, wie groß du bist
und alles hell wird.

Dein Reich
Ist vollkommen gestaltet, wie man sieht!
Es schickt uns Zeichen und Wunder von dir!
Sie sagen uns wunderbare Dinge:
dass dein Reich nahe ist!

Dein Wille
Es ist die Vollkommenheit, die dein Wille ausdrückt,
um deine Liebe zu empfangen, für immer!
Dein Wille geschehe!

Unser tägliches Brot
o göttliche Liebe!

Nur du kannst uns das geben,
was jedem von uns mangelt!
Wie dem Gras, das am Morgen
wächst und dann gemäht wird
und am Abend vertrocknet ist.

Unsere Schuld
Verurteile nicht unsere Schuld, da wir wie kleine Kinder sind,
jedoch wie die Samen eines guten Korns!
(Als deine Kinder) Möge das Licht uns im Vergeben leiten!

Unsere Schuldiger
Jeder Bruder, gut oder schlecht,
aufrichtig oder nicht aufrichtig,
so, wie die Seele eines jeden Einzelnen von uns,
wenn er der Eigenliebe den Vorzug gibt.

Die Versuchung
Es ist der Schatten der Finsternis,
der nicht unterscheidet, wen er vor sich hat.
Wenn ich um Barmherzigkeit bitte,
bediene dich meiner, damit ich
nicht müde werde, dich zu lieben,
gemäß deinem Willen.

1. März

In meinen Notizen lese ich: Ich befinde mich noch immer im Kloster, weil ich Fra' Elia morgen nach Palermo begleiten werde, zu einer Konferenz an der Universität. Ich zittere vor Angst, auch wenn Fra' Elia mich weitgehend beruhigt hat. Ich habe immer daran geglaubt, dass Fra' Elia ein Mann Gottes ist und der Herr ihn jedes Mal erleuchtet, wenn er sein Wort irgendwohin bringen soll. Aber Fra' Elia ist kein Moderator oder Intellektueller und nicht darauf trainiert, eine Diskussion über ein kulturelles Thema zu führen, noch viel weniger zwischen Theologen und Wissenschaftlern, noch dazu in einer womöglich ziemlich provokativen Umgebung. Ich glaube, er sollte nur in Kirchen sprechen. Doch er will hingehen. Hoffen wir das Beste.

Fra' Elia geht es wirklich sehr schlecht, seit zwei Tagen erbricht er quasi alles, was er in den Mund steckt. (In 26 Tagen ist Ostern.)

Es ist kalt und Schwester Domenica und ich setzen keinen Fuß vor die Tür. Es ist 16 Uhr und der eisige Nordwind hat alle Wolken vertrieben, sodass sich endlich ein wundervoller, von der Sonne beleuchteter Himmel zeigt. Vom Fenster aus sieht man unsere Maurer Antonio und Alessandro, die mit Arbeiten am Dach beschäftigt sind, eingemummt, als wären sie am Nordpol. Fra' Elia macht sich Sorgen und ruft den Maurerpolier Giuseppe, damit dieser seine Arbeiter hereinholt.„Mach dir wegen uns keine Sorgen", sagt Giuseppe zu ihm. „Wir machen lieber die Arbeiten am Dach fertig, bevor es zu schneien anfängt." Also macht Fra' Elia sich auf den Weg und bereitet eine Thermoskanne mit heißem Tee für sie vor, steigt aufs Dach und bringt sie ihnen. Als er zurückkommt, diktiert er mir einige Gebete:

An Maria

Ich grüße dich, Maria, voll der Gnaden!
Wie viele Gnaden hast du in deinem Herzen,
die du uns jeden Tag schenkst!
Wahre Gnaden! Jene für die Verstorbenen,
Gnaden für die ungeborenen Kinder,
Gnaden für die Begegnungen ,
welche die Unbekannten
Gnaden des Herzen finden lässt!
Wie viele Gnaden hast du für uns!
Gnaden, die wir für dich nicht haben!
Kränke dich nicht, Maria!
Du kennst uns, aber mit deiner Gnade
und mit deiner Liebe werden wir bei dir ankommen, o, Maria,
weil du uns führst, uns beschützt
und uns alle Tage unseres Lebens mit dir vereinst, o, Maria!

Heute Nacht hat der Herr zu mir gesagt:
„Erinnere dich daran, Elia,
dass du mit mir an deiner Seite gehst
und ich dir helfe und dich tröste.
Ich weiß sehr wohl, wie anstrengend es ist,
den Notleidenden zu helfen,
aber es ist das Bedürfnis aller,
Kinder Gottes zu sein.
Groß ist deine Liebe für sie
und deine Gebete sind nicht umsonst."

Der Engel

Auch dich rufe ich an,
so reich an Gnaden und im Verzeihen.
Dir, in der Gegenwart Gottes,
vertraue ich alle ihre Gebete an
und halte Fürsprache für sie.
Für jedes ihrer Gebete
eilst du ihnen zu Hilfe,
auch wenn sie es nicht verdienen!

Mein Engel, siehst du?
Auch heute bin ich wieder mit dir
zusammen geflogen,
mitten im Sturm,
im Nebel und Raureif,
der uns die Spuren
unserer Handlungen erkennen lässt.
Aber jetzt wendet sich alles
und alles wird frischer und heiterer
Sei gelobt, mein Engel!

Die Tage an der Universität Palermo, 2. /3. März 2005

Jetzt war es also so weit, dass Fra` Elia der Einladung des Professors Roberto Triolo, ordentlicher Professor für Chemie an der Universität Palermo, zu einem Podiumsgespräch zum Thema „Wissenschaft und Glaube“ folgte. „Du hast doch hoffentlich nicht akzeptiert?“, antwortete ich impulsiv.

„Wieso?“, gab er zurück.„Das ist doch ganz klar“, sagte ich. „Du bist ein Mann Gottes, du sprichst mit dem Herzen, zu Menschen, die dich hören wollen und Gott suchen. Du bist kein Intellektueller, der sich einem Podium gelehrter Professoren und Studenten, vollgestopft mit Wissenschaft, stellt. Sie könnten dich in Stücke reißen!“

Meine übliche Angst in Bezug auf ihn, gepaart mit Beschützerinstinkt, ließen mich für einen Augenblick vergessen, dass Fra' Elia stets dorthin ging, wohin der Herr ihn führte, und im Besonderen immer dorthin, wo es nötig war. Deshalb verwunderte mich seine Antwort nicht:„Was meinst du: Wenn ich rede, bin ich das oder spricht nicht jemand anderer durch mich?“ Und wieder einmal fühlte ich mich richtig dumm, weil ich an ihm gezweifelt hatte.

Ein paar Stunden nach unserer Ankunft in Palermo wurden wir in den großen Hörsaal der Abteilung für Chemie und Physik geführt, der bereits mit Hörern von Alt bis Jung gefüllt war. Wahrscheinlich hatte das interessante Thema sie gereizt, mehr noch als Fra' Elia, der nur wenigen von ihnen hier bekannt war.

Ich fand oben in der letzten Reihe einen Platz, während Fra' Elia die Treppen hinunterging, um mitten im Hörsaal, am Tisch der Dozenten, Platz zu nehmen. Ich schaute mich um: Jungen und Mädchen um die achtzehn Jahre alt, einige von ihnen in Protesthaltung (so schien es mir), und dazu Erwachsene jeden Alters.

Wer weiß, warum ich von einer inneren Erregung befallen wurde, die ich kaum unter Kontrolle halten konnte? Als ich nach unten blickte, sah ich Fra' Elia, wie er sich ganz ruhig mit dem Theologen Prof. Conigliaro unterhielt, und mit Prof. Triolo, mittlerweile ein Freund von uns, der nach ein paar Minuten die Konferenz und Diskussion mit folgenden Worten eröffnete:

Was sagt die Wissenschaft?

Oft gibt es in der wissenschaftlichen Grundlagenforschung Verwirrung. Jeder ruft nach der wissenschaftlichen Methode (Sogar die Theologen studieren die Bibel heute mit wissenschaftlichen Methoden).

Die Grundlagenforschung ist die Suche nach der Wahrheit. Die Technologie ist die Anwendung und das Ziel der Grundlagenforschung. Grundlagenforschung ist immer gut. Die Technologie ist gut oder schlecht, je nach Zweck.

Der Wissenschaftler begründet seine ganze Arbeit auf wissenschaftlicher Methode und auch der Mensch, der seine Arbeit auf beste Art und Weise voranbringen will, versucht dies oft nach wissenschaftlichen Methoden.

Es ist also nötig, den Verstand einzusetzen. Die wissenschaftliche Methode, die auf Galileo Galilei gründet, wird nach beinahe fünf Jahrhunderten von der modernen Physik in Frage gestellt.

Gegenstand der Wissenschaft ist alles, was in der Raum-Zeit-Dimension in Erscheinung tritt. Das Feld der Vernunft reicht viel weiter, und noch viel weiter reicht die existenzielle Wirklichkeit des Menschen (sein Streben, seine Gefühle, seine Bestimmung).

Genügt der Mensch also sich selbst, dadurch dass er für beinahe alles eine Erklärung finden kann?

Ist da überhaupt Raum für Gott? Das, was der Verstand uns als wahr anzeigt und die Wissenschaft als so gut wie sicher, hat dennoch seine Ungewissheiten, zu deren Erklärung es nicht nur des Verstandes bedarf. Da gibt es ein offenes

Fenster ins Unendliche, doch ein leichter Nebel hindert unseren Verstand daran, das zu sehen, was sich jenseits des Nebels befindet.

Jedenfalls ist eines sicher: dass wir uns nicht selbst erschaffen haben! Darwin war Teil der Wissenschaft! Es ist nötig, den Verstand auf den Tisch der Wissenschaft zu legen, indem man sich daran erinnert, dass die Wissenschaft nicht nur aus Zahlen besteht, sondern auch aus Schönheit, Farben und Düften.

Was sagt die Theologie?

Glaube ist selbstbestimmte und totale Freiheit vor Gott. Gott übt auf die Menschen eine Anziehungskraft aus.

Glaube ist auch ein absolutes Risiko. Der Glaube ist an den Faktor der Freiheit gebunden. Die Wissenschaft ist an die Faktoren des Erklärbaren und der Freiheit gebunden. Ist ein Dialog zwischen der Wissenschaft und der Theologie möglich?

Man hat immer gedacht, dass hier ein Konflikt bestehe, weil der Spiritualismus nicht auf die Wissenschaft zurückzuführen ist. Heute fehlt es nicht an Gründen für einen Dialog zwischen Wissenschaft und Theologie. Wir befinden uns vor einem Paradigmenwechsel, ähnlich zweier Welten, die völlig autonom nebeneinander leben und in der jeder die Gesetze des anderen respektiert. Der Glaube ist ein Heilsprinzip für den Menschen, das im innewohnt.

Die Ideologie des Christentums sieht den Glauben als einen Ersatz für das Gewissen und deshalb ist es absurd, gegenüber der Wissenschaft, die sich nicht mit dem über die Erfahrung Hinausgehenden beschäftigt, auf Konfrontation zu gehen. Die Empirie baut ausschließlich auf der Erfahrung auf und nicht auf theoretische Annahmen. Die Wissenschaft darf deshalb kein Urteil fällen und sich eine absolutistische Rolle in Bezug auf die uns umgebende Realität anmaßen, weil sie nicht die ganze Wahrheit besitzt. Sie besitzt nur einen Ausschnitt der Wahrheit. Die Theologie besitzt die Kompetenz über das Mysterium zu sprechen und an die Schwelle zu gelangen, Gott deuten zu können, doch existiert Gott weit jenseits dieser Schwelle.

Danach war die Reihe an Fra' Elia, der sich zuerst einmal allen vorstellte.

„Ich bin Fra' Elia von den Aposteln Gottes, ein Pilger in der Welt und für die Welt."

Und dann, langsam, forschend um sich blickend, aus welchem Grund auch immer, fragte er in die Runde: „Seid ihr alle getauft worden?" Man hörte einen Chor von Ja, vermischt mit Nein. Dann wandte sich Fra' Elia an einen jungen Mann, der hinten auf einem der letzten Plätze saß, und wiederholte die Frage: „Bist du getauft worden?" Antwort: „Nein!"

„Warum nicht?“, wollte Fra' Elia wissen.

„Meine Sache!“, war seine karge Antwort. Und während mir ein Schauer über den Rücken lief, hörte ich die Stimme eines lächelnden und ungewöhnlich heiteren Fra' Elia sagen: „Das macht nichts, ich werde dir dazu verhelfen!

Hört: Mit der Taufe ruft der Herr uns, damit wir im Leben zu unterscheiden lernen. Er ruft uns als seine Söhne! Er ist für uns das Licht. Und die Hoffnung, die niemals stirbt. Wenn sich jemand verlassen fühlt, so ist er das, weil er das nicht sehen kann, was er gern sehen würde! Wir hätten gerne Antworten, sind aber unfähig, das Fenster zu unseren Herzen zu öffnen. Der Herr war immer loyal zu uns, er hat uns den Weg gezeigt, aber wir wollen ihm nicht nachfolgen. Wenn wir vom Leben enttäuscht sind, was müssen wir tun, dass der Herr in unser Leben eintritt? Der Herr bittet uns um Frieden, er bittet uns, zu vergeben, zu vergessen. Er bittet uns, genauso zu lieben, wie er geliebt hat. Der Herr möchte von allen die Umkehr, er möchte, dass wir uns in Dankbarkeit der Liebe Gottes überlassen. Es ist ganz einfach. Ich werde euch jetzt dazu eine Geschichte erzählen:

Die Geschichte von Jona

Gott wandte sich an Jona und befahl ihm, nach Ninive zu gehen, um dieser großen Stadt zu verkünden, dass ihre üblen Taten bis zu Gott hochgestiegen seien. Aber Jona gehorchte nicht und flüchtete an Bord eines Schiffes nach Tarsis.

Doch Gott, dem nichts entgeht, ließ einen großen Wind über das Meer kommen, was bald in ein schreckliches Unwetter umschlug, sodass das Schiff zu sinken drohte. Die Schiffsleute fürchteten sich und schrien, ein jeder von ihnen, zu seinem Gott, und sie warfen die Ladung, die im Schiff war, ins Meer, damit es leichter werde. Aber Jona war hinunter ins Innerste des Schiffes geflüchtet und hatte sich dort zum Schlafen niedergelegt. Da trat der Schiffsherr zu ihm und sagte: `Was schläfst du? Steh auf und rufe deinen Gott an! Vielleicht will dieser Gott sich unser annehmen und uns helfen!`

Danach berieten die Seeleute sich untereinander und beschlossen, ein Los zu werfen, um zu erfahren, wer die Schuld daran trage, dass es ihnen so übel erging. Natürlich zog Jona das Los. Da sprachen sie zu ihm: `Sage uns, warum wir in dieses Unglück gelaufen sind? Was ist dein Gewerbe und wo kommst du her?` Jona erwiderte ihnen: `Ich bin ein Hebräer und fürchte den Herrn, den Gott des Himmels, der das Meer und das Trockene gemacht hat. Da fürchteten sich die Leute sehr und nachdem sie erfahren hatten, dass Jona vor dem Herrn geflohen war, sprachen sie zu ihm: `Was sollen wir denn tun, dass das Meer stille werde und von uns ablasse?` Das Meer jedoch gebärdete sich immer ungestümer. Ohne zu zögern, erwiderte Jona: `Nehmt mich und werft mich ins Meer, nur so wird das Meer still werden und von euch ablassen. Denn ich weiß, dass dieses schreckliche Unwetter um meinetwillen über euch gekommen ist.`

Doch die Leute ruderten, damit sie wieder an Land kämen. Es gelang ihnen jedoch nicht, da das Meer sich immer ungestümer gegen sie richtete. Da wandten sie sich an den Herrn und schrien, dass sie nicht ertrinken wollten wegen dieses Mannes und daher gezwungen seien, Jona ins Meer zu werfen. Und sie nahmen Jona und warfen ihn ins Meer. Augenblicklich wurde das Meer still und ließ ab von seinem Wüten. Und die Leute fürchteten den Herrn sehr, brachten ihm Opfer dar und taten Gelübde.

Gott beschloss, Jona nicht sterben zu lassen, und ließ einen großen Fisch kommen, der Jona verschlingen sollte. Und Jona war im Leib des Fisches, drei Tage und drei Nächte, und er betete zum Herrn, indem er zu ihm sagte: `Ich rief zu dem Herrn in meiner Angst und er hat mich erhört und ich dachte, ich würde nie mehr deinen heiligen Tempel sehen, weil die Tiefe mich umgab, aber du hast mich aus dem Grab gerettet. Als meine Seele verzagte, habe ich mich deiner erinnert, mein Gott. Die Verehrer des Nichtigen vernachlässigen ihre Liebe, aber ich will dir Opfer bringen und das, was ich gelobt habe, werde ich erfüllen. Alles Heil kommt von dir, o mein Gott!`

Und Gott befahl dem Fisch, Jona am Strand wieder auszuspucken. Da wandte der Herr sich zum zweiten Mal an Jona und wiederholte ihm, nach Ninive zu gehen und dort zu predigen, was er ihm aufgetragen habe. Nach drei Tagesreisen kam Jona in der riesigen Stadt an, ging hinein und begann allen zu verkünden, dass Ninive in vierzig Tagen zerstört werden würde.

Dann ging Jona zur Stadt hinaus und baute sich östlich von ihr eine Laubhütte. Dort setzte er sich in den Schatten und wartete um zu sehen, was der Stadt widerfahren würde.

Aber die Einwohner von Ninive glaubten an Gott. Sie ließen ein Fasten ausrufen und zogen alle, ob groß oder klein, einen Sack zur Buße an. Als das dem König von Ninive zu Ohren kam, stand er auf von seinem Thron, legte seinen Purpur ab, hüllte sich selbst in einen Sack und setzte sich in die Asche. Dann ließ er ausrufen: „Es sollen weder Menschen noch Vieh, weder Rinder noch Schafe Nahrung zu sich nehmen und man soll das Vieh nicht weiden oder Wasser trinken lassen. Sie sollen sich in Säcke hüllen, Menschen und Vieh, und zu Gott rufen. Und ein jeder bekehre sich von seinem bösen Wege und vom eigenen Frevel! Wer weiß? Vielleicht erbarmt sich Gott und wendet sich ab von seinem grimmigen Zorn!“

Als Gott dies sah und erkannte, dass sie sich bekehrten und von ihrem bösen Wege abließen, bereute er das Übel, das er ihnen angekündigt hatte. Er vergab der Stadt und sie wurde gerettet.

Das aber verdross Jona sehr und er betete zum Herrn und sagte: „Darum wollte ich von dir fliehen, weil ich wusste, dass du ein barmherziger Gott bist, voller Liebe und Güte, und allen trotz ihrer Untaten verzeihen würdest. Nimm also meine Seele von mir, denn ich möchte lieber tot sein als leben!“ Gott antwortete: „Meinst du, dass du mir mit Recht zürnst?“

Gott verfügte, dass eine Rizinusstaude über Jona wachse, damit sie ihm Schatten spenden und ihm seinen Unmut nehmen solle. Jona freute sich in der Tat sehr über die Staude.

Aber am nächsten Morgen verfügte Gott, dass ein Wurm den Rizinus steche, sodass er vertrockne. Als die Sonne aufgegangen war, ließ Gott einen heißen Ostwind kommen und die Sonne stach Jona auf den Kopf, sodass er matt wurde und sich den Tod wünschte. Da sprach Gott zu Jona: „Meinst du, dass du mir mit Recht zürnst wegen einer Rizinusstaude?“ Jona antwortete: „Ja, und darum will ich sterben.“

Da sagte Gott: „Du hattest Mitleid mit der Rizinusstaude, um die du dich nicht bemüht hast und die du auch nicht aufgezogen hast; sie wuchs in einer Nacht und verdarb in einer Nacht. Und ich sollte nicht Mitleid haben mit Ninive, einer so großen Stadt, in der mehr als hundertzwanzigtausend Menschen leben und dazu auch viele Tiere?“

Wenn wir über diese Fabel nachdenken, werden wir viele Antworten finden: Man sollte sich dem Ruf Gottes nicht widersetzen, so wie Jona es getan hat, und man sollte nicht über die kleinen Dinge im Leben in Tränen ausbrechen und verzweifeln (wie Jona es tat, weil eine Raupe ihm die Blätter der Rizinusstaude zerfressen hatte), und die Welt nicht nur vom Übel zugrunde gerichtet sehen, denn Gott wird der Welt in jedem Fall immer die Möglichkeit geben, sich selbst zu retten.

Gott liebt uns und er vergibt uns, bevor wir ihn noch darum gebeten haben! Gott verurteilt uns nicht. Wir sind es, die ununterbrochen urteilen und nicht verzeihen können. Gott schickt uns weder Unglück noch Krankheiten, um uns zu bestrafen, sondern Prüfungen, an denen wir wachsen sollen. Wir sind heute immer noch dazu aufgerufen ihm zu antworten. Jene, die eine Ehe führen, müssen wissen, dass sie dazu Ja gesagt haben. Das gilt nicht nur, solange die Geduld reicht. Warum zerbrechen so viele Ehen? Weil wir uns nicht in die Augen sehen. Warum gibt es häufig keinen Willen zum Dialog, oder warum respektieren wir einander nicht genug? Wir alle haben entsprechende Gaben von Gott bekommen, um sie ihm zu Ehren zu nutzen! Diese Gaben sind es, durch die sein Ruf an uns ergeht!

Die Kirche ist nicht das Haus des Pfarrers! Sie ist unser Haus, in dem wir Gott finden und sein Wort hören können! Widmen wir ihm wenigstens eine Stunde in der Woche! Wenn wir nicht wissen, wie man betet, setzen wir uns still vor ihn hin und er wird zu uns sprechen. Der Herr sagt: „Du kannst mich verleugnen solange du willst. Du kannst vor mir fliehen, wohin du willst, doch erinnere dich daran, dass du mir am Ende der Zeiten gegenüberstehen wirst. Und ich werde es sein, der dir zuhört, und ich werde es sein, der dir den Frieden schenkt, einen Frieden, den du noch nie irgendwo gefunden hast, vom Beginn an bis zum Ende. Alles ist mein Verdienst."

Die zwei für das Podiumsgespräch angesetzten Stunden vergingen wie im Flug, so außerordentlich interessant war es, den Dozenten und Fra' Elia zuzuhören, der mit seiner leidenschaftlichen Haltung Gott gegenüber ein lebendes Zeugnis für den ihm innewohnenden Glauben war, der von Natur aus der spirituelle Teil unseres Seins ist. Ja, weil wir spirituelle Wesen sind, die sich jedoch auch in der Welt der Materie ausdrücken müssen, und nicht umgekehrt! Der Glaube steht für Fra' Elia nicht zur Diskussion – die wahre Gotteserkenntnis, die wahre Weisheit, als Intuition Gottes. Wie ist es nur möglich, nicht zu glauben, nicht zu verstehen, nicht zu sehen! Gott ist hier! Gott ist hier!

Durch diese Bejahung, die Fra' Elia wiederholte und so oft mit einem unbeschreiblichen Eifer immer wieder betonte, gelang und gelingt es ihm, bei den Menschen den Glauben und die Hoffnung in etwas Ewiges und unendlich Großes zu wecken. Für Fra' Elia ist Glaube der Trost im Leiden und die Blume, die aus der Ungewissheit der Seele sprießt, die wiederum das Bedürfnis in sich spürt sich auszuweiten, und zudem die Duftessenz der Macht und Größe Gottes.

Zum Schluss gab es eine lebhafte Diskussion, sodass man die Veranstaltung weit über eine Stunde hinaus verlängern musste.

Fra' Elia antwortete auf Fragen, die sich auf sein Leben bezogen und auf die Existenz von Engeln.

Auf die Frage: „Siehst du sie?", antwortete Fra' Elia mit „Ja."

Die letzte Wortmeldung eines Studenten, der sich meiner Meinung nach in der Gruppe der „Protestler" direkt hinter mir befand, erstaunte die ganze Versammlung, sodass Fra' Elia ihn namentlich einlud, zu ihm herunterzukommen. Der Student erklärte ihm, dass er im Moment keinerlei Bedürfnis nach Gott verspüre, und zwar deshalb, weil es ihm gelinge, auch so alles problemlos in den Griff zu bekommen, da das Leben selbst ihm alles gewähre.

„Komm Giuseppe (Pseudonym), komm zu mir, damit deine Freunde dich besser verstehen können."

Und Giuseppe kam mit seinem Mikrofon herunter.

„Weißt du, was ich dir gerne sagen möchte, Giuseppe? Du wirst von deinen Freunden aufrecht gehalten, die dir das Gefühl geben, großartig zu sein, doch das ist nicht die Realität! Du bist nicht so stark. Du bist zerbrechlich und hast Angst und du weißt es! Man kann sich nicht der Täuschung hingeben, Gott ersetzen zu können oder alles ohne sein Eingreifen bewerkstelligen zu können. Es ist nicht möglich, und das sehen wir Tag für Tag. Und erinnere dich: Als du vor einigen Jahren bei einem Unfall gerettet wurdest, da geschah das nicht aus Zufall, sondern mit Hilfe deines Schutzengels.

Und jetzt müssen wir uns leider, mit Blick auf die Uhr, verabschieden. Ich weiß, dass sich in diesem Hörsaal wenige Gläubige befinden – Ungläubige, Neugierige, Priester und Professoren, Atheisten und Protestler, aber das macht nichts. Ihr seid gekommen und der Herr hat keine Eile. Gott segne euch!"

An diesem Punkt wurde Fra' Elia von einer dicht gedrängten Schar von Studenten umringt, die ihn daran hinderten, den Hörsaal zu verlassen. Ich konnte von meinem Platzaus sehen, wie Fra' Elia ihnen ein Kreuzzeichen auf die Stirn machte.

Fra' Elia verblüffte sogar den Wissenschaftler

Später saßen wir alle als Gäste der Familie von Prof. Triolo vergnügt um einen ovalen Tisch herum, wie alte Freunde. Der Professor erzählte uns aus seinem Leben, von seinen interessanten Experimenten, bis unser Gespräch auf die kalte Nuklearfusion kam. Einer seiner Kollegen, eine Kapazität auf seinem Gebiet und ein eiserner Verfechter dieser Theorie, musste leider nach sieben Jahren Forschung und Experimenten aufgeben, u.a. wegen des Fehlens von Mitteln. „Die Sache erwies sich als nicht realisierbar", erzählte uns der Professor.

„Du irrst dich", griff Fra' Elia in das Gespräch ein. Alle Augen richteten sich verblüfft auf ihn. „Ihr seid nahe dran. Du musst hier etwas erhöhen und da ein wenig verringern. Siehst du die beiden Töpfe mit Auberginen? Eine ist groß und eine ist klein. Nun vermische den Inhalt und teile ihn in mehrere Teile! Ihr seid in jedem Fall sehr nahe dran." Der Professor saß wie versteinert da, während seine Frau Irene, eine Biologin, unser verblüfftes Erstaunen unterbrach: „Fra' Elia hat dir praktisch die Formel gegeben."

Das Profil von Prof. Roberto Triolo

Kurzlebenslauf:
1964 –Universität von Palermo; Hochschulabschluss in Chemie ; 1965 Stipendiat CNRE; Professor für Spektroskopie RF
1969 – Universität Rom; freier Dozent: Elektrochemie
1976 bis 1981 – USA-Abteilung für Energie und Berater für die Universität Palermo bei der ORNL
1981 bis 1986 – Universität von Palermo; assoziierter Professor für Spektroskopie RF

Seit 1987 – Universität Palermo; ordentlicher Professor für Chemie und Physik
Von 1996 bis 2002 – Universität Palermo; Direktor der Abteilung für Chemie mit F. Accascina
Prof. Triolo veröffentlichte an die 150 Artikel in internationalen Fachzeitschriften und nahm an zahlreichen internationalen und italienischen Kongressen auf dem Gebiet der Chemie und der Physik teil. In den letzten fünf Jahren organisierte er selbst vier internationale Kongresse.

Außerdem ist er:
Mitglied der Kommission des Rates für Neutronenquellen ISIS (UK), RAL (UK) und OAK *Ridge National Laboratories* (USA)
Mitglied der Kommission des Rates des Präsidenten des CNR für Neutronenforschung (CNR, Italien)
Berater der chemischen Abteilung des Zentrums für Nuklearforschung ORNL (USA)
Direktor der Schule für Neutronenbeschuss F.P.Ricci
1997 erhielt er die Auszeichnung des Präsidenten der Vereinigten Staaten (*Green Chemistry Challenge – Presidential AwardUSA*). Die Auszeichnung, die ihm in der amerikanischen Akademie der Wissenschaften (Washington) auf Empfehlung der *Environmental Protection Agency* (Umweltschutzbehörde) überreicht wurde, erhielt er für seine Forschungen auf dem Gebiet der „Grünen Chemie“ über superkritisches Kohlendioxyd als Lösungsalternative.

Italienische Mission in Zug (Schweiz) 12./13. März 2005

Ungefähr zehn Tage nach unserer Rückkehr von Palermo kam Fra' Elia mit dem Flugzeug nach Bergamo, von wo aus wir sofort mit meinem Wagen Richtung Zug weiterfuhren. In weniger als drei Stunden waren wir bereits am Ziel und es war, als kehrten wir zu unserer Familie zurück. Wie immer hörte Fra' Elia allen zu, betete für alle, während ich ihre Zeugnisse und Bitten sammelte und meine ins Deutsche und Französische übersetzten Bücher verkaufte. Ihre Freude und Rührung war immens und besonders auch die spirituelle Einheit im intensiven Gebet sowie beim Hören von Gottes Wort, das Fra' Elia wie immer, inspiriert von der Liebe Jesu, in unsere Herzen zu legen wusste.

Wir sind spirituelle Wesen

„Wir sind spirituelle Wesen, die sich auch in der Materie ausdrücken müssen. Aber vor allem sind wir spirituelle Wesen und es ist unsere Seele, die eines Tages nach

Hause zurückkehren muss. Wenn wir uns mit materiellen Dingen beschäftigen, übertreiben wir manchmal, indem wir unseren schönsten Teil vergessen. Es ist in Ordnung, ein gemütliches Heim haben zu wollen, ein bequemes Leben, und es ist richtig, für die Familie zu arbeiten, aber es ist nicht richtig, nur dafür zu arbeiten, um Dinge anzuhäufen, um immer mehr zu besitzen, für den Überfluss, der uns so erschöpft, dass wir die wahren Prioritäten im Leben vergessen.

Die Seele braucht den Körper, weil sie innerhalb des Körpers ihren Weg geht, Erfahrungen sammelt, reift.

Sie ist der Funke der Liebe Gottes. Der Funke, der uns auch die Geduld lehrt, den Mut, die Loyalität. Die Macht des Geistes Gottes tritt auch in die Eucharistie ein und wer von diesem Brot isst, wird in Ewigkeit leben. Er ist in jenem Brot und in jenem Wein, lebendig und wahrhaftig. Jeden Tag lädt er uns an seinen Tisch, lädt uns in sein Haus ein, weil er mit uns kommunizieren will und möchte, dass wir wie eine Blume im Licht gedeihen.

Zu Ostern wird es in diesem Haus ein Fest geben! Bereitet ihr euch auf das Osterfest vor?

Heute ist diese Kirche voll, weil viele Leute den Bruder aus Italien kennenlernen wollen, aber diese Kirche ist nicht das Haus dieses Bruders! Es ist das Haus Gottes und unser Haus.

Wisst ihr, was der Tod ist? Warum habt ihr Angst vor ihm? Er ist etwas ganz Natürliches! Auch der Herr war ein Mensch und wollte nicht sterben, aber in seinem Gehorsam hat er Ja gesagt: `Dein Wille geschehe, mein Gott, nie der meine!`

Und auch ich sage: Das ist richtig so. Ich weiß, dass viele von euch hier unter schweren Krankheiten zu leiden haben und jeden Tag zum Herrn sagen: `Wie soll es weitergehen? Hilf mir?` Habt Glauben! Ihr müsst sagen: `Herr, du hast gesagt: Bittet und ihr werdet empfangen und jetzt bin ich hier vor dir und ich bin mir ganz sicher, dass du mir helfen wirst.` Wartet voller Vertrauen und er wird euch helfen! Doch wenn er beschließt, euch zu sich zu rufen, kehrt mit Freude in euer Zuhause zurück und bereitet für jene den Weg, die nach euch kommen. Der Herr hat seine Apostel noch nie alleine gelassen, seine Söhne, und wenn er euch mit Gnaden erfüllt, dann müsst ihr ihm von Herzen danken. Es ist nicht wahr, dass der Herr uns nicht hört. Wir sind es, die nicht verstehen wollen. Vielleicht, weil wir ihm noch nie vollständig unser Herz geöffnet haben. Einige von euch sind noch nicht einmal fähig, ihm auch nur ein Stückchen ihres Herzens zu schenken! Öffnen wir diese gesegnete Tür weit und beten wir auch für die anderen. Stellen wir uns an die letzte Stelle. Gebt ihm zu verstehen, dass ihr seinen Lehren folgen wollt. Er liebt euch und auch er will eure Liebe.

Ist das so schwer zu verstehen? Bald ist Ostern! Wünschen wir uns, dass es ein Ostern der Liebe werde, des Verzeihens, nicht des Hasses, nicht des Krieges, nicht des Klatsches, nicht der Eifersüchteleien. Ostern verherrlicht ihn. Jeder Sonntag verherrlicht, heiligt ihn, ist ihm gewidmet. Lest die Schriften des heiligen Paulus, die auch heute noch eine wunderbare Katechese sind. Erklärt die Katechese euren Kindern – was ihr wisst. Erklärt ihnen, was der Palmsonntag ist, warum der Herr auf einem Esel in Jerusalem einritt. Die Kinder wachsen heran und sollen wissen, wer Jesus ist, was er von uns will, wie wir leben sollen. Stellen wir uns immer auf den letzten Platz und erinnert euch daran, dass, wenn ihr Gnaden empfangt, es immer nur wegen seiner Liebe zu euch geschieht und nicht wegen mir. Erinnert euch daran!"

Zeugnisse

Zeugnis von Antonio Compagnoni di Baar

„Im vergangenen Jahr hat meine Frau, zusammen mit einer Gruppe, Fra' Elia getroffen.

Die Wahrheit ist, dass sie wollte, dass auch ich zu dem Gespräch mitkam. Zwar hatte ich selbst kein Bedürfnis nach einem Gespräch verspürt, fuhr aber mit. Später, während seiner Predigt, merkte ich, dass Fra' Elia mich mit vorwurfsvollen Augen ansah. Auch in diesem Jahr wäre ich um ein Haar nicht zu ihm gefahren, auch, um keine Zeit zu verschwenden. Mir geht es gut, ich bin Unternehmer, habe in meiner Arbeit keinerlei Probleme, es fehlt mir an nichts. Als ich jedoch an seine Augen dachte, habe ich meine Frau doch begleitet, auch um ihr eine Freude zu machen.

Kaum, dass er mich sah, sagte Fra' Elia zu mir: `Ich habe dich erwartet. Du warst ganz kurz davor zu erblinden, aber der Herr hat dir eine Gnade geschenkt. Jetzt musst du dich bei ihm bedanken.` Verblüfft, wie ich war, konnte ich gar nicht anders, als diese meine Krankheit zuzugeben, die mich vor genau einem Jahr in große Sorge versetzt hatte. Dann sprachen wir über andere Dinge und mir kam es vor, als würde ich ihn schon seit ewigen Zeiten kennen. Fra' Elia redete mit mir, als wären wir alte Bekannte. Zum Schluss sagte er noch zu mir, ich solle diese Geschichte Frau Turolli erzählen, die ich aber noch nie gesehen hatte und deshalb nicht hätte finden können. Dann sah ich plötzlich eine Frau auf mich zukommen. `Vielleicht ist sie das`, dachte ich und er hat sie mir geschickt. Ich fragte sie danach. `Nein`, sagte sie, `ich bin ganz zufällig hier vorbeigekommen`."

Zug – Zeugnis von Signora Susanna

„Nach einem Eingriff an der Brust musste ich noch dreimal nachoperiert werden, weil sich Eiter gebildet hatte, der durch nichts zu bezwingen war. Nachdem ich mit Fra' Elia darüber gesprochen hatte, ging ich zu meiner üblichen Kontrolluntersuchung, wobei ich schon wusste, dass ich wahrscheinlich ein viertes Mal operiert werden müsste. Aber zu meiner größten Freude hörte ich, dass ich endlich vollkommen geheilt war. Jetzt bin ich hier, um Dank zu sagen."

Zug – Zeugnis von Mirella Carrano

„Im vorigen Jahr hat Don Carlo Fra' Elia zu meiner Mutter gebracht, die schon seit vielen Jahren nicht mehr aus dem Bett aufgestanden war. Sie litt aufgrund ihrer Krankheit, einem Tumor unterhalb der Lunge, an unerträglichen Knieschmerzen. Fra' Elia redete mit meiner Mutter und segnete sie. Glücklich und zufrieden blieb sie zurück. In den darauffolgenden Tagen verschwanden ihre Schmerzen vollständig, es gelang ihr, problemlos und ohne Schmerzen wieder zu gehen."

Turin – Zeugnis von Franco Cherasco

„Ich lebe mit meinem Tumor (Karzinom) ganz ruhig und gelassen und habe weiterhin das größte Vertrauen, wie Fra' Elia mir das immer wieder aufgetragen hat. Ich danke dem Heiligen Geist, an den ich mich in allem wende, damit er mich erhört und er gewährt mir viel!

Weißt du, Fiorella, ich möchte dir etwas anvertrauen und du bist die Erste, aber ich bitte dich, es Fra' Elia zu erzählen, sobald du ihn siehst; vielleicht ist es ja absurd und nicht ganz glaubwürdig, was ich dir erzählen möchte, doch es ist die reine Wahrheit: Ich möchte, dass du weißt, dass die schmerzhafteste Zeit meines Lebens, die ich seit cirka einem Jahr durchlebe, für mich auch meine schönste ist, meine reichste und bedeutungsvollste, voller Erfahrungen in Bezug auf die Wertschätzung für die Geschenke des Lebens, die Annäherung an Gott, die Erstarkung meines Glaubens an ihn; aber das Wichtigste von allem ist, dass es eine Zeit ist, in der ich spüre, in der Liebe zu leben.

In der wahrhaftigen Liebe innerhalb meiner Familie (mein liebes und verehrtes Frauchen Lidia, meine Töchter Manuela und Cristina, meine reizenden Enkelkinder, die ununterbrochen für mich zu Pater Pio beten und mich mit ihren Aufmerksamkeiten überhäufen) und so vielen liebevollen Freunden. Unmöglich, mich an alle zu erinnern.

Es ist also wirklich wahr, dass die schönste Gabe, die Jesus uns geschenkt hat, die Liebe ist, die einzige, die dazu dient, Leben zu gestalten, zu formen, wachsen zu lassen und weiterzugeben. Ich hoffe wirklich, dass ich, auch mit der Hilfe von Fra' Elia, weiterhin in der Liebe leben darf, in der Zeit, die der liebe Gott mir noch gewährt. Ich vertraue ihm alle meine Lieben an, damit er sie immer weiter in der Liebe und im Glauben an ihn wachsen lasse. In Liebe und Wertschätzung."

Karwoche in Francavilla vom 20. bis 27. März 2005

Vorgeschichte: Schwester Domenica rief mich am 16. März 2005 aus dem Kloster in Calvi an. Fra' Elia sei am Vorabend in seinem Zimmer gewesen, während sie das Abendessen eingenommen hätten. Seltsamerweise sei der Hund ununterbrochen zwischen der Küche und dem Zimmer von Fra' Elia hin- und hergelaufen, verängstigt knurrend. Frate Sergio habe von draußen Lärm gehört, aber nicht gewagt, in das Zimmer von Fra' Elia einzutreten, obwohl es jenem erschien, als „rufe" der Hund um Hilfe. Als der Hund gesehen habe, dass niemand Fra' Elia zu Hilfe gekommen sei, sei er auf den Stuhl gesprungen, auf dem sie gesessen habe. Um ihn zu beruhigen, habe sie ihn gestreichelt. Doch der Hund habe weiterhin die Tür von Fra' Elias Zimmer mit seinen Augen fixiert. Also seien sie hingegangen und hätten an die Tür geklopft, aber niemand habe geantwortet. Alarmiert hätten sie weiterhin geklopft, bis Fra' Elia schließlich ziemlich benommen herausgekommen sei.

Am nächsten Tag habe Fra' Elia ihnen gestanden, dass er verprügelt worden sei.

Bergamo, 20. März 2005 – Palmsonntag: Fra' Elia befand sich im Haus seiner Eltern in Francavilla.

Ich war gerade mit meinen Ölzweiglein von der Messe zurückgekommen, als ich schon das Telefon läuten hörte. Mit ungewohnter Stimme, tief und ernst, wünschte mir Fra` Elia einen schönen Sonntag. „Ist der andere schon da gewesen?!" „Ja, und ich habe auch Fieber.Trotzdem möchte ich dir zwei Gebete vorlesen, die ich gerade zu Papier gebracht habe." Noch immer mit Mantel und Tasche, schaffte ich es nicht, mein Notizheft hervorzuholen. Aber gleich darauf folgte ich dem Impuls, ein paar der Gedanken, die sich in meinem Herzen eingeprägt hatten, festzuhalten, in der Hoffnung, dass Fra' Elia mir diese zu Herzen gehenden Verse für mein drittes Buch zum Geschenk machen würde.

Im ersten wird er, im Zwiegespräch mit dem Herrn, von diesem beruhigt. Der Herr sagt ihm, dass er bei ihm bleibe, bis alles vollendet sei, da zum jetzigen Zeitpunkt noch nicht alles vollendet sei. Im zweiten Vers spricht der Herr zu ihm über seinen Verfolger, den er sieht, weil er an Fra` Elias Seite sei: `Du brauchst keine Angst zu haben, ich bin bei dir und verteidige dich und am Ende werde ich dich retten.`

Bergamo, Montag, 21. März 2005 – 7.30 Uhr

„Guten Tag!" – „Guten Tag, Elia! Wie hast du die Nacht verbracht?" „Heute Morgen fühle ich mich erholt. Ich habe kein Fieber, dennoch hat er mir wieder sehr übel mitgespielt! Du kannst dir seine Kraft gar nicht vorstellen. Er hat mich an der Schulter gepackt, die mich ohnehin schon schmerzt, und mich zu

Boden geworfen und mit Füßen getreten und verprügelt. Mein Arm ist voller blauer Flecken. Seine Wut war so groß, dass ich dachte, er würde nie aufhören. Als ich dann die Madonna zu Hilfe rief, ist er schleunigst abgezogen. Es ist jetzt schon die dritte Nacht, die er mich verfolgt. Es hat im Kloster angefangen, sogar der Hund bekam es mit!"

Zur Ablenkung wies ich auf einige Briefe hin, die aus Deutschland gekommen waren, von jemandem, der den Erfolg meiner Bücher in der ganzen Welt voraussah und sich wünschte, dass ich nicht „den Kopf verliere" und reinen Herzens bliebe, wie man meinen Büchern entnehmen könne. Während ich Fra` Elia diese Dinge erzählte, musste ich unwillkürlich in ein Lachen ausbrechen. Fra' Elia dagegen wunderte sich darüber, wie jemand überhaupt auf die Idee kommen konnte, dass ich überheblich werden könnte: „Antworte ihm und sage ihm, dass es für jemanden, der wirklich aufrichtig im Dienst des Herrn stehe, völlig unmöglich sei, dass so etwas passiere. Sage ihm, dass du deine Firma verkauft habest, um dich ganz dieser Mission zur Verfügung zu stellen, weil du dem Ruf gefolgt seist, der dich an die Seite Fra' Elias gestellt habe. Und sage ihm, dass alle beteiligten Personen, auf welche Weise auch immer, ebenfalls ihren Ziegelstein in dieses Werk werfen müssten, weil dieses vom Herrn so gewollt sei – auch er!"

Und dann fragte er mich, wann ich am Mittwoch in Brindisi landen würde.

Ich landete an dem Mittwoch pünktlich noch vor Mittag dort, wo Fra' Elia mich am Flughafen erwartete. Bleich, mit großen, dunklen Ringen, die Augen fiebrig. Ich merkte sofort, dass er seine Arme bandagiert hatte.

„Wie erging es dir heute Nacht?"

„Ich bin diese Nacht nicht zu Hause geblieben, um auf ihn zu warten. Ich bin Richtung Friedhof gegangen, aber er ist mir gefolgt. Ich dachte, im Freien habe er nicht den Mut, mich anzugreifen. Stattdessen hat er mich, kaum dass ich die Allee erreicht hatte, zu Boden geworfen und seine ganze Wut an mir ausgelassen. Ich konnte mich nicht rühren und so musste ich mich ergeben. Macht nichts, in ein paar Tagen ist alles vorbei."Fra' Elia tat mir leid und es gefiel mir gar nicht, dass er durch meine Ankunft gestört worden war. „Du hättest nicht kommen müssen, Fra' Elia." „Nein, es ist in Ordnung so. Wenigstens denke ich auf diese Weise nicht dauernd daran, was mit mir alles noch so passiert."

Ich nutzte die Zeit der Fahrt, um ihn zu informieren, dass am Donnerstag unsere Freunde aus Deutschland eintreffen würden: meine Übersetzerin Ingrid mit ihrem Ehemann, der bekannte Fernsehjournalist und Moderator Wolf von Lojewski mit seiner Ehefrau sowie Paul Badde, Italien-Korrespondent der renommierten Tageszeitung „Die Welt", ebenfalls mit Ehefrau.

„Wir haben sie eingeladen, als wir in Deutschland waren, erinnerst du dich?", fragte ich. „Und dann kommt noch eine Gruppe Fernsehleute aus Malta, erinnerst du dich, Fra' Elia, dass du ihnen die Erlaubnis gegeben hast?" Fra'

Elia war so müde, dass er nicht einmal die Kraft zum Antworten fand. Sein Sinn stand woanders! Mir wurde klar, dass Fra' Elia sich bereits in anderen Dimensionen befand.

Als wir das Haus seiner Eltern erreicht hatten, begab ich mich sofort in das Haus seines älteren Bruders, etwa hundert Meter weg, während Schwester Domenica Gast von Antonio war, dem zweiten Bruder, der ein Stockwerk darunter wohnte und der sich gerade mit der Mutter am Küchentisch zu schaffen machte. Alles war bereits für die Passion vorbereitet: Das Bett war mit Lagen von Frotteehandtüchern gepolstert, das Kopfkissen mit einem weißen Handtuch bedeckt, weiße Tücher lagen auf der Kommode zusammengefaltet, Verbandrollen auf dem Nachttischchen deponiert.

Beim Anblick all dieser Dinge erfasste mich ein kalter Schauer. An diesem Abend bereitete ich mich darauf vor, der fünften Passion von Fra' Elia beizuwohnen und dennoch wurde ich noch immer von so vielen Emotionen überwältigt, wie Staunen, Dankbarkeit, Anspannung, Angst und Freude.

Und an jedem Ostern verlief es anders, und wer wusste schon, was diesmal so alles passieren würde!

Der Beginn

Bald war es Abend und die ganze Familie hatte um den Küchentisch herum Platz genommen: die Mutter, der Vater, Bruder Antonio mit Ehefrau Anna, die drei Enkel, Schwester Domenica und ich.

Fra' Elia stellte an diesem Mittwochabend zur Auflockerung in der fiebrigen Erwartung einen Stuhl neben seinen Neffen, obwohl er sich wegen seines Fastens seit vierzig Tagen an keinen Tisch mehr gesetzt hatte, und trieb mit ihm seine Scherzchen. Sein Gesicht war schmerzverzerrt, seine Augen vom Fieber verschleiert, seine Glieder zerschlagen.

Trotzdem gab er vor sich wohlzufühlen, um seine alten Eltern nicht zu sehr zu beunruhigen.

Schwester Domenica warf Blicke auf uns, um uns zu signalisieren, dass es gleich beginne. Dann sahen Anna und ich, die Fra' Elia gegenübersaßen, wie ein Rinnsal Blut von seiner Stirn herunterlief. Seine Eltern, die am Kopfende des Tisches saßen, hatten noch nichts bemerkt, genauso wenig wie Fra' Elia selbst.

Erst, als Fra' Elia uns seinen Blick zuwandte, gab Anna ihm ein Zeichen, dass er sich die Stirn abwischen solle. Daraufhin sprang Fra' Elia hastig auf und ging in ein anderes Zimmer. Nach wenigen Sekunden war er wieder zurück und setzte sich auf seinen Platz. Unterdessen war keiner von uns in Aufregung geraten. Eisern fuhren wir mit dem Abendessen fort, obwohl sich bereits ein intensiver Rosengeruch im Raum ausbreitete.

Im Licht, das den ganzen Tisch vollkommen ausleuchtete, war deutlich zu sehen, wie Fra' Elias Haare feucht schimmerten, bedingt durch eine Flüssigkeit, die üppig aus der Mitte seines Kopfes austrat, um sich dann in mehrere rötliche Rinnsale aufzuteilen. Ich machte Fra' Elia darauf aufmerksam, dass der Moment gekommen war, sich zurückzuziehen. Kurz darauf folgten wir ihm und während wir ihm dabei behilflich waren, seinen Kopf auf ein weißes Frotteetuch zu betten, erlaubte er uns, seinen Kopf zu inspizieren. Dabei berührten wir die winzigen weißlichen Bläschen, die dann aufplatzten und ein intensiv duftendes Serum, dessen Duft sich im ganzen Haus und bis auf die Straße hinaus ausbreitete, zutage förderten. Alles ging seiner Vollendung entgegen.

Die Fotoserie

Nur wenige Minuten später erinnerte ich mich daran, was Pater Laurentin mir in Paris in Bezug auf übernatürliche Phänomene gesagt hatte, die denen ähnelten, die Fra' Elia erlebte:

„Um ihre Echtheit beweisen zu können, ist es erforderlich, eine Fotodokumentation der Leute vorlegen zu können, die den Beginn der Phänomene miterlebt haben. Sonst könnte man annehmen, dass er sich derlei \`Wunden\` selbst zufügt, verstehst du?" „Ja, das verstehe ich, und darüber hinaus kann ich bezeugen, dass ich gleich beim ersten Mal, als ich Fra' Elia beistehen durfte, auch den Beginn seiner Passion miterlebt habe. Ich erinnere mich daran, als wäre es gestern gewesen: Es war ein Mittwochnachmittag und während ich telefonierte, sah ich plötzlich aus der Mitte seines Kopfes eine Art kleine, rote Fontäne austreten – wie ein dünner Strahl."

„Aber das genügt noch nicht", fuhr Pater Laurentin fort.„Man braucht mehrere Beweise." Müßig zu sagen, dass Prof. Margnelli ihm drei Tage während seiner Passion beistand und mit seinen Apparaten ausführliche Beweise für die Echtheit dieser Phänomene lieferte.

Obwohl Pater Laurentin an Fra' Elia glaubte, benötigte er mehr Dokumente, um auch „die anderen" zu überzeugen. Dies im Hinterkopf, hatte ich mir einen Fotoapparat zurechtgelegt, um im Eventualfall die Phänomene von Anfang bis Ende zu verewigen. Nun war mir der Beginn, der so plötzlich kam, leider entgangen. Doch das Schicksal wollte es – es ist richtiger zu sagen: Der Herr wollte es –, dass außer mir noch acht weitere Zeugen zugegen waren. Ausgehend von Schwester Domenica, erklärten sich auch alle anderen bereit, ihre Beobachtungen unter Eid zu bezeugen.

Jedenfalls verlor ich nicht den Mut und zu meinem großen Erstaunen war es Elia selbst, der mich einlud, von seinem Gesicht Fotos zu machen, und zwar in Zeitabständen von etwa vier Stunden. So entstand eine Sequenz von

Fotos, die wir Pater Laurentin schickten und die später auch in der Zeitschrift *Angeli e Arcangeli* veröffentlicht wurden. Um wieder zur Passion Fra' Elias zurückzukehren: Stunde um Stunde zeichneten sich an seinem Körper allmählich die offensichtlichen Zeichen des Leidens Christi ab: am Rücken bis zu den Nieren hoch waren die grausamen Striemen der Geißelung zu sehen, dazu am ganzen Körper riesige blaue Flecken, auffallende Einkerbungen rund um seine Stirn, gemäß einer Dornenkrone, und dann bildeten sich nach und nach große, blutige Löcher an den Ohren, während sich die Schulter ausrenkte, was ihm stechende Schmerzen verursachte. Auch an den Handgelenken und am Fußrücken wurden die rotglühenden Male immer größer, gleichzeitig mit der Brustwunde, die cirka acht bis zehn Zentimeter lang war. Das mit Wasser vermischte Blut floss üppig und durchnässte rasch Verbände, Bettücher und Kopfkissen.

Während ich meine Bestürzung im Zaum zu halten versuchte, begann ich meine Fotos vom ersten Tag zu schießen, Bilder, die sich vor meinen Augen immer mehr in eine Art Crescendo verwandelten und Stunde für Stunde ausführlich jeden Schritt der Stigmenbildung zeigten, Wunde für Wunde, bis zu jener Maske entsetzlicher Qual am Karfreitag, punkt 15 Uhr, wenn er scheinbar den Tod erleidet.

Den in der „Welt" veröffentlichten Artikel von Paul Badde übersetzte ich sinngemäß: „In Apulien hat die Mandelblüte eingesetzt. Mimosensträucher leuchten an der Landstraße. In einer Straße in Francavilla aber duftet es vor der Hausnummer 51 intensiv nach Rosen ...

Es ist genau dieser Duft, der den Bewohnern von Francavilla anzeigt, dass Fra' Elia in diesem Haus seine alljährliche Passion erleidet. Um den üblichen Wirbel der Massenmedien zu vermeiden, die sich seit einigen Jahren für seine Person interessieren, sowie den Ansturm ganzer Familien und Pilger, genauso wie all die anderen Neugierigen, die von überall her in das kleine Kloster kamen, hat Fra' Elia in diesem Jahr beschlossen, in das Haus seiner Eltern zu flüchten. Nur seinen Brüdern, engen Verwandten und alten Freunden hat er gestattet, ihm nahe zu sein."

Roberto, Chiara und Rosaria trafen aus Rom ein, Anna und Gian mit einigen unserer Freunde aus Verona, Prof. Roberto Triolo und seine Ehefrau aus Palermo und natürlich kam auch Curzio aus Bergamo, begleitet von Frate Sergio, neben seinen Vettern und Ärzten aus Francavilla, die mit der Familie befreundet waren. Doch dann drängelte sich in den folgenden Tagen ein unkontrollierbarer Strom von Leuten aus ganz Apulien vor der Tür, die alle versuchten, ins Haus zu gelangen, was schier unmöglich war, sei es wegen Fra' Elias üblicher Zurückhaltung, sei es wegen seiner ohnedies schon aufs Äußerste belasteten Angehörigen. Journalisten kamen von nationalen und ausländischen

Fernsehsendern und natürlich unsere Freunde aus Malta und Deutschland, die in der Tat Schwierigkeiten gehabt hatten, den Weg zu uns zu finden.

Ihr müsst in die Kirche gehen

Den wenigen Leuten, welche die Gnade hatten, zu Fra' Elia ans Bett treten zu dürfen, empfahl er in bestimmtem Ton, in die Kirche zu gehen: „Kommt nicht hierher zu mir! Ich bin nur eines seiner Werkzeuge. Geht in sein Haus! Er ist dort und erwartet euch." Doch die Leute wollten nicht weggehen, sodass Fra' Elia einen Zettel an der Haustür anbringen ließ mit der Inschrift: „Das Haus des Herrn ist die Kirche, der Herr erwartet euch dort." Außerdem bat er mich, in der nächsten Ausgabe von *Angeli e Arcangeli* zu schreiben, DASS GLAUBE NICHT DIE SUCHE NACH WUNDERN SEI, durch die der Ewige Vater nach eigenem Ermessen lediglich die Schicksale der Menschen begradigt. EIN CHRIST DÜRFE DIE GRÖSSE UND MACHT GOTTES NICHT NUR DARAN MESSEN, DASS ER DEN GÖTTLICHEN AUSNAHMEERSCHEINUNGEN HINTERHERLAUFE. Wenn sich ein Teller bewegt, wenn ein Vogel außerhalb seiner üblichen Zeit singt oder das Telefon unerwartet vibriert, ist es ganz sicher nicht Fra' Elia, der diese Dinge verursacht! Bleiben wir seriös! Schickt mir nicht diese Art von Zeugnissen! In der Vergangenheit wollte ich oder musste ich ein paar solcher Demonstrationen geben, aber jetzt habe ich wirklich anderes zu tun! Das große Wunder ist die Güte Gottes, der Regeln festgesetzt hat, die uns helfen, ihn zu verstehen, und die Begegnung mit ihm begünstigen.

Fra' Elias Ekstase

In diesem Augenblick befand er sich in Ekstase. Fra' Elia sprach mit dem Herrn. Sein Blick und sein Lächeln sagten alles. Seinen Worten konnte man leicht entnehmen, dass auch der Feind anwesend war. Elia rief:

„Mein Gott! Mein Gott! Dieser Sog reißt mich fort! Der Feind sagt: `Ich will dich zerstören!`" Nach ein paar Sekunden veränderte sich der Ton in Fra' Elias Stimme. Es schien, dass der Herr die schreckliche Gegenwart des Feindes ignorierte und sich direkt an Fra' Elia wandte. „Wach auf, dein Quell ist mächtig! Hab keine Angst! Der Räuber trifft dich nicht alleine an, er trifft dich mit Gott an deiner Seite an, den einzig guten und barmherzigen Hirten, der die ganze Welt verteidigt, und zwar im passenden Augenblick, den nur er kennt."

Der Herr forderte uns auf, eine Wohnstatt (in uns) aus der Quelle des Lebens zu errichten, die keine Barrieren zu unserem Gott hatte.

Die Geschichte von Luigi

Luigi aus Francavilla beging im September 2004 Selbstmord.

Er hatte an Depressionen gelitten. Früher hatte er sogar einmal versucht, Priester zu werden. Elia kannte ihn nicht.

Es war in der Nacht zum Gründonnerstag, als Fra' Elia, die Augen weitaufgerissen, vollkommen abwesend war. Am nächsten Tag erzählte er, dass alle seine toten Verwandten gekommen waren, ihn zu besuchen, darunter auch der verstorbene Bürgermeister von Calvi. Auch Luigi hatte sich unter den Besuchern befunden. Gleich beim ersten Morgengrauen verließen alle diese Seelen sein Zimmer, doch bevor sie weggingen, bedrängten sie Luigi zu bleiben, weil er endlich das Licht würde sehen können. Alle Lampen gingen von selbst an und als Fra' Elias Eltern morgens erwachten, fanden sie ihr ganzes Heim hell beleuchtet vor.

Luigi jedoch wollte nicht weggehen, da er mit Fra' Elia beten wollte, und deshalb blieb er bei ihm. Es war etwa gegen drei Uhr nachmittags, als Alessandro, Domenico und Angelo, alte Freunde von Fra' Elia, ihn besuchen kamen. Fra' Elia, der sich über die Anwesenheit Luigis wunderte, erzählte ihnen, dass sich neben ihm ein seltsamer Junge befinde, den er noch nie gesehen habe, und der sich Luigi nenne. Der Beschreibung entnahmen die drei Freunde sofort, dass es sich um ihren verstorbenen Freund Luigi handeln musste. Kurz darauf betrat Gianluco das Zimmer, zu dem Fra' Elia sogleich sagte: „Hier steht dein Freund. Luigi hat mir gesagt, dass er dein Freund sei." Die vier Freunde waren verblüfft. Danach beteten die jungen Leute miteinander und Luigi vereinigte sich mit ihnen im Gebet. Nachdem sie gegangen waren, sagte Luigi zu Fra' Elia: „Du musst mir vergeben,dass ich mich erschossen habe." Fra' Elia erwiderte ihm: „Nicht ich bin es, der dir vergeben muss. Ich bin nicht Christus. Geh in die Kirche. Dort wirst du ihn finden. Bitte ihn um Vergebung." Und so ging Luigi nach dem Gebet in Frieden fort, wobei alle Lichter anblieben.

Karfreitag – 10.30 Uhr

Neben Fra' Elias Bett knieten unsere Freunde Chiara und Klara, die Ärztin der Familie. Chiara hielt seine Hand, aber Fra' Elia war abwesend. Er lächelte und starrte vor sich hin: „Ciao Giusè!", rief er aus.

Ich beobachtete die Szene, an die Tür gelehnt und bereit, mir Notizen zu machen: „Wohin geht ihr?" Nach einer kurzen Pause erklärte uns Fra' Elia: „Chiaras Vater nimmt gerade riesige *farfalle* zu sich (Farfalle sind Nudeln in Schmetterlingsform, Anm.der Übersetzerin).

Da ist sehr viel Sonne. Auch der Vater der Doktorin ist hier und sagt mir, dass seine Tochter sehr viel für ihn getan habe, aber es sei Zeit für ihn gewesen zu gehen.

Chiaras Vater sagte: „Sage meiner Tochter, dass ich ihr immer nahe bin und sie niemals verlassen werde!“ Nach diesen Worten schien Fra' Elia an den wunderbaren Ort zurückzukehren, den er gerade beschrieben hatte und fuhr lächelnd fort: „Wie schön dieser riesige Baum ist! Umarme ihn! Er ist zu groß und die Sonne zu gleißend!“

Sowohl Chiara als auch die Ärztin waren zu Tränen gerührt, weil Chiaras Vater in der Tat Giuseppe hieß und leidenschaftlich gerne *farfalle* gegessen hatte. Und die Ärztin hatte in ihrer Eigenschaft als Medizinerin wirklich alles nur Menschenmögliche versucht, um ihren Vater dem vorzeitigen Tod zu entreißen. Doch der Herr hatte ihn bei sich haben wollen.

Gegen 11 Uhr kam ein weiterer Arzt vorbei, Dr. Elio Pagliarullo, mit seinem ungläubigen Schwager. Beide näherten sich dem Bett Fra' Elias, der wieder bei sich war und zwei Worte mit ihnen wechselte. Er wandte sich an den Schwager: „Du hast noch nie eine Gnade vom Herrn erhalten?“ „Nein.“

„Wie das? Erinnerst du dich, als du sechzehn Jahre alt warst, wie einer deiner Freunde bei einem Unfall starb? Du warst wie immer mit ihm zusammen gewesen. Damals ist dir die Gnade widerfahren, dass du verschont worden bist; ihm jedoch nicht, weil für ihn der Moment gekommen war.“

Dr. Pagliarullo bat Fra' Elia um Gebete für ein paar Leute und dieser fragte ihn: „Und du? Brauchst du keine?“ Und in der Tat, wie Dr. Pagliarullo mir später bestätigte, hatte auch er dringend welche nötig.

Kaum waren die beiden gegangen, als Fra' Elia mich rief:
„Lass uns beten:
O, Vater unermesslicher Glorie,
du, der uns niemals verlässt, auch nicht in der letzten Stunde,
hilf mir mit deiner Liebe im Moment des Todeskampfes,
im Moment des Sterbens, im Moment des Leidens!
Du, Vater, verlässt uns nie, weil du der unermesslich Höchste
über die ganze Erde bist!
Ave dir, o Vater,
ave dir, o Maria!
Wie unermesslich groß du bist,
indem du uns fruchtbringende Gaben schenkst: Gebet und Umkehr!“

Die Stunden verstrichen und Fra' Elia bereitete sich auf den Moment seines Übergangs von der Erde in den Himmel vor, wie in jedem Jahr und wie ich es bereits in meinem ersten Buch beschrieben habe. Gegen 15 Uhr steigt seine

Seele in den Himmel auf, während ein Engel als „Stellvertreter“ seinen Körper am Leben erhält, so lange, bis Fra’ Elia wieder in ihn zurückkehrt.

„Er wird sich genauso verhalten und sprechen wie ich, aber es werde nicht ich sein“, sagte Fra’ Elia mir beim ersten Mal, am Karfreitag des Jahres 2001. Und jedes Jahr wiederholt sich alles wieder haargenau so, wie es in den Evangelien beschrieben ist. Heute war ich alleine neben ihm und lauschte seinen Gebeten:

„Licht der unermesslichen Gnade, dir vertraue ich meine Seele an!
Und dir, Maria!
Auch heute hast du mich aus meinem Leid errettet!

Ciao, mein Engel, bitte verlass mich nicht am Beginn meines Weges!
Siehst du, dass der Fluss bereits stark angeschwollen ist, die Strömung reißend?
Halte mich fest und lass mich nicht untergehen!“

Jetzt erst verstand ich, dass Fra’ Elia eine Vision hatte. Er lächelte ekstatisch. Seinen Worten nach glaube ich, dass sein Engel zu ihm sprach:

„Welch gequälter Blick, erleuchtet,
welch leidender Blick!
Welch gemarterter Blick!
Wir sind vereint, wenn auch von ferne.
Dein Blick ist mir nahe,
aber nicht in der Realität.
Welch Mitleid erregender Blick!
So voller Liebe für Gott!“

Fra’ Elia antwortete:
„Und doch bin ich allein!
Du, du hast einen Blick voller Licht!“

Der Engel fuhr fort:
„In dir ist er.
Er, der Große, unermesslich groß wie das Universum.
Er allein ist Barmherzigkeit, Verstehen und Nächstenliebe.
Er ist gütig, gerecht, auferstanden in dir!
Und er ist in dir, wenn du redest.
Du bist bereit zu lernen wie
vom Vater der Sohn.
Der bin ich für dich, für euch.“

Wenn neue Besucher eintrafen, ging ich wie gewohnt aus dem Zimmer, außer wenn sie oder Fra' Elia mich baten zu bleiben. Daher kam und ging ich, stets Schwester Domenica vor Fra' Elias Zimmer zurücklassend, die den Strom der Leute kontrollierte und bei Bedarf eingriff. Es war stets Schwester Domenica, die mich rief, wenn Fra' Elia mich sehen wollte.

In der Zwischenzeit war es den TV-Leuten von Malta gelungen, einen ausführlichen Film zu drehen, der im Februar 2006 auch auf internationalen Kanälen gesendet wurde. Auch der Journalist Paul Badde schoss für seine Zeitung Fotos von Fra' Elia, die er unter anderen einigen Freunden im Vatikan zeigen wollte. Die Übersetzerin meiner Bücher ins Deutsche, unsere Freundin Ingrid, weinte vor Rührung, genauso wie Ute, die Frau des Fernsehjournalisten Wolf von Lojewski, während Klaus, Ingrids Ehemann, ein Protestant, durch Fra' Elia zur Konversion zum katholischen Glauben angeregt wurde. Alle bekamen das, was sie sich gewünscht hatten.

In den vergangenen Jahren am Karfreitag hatte Fra` Elia mich kurz vor drei, der besagten Stunde seines scheinbaren „Todes" immer gebeten, sein Zimmer zu verlassen. Er fürchtete, dass mich in dieser schicksalsträchtigen Stunde die Panik überkommen werde. Doch in den letzten zwei Jahren hatten schon Prof. Margnelli und andere Mediziner dabei sein wollen, um dieses Phänomen zu studieren. Und so hatte ich bereits einmal in Rom, an der Seite von Prof. Margnelli, auch in Fra` Elias Zimmer bleiben und ihm während seiner letzten drei Atemzüge beistehen dürfen, bevor er kalt und bewegungslos in die Arme des Professors gesunken war. Aber in diesem Jahr war wieder alles ganz anders.

Am Krankenbett von Fra' Elia

Kurz vor 15 Uhr wollte Fra' Elia alleine sein, doch um punkt 15 Uhr rief mich Schwester Domenica. Ich öffnete die Tür und sah, dass niemand sich in dem kleinen abgedunkelten Zimmer aufhielt. Nur ein kleines Licht beleuchtete seine Liegestatt. Ich trat ein. Fra' Elias Gesicht war mittlerweile eine einzige Maske aus Schwellungen und Blut, sein Atem flog, seine Augen waren glasig. Mir schien, als befände er sich im Delirium. Schwester Domenica ging hinaus und schloss die Tür, während ich mich neben sein Bett setzte. In der Stille vernahm ich folgende Zeilen:

„O, schmerzendes Kreuz,
du, das den so leidenden Erlöser getragen hat,
o, schmerzendes Kreuz, du kanntest seine Sanftheit,
doch du warst so schwer, dass er dich noch nicht einmal
hat umarmen können!"

(Jetzt schien Jesus zu sprechen):
„O, schmerzendes Kreuz, noch einmal bin ich gefallen.
Und dann hat man mich wieder aufgerichtet.
Schmerzendes Kreuz, wie viel fehlt noch,
bis ich wieder auferstehe?
Möge der Vater mich nicht verlassen!
O, schmerzendes Kreuz, das du Römer
mir bis zum bitteren Ende getragen hast,
dich vor meinem Blick verneigend
und meinen Umhang umarmend.
Mit herzzerreißender Stimme sagtest du:
`Ihr alle habt ihn nicht erkannt`,
aber in meinem Herzen ist eine Blume geboren
für diesen Menschen, welcher Gott ist.“

Gleich danach hatte Fra' Elia eine andere Vision und seinen Worten nach nahm ich an, dass er die Madonna sah, verloren in der Menge, weit entfernt vom Kreuz.

„O, Frau, was gedenkst du zu tun?
Die den nicht findet, der bereits fortgegangen ist.
O, leidende Frau, sieh, auch du kannst nicht in seine Nähe gelangen.
Dein Herz ist voller Schmerz und zu Boden gedrückt.
O, Frau, wen suchst du? Denjenigen, den du nicht findest?
Ich bin allein und verzweifelt, weil mein Sohn nicht mehr da ist.
Ich bin allein und verlassen, weil ich niemanden mehr finde.
Doch eine liebevolle und zärtliche Hand streichelt mir über den Rücken.
O, Maria, dein Sohn ist hier. Eine Lanze hat mir das Herz durchbohrt.
Welch ein unermesslicher Schmerz! Allein kann ich nicht mehr leben,
aber mein Vater wird den Heiligen Geist in dich legen, damit du, Maria,
unsere Mutter wirst.
Maria, Mutter der Welt, gekrönt als Mutter Gottes
und Maria, Mutter der Engel.“

Plötzlich sperrte er die Augen weit auf und fragte mich, wie spät es sei. Dann sah er mich an und flüsterte: „In wenigen Minuten werde ich fortgehen. Aber nun höre mir zu.“ Und dann begann er Aramäisch zu sprechen, sanft und liebevoll, wie wir es schon öfter gehört hatten. Seltsamerweise war ich ganz ruhig, ohne Emotionen, völlig unaufgeregt, vollkommen Herr meiner selbst. Nachdem ich ihm zugehört hatte, stellte ich ihm ein paar Fragen und er beantwortete sie mir mit Ja. Und dann endlich ließ er mich nach fünf Jahren der Prüfung und der Ausbildung (so sagte er mir) einige Wahrheiten erkennen, Wahrheiten, die jeder von uns immer schon direkt vor Augen hatte, jedoch nicht begriff.

Es war ein großer Augenblick für mich: Er offenbarte mir seine primäre Aufgabe auf Erden, die ich in Wahrheit schon lange Zeit erahnt hatte. Die Freunde, denen ich mich anvertraute, können das ohne Weiteres bestätigen, denn ich hatte immer schon geglaubt, dass Fra' Elia nicht nur in unsere Mitte gekommen war, um in einem Familienhaus im Ruf der Heiligkeit zu leben oder die Straßen der Welt zu beschreiten, um die Herde Gottes einzusammeln. Ja, der Herr wollte, dass sein „Werkzeug" auch die Passion am eigenen Leib erfuhr, damit er bekannt wurde und den Menschen zeigte, dass er einer seiner *Condottieri*, einer seiner „Anführer", seiner Wegbereiter war. Jesus hat seinem Fleisch sein Zeichen eingeprägt und erlebte so durch ihn alle Jahre wieder seine Passion. Er führte und leitete ihn. Er begnadete ihn mit übernatürlichen Charismen. Er umgab ihn mit Engeln. Warum? Ich glaube, um ein Familienhaus nach christlichen Werten zu führen und von Gott zu sprechen, würde es genügen, ganz einfach nur getauft oder bestenfalls mit großem Glauben begnadet zu sein, mit Opferbereitschaft und Liebe für den Herrn. Warum also all dies? Etwa, weil Fra' Elia die Gnade der Stigmata erhalten hatte, genauso wie die anderen großen Reformatoren der Kirche?

Ganz einfach: Weil auch Fra` Elias letztliches Ziel sein wird, entsprechend dem Willen Gottes zu einer Reform der Kirche beizutragen. Wieso wage ich, so etwas Schwerwiegendes, das ganz allein meiner ureigenen Wahrheit entspricht, auszusprechen? – Ganz einfach, weil Fra' Elia es mir gesagt hat. Und mein Gedächtnis hat ganz sicher nicht nachgelassen! Ich habe sehr viel über jenen Freitag nachgedacht, und zwar die ganze Zeit nach Ostern, in der Fra' Elia und ich uns mit jeder Einzelheit auseinandergesetzt hatten und ich mit seiner Erlaubnis sogar mit seinem Vetter Nicola und anderen zwei Personen darüber hatte sprechen dürfen. Weiter habe ich viel über die Tatsache nachgedacht, dass sich Fra' Elia ganz langsam, je mehr Tage vergingen, von dieser Wahrheit entfernen und sie dem Vergessen anheimfallen würde. Und heute erinnerte er sich womöglich vielleicht schon an gar nichts mehr.

Ich bin mir sicher, dass der Herr es befürwortet, dass Fra' Elia für den Moment alles vergisst und, wie er ihm in dem folgenden Gebet mitteilte, es stets er sei, der entscheide, wann der richtige Moment gekommen sei, öffentlich darüber zu sprechen. Doch diese Dinge (Prophezeiungen?) wurden ausgesprochen, niedergeschrieben und an einem sicheren Ort deponiert. Als ich Fra' Elia nach dem Moment der Enthüllung seiner Botschaften fragte, antwortete er mir ganz ruhig: „Es ist der Herr, der es bestimmt, nicht ich, wie immer!" Und seither sind wir nie mehr auf dieses Thema zu sprechen gekommen.

Ich weiß sehr gut, dass einige bekannte Kritiker mich als „naiv und reich an Fantasie“ bezeichnet haben und viele mir nicht glauben werden, aber das ist nicht wichtig. Ich werde meinen Weg weiter gehen, weil ich zutiefst davon überzeugt bin, dass Fra’ Elia ein Werkzeug für ein Projekt ist, das ein höherer Wille bestimmt hat. Es ist nicht schwer, das zu glauben. Nach allem, was ich an seiner Seite gesehen, wahrgenommen, erfahren habe, müsste ich ein Dummkopf sein, wenn ich das nicht verstehen und ihn nicht weiter unterstützen würde.

Ich glaube, dass Fra’ Elia das ausführt und weiter ausführen wird, was der Herr vom Beginn der Zeiten an für ihn bestimmt hat, ebenso wie ich glaube, dass genau in diesem Augenblick ein Engel des Herrn meine Hand führt, während ich diese Zeilen schreibe.

Meditation

„Im Schmerz und in der Verzweiflung,
wie viele Wege habe ich durchlaufen, um dir zu begegnen!
Wie viele Straßen bin ich gegangen, um zu dir zu kommen!
Aber wie oft habe ich dich verlassen, aus Erschöpfung!
Wie oft habe ich dich verleugnet!
Wie oft habe ich vor dir die Tür meines Herzens verschlossen!
Und wie oft habe ich nach dir gerufen!
Wie oft habe ich dich angerufen, um eine Antwort zu bekommen!
Und wie oft hast du mich in Frieden geführt,
während ich dir den Rücken zuwandte!
Und du sagtest zu mir: `Wie schwierig du bist!`
Und wie oft hast du zu mir gesagt: `Jeder meiner Schritte ist deiner`!
Weil du ohne mich nicht vorwärts kommst
und ich es sein werde, der dich sprechen
lassen wird im geeigneten Moment.
Du wirst zusammen mit mir vorwärtsgehen
und alles das wird für alle
die Begegnung mit mir begünstigen!“

Zeugnis aus Francavilla

Zeugnis einer Vorausschau – ausgestellt von Frau Gabriella Balestra, Francavilla Fontana

Gabriella, die Ehefrau von Dr. Antonio Balestra aus Francavilla Fontana, berichtete:

„Mein Ehemann hat im vergangenen Jahr seinen Vater verloren und Fra' Elia, der sich gerade hier in Francavilla befand, kam zu seinem Begräbnis. Bevor der Sarg geschlossen wurde, sagte er zu den Angehörigen, dass man auch eine Bibel in den Sarg legen sollte. Wir fanden eine schöne blaue Bibel und legten diese hinein. Aber Fra' Elia war dagegen: `Nicht diese.` Legt seine eigene hinein, diejenige, in der er immer gelesen hat. `Sucht sie und ihr werdet feststellen, dass die letzten fünf Seiten herausgerissen worden sind.`"

Die Kinder fanden sie und in der Tat waren die letzten fünf Seiten herausgerissen worden.

Zehn Monate vergingen und Fra' Elia sagte zu Gabriella, dass er ihren Schwiegervater getroffen habe, mit einer Bibel in der Hand. Zuerst habe er ihn nicht erkannt, aber als er die Bibel gesehen habe, habe er begriffen, dass es der Vater von Antonio sei. Er habe einen beigebraunen Mantel getragen und auf dem Kopf eine *coppola*, die typisch sizilianische Mütze.

Natürlich wollte Gabriella sofort wissen, was sie miteinander gesprochen hatten, aber Fra' Elia teilte ihr nur mit, dass sie lange miteinander geredet hätten. Gabriella war von der erwähnten Besonderheit der Mütze beeindruckt, die ihr Schwiegervater immer getragen hatte, konnte sich jedoch an keinen beigebraunen Mantel erinnern. Von Neugierde gepackt, begab sie sich zu ihrer Schwiegermutter, die noch die gesamte Kleidung ihres Mannes aufgehoben hatte, und schaute nach einem solchen Mantel. Und in der Tat: Der Mantel war da! Es handelte sich um einen alten, schweren Mantel im Fischgrätmuster, der, nach den braunen Knöpfen zu schließen, wirklich einmal beigebraun gewesen sein konnte. Die Bestätigung kam, als ich den Mantel herausnahm, um nach der Farbe des Futters zu sehen - es war beige - und mir daraus ein intensiver Rosenduft entgegenwehte.

Seltsamerweise hatte Fra' Elia in jener Woche oft das Ehepaar Balestra besucht und was noch seltsamer war: Er hatte dem Doktor gegenüber dauernd wiederholt, dass er sich irgendwie komisch fühle. Sein Herz sei bedrückt, so als würde jeden Augenblick seiner Mutter etwas zustoßen: „Ich muss darauf vorbereitet sein. Die Eltern können uns von einem Augenblick zum andern verlassen." „Aber was denkst du da, Fra' Elia?! Ich habe gerade erst deine Mutter untersucht und es geht ihr bestens", beruhigte Antonio ihn. Aber Fra' Elia redete weiter vom Tod und von der Angst, bald seine Mutter zu verlieren.

Einige Tage später gingen Antonio und Gabriella zur eigenen Mutter zum Mittagessen. Der Signora ging es bestens und sie war an dem Tag besonders gesprächig. „Ich habe von einem großen Kreuz geträumt, aus dem ein großes Licht kam, und eine Stimme sagte zu mir: „Ich bin der Herr, dein Gott." Ihre anwesenden Kinder hänselten sie und sagten: „Selig bist du, die du Gott direkt vor dir siehst." Fröhlich scherzend setzten sie ihr Essen fort.

Noch am selben Abend starb die Signora.

Zeugnis – Die Präsenz „des Feindes", ausgestellt von Signorina Chicca (Tochter der Lehrerin Maria Desiato, Francavilla Fontana)

Frau Maria Desiato, wohnhaft in Francavilla und mit Fra' Elia befreundet, ließ keine Gelegenheit aus, über ihn zu sprechen, besonders im Kreis der Familie oder mit gläubigen Personen, die sie für besonders sensibel hielt. Eine davon war der Rektor Prof. Pietro di Noi, der anlässlich des Aufenthalts von Fra' Elia in Francavilla für die Zeit seiner Passion den Wunsch geäußert hatte, ihn in seinen außergewöhnlichen Momenten einmal sehen zu dürfen. Maria Desiato fragte Fra' Elia und er gab ihr seine Erlaubnis. Leider konnte der Professor aufgrund des riesigen Besucherandrangs vor dem Haus, in dem sich Fra' Elia befand, weder Gründonnerstag noch am Karfreitag zu diesem vordringen. Resigniert sagte er zu Signora Maria: „Macht nichts, ich bin ja schon glücklich, dass ich draußen auf der Straße seinen Duft riechen konnte!" Doch Signora Maria gab sich nicht geschlagen und beschloss, am selben Abend noch einmal zu Fra' Elia zurückzukehren, wenn alle anderen Personen gegangen waren, und außer den Professor auch noch ihren Ehemann und ihre Töchter mitzunehmen, von denen eine ziemlich skeptisch war.

Und so gelang es Maria und ihrer kleinen Gruppe, ungehindert in das Zimmer von Fra' Elia zu treten und sich um sein Bett herum zu stellen. Fra' Elia lag erschöpft in seinem Bett, das Gesicht gemartert, seine Arme bandagiert, seine Augen blutig geschlagen, und sein schwach beleuchtetes Kopfkissen war mit duftendem Blut getränkt. Die Personen standen reglos da, wie gelähmt durch die Krassheit der Szene. Plötzlich hörten Chicca (die ungläubige Tochter) und der Professor eine scharfe Stimme, die ganz klar direkt aus dem Innern des Zimmers zu kommen schien und zu ihnen sagte: „Das ist alles eine Narrenposse. Nichts davon ist wahr. Es ist zwar ein guter Trick, aber eben nur ein Trick, und er hat sich mit Farben angemalt. Glaubt nichts!", und so weiter. Nach einigen Momenten öffnete Fra' Elia die Augen, lud Chicca ein näher zu treten, nahm ihre Hand und legte sie auf seine Brustwunde. Als sie aus dem Zimmer herauskamen, erzählte der Professor ziemlich schockiert, was er da gehört hatte, genauso wie Chicca, die bestätigte, haargenau dieselben Worte vernommen zu haben.

Zeugnis einer Heilung – ausgestellt von Frau Anastasia Sordillo aus Francavilla Fontana

Seit dem Jahr 1998 fühlte sich die junge Frau nicht wohl. Nach verschiedenen Arztbesuchen und großem Blutverlust und Sekretion von Milch wurde bei ihr an einer Drüse im Kopf eine gutartige Geschwulst festgestellt. Dadurch bedingt kam es zusätzlich zu einer geschwulstartig entstandenen Neubildung von Gefäßgewebe an der linken Niere.

Anastasia erzählte: Es war in der Osterzeit 1999 und wir telefonierten mit Fra' Elia. Als er nach Francavilla kam, ging ich ihn besuchen und schüttete ihm mein Herz aus. Kurz darauf träumte ich von der Madonna, die ein kleines Kind im Arm hielt. Es war nicht die *Pietà.* `Welche Madonna bist du?`, fragte ich sie im Traum. Aber ich bekam keine Antwort. Es war in den ersten Tagen des Mai, am ersten Samstag, und ich erinnere mich, dass Fra' Elia pünktlich um 12 Uhr in mein Geschäft kam. `Komm mit mir`, sagte er mit Entschiedenheit. `Ich kann nicht, ich bin alleine, wie kann ich mein Geschäft um diese Zeit allein lassen?` Er bestand darauf und so ließ ich alles liegen und ging mit. Wir gingen in eine Kirche, wo man den Rosenkranz betete.

Wir traten ein und setzten uns in die letzte Bank. Er ging zum Altar und nahm ein paar kleine Broschüren mit Gebeten. Ihre Blätter waren gelb. Auf einem Blatt erkannte ich die Madonna wieder, von der ich ein paar Nächte zuvor geträumt hatte. Es war die Madonna vom Rosenkranz. Ich vereinigte mich im Gebet mit den Leuten, die den Rosenkranz beteten, und während ich betete, spürte ich ein starkes Brennen, sowohl im Kopf als auch an der Niere. Bei einer erneuten Ultraschalluntersuchung stellte der Arzt fest, dass keine Spur mehr von der Geschwulst an der Niere zu sehen war. Als er mir sagte, das sei ganz unmöglich, hatte ich Angst, es könnte noch etwas viel Schlimmeres sein. `Nein, beruhige dich`, bestätigte er mir. `Die Niere ist sauber, du bist gesund.`

Deshalb beschloss ich, nach Pompeji zu fahren, um der Madonna vom Rosenkranz zu danken, doch mein skeptischer Ehemann sagte mir, dass er bis September keine Zeit habe, mich dorthin zu begleiten. `Was machen wir also?`, fügte er hinzu. `Ich weiß ja noch nicht einmal, wo das ist! Warum gehen wir denn nicht hier zu den Kapuzinern?` Worauf ich entschlossener denn je erwiderte: `Nein, du musst nicht nach Pompeji fahren. Wenn du mich nicht hinfährst, fahre ich eben alleine!`

Am nächsten Tag fand ich unter der Haustür das Werbeplakat eines Reisebüros, mit dem Programm für eine Reise nach Pompeji. Und so kam es, dass wir am folgenden Sonntag alle beide dorthin fuhren. Seither gehe ich weiterhin alle sechs Monate zur Kontrolle, obwohl ich seit diesem Tag vollkommen geheilt bin. Auch das Problem mit der Hypophyse, wegen der ich in Mailand therapiert wurde, ist verschwunden. Eigentlich hatte ich das bereits am Tag zuvor von Fra' Elia erfahren, der eine Kerze für mich angezündet und gesagt hatte: `Du kannst ganz beruhigt dorthin gehen!`“

Auch diese unglaubliche, erschütternde Woche fand ihr Ende und jeder von uns kehrte wieder in sein normales Leben zurück.

Das Land fällt an das Kloster

Als wir das Kloster kauften, teilte man uns sofort mit, dass das umgebende Land nicht im Preis inbegriffen sei und der Besitzer auch nicht die geringste Absicht habe, es zu verkaufen. Geduld!, dachten wir uns.

Für den Augenblick galt es schon als eine Gnade, überhaupt die Möglichkeit für einen Start in einem offiziellen Sitz für die Gemeinschaft bekommen zu haben. Was das Land betraf, würde die göttliche Vorsehung schon an uns denken. Fest stand, dass sich das Kloster so nackt und roh bald als zu exponiert erwies, ohne jeden Schutz und ohne ein Minimum an Grünfläche, auf der man hätte Bäume anpflanzen oder eine sichere Mauer errichten können, welche die Gemeinschaft vor indiskreten Blicken schützten konnte.

Schon nach dem ersten Jahr und mit Fra` Elias wachsendem Bekanntheitsgrad wurde ein Stückchen Boden, das die Grenzen absteckte, wirklich unerlässlich. Auch diesmal war es die göttliche Vorsehung, die eine Entscheidung traf: Einige Monate nach der Tilgung des Darlehens durch unseren Wohltäter Antonio bot einer der Besitzer des ans Kloster angrenzenden Grundstücks Fra' Elia die Möglichkeit an, einen Großteil davon zu kaufen. Es war genau das, was für die Bedürfnisse und die Sicherheit der Gemeinschaft nötig war, und dazu gehörten sogar noch drei vergessene Zimmerchen neben der Sakristei der Kirche. Der Preis schien nicht übertrieben hoch zu sein, dennoch war er für Fra' Elia eine zu große Belastung, auch, weil die gemeinnützige Stiftung, an welche die Spenden der Gläubigen gingen, sich bereits mit der Renovierung des Klosters eine finanzielle Last aufgebürdet hatte, die immer noch schier bodenlos war.

Fra' Elia machte sich große Sorgen, genauso wie auch der ganze Rest von uns. So eine Möglichkeit würde sich nicht noch einmal bieten! Sein Verstand sagte ihm ganz klar, dass er das Grundstück eigentlich kaufen sollte. Jedes Kloster hatte immer schon ein Minimum an Land gehabt, warum sollte man nicht auch in Calvi eines haben! Wie auch immer, trotz aller unserer Kalkulationen und Hoffnungen gelang es uns nicht, das Ende des Fadens im Knäuel zu finden.

Es war sieben Uhr am Morgen des 3. April 2005, als Fra' Elia mich anrief. Da ich schon ahnte, dass er es war, klärte ich meine Stimme, damit er nicht merkte, dass ich noch im Halbschlaf war.

„Habe ich dich aufgeweckt?“

„Nein, ich habe nur noch ein wenig im Bett herumgefaulenzt.“

„Auch ich werde gleich noch für ein Weilchen ins Bett zurückkehren.“

„Du hast nicht geschlafen, nicht wahr?"

„Nein, heute Nacht ist Pater Pio gekommen."

„Was hat er gesagt?"

„Er hat mit mir geschimpft: `Willst du endlich aufhören herumzujammern!` `Aber ich mache mir Sorgen wegen des Klosters. Man hatte mir gesagt, dass ich für die Restaurierung eine Million Euro bräuchte. Jetzt sind es zwei Millionen!`

Pater Pio: `Aber siehst du denn nicht, dass es der Herr ist, der dafür bezahlt? Wann willst du endlich begreifen, das er es bezahlt, und nicht du? Was sollte denn ich sagen, ich, dem man alles Mögliche nachsagt? Sogar mit einer Frau soll ich zusammen gewesen sein! Das ist viel schwerwiegender als deine Geldprobleme! Was könnten denn deiner Meinung nach der Ingenieur, die Handwerker und alle die anderen da unten gegen den Herrn ausrichten?`"

„Und du, was hast du ihm geantwortet, Fra' Elia?"

„Ich habe ihm still zugehört, weil er ja recht hatte."

Kurze Zeit später hörten die Brüder, dass die Region Umbrien eine Ausschreibung für das Land gemacht hatte. Sie reichten ihr Gesuch ein und innerhalb der allgemeingültigen Regeln gelang es ihnen, den notwendigen Betrag für die erste Anzahlung zusammenzubekommen.

Der Rest erledigt sich von selbst, Schritt für Schritt, wie immer.

Die Tage in Pescara mit der Jugend ... aber nicht nur 9. bis 19. April 2005

Ich traf am Donnerstag, den 7. April, pünktlich in Calvi ein, beladen mit Büchern und Zeitschriften, die für Pescara bestimmt waren, und einem Berg von Gefühlen, die mich immer dann befielen, wenn ich Fra' Elia in eine für uns neue Stadt oder zu ungewohnten Zielen folgte. Dieses Mal sollte Fra' Elia vor allem die Jugend treffen, eine Begegnung, die von dem alles andere als jungen Pfarrer Don Emilio von der Gemeinde Santa Caterina da Siena beharrlich herbeigewünscht und mit der Hilfe von Anna Montanaro, ihrem Ehemann und den Töchtern organisiert worden war.

Fra' Elia hatte die Einladung mit großer Begeisterung akzeptiert, weil die Jugend für ihn der „Sauerteig der Gesellschaft" war, die Zukunft der Kirche, der gute Samen, der, wenn er mit gebührender Aufmerksamkeit behandelt wurde, ohne Zweifel die besten Früchte bringen würde. Fra' Elia und ich würden also zwei Tage später unsere Reise antreten, auch wenn es der für Fra' Elia kritische Tag blieb, aber wie üblich biss Fra'Elia die Zähne zusammen und nahm die Mühen der Reise auf sich, als wäre nichts geschehen.

Calvi – Freitag, 8. April, 7.15 Uhr

Ich entschloss mich, früh aufzustehen, um Schwester Domenica beim Frühstück zu helfen.

Lautlos ging ich in die Küche und fand zu meinem großen Erstaunen bereits Fra' Elia am Waschbecken vor. Er spülte die Tassen vom Frühstück der Arbeiter ab! Er kam mir müde vor, und deprimiert.

Ungeachtet meiner Person und bevor ich noch ein Wort verlieren konnte, wandte er seinen Blick zu mir und fuhr mit seinem Gemurre fort, mit dem er wahrscheinlich erst kurz vorher begonnen hatte: „ ... ich möchte alleine sein ... unter einer Palme in der Wüste ... ich möchte ein kleines Zelt haben, nur für mich allein, wo ich in Frieden leben kann ... wann werde ich einmal schlafen können? Wahrscheinlich, wenn ich die ewige Ruhe haben werde!" Und dann blickte er erneut zu mir, vielleicht um meine Zustimmung zu bekommen.

„Warum wäschst du die Tassen ab?", fragte ich ihn. „Weil ich die Frische des Wassers auf den Wunden fühle." Und traurig zeigte er sie mir.

Auch die Wundmale an den Füßen bluteten. Schwester Domenica kam herein, während Fra' Elia weiter lamentierte. Voller Mitleid und liebevoll wie immer, riet sie ihm: „Hast du es dem Herrn gesagt?" „Ja, ich habe es ihm gesagt, aber er lächelt nur."

Und während ein intensiver Rosenduft mittlerweile in jeden Winkel des Klosters drang und uns trunken vor Glückseligkeit machte, machte ich mich daran, den Frühstückstisch für die zweite Runde zu decken. Wir beschlossen, am frühen Nachmittag loszufahren, damit Fra' Elia sich noch ein wenig ausruhen konnte.

Pescara, Samstag, 9. April, vormittags - Die Geschichte von Luigi

Am Morgen des ersten Tages empfing Fra' Elia wie immer alle, die ihn benötigten.

Eine Sache berührte mich dabei besonders - eine Geschichte, die mir von Luigis Mutter Anna Rita berichtet wurde, die bei der Begegnung ihres Sohnes mit Fra' Elia dabei war:

„Mein Sohn Pier Luigi und ich betraten an diesem Morgen mit der letzten Gruppe sein Zimmer. Wir waren ziemlich viele und Fra' Elia schickte sich augenblicklich an, an jedem von uns vorbeizugehen und sich unsere Nöte anzuhören. Kaum dass er Pier Luigi erblickt hatte, ging er sofort auf ihn zu und umarmte ihn. Dann fragte er ihn mit einem strahlenden Gesicht: `Was möchtest du denn einmal Großartiges tun?` `Ich habe gerade erst meinen Hochschulabschluss gemacht.` `Sehr gut`, unterbrach Fra' Elia ihn. `Aber jetzt musst du weiterstudieren.` `In Wirklichkeit habe ich mich entschlossen, meinem Vater in seinem Geschäft zu helfen. Es bedeutet ihm sehr viel und ich will ihn glücklich machen!` `Wenn du ihn wirklich glücklich machen willst`, fuhr Fra' Elia fort, `studiere Theologie und wenn er dich einst am Altar stehen sieht, wird er noch sehr viel glücklicher sein!`

Darüber hinaus vertraute Signora Anna Rita mir auch noch sehr bewegt an, dass ihr Sohn die Freude ihres Lebens sei und er schon immer sehr fromm gewesen sei und sich guten Werken widme.

Treffen mit der Jugend – nachmittags

Die Kirche präsentierte sich als Haus voller junger Menschen, aber ich entdeckte auch Menschen mit weißen Haaren und ganze Familien unter ihnen. Oben im ersten Stockwerk an der Seite des Altars bildete eine große Zahl Jugendlicher den Chor, der von Gitarren und anderen Instrumenten begleitet wurde. Um 16 Uhr begann Fra' Elia die Tagung mit einer kurzen Rede, um auch den Ängstlichsten unter ihnen ihre Befangenheit zu nehmen. Gleich danach ging er durch die Bankreihen und fing mit jedem, der anfangs ängstlich und stumm dagesessen hatte, ein kurzes Gespräch an. Dadurch baute sich dessen Scheu Schritt für Schritt ab (keiner konnte gegenüber dem Drängen dieses Bruders, der Fragen und Antworten vorgab, länger stumm bleiben), und die Fragen und Antworten prasselten wie ein Schwall Regen hernieder, bis man schließlich gezwungen war abzubrechen, weil die Stunde für die heilige Messe gekommen war.

Fragen, die die Jugend an Fra' Elia richtete:

„Was muss ich tun, um meine Berufung zu erkennen?"

Fra' Elia: „Vertraue dich deinem Pfarrer an, öffne ihm dein Herz und versuche, die Talente zu erkennen, die der Herr dir geschenkt hat. Und bete zum Heiligen Geist, dass er dir das richtige Urteilsvermögen geben möge, diese zu erkennen."

„Wie stellt man es an, sich in der Ehe nicht einsam zu fühlen? Wie gelingt es einem, den gemeinsamen Weg glücklich zu gehen? Wie schafft und erhält man Einigkeit innerhalb der Familie?"

Fra' Elia: „Es ist ganz einfach. Wenn einer für den anderen gemacht ist, dann sagt man zum Beispiel nicht: Ich gehe und kaufe mir ein Auto oder ein Haus, usw., sondern man sagt *wir gehen...* Wenn einer zuhause krank ist, sagt man nicht: `Da ist einer krank bei uns zuhause`, sondern: `Bei uns daheim ist jemand krank und wir alle zusammen werden gegen die Krankheit ankämpfen`. Wenn Liebe vorhanden ist, muss man `wir` sagen. Und dann muss man einen Dialog führen und den Respekt und den Willen haben, das Leben miteinander zu teilen, auch wenn man unterschiedlicher Meinung ist. Man darf keine Verbindung eingehen, die nur so lange hält, wie die Geduld reicht. Man muss die Knoten vorher lösen und aufeinander zugehen. Und alles das begünstigt die Begegnung mit Gott."

„Wie überwindet man die Angst?"

Fra' Elia: „Indem man mit sich selbst in Frieden ist. Wenn man Jesus im Herzen trägt und glaubt, dass man sich in der Gnade Gottes befindet, kann einem niemand etwas Böses anhaben.

Wir müssen uns zwingen, die Vergangenheit zu vergessen, die Seite umzublättern, indem wir auf den Herrn vertrauen: `Mein Herr, hilf mir, ich vertraue mich dir an. Verfüge du über mein Leben und führe mich auch in den allerkleinsten Belangen.` Und alles wird in Ordnung kommen. Ihr werdet von den Ergebnissen überrascht sein."

Fra' Elia und die Engel

„Was ist die richtige Beziehung zu den Engeln?"

Fra' Elia: „Am Tag unserer Geburt entzündet sich im Himmel ein Licht. Es ist unser Engel, der von diesem Zeitpunkt an von Gott mit der Aufgabe betraut wird, uns während unseres ganzen Lebens zu begleiten. Die Verbindung unserer Seele mit unserem Engel ist die stärkste und sie ist unauflöslich. Es handelt sich hier nicht um eine passive Verbindung, sondern um eine tätige und überaus aktive Verbindung. Wenn wir verstehen lernen, dass uns der Engel in unseren Schwierigkeiten hilft, uns aus Gefahren rettet, Gott unsere Gebete überbringt, jubelt, wenn wir uns bekehren, leidet, wenn wir Schmerzen haben, dann befinden wir uns sehr bald in einem Dialog mit ihm und vielleicht gelingt es uns sogar, ihn intuitiv wahrzunehmen, bis es zu einem so starken Band kommt, dass es dem Menschen hilft, seinem Engel immer ähnlicher zu werden und dessenStandpunkt zu vertreten."

„Gibt es ein Zeichen, das uns zeigt, wann wir mit unserem Engel in Beziehung getreten sind?"

Fra' Elia: „Das erste Zeichen ist die Erleuchtung der Intelligenz und die Bewegung des Willens. Der Engel manifestiert sich von Seele zu Seele im Wachzustand, aber auch im Schlaf. Es genügt, eine große Sehnsucht zu haben, mit ihm kommunizieren zu wollen. Bittet ihn, ruft ihn an, liebt ihn!"

„Ich bin nicht fähig, zu beten."

Fra' Elia: „Geh in die Kirche und suche den Priester. Sage ihm ganz einfach: `Beginne du mit einem Gebet und ich spreche es dir nach.` Danach setzt du dich in aller Stille vor den Altar. Öffne die Tür zu deinem Herzen und warte ab. Wenn du Gott suchst, wirst du ihn ganz sicher finden. Er wird es sein, der zu dir sprechen wird und du wirst ihn verstehen. Vergib und dann wird auch dir vergeben werden."

Die Tage in Pescara verflogen im Nu, angefüllt mit Freude und Gebeten und bereichert durch neue Freundschaften.

Don Emilio, Don Bruno, die tüchtigen Organisatoren, einige der Jugendlichen und die Schwestern vom Heiligen Kreuz der Barmherzigkeit teilten bis zum letzten Tag alle unsere Abendessen mit uns, genauso wie die „interessanten" Erfahrungen. (Wenn ich sie so nennen darf.) Während des Abendessens am letzten Tag wollte jemand Fra' Elia einen geweihten Wein anbieten.

„Ich danke dir sehr", sagte Fra' Elia. „Du musst dir keine Umstände machen, für mich ist jeder Wein gleich. Er hat immer denselben typischen Geschmack. Koste du ihn doch auch!" Und so trank unser *Sommelier* aus Fra' Elias Glas. „Das schmeckt ja nach Rose!", rief er völlig verdutzt aus. Fra' Elia lächelte. Alle wollten von dem Wein probieren. Jedem wurde etwas davon in das eigene Glas gegossen und jeder stellte fest, dass der Wein das Bouquet einer voll erblühten Rose hatte. Danach wurde Wasser eingegossen. Man ging sogar in die Küche und drehte den Hahn auf: Auch dieses Wasser duftete und schmeckte nach Rosen. Fra' Elia nickte vergnügt. Die Mutter Oberin nahm ihren Becher und sagte: „Ich werde ihn mein ganzes Leben lang aufheben." Auch den beiden anwesenden Priestern blieb nichts anderes übrig als höchst erstaunt festzustellen, dass alle in die jeweiligen Gläser gefüllten Flüssigkeiten den Geschmack von Rosen angenommen hatten.

Später flüsterte mir Fra' Elia zu, indem er ein Zeichen des Kreuzes zum Himmel machte: „Sie amüsieren sich!"

Apropos Engel

Im Laufe unseres Lebens sind wir schon mehrmals von unserem Schutzengel gerettet worden. Oft sagen wir, dass wir Glück gehabt hätten, aber in Wirklichkeit ist es unser viel geliebter Schutzengel, der uns nicht einmal für eine Sekunde aus den Augen lässt und auf bewundernswerte Weise seine himmlischen Pflichten wahrnimmt, die ihm von unserem Herrn anvertraut worden sind.

Ich möchte hier nachfolgend zwei Episoden erzählen, die sich gerade erst zugetragen haben:

Ich lenkte mein Auto die *Autostrada del Sole* entlang, neben mir mein Ehemann, als mir ganz plötzlich ein Reifen platzte. Ich schleuderte heftig von rechts nach links, sodass ich Gefahr lief, von einem Auto auf der Überholspur erfasst zu werden. Ich versuchte zu bremsen - unmöglich! Der Wagen fuhr mit seinem verrückten Zickzackkurs fort, immer weiter von rechts nach links schleudernd, bis er endlich langsamer wurde, sodass es mir gelang, eine Tankstelle anzufahren, wo mich eine kleine Gruppe Menschen verwundert anstarrte. „Sie haben aber mehr als Glück gehabt!", sagte mir der Tankwart. „Es war reiner Zufall, dassauf der Überholspur kein Auto dahergebraust kam! Wenn jemand in sie hineingefahren wäre, hätte das ein schönes Feuerwerk gegeben!"

Aber die Geschichte ist hier noch nicht zu Ende. Als ich bat, mir den Reifen zu wechseln, sagte man mir, dass das unmöglich sei, weil mein neuer Wagen, wie alle Autos dieser Serie, mit keinem Reserverad mehr ausgerüstet worden sei. Entmutigt, aber auf meinen Engel vertrauend, machte ich den Kofferraum auf. Nachdem ich das Gepäck etwas zur Seite geräumt hatte, versuchte ich hinter der Abdeckung Werkzeug und Silikon herauszuholen, um ein eventuelles Loch im Reifen damit stopfen zu können. Aber was sah ich da? Einen wunderschönen, neuen Reifen, wahrscheinlich der letzte, den man in diesen Typ eines deutschen Automobils eingebaut hatte. Danke, mein Schutzengel, war mein erster Gedanke.

Während des vergangenen Winters war ich von Giovanni, einem alten Freund von Fra` Elia und inzwischen auch meiner, in Piancamuno (Valcamonica) anlässlich einer Konferenz zu einem Benefizessen eingeladen worden. Genauer gesagt war ich als Autorin meines Buches „Fra' Elia, der Engel mit den Wundmalen Christi" eingeladen, das auch in Piancamuno Interesse geweckt hatte, sodass ich von neun Uhr am Morgen bis Mitternacht nichts anderes tat als über Fra' Elia zu sprechen. Ich erzählte auch von vielen Episoden, über die ich nicht geschrieben hatte, und beantwortete die vielen Besucherfragen. Ich erinnere mich, dass ich mich erst weit nach Mitternacht von Piancamuno wieder auf den Rückweg machte.

Nach ungefähr einer halben Stunde war ich bereits wieder in meiner Gegend angekommen, deren Wege ich im Schlaf kannte. Aber ganz plötzlich befand ich mich in einem Viertel, das mir vollkommen unbekannt war. Wie hatte ich mich so verfahren können? Vielleicht hatte ich, in Gedanken versunken, den Richtungspfeil übersehen. Aber eigentlich brauchte ich doch gar keinen Wegweiser, denn ich kannte die Straße blind! Fakt war dennoch, dass ich aus dem Gewirr nicht mehr herausfand.

In der Ferne sah ich Lichter, folgte ihnen und fand mich auf einer anderen Landstraße wieder, zum Glück nicht weit weg von der Straße, die ich verfehlt hatte, sodass ich nach zehn Minuten endlich die richtige Abfahrt zur Schnellstraße fand, die zu meinem Haus führte. Es war ein Uhr nachts. Genau am Anfang des Weges, den ich vorschriftsmäßig zehn Minuten zuvor hätte fahren müssen, war ein schrecklicher Unfall passiert: Ich sah überall zerbrochenes Glas, noch nicht weggeräumte Blechteile und ein verkehrt herum liegendes Motorrad, aber niemand lag auf dem Boden. Wahrscheinlich hatten die Rettungsfahrzeuge die Unglückseligen bereits ins Krankenhaus gebracht. Vorsichtig fuhr ich um den Schrott herum, während ich meinem Schutzengel für die empfangene Gnade dankte. Was wäre mir wohl passiert, wenn ich fünf Minuten früher an diesem Ort gewesen wäre?

Kloster von Calvi – 10. April 2005, morgens, 8 Uhr

Schwester Domenica sagte, dass Obst fehle. Deshalb verließen Fra' Elia und ich nach dem Frühstück das Kloster, um welches zu kaufen.

Schwester Domenica und mir war aufgefallen, dass Fra' Elia seit letztem Ostern nicht mehr derselbe war. Das kam uns merkwürdig vor. Heute zum Beispiel war uns aufgefallen, dass seine Wunden immer noch bluteten, obwohl es kein Freitag war.

„Warum bluten sie?", fragte Schwester Domenica ihn. „Woher soll ich das wissen?", erwiderte er ungeduldig.

Im Wagen sah dann auch ich die offenen Wunden und, mich auf den Himmel beziehend, sagte ich zu ihm: „Hoffen wir, dass man sie dir nicht dauerhaft lässt!" Worauf er zurückgab: „Hoffen wir, dass sie sie mir wegnehmen, damit wir uns darüber nicht mehr den Kopf zerbrechen müssen!" „Das kannst du dir aus dem Kopf schlagen!", erwiderte ich, während wir vor dem Obstladen parkten.

Für uns war es ganz normal, über derlei Dinge zu sprechen oder Wasser mit Rosengeschmack zu trinken, wie am Vortag in Pescara geschehen; für uns war es ganz normal, während die Schwestern, bei denen wir zu Gast waren, sowie die Familie von Anna und Andrea noch lange Zeit ziemlich verwirrt zurückblieben. Vielleicht war es besser, wenn ich nicht mehr von Engeln und fantastischen, übernatürlichen Erscheinungen berichtete, deren Zeuge ich so oft war. Es gab schon zu viele Leute, die mich für exaltiert hielten!

Nach Pescara blieb ich etwa zehn Tage zuhause, um dann wieder bis zum Monatsende nach Calvi zu fahren, und zehn Tage später dann wieder nach Mailand.

In meinen Notizen las ich, dass Fra' Elia mich eines Morgens, während ich vollauf mit Botschaften, Telefonaten, E-Mails, Artikeln für die Zeitschrift usw. beschäftigt war, daheim anrief: „Ruf deine Schwester an. Sie hat schon länger nichts mehr von dir gehört. Es geht ihr nicht gut!" Es stimmte. Wegen all der Hetze und meiner derzeitigen Aufgaben hatte ich meine ersten Pflichten vernachlässigt. Ich rief bei meiner Schwester an und hörte, dass es ihr in der Tat nicht gut ging.

Mailand – Freitag, 6. Mai 2005
Basilika S. Agostino – Treffen mit der Jugend

21Uhr – Fra' Elia wandte sich von den oberen Stufen aus, die zum Altar führten, an die dicht gedrängte Schar von Jugendlichen, die alle hierher gekommen waren, um ihm zuzuhören. Sein Ton war jovial, als wäre er einer von ihnen.

Fra' Elia: „Ich fange an und danach stelle ich euch ein paar Fragen.

Der Herr hat uns die Erleuchtung geschenkt, damit wir verstehen, dass wir seine Kinder sind. Er hat eine brennende Flamme in unser Herz gelegt, doch wir haben Angst und stellen uns tausenderlei Fragen. Und dennoch hat er uns als sein Ebenbild geschaffen! Erinnert ihr euch daran? Was tun wir, um ihm wirklich zu gleichen? Wenn wir in die Kirche kommen, wie besuchen wir den Herrn? Voller Zorn, Angst?

Der Herr liebt uns und er hat uns Talente geschenkt. Da gibt es jene, die schreiben, jene, die ein Instrument spielen, jene, die singen, andere zeichnen sich in ihrer Arbeit aus: und er hat uns die Hoffnung geschenkt, uns mit Mut ausgestattet. Warum also haben wir Angst, das Leben mit ihm gemeinsam anzupacken?

Warum haben wir Angst, dem Herrn zu sagen: `Ich hab dich aus ganzer Seele gern, ich liebe dich aus ganzem Herzen!`? Warum schöpfen wir nicht aus dieser Erleuchtung, die der Herr uns geschenkt hat?

Tun wir es gemeinsam! Sprechen wir darüber! Ich komme jetzt herunter."

Fra' Elia stieg ungezwungen die paar Stufen hinunter, die ihn von den jungen Leuten, die sich in den Bänken in Reih und Glied niedergelassen hatten, trennten. Und sich freundschaftlich gebend, fuhr er fort: „Der heilige Franziskus lehrte die heilige Klara: `Gib acht auf dein Pflänzchen, gieße es jeden Tag, damit es gut wächst! Was ist das Pflänzchen? - Die Seele?"

Nach einigen Momenten der Stille meldete sich ein Junge: „Ich habe mich noch nie akzeptiert gefühlt, noch nie geliebt. Ich weiß noch nicht einmal, wie man betet. Ich bete darum, ein wenig mehr Vertrauen in den Glauben haben zu können."

Fra' Elia: „Begib dich in die Hände des Herrn. Sage ihm ganz einfach: `Dein Wille geschehe, niemals der meine.` Lass dich tragen. Lass es geschehen, dass er dein Hirte sei, dein sicheres Geleit. Ich, ich bete nachts, und am Tag arbeite ich und fürchte mich vor nichts. Mache es wie ich. Man hat dir wehgetan?

Danke dafür. Man verleumdet dich? Danke auch dafür! Der Herr ist immer bei dir. Sei glücklich und schau nach vorn."

Frage: *„Wem gehört dieses Haus?"*
Fra` Elia: „Unserem Herrn und auch uns."

Frage: *„Wie schafft man es, dem Bösen zu widerstehen?"*
Fra' Elia: „Versuche zu meditieren! Denke an die Madonna, wie man sie zurückgehalten hat, als ihr Sohn am Kreuz starb. Man hatte ihr verboten, sich ihrem Sohn zu nähern und dann hat man ihn ihr tot in den Arm gelegt.

Wenn sie ihrem Sohn geholfen hat, wird sie auch dir helfen, da du auch ihr Sohn bist. Sie ist deine himmlische Mutter. Sie wird dir Schritt für Schritt dabei helfen, dein Herz zu verwandeln, und dadurch wirst du immer stärker werden."

Frage: *„Jeden Tag meines Lebens muss ich kämpfen. Wie kann ich damit umgehen, wenn das der Wille Gottes ist? Muss ich das akzeptieren oder soll ich mich dagegen auflehnen?"*
Fra' Elia: „Du musst nicht alles alleine tun! Wenn du dich verlassen fühlst und verloren, dann wisse, dass er bei dir ist und sich um dich kümmert.

Er verlässt dich nie! Er sagt dir: ich bin hier, bei dir. Höre ihm zu. Gehe zu deinem Pfarrer und er wird dir helfen. Mach ihn zu deinem spirituellen Vater."

Ein Mädchen meldet sich: *„Auch ich fühle mich alleine, aber ich begegne oft guten Menschen."*
Fra' Elia: „Wir bleiben nicht ewig auf einer so mühevollen Straße. Manchmal enttäuscht uns das Leben und genau dann will der Herr wissen, auf welche Weise wir unseren Weg weitergehen. Es ist wahr, manchmal schickt uns der Herr gute Menschen, die in seinem Namen zu uns sprechen und darüber hinaus heilt auch die Zeit unsere Wunden."

Fra' Elia zu einer Gruppe Jugendlicher: „Was macht ihr denn Großartiges?" Aber die jungen Leute wussten nicht, was sie ihm antworten sollen.

Fra' Elia fuhr fort: „Die jungen Leute wissen nicht, wie es weitergehen soll, aber es ist nicht ihre Schuld. Keinen von ihnen trifft eine Schuld. Wahrscheinlich hat nie jemand den Samen des Gebetes in ihr Herz eingepflanzt, den Herrn zu bitten, ihr natürliches Talent zu erkennen. Was würdest du gerne tun? Wofür hast du die größte Vorliebe? Frage den Herrn!

Heute geht man auf die Universität wie zum Supermarkt! Man sollte zur Universität gehen, wenn es der Berufung entspricht, und mit dem Herrn an seiner Seite. Lernt, mit ihm in einen Dialog zu treten: `Herr, hier bin ich. Ich habe die erste Stufe geschafft: Danke, und mit deiner Hilfe werde ich auch die nächste schaffen, danke! Herr, bitte hilf du mir!`

Ich habe von vielen Jugendlichen gehört, dass sie zur Universität gehen, um ihren Eltern einen Gefallen zu tun, und sich dann, um die Kraft zum Weitermachen zu finden, mit Pillen vollstopfen. Sie vergnügen sich und verschenken kostbare Zeit. Wozu wird ihnen einmal ihr Hochschulabschluss dienlich sein? Der Herr möchte, dass ihr eure Talente nutzt, jene, mit denen er euch mit so viel Liebe ausgestattet hat. Er hat sie euch zu eurem Besten gegeben, und zum Besten der ganzen Gesellschaft!

Frage: *„Was ist das Wichtigste in unserem Leben?"*

Fra' Elia: „Das Gebet ist das Fundament unseres Lebens, um immer mit ihm in Kontakt zu bleiben.

Ich, ich schlafe nach dem Abendessen sofort ein. Ich bin müde, weil ich am Tag gearbeitet habe. Ich wache früh auf und bete für alle von euch. Ich pflege meine Ruhe und Heiterkeit in meinen vier Wänden. Aber wie stelle ich es an, euch dies zu vermitteln, wenn eure Herzen erloschen sind? Ihr seid von so vielen anderen Werten in Anspruch genommen, oft auch von falschen Werten, dass ihr eure wahren Berufungen nicht mehr erkennt. Heute entspringen die Berufungen in Afrika, weil die Türen dort weit geöffnet sind.

Und ihr Mütter, wie oft habt ihr für eure Kinder gebetet? Wie oft habt ihr für sie gebetet, damit sie einen besseren Platz im Leben bekommen? Einen, der ihrer Berufung entspricht?Maria, Marthas Schwester, war von ihren häuslichen Pflichten abgelenkt. Ihre Schwestern, genauso wie Maria, hatten da den besseren Platz.

Ein Sohn wollte Priester werden, aber die Mutter war verzweifelt, weil sie Großmutter werden wollte. Sie wollte nicht begreifen, dass der Herr ihren Sohn auf dem besten Platz haben wollte. Früher einmal haben uns unsere Mütter den Samen des Gebets in die Herzen eingepflanzt, mit dessen Hilfe es uns gelungen ist, immer mit dem Herrn an unserer Seite, erwachsen zu werden. Und nun sage ich euch: Habt keine Angst! Welchen Schritt ihr auch immer tun werdet - ihr seid die Blumen des Herrn, denn in eurem Inneren hat er den Samen, Verantwortung zu tragen, eingepflanzt.`"

Frage: *„Es ist allgemeingültige Meinung, dass ein Heiliger zu werden, Leiden, Verzicht, Sühne bedeutet,und das ist der Grund, warum ich mich manchmal von der Kirche fernhalte."*

Fra' Elia (gleichsam amüsiert): „Aber was sagst du da! Gott schenkt dir die Freude und will nicht dein Leid! Wenn er in dir lebt, dann wirst du Liebe haben, Frieden, Heiterkeit, die sich mit der Zeit in Seligkeit verwandeln werden. Im Herrn und für den Herrn zu leben, ist die größte Freude!

Gebt auf eure Pflänzchen acht, die der Glaube sind! Verliert nie euren Glauben!"

Der Vollständigkeit halber möchte ich auch noch ein Treffen erwähnen, das Pfarrer Don Antonio sich seit Langem gewünscht hatte. Es dauerte über zwei Stunden lang und wurde abwechselnd von wunderschönen Lesungen und ebenso wunderschönen Gebeten eröffnet:

Lesung: „Das Leben ist das erste große Geschenk, das wir von Gott empfangen haben. Niemand nimmt seine Schönheit wahr. Uns ist etwas sehr Kostbares eigen, das wir aber oft verunstalten oder schlecht gestalten. Wenn Gott unsere menschliche Gestalt angenommen hat, dann deshalb, weil sie in seinen Augen etwas Kostbares ist. Man hat ihn als einzigen Meister gerufen, weil er der Einzige ist, der für unser Leben zuständig ist.

Und ihr lasst euch auch nicht `Rabbi` rufen, weil nur einer euer Meister ist und ihr alle seine Brüder seid. Und ihr lasst euch nicht `Meister` rufen, weil nur einer euer `Meister` ist, und das ist Jesus Christus.

Jeder von euch muss sich bemühen, seinem Leben die richtige Wachstumsrichtung zu geben, damit jeder von euch als ein Meisterstück der Schöpfung hervorsticht. Es gibt zu viele Meister auf der Welt, die glauben, sie seien fähig, Richtlinien für das Leben vorzugeben. Da gibt es die Meister des `flüchtigen Augenblicks`, die dazu einladen, jeder instinktiven Neigung oder Begierde sofort nachzugeben, mit dem Ergebnis, dass sie das Individuum in einen Angstzustand und einen Zustand innerer Unruhe stürzen lassen, begleitet von gefährlichen Fluchten in trügerische künstliche Paradiese, wie die der Drogen. Dann gibt es jene Meister, die den Sinn des Lebens ausschließlich in der Suche nach Erfolg sehen, im Horten von Geld, in der Entwicklung persönlicher Fähigkeiten, ohne auf die Bedürfnisse anderer Rücksicht zu nehmen oder deren Werte zu respektieren, und zwar noch nicht einmal die grundlegendsten des Lebens."

Gebet: „Herr, hilf uns verstehen, dass wir alleine niemals verwirklichen können, wofür wir geschaffen worden sind. Die tägliche Erfahrung zeigt uns, dass das Leben durch die Sünde gekennzeichnet ist, obwohl der Drang nach dem Guten in unseren Herzen pulsiert. Du hast uns für dich geschaffen, und unser Herz wird unruhig sein, solange es uns nicht gelingt, in dir unsere Zuflucht zu finden. Du lädst uns ein, deine lebendige Gegenwart in unser Leben einzulassen, damit unsere Freude eine vollkommene sei. Wir bitten dich, Herr, dass deine Gegenwart sich in uns immer mehr festige, und gib, dass du der alleinige Organisator in unserem Leben seist."

Gebet: „O, Maria!

Die jungen Leute haben dich gesehen
und sie haben dich selig genannt.
Schön wie der Mond bist du ihnen erschienen!
Wie der Tau, der die Blätter der Rose streichelt,
so süß ist deine Zärtlichkeit
in den Botschaften und in den Erleuchtungen!

Allein du bist es, die erscheint wie ein riesiger Mond.
Wie unermesslich groß bist du, o, Maria,
und wie freudvoll, schön und aufrichtig,
wie das Herz einer Taube, o, Maria!
Es kann mir an nichts mangeln, weil du
mit deiner Lieblichkeit und deinem Duft
meine Seele streichelst und mich
deine Reinheit immer vor allem bewahrt.
Lob sei dir, o, Maria, die du über mir wachst
und meine Seele rettest!"

Außer der Jugend vom Institut der Salesianer, bei denen Fra' Elia Gast war, hatten auch junge Mütter und Väter mit ihren Babys und ganze Familien mit ihren erwachsenen Kindern darum gebeten, an dem Treffen teilnehmen zu dürfen. Und sogar Großmütter und Großväter! Das alles war fantastisch! Gelobt sei Gott!

Zeugnisse, gesammelt in Mailand am 7. Mai 2005

Frau Adele Anelli traf Fra' Elia im vergangenen Jahr zum ersten Mal in der Kapelle der Salesianer. Laut ihrer Aussage litt ihr Ehemann unter einer Thrombose. Trotz ärztlicher Behandlung hatten sich seine Symptome nicht gebessert. Drei Tage nach ihrer Begegnung mit Fra' Elia zeigte die Ultraschalluntersuchung, dass der Ehemann von Frau Anelli völlig geheilt war.

Frau Lazzaroni traf Fra' Elia das erste Mal im vergangenen Jahr in Mailand. Ihr Sohn war wegen multipler Sklerose ins Krankenhaus eingeliefert worden. Fra' Elia beruhigte sie und gab ihr den Rat, für ihn zu beten, was die Frau tat. Fünfzehn Tage später, als von dem Jungen eine Computertomografie gemacht wurde, war nicht die geringste Spur einer Sklerose mehr erkennbar. Es handelte sich um eine einfache Entzündung des Knochenmarks. Die Frau war heute gekommen, um sich bei ihm zu bedanken.

Ein weibliches Gemeindemitglied von Don Antonio machte sich große Sorgen wegen ihres Schwiegersohns, der an einem Tumor litt.

Die Frau wusste nicht, dass Fra' Elia Gast des Pfarrers war. Als der Pfarrer sie in der Kirche sah, sagte er ihr, sie solle ihm ein Foto ihres Schwiegersohns bringen, damit er es Fra' Elia geben könne. Während Fra' Elia sich mit dem Foto des Schwiegersohns im Gebet sammelte, nahm die Frau, die nicht weit von ihm entfernt saß, einen starken Rosenduft wahr. Wenige Monate später zeigte die Untersuchung, dass der Tumor sein Wachstum eingestellt hatte.

Ansprache von Fra' Elia
(nach der Messe in der Basilika am Sonntag, den 8. Mai)

„...Wir vom Leben Enttäuschten, wir Furchtsamen, wir müssen über die erste Lesung meditieren! Der Herr ist auferstanden und vierzig Tage bei den Aposteln geblieben. Die Apostel haben ihn nicht erkannt, weil sie genauso blind waren wie wir, die wir nur das sehen wollen, was für uns angenehm ist! Warum muss erst eine Krankheit kommen, damit man anfängt, sich zu ändern? Man muss sich bereits vorher ändern!

Heute hat eine kranke Frau zu mir gesagt, dass sie jetzt der Kirche viel näherstehe. Warum kann man die Wahrheit nicht vorher sehen? Die Wahrheit ist immer vor unseren Augen, aber unser Herz ist verschlossen, abgelenkt und dadurch unterlaufen einem viele Fehler. Wenn wir uns Gott annäherten, würden wir erleuchtet und mit der Erleuchtung würden wir lernen zu vergeben und glücklich zu sein, aber wir haben ja so viele Vorbehalte!

Denken wir an das Herz Marias! Sie hat ihren Sohn wie ein kostbares Schmuckstück groß gezogen.

So müssen auch wir unsere Kinder großziehen! Der Herr hat uns gern, aber wir? Wenn wir keine Gnaden von ihm erhalten, dann sind wir enttäuscht und verlieren schnell unseren Glauben. Vielleicht erinnern wir uns nicht daran, dass wir es waren, die ihn zuerst verleugnet haben? Denn ist es nicht so? Wir erinnern uns nicht einmal daran, wann wir ihn missachtet und vergessen haben! Der Herr schickt uns keine Strafen, sondern wir sind es, die sie uns selbst zuziehen, durch unseren Stolz, unsere Annahme, alles allein bewerkstelligen zu können. Wir, die wir von Ängsten geschüttelt werden, wollen gesund werden, ohne uns je darüber Gedanken zu machen, dass, wenn das Meer in Aufruhr geraten ist, danach immer auch wieder Ruhe eintritt. Wenn wir uns nicht bekennen, zur Beichte gehen, wie sollen wir dann bei ihm ankommen! Der Pfarrer ist hier und wartet auf euch. Warum kommt ihr nicht, um euch mit ihm zu versöhnen und glücklich zu sein! Es ist so einfach ...

Lehrt eure Kinder das Evangelium von klein auf! Weckt in ihnen die Neugier auf Wissen! Lehrt sie die Liebe zu Jesu und prägt ihnen den Wunsch ein, ihn kennenlernen und lieben zu wollen! Kinder bedeuten Freude, sie sind wie diese duftenden Blumen, aber manchmal haben sie keinen Duft.

Heute dagegen erzieht man die Kinder zur Freiheit. Sie wollen viel zu früh die Hausschlüssel haben und die Eltern erlauben es ihnen. Wieso sind die Stadien voll und die Kirchen leer? Wem gehört dieses Haus? Wenn ihr eure Kinder nicht dorthin bringt, wie sollen sie dann wissen, dass dieses ihr Haus ist, das Haus Jesu!

Wir alle sind auf der Suche nach Frieden und wir suchen ihn woanders. Danken wir immer auch denen, die uns Böses antun. Danken wir für all das, was der Herr uns schickt, auch für die schwierigsten Prüfungen.

Denn er weiß, was für uns gut ist. Es gehört zu den Rechten und Pflichten eines Christen, für alle zu beten, auch für diejenigen, die wir nicht kennen, genauso, wie Jesus es mit seinen Aposteln getan hat."

Nach fast fünf Jahren, in denen ich Fra' Elia zuhöre, habe ich verstehen gelernt, dass seine Beiträge je nach Publikum, das er vor sich hatte, stets variieren. Auch, wenn er an einem einzigen Vormittag in drei Messen sprach, hörte man drei völlig unterschiedliche Beiträge, wobei jeder für sich immer wieder neu war. Fra' Elia bereitete sich niemals vor. Er sondierte für ein paar Sekunden die Anwesenden und begann dann zu sprechen. Manchmal bediente er sich derselben Parabeln, aber mit dem Hinzufügen neuer Episoden zum besseren Verständnis war jede seiner Ansprachen immer wieder anders. Doch immer spiegelten sein leidenschaftlicher Tonfall und sein Gesichtsausdruck die große Liebe für seinen Jesus, den wir nicht so liebten wie wir sollten, den wir mehr als einmal verleugnet hätten und an den wir uns nur noch erinnerten, wenn wir etwas von ihm bräuchten. War es denn so schwer zu verstehen, dass wir alle eins mit ihm seien und um Vieles glücklicher mit seiner Hilfe wären? Er selbst finde deshalb keine Ruhe. Obgleich es so logisch, so natürlich, so einfach sei!

Die drei intensiven und für alle gewinnbringenden Mailänder Tage endeten am späten Sonntagabend und riefen in den Herzen aller den Wunsch hervor, sie sobald wie möglich zu wiederholen. Ich möchte hier die Gelegenheit wahrnehmen, den Organisatoren in ganz Italien meinen Dank auszusprechen, die vom ersten Moment an Fra' Elias und damit auch unsere Mission erleichtert und perfekt vorbereitet haben. Besonders möchte ich bei dieser Gelegenheit Don Antonio und der wunderbaren Signora Vitti danken, die mit ihrer ständigen Verfügbarkeit und Effizienz auch zwei Wohltätigkeitsessen zugunsten der Gemeinschaft von Fra' Elia veranstalte, die Tausenden von Schwierigkeiten zum Trotz dennoch stetig weiter wächst. Allen sei hier von Herzen gedankt.

Ein Richter ruft an

Während der Rückfahrt mit Fra' Elia konnte ich nicht umhin, ein Telefonat mitzuhören, das er von einem Richter bekam, der am nächsten Tag ein überaus schwieriges Urteil fällen musste.„Fra' Elia, ich habe große Zweifel. Ich benötige deine Gebete, damit ich keinen Fehler mache.“ Fra' Elia: „Hab keine Zweifel, der Herr ist mit dir. Du bist ein Richter und der Herr wollte, dass du diesen Beruf ausübst. Bete so: `Herr, antworte mir, da ich Recht sprechen soll!` Bitte sprich zu mir in meinem Herzen! Vertraue dich ihm voll und ganz an. Er ist der Richter aller Richter. Wenn du morgen deine Toga anlegst, dann wisse, dass er mit dir sein wird. Lass dich einfach von ihm führen!“

Deutschland – Montag, 30. Mai 2005

Wir kamen pünktlich um 11.30 Uhr in Frankfurt am Main an, wo uns unser junges Dolmetscherehepaar, unsere Freunde Eleonora und Thomas - sie Italienerin, er Deutscher - bereits erwarteten. Wir durften keine Zeit verlieren. Die Ursulinenschwestern in Königstein (im Taunus) warteten bereits fieberhaft darauf, sich mit Fra' Elia zu unterhalten, noch vor den offiziellen Gesprächen mit den Besuchern, die dort im Vorjahr zuvor zum ersten Mal stattgefunden hatten. Das Programm sah vor, dass dieser Nachmittag ganz den Schwestern gewidmet sein sollte.

Gegen Abend, nachdem die glücklichen Schwestern und unsere Dolmetscher sich bereits verabschiedet hatten, besuchte Schulpfarrer Harald Klein Fra'Elia noch im Kloster, weil er für den nächsten Morgen ein Treffen der Jugendlichen mit diesem vorbereitet hatte. Seinem Gesicht war die große Besorgnis anzusehen. Viele der Gymnasialschüler waren protestantisch und der Rektor der Schule hatte dem Pfarrer zu großer Vorsicht geraten, weil jener befürchtete, dass einige Eltern Einwände gegen das Treffen haben könnten. Dieser Besuch von Pfarrer Klein zielte also darauf ab, sicherzustellen, dass Fra' Elia keine provokanten Reden führte und schon gar nicht die Sensibilitäten der Schüler verletzte. Schon seit Tagen hatte man mit den anderen Professoren darüber diskutiert (viele von ihnen Atheisten, einige Protestanten, andere wiederum dem Glauben gegenüber indifferent). Die Befürchtungen schienen sich zugespitzt zu haben und Pfarrer Klein hatte die gesamte Verantwortung übernommen. Ich, die ich sozusagen die Rolle der Übersetzerin bei dem Gespräch hatte,sah förmlich seine offensichtliche Anspannung und Angst vor möglicher gegnerischer Kritik.

Doch schon bald lösten sich seine Ängste auf wie Schnee in der Sonne. Fra' Elia, aufmerksam und inspiriert wie immer, wenn es darum ging für den

Herrn „zu arbeiten“, versicherte ihm, dass dieser immer wisse, was er tue und ihm schon die für jedes Herz richtigen Worte eingebe. Fra' Elias Einfachheit, seine Liebenswürdigkeit und Worte voller Liebe eroberten Pfarrer Klein im Nu und am Ende zeigte sein zufriedener Gesichtsausdruck, dass er überzeugt war, einen besonderen Menschen kennengelernt zu haben.

Die Begegnung mit den deutschen Jugendlichen

Als Fra' Elia heiter und lächelnd am nächsten Morgen mit seinem Dolmetscher Thomas (und mir) in die große Aula der St. Angela-Schule, die für das Treffen bestimmt worden war, eintrat, fanden wir Pfarrer Klein mit seinen Jugendlichen bereits ordentlich auf ihren Plätzen vor, mit Bleistift und Notizheft ausgestattet, bereit für ernsthafte Fragen. Nach höflicher Begrüßung bat Pfarrer Klein, das Treffen mit einem Lobgesang zu beginnen. Danach wandte sich Fra' Elia, entgegen jeder Erwartung, ganz locker und informell an die jungen Leute und zeigte aufrichtiges Interesse an ihren Lebensumständen, ihren Gewohnheiten und Erwartungen. Sollten da irgendwelche Ängste bestanden haben, so lösten sich diese nun endgültig jetzt auf. Automatisch fingen alle an, miteinander zu reden, wobei sie sich die verschiedensten Fragen stellten, als wäre Fra' Elia irgendein Gymnasiallehrer. Und in der Tat benahm er sich wie ein solcher!

Was sich dabei herausstellte, war, dass diese Jugendlichen (Katholiken und Protestanten) bereits junge Evangelisatoren waren, die sich unter der Anleitung ihres Lehrers bereits um ein paar Gleichaltrige kümmerten, die ohne Glauben aufgewachsen waren, darunter Jugendliche ohne Heim, ohne Familie, ohne elterliche Liebe. Sie hatten sogar eine Messe mit Fra' Elia vorbereitet, in der er eine Ansprache halten sollte, aber wegen der vielen nicht katholischen Jugendlichen in ihrer Gruppe konnte sie nicht stattfinden. „Ein andermal“, sagte Fra' Elia, ohne viel Aufhebens.

„Und du, Fra' Elia, was machst du?“, fragte einer der Jungen in der ersten Bank.

„Ich folge dem Willen des Herrn, niemals dem meinen! Heute zum Beispiel wollte er, dass ich hier in eurer Mitte bin und euch meine Geschichte erzähle. Bereits mit elf Jahren wollte ich ins Kloster gehen, aber meine Mutter hat mir das verboten. Ich musste bis zum achtzehnten Lebensjahr warten. Die Geschichte könnt ihr in meinem Buch nachlesen. Ich fand großen Gefallen am Gewand der Franziskaner, aber nach zwölf Jahren rebellierte ich gegen die Ärzte, die mich dauernd quälten, weil an mir gewisse `Zeichen` erschienen waren. Ich wollte ein junger Mönch wie jeder andere sein. Verzweifelt bat ich um die Erlaubnis, mich fünf Tage zur spirituellen Einkehr in die Berge zurückziehen zu dürfen. Ich bat den Herrn, dass er mir die Zeichen wieder wegnehmen und einem Priester geben solle, aber nichts dergleichen geschah. Also entschied ich mich dafür, das Kloster zu verlassen, um das Leben in der Welt kennenzulernen, überzeugt, dass der Herr mir dann die Zeichen wieder wegnehmen würde. Aber leider funktionierte auch das nicht.

Und während die Zeit verging, spürte ich draußen in der Welt, wie meine Sehnsucht nach dem Klosterleben immer größer wurde. Während dieser Krisenzeit hat der Herr mich nie verlassen. Er war immer bei mir und ließ mich ein anderes Kloster finden, in dem mich niemand kannte. Ich bat, dort eine Zeit der Klausur verbringen zu dürfen, und als ich damit fertig war, hatte ich endlich begriffen, was der Herr von mir wollte. Ich hatte keine Angst mehr und nahm meine Mission an. Und so wurde ich einer seiner Apostel, ein Pilger in der Welt und für die Welt.

Aber jetzt reden wir noch ein wenig von euch. Was studiert ihr?"

„Wir sind im letzten Jahr des Gymnasiums und wir lernen Lateinisch und Griechisch."

Fra' Elia: „Eure Zukunft wird nicht schwer sein. Erinnert euch daran, wie schnell die Zeit vergeht. Öffnet dem Herrn eure Herzen und er wird euch helfen, eure Talente richtig zur Geltung kommen zu lassen."

Frage: „Wie können wir Gott erkennen? „

Fra' Elia: „Ich habe gehört, dass du zu den Obdachlosen gegangen bist, zu denen, die im Freien schlafen, um ihnen zu helfen."

„Ja."

Fra' Elia: „Und hast du in diesem Gesicht nicht auch Gott erkannt? Hast du nicht gesehen, wie er dich angeschaut hat? Hast du nicht seine Augen bemerkt? Er war wirklich wie einer der Ärmsten der Armen. Der Herr sagt: `Wenn du mich finden willst, dann gehe mitten unter die Armen und werde wie ein Kind. So wirst du verstehen lernen, wie groß die Liebe Gottes ist und dass ihr sie überall findet!"

Dann wandte sich Fra' Elia (der bereits alles wusste) an einen hochgewachsenen, blonden Jungen, der zu seiner Linken saß:

„Und du, gehst du in die Messe?"

Verwirrt antwortete der Junge: „Sie ist sonntags viel zu früh!"

Fra' Elia zeigte sich nachsichtig: „Aber er bittet dich doch nur um eine Stunde, nicht mehr! Diese Stunde ist wichtig, weil dir in dieser Stunde der Priester das nahebringt, was der Herr dir sagen möchte."

Andere Frage: „Ich frage mich, ob Gott wirklich existiert."

Fra' Elia: „Wenn du ihn anrufst und wirklich möchtest, dass er in dein Leben eingreift, dann wird er da sein.

Schau dich um! Alles, was du siehst, alles, was du hast, und alles, was du bist, ist sein Werk. Er schenkt uns die Blumen zum Anschauen - echte Blumen, Blumen, so lebensecht wie ihr. Alles ist die Liebe Gottes, das geschenkte Lächeln, die Blume, der Gesang der Vögel ... Aus Liebe hat er uns seinen Sohn gesandt, den Herrn Jesus. Auch er war einst ein Junge wie ihr, dann ein junger Mann, der mit seinen Freunden zusammen war. Er aß, trank, tanzte, doch er lehrte auch, wie man betet. Der Herr wirkte Wunder, viele, jedoch nicht an allen Menschen. Er wirkte sie an jenen, die ihm die Tür ihres Herzens weit aufmachten und an ihn glaubten. Der Herr sagt: `Du musst vorwärtsgehen, die Dinge beschleunigen. Du darfst nicht kalt und verschlossen bleiben!`

Stellt euch einen regnerischen Tag vor und ihr sitzt zuhause vor dem Fernseher. Passiv versetzt ihr euch in die Schauspieler, aber wenn ihr mit Freunden aktiv ins Pfarrhaus gehen oder an einer Pilgerfahrt unter der Führung eures Pfarrers teilnehmen würdet, so würde euch das helfen zu verstehen, welche Personen der Herr an eure Seite gestellt hat, und dann würden sich die Türen eurer Herzen öffnen.

Erinnert euch immer daran, dass, wenn die Menschen euch Hindernisse in den Weg legen, der Herr euch tausend Türen öffnen wird.

Der Herr möchte euch lachend sehen. Warum immer so ernst und besorgt sein? Der Herr ist Freude.

Und jetzt verratet mir: Was wollt ihr Großartiges tun im Leben?"

Einer nach dem anderen legte seine Ziele offen.

Fra' Elia: „Es ist schön, eure Pläne zu hören, einer anders als der andere, aber wer wird euch dabei helfen?

Derjenige, der an eure Tür klopft, das ist der gute Hirte. Nehmt ihn auf, denn er ist der Stolz eures Lebens. Er ist es, der die Sonne aufgehen, die Nacht herabsinken lässt. Heute hat uns ein solcher Sonnenstrahl hier vereinigt und morgen, wenn es regnen wird, danken wir dem Herrn für die Gunst, die er dem Wald gewährt und den Tieren, die trinken müssen. Ich werde für alle von euch beten, damit der Herr euch hilft. Ruft ihn, wenn ihr eure Examen habt. Sagt ihm: `Herr, hilf mir!`, und ihr werdet sehen, dass alles gut gehen wird."

Andere Frage: „Wie beginnt man zu beten?"

Fra`Elia: „Wenn ihr wollt, könnt ihr euch vom Pfarrer oder vom guten Hirten selbst führen lassen! Beginnt so: `Herr, führe mich!` Sprecht mit dem Herzen zu ihm und er wird euch immer zu Hilfe kommen, auch durch euren Schutzengel, den er euch an die Seite gestellt hat. Das Gebet muss aufrichtig sein, einfach, spontan: `Herr, meine Familie steckt in einer Krise, hilf uns!`, oder: `Schau, Herr, mein Bruder ist krank, bitte hilf ihm!` Wenn ihr ihn anruft und bittet, in euer Leben einzugreifen, dann werdet ihr sehen, dass er da sein wird."

Und während Fra' Elia mit klarer und sicherer Stimme zu diesen aufmerksamen und reglos dasitzenden jungen Leuten sprach, war im Hintergrund nichts als angenehme Stille zu vernehmen - kein Atemzug, kein Federstift, der Notizen machte, kein Flügelschlag. Stille... und darin nur eine sanfte Stimme voller Liebe. Zum Schluss musterte Fra' Elia noch einmal alle seine Zuhörer, bis sein forschender Blick an einem Jungen hängen blieb, der bis dahin noch kein Wort gesagt hatte: „Und du, was willst du werden?"

Antwort: „Ich werde protestantischer Priester", erwiderte der Junge mit fast herausforderndem Gesichtsausdruck.

„In Ordnung", lautete Fra' Elias ehrliche Antwort. „Der Herr bleibt immer derselbe!"

Die folgenden Tage waren sehr intensiv, unterteilt in Gespräche mit Fra' Elia und die Messe am Tagesende, die gemeinsam von polnischen, russischen, ukrainischen und afrikanischen Priestern gefeiert wurde.

Das erste Buch über Fra' Elia, wunderbar übersetzt von der Journalistin Ingrid Malzahn (vielen Dank für das Lob, Fiorella!, Anm. der Übersetzerin), führte zur Anreise von Gläubigen aus dem Norden und Süden Deutschlands, aus der Schweiz und aus Österreich. Auch einige mehr oder wenige bekannte Fernsehleute waren gekommen. Fra' Elia hatte aufgrund der Empfehlung von Schwester Oberin der Ursulinen nur ein kurzes Interview für einen katholischen TV-Sender gegeben, wobei er unter anderem auch gefragt worden war, ob man Aufnahmen von seinen Wundmalen machen dürfe, um den Menschen im Glauben zu helfen. Fra' Elias Antwort: „Es ist nicht wichtig, ob die Menschen an mich glauben oder nicht. Sie sollen in jedem Fall in die Kirche gehen, denn dort befindet sich der Herr, lebendig und leibhaftig."

Aber die eigentliche Geschichte begann jetzt erst: Pfarrer Kleins Schüler, jene, die den halben Vormittag mit Fra' Elia verbracht hatten, waren über die Begegnung mit ihm so aufgewühlt und glücklich, dass sie mit ihren Mitschülern und Freunden am Institut darüber sprachen. Das wiederum führte dazu, dass diese, neugierig und von deren Erzählungen fasziniert, eine kleine Delegation bildeten, die bei ihren Lehrern ein weiteres, letztes Treffen mit Fra' Elia erfragten, und zwar dieses Mal für alle. Nach einer hektisch einberufenen Konferenz entschieden sie, dass sie ihnen unmöglich die Erlaubnis dafür geben konnten, ohne vorher Fra' Elia persönlich kennengelernt zu haben. Also erklärte der Rektor der Schwester Oberin die Sachlage und bat sie darum, ob sie für den nächsten Morgen mit allen Lehrern gemeinsam ein Treffen mit Fra' Elia arrangieren könne.

Schwester Maria Regina konnte es nicht glauben! Viele Lehrer waren Atheisten, andere Protestanten, andere religiös indifferent. Sogar die katholischen Religionslehrer hatten sich daran gewöhnt, religiöse Themen eher distanziert abzuhandeln, lediglich wie Kulturgut. Und nun wollten sich alle Lehrer zusammen zu Fra' Elia begeben?

Als dieser von dem Ansinnen hörte, lächelte er und gemeinsam mit Schwester Maria Regina dankte er dem Herrn.

Lehrertreffen mit Fra' Elia – Mittwoch, 1. Juni 2005

Zuerst stellten sich alle vor, darunter auch die protestantischen Religionslehrer.

„Ich bin Fra' Elia von den Aposteln Gottes, Pilger in der Welt und für die Welt."

Erste Frage: *„Glauben Sie, dass wir in unseren Schulen in Deutschland eine Person wie Sie akzeptieren können?"*

Antwort: „Ich gehe dorthin, wohin ich eingeladen werde. Es ist nicht an mir, diese Frage zu beantworten."

Zweite Frage: *„Wie sprechen Sie über die Liebe Gottes? Und wie sollen wir über die Liebe Gottes sprechen?"*

Antwort: Denkt ihr, dass ich etwas habe, das mich mehr befähigt als euch, um zu evangelisieren? Ihr könnt genauso evangelisieren wie ich. Es genügt, die Liebe Gottes zu haben und ihn selbst auch zu lieben!"

Dritte Frage: *„Die Jugendlichen sehen, dass Gott auf die großen Leiden in der Welt nicht reagiert. Warum nicht?"*

Antwort: „Ihr seid es, die nichts verstehen wollt und nichts seht! Wo Krieg und Leiden herrschen, ist die Liebe größer. Sie möchten nicht sterben, erleiden den Krieg und dabei lernen sie gemeinsam, was es heißt zu lieben und Gott zu erfahren. Wir können über Gott nicht urteilen noch ihn vollkommen verstehen, andernfalls wären wir Gott!"

Andere Frage: *„Warum gehen die Jugendlichen nach der Firmung nicht mehr in die Kirche?"*

Antwort: „Wenn wir die jungen Leute nicht dazu erziehen, wie sollen sie dann wissen,was sie tun sollen? Die Jugendlichen sind heute nicht mehr neugierig, sie fragen nicht mehr, wie der Herr in ihr Leben treten könnte. Es liegt an euch, ihnen zu erklären, dass man ohne dessen Eingreifen nichts erreichen kann. Der heilige Franziskus hegte das Pflänzchen (den Glauben) und sagte der heiligen Klara nichts davon. Er betete: `Herr, erleuchte mich und erleuchte sie. Ich kann ihr nicht raten, was sie tun soll.` Und während er so betete, sorgte er für sie. Ich glaube, dass ihr durchaus einen kritischen Blick für die jungen Leute habt und fähig seid, ihre Neigungen, ihre Berufungen, zu erkennen. Man muss ihnen dabei helfen. Ihnen in Liebe den Weg weisen.

Wir befinden uns hier im Kloster der Ursulinen. Warum bittet ihr nicht hin und wieder um eine Zeit der Einkehr, der Reflexion, der Stille, des Gebets?

Warum ladet ihr eure Schüler nicht ein, in die kleine Kapelle zu gehen und gemeinsam zu beten! Warum lächelt ihr den deprimierten und einsamen Jugendlichen nicht aufmunternd zu? Wir müssen wachsam sein, und wenn ihr das seid, dann wird der Herr euch helfen. Er wird es euch vergelten. Ihr müsst ein freies und reines Herz haben, Liebe geben und euch verschenken. Nach zwei Stunden der Meditation wäret ihr in der Lage, mir zu sagen, was euer Herz euch zu tun eingegeben hat!"

Ein Lehrer: „Von Ihnen, Fra' Elia, haben wir gelernt, dass die Liebe Gottes größer ist, als unser Verstand erfassen kann!"

Und so ging die Unterhaltung weiter, bis die Lehrer wieder von ihren Pflichten in die Schule gerufen wurden. Schweren Herzens gingen sie. Auf jeden Fall zeigten sich alle angetan und von der Persönlichkeit dieses Bruders berührt, der zwar einfach auftrat, aber gleichzeitig Größe besaß. Die Abschiedsworte waren aufrichtig, die Mienen herzlich, die Augen leuchteten.

Obwohl Fra' Elia sich noch drei weitere Tage in Deutschland aufhielt, reichte die Zeit für ein weiteres größeres Treffen mit der Jugend nicht aus, auch weil man sich vorher bei den Eltern absichern und ein größeres Klassenzimmer dafür hätte bereitstellen müssen, abgesehen von der terminlichen Abstimmung auf Fra' Elias andere Verpflichtungen. Doch wie stets schien der Herr es eilig zu haben und so ersann er ein perfektes System, das den jungen Leuten doch noch erlaubte, ihn in kleinen Gruppen zu sehen, mit ihm zu sprechen, seine Ratschläge einzuholen und miteinander zu scherzen. Und zwar wie? Keiner von ihnen hatte auf die Entscheidung der Lehrer warten wollen und so machten sie sich in kleinen Gruppen zu unterschiedlichen Zeiten von selbst auf den Weg. Die erste Gruppe wartete vor dem Frühstücksraum auf Fra' Elia, bevor sie in ihr Klassenzimmer ging; eine weitere Gruppe präsentierte sich ihm dicht gedrängt während der Zehn-Uhr-Pause in der Kirche; die nächstekam mittags, nach Unterrichtsende und wieder andere kamen am Nachmittag sowie vor und nach dem Abendessen. Und wie es der Zufall wollte, war Fra' Elia in diesen Momenten immer gerade frei und konnte ihnen zur Verfügung stehen! Viele von ihnen kamen sogar um 18 Uhr in die heilige Messe, auch noch an den folgenden Tagen. Mädchen und Jungen des Gymnasiums, jeden Alters, in beachtlicher Zahl.

Auch ich sprach mit einigen und sie schienen mir in der Tat sehr berührt. Während ich ein paar Fotos machte, konnte ich auch einige ihrer enthusiastischen Kommentare aufschnappen. Viele von ihnen hatten auch den Rosenduft wahrgenommen, anderen war es gelungen, einen Blick auf seine Fußwunden zu erhaschen. Einige hatten sie sogar berührt - unvergessliche Emotionen!

Während seines Aufenthalts in Deutschland verließ Fra' Elia nicht einmal das Kloster.

Als Gast der Schwestern nahm er seine Speisen in einem kleinen privaten Raum zu sich, mit seinen Dolmetschern und mir. Manchmal gesellten sich auch Schwester Maria Regina und einige der Priester dazu. Doch an einem der Abende überbrachten uns Eleonora und Thomas die Einladung in ein italienisches Restaurant. Einer der Mitarbeiter dort hatte das Buch über Fra' Elia schon dreimal gelesen, konnte aber nicht zu festen Gesprächszeiten mit Fra' Elia ins Kloster kommen. Doch er wollte sein Leben dafür geben,Fra' Elia kennenzulernen! Also machten wir einen kurzen Spaziergang durch den Ort und nach wenigen Minuten waren wir in dem Lokal. „Ciao Luigi", sagte Fra' Elia fröhlich, als er ihn erblickte.„Ciao, Freunde!",antwortete Luigi voller Begeisterung. „Es ist eine Ehre, dich hier bei uns begrüßen zu dürfen!"

Zeugnisse aus Deutschland – Wunder des Glaubens

Wie in jedem Jahr wollten auch diesmal wieder einige Freunde, die bei der Organisation mitgeholfen hatten, Fra' Elias Besuch mit einem kleinen Abendessen in ihrem Haus feiern.Thomas begleitete uns, während Eleonora sich um die Kinder kümmerte. Es war ein internationales Abendessen, mit Gästen aus Holland, Litauen, Polen und einigen Priestern unterschiedlicher Nationalität sowie uns Italienern. Jeder wollte Fra' Elia kennenlernen.

Während der Unterhaltung wurde Fra' Elia von jemandem gefragt, ob er sich noch an ihre Freundin Gitti erinnern könne, die an Krebs erkrankt war und ihn im Jahr zuvor während seines Besuchs um Fürsprache gebeten hatte. Fra' Elia deutete an, dass er sich erinnere.

„Nach deinen Gebeten ging es unserer Freundin merklich besser. Und auch jetzt geht es ihr gut. Sie hatte heute Abend kommen wollen, um dir zu danken, aber leider ist der Krebs in die Familie zurückgekehrt, diesmal bei ihrem Ehemann." Und während man sich weiter über das verhängnisvolle Schicksal und die präzise Diagnose zweier Professoren unterhielt, zeigte die Gastgeberin Fra' Elia ein Foto von Gitti, aufgenommen neben ihrem Ehemann Joy.

Fra' Elia, das Foto aufmerksam musternd, fragte: „Seid ihr sicher, dass dieser Herr Krebs hat? Für mich hat er keinen! Die erstaunten Gastgeber warfen sich verwunderte Blicke zu, sagten jedoch kein Wort. Nachdem wir uns verabschiedet hatten, rief unsere Gastgeberin trotz der späten Stunde noch Gitti und Joy in Norddeutschland an, weil sie überzeugt war, dass Fra' Elia die Wahrheit gesagt hatte. Da auch der erkrankte Joy an Fra' Elias Worten nicht im geringsten zweifelte, begab er sich am nächsten Morgen sofort ins Krankenhaus, um mit seinem Arzt zu sprechen: „Ihr müsst euch geirrt haben, ich habe keinen Krebs! Fra' Elia hat es mir gesagt!", brach es aus ihm heraus. Natürlich versuchte der total verblüffte Professor, ihn zu beruhigen, bat ihn, Platz zu nehmen, und versuchte, ihn zu trösten. Doch Joy war mehr denn je entschlossen, seine Gesundheit unter Beweis zu stellen. Darum bestand er auf einer sofortigen Kontrolluntersuchung inklusive Computertomografie. Er insistierte so lange, bis der Arzt gezwungen war nachzugeben. Kurz vor unserer Abreise aus Deutschland erfuhren Fra' Elia und ich von Thomas, dass bei Joy die Geschwulst am Bein in der Tat nicht bösartig war.

Die Einwohner von Calvi fühlen sich beleidigt

21. Juni - Die Zeitung von Umbrien veröffentlichte auf Seite 37, dass den Einwohnern von Calvi durch den hässlichen schwarzen Asphalt, der kurz zuvor auf dem kleinen Platz vor der Kirche des heiligen Franziskus, einem Anhängsel von Fra' Elias Kloster, abgeladen worden war, ein großer Schaden zugefügt worden sei. Davor hatten sich hier nur riesige und gefährliche Löcher befunden, über die mehr als ein eiliger Passant gestolpert war. Die Schuld dieser „Verschandelung“ schrieb man natürlich Fra' Elia zu. Leider war die Verunstaltung passiert, während Fra' Elia in Deutschland weilte. Als dieser den Artikel las, war er im wahrsten Sinn des Wortes betroffen. Er rief sofort den Carabiniere Giovanni an, um sich mit ihm zu beraten. Einige Erkundungen ergaben schließlich, dass Ende Mai eine nicht näher auszumachende Firma Arbeiten an der Landstraße durchgeführt hatte, die genau am Kloster vorbeiführte. Nach Beendigung der Arbeiten hatte der Verantwortliche hinsichtlich der Tatsache, dass noch ein kleiner Rest Teer übrig geblieben war, sich an eine dem Gemeinderat sehr nahestehende Person gewandt, die gerade vor Ort war, und sie gefragt: „Ihr lasst mich doch das nicht alles wieder mit zurücknehmen! Wohin kann ich dieses Zeug kippen?!“ Angesichts der Krater auf dem kleinen Vorplatz gab der Befragte die logische Antwort: „Schütte das Zeug einfach hierher!“, und wies dabei auf den „Ort des Verbrechens“.

Um ehrlich zu sein, gefiel diese dunkle Farbe auch der Gemeinschaft von Fra' Elia nicht, aber wenn die Behörden (so dachte man), es so entschieden hatten, dann musste man es eben akzeptieren. Die Bürger von Calvi dagegen teilten diese Meinung nicht und so probte man bereits am nächsten Tag den Aufstand.

An besagtem Morgen des 21. Juni stellte sich gegen 11 Uhr im Kloster ein Herr G. B. vor, der sich als Vertreter der Mehrheit der Bürger von Calvi auswies, und bat darum, mit Fra' Elia sprechen zu dürfen. Ziemlich aufgeregt und empört wegen des erschienenen Artikels, entschuldigte er sich bei Fra' Elia und sagte, dass kein einziger Bürger von Calvi je im Traum daran gedacht hätte, wegen des Asphalts zu protestieren; insbesondere deshalb nicht, weil die Mehrheit von ihnen den Asphalt nicht einmal bemerkt habe.

Im Grunde genommen hatten sich die Calveser seit zwanzig Jahren überhaupt nicht um das Kloster gekümmert, nicht einmal, als der kleine Vorplatz finsteren Geschäftemachern überlassen worden war, die ihn für einen Abstellplatz für Autos ohne Versicherungsschutz genutzt hatten. Alle wussten, dass das Kloster in der Vergangenheit Schauplatz von zahlreichen „Freizeitaktivitäten“ war, die mit Drogen- und Alkoholexzessen verbunden waren, dass Feuer angezündet worden waren, um Konservendosen mit Tomaten zu kochen oder Schweine zu häuten. Darüber hatte sich niemand empört! All diese Aktivitäten waren bis zum 19. Juli 2003 dokumentiert, dem Tag der Ankunft von Fra' Elia. Der Ärmste gab sich alle Mühe, die Mitglieder der Gemeinschaft davon zu überzeugen, dass die Anschuldigungen nur die Früchte eines stadtbekannten „heimlichen Aufwieglers“ seien, den er kenne und mit dem er sich selbst auch schon oft habe auseinandersetzen müssen. Zum Schluss sagte er: „...und wenn die Bürger der Stadt wirklich Interesse an dem Kloster hätten, dann wüssten sie um die Mühen, die Fra' Elia aufbringt, um dem seit Jahrzehnten verlassenen religiösen Bau wieder Leben einzuhauchen, um Jugendliche in Schwierigkeiten, Einsame und Opfer von Gewalt aufnehmen zu können; und dann würden sie dem Herrn Dank sagen, dass er ihrem kleinen Dorf eine Person wie ihn geschickt hat!“

Nach diesem Ausbruch zeigte er uns ein Protestschreiben, das er später an die Zeitung schickte, wovon die Zeitung aber nur einen minimalen Teil abdruckte. Die Moral von der Geschichte: Fra' Elia begab sich zur Gemeinde und bemühte sich, die aufgebrachten Seelen zu besänftigen.

Er schlug vor, den kompletten Belag in dem kleinen Viereck vor der Kirche zu entfernen, den sie ja in Wirklichkeit selbst gewählt hatten.

Wie auch immer, der berühmte „geheime Aufwiegler“ versuchte noch immer, Fra' Elia zu schaden, jedoch ohne größere Belästigungen. Bekanntermaßen gehören derartige Schwierigkeiten leider zu den Begleitumständen der großen Glaubensträger. Am Schluss siegt aber zum Glück meist das Gute.

Die letzten Gebetstreffen des ersten Halbjahrs fanden in Imperia, Calvi und Udine statt, wo wir bei unserem Verleger Piero Mantero zu Gast waren. Und überall gab es wieder Freude, Gebet und das Sammeln von Zeugnissen wie diesen:

Zeugnis von Imperia
„Im vergangenen Jahr hatte Herr Alonzo Pasquale, der Probleme mit der Prostata und einem Nierenstein hatte, seine Frau zu einem Treffen mit Fra' Elia begleitet, um sich seinen Segen zu holen. Zuerst hatte er zu dem Gespräch gar nicht mitkommen wollen, da er ungläubig war. So begegnete auch er Fra' Elia, der ihn fragte, wie es ihm gehe. „Gut“, antwortete dieser, ohne lang nachzudenken. Doch Fra' Elia durchbohrte ihn mit seinem Blick. „Wieso hast du `gut` gesagt, wenn du schon alle Unterlagen für die Operation an der Niere beisammen hast? Nach dieser Begegnung am Samstag begleitete seine Frau

Graziella ihren Ehemann ins Krankenhaus zu dem geplanten Eingriff, da die Ultraschallbilder einen großen Nierenstein gezeigt hatten, der ihm seit über einem Jahr stechende Schmerzen verursachte. Leider konnte man ihn nicht zertrümmern, sondern nur durch einen chirurgischen Eingriff entfernen. Der Chirurg führte vor dem Eingriff noch einmal eine Sonografie durch. Ergebnis: Der Nierenstein war verschwunden!"

Noch einmal Imperia – Bilokation oder Traum?
„Ich habe von Fra' Elia geträumt, der mich zusammen mit anderen Leuten in einem Zimmer empfing. Ich erzählte ihm von meinen Problemen und er gab mir genau die Antwort, die ich gesucht hatte. Ich möchte vorausschicken, dass ich Fra' Elia noch nicht kannte, ich hatte ihn lediglich im Fernsehen gesehen, jedoch seine Ratschläge in die Praxis umgesetzt. Als ich erfuhr, dass er nach Imperia kommen würde, beschloss ich, ihn persönlich kennenzulernen. Beim Betreten seines Zimmers erkannte ich es sofort aus meinem Traum. Doch, was mich am meisten beeindruckte, war, dass er genau die gleichen Worte zu mir gesagt hat, die ich bereits im Traum gehört hatte."

Zeugnis von Calvi
„Ich heiße Rosalia, bin Ehefrau und Mutter von drei Kindern. Ich kenne Fra' Elia seit sieben Monaten und muss sagen, dass er mein Leben verändert hat. Meine Begegnung mit ihm war nicht angenehm verlaufen. Er hatte mich wegen meines Benehmens in grobem Ton zurechtgewiesen und ausgeschimpft, besonders wegen meines Umgangs mit den Kindern.

Ich war unter ständiger Anspannung wegen ihnen gewesen!

Ich war mir ganz klein vorgekommen, winzig klein. Später dann, als ich über seine Worte nachdachte, begann ich, mich zu bessern. Wenn ich an mein Leben denke, so habe ich, bevor ich Fra' Elia kennenlernte, zu viel Wert auf frivole Dinge gelegt und aus dem Grund funktionierte es nicht einmal mehr mit meinem Ehemann. Ich gebe zu, dass ich immer voller Zorn war, alle verdammte und Gott verfluchte. Ich verfluchte die Heiligen und die Toten und sogar meine Kinder.

Ich war wirklich schlecht. Dann, nachdem ich ihn kennengelernt hatte, änderte ich mich auf der Stelle. Er sagte mir, dass er für mich beten werde, und so hörte ich auf, Gott zu lästern und alle zu verfluchen. Ich habe begriffen, dass Jesus unser Leben ist, und dankte ihm für alles, was er mir geschenkt hatte.

Fra' Elia hat mir geholfen zu verstehen, dass Jesus und Maria wichtiger als alles andere auf der Welt sind. Ich wünsche mir, dass Fra' Elia mich und meine ganze Familie für immer segnet, ganz besonders meinen Sohn Michele. Danke."

Zeugnis von Feletto Umberto (Udine) von Luca D.

„Seit langer Zeit litt ich an Hepatitis C. Es ging mir dauernd so schlecht, dass die Ärzte beschlossen hatten, mich für sechs Monate mit Interferon zu behandeln. Nach drei Monaten zeigten die ärztlichen Tests, dass es keinen Erfolg gebracht hatte, im Gegenteil. Ich fühlte mich immer schlechter, sodass die Behandlung ausgesetzt wurde. Zwei Monate später ging ich, trotz meiner Skepsis, nach Feletto, um Fra' Elia zu treffen, der sofort sagte: `Du kannst ganz unbesorgt nach Hause gehen, weil du nichts hast!` `Unmöglich!`, erwiderte ich. `Die Tests zeigen, dass das nicht wahr ist.` `Und ich sage dir, dass du dir keine Gedanken machen sollst, weil du gesund bist!`

Die erste Kontrolluntersuchung zeigte tatsächlich, dass ich vollkommen geheilt war! Heute ist es das vierte Mal, dass ich nach Feletto komme. Wenn ich kann, gehe ich auch zu anderen Treffen mit Fra' Elia. Ich könnte noch viele andere wunderbare Dinge erzählen. Ich habe mich bekehrt und mit der Bekehrung hat sich meine Gesundheit gebessert, meine Familie ... alles ist um Vieles besser geworden!"

Geschichten über Exorzismus

Seit Fra' Elia im Kloster in Calvi lebt, hat er etwa ein Dutzend Mal Exorzismen ausgeübt. Es sind immer dieselben Priester, die ihm diese hoffnungslosen Fälle schicken - Fälle, bei denen es auch nach etlichen Jahren des Gebets und exorzistischer Praxis nicht gelungen war, den Betroffenen zu „heilen". Und Fra' Elia gelang es mit einem Mal!

Was war das für eine mysteriöse Kraft, die eine solche Heilung ermöglichte? Woher kam dieses Charisma, das ihm erlaubte, in kürzester Zeit Erfolg zu haben, auch bei Fällen, bei denen seine berühmten Vorgänger versagt hatten? Einige Gelehrte bezogen dazu Stellung, wobei mir diese am plausibelsten erscheint: „Fra' Elia als einen Exorzisten zu bezeichnen, hieße, ihn unterschätzen. Er besitzt die *forza angelica,* die Kraft der Engel!" Könnte das die Wahrheit sein? Kürzlich hat ein bekannter Theologe, der in Deutschland lebt, Fra` Elia gefragt, ob er ihm einen sehr schweren Fall schicken dürfe, der ebenfalls als unmöglich zu befreien galt. Die Antwort von Fra' Elia lautete immer gleich: „Frage deinen Bischof um Erlaubnis." Fra' Elia tat diese Arbeit nur, wenn die Umstände ihn zwangen, oder aber, um Gehorsam zu üben. Frate Sergio erzählte mir einmal, dass er eines Tages von der Schwester Oberin eines Klosters in der Nähe von Calvi eingeladen worden war und dort einen Jungen vorfand, der seit Jahren vom Feind versklavt wurde. Erlaubnis ja oder nein, Fra' Elia fühlte die Pflicht, die Kraft, die der Himmel ihm gegeben hatte, bei dem Jungen einzusetzen. Im Namen des Vaters beginnend, entbrannte ein ungleicher und zermürbender Kampf, dessen Ausgang in jeder Hinsicht unvorhersehbar gewesen war, weil der Feind schlau, listig und voller Tricks war, dazu extrem stark und bei der leisesten Ablenkung des anderen gesiegt hätte. Doch Fra' Elia hatte keine Angst. Er ließ es zu, dass sich die Kraft in seiner Hand verhundertfachte, mächtig genug, Felsbrocken hochzuheben, eine übernatürliche Kraft, die ihm in relativ kurzer Zeit ermöglichte (in maximal einer Stunde), die Beute von seinem Räuber zu befreien. Frate Sergio erinnert sich, dass er Fra' Elia an dem Tag nach dem Exorzismus schwankend und erschöpft vor dem Altar zusammengekrümmt dasitzen sah, jeglicher Kraft beraubt. „Ich habe Fra' Elia noch nie so reduziert gesehen!", fügte er hinzu.

Während des letztens Treffens in Calvi brachte man einen Mann von etwa 35 Jahren zu ihm, der seit sieben Jahren vergeblich von einem Exorzisten zum anderen gebracht worden war, ohne dass es ihm genutzt hätte. Ein Verwandter, der um Fra' Elias Ruf wusste, wollte noch eine letzte Karte ausspielen. Ohne vorherige Warnung führte er den Mann zusammen mit der üblichen Gruppe in die Kapelle, in der Fra' Elia die Leute empfing. Fra' Elia, der gewöhnlich alle Anwesenden erst einmal einzeln aufmerksam musterte, bevor er mit den Leuten redete, erkannte sofort hinter dem Jungen einen großen schwarzen Schatten. Als er für den Segen Weihwasser entnahm, war er äußerst vorsichtig, damit kein Tropfen auf den Mann fiel, weil sonst die Hölle losgebrochen wäre. Nach den Gruppengesprächen hieß Fra' Elia alle hinausgehen und nahm sich dann den Mann vor.

Bald darauf begann die Herausforderung, der Kampf zwischen Gut und Böse, mit all den unfassbaren Begleiterscheinungen wie dem Augenrollen, schleimigen Geifern, mit tierischen Lauten, verstellter Stimme und vor allem der Gewandtheit und übernatürlichen Kraft beider Gegner. Von draußen konnten die Leute, die auf Fra' Elia warteten, ähnliche Laute wie Hundegekläff vernehmen. Um Fra' Elia zu helfen, fingen die Wartenden an, mit aller Kraft zu beten, mit zunehmend lauter werdender Stimme, bis der Kampf zu Ende war, was nichts anderes als den Sieg des Herrn bedeuten konnte.

Später erzählten mir Marco und Chiara, die bei dem Vorfall zugegen gewesen waren, was geschehen war. Fra' Elia sei zum Schluss von Schwindel erfasst worden, habe sich an die Mauer lehnen müssen, um nicht umzufallen. Das geschah etwa gegen 13 Uhr, während wir anderen von der Gemeinschaft bereits bei Tisch saßen.

Als mir Fra' Elia einige Einzelheiten erzählte, fragte er mich, warum ich nicht dabei gewesen sei.

„Wie kannst du über die Fakten berichten, wenn du sie nicht mit eigenen Augen siehst!" „Das nächste Mal werde ich dabei sein", erwiderte ich ihm.

Und das nächste Mal kam schon bald, eine Woche später, in Feletto Umberto. Am 2. Juli, am späten Samstagnachmittag, erschien, begleitet von einigen Familienangehörigen, eine Frau in mittleren Jahren bei Fra' Elia. Sie war klein und zierlich, ihr Gesicht aber war vom Schmerz verzerrt. Als sie an der Reihe war, bat Fra' Elia alle anderen hinauszugehen und blieb allein mit der Frau im Zimmer.

Ich war über die Fakten informiert worden. Ich eilte zum Eingang, um der Szene beiwohnen zu können, was ich übrigens inzwischen bereits mehrfach getan habe. Da ich durch die verglaste Tür zu Fra' Elias Raum alles perfekt sehen konnte, trat ich gar nicht erst ins Zimmer, sondern beschränkte mich darauf, das Geschehen aufmerksam von außen zu beobachten. Ich sah, wie Fra' Elia ganz ruhig mit der Frau sprach, die vor ihm saß. Hin und wieder „bewaffnete" er sich mit seinem Kruzifix, ohne dass sie es bemerkte, und näherte sich damit der Frau, doch diese reagierte nicht. Wie Fra' Elia mir schon oft erklärt hatte, handelte es sich auch diesmal nicht um eine „Besessenheit", sondern um eine gestörte Person. Und in der Tat begann sie zusammen mit Fra' Elia zu beten und zeigte weder angesichts der geweihten Gegenstände noch beim Kontakt mit Weihwasser eine Reaktion.

Wie wohl ein jeder weiß, gibt es so manch zartbesaitete und verzweifelte Person, die nicht den großen Prüfungen des Lebens standhält (besonders wenn es sich um schwerwiegende Probleme in der Familie handelt), die sich in psychologischen Störungen bis hin zu Gewaltausbrüchen und Schreien Bahn brechen. Als Fra' Elia das Thema anschnitt, das diesen unerträglichen Schmerz in ihr hervorrief (für das es ihrer Meinung nach kein Heilmittel gab), löste das den unaufhaltbaren Impuls bei ihr aus, ihre ganze Wut und Verzweiflung hinauszuschreien. Auch in diesem Fall begannen die Menschen draußen, laut zu beten, während Fra' Elia sie besänftigen und beruhigen konnte. Zum Schluss erteilte er der betenden und weinenden Frau wie allen anderen den Segen.

Von Kanada nach Calvi

Während der Gebetstreffen in Calvi stellte sich Ende Juni im Kloster ein Pilger vor, der extra aus Kanada angereist war. Bereits am Telefon hatte er mir erklärt, dass ihn meine Bücher sehr bewegt hätten. Er war kanadischer Verleger und Organisator von Wallfahrtsreisen in die ganze Welt und hatte den glühenden Wunsch, Fra' Elia endlich persönlich kennenzulernen. Der sympathische, gläubige und sensible Mann hatte sich ganz bescheiden seine Nummer gezogen und wie alle anderen in der Schlange angestellt. Unter allen Umständen wollte er Fra` Elia nach Kanada einladen, wenn möglich bereits im November. Es erschien mir, als kenne er alle meine Bücher auswendig; so sprach er von meinem Ehemann wie von einem alten Bekannten, lachte über Fra' Elia, den er sich nicht in der Rolle eines Spitzenkochs vorstellen konnte, amüsierte sich über mein dauerndes Staunen über die übernatürlichen Phänomene, deren Zeugin ich so oft wurde, kurz, mir kam er wirklich wie ein alter Freund der Familie vor.

Als er an der Reihe war, begleitete ich ihn, um zu dolmetschen. Auch die Begegnung mit Fra' Elia war mehr als herzlich. Während des gesamten Gesprächs, das ausschließlich persönlichen Charakter hatte, hatten sie miteinander ihren Spaß und man versprach sich ein baldiges Wiedersehen, aller Wahrscheinlichkeit nach noch im November des laufenden Jahres, obwohl die vielen Verpflichtungen das eigentlich nicht zuließen.

Natürlich wurden die bereits vereinbarten Termine in Italien eingehalten und nach einem ausgedehnten Briefwechsel per E-Mail, ließ sich unser Freund überzeugen, dass es klüger war, das Buch auch ins Englische zu übersetzen und Fra' Elia mit Hilfe seiner Zeitschrift *Angeli e Arcangeli* bekannter zu machen, bevor er Fra` Elia nach Kanada holte. Danach konnte man dann mit Zustimmung unserer entsprechenden Diözesen diese Reise organisieren. Bis zum heutigen Tag hat sich alles optimal entwickelt. Der Verleger willigte in die Übersetzung ein, damit das Buch sowohl in Kanada als auch in den Vereinigten Staaten, England, Australien und im Kosovo vertrieben werden könnte.

Produkte für eine zukünftige Heilkräuterapotheke

Ich habe vergessen, dass ich mich in den Monaten von Mai bis Juni mit aller Leidenschaft einer Serie von Artikeln über unsere Heilkräuterapotheke gewidmet habe: Ölen, Salben, Zusatzstoffen, Elixieren usw., genauso wie auch den ersten Experimenten mit persönlichen Etiketten für die Marke „Heilpflanzen der Apostel Gottes". Die Siftung von Fra' Elia würde dafür gerne im Kloster in Calvi dell' Umbria und in Cercivento, dem zukünftigen Zweitsitz, eine kleine „Klosterapotheke" eröffnen, um die Produkte dort zu verkaufen. In Cercivento hatte man gemäß Fra' Elias Plänen in den Monaten zuvor bereits die ersten – im Frühjahr ausgesäten – Heilpflanzen ernten können.

Wie ich bereits in meinen ersten zwei Büchern berichtet habe, gibt es eine „Gemeinnützige Stiftung Fra' Elia von den Aposteln Gottes", die sich mit der Verwirklichung wohltätiger Werke befasst, und eine rechtlich anerkannte zweite Stiftung für die Verwirklichung des Werks Fra' Elias (beide ohne Gewinnabsichten, mit Sitz in Calvi). Sie verfolgen ausschließlich Ziele der Solidarität, wie zum Beispiel die Einrichtung von Unterkünften für Jugendliche in Nöten und andere bedürftige Personen. Natürlich wird die Stiftung Rechenschaft ablegen, dass sie in der Lage ist, mit den direkten und indirekten Einnahmen richtig zu wirtschaften und sie entsprechend zu verwalten, damit sie Projekte wie eine Heilkräuterapotheke starten und in das Werk Fra` Elias eingliedern kann. Ich erwähne das, weil am 2. Juli 2005 in Cercivento die feierliche Einweihung eines Gebäudes, das im Besitz der Gemeinde war, stattfand, in dem verschiedene kunsthandwerkliche Produkte zugunsten der Gemeinschaft Fra' Elia ausgestellt worden waren, wie Bilder unserer Malerin Rita Burello di Monfalcone und die ersten kleinen (nach uralten Rezepten) hergestellten pflanzlichen Produkte der Brüder von der Gemeinschaft der Apostel Gottes.

Doch viel besser ist es, die folgende Chronik über diese Tage nachzulesen.

Cercivento: Traum – Hoffnung – Wirklichkeit

Artikel, erschienen in der 3. Ausgabe der Zeitschrift *Angeli e Arcangeli*

Wer mein zweites Buch über Fra' Elia von den Aposteln Gottes „Das Geheimnis des Lichts" gelesen hat, wird sich vielleicht erinnern, dass ich darin über den Beginn einer wunderbaren Geschichte berichtet habe, die dank zwei ganz besonderer Menschen zur Blüte kam, nämlich Dario und Giuliano.

Das Gebetstreffen am 10. Mai 2002 in Spinea war gerade zu Ende gegangen. Während ich auf Fra' Elia wartete, um mit ihm nach Hause zurückzukehren, kamen zwei Herren auf mich zu, die einen sehr vornehmen Eindruck machten (ich möchte genau das wiedergeben, was ich damals geschrieben habe) und mich sehr freundlich informierten, dass in ihrer Gemeinde in Carnia zwei alte Herren ein kleines altes Kloster besäßen, das seit langem unbewohnt sei. Die beiden seien von jenen beauftragt, für sie ein religiöses Institut zu finden, welches das Kloster wie in früherer Zeit betreiben konnte. Die Klosterbesitzer wünschten sich, dass es in einen Ort des Gebets umgewandelt werde und nicht in ein Hotel, wie man ihnen angeboten hatte.

Ob das für Fra' Elia geeignet sein könne? Sie schenkten mir auch eine kleine Broschüre mit Geschichte und Fotos des Klosters, das mir auf den ersten Blick wirklich sehr hübsch vorkam. Während ich darauf wartete, Dario und Giuliano - so hießen die beiden Männer - Fra' Elia vorzustellen, bedankte ich mich bei ihnen und notierte mir ihre Namen und Telefonnummern. Doch Fra' Elia war immer noch von einer dichtgedrängten Menge umringt, ein jeder um seine Hilfe bittend. Schließlich konnten die beiden Freunde nicht länger auf ihn warten und verabschiedeten sich von mir, nicht ohne mir vorher das Versprechen abgenommen zu haben, mich sobald wie möglich bei ihnen zu melden.

Als ich später mit Fra' Elia über das Kloster in Carnia sprach, entschied er auf der Stelle, dorthin zu fahren. Er bestimmte dafür den 31. Mai, seinen einzigen noch freien Tag.

Auf Empfehlung von Dario und Giuliano ließen wir an dem Tag unseren Wagen auf dem Gelände unseres Verlegers in Feletto stehen, wo die beiden uns zur gemeinsamen Weiterreise abholten. Die Unterhaltung war spontan und herzlich und der Tag ausnehmend schön.

„Was machst du?“, erkundigte sich Fra' Elia bei Dario. „Ich kümmere mich um das Wohl der Einwohner meiner Gemeinde. Manchmal versuche ich auch, Probleme zu lösen.“ „Also bist du Arzt oder Rechtsanwalt?“ „Nicht wirklich.“ Und während man sich über das Ansehen unterschiedlicher Berufe unterhielt, was uns vom Thema wegführte, fühlte Giuliano sich genötigt zu erklären, dass Dario niemand anderer als der Bürgermeister von Cercivento war, der sich einen Tag hatte frei nehmen müssen, um Fra' Elia hier treffen zu können. Natürlich war Fra' Elia über diese Eröffnung erstaunt und zeigte sich wirklich gerührt.

Als wir am Ziel ankamen, fühlten wir uns bereits als Freunde. Die beiden Eigentümer des Klosters empfingen uns mit großer Freundlichkeit und führten uns auf der Stelle durch den kleinen entzückenden Ort des Gebets, der in der beschaulichen Stille inmitten grüner Hügel nur auf uns zu warten schien - ein unglaublich schöner Platz, mit Spiritualität durchtränkt und ganz gewiss geeignet für geistige Exerzitien oder Zeiten des Rückzugs und der Meditation; aber leider zu klein für die große Familie von Fra' Elia, die mindestens aus dreißig Personen bestehen würde.

Während wir den Weg zwischen den Wäldern wieder zurückfuhren, erinnerten uns die Glockenschläge daran, dass es bereits Mittag war. „Unsere beiden Ehefrauen haben für uns alle ein Mittagessen vorbereitet“, eröffnete uns der Bürgermeister und so kam es, dass wir nur wenige Minuten später über die Schwelle des Hauses De Alti traten.

An diesem Punkt traten Manuela, Giulianos Frau, und Irma, Darios Frau, auf den Plan, jene Frau, die mir einige Monate zuvor ein Zeugnis ihrer Heilung hatte zukommen lassen. Diese Heilung hatte im Zusammenhang mit einer Reihe glücklicher Umstände im Bürgermeister eine fantastische Idee wachsen lassen, die, wenn auch höchst unwahrscheinlich, vielleicht dennoch umgesetzt werden konnte, wenn es der Wille des Herrn war. Dario und Giuliano begleiteten uns zu einem alten, großen bäuerlichen Wohnkomplex, der kurz zuvor zum Verkauf angeboten worden war. Mit dabei waren zwei große Bauernhäuser, die durch einen großen Hof miteinander verbunden und von Grünland umgeben waren. Sie erschienen uns schön, groß und hell. Fra' Elia fand den Komplex perfekt, zum ersten Mal etwas, das sowohl für seine Brüder als auch für die Jugendlichen ideal erschien. Und dazu kam noch all das Land, das man für den Anbau und die Zucht von Heilkräutern nutzen konnte, sodass die Jugendlichen eine Arbeit würden erlernen können und nicht nur das: Man konnte sogar ein kleines Laboratorium für deren Aufbereitung einrichten und eine kleine Heilkräuterapotheke ... und vielleicht auch noch ein multifunktionales Schulungszentrum ... und sogar eine Kapelle.

Wunderschöne Träume, Tagträume in einen herrlichen Tag, Ende Mai, hinein. Hoffnung, das Projekt, das Fra' Elia von seinem Herrn eingegeben worden war, zu verwirklichen, der ihm immer beistand und ihn auch auf langen und mühsamen Wegen leitete und führte.

Einer dieser Wege war genau dieser. Aber was tun? Fra' Elia war zu dem Zeitpunkt noch am Anfang seines Weges, er hatte noch nicht einmal einen Sitz für seine Gemeinschaft, keine geeigneten Mittel, keinen Sponsor, geschweige denn öffentliche Mittel zur Finanzierung. Die einzige Hoffnung war, jemanden zu finden, der Vertrauen in ihn hatte, der an sein Werk glaubte und in der Lage war, ihm in jeder Hinsicht zu helfen!

Dazu brauchte es ein wahres Wunder! Das einzige Beglaubigungsschreiben, das Fra' Elia bis zu dem Moment vorweisen konnte, war der Bericht von Professor. Margnelli, der für die Echtheit seiner Stigmata garantierte, sowie das Dokument über die Gründung einer Stiftung, die seinen Namen trug und dafür bestimmt war, ausschließlich der sozialen Solidarität zu dienen. Hier die vorrangigen Ziele:

a) die Förderung der Hilfe für alle einsamen und verlassenen Menschen, für die wirtschaftlich Schwächsten, die praktisch ausschließlich auf Unterstützung angewiesen waren, und ganz besonders für Jugendliche in Schwierigkeiten, für die das Risiko bestand, sozial ausgeschlossen, Opfer von Gewalt oder sonstwie ins Abseits zu geraten;
b) die Förderung jeder Art religiöser Aktivität, Bildung und Kultur sowie des sozialen und fürsorgerischen Bereichs, des Sports und der Freizeit, der Gesundheit und Wissenschaft, sofern sie dem sozialen Interesse dienlich sind;
c) die Garantie, dass die Stiftung keinen anderen institutionellen Zielen dienen darf als denen, die in ihren Statuten festgelegt sind.

Fra' Elias ganz besondere Intention war, sein Projekt mit der Verwirklichung eines Familienhauses zu beginnen, in dem man genau die beschriebenen Jugendlichen aufnehmen konnte, die ausgegrenzt, verlassen und Opfer von Gewalt waren. Das betraf vor allem Jugendliche, die drohten sozial ausgeschlossen zu werden, entweder wegen fehlender materieller Mittel aufgrund wirtschaftlicher Armut oder vor allem auch wegen fehlender familiärer und sozialer Bindungen, mangels Wohnraum und Integration in Bildung, Arbeit und Soziales, aufgrund von Missbrauch jeder Art.

Dario und Irma wie auch Giuliano und Emanuela hatten die Geschichte von Fra' Elia gelesen, ihn kennengelernt, mit ihm gebetet. Sie kannten sein Projekt und waren völlig überzeugt davon, dass sein Programm vom Herrn abgesegnet war. Nachdem man die Idee, dafür das Kloster von Raveo zu benutzen, fallen gelassen hatte, einigten sich alle darauf, der Gemeinde von Cercivento den Erwerb und die Restaurierung des ersten Gebäudes, das zum Verkauf stand, vorzuschlagen. Es besaß zudem einen wertvollen historischen und architektonischen Wert. Danach wollte man es der Leitung von Fra' Elias Stiftung zum Zweck der Aufnahme von Jugendlichen in Schwierigkeiten sowie der Herstellung von Kräutermedizin anvertrauen. Natürlich garantierte man uns nichts, aber ihre Begeisterung für dieses Projekt war so groß, dass wir voller Hoffnung wieder zurückfuhren. Wie durch ein Wunder brauchten wir bis zur Verwirklichung nicht lange zu warten:

Am 4. Juni 2002 wurde der Vorvertrag für die Überlassung der Immobilie unterzeichnet und nach verschiedenen Treffen mit den politisch und administrativ Verantwortlichen der verschiedenen regionalen Referate versprach der Präsident des Gemeinderats, einen Zuschuss zum Kauf des zur Debatte stehenden Gebäudes zu gewähren.

In den Monaten nach dieser Unterzeichnung unternahmen der Sekretär der Stiftung, Curzio Cuccinotta, und Fra' Elia zahlreiche Reisen nach Cercivento. Fra' Elia wollte auch den Pfarrer Don Renzo Micelli kennenlernen, um ihm, der sich sehr freundlich und gesprächsbereit zeigte, sein soziales Projekt vorzustellen. Auf dem Weg dahin wurde noch eine neue Idee geboren, nämlich Fra' Elia ein weiteres Gebäude zur Nutzung zu überlassen - ein früheres Kinderheim, das bereits weitgehend renoviert war - und sich über dessen mögliche Verwendung Gedanken zu machen.

Gegen Ende des Jahres 2002 hatte man darüber hinaus auch schon dafür Sorge getragen, dass auch der zweite Block als Unterkunft verwendet werden konnte, zudem hatte man mit Hilfe eines Zuschusses vom Verband der Gebirgsgemeinden ein wunderbares Projekt für die Zucht von Heilkräutern entworfen. Im Frühling des Jahres 2005 befand sich das ganze Projekt nun kurz vor der Realisierung.

Das Projekt eines Familienhauses für Fra' Elia

Fra' Elia beabsichtigte, ob in Calvi oder in Cercivento, ein großes Familienhaus zu gründen, das alle Mitglieder, junge und weniger junge, integrierte und in dem sich jeder innerhalb der Gemeinschaft als nützlich erwies.

Besondere Aufmerksamkeit sollte den Jugendlichen zwischen zwölf und sechzehn Jahren gewidmet werden, jungen Menschen, die nicht im medizinischen Sinn benachteiligt waren, wie Drogensüchtige oder Behinderte. Das Haus war für Jugendliche gedacht, die sich an einem Scheideweg ihres Lebens befanden, einsam und verloren, ohne Liebe und Führung waren.

Das Haus sollte von ihm selbst und seinen Brüdern geführt werden, mit beratender Unterstützung eines Soziologen (für die Erziehung) und flankiert von ein oder zwei Familien, die in allem die ursprüngliche Familie ersetzen sollten.

Diese Familien würden ihrerseits wieder von anderen erwachsenen Mitgliedern der Gemeinde unterstützt, Personen, die vorher einsam waren, aber durch die Erfahrung brüderlicher Liebe getröstet sind und wieder Freude am Leben finden.

Wer Liebe erhält, weiß auch Liebe zu geben, und wessen Urbedürfnis nach Liebe und Zuneigung gestillt wurde, der wird sich auch als Erwachsener in einen unbeschwerten und sicheren Menschen verwandeln. Die Leitung des Hauses sollte von christlichen Werten geprägt sein. Die Jugendlichen, die studieren wollten, würden dazu ermutigt, die anderen könnten mit Unterstützung der örtlichen Amtsträger einen Beruf erlernen oder sich kunsthandwerklichen Innenarbeiten widmen, wie zum Beispiel der Restaurierung, Keramikarbeiten oder dem Anbau und der Nutzung von Heilkräutern.

Hauptprojekt Heilpflanzen

Nach verschiedenen Treffen mit Experten auf dem Gebiet ergaben Erdproben aus der Gegend nach Meinung von Forschern der Universität Udine, dass Klima und Umgebung von Carnia ideal für den Anbau von Heilkräutern waren.

Am 21. Oktober 2004 besuchte deshalb eine Delegation der Gemeinde von Cercivento die Firma *Bottega di Lungavita* in Bergamo, um die Kunst und die Verfahren zur Herstellung von Naturprodukten besser verstehen zu lernen und ihnen eine eventuelle zukünftige Zusammenarbeit vorzuschlagen: einerseits für die Produktion spezifischer biologischer Heilpflanzen für die Firma *Bottega di Lungavita* und andererseits deren Umwandlung in halbfertige Produkte für die Herstellung von Salben, Ölen, Extrakten und Elixieren. Diese sollten in der zukünftigen Heilkräuterapotheke der Apostel Gottes, sowohl in Cercivento und Umgebung als auch in Calvi dell' Umbria verkauft werden.

Der derzeitige Besitzer von *Bottega di Lungavita* (der die Firma von ihrer Begründerin, der Heilpflanzenexpertin Fiorella Turolli, graduiert in Biologie an der Universität von Siena, gekauft hat), Dr. Alberto Donati, der von dem Projekt wusste, hatte sich mit großer Freude und zur Zufriedenheit der ganzen Gemeinschaft zum Kauf und Gebrauch der gesamten Produktion verpflichtet.

Und so wurde am 14. April 2005 bei der Region Friaul Venezia Giulia im Rahmen des europäischen Finanzierungsplans Interreg III Italia – Austria ein Zuschuss für das Projekt „Antike Heilkräuter von Cercivento" beantragt. An diese Initiative schlossen sich auch noch verschiedene Privatleute und land-

wirtschaftliche Betriebe an, darunter zwei Kooperativen (eine soziale) und zwei, die mit der Agriturismo-Gruppe in Verbindung standen.
Die zwei Kooperativen beschäftigten sich bereits mit dem:

1.) Anbau von Hundsrose (*Rosa canina*)
2.) Unterhalt und der Pflege eines Schulungsfeldes für den Anbau verschiedener Heilpflanzen: Malve, Kamille, Löwenzahn, Salbei, Thymian, Lavendel, Rosmarin.

Einige wiederum waren einfach nur Bauern oder Privatleute, die ihren Grund und Boden ebenfalls für einen zukünftigen intensiven Anbau von Heilpflanzen anboten, nicht nur in Cercivento, sondern auch in der nahen Gemeinde Sutrio. In letzterer wurde für das Projekt sogar ein Gebäude mit einer kompletten Trockenanlage zur Verfügung gestellt, das für ein Verkaufsgeschäft vorgesehen war und das Fra' Elia bereits am 13. April besucht hatte.

Auch in der Gemeinde von Tolmezzo waren Lavendel und Rosmarin zuhause und man experimentierte dort bezüglich der Art und Qualität der Produktion. Und weil ein Ding immer auch ein anderes nach sich zieht, bildete sich eine feste Kette der Liebe, des Enthusiasmus, des Glaubens und der Hoffnung; doch wie bei allen Geschichten, die Fra' Elia betrafen, kam auch hier wieder einmal der berühmte „Schwanz des Teufels" zum Vorschein, der sich köstlich dabei amüsierte, hier und dort boshaft herumzuschwänzeln.

Einweihung – Sonntag 3. Juni, Programm

11 Uhr - heilige Messe unter Teilnahme von Fra' Elia
12 Uhr - Einweihung des restaurierten Gebäudes (eines früheren Kinderheims), das der Stiftung Fra' Elia von den Aposteln Gottes übergeben wird

Bedauerlicherweise veröffentlichte um Mitte Juni eine örtliche Zeitschrift ein Interview, das ein Angestellter der Kurie von Udine gegeben hatte, der unter anderem auch erklärte, dass Fra' Elia von der Kurie *a Divinis* suspendiert worden und ein Scharlatan sei. Als Fra' Elia davon erfuhr, war er betroffen, wenn auch nicht allzu sehr, zumal seine direkten Vorgesetzten ihn sehr freundlich empfangen hatten und sein Bischof Monsignore Paglia exakt um diese Zeit einen neuen Monsignore als „Beobachter" ersatzweise für den vorhergehenden für ihn ernannt hatte, der zu sehr in Anspruch genommen war. Alles war also in Ordnung einschließlich der Erlaubnis seines Bischofs, sich in die Pfarrgemeinden begeben zu dürfen, die ihn einluden.

Wie konnte Fra' Elia als Nichtpriester von *a Divinis* suspendiert werden? Und wieso hatte man ihn als Scharlatan bezeichnet? Wahrscheinlich hatte man ihn mit jemand anderem verwechselt: Wie auch immer: Als der Bürgermeister von Cercivento davon erfuhr, war ihm sofort klar, dass es sich hier nicht nur um eine schlecht organisierte Kampagne oder bestenfalls um eine zum x-ten Mal grundlos vorgebrachte Verleumdung handelte, sondern dass da eine echte Bombe hochgegangen war - Attacken gegen den Bürgermeister aufgrund seiner Entscheidungen, Attacken gegen den Pfarrer, da er Fra' Elia eingeladen hatte, ohne vorher die Kurie in Udine zu informieren, angebliche Proteste eines Teils der Stadtbevölkerung, die in den Handlungsweisen des Bürgermeisters ein gravierendes Risiko für ihre zukünftige Ruhe sahen, und was immer auch sonst noch.

All das war für die Protagonisten des noblen Projekts äußerst peinlich (auch für unseren Verleger), der, um deren Motive öffentlich machen zu können, wenigstens ein Minimum an Zeit brauchte. Aber nach einem Tag der Verwirrung und gründlichen Nachdenkens beschloss unser tüchtiger Bürgermeister, der seinerseits von Anfang an die Unterstützung des Gemeinderats und der verschiedensten Politiker genoss, sich nicht geschlagen zu geben. Er wollte sein Programm verwirklichen, das im Übrigen ausschließlich soziale Ziele verfolgte, wofürer das Einverständnis der Kurie nicht nötig hatte. Fra' Elia war nach Cercivento eingeladen, nicht, um an einem Gebetstreffen teilzunehmen oder Gläubige und Pilger zu empfangen, sondern einzig und allein zu einem Festakt zur Einweihung des ersten Gebäudes, das für eine Schule für Kunsthandwerk und eine diesbezügliche Dauerausstellung bestimmt war, die sowohl Jugendlichen in Nöten als auch der Jugend der Bergregion von Nutzen sein sollte, und - warum nicht? - auch zur Wiederbelebung des traditionellen Kunsthandwerks von Carnia einen Beitrag leisten wollte. Das Projekt würde nicht nur die Jugendlichen aus der Gemeinde voranbringen, sondern bei Bedarf auch junge Leute von außerhalb.

Darüber hinaus sollte Fra' Elia an der Messe lediglich als Gast teilnehmen oder, wenn der Pfarrer es wünschte, bestenfalls als Messdiener.

Doch die Sache war damit noch nicht zu Ende. Die Attacken gegen den Bürgermeister nahmen bald politische Dimension an, sodass er sich, dem Rat seines Rechtsanwalts folgend, gezwungen sah, sich gegenüber den Denunzianten gebührend zu verteidigen.

Obwohl der Angestellte der Kurie seine Aussagen inzwischen widerrufen und geleugnet hatte, je diese Worte geäußert zu haben, und die Zeitschrift sich für ein Dementi bereit erklärte, riet der Pfarrer, der unrechtmäßig beschuldigt worden war, die religiöse Zeremonie ohne nötige Erlaubnis organisiert zu haben, dem Bürgermeister zum Absagen der Zeremonie. Damit waren aber weder der Bürgermeister noch der Gemeinderat einverstanden.

Und so sah jener strahlende Sonntag des 2. Juli ein Fest, das zweigeteilt war. Während der Messe hielt der Pfarrer seine Predigt in Friulanisch, vielleicht auch, um seinen Vorgesetzten zu demonstrieren, dass er keine kontinentalen Gläubigen und Pilger und noch viel weniger Fra' Elia eingeladen hatte. Noch nie hatte man in Cercivento so viele „Autoritäten" an einem Tag gesehen! Da war das Durchschneiden des Bandes, waren die Reden der vielen illustren Teilnehmer und jene von Fra' Elia; genauso wie die Ausstellung mit den hübschen Mädchen in ihren Trachten und zum Schluss das Bankett für die geladenen Gäste, samt den gebührenden Trinksprüchen.

Auch mein „revolutionärer" Verleger hatte Stellung nehmen wollen. Und so erschien in der nächsten Ausgabe von *Angeli e Arcangeli* zusammen mit seinem Leitartikel zu dem Thema auch ein sehr schönes Interview mit Dario, das ich hier vollständig wiedergebe:

Die Position von Fra' Elia, der in der Wochenzeitschrift „Il Friuli" (Leitartikel erschienen in „Angeli e Arcangeli", 4/5 von Juli-August/September-Oktober 2005) verleumdet worden war:

Am 3. Juni 2005 erschien in der Wochenzeitschrift *Il Friul* ein Artikel über Fra' Elia, mit der schrillen Werbung auf der Titelseite „Carnia der Wunder, der neue Pater Pio kommt" und dem Untertitel „Die Stigmen des Fra' Elia, die Gemeinde von Cercivento hat den Heiler als Gast eingeladen, doch die Kurie von Udine rät potenziellen Anhängern zur Wachsamkeit."

Der Artikel enthielt Behauptungen, die schlichtweg falsch waren, und fällte Urteile, die für Fra' Elia sehr schwer wogen und seinen Ruf und seine Würde schädigten und im Leser den Eindruck erwecken konnten, dass er ein Schwindler wäre, der unschuldige und hilfsbedürftige Menschen betröge.

Fra' Elia ist der Prior des Klosters S. Francesco in Calvi dell' Umbria und der Begründer der Gemeinschaft der Apostel Gottes, die unter permanenter Beobachtung der katholischen Kirche durch einen Delegierten des Bischofs steht. Während der Zeit der Observierung war die Gemeinschaft zwar offiziell noch nicht anerkannt; dennoch war ihre Existenz der Kirche sehr wohl bekannt und sie wurde mit Wohlwollen betrachtet.

Darüber hinaus wird Fra' Elia auf seinem spirituellen Weg von einem Delegierten des Bischofs von Terni begleitet, in dessen Hände er jedes Jahr seine Gelübde erneuert. Seine Gemeinschaft möchte für verlassene und sich in Schwierigkeiten befindliche Jugendliche Werke der Barmherzigkeit verüben, um sie im christlichen Glauben und in menschlichen Werten heranzubilden, damit sie sozial und im Bereich der Arbeit wieder in die Gesellschaft eingegliedert werden können.

In dem zur Diskussion stehenden Artikel wurde Fra' Elia als der neue „Pater Pio von Carnia" vorgestellt, als „Mystiker-Heiler" und „prophetischer Geist mit der Fähigkeit der Bilokation"; das alles wurde gespickt mit Andeutungen und humoristischen Phrasen, die die Aufmerksamkeit des Lesers auf die Lektüre des Artikels lenken sollten, der ebenfalls voller Kritik und Skepsis sowohl gegenüber Fra' Elia als Mensch wie auch den Zielen seiner Gemeinschaft war.

Fra' Elia hat diesbezüglich gesagt: „Ich habe mich niemals als ein Heiler präsentiert noch mich als solcher bezeichnet, sondern ich fühle mich ganz einfach als ein Werkzeug in den Händen Gottes, dessen einziges Ziel ist, sich der Schwächsten und Bedürftigsten anzunehmen."

Der Artikel gab auch das Interview aus einer Pressenotiz wieder, das Don Gianfranco Zilano, der Vizesekretär der Diözesankommission für die Ökumene in Udine gegeben haben soll, mit dem Titel „Von der Kirche *a Divinis* suspendiert."

Diese Nachricht entbehrte jeglicher Grundlage: Fra' Elia, der Laie und kein von irgendeinem religiösen Orden geweihter Minister ist noch zu einem katholischen Orden gehört, kann überhaupt nicht von *a Divinis* suspendiert werden.

Don Zuliani (der, wie man herausgefunden hat, noch nicht einmal Priester war, sondern ein Angestellter der Kurie mit Frau und Kindern!?) betonte bezüglich Fra' Elia: „Er ist eine ziemlich fragwürdige Figur; statt als Heiligen würde ich ihn eher als einen Scharlatan bezeichnen. Seid wachsam."

Don Zuliano hat später geleugnet, solche Worte geäußert zu haben, und behauptete, dass ihm alles, was er über Fra' Elia wisse, von dem interviewenden Journalisten suggeriert worden sei.

Der Artikel fuhr in einem sehr sarkastischen Ton mit einer Pressenotiz, Überschrift „Pilger in Carnia" fort, in dem Fra' Elia als „Bruder Heiler, Seher und Bluter" bezeichnet wurde, als „zwielichtige" Figur und „Stigmatisierter, der von friulanischem Boden verbannt worden ist."

Als Fra' Elia diese falschen und verleumderischen Artikel las, war er sehr verbittert und frustriert, da er nicht das Motiv hinter dieser ungerechtfertigten Attacke begriff und er befürchten musste, dadurch bedürftigePersonen, die seine Hilfe brauchten, sowie jene aus der Gemeinde zu verlieren.

Die Gegendarstellung von Dario di Alti, dem Bürgermeister von Cercivento (aus einem Interview, das in „Angeli e Arcangeli" 4/5 von Juli-August/September-Oktober 2005 erschienen ist:

Was für ein Ziel verfolgt das Projekt der Gemeindeverwaltung von Cercivento, in das auch Fra' Elia eingebunden ist?

Es handelt sich um ein Projekt, das mit der ökonomischen und sozialen Entwicklung unserer Region zusammenhängt und auch der Wiederbelebung und Wertschätzung jenes architektonischen Erbes dienen möchte, welches das

Vorhandensein und die Kraft jenes Gebietes ausmachen, das andernfalls verloren gehen würde.

Dennoch hat die örtliche Presse polemisiert, wodurch sie sowohl die religiöse wie auch die örtliche Gemeinschaft auf den Plan gerufen hat.

Ich möchte unterstreichen, dass dieses Projekt sich in keiner Weise in die religiöse Sphäre einmischen wollte, was mir auch nicht zusteht. Es ist ein Projekt von Laien, mit sozialen Zielen, in das die Pfarrgemeinde nicht involviert ist.

Was die örtliche Gemeinde betrifft, so dient die Sanierung des früheren Kinderheims der Schaffung eines Bürgerhauses für gemeinschaftliche Treffen und Aktivitäten, die für Junge und Alte gleichermaßen von Interesse sind, daher also dem Wohl der ganzen Gemeinde von Cercivento dienen und ich bin nicht der Einzige, der sich dazu beglückwünscht. Das Haus *Chiandin* ist dazu bestimmt, einem Projekt für Heilpflanzen ein Zuhause zu geben, in das im weitesten Sinne auch die Gemeinschaft von Fra' Elia involviert ist. Darüber hinaus sieht das Projekt die Realisierung einer speziellen Form sozialer Arbeit vor, die sich hauptsächlich an Jugendliche richtet, die in das Projekt involviert sein werden.

Warum also wurde für dieses Projekt ausgerechnet die Gemeinschaft von Fra' Elia ausgewählt?

Aus verschiedenen Gründen. Weil es sich um eine Organisation handelt, die unter anderem auch dem Erwerbszweck dient. Und weil einige ihrer Mitglieder Erfahrungen und organisatorische und technische Fähigkeiten auf dem Gebiet der Heilpflanzen haben. Und, etwas, das für die örtliche Gemeindverwaltung nicht minder wichtig ist: weil man angeboten hat, die Führung der Geschäfte ohne Kosten für die Kommune beizusteuern.

In der friulanischen Wochenzeitschrift *La Vita Cattolica* (`Das katholische Leben`) erklärte er: `Das ehemalige Heim und die *Casa Chiandin* sind ausschließlich für soziale Aktivitäten, die an junge und alte Menschen gerichtet sind, bestimmt. Wer hier unerlaubte religiöse Aktivitäten einführt, wird ausgeschlossen. Warum spreche ich in allgemeiner und pluralistischer Weise von religiösen Aktivitäten?

Wie ich bereits betont habe, ist das Projekt laienhafter Natur und untersteht der Gemeinde. Dennoch möchte ich daran erinnern, dass im Gemeindegebiet auch Sympathisanten der esoterischen Philosophie tätig zu sein scheinen. Ich beziehe mich zum Beispiel auf die Philosophie der Antroposophen, deren Mitglieder sich eine gewisse Zeit lang auf mein Heilpflanzenprojekt gestürzt haben, von dem sie sich aber später distanzierten, weil sie den ursprünglichen Zweck und die Ziele nicht mehr mittragen wollten.

Es ist interessant, auch die Meinung des Theologen Pater Dr. Linus Poppian zu hören, der Fra' Elia oft in seine Gemeinde als Gast einlädt. In seinem großen Buch der Prophetien liest man: `Es werden falsche Propheten kommen und sie werden Wunder wirken! Die wahren Propheten werden verborgen sein, die nichts für sich selbst verlangen, sondern sich selbst verschenken! Aber vielen von ihnen wird man nicht glauben und sie werden bekämpft werden, dennoch werden sie es sein, die hier mein Reich vorbereiten! Folgt ihnen nicht, wenn sie weder `Stigmen im Fleisch` noch in ihrem Geist aufweisen. Die falschen Propheten können wie Heilige wirken, während die echten wie ihr sein werden. Die falschen Propheten können euch auch wahre Dinge sagen, um euch die falschen glauben zu machen. Und ich füge hinzu: Die Heiligen sind Wesen voller Licht und ihre Augen zeigen das. Sie sind fantastische Eroberer, aber reinen Herzens, fähig zu staunen und Erstaunen hervorzurufen. Ihre Begeisterung, die Pläne Gottes voranzutreiben, ist groß und lädt dazu ein, dass sich die Liebe vervielfacht. Wie jedes menschliche Wesen haben auch sie ihren eigenen Charakter, ihre Schwächen und Labilitäten. Wir alle können Heilige werden. Es genügt, unser Herz dem Licht zu öffnen, das uns zu einer echten Umkehr führen wird. Ich kenne Fra' Elia seit einigen Jahren, ich habe ihn in meinem Haus beherbergt, ich habe seine Augen voller Licht gesehen, seinen Enthusiasmus wahrgenommen und ihm zugehört, wenn er von der Liebe und der Vergebung gesprochen hat.

Einige sagen - und es ist immer gesagt worden -, dass die Leute hinter außergewöhnlichen Dingen und Wundern herlaufen würden, anstatt zu glauben ohne zu sehen, anstatt sich direkt an Gott und seine Priester zu wenden, innerhalb der Kirche.

Es ist klug, solchem Gerede nicht all zu viel Gewicht beizumessen und sich weiterhin den Menschen Gottes zuzuwenden, durch die uns Wunder zukommen, Gnaden, weise Ratschläge und vor allem die Weisheit des Betens. Bereichert und entfacht für diese Schätze, laufen wir danach in die Kirche, um Gott zu danken und uns an den göttlichen Sakramenten zu nähren, welche nur dann Früchte bringen, wenn sie uns `glühend` vorfinden. Und wenn wir in den eigenen Gebeten oder in der Wirklichkeit unserer Pfarrgemeinde dieses heilige Feuer nicht vorfinden, berauschend und heilend, das uns Gewissheit schenkt, dann ist es nur gut, wenn Brüder mit wunderbaren Zeichen kommen, um uns zu helfen, in dieses Mysterium des Glaubens und in die wahre Liebe für unseren höchsten Gott einzutauchen.

Wir haben nicht das Recht, von uns aus das Urteil des unfehlbaren Lehramts der Kirche zu ersetzen; aber es ist unsere Pflicht, dass, wenn es sich gegen einen Menschen richtet, auch wenn er noch so klein und unbedeutend ist, durch den uns Heilung zukommt oder der Frieden der Seele, die Weisheit des Gebets oder eine Kehrtwende im Leben, wir anerkennen, dass jener Mensch und jenes Werk von Gott kommen.

Das ist der Fall von jemandem wie Fra' Elia.

Es ist keine Naturkraft oder der Teufel, der all dieses Gute bewirken kann. Wer das glaubt, wäre ein Götzendiener oder ein Frevler. Und eine bischöfliche Ordination oder Weihe genügt nicht, um damit die Gabe der Prophetie, der Heilung oder Wunder, zu ersetzen, die Gott aus purer göttlicher Ironie, zuweilen sogar durch Kinder oder geringgeschätzte Menschen wirkt.

Ich betrachte mich als ein vom Glück begünstigter Zeuge der spirituellen Güte von Fra' Elia. Wenn ihr wüsstet, wie sehr es das Herz meines Bischofs erweicht hat, als er sein ganzes Haus duftend vorfand und er nicht wusste, was er auf die Worte antworten sollte, mit denen dieser kleine Bruder ihm entgegenkam: `Exzellenz, man hat mir diese Dinge da gemacht (er zeigte ihm die Stigmata) und ich warte auf ein qualifiziertes Urteil der heiligen Kirche. In der Zwischenzeit bete ich und lade die Menschen ein zum Gebet.`

Der Bischof, der bereits gespannt auf das Zeichen wartete, das ihm angeboten worden war (Das Weinen der Madonna), wusste nicht wie er Fra' Elia seine Zuneigung zeigen sollte, ohne sich gleichzeitig in die Sache zu verstricken. Beim Gedanken an diese große Lektion Gottes, die alle zwang, Groß oder Klein, wenn auch mit Zähneknirschen, den Tatbestand des Wunders anzuerkennen, musste ich innerlich lachen. Es ist vor allem ein Beweis für jene Torheit, die wir menschliche `Wissenschaft` nennen, dass sie bis heute rein gar nichts erklären kann.

Danke Fra' Elia, dass du, jedes Mal, wenn du in `meine` Pfarrgemeinde gekommen bist, die Kirche an einem Tag mit mehr Menschen gefüllt hast als sonst in einem ganzen Jahr! Und es wäre noch törichter, auch das als Naturgeschehen oder als Werk des Teufels zu bezeichnen. Wer das sagt, verdient dich nicht. Und wer, was dich betrifft, seine Meinung nicht zum Ausdruck bringt, wird jeden Tag ein wenig mehr sein Gesicht verlieren."

Die Gedanken und der Engel – 11. Juli 2005

Der Ingenieur und der Künstler, die beiden Eigentümer der letzten beiden Zimmer des Klosters in Calvi, teilten Fra' Elia mit, dass sie bereit seien, sie zu verkaufen. Man würde sobald wie möglich ein diesbezügliches Treffen vereinbaren.

Die Freude und Anspannung wegen dieser lang erwarteten Entscheidung raubten Fra' Elia von Neuem den Schlaf, obwohl er sich absolut sicher war, dass die göttliche Vorsehung ihm auch diesmal wieder zu Hilfe kommen würde.

An einem Freitag im Juli rief Fra' Elia mich an:

„Ich konnte nicht schlafen, obwohl ich sehr müde war. Mein ganzer Körper schmerzte und die Gedanken... ich schloss die Augen. Auf einmal spürte ich, wie eine leichte Brise über mein Gesicht und meine Haare strich. Ich blickte hoch und sah, wie mein Engel, seine riesigen Schwingen öffnend, von oben auf mich zukam, um mich zu umarmen. Dann bin ich eingeschlafen.

Fra' Elia sieht meinen Onkel sterben

Am 19. August 2005 verließ mein Onkel, 92 Jahre alt, diese Welt, und zwar so, wie er es sich immer gewünscht hatte: Sein Herz hatte mitten im Schlaf aufgehört zu schlagen.

In derselben Nacht sah Fra' Elia ihn. Er beschrieb mir minutiös, wie er gekleidet war: mit einem braun karierten Hemd und dunkler Hose, genauso wie meine Tochter Elisabetta und ich ihn gerade erst drei Tage zuvor noch gesehen hatten. Wir waren ihn besuchen gefahren und hatten ihn in ein Restaurant ausgeführt, weil es ihm wie immer wirklich gut ging. Mein Onkel hatte Fra' Elia viele private Dinge anvertraut, die dieser nicht wissen konnte. Unter anderem sagte er ihm auch, dass er bis Donnerstagmittag, den 21. August, hier auf der Erde bleiben würde, an unserer Seite, bis zum Datum seines Begräbnisses. Er bat ihn auch, uns zu grüßen und uns von dem Gespräch zu berichten.

Augustferien – Danilo und Stefano, Rom, 10. August

Genau wie im Vorjahr begann ich während meiner Durchreise in Rom den Tag um 8.30 Uhr mit dem Frühstück mit Roberto und seinem Bruder Danilo. Für mich gehörte es mittlerweile zur Tradition, mir jedes Mal, wenn ich in der Stadt war, ein köstliches Croissant, gefüllt mit Creme, zusammen mit einem Cappuccino zu gönnen; doch vor allem genoss ich die Freude, wieder einmal mit den beiden zusammen sein zu können. Ich merkte, wie gut es Danilo ging. Er war zu seiner Arbeit zurückgekehrt und alles befand sich wieder im Bereich der Normalität. In Erinnerung daran, dass, wie Fra' Elia mir im Jahr zuvor gesagt hatte, Danilo „skeptisch“ sei, nutzte ich die Gelegenheit, herauszufinden, ob Fra' Elia den Nagel auf den Kopf getroffen hatte. Also fragte ich Danilo ganz unvermittelt, ob er an Gott glaube. Roberto kam seinem Bruder zuvor: „Das weiß noch nicht einmal ich. Es würde mich freuen, wenn auch ich es erfahren könnte:“ Gespannt wendeten wir uns ihm zu. Zur großen Überraschung Robertos öffnete Danilo sich ohne jede Scheu: „Ich glaube, dass es etwas gibt, das über dieses Leben hinausgeht, vielleicht jemanden, den ihr Gott nennt. Für mich stellt sich dieses Problem nicht. Ich glaube vor allem an die höheren Werte im Leben, die mich mein Gewissen immer im Auge hat behalten lassen. Ich habe nie jemandem etwas Böses zugefügt, sagen wir: Ich habe mich mit meinen Regeln an die zehn Gebote gehalten.

Ich halte mich für jemanden, der zu allen genauso ehrlich ist, wie ich es zu mir selbst bin. Ich verlange und übe Respekt und ich lebe gelassen und heiter. Ich praktiziere keine Religion, auch wenn ich an Fra' Elia und seine Mission glaube."

In diesem Augenblick verstand ich, dass Gott ihn liebte und ihm Fra' Elia geschickt hat, um ihm den Weg zu weisen.

Am selben Nachmittag sah ich auch unseren Freund Stefano Juergens wieder. Der Zufall wollte, dass unsere Begegnung wieder in der kleinen Bar vor der St. Pauls-Basilika stattfand, an genau demselben Tag und zur selben Zeit wie im Jahr zuvor: am 10. August um 11 Uhr und dass der Tag wieder wunderschön und nicht einmal allzu schwül war. Wir hatten das Jahr über oft miteinander telefoniert, aber uns nur ein paar Mal im Kloster gesehen. Jetzt hatten wir uns natürlich viel zu erzählen und vor allem wollten wir uns über zukünftige Projekte unterhalten. Nachdem Stefano mir mitgeteilt hatte, dass er sich aufgrund der Beendigung der„Domenica-In"-Sendereihe entschlossen hatte, eine neue Sendung anzunehmen - um genau zu sein, jene von Amadeus, eine vorabendliche Serie - nahm unsere Unterhaltung eine Wende. Ich kann gar nicht sagen, wie ich seine Veränderung gegenüber früher erklären soll. - Ich fand ihn verändert, weniger von seinem Beruf als Fernsehautor absorbiert. Und in der Tat ließ er mich an einer außergewöhnlichen spirituellen Erfahrung teilnehmen, die ihm kurz zuvor zuteil geworden war. Diese Erfahrung hatte ihm zu verstehen gegeben, dass sein Plan, mit Hilfe der Medien zu evangelisieren, nicht von fundamentaler Wichtigkeit war, sondern erst nach Stefanos innerer Umkehr realisiert werden konnte. Damit verbunden die Verleugnung seines eigenen Egos, indem er sein höheres Ich zum Vorschein brachte, entsprechend den Lehren und dem Beispiel Jesu durch das Gebet, Vergebung und aufrichtige Liebe zu unserem Nächsten.

„Nach der spirituellen Erfahrung, die ich gemacht habe", fuhr Stefano lächelnd fort, „erblickte ich Jesus überall und in diesem Augenblick sehe ich ihn auch vor deinem Gesicht." Ich saß da und hörte ihm zu, vollkommen in Gleichklang mit ihm in allen seinen Gefühlen und jedem seiner Worte. „Ja", fuhr er fort, „es wird auch eine Fernsehsendung geben, aber sie steht an letzter Stelle und wird dann ausgestrahlt, wenn wir beide dafür bereit sind!" „Ich teile deine Meinung voll und ganz, Stefano, aber in der Zwischenzeit kam mir eine Idee: Die spirituelle Erfahrung, die du gemacht hast, könnte für viele Menschen eine große Hilfe sein", sagte ich: „Warum berichtest du nicht darüber in der Zeitschrift *Angeli e Arcangeli* von Fra' Elia?Ja, und warum beginnst du nicht, nach deiner Umkehr als einen ersten Schritt regelmäßig mit uns zusammenzuarbeiten?“ Stefano erwiderte mir: „Ja, gerne.“ Und so kam es, dass in der letzten November-/Dezemberausgabe die außergewöhnliche Erfahrung von Stefano unter dem folgenden Titel erschienen ist:

Der heilige Geist hat mein Leben verändert (Artikel von Stefano Juergens, erschienen in der Zeitschrift *Angeli e Arcangeli,* Nr. 6)

Dass unser Herr Jesus durch den Heiligen Geist empfangen wurde, beten wir Tag für Tag, doch wahrscheinlich verstehen dieses Geheimnis nur wenige und es gibt nur wenige, die wirklich daran glauben. Ich glaube es, weil der heilige *Paraklet,* der Heilige Geist, mit seiner Kraft in mein Inneres eingetreten ist, dank den Gebeten der Gebetsgruppen der Katholischen Charismatischen Erneuerung. Ich hatte keine Ahnung, was während des Gebets passieren würde, das über mir gesprochen wurde (dasselbe Gebet, das die Apostel sprachen, wenn sie den Leuten die Hände auflegten), doch als der Geist kam, habe ich seine Hitze in meinem Körper gespürt, eine sehr starke Hitze, von deren Wirkung ich Zeugnis geben kann, muss und will. Mein Herz ist augenblicklich geschmolzen, Tränen des Friedens liefen an mir herab und mein Gehirn hat sich in dem Moment an die Worte aller Gebete erinnert, die ich als Junge einmal gelernt, aber seit Jahren nicht mehr gesprochen hatte. Ich kann bezeugen, dass der Heilige Geist mein Leben verändert hat und dass er eine überaus potente Kraft sein kann, die generiert (erzeugt) und regeneriert, und zwar so, dass er jede wie auch immer geartete Krankheit heilen kann, sei sie spiritueller oder materieller Natur (ich war Zeuge); diese Kraft von höchster Potenz kann Leben gebären, erschaffen, und wie bei Jesus Christus die Toten auferstehen lassen.

Obwohl der Geist in mich eingetreten ist, bin ich kein Heiliger geworden und werde es sicher auch nie sein, weil die Wünsche des Geistes denen des Fleisches konträr gegenüberstehen und ich im Augenblick noch aus Fleisch bestehe. Deshalb hat das Materielle in mir, leider, immer noch die Vorherrschaft über die Wünsche und guten Absichten des Geistes und ist mein Weg des Wachstums offensichtlich noch lang. Aber wie habe ich mich seitdem verändert? Alles in allem kann ich sagen, dass ich, seit Jesus in mein Leben eingetreten ist, stolz darauf bin, ein Christ zu sein. In dieser Gesellschaft, in der alle - Intellektuelle, Künstler, Journalisten - sich damit brüsten, Laien zu sein und sich als ungläubig bekennen, betone ich dagegen voller Freude, dass der Herr derselbe ist wie vor zweitausend Jahren, dass er noch genauso lebendig ist und die gleichen Wunder und Heilungen bewirkt, wie er es vor zweitausend Jahren getan hat. Ich für meinen Teil bete dank des Heiligen Geistes heute praktisch den ganzen Tag, und sogar mit meiner Arbeit habe ich wieder den Weg des Erfolgs eingeschlagen, der mir für einige Jahre abhanden gekommen war: Wer in „seinem“ Namen um etwas bittet, dem wird „er“ in Fülle geben. Nachdem ich das gesagt habe, möchte ich präzisieren, dass ich seit circa dreißig Jahren beim Film und für diverse Fernsehsendungen arbeite, wie Komödien, Ballett und Gesang, dass ich ein gewiefter Mensch bin, der die zahlreichen Geschäftstricks kennt, und mich keine wichtige, berühmte oder mächtige Person mehr beeindruckt, dass ich ein Vernunftmensch bin und auch heute noch kein religiöser Fanatiker, sondern ein in Jesus Verliebter. Gewiss, ich finde noch Gefallen an den Annehmlichkeiten des Lebens, auch wenn ich sie heute eher durch die Augen Jesu betrachte als durch meine eigenen. Hin und wieder schaue ich durch meine Augen auch noch irgendein schönes Mädchen an, aber ich weiß, dass der Herr mich so liebt, wie ich bin, mit allen meinen Fehlern und mit allen meinen Sünden.

Bevor ich erneut den Heiligen Geist empfing, hatte ich eine persönliche Begegnung mit Jesus und eines Tages werde ich darüber berichten. Ich hatte ihn überall verzweifelt gesucht und schließlich wurde er für mich greifbar. Doch jetzt lade ich euch dazu ein, Stunde für Stunde auf der Stelle den Heiligen Geist zu suchen, den uns verheißenen Tröster; ruft ihn an, überlasst euch ihm, sucht ihn mit Entschlossenheit, so, wie ich es tat, und ihr werdet sehen, dass es schließlich auch euch leichtfallen wird, zu glauben, dass der Herr Jesus wahrhaftig durch das Wirken des Heiligen Geistes auf die Welt gekommen ist.

Francavilla Fontana – 11. August 2005

Nun bin ich also wieder hier, in Francavilla. Wie im Vorjahr kam ich wieder am 11. (dem Tag der heiligen Klara) hier an und wie im vorigen Jahr war ich auch diesmal wieder beladen mit Notizen, Merkzetteln und Fragen, die ich Fra' Elia stellen wollte, um die ihn betreffende Arbeit weiter fortführen und die Aufgaben fürs nächste Jahr entsprechend seinen Wünschen vorbereiten zu können. Wir hatten uns hier verabredet, in der ländlichen Stille bei seinen Eltern, wohin er jedes Jahr für eine kurze Erholungspause zurückkehrte, nachdem er seine Arbeit in Einsamkeit und Gebet in den stillen Mauern seines Klosters beendet hatte.

Das vergangene Jahr hatte für alle von uns, die ihm nahestanden, verhängnisvolle Veränderungen mit sich gebracht, wogegen hier alles unverändert erschien. Das Szenario und die Personen waren wie immer: die Eltern und Schwestern, die unter dem Portikus mit ihren Arbeiten beschäftigt waren, der geschwätzige Papagei, der in seinem Käfig schaukelte, die Katze, die ihre Jungen neben dem Holzschuppen säugte, die Kaninchen, die hinter ihrem Gitterzaun ihre Spielchen trieben, die beiden Enkel, die in diesem Jahr bereits alle ihre Pflichten erledigt hatten und nun hier mit dem Fahrrad herumfuhren, und Fra' Elia, lächelnd und heiter, der seine Rosenkränze zusammenbaute. Das große Kruzifix, das er im Vorjahr restauriert hatte, schaute uns bei der Arbeit zu, inklusive mir bei der Arbeit am Computer und hin und wieder warf ich ihm Hilfe suchend einen Blick zu. Wer weiß, wie lange ich noch für Fra' Elia würde schreiben müssen! Ich fühlte in mir, dass die Erzählung ihrem Ende zuging. Ich hatte mich bemüht, eine Vorstellung von ihm und seinem Werk zu geben, und im Hinblick auf die vielen Ereignisse, ganz offensichtlich Zeichen eines höheren Willens, war ich mir sicher, dass er den Weg zu Ende gehen würde, den der Herr ihm vorgezeichnete hatte.

16. August

Diesmal sprachen wir weder über die Terminplanung für das kommende Jahr noch über die Organisation und noch viel weniger über zukünftige Projekte oder die endlosen Probleme, die sich bei einem so großen Werk wie dem Fra' Elias unvermeidlich einstellten. Dieser gab sich zwar nachdenklich, aber heiter und ging jeder Diskussion aus dem Weg. Und auch ich hatte begriffen, dass es besser war, den Herrn machen zu lassen. Es gelang mir lediglich, ihn zum Lesen einiger Seiten meines dritten Buches zu bewegen, doch war ich mir noch immer nicht sicher, ob ich den von mir ausgewählten Titel würde behalten können.

Die zehn Tage flogen nur so dahin. An Fra' Elias Seite entspannte ich mich und vom Frieden hier zehrend, vergaß ich die Welt um mich herum. Ich verbrachte auch einen Tag mit meiner Familie und deren Kindern am Meer, und wir unternahmen sogar eine Radtour durch das Land, mit Fra' Elia auf dem Fahrrad, was mich mit Freude erfüllte. Und dennoch - trotz seiner kurzen Anflüge von Fröhlichkeit, schien er mit einer schweren Last beladen, was er sich jedoch nicht anmerken ließ. Er war immer weniger Elia, dafür aber immer mehr Fra' Elia. Den Vorabend von Mariä Himmelfahrt verbrachten wir wie jedes Jahr bei seinem Vetter Nicola, gemeinsam mit 35 Freunden, junge Ehepaare mit ihren Kindern jeden Alters, die allesamt mit Bange auf das gewohnte spirituelle Zusammensein mit ihm gewartet hatten.

Die Gotteslästerung

Fra' Elia, der zwischen seinen engsten Freunden auf einer Bank eingezwängt saß, während die anderen um ihn herum auf dem Boden kauerten, begann, sich mit uns über das große Übel zu unterhalten, was eine Gotteslästerung darstellt. Mit großer Natürlichkeit und in sanftem Tonfall erkundigte er sich bei uns, ob es uns nicht auch schon einmal passiert sei, dass wir Gott grundlos gelästert hätten. „Warum erniedrigt ihr euch so? Jedes Mal, wenn ihr in einem Akt blinden Stolzes den Herrn beleidigt, tötet ihr seinen Sohn aufs Neue, weil ihr die Liebe verleugnet, die er euch zu geben gewusst hat.“ Fra' Elia reichte seinem Freund Massimo einen vorbereiteten Handzettel:„Lies ihn vor“, sagte er zu ihm. Und wir alle hörten ihm zu: „Eines Tages überquerte der heilige Alfons von Ligurien eine der Hauptstraßen von Neapel. Vor ihm ging ein Fuhrknecht, der wie ein Besessener Gott lästerte. Der Heilige fühlte sich, als würde jemand sein Herz durchbohren. Er beschleunigte seinen Schritt, erreichte den Fuhrmann und sagte, ihn beim Arm packend, zu ihm: `Sag, von welchem Ort kommst du?` `Aus Neapel`, erwiderte der Gotteslästerer überrascht und ärgerlich. `Nein`, sagte der Heilige, `du kommst nicht aus Neapel, sondern aus der Hölle, weil du fluchst wie ein Verdammter!` In der Hölle können die Dämonen und Verdammten nichts anderes tun als Gott aufs Grauenvollste zu verfluchen. Ja, liebe Freunde, auch der Heilige Vater bezeichnete das Fluchen als die `Sprache des Teufels` und wenn es ihm zu arg wurde, sagte er: `Die Gotteslästerung zieht die Strafe Gottes an, die Krankheiten, das Unglück. Wegen der Gotteslästerung geschehen auf Erden Hungersnöte, Erdbeben, Pestepidemien und Kriege. Die Gotteslästerung führt dazu, dass wir wichtige Gnaden verlieren, die auf dem Weg zu uns sind. Deshalb war Pater Pio diesbezüglich sehr anklagend und energisch. Wenn die Gotteslästerer zur Beichte kamen, jagte er sie oft ohne Absolution weg und fuhr sie manchmal mit so abschreckenden Worten an wie: `Die Gotteslästerung ist der Teufel auf der Zunge.`

Die Gotteslästerung ist die schwerste Sünde, weil sie Gott, die Madonna und die Heiligen beleidigt. Nicht nur, dass es eine schreckliche und unnütze Beleidigung Gottes ist, sondern es ist auch ein Zeichen der Niedertracht der Seele, der Unanständigkeit, der Vulgarität der Erziehung. Wer Gott flucht, hat keinen Verstand, und wer Verstand hat, flucht Gott nicht. Leider hören es auch die Kinder und lernen so auch zu fluchen. Sie machen es im Spiel, sogar, wenn sie mit dem Bus zur Schule fahren, fluchen sie oft. Liebe Freunde, eines Tages müssen wir Gott für alles Rechenschaft geben. Denken wir daran, solange es noch Zeit ist. Und wenn wir andere hören, die Gott lästern, dann sollten wir uns nicht schämen, einzugreifen und ihnen helfen zu verstehen, wie groß das Übel ist, das sie anrichten.“

Dann ergriff jemand das Wort und versuchte die Tatsache der Gotteslästerung zu rechtfertigen, indem er sagte, dass sie vielleicht ja nur ein simpler Wutausbruch sei, ohne jede Absicht. Jemand anderer dagegen meinte, dass die Gotteslästerung aus Rebellion gegenüber dem Herrn entstehe, der Ungerechtigkeit und Unglück zulasse. Fra' Elia, der über die Antworten zutiefst enttäuscht war, so, als wäre er selbst im Herzen verwundet worden, fuhr fort: `Der Herr möchte euer Leiden nicht, der Herr richtet uns nicht, indem er sich mit Schmerzen und Krankheiten rächt. Wir sind es, die diese anziehen, indem wir uns von ihm abwenden, weil wir seine Lehren nicht begreifen und uns nicht in der Liebe üben, die er uns gelehrt hat. Manchmal benehmen wir uns wie Verbannte, die sich darauf versteifen, immer noch unsere einzige Waffe zu zücken, die wir kennen: denStolz! Leider sind so viele von uns noch rebellische Seelen, ein Riss in der Harmonie des Himmels, und wir merken gar nicht, wie begrenzt wir in unseren kleinlichen und engherzigen Konkurrenzkämpfen sind, in denen wir Groll schüren, Eifersucht, Zwist, Verrat, Unglück - das genaue Gegenteil von dem, was Gott von uns will. Unsere Mission ist die Freude und Freude bringen und je näher wir ihm kommen, desto mehr Freude werden wir haben. Wenn es uns nicht gelingt, zu verstehen, dass wir alle Werkzeuge Gottes sind, dass wir zu seiner Freude da sind und nicht zu unserer und dass er uns diese irdische Existenz geschenkt hat, nicht um irdische Schätze anzusammeln, sondern um himmlische Schätze zu gewinnen, dann würden wir nicht von Krankheiten befallen werden, die eine Art Rebellion der Seele sind, der Nichterinnerung und eine Folge der von uns durch unsere Gottvergessenheit begangenen Fehler. Wir alle müssen zu uns selbst sagen: `Ich will lernen, ich will verstehen, ich bin`, und das schließt ein, dass ich vergesse, vergebe, liebe."

Und dann fuhr Fra' Elia fort, über Mariä Himmelfahrt zu sprechen, indem er uns fragte, ob wir niemals einen Blick auf das Leben der himmlischen Mutter geworfen und uns, meditierend und unsere Seele reinigend, auf diesen großen Tag vorbereitet hätten, an dem die Mutter Jesu von den Engeln direkt an die Seite ihres Sohnes getragen worden sei. „Heute findet im Himmel ein großes Fest statt. Bereiten wir uns darauf vor, dass auch wir daran teilnehmen, gemeinsam mit allen Engeln und Heiligen."

Und Schritt für Schritt verwandelte sich die Katechese in eine spontane Unterhaltung, in Fragen und Antworten, in scheinbar allgemeingültige Ratschläge, die aber jeder von uns auf seine eigene Situation bezog, und Fra' Elia wurde nicht müde zu antworten und Liebe zu geben, Liebe, Liebe ...

Zum Schluss ein Gebet für alle, die noch vom Herrn entfernt waren, Verabschiedungen, Grüße und viele vor Freude und Dankbarkeit leuchtende Augen.

Ein Wunder der heiligen Jungfrau

Gestern Abend, am 15. August, während die ganze Familie sich im Kreis auf der Tenne versammelt hatte und man eine frische Brise Nordwind genoss, sahen wir vom Ende des Weges eine Dominikanerschwester auf uns zukommen, zusammen mit Frauen und Kindern. Fra' Elia war in der Küche und sah durch den Vorhang, wie sich seine Mutter erhob, grüßte und sagte: „Und jetzt stelle ich dich meinem Sohn vor." Ungeachtet seiner Müdigkeit und seines Bedürfnisses nach Erholung, wenigstens in dieser kurzen Sommerpause, zog sich Fra' Elia schnell um und trat aus dem Haus, um die neuen Ankömmlinge zu begrüßen. Indessen hatte der Himmel sich rasch verdunkelt und ein stürmischer Wind war aufgekommen. Die Frauen, Mütter einiger Schulfreunde von Fra' Elia, die in der Nähe wohnten, waren der Schwester, die seit einem Jahr ohne Erfolg Fra' Elia hatte treffen wollen, rein zufällig begegnet und hatten sie hierher begleitet.

Nach der Begrüßung gingen die Frauen wieder, auch weil sie das unmittelbar bevorstehende Unwetter fürchteten, und ließen die Schwester bei uns zurück. Doch der Wind legte sich und trotz der dicken schwarzen Wolken, die eine besonders finstere Nacht erwarten ließen, wurde auf einmal ein riesiger, glühender Lichtstrahl, von Westen kommend, über die große Pinie geworfen, zwischen Oliven- und Mandelbäumen und der großen Mimose. Als stattlichster Baum unter allen schien letzterer wie von einem riesigen Scheinwerfer angestrahlt und leuchtete rot auf. Rundherum war alles dunkel; nur das unermesslich strahlende Licht war auf uns gerichtet, als wollte es mit uns reden. Lange blieb es so, während sich die Schwester mit Fra' Elia unterhielt. Wir alle konnten uns an dem Bild erfreuen, geblendet von der Außergewöhnlichkeit dieses Wunders.

„Das ist ein Zeichen der Madonna", sagte die Schwester sichtlich bewegt und gewiss hatte sie recht.

Freitag, 19. August

In meinen Aufzeichnungen lese ich:

„Heute werde ich dieses Paradies verlassen, um zu unserem Ferienhaus am Meer zu fahren, wo meine Familie mich erwartet." Als ich in meinem Bett aufwachte und über die vergangene Woche nachdachte, fühlte ich mich bereichert. Es war noch früh und ich hörte noch keinen Laut im Haus. Die Fenster meines Zimmers waren geöffnet und eine leichte Brise strich über mein Gesicht. Plötzlich berauschte mich - flüchtig - ein erneuter leichter Windhauch mit Rosenduft. Ich war auf der Hut. In einer zweiten Handvoll Brise verstärkte sich der Duft und wurde immer intensiver, bis er mein Zimmer komplett ausfüllte. Und nun fiel mir ein, dass es ja Freitag war und dass Fra' Elia, wie in jeder Nacht auf Freitag, erbarmungslos seinen Qualen ausgeliefert war!

Ich blieb noch einen Moment reglos und verzückt liegen, um diesen lieblichen Momentzu genießen, der mich unausweichlich an die Anwesenheit von Engeln denken ließ. Dann stand ich auf, machte mich fertig und verließ das Zimmer. Im selben Moment öffnete sich langsam auch die Tür von Fra' Elias Zimmer. Im Vorbeigehen sah ich unwillkürlich auf seinem Schreibtisch ein Heft mit einem Füller, der als Lesezeichen diente und im steten Wechsel blinkte.

Als Fra' Elia meine Verblüffung bemerkte, lächelte er und sagte: „Siehst du? Mein Füller ruft mich, um mir zu sagen, dass ich noch etwas schreiben soll." Und während er die Tür schloss, sprangen mir seine Wundmale an den Handgelenken und am Fußrücken ins Auge.

Ich wusste, dass er die ganze Nacht kein Auge zugemacht hatte und ohne jemanden zu stören, zwischen dem Bad und seinem Zimmer hin- und hergelaufen war, im Bemühen, die brennenden Wunden mit frischem Wasser zu kühlen. Aber ich wusste auch, dass er ebenfalls in der Nacht seine Gebete aufschrieb, und das wollte ich jetzt ausnutzen.

„Bringst du dein Heft mit nach unten?", versuchte ich zu erfragen. „Ich würde mir gerne kopieren, was du geschrieben hast." Und er, seltsamerweise gefügig, ging wieder zurück ins Zimmer und holte das Heft, samt dem Füller. Nach dem Frühstück setzten wir uns unter den Portikus und er las mir einige seiner Meditationen vor, die ich hastig mitschrieb. Darüber hinaus diktierte er mir auch noch drei Lobeshymnen an die in den Himmel aufgenommene Muttergottes.

Die Kriege

„Ist die Kette des Hasses einmal eingeleitet, so ist vorhersehbar, dass es mehr als ein Opfer geben wird! Hass bringt die Pläne Gottes durcheinander, ohne euch ein Heilmittel, eine Abhilfe, bringen zu können. Lassen wir es nicht zu, dass sich in unseren Herzen die Spirale der Eifersucht auftut - Groll, Gier -, Gefühle, die sich wie ein Ölteppich auf die ganze Welt legen. Sprechen wir darüber! Beginnen wir in unseren Familien! Schlagen wir vor, miteinander zu reden, klären wir jeden Tag alles, bleiben wir nicht an den Unstimmigkeiten hängen, säen wir keine üble Nachrede und Verleumdung, widersetzen wir uns den kleinen täglichen Kriegen, leben wir nicht in Ungerechtigkeit und Missverständnis, seien wir nicht gewalttätig, sondern lieben und vergeben wir! Denken wir darüber nach, dass der Glaube an Gott nicht irgendetwas Abstraktes ist, nicht nur eine Frage des Kopfes, sondern eine lebendige Beziehung der Freundschaft mit Gott und der Auftrag zu leben, wie er es uns gelehrt hat."

Als Jesus zur Welt sprach

Als Jesus zur ganzen Welt sprach, folgten ihm viele nach und alle hörten ihm zu.

Man hat sich an ihn wie an einen Vater gewandt, an einen Freund und Vertrauten, und das war er auch, für jeden von uns.

Dort auf dem Berg hat er sein Wort an alle gerichtet. Es ist in unseren Geist und in unser Herz eingetreten.

Wie eine glühende Botschaft der Liebe, ein Lobpreis für den Herrn, der mit jedem Wort Jesu immer höher in den Himmel stieg.

An einen Priesterfreund

„An Dich, teurer Freund, der immer betet
und mich fragt, wie es mir geht,
wisse, dass das Leben Sicherheit bietet
und für Gott nichts unmöglich ist!
Auch ich wende mich an Dich um Verdienste
und bitte dich, mich zum Thron Gottes gelangenzu lassen.
Komm mir zu Hilfe!
Glühend flehe ich Dich an!
Und für Dein eigenes Wohl, mein Freund,
halte alle Deine Ängste von Dir fern,
Gedanken, innere Kämpfe, und wisse,
dass die Kämpfe für uns alle nicht geringer sind
und dass jeder Kampf einen Sieg bedeutet,
eine Prüfung, die Gott will
und die für jeden von uns notwendig ist,
um uns wachsen zu lassen und uns zu verändern.
Mein Freund, bleibe immer eisern in Deinem Glauben.
Erinnere Dich daran, dass alle diese Prüfungen
Zeugnis geben von der Liebe Gottes."

Die Heilige Jungfrau (aufgenommen in den Himmel)

„O, Unbefleckte Jungfrau,
würdig der Ehre und der Hoffnung,
schenke uns ein Licht, das unsere Herzen erleuchtet!
O, Unbefleckte Jungfrau,
die in den Himmel aufgenommen wurde,
weil der wahre Vater es so entschieden hat für dich!
O, Unbefleckte Jungfrau,
allzeit für alle von uns bereit,
Dir, du Gestalt der Liebe, der Hoffnung und Barmherzigkeit,
vertrauen wir uns an, o, Unbefleckte Jungfrau!

Ich grüße Dich Maria, voll der Gnade,
vom Himmel bis zur Erde
flehen alle Dich an und alle verehren dich.
Du, in der Höhe, höre uns an
in der Nähe Deines Geliebten!
Und vom fleischgewordenen Wort
ist auch der Sohn Gottes zu Dir zurückgekehrt,
zu Dir, der Lieben, welche
allein den Heiligen Geist
in Liebe und Treue geliebt hat.
Vor Dir neigt meine Liebe sich
für Dich, meine große Königin.
Schenke uns allen Gnade und Liebe, o, Maria!

O, Maria, Tochter des geliebten Vaters,
für die Meere und Himmel bist du die Gekrönte!
Diese ewige Glorie
ist die Frucht vergangener Geschichte
mit Engeln und Erzengeln.
Es ist, was deine Kinder erwartet,
es ist der Wohlklang, eine dauernde Einladung
mit Jubel, an Gott gerichtet.
Lob sei unserem Gott, o, Maria!
Unermesslich ist Deine Majestät!
Schenke uns, o, Maria, Deine Rechtschaffenheit!
Die ganze Schöpfung feiert Dich,
Königin der Welt,
Königin, unsere Mutter, o, Maria!"

Terminplan Juni – Dezember 2005

Der Terminplan für die zweite Jahreshälfte 2005 sah für die erste Septemberhälfte eine Pilgerreise ins Heilige Land vor, für jedes Monatsende Gebetstreffen im Kloster in Calvi und für Mitte Oktober Treffen in Brüssel, für November in Mailand und für Dezember in Neapel.

Als ich von den Sommerferien nach Hause zurückkehrte, fand ich unter anderem eine ganze Lawine von Einladungen vor, sowohl für Fra' Elia als auch für mich, seine Biografin (so nannte man mich), sowohl von kleineren Gebetsgruppen als auch von großen Wallfahrtsorten in der ganzen Welt. Theoretisch war unser Terminplan von 2006 bis Juni 2007 bereits total ausgebucht! Als ich Fra' Elia dazu befragte, schlug er mir sehr weise vor, nur Einladungen von den entlegensten Orten annehmen, zum Wohle jener Menschen, die unmöglich nach Calvi kommen konnten, und von Einladungen aus Europa nur solche Heiligtümer auszusuchen, die genügend Kapazität für einen großen Zustrom an Seelen hatten.

Deshalb erwog ich, lediglich zwei weit voneinander entfernte überseeische Einladungen anzunehmen: eine aus Madagaskar im März 2006 und die andere aus Australien gegen Jahresende. In Europa wollten wir die Einladungen für die Schweiz, Belgien und Deutschland bestätigen und danach für 2007 auch Frankreich, Kanada und andere Nationen.

Und würde noch Platz für Italien im Terminkalender übrig bleiben? Aus diesem Grund beschlossen wir, den Herrn die Entscheidung treffen zu lassen und die Reisen immer erst drei Monate im Voraus zu bestätigen, sodass die göttliche Vorsehung uns führen konnte.

Ich musste feststellen, dass ich, auch wenn ich bereits einen großen Teil der Welt - von China bis zum Amazonas, vom südlichsten Punkt Afrikas bis Indien und Brasilien, von den fantastischen Inseln aller Ozeane bis zu den höchsten Gipfeln Tibets - bereist hatte, aus purem Zufall ausgerechnet Madagaskar, Australien und Kanada ausgelassen hatte. Vielleicht war es die göttliche Vorsehung, die mich mit Fra' Elia dorthin führen würde?

Curzio, die Tücken der Technik und ich

In meinen Notizen lese ich: „Kaum, dass ich meine Arbeit am Computer (neu) wieder aufgenommen hatte, wurde ich erneut an meiner Arbeit gehindert. Der Computer streikte, der Drucker spielte verrückt und auch dem geschickten Curzio gelang es diesmal nicht, das Problem zu lösen. Also beschloss ich auf meine Art darauf zu reagieren: Ich holte ein Fläschchen Lourdes-Wasser, das ich in meinem Zimmer aufbewahrte, sprach ein Gebet, tauchte dann einen Finger in das Wasser und betupfte damit den Computer und den Drucker.

Nach einer Sekunde „starteten" die beiden Apparate wieder, ohne Curzios weiteren Einsatz. Ich schaute Curzio mit triumphierender Miene an und ohne ein Wort zu verlieren, spritzte ich ein wenig von dem geweihten Wasser sowohl auf mein als auch auf Curzios Haupt. Danach gelang es uns endlich, unsere Arbeit zu vollenden."

Kommunion und Firmung von Klaus

Jener September 2005 war wirklich der Verkünder vieler guter Nachrichten und Ereignisse. Ingrid, unsere Freundin und Übersetzerin, hatte mir einen wunderbaren Brief geschrieben und mir ihre Freude über die bevorstehende Konversion ihres Ehemannes ausgedrückt, der in eine protestantische Familie hineingeboren und in ihr aufgewachsen war und nun, am 10. Oktober, Ingrids Namenstag, offiziell zum katholischen Glauben konvertieren wollte. Klaus würde in einer speziellen Zeremonie in der Klosterkirche unserer lieben Ursulinen im Beisein seiner lieben Ehefrau und Freunden vom Pfarrer der Gemeinde gefirmt werden und zum ersten Mal in einer katholischen Kirche die Kommunion empfangen. Im Brief von Ingrid lese ich: „Klaus hat sich entschlossen zu konvertieren, weil die `Zeichen`, die er durch Fra' Elia (und einen inzwischen verstorbenen lieben Priesterfreund) erhielt, sehr stark waren. Bei seinem letzten Besuch in Königstein hatte Fra' Elia, nachdem er sich mit Klaus über Jesu Realpräsenz in der heiligen Kommunion unterhalten hatte, am Flughafen noch zu ihm gesagt: `Klaus, wenn ich wiederkomme, möchte ich dich zur Kommunion gehen sehen.` Und als er während seiner Passion 2005 in Francavilla Klaus neben sich am Bett stehen sah, lauteten seine ersten Worte: `Klaus ... Kommunion...`

Erinnerst du dich? Wir konnten nicht glauben, dass Fra' Elia sich trotz seines furchtbaren Leidens an das erinnerte, was er beim Abschied in Deutschland zuletzt zu Klaus gesagt hatte. Nach der Zeremonie fand Klaus dann zufällig zuhause den Wahlspruch seiner früheren protestantischen Konfirmation wieder: `Der Herr freut sich über die Rückkehr eines verirrten Schäfchens mehr als über tausend Gerechte.` "

Predigt von Papst Benedikt – Rom, 18. September 2005

Diesmal fuhr ich noch nicht einmal mit Fra' Elia ins Heilige Land. Es war wegen *Angeli e Arcangeli*, unserer Zeitschrift, die so schnell wie möglich erscheinen sollte und für die ich noch nichts geschrieben hatte. Hinzu kamen die Telefonate mit den Organisatoren in Brüssel, die Telefonate mit der ganzen Welt, und darüber hinaus waren, wie immer, noch tausend andere Dinge im Spiel, inklusive des dritten Buchs, das irgendwie nicht vorankam. Ich war immer noch bei den ersten fünfzig Seiten und mein Verleger reklamierte es schon seit einiger Zeit. Und dann war da auch noch meine Familie, die ich nicht zu sehr vernachlässigen wollte. Eines Sonntagmorgens, während Fra' Elia in Jerusalem weilte und ich zuhause vor dem Fernseher saß, wollte ich mir die allsonntägliche Rede des Papstes anhören. Seine Worte berührten mich zutiefst: „ ... ein Priester oder ein kleiner, heiliger Bruder wie Pater Pio würden genügen, um die Welt zu retten ... seine Stigmata..."

Es war das erste Mal, dass ich das Wort „Stigmata" einen Papst in der Öffentlichkeit hatte aussprechen hören und diese Tatsache gab mir wirklich Hoffnung.

Ankunft von Sylvie und ich wage zu fragen – Calvi, Samstag 24. September

Sylvie, die Sekretärin von Pater Laurentin, kam uns mit etwa fünfzehn französisch sprechenden Personen in Calvi besuchen. Sie bestand darauf, sich wie alle anderen in der Reihe anzustellen, und so hatten wir die Gelegenheit, uns in der Zwischenzeit ein wenig miteinander zu unterhalten. Wir bestätigten die Daten für Deutschland Ende Juni, für das Geistliche Zentrum in Wigratzbad am Bodensee, wohin uns Pater Thomas Maria Rimmel, der Direktor des Geistlichen Zentrums und Mitherausgeber des bekannten katholischen Magazins *Kirche heute* eingeladen hatte. Aber da wir auch unsere geliebten Schwestern von den Ursulinen in der Nähe von Frankfurt am Main nicht vergessen mochten, deren Gäste wir in den vergangenen Jahren öfter gewesen waren, verlängerten wir unsere Reise um ein paar Tage.

Während ich mich mit Sylvie darüber unterhielt, ging bei mir plötzlich wieder einmal die berühmte „Lampe" an, die mir seit jeher half und mir Dinge eingab oder mich auf etwas hinwies. Diesmal fühlte ich mich durch sie geradezu aufgefordert, es zu wagen... nämlich, Sylvie um einen Gefallen zu bitten - einen Gefallen, um den ich niemals zu bitten gewagt hätte, wenn es nicht für Fra' Elia gewesen wäre. Ich hatte also die Unverfrorenheit, Sylvie mit ein paar kurzen Worten zu bitten, Pater Laurentin zu fragen, ob er nicht das Vorwort für mein drittes Buch schreiben könne! So, nun war es heraus!

Sofort zeigte sich lebhafte Überraschung auf dem Gesicht meiner Freundin, aber ich ließ ihr erst gar keine Zeit für eine Antwort, sondern bedrängte sie mit einem so leidenschaftlichen Plädoyer, dass sie schnell überzeugt war (ich hoffe ohne Bauchweh). Dann fragte sie mich, wie Pater Laurentin zu meiner Zufriedenheit etwas schreiben könne, wenn er noch nicht einmal das Thema meines Buches kenne. Also versprach ich Sylvie, dass ich ihr innerhalb einer Woche eine Kopie meiner bisherigen Arbeit zuschicken würde. In jedem Fall würde ich aber voraussichtlich bis Ende des Monats auf die Antwort warten müssen. Währenddessen war Sylvie an der Reihe einzutreten und so ging sie mit ihrer ganzen Gruppe zu Fra' Elia ins Zimmer.

Ungefähr zehn Tage später rief Sylvie mich an, um mir zu bestätigen, dass sie meinen Umschlag erhalten hatte; und vor allem auch, um mir mitzuteilen, dass eine ihrer Freundinnen aus Luxemburg, die mit in Calvi gewesen war, um eine Gnade für einen Waisenjungen zu erbitten, diese prompt daheim erhalten hatte.

Ihr Schützling hatte seit Jahren unter so starken und häufigen neuralgischen Schmerzen gelitten, dass er nach vielen anderen Therapieversuchen gezwungen gewesen war, Morphine zu nehmen. Allein und verzweifelt, hatte er nicht einmal mehr arbeiten gehen können. Er hatte einzig und allein nur noch auf die Hilfe dieser Frau zählen können, die, kurz bevor sie selbst resignierte, versucht hatte, diese letzte Karte für den Jungen auszuspielen, nämlich mit dessen Foto zu Fra' Elia zu gehen. Bei ihrer Rückkehr hatte die Frau den Jungen sofort besucht und ihn wie durch ein Wunder vergnügt und lachend vorgefunden, ohne jegliche Schmerzen. Seitdem war eine ganze Woche vergangen und dem Jungen ging es noch immer gut. Danke, Herr!

Der deutsche Historiker– Calvi, Sonntag, 25. September 2005

Ein Journalist aus Deutschland (er bezeichnete sich als Historiker) kam mit dem Auftrag eines bekannten deutschen Verlagshauses zu uns nach Calvi, über einige berühmte Stigmatisierte der Kirche, unter ihnen auch der heilige Franziskus und Pater Pio, „die Wahrheit zu suchen". Da auch dieser Herr gezwungen war zu warten, bis er an die Reihe kam, hatte ich die Gelegenheit, auch mit ihm ein paar Worte zu wechseln. Er zeigte mir seinen „ersten Entwurf" eines Manuskripts in deutscher Sprache, in das er die Namen von zwölf Stigmatisierten eingefügt hatte, von denen einige noch am Leben sind: ein Amerikaner, ein Slowene, zwei von ihm negativ beurteilte bekannte Italiener und als letzten Fra' Elia. Er sagte mir auch, dass er von Fra' Elia praktisch bereits alles wisse, da er meine Bücher gelesen und Informationen von deutschen und französischen Autoren eingeholt habe, doch gewohnheitsgemäß würde er Fra' Elia gerne erst einmal persönlich kennenlernen, um einen Bezug zu ihm zu bekommen, einen Eindruck, ein Gefühl. Er wollte kein Interview mit ihm machen, sondern ihn lediglich, wie jeder andere Pilger auch, sehen.

Als er an der Reihe war, trat ich mit ihm in der Funktion der Übersetzerin ein. Ich darf wirklich sagen, dass auch in diesem Fall der Herr wieder eingriff und ein so gutes Gespräch initiierte, dass ich es hier wiedergeben möchte:

Frage des Journalisten: „Einige Stigmatisierte haben mir berichtet, dass sie während der Tage der Passion Visionen hätten. Einige sehen Jesus am Kreuz auf Golgatha, umringt von den frommen Frauen, andere wiederum sehen alle Szenen der Passion, entsprechend den Stationen des Kreuzwegs. Und du, was siehst du?"

Antwort: „Ich sehe nicht die Szenen der Passion, aber ich lebe sie. Sehr oft tritt mein Geist aus meinem Körper aus und geht woandershin, doch mein Engel zeigt mir meinen Körper, der blutend auf dem Bett liegt, und all das, was um mich herum geschieht. An dem Ort, zu dem ich getragen werde, treffe ich die verstorbenen Seelen, die ich zu deren Lebzeiten kannte - meine Neffen und Nichten, meine Großmutter. Ich sehe Bächlein, Wiesen und Blumen und es geht mir gut. Manchmal ändert sich die Vision: Ich sehe viele Seelen in einer langen Reihe, die zu einem Ort gehen müssen, den ich nicht kenne.

Ich sehe mich selbst mit ihnen in der Reihe, am letzten Platz, und alle müssen unter einem ganz wundervollen Regenbogen durchgehen. Wenn ich aber an die Reihe komme, schicken sie mich weg. Es gelingt mir nicht, zu sehen, was jenseits des Regenbogens ist, doch ich kann undeutlich ein immenses Licht erkennen.

Wenn ich in meinen Körper zurückkehre, dann sehe ich um mich herum einige verstorbene Seelen, die mich bitten, für sie Fürsprache zu halten, Verwandte von Personen, die gerade bei mir sind und denen ich Botschaften überbringen soll, doch unseren Herrn, der immer an meiner Seite ist, nehme ich jeden Tag wahr. Er erscheint mir in einer riesigen, funkelnden Sonne, in der sich eine noch viel strahlendere Sonne befindet, in der ein Kreuz ohne Christus ist, nur ein Kreuz, nicht jenes, das wir kennen, sondern eines mit unterschiedlichen Proportionen."

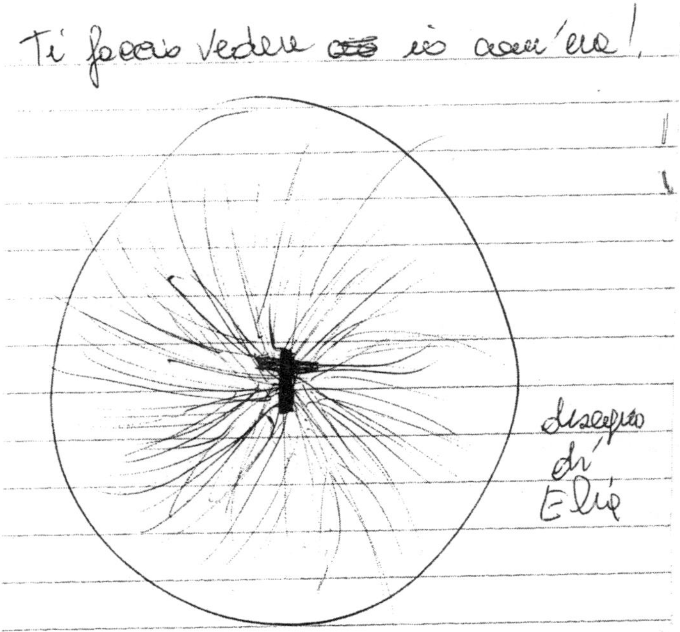

Während Fra' Elia erzählte, bat er mich um mein Heft, in das ich gerade etwas schrieb, und machte sich daran, etwas hineinzuzeichnen, mit dem Kommentar: „Ich lasse dich sehen, was ich sehe."

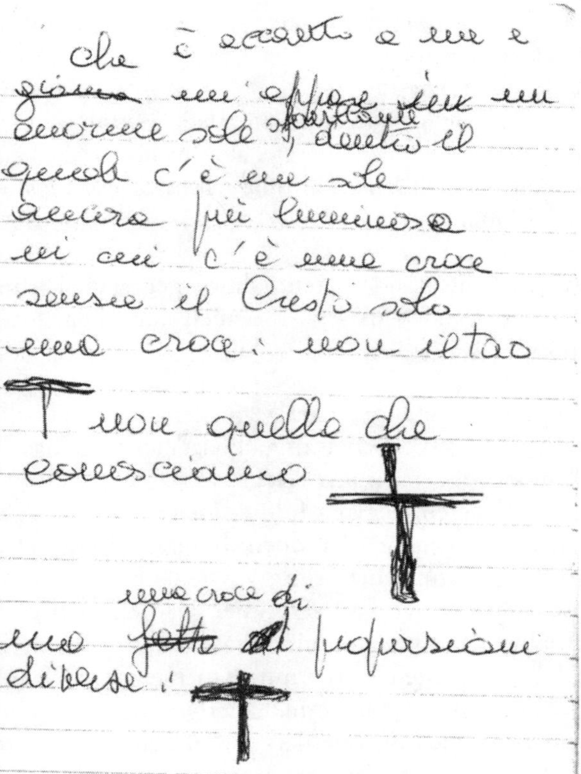

Am selben Sonntag führte Fra' Elia auch einen Exorzismus bei einer Frau durch, nach dem ihm an den Armen deutlich sichtbare lange Kratzer zurückblieben, die er am Abend Schwester Domenica und mir zeigte.

Fra`Elia fühlt sich seltsam – Francavilla, 29. September 2005

Nach den Treffen in Calvi fuhr Fra' Elia aus Sorge seine kranke Mutter besuchen. Zum Glück war der kurze Eingriff an ihren Augen, dem sich die Signora hatte unterziehen müssen, bestens verlaufen und ein paar Tage später rief mich Fra' Elia an: „Ciao, heute Morgen ging ich mit meinen Eltern auf den Friedhof, um meine Schwester zu besuchen. Ich bin in unsere Kapelle gegangen. Auf dem Weg dorthin sah ich in einer Kapelle einen violett gekleideten Priester, der mich grüßte, und ich erwiderte den Gruß natürlich. Ich fragte mich, wie es denn möglich sei, dass der Priester auf diese Weise gekleidet war. Vielleicht musste er eine Messe lesen. Ich fragte die Meinen, ob sie ihn gesehen hätten, doch sie antworteten mir, dass sie wirklich niemanden gesehen hätten. Also kehrten wir alle zusammen zu jener Kapelle zurück, wo ich den Priester an dem Foto erkannte, das an dem Grabmal angebracht war! Ich hatte also ganz offensichtlich seine Seele gesehen!"

„Und du, wundert dich das noch, Fra' Elia?"

„Nein. Jedenfalls durchlaufe ich gerade eine ziemlich seltsame Phase. Manchmal fühle ich mich gesund und voller Energie, aber wenn ich dann mit den anderen eine Arbeit in Angriff nehmen will, fühle ich mich wie blockiert und ich bekomme seltsame Visionen."

„Zum Beispiel?", fragte ich nach.

„Ich fühle mich an einen Ort mit wunderbaren Palmen getragen. Ich sehe Menschen, die ihre Netze reparieren. Dann sehe ich mich auf einem Hügel vor einer Grotte und unten - rate, was ich da sehe?"

„Was?"

„Ich habe den Sarkophag gesehen, in dem Maria Magdalena bestattet ist!"

„Vielleicht haben diese Visionen eine Bedeutung, Elia. Vielleicht hast du dich ja an dem Ort befunden, an dem sie einmal gelebt hat."

Fra' Elia gab keine Antwort. Nach einiger Zeit fuhr er fort:

„Magdalena erscheint mir in allen meinen Visionen: In einer Nacht befand ich mich vor ihrem Grab und vernahm eine Stimme, wie einen Hauch, die mich rief: `Elia, Elia!` Rosenblätter fielen vom Himmel, während ich reglos dort verharrte. Auf einmal nahm ich hinter mir eine Präsenz wahr. Ich drehte mich um und sah einen höchst eleganten Herrn mit grau melierten Haaren, der zu mir sagte: `Geh fort! Du kannst nicht immer hierherkommen!` Doch die Stimme hat mich angezogen und ich musste hierherkommen."

„Wie war er angezogen? Altmodisch oder wie die Menschen von heute?"

„Er war äußerst elegant, modern. Ich erinnere mich, dass seine Schuhe unwahrscheinlich glänzten."

„Ich denke, dass Magdalena etwas von dir gewollt hat."

Fra`Elia antwortete nicht. Dann wechselte er das Thema.

Ich mache mir wirklich Sorgen, weil mein Geist, sogar während des Tages, wenn ich mit Schwester Domenica oder Frate Sergio zusammen bin, einfach wegfliegt und mein Körper sich `vakant`, wie `unbesetzt` anfühlt ... weit weg. Ich muss dann sehr aufpassen, mit wem ich gerade spreche, weil ich befürchte, Dinge zu sagen, die gar nicht hierhergehören. Es ist, als würde ich aus zwei Personen bestehen: meinem physischen Körper mit den Beinen auf der Erde und meinem anderen weit weg."

„Vielleicht bist du gerade dabei zu lernen, dich auch im Wachzustand zu ´teilen´. Denkst du nicht, Fra' Elia? Vertraue dem Herrn! Er weiß, was er tut!"

Konversation mit dem Kloster

Calvi, 13. Oktober – Das Telefon läutete:

„Rate, wer heute angekommen ist?“

„Wie könnte ich, ich kenne zu viele Leute.“

„Aber dieser ist wichtig!“

„Der Bürgermeister?“

„Nein.“

„Roberto mit ein paar Gästen?“

„Nein.“

„Sag du es mir.“

„Mein neuer Beobachter ist angekommen, Monsignore P. B., und rate, mit wem!“

„Mit dem Pfarrer von Calvi?“

„Genauso ist es. Ich habe sie bereits vom Fenster aus im Chor gesehen. Und dann, ich weiß nicht, wie, ist mir ein seltsamer Satz für Don Marco in den Sinn gekommen: Beweg' dich! Ich mag keine statischen Menschen.“ (Ich hörte ein Lachen.)

„Wenn dir dieser Satz in den Sinn gekommen ist, dann hast du gut daran getan, ihn auch auszusprechen!“

„Ich denke schon, denn sie haben gelacht.“

„Sind sie zu dir hochgekommen?“

„Ja.“

„Hat dir der Beobachter gefallen?“

„Ja. Er ist eine sehr tüchtige Person und er sagte mir, dass er bald zu einem Mittagessen hierher zurückkomme. Ich habe ihm die Arbeit gezeigt, die wir hier machen, und es hat ihm sehr gefallen!“

Sonntag, 16. Oktober – Das Telefon läutete:

„Pass auf, du verbrennst dir gerade dein Gemüse!“ Ich lief zum Herd. Und in der Tat, meine Peperoni waren bereits teilweise verbrannt!

Montag, 17. Oktober – Das Telefon läutete:

„Gestern habe ich vergessen, dir eine gute Nachricht zu sagen: Wir sind zu Don Filippo in die Messe gegangen, und unser Bischof war auch dort. Ich habe ihm meine ganze Familie vorgestellt.“

„Du willst sagen, deine religiöse Familie?“

„Natürlich! Und Schwester Domenica hatte den Mut, ihn zum Mittagessen einzuladen!“

„Und er, was hat er geantwortet?“

„Er hat gesagt, dass, wenn Schwester Domenica gut koche, er ganz sicher kommen werde.“

„War Don Marco auch da?“
„Ja, und er hat mich gefragt, welche Reisen ich noch vorhätte.“
„Und du, was hast du ihm geantwortet?“
„Dass ich dorthin reisen werde, wohin der Herr mich ruft!“

Chronik der drei Tage in Brüssel – Freitag, 21. Oktober 2005

Fra' Elia und ich kamen am späten Nachmittag von Rom nach Brüssel angereist. Ich war schon ungeduldig, Giusi kennenzulernen, „die italienische Stimme“ der perfekten belgischen Organisation (treffender ausgedrückt, die europäische), mit der ich über zwei Monate lang nur über das Telefon kommuniziert hatte. Ich hatte sie mir jung vorgestellt, nicht zu groß, dabei dunkelhäutig und sympathisch. Ich hatte ihr das während unseres letzten Telefonats gesagt und sie hatte mir mit einem herzlichen Lachen bestätigt, dass ich richtig gelegen hatte. Kaum hatten wir die Gepäckausgabe in dem riesigen Flughafen verlassen, da hatte sie mich auch schon entdeckt und kam mir lachend entgegengeeilt, gefolgt von einem jungen Mann, bei dem es sich gewiss nur um Guillaume handeln konnte, „die französische Stimme“ und Anlaufstelle für jegliche Art von Information. Begrüßungen und Umarmungen wie unter alten Freunden und dann, bevor wir zu der „Gemeinschaft der zwei Herzen“ gebracht wurden, wo wir wohnen würden, gab es zum Frischmachen noch einen kurzen Aufenthalt in Guillaumes Wohnung. Es war Freitag und wie immer war Fra' Elia sichtlich leidend und erschöpft.

Die Reliquien der unschuldigen Märtyrer und die heilige Thekla

Kaum waren wir in dem kleinen Apartment von Guillaume angekommen, gab es sofort die erste der vielen Überraschungen: ein wundervolles Geschenk, das Guillaume und Giusi für Fra' Elia vorbereitet hatten: vier antike Reliquien der „Unschuldigen Märtyrer“, ohne zu ahnen, dass Fra' Elia seit langem genau auf diese Reliquien gewartet hatte. Ich hoffe, dass ich es schaffe, diese wirklich unglaubliche Geschichte möglichst klar so wiederzugeben, wie ich sie erlebt habe.

Wie mittlerweile alle wissen, die Fra' Elia folgten und seine Reden hörten, forderte er die Gläubigen am Schluss immer auf, auch für die vergessenen Kinder, die abgetriebenen, vergewaltigten, misshandelten, jungen, unschuldigen Märtyrer zu beten, genauso wie für die unfruchtbaren Frauen, alleinstehenden Personen und die in den Krankenhäusern Vergessenen und Sterbenden. Als Fra' Elia eines Tages genau diese unschuldigen Märtyrer anrief, erhielt er auf einmal eine Botschaft von der vertrauten Stimme, die ihn führte und leitete: „Beunruhige dich nicht, die heilige Thekla wartet auf dich."

Weil Fra' Elia jene Heilige gar nicht kannte, verstand er die Bedeutung dieser Worte natürlich nicht und vergaß sie bald darauf.

Anfang Oktober befand sich unser Freund und Organisator Guillaume bei einem sehr bekannten französischen Mystiker (seine Botschaften wurden beim Parvis-Verlag publiziert), der ihn um Papier und Bleistift bat, weil er gerade eine Botschaft erhielt, die ihn betraf. Darin stellte sich die heilige Thekla vor und sagte, dass sie eine jungfräuliche Märtyrerin sei. (Im Bild wird sie in makelloses Weiß gekleidet dargestellt, mit einer goldenen Palme in der Hand, auf dem Kopf einen durchsichtigen Schleier, überragt von einer Krone aus roten Rosen, dem Symbol des Martyriums.) Guillaume erzählte uns: „Niemand von uns kannte sie und sogar Jean-Marc war überrascht, dass diese Heilige sich ausgerechnet durch ihn mitteilen wollte. Sie sagte uns, dass es dem Herrn missfalle, dass die Reliquien vergessen würden und die Leute heute nicht mehr wüssten, was für ein großes Heilungspotenzial sie in sich tragen würden. Danach informierte sie uns, dass Fra' Elia vom 22. bis 23. Oktober nach Brüssel kommen werde und wir sehr bald die Reliquien der jungfräulichen Märtyrerin finden würden, die für ihn bestimmt seien." Guillaume fuhr fort: „Nach dieser Botschaft blieben sowohl Marc als auch ich ziemlich perplex zurück, nicht nur wegen der Botschaft selbst, sondern auch wegen der Identität der Heiligen, von deren Existenz wir bis dahin noch nicht einmal gewusst hatten.

Jedenfalls waren wir voller Erwartung. Eine Woche später wurde ich von einem Priester einer Kirche angerufen, die ich nicht frequentierte. Er sagte mir, er habe über mich sprechen gehört, als Organisator von Gebetsgruppen und von Pilgerreisen. Dann erzählte er mir, dass er sehr viele Reliquien von „Unschuldigen Märtyrern" besitze, die heute vergessen seien, und dass er sie verkaufen müsse. Mich an die Botschaft der heiligen Thekla erinnernd, kaufte ich sie ihm zu einem günstigen Preis ab, zusammen mit den Reliquiaren. Ich nahm sie mit zu mir nach Hause, um sie Fra' Elia zu schenken. Hier Fra' Elia, sie sind für dich!"

Fra' Elia hatte jedem seiner Worte aufmerksam zugehört und als er den Namen der heiligen Thekla hörte, zuckte er zusammen. „Ich wusste es!", rief er aus. „Die Stimme hat es mir vorausgesagt und ich habe es nicht verstanden!"

„Ich muss dir noch etwas sagen, Fra' Elia", fuhr Guillaume fort. „Die heilige Thekla hat Jean-Marc diktiert, wie man die Reliquien verwenden soll. Hier ist alles aufgeschrieben."

Er übergab Fra' Elia ein in französischer Sprache beschriebenes Blatt, das ich hier übersetzt wiedergebe:

Die heiligen Reliquien, Quelle der Heilung
Wie soll man sie verwenden?

Geschrieben von dem Seher Jean-Marc:

Die heilige Thekla ist zu mir gekommen, mit einem intensiven Duft von Zyklamen. Sie hat mir gesagt, dass sie von Gott geschickt sei, um uns über die Verehrung und Heilkraft der Reliquien der Heiligen, der Märtyrer und der unseres Herrn zu belehren. Im Besonderen sprach sie über die Reliquien der unschuldigen Märtyrer, die für Fra' Elia bestimmt waren.

„Diese werden für die unfruchtbaren Frauen hilfreich sein und für all jene, die zu plötzlichen Aborten neigen. Sie sollen den Kranken aufgelegt werden, wobei man gemeinsam ein Vaterunser, ein Ave Maria und ein Ehre-sei-dem-Vater betet. Sie können auch auf die Fotos der Frauen gelegt werden, die sich ein Kind wünschen, oder auf jene, die krank sind."

Während ich übersetzte, musste ich zwangsläufig an das besondere Charisma oder anders gesagt, Fra' Elias Neigung denken, unfruchtbaren Frauen zu helfen. Bereits in meinem ersten Buch „Der Engel mit den Wundmalen Christi" habe ich über ein paar diesbezügliche Geschichten berichtet. In den letzten Jahren hatte ich viele Nachrichten über Geburten bekommen, von Frauen, die man für unfruchtbar gehalten hatte und von ebenso vielen kleinen Jungen, die Elia hießen, und vielleicht war das der Grund, aus dem der Herr ausgerechnet ihm dieses Geschenk hatte machen wollen, als zusätzliche Hilfe für diese seine liebenswerte Mission ...

Die Reliquien des heiligen Kreuzes sind für Krebskranke zu verwenden, und zwar in derselben Art und Weise wie jene der unschuldigen Märtyrer.

Die Reliquien der Passion sind für die Krankheiten des Kopfes zu verwenden, der Seele und für Besessene.

Die Reliquien der großen Prediger und Zeugen des Glaubens wie die heilige Theresa vom Kinde Jesu, der heilige Antonius von Padua, die heilige Rita von Cascia sind sehr hilfreich für Bekehrungen. Legt diese Reliquien auf das Herz. Jene der heiligen Theresa vom Kinde Jesu sind hilfreich für Kinder.

Es wird empfohlen, die Bilder der Heiligen, die wir anrufen, bei sich zu tragen.

Die heilige Thekla empfiehlt darüber hinaus, dass es gut sei, sich auf den Empfang der erbetenen Gnade vorzubereiten, indem man den Bußakt spricht. (Siehe das Büchlein „Pater Pios Lieblingsgebete", Edition Christliche Mystik, Seite 9, Anm. der Übersetzerin.)

Es wäre auch gut, in Stille oder im Gebet zu verharren, während man darauf wartet, von Fra' Elia empfangen zu werden, um einen Kontakt mit dem Herrn zu suchen, weil letztendlich er es ist, der die Gnade gewährt. Er ist es, den wir anflehen müssen. Er ist es, den man um die Gnade bitten muss, auch wenn dies durch Fra' Elia als dessen geliebtes Werkzeug geschieht.

Die heilige Thekla endete ihre Botschaft mit der Ankündigung, dass jede Schändung, jede Respektlosigkeit oder Missachtung der heiligen Reliquien vom Himmel streng bestraft werde.

Außerdem sei jede Reliquie ein Strahl der Liebe, des Friedens und spezieller Heilung. In jedem Haus, in dem die heiligen Reliquien verehrt und an einem Ort des Gebets aufgestellt würden, werde der ständige Segen des Herrn gegenwärtig sein. Es sei nötig, an das Gebet zu glauben und sich voller Vertrauen vollkommen dem Willen Gottes zu überlassen. Um mehr Gnaden zu erlangen, sei es ratsam, die Litaneien der Heiligen vor den Reliquien zu rezitieren und auch den Namen des Märtyrers oder Heiligen, den wir verehren, wenn er darin nicht genannt werde, von uns aus hinzuzufügen.

Sie schloss mit den Worten: „Ich segne euch im Namen des Herrn. Ich bin die heilige Thekla, Jungfrau und Märtyrerin."

Die Gemeinschaft der zwei Herzen

Vor dem Abendessen wurden wir zur „Gemeinschaft der zwei Herzen" begleitet, etwas familiärer das „Haus der Armen" genannt, wo wir für die nächsten Tage als Gäste von Don Domenico, dem Begründer der Gemeinschaft, wohnen würden. Es schien fast unmöglich, dass diese Gemeinschaft hier an der bekannten *Via di Franca* hatte überleben können, in der Nähe des *Gare du Midi,* des Bahnhofs Europas, um den herum beinahe alles Alte niedergerissen worden war. Damit sollte das Einfahren der europäischen Hochgeschwindigkeitszüge ermöglicht werden und dabei hatte die Gemeinschaft noch heimlich über fünfzehn Jahre wachsen können, einzig und allein durch die Hilfe der göttlichen Vorsehung.

Am Anfang gab es da nur eine Kapelle. Zwei Priester, Pater Luca und Pater Domenico garantierten die tägliche Feier der Eucharistie. Neben der Kapelle gab es ein Haus mit sieben Betten, wo die beiden Priester wohnten, und ein Laie, Berth Hansenne, der sich ihnen anschloss, um die Werte des Evangeliums zu leben.

Kaum eingerichtet, wurde die kleine Gemeinschaft sofort von Menschen in Not in Anspruch genommen, die auf der Suche nach einem Dach über dem Kopf waren, verarmte Personen, ohne festen Wohnsitz. Man konnte dem Ruf des Herrn gegenüber nicht taub sein und im Hinblick darauf, dass noch vier Betten (neben ihren dreien) zur Verfügung standen, nahmen die beiden Priester sofort vier der ältesten und bedürftigsten Personen bei sich auf. Sofort begriffen sie, dass die Reihe der Obdachlosen endlos war und man augenblicklich Hilfsmaßnahmen für die dringlichsten Asylfälle einleiten musste. Wenigstens zwanzig Betten als Dauerbleibe mussten her, dazu an die hundert für Leute, die nur vorübergehend blieben, außerdem eine Küche, ein Speisesaal, Bäder, Wäscherei. Aber was tun?

Hier der Bericht von Pater Domenico: „Uns kam die Idee, Hilfe bei der Gemeinschaft zu suchen, die unsere Kapelle besuchte, mit dem Ziel, durch sie kleinere Arbeiten für unsere zukünftigen Gäste zu finden. Auf diese Weise fanden sich Schritt für Schritt Zimmer zur Miete, im Austausch gegen kleinere Arbeiten, Essen im Austausch für Gebete, und mit der Hilfe und Solidarität aller ist uns das Haus nach Jahren des Opferbringens aller Beteiligten zum Geschenk gemacht worden.

Wir nehmen hier Leute jeder Nationalität auf, jeder Religion, Leute ohne Familie oder solche, die aus zerrütteten Familien kommen, Menschen, die in ihren Gefühlen zerrissen sind, labil, ohne eigenen Willen. Leute, die Zuflucht im Alkohol gesucht haben, in Drogen und anderen Vergnügungen; die Ausgegrenzten, alle jene, die keinen Bezugspunkt mehr im Leben haben... menschliche Schatten. Und wir sind für sie da. Nur wenige von ihnen sind überhaupt in der Lage zu arbeiten und wenn, dann nur für kurze Zeit.

Das Zusammenleben bedeutet auch Konfrontation, Ansporn. Und oft entstehen sogar unvermeidbare Konflikte. Wie die länglichen Kieselsteine im Fluss, die von den Gezeiten dauernd hin und her geschleudert werden, so kommen und gehen diese Leute, die mittlerweile unfähig sind, etwas zu lernen. Doch zum Glück bleiben einige von ihnen länger, machen Fortschritte, lernen Gott kennen und zu beten.

Am Anfang war es für uns `Arbeiter` sehr schmerzhaft, zwischen Geistlichen und Laien leben zu müssen, Männern und Frauen, Christen und Nichtchristen, Menschen, die den Glauben praktizieren und nicht und sie all dem gegenüber gleichgültig zu sehen, mit ihren enormen sozialen und vor allem spirituellen Problemen. Täglich tauchten tausenderlei Schwierigkeiten im Zusammenleben auf, auch bei der Wahl dessen, was Wert hat im Leben.

Wie gelang es, ein übereinstimmendes Gebetsleben zu führen, neben all diesen unüberwindlich scheinenden Aufgaben? Wie passte dieses Doppelleben zwischen Utopie und christlichem Glauben ineinander? Wie erkannte man die Grenze der Selbstaufgabe gegenüber seinen spirituellen Ressourcen? Wie stellte man die grundlegende Beziehung her zwischen `arbeiten, um zu leben oder leben, um Gott zu lieben und ihn zu ehren?` Die ersten Jahre führten dazu, dass sich der spirituelle Hunger und Durst der freiwilligen Helfer nur noch weiter erhöhte. Wir waren so verzweifelt, dass es uns nicht mehr gelingen wollte, auch nur einen Hauch von Hoffnung zu finden, um mit diesem Leben weiter fortzufahren. Doch die göttliche Vorsehung kam uns zu Hilfe.

Wir hatten beschlossen, während der Sommerferien einen Ausflug auf den Berg Cortevaix zu machen, in der Nähe von Taizé, bei Borgogna. Dank Berth fuhren wir zu einer Berghütte, die seit ewiger Zeit seiner Familie gehörte.

Als seine Tante sie gekauft hatte, so erzählte sie ihm, habe sie genau an der Schwelle zur Berghütte ein vierblättriges Kleeblatt gefunden.

`Das wird auch uns Glück bringen, denkst du nicht?` Wahr oder nicht wahr, diese paar Tage ermöglichten ihnen, saubere Luft zu atmen, sich zu erholen, in Frieden zu beten und jene Lebensfreude wiederzufinden, die ihnen abhanden gekommen war.

Nach ihrer Rückkehr hatten die Mitarbeiter und Gäste trotz aller Verschiedenartigkeit in ihren Herzen die Freude des Zusammenlebens zurückbehalten. Eine kurze, friedliche Zeit hatte genügt, wieder zu uns selbst zu finden und zu verstehen, dass die Fehler, Mühen und Entbehrungen sowohl uns als auch die von uns Betreuten zum Nachdenken anregten, zu einem Durst nach tieferen Dingen, einer Art spirituellen Bedürfnisses. Jene entgleisten jungen Leute, die in die Berghütte mitgekommen waren, um uns ein wenig zur Hand zu gehen, lehnten lächelnd den geringen, für ihre Arbeit vorgesehenen Sold ab. `Wir sind eine Familie!`, sagten sie uns. Und auch viele der anderen entdeckten wieder ein wenig jenes Gefühl, das man Liebe nennt, ein Gefühl, das sie schon viel zu lange in sich erstickt hatten. Und so fand auch jeder von uns die Antwort in der Liebe, die wir in Toleranz, Verständnis und Akzeptanz umsetzten. Unser Logo ist eine Bestätigung all dessen: zwei Herzen, die der Herr selbst uns in der Natur hat finden lassen - seines und unseres, ganz schlicht miteinander vereint, eine in zwei Holzklötze gemeißelte Ikone. Wir haben sie kurz nach unserem `Erwachen` gefunden,als wir einen großen Baumstamm zu Brennholz zerkleinerten. Einen großen Holzklotz, in zwei Teile gespalten und mit zwei eingeritzten Herzen, wie eine filigrane Stickerei. Wir haben es nicht gleich gesehen, denn wie die orthodoxen Christen sagen, ist die Ikone wie ein offenes Fenster zum Himmel. Nur für die Augen eines Menschen, der betet und der zu kontemplieren versteht, können sich die einfachen Formen zu einem Bild verwandeln.

Was bedeutet das? Diese Formen oder Darstellungen nennt man „subliminal", weil man sie beim ersten Anschauen nicht erkennt. Subliminal, nach lateinischer Etymologie, *sub=unter* und *limen-suolo*, bedeutet so viel wie, dass ein Bild unterhalb der bewussten Wahrnehmungsschwelle liegt. In der Ikone sind die subliminalen Darstellungen wie Heilmittel, die eine regenerierende Wirkung haben, ein Gegengift, ein Gegenmittel bei schlechter Stimmung.

Was kann ich noch sagen! Heute kommen wir mit Hilfe des Herrn friedlich und gut voran: jeden Morgen Messe, jeden Abend von 8 bis 9 Uhr gemeinsames Gebet. Wir haben einen gemeinsamen Punkt des Zusammenlebens gefunden, das heißt ein wenig mehr Zusammenarbeit, ein wenig Arbeit, sehr viel göttliche Vorsehung und sehr viel Liebe.

Fra' Elia und ich konnten uns an dieser heiligen Bruderschaft leider nur wenig erfreuen. Wir kehrten immer erst abends nach 21 Uhr in ihr Haus zurück. Dort fanden wir den Tisch in einem kleinen Raum für uns und unsere Begleiter gedeckt.

Aber nach ihrem Gebet in der Kapelle gelang es uns immer, mit Pater Domenico und ein paar Mitgliedern seiner Gemeinde noch ein kleines Schwätzchen zu halten. Nur bei unserem ersten Frühstück hatten sich alle zusammengefunden, Junge und Alte, die sich in vielen verschiedenen Sprachen ausdrückten. Am letzten Abend trafen wir sie in ihrem Haus an, als sie gerade mit dem Essen fertig waren, rechtzeitig genug, dass Fra' Elia nach einem extrem langen Tag in der Basilika von Koegelberg (Heiliges Herz Jesu) noch für alle die Teller abwaschen konnte. Typisch Fra` Elia!

Samstag, 22. Oktober

Morgenprogramm:
- Interview bei „Radio Europa"
- Treffen mit allen Mitarbeitern
- Besuch in einem Haus, das von unheilvollen Präsenzen heimgesucht wird

Nachmittagsprogramm:
- Treffen mit den Gläubigen bei einer geistlichen Gemeinschaft
- Heilige Messe in der Pfarrgemeinde zum Allerheiligsten Sakrament

Gleich nach dem Frühstück wurden wir von unseren unzertrennlichen Begleitern Guillaume und Giusi für ein Interview zu „Christliches Frankophones Radio Brüssel" (RCF) gebracht. Dort wurden wir von zwei Journalisten und einem Dolmetscher italienischer Herkunft in Empfang genommen. Die Radioaufzeichnung wurde am 27. Oktober 2005 in ganz Europa ausgestrahlt. Für mich war das die erste echte Konfrontation mit dem vereinten Europa. Bereits während der Fahrt hierher war uns bewusst geworden, welch multikulturelle Stadt Brüssel war, schon allein beim Anblick der vielen verschiedensprachigen Schilder oder auch des imponierenden Gebäudes des Europäischen Parlaments. Auch in der Rundfunkanstalt hörte man die verschiedensten Sprachen, nicht nur Französisch und Flämisch.

Fra' Elia wurde in den Aufnahmeraum geführt. Neben den beiden Dolmetschern am ovalen Tisch antwortete er ruhig und ungezwungen auf alle Fragen, ohne dass auch nur eine einzige hätte wiederholt werden müssen. Die komplette Sendung wurde mit einem Schlag aufgezeichnet.

Hier das Interview:

Heute ist Fra' Elia hier bei uns, geboren am 20. Februar 1962 in einem tiefgläubigen Italien. Er ist der Begründer der Gemeinschaft der Apostel Gottes, einer Gemeinschaft, die erst seit kurzem besteht und daher natürlich von der Kirche noch nicht anerkannt worden ist. (Die Kirche nimmt sich viel Zeit für die Beobachtung und ein Urteil.)

Frage: - Heute befinden sie sich in Belgien, mit der Erlaubnis ihres Bischofs Monsignore Vincenzo Paglia und dem nulla osta (nichts spricht dagegen) des Kardinals Daneels. Warum sind Sie in die Basilika von Brüssel gekommen?

Antwort:- Ganz einfach, weil ich von euch dorthin eingeladen worden bin und weil ich ein Pilger in der Welt und für die Welt bin.

Mehrere Tausend Personen haben sich zu diesem Anlass in Brüssel eingefunden. Sie schreiben Ihnen zahlreiche Charismen zu, darunter auch das Charisma der körperlichen und seelischen Heilung. Sie sind ein Stigmatisierter. Wie würden Sie heute Ihr Apostolat und Ihre Mission beschreiben?

Ich habe das alles nicht vom Herrn erbeten. Es ist der Herr, der die Wahl getroffen hat. Er hat mir diese Zeichen gegeben, ohne mich zu fragen. Es war nicht leicht für mich, sie auf der Stelle zu akzeptieren. Aber im Annehmen und durch die Gnade Gottes strebt alles der Vollendung zu. Geschehe immer der Wille Gottes, niemals der meine!

Besteht nicht die Gefahr, dass die Leute sich eher an Sie wenden als an Gott?

Nein, weil ich für Gott nur ein Werkzeug des Gebetes bin.

Sie sprechen regelmäßig mit der Madonna, mit Gott, mit Ihrem Engel, als sei das ganz leicht und klar: Glauben Sie, dass allen Menschen die Möglichkeit gegeben ist, in diesem Stadium ununterbrochener Kommunikation zu leben?

Nein. Es ist eine Verwandlung des Herzens. Wenn alle sich Gott öffnen würden, würde er sie mit Gnaden erfüllen. Jeder kann die Gnade Gottes suchen und finden, um mit ihm in Verbindung treten zu können.

Man spricht viel über Sie, auch wegen ihrer Stigmata, die bekanntlich von dem inzwischen verstorbenen Prof. Margnelli, Physiologe und Direktor eines Studienzentrums für die Psychophysiologie von Bewusstseinszuständen, bestätigt worden sind. Wann ist Ihnen denn bewusst geworden, was mit ihnen geschah?

Das erste Mal, als ich mich selbst mit den Stigmen sah, konnte ich sie nicht sofort akzeptieren. Ich habe noch nicht einmal verstanden, was das sein sollte. Als mir einer meiner Mitbrüder erklärt hat, dass es sich um Stigmata handele, begann ich zu weinen. Ich sagte: „Herr, ich will sie nicht, ich bitte dich, gib sie den Priestern!“ Ich bin nicht in der Lage, damit umzugehen.“ Aber eine Stimme in meinem Herzen sagte: „Wenn du dich ihnen wirst stellen müssen, werde ich an deiner Seite sein, hab keine Angst.“ „Herr, dein Wille geschehe, niemals der meine!“, sagte ich.

Heute erleben sie die Passion jede Woche und noch viel intensiver während der Karwoche; können Sie uns konkret erklären, was da geschieht und in welchem Stadium Sie sich in jenen Momenten befinden?

Heute fühle ich mich gut, wenn auch nicht allzu gut. Ab Montag beginne ich mich besser zu fühlen, bis zum Donnerstag. In der Nacht zum Freitag öffnen sich meine Wundmale. Die ganze Nacht laufe ich zwischen Bett und Waschbecken hin und her, um durch das kalte Wasser Linderung zu finden. Ich bete und rezitiere den Rosenkranz. Am Morgen danke ich dem Herrn, dass er mir die Kraft zum Durchhalten gab. Ich lebe heiter und gelassen, auch wenn es mir nicht immer gelingt, so weiterzumachen, wie ich sollte. Aber ich danke ihm und gehe vorwärts, ohne nach hinten zu blicken. Ich opfere den Tag dem Herrn und ich danke ihm, ob nun die Sonne scheint oder ob es regnet. Sein Wille möge geschehen, auch im Leiden.

In einem jüngsten Interview haben Sie erklärt, dass die Stigmata kein Gegenstand des Glaubens noch ein Beweis für Heiligkeit seien. Wie kann man Ihre Rolle in Ihrem Glaubensleben beschreiben?

Eine schöne Frage! Es sind nicht meine Stigmata, die ich den Leuten zeigen muss! Ich war ein Blinder, der nicht gesehen hat und dann auf einmal die Liebe Gottes sah! Und so verkünde ich sie allen! Ich bin ein Pilger in der Welt und für die Welt. Nicht, um zu zeigen, was ich habe, sondern um den Herrn zu den Menschen zu bringen, weil sein Haus leer ist. Weil sich, wenn du dich bekehrst und glaubst, alles in deinem Leben verändern wird. Von dem Moment an wirst du begreifen, dass es nicht notwendig ist zu sehen, sondern zu glauben!

Ist es Ihnen aufgrund dieser Zeichen noch nie in den Sinn gekommen, an sich selbst oder am Herrn zu zweifeln?

Nein. Ich kann mich irren, aber der Herr irrt sich nie. Er täuscht niemanden. Er spricht von Frieden, von Liebe, von Vergebung, Barmherzigkeit. Wenn wir diese Gaben besitzen, dann können wir weder zweifeln noch Vorbehalte haben.

Die Christen müssen gegenüber Erscheinungen jeder Art unterscheiden: „Macht Erfahrungen mit dem Heiligen Geist", sagte der heilige Paulus. Aber wie kann man sicher sein, dass diese Zeichen von Gott kommen? Gott möchte seinen Kindern keine Gewalt antun; warum hat er Ihnen all das auferlegt?

Gebt Gott, was Gottes ist, und dem Kaiser, was des Kaisers ist. Der Herr gibt Zeichen, um zu zeigen, dass er existiert und lebendig ist. Er könnte diese wunderbaren Zeichen allen Menschen geben, aber er gibt sie jenen, die er dafür ausgewählt hat. Er schenkt sie uns für die Bekehrungen: Er möchte, dass alle sich bekehren. Er will keinen Krieg, er will Frieden. Wer Krieg will, kann ihn mit zwei Menschen beginnen. Aber ich bitte euch darum, einander zu lieben und zu vergeben, so, wie der Herr euch vergeben hat.

Was Gott betrifft, so ist nur der Glaube nötig. Warum schenkt der Herr Ihnen darüber hinaus noch andere Zeichen, wie Erscheinungen?

Der Herr fährt fort, uns Zeichen seiner Größe zu schicken, weil so viele Menschen nicht an ihn glauben! Sein Haus, seine Kirche, ist leer. Bekehrungen sind nötig. Er spricht von Liebe und Vergebung. Wenn du für deinen Bruder etwas tun möchtest, dann tue es, ohne dafür etwas als Gegenleistung zu erwarten. Erwarte keinen Dank, gib ohne Vorbehalte. Der Herr sagt: „Alles, was du für deinen Bruder tust, ist, als hättest du es für mich getan!"

Ich hoffe, Sie werden mir diese Frage verzeihen: Gibt es Ihrer Ansicht nach da nicht eine gewisse Neugierde Ihnen gegenüber, manchmal sogar etwas Krankhaftes unter all den vielen Menschen, die Sie sehen möchten, und das nicht nur, weil sie das Bedürfnis haben, zu glauben?

Ja, da gibt es Neugier, sogar sehr viel Neugier. Aber das interessiert mich nicht. Es ist nicht wichtig, warum die Leute kommen. Der Herr weiß schon zu wählen. Der Herr ruft alle: Neugierige und Nichtneugierige, Gläubige und Sünder. Die Neugierde besteht aus tausend Dingen: Da ist der Skeptiker, der Zauderer, aber der Herr verwandelt alle Dinge in Schönheit. Der Herr sagt: „Wenn du glaubst, ist es gut, wenn du nicht glaubst, ist es auch gut, weil, wenn du mir eines Tages gegenüberstehen wirst, deine Seele mir ihre Gründe darlegen wird. All jene, die geglaubt haben, genauso wie jene, die nicht geglaubt haben, werden eines Tages sterben und wenn sie die Wahrheit erkennen, werden sie sagen: „Herr, Dein Wille geschehe, und nicht der meine!"

Fra' Elia, wir kommen zum Ende der Sendung, in der wir uns mit Ihnen in diesem Studio unterhalten haben. Mir ist ein Satz aufgefallen: „Wir sehnen uns danach, zu glauben, aber was nötig ist, ist, dass wir verstehen." Was ist Ihrer Meinung nach der Schlüssel zu diesem Rätsel?

Wie man dieses Mysterium verstehen soll? Das ist ganz einfach: Die Erklärung findet sich in dem Moment, in dem unser Herz sich öffnet, damit der Herr eintreten kann. Wir müssen sagen: „Herr, tritt ein in mich und verwandle mein Herz. Gib mir das, was mir fehlt, schenke mir die Erleuchtung, zu verstehen, die Kraft, zu handeln, die Liebe, um zu vergessen, den Mut, vorwärtszugehen, und vor allem, verlasse mich niemals, weil ich dich brauche!"

Dies ist die letzte Frage: Können Sie uns einige Hinweise für die Praxis mit auf den Weg geben?

Brüder und Schwestern, im Kloster bekommen wir unzählige Anrufe aus der ganzen Welt, Frankreich und Belgien mit eingeschlossen. Wir hören sie an und stehen für die Bitten um Gebete zur Verfügung. Ihr könnt von 9 Uhr morgens bis mittags und von 15 bis 18 Uhr anrufen, außer am Sonntag. Die Telefonnummer des Klosters ist folgende: vom Ausland 0039, dann 0744710322, alle Tage, bis zum Samstagmittag. Der Herr segne und beschütze euch für das ewige Leben. Frieden und Wohlbefinden euch allen!

Gleich nach diesem Interview wurden wir zu einem Treffen mit den Veranstaltern und deren Familien begleitet, für private Gespräche und einen speziellen Segen.

Ein Haus wird von negativen Präsenzen befreit

Die letzte Aufgabe an diesem Morgen: der Besuch eines Hauses, das einen unheilvollen Ruf hatte und seit Jahren jeden Mieter vertrieb. Es hatte dort sogar einmal einen Selbstmord gegeben und andere unerfreuliche Unglücke. Niemand wollte mehr hier wohnen. Die letzte mutige Mieterin hatte sich, nachdem sie sich die Schönheit und Großartigkeit des kleinen Palastes zu Gemüte geführt hatte und auch wegen der günstigen Miete, allen Unkenrufen zum Trotz entschlossen, zusammen mit ihrer Freundin in dem Haus zu wohnen. Die eine wohnte im Hochparterre, die andere im oberen Stockwerk. Unten, im Parterre, blieb ein Zimmer für die Hausherrin reserviert. Aber mit dem ersten Moment des Bewohnens jener Mauern ging es den beiden Frauen schlecht. Nachts wurden sie von einem Knarren und von Geräuschen jeglicher Art gestört, ganz abgesehen von den Albträumen und Problemen mit ihrer Gesundheit. Trotz eines Exorzismus und einer Messe, die im Haus gefeiert wurde, dauerte der Lärm an, ihre Gesundheit verschlechterte sich und das Gefühl des Unwohlseins befreundeter Personen, die sie in dem Haus besuchten, war von Übelkeit und Fieberschauern geprägt. Eine von diesen Personen war Giusi, unsere Übersetzerin, gewesen.

Kaum warenFra' Elia, Giusi, Guillaume und ich über die Schwelle jenes Hauses getreten, fühlten auch wir ein großes Unbehagen, sodass Fra' Elia auf der Stelle darum bat, jeden Winkel des Hauses besuchen zu dürfen.

Wir folgten ihm: Küche, Wohnzimmer, Schlafzimmer - vergebliche Suche, die Stiegen mit eingeschlossen. Nichts. Wir gingen zum Stockwerk der ersten Mieterin hinunter, ebenfalls nichts. Wir gingen weiter hinunter, bis wir zu einem dunklen, engen Vorzimmer kamen, das vor der verschlossenen Wohnung der Hausherrin lag. Fra' Elia hielt vor einer riesigen Buddha-Statue an, die auf einer kleinen Truhe stand. Nach wenigen Sekunden befahl er, sie hochzuheben. Giusi und Guillaume gelang es wegen der Ausmaße der Statue nur mit großer Mühe, sie wegzustellen. Fra' Elia kniete sich nieder und streckte seine Arme aus, um zu sehen, ob die Truhe verschlossen war. Nein, sie öffnete sich. An diesem Punkt wurde er von einem starken Brechreiz geschüttelt. Er versuchte sich zusammenzureißen, und als er mit den Armen in den finsteren Behälter eintauchte, zog er eine typische enthauptete balinesische Handpuppe hervor, scheußliche menschliche Knochen und verschiedene furchterregende Amulette. Und während er versuchte, die Truhe von jedem noch so kleinen Fragment zu säubern, wurde er wieder von Brechreiz geschüttelt. Wie versteinert wohnten wir der Szene bei. Wir fingen uns erst wieder, als Fra' Elia uns um einen Plastiksack bat. Er legte Stück für Stück beiseite und empfahl uns, nichts davon anzurühren.

Während der Buddha wieder auf seinen Platz gehievt wurde, kam Fra' Elia, zwischen langen Seufzern, wieder zu sich. Ich indessen machte mir, nachdem ich alles gesehen hatte, meine Notizen. Als wir endlich wieder beim untersten Stockwerk angekommen waren, rissen wir alle Fenster im Haus weit auf und berauschten unsere Lungen mit der frischen Luft, die hereinströmte und unerklärlicherweise nach Rosen und Weihrauch duftete. Innerhalb weniger Sekunden füllten sich alle Stockwerke des Hauses von oben bis unten so schnell und vollkommen mit jenem Duft der Gnade (wie Fra' Elia ihn nannte), dass er alle Anwesenden wirklich völlig verblüfft zurückließ.

Während Fra' Elia reglos im Wohnzimmer stehen blieb, liefen alle anderen im Haus hin und her, um festzustellen, ob der Duft sich wirklich in alle Ecken verbreitet hatte. Tatsächlich, lieblich und intensiv bis in den letzten Winkel des Hauses! Und ich, ich erlaubte mir mit ein wenig Ironie den Gedanken, dass selbst die Skeptiker verstehen mussten, dass niemand von uns die Möglichkeit gehabt haben konnte, diesen Duft etwa selbst im Haus zu versprühen. Fra' Elia blieb nichts anderes mehr zu tun, als das Haus und seine erstaunten Bewohner zu segnen, um mit uns danach zu einem großen Fluss zu gehen, in den Fra' Elia den Sack mit den unheilvollen Fetischen mit den Worten hineinwarf: „Das Wasser des Herrn wird sie reinigen und sie werden niemandem mehr etwas Böses zufügen."

Doch bevor wir das Haus verließen, kam noch eine Freundin einer der Hausherrinnen auf Fra' Elia zu, eine Frau von fragilem Aussehen, die, wie sie uns selbst erzählte, von einem unheilbaren Leiden befallen war.

Eine Krankheit, genannt Böser Zauber

Man hatte ihr gesagt, dass ihre seltsame und schwere Krankheit auf einem bösen Zauber beruhe, der ihr von einem ihrer Vorfahren weitergegeben worden sei. Sie war leider so überzeugt davon, dass sie resigniert hatte, ohne dagegen anzukämpfen. Anfangs hatte sie noch versucht, sich zu wehren, indem sie sich bei unzähligen Exorzisten vorstellte, jedoch ohne Erfolg. Da sich ihr Zustand merklich verschlechtert hatte, war sie jetzt zu Fra' Elia gekommen, als ihre letzte Hoffnung. Fra' Elia und ich als seine Übersetzerin hörten sich ihre ganze Geschichte an.

Aber wie so oft „sah" Fra' Elia, dass sie keinem bösen Zauber unterlag. Es war schlimm, aber nur aufgrund ihrer Angst und Resignation, die ihr die Kraft zu kämpfen genommen hatten, bis zu dem Punkt, an dem jede Therapie unwirksam war. Fra' Elia segnete sie mit einer Reliquie der Unschuldigen Märtyrer, die er von Giusi und Guillaume geschenkt bekommen hatte, und ihre Wirkung zeigte sich sofort. Als er ihr mit der Reliquie über die rechte kranke Niere fuhr, dann die Wirbelsäule entlang und über den Kopf, begann die Frau zuerst merklich zu vibrieren und danach hektisch rhythmisch zu zucken, wie unter den Schlägen einer starken elektrischen Entladung. Die heilende Kraft des Herrn war in sie eingetreten und zeigte ihre Wirkung.

Obwohl es mir wie eine Ewigkeit vorkam, dauerte dieser Zustand maximal eine Minute an. Fra' Elia versicherte der Frau, dass sie von nun an die Kraft haben werde, sich der Krankheit zu stellen und sie auch zu besiegen, aber nur, wenn sie es wirklich wolle.

Gespräche mit den Gläubigen und die heilige Messe in der Pfarrgemeinde zum Allerheiligsten Sakrament

Die Kirche war gefüllt mit Kranken, einige von ihnen „grandes malades" (Schwerkranke), die mit Erlaubnis ihrer Ärzte an Bord eines Rot-Kreuz-Wagens direkt aus den Krankenhäusern gekommen waren, Schwerkranke, mit großem Glauben und großer Hoffnung. Da man mit einer großen Anzahl von Leuten gerechnet hatte, war für alles vorgesorgt und das Programm geradezu protokollarisch festgelegt: Punkt 1 – Rede von Fra' Elia, Punkt 2 – Vortritt für Schwerkranke, Punkt 3 – Gruppen von 40 – 50 Personen auf einmal bilden, gemäß den Nummern ihrer Ankunft, usw. usw. Es gab jemand, der die Leute ankündigte, jemand, der sie aufrief, sie begleitete, sie zum Gebet führte und der Reihe nach ordnete sowie eine große Entschlossenheit, die Ruhe aufrecht zu erhalten und die besonders „Schlauen" davon abzuhalten, sich vorzudrängeln. Außerdem gab es diese Stimme aus dem Mikrofon, die sagte: „Habt Geduld, alle werden empfangen werden!"

Wie zuvor besprochen, war Fra' Elia gebeten worden, vor dem Empfang der Leute noch ein paar Worte zu sagen. Nachdem er alle Anwesenden begrüßt hatte, schloss Fra' Elia mit den Worten Jesu: „Liebt einander, so wie er euch geliebt hat. Ich bin sicher, dass jeder von euch dem anderen etwas zu sagen und zu geben hat. Gebt, tut, vergebt und betet auch für alle jene, die noch fern von Gott sind, für die vergessenen Seelen, für die unschuldigen Märtyrer, für jene, die nicht mehr unter uns sind. Gott segne euch. Frieden und Wohlbefinden euch allen!"

Dann verschwand Fra' Elia, von vier Ordnungskräften begleitet,in den für den Empfang der Leute vorgesehenen Raum. Ich hingegen blieb in dem großen Wartesaal auf der Bank mit den französischen Büchern sitzen und antwortete wie immer auf Tausende von Fragen, die mir entweder von den Organisatoren oder von den Leuten gestellt wurden. Ich schrieb Rezepte auf pflanzlicher Basis auf, hörte mir Zeugenaussagen an, knüpfte Kontakte und nahm auch Anfragen bezüglich Einladungen in die verschiedensten europäischen Länder und darüber hinaus entgegen. In solchen Momenten sagte ich dem Herrn Dank dafür, dass er mich auf all das durch meine Studien vorbereitet hatte, sei es sprachlich oder als Heilpflanzenexpertin. Die Wege des Herrn sind wirklich unergründlich!

Vorstellung Fra' Elias in der Pfarrgemeinde zum Allerheiligsten Sakrament

Ich war sehr überrascht, als ich zu Beginn der Messfeier hörte, auf welche Weise der Pfarrer Fra' Elia den Gläubigen vorgestellt hat: „Es ist eine Ehre und eine immense Gnade, Fra' Elia von der Gemeinschaft der Apostel Gottes hier in meiner Kirche zu haben. Er ist ein junger stigmatisierter Bruder, der nach Belgien gekommen ist, um uns das Wort Gottes zu bringen. Seine Wundmale sind von Prof. Margnelli, einem Neurophysiologen, bestätigt worden."

Danach las er die ganze Lebensgeschichte von Fra' Elia vor, den Brief von S. E. Monsignore Paolo Maria Hnilica, Titularbischof von Rusado, einen Teil des Interviews von Patrick Sbalchiero, dem Abgesandten von Pater Laurentin, das in der angesehenen französischen katholischen Zeitschrift „Chrétiens Magazine" veröffentlicht worden war. Er hatte ein Bündel Dokumente bei sich, die nicht ich ihm zugesandt hatte, und wählte daraus mit großer Sorgfalt das

Wichtigste aus, mit dem Ziel, Fra' Elia auch jenen Besuchern vorstellen zu können, die ihn noch nicht kannten. Am Ende informierte er die Anwesenden darüber, dass die Gemeinschaft von Fra' Elia noch nicht habe anerkannt werden können, da sie gerade erst gegründet worden sei, er von seinem Bischof jedoch empfangen worden sei, der die neue Gemeinschaft mit Wohlwollen unter seine Beobachtung gestellt habe.

Die Vorstellung war gründlich bis ins kleinste Detail und hat sicherlich dazu beigetragen, das Vertrauen in die „Werkzeuge" Gottes zu vermehren, die uns der Herr in dieser Epoche, die so voller Tragödien und Katastrophen jeglicher Art ist, gehäuft schickte.

Basilika von Koekelberg (Heiliges Herz Jesu)
Sonntag, 23. Oktober 2005

Beim ersten prachtvollen Anblick vom Beginn der großen Straße aus, die ganz Brüssel durchquert, wäre mir nicht im mindesten der Gedanke gekommen, dass dies die Kirche für die Gebetstreffen mit Fra' Elia sein sollte. Ein riesiger Tempel mit das Stadtbild dominierenden majestätischen Kuppeln, die fünfte Basilika in der Welt (nach dem Petersdom, Sankt Paul, jener berühmten in der Wüste einsam abgelegenen Kirche und Nôtre Dame von Paris), die bis dahin noch keinem Charismatiker zugänglich gemacht worden war; und nun hatte man diese also unserem Fra' Elia von den Aposteln Gottes gänzlich zur Verfügung gestellt. Er war der Erste, der sich darüber wunderte.

Zuerst wurden wir in das Haus des Pfarrers begleitet, wo die für die Organisation in der Basilika Verantwortlichen auf uns warteten. Zwei liebenswerte Menschen, ein Ehepaar, das aus dem früheren belgischen Kongo stammte. Bevor es losging, wollten beide noch zusammen mit uns das übliche Protokoll durchgehen, jedes Gebet, jedes Lied, jede Rede, wer was zu tun hatte und danach auch noch das genaue Prozedere der Vorstellung, wer sie wie machen sollte, wann, usw. usw.

Man informierte uns überdies noch, dass fünfzig Sicherheitsleute für die Menge und vier Bodyguards für Fra' Elia für dauerhaften Schutz sorgen würden.

Da man die Reaktion der Massen nicht voraussehen konnte, war es besser, vorsichtig zu sein. Ich mochte meinen Ohren nicht trauen! Obwohl er immer und überall mit großem Respekt empfangen wurde, mit allseitiger Liebe und Enthusiasmus, hatte ich noch nie so viel Eifer und Perfektion bis ins kleinste Detail erlebt. Ich wagte zu fragen: „Seid ihr wirklich sicher, dass so viele Leute kommen?"

Sie schauten mich höchst erstaunt an, als wüsste ich nicht, dass mein Buch in Belgien ein riesiger Erfolg war, als wüsste ich nicht, dass sie wirklich alles für die Bekanntmachung getan hatten und sogar die Mitglieder der königlichen Familie darüber informiert waren. Und in der Tat - ich hatte es nicht gewusst.

Fra' Elia hörte schweigend zu. Im Hinblick darauf, dass sich die Basilika mittlerweile komplett gefüllt hatte, wurde allen sofort klar, dass es für Fra' Elia unmöglich sein würde, alle Leute zu empfangen. Deshalb schlug man ihm vor, nur die Bedürftigsten zu empfangen und im Einvernehmen mit dem Pfarrer, der die ganze Zeit an seiner Seite bleiben würde, allen anderen nur die Hand aufzulegen, sie zu segnen und nach der Messe die Ansprache zu halten. Für den Rest würden sie sorgen.

Zweite Vorstellung in Brüssel

In der Zwischenzeit hatten sie sich bei mir erkundigt, wie man was bei der Vorstellung von Fra' Elia sagen sollte. Was sollte erklärt werden, um ihn am besten zu präsentieren? Sie baten mich um eine kurze Zusammenfassung der wesentlichen Stationen seines Lebens, was mir leichtfiel, bedenkt man, dass ich Fra' Elia seit fünf Jahren überallhin gefolgt war, wohin er auch ging.

Also begann ich meine Erzählung (natürlich in Französisch), die mit der Beschreibung des Klosters in Calvi und der Wichtigkeit seines Werkes endete, die damit verbundenen enormen Schwierigkeiten unterstreichend. Als ich fertig war, sah ich, wie sich die beiden Eheleute vielsagend ansahen, genauso wie auch Giusi und Guillaume. Lieber Gott, hatte ich etwas vergessen? Stattdessen sprangen die Eheleute plötzlich auf und der Mann rief aus: „Sie müssen die Vorstellung machen! Niemand könnte es besser als Sie, Fiorella, weil bei Ihnen das Herz spricht, so wie in Ihrem Buch!" Ich war derart bestürzt, auch weil ich Französisch hätte sprechenmüssen, dass ich kategorisch ablehnte. Fra' Elia, der bis zu dem Moment ruhig geblieben war, näherte sich mir und sagte lächelnd: „Zier' dich hier nicht. Du kannst es bestens. Mach schon!" Mir blieb nichts anderes übrig als zuzustimmen und mich der göttlichen Vorsehung anzuvertrauen. Gewiss würde man mir helfen! Und genau so war es!

Ich habe ein im Glauben vereintes Europa gesehen – Traum oder Realität?

Kaum waren wir über die Schwelle der Basilika von Koekelberg getreten (durch einen Seiteneingang, damit uns niemand sah), da wurde Fra' Elia schon von seinen kräftig gebauten Bodyguards umgeben und in die Sakristei begleitet. Giusi und Guillaume folgten ihnen, während ich mich auf der Tribüne rechts vom Altar mit dem für die ganze Organisation verantwortlichen Ehepaar traf, die ich hier Giuliana und Philippe nenne. Von hier oben konnte ich bestens das Kircheninnere überblicken. Ein Meer von Menschen hatte jeden noch so kleinen Zwischenraum vollkommen ausgefüllt. Vor mir, an der anderen Seite des Altars, fungierte eine weitere Tribüne als Standort für eine afrikanische Volksgruppe in bunten Kostümen, die gerade ihre jeweiligen Instrumente aufstellten. Zu ihrer Linken, eingeteilt in zwei Dreierreihen, standen ungefähr dreißig Personen jeden Alters vor ihren Mikrofonen. Ich nahm an, dass es die Chorsänger waren. Die Verschiedenartigkeit ihres Aussehens beeindruckte mich: farbige Menschen mit generösen Ausmaßen neben zierlichen Gestalten und hochgewachsenen Blonden mit langen Haaren. Andere wieder, sicher die dritte Generation von Einwanderern, ließen mich unwillkürlich an die Bewohner Süditaliens denken: Die gebräunte Haut, die schwarzen Haare, die Gesichter lächelnd und jovial - das sah ganz nach Heimat aus. Und dann die Mädchen mit mandelförmigen Augen, Orientalen und Chinesen, Portugiesen und Holländer, und wie ich später herausfand, waren sogar Pilger aus den baltischen Ländern hierher gekommen.

Seitlich von uns, genau hinterm Altar, waren der Länge nach die Schwerkranken in Zweierreihen aufgestellt worden, die ruhig dasaßen, meist in ihren Rollstühlen. Rückwärts, hinter der Tribüne mit den Musikern, konnte man durch eine große Glaswand hindurch einen breiten Flur sehen, der zu einer Restaurantbar, zur Bücherei und den Toiletten führte.

Meine perfekten Organisatoren erklärten mir, dass sich in der ersten Reihe der großen Kirche Persönlichkeiten aus der Politik befänden (darunter auch zwei Berater des Königs), der Geistlichkeit, Mitglieder der königlichen Familie, Journalisten und Vertreter aller sozialen Gruppierungen, aber auch viele einfache Leute jeder Kultur, ganze Familien, große und kleine. Wirklich eine multikulturelle Gesellschaft; ihre Gesichter und Augen jedoch verrieten mir, dass sie alle Demut vor Gott empfanden und Brüder waren, mit den gleichen Problemen, der gleichen Zerbrechlichkeit, denselben Grenzen, demselben Glauben, derselben Hoffnung - ein für Belgien außergewöhnliches Ereignis, wo sich nur noch 50% der Bevölkerung als gläubig bezeichneten!

In wenigen Minuten würde das Programm beginnen. An die hundert Personen wurden in einen großen Saal gebracht, wo sie darauf warteten, von Fra' Elia empfangen zu werden, während jemand auf der Tribüne vor uns am Mikrofon mit klarer und deutlicher Stimme den Rosenkranz zu beten anfing. Die Gebete an den ersten zehn Perlen wurden uns zu Ehren in Italienisch rezitiert, die zweiten in Französisch, die dritten in Flämisch, die vierten in der Sprache des Ex-Kongo und die fünfte in Englisch. Danach wurden Litaneien gebetet, welche sich mit Liedern in verschiedenen Sprachen abwechselten.

Mein Auftritt war für den Moment vorgesehen, in dem Fra' Elia aus dem Zimmer kam, um den Schwerkranken uns zur Rechten seine Hände aufzulegen. Jemand würde mich vorstellen und nach meinem Vortrag wollte Philippe das Ganze mit einer Schlussbemerkung abschließen. Ich fühlte bereits den kalten Schweiß aus meinen Poren treten. Und obwohl es mir nicht gelingen wollte, meinen Blick von all diesen Leuten, die meine Zuhörer sein würden, loszueisen, wandte ich mich an den Herrn und alle seine Heiligen, mit der Bitte um Beistand. Sofort verschwand meine Angst. Jemand kam und bat mich aufzustehen. Er führte mich zum zentralen Mikrofon und dann vernahm ich in der absoluten Stille meine Stimme, als gehörte sie jemand anderem: *„Quand j'ai rencontré Frère Elie..." (Als ich Fra' Elia begegnet bin ...)* In der Zwischenzeit machte Fra' Elia hinter meinem Rücken den Kranken ein Kreuzzeichen auf die Stirn und gab ihnen seinen Segen, bevor er sich wieder daranmachte, die letzten Wartenden zu empfangen.

Die Prinzessin

Kaum war ich wieder an meinen Platz zurückgekehrt, kam ein "Page" (so schien es mir) auf mich zu und ersuchte mich sehr diskret, ihm zu folgen. Er führte mich in Richtung einer kleinen Gruppe von Personen, die etwas abseits hinter der Tribüne im Halbdunkel standen. Anfangs wusste ich nicht, wer die schöne Signora war, die, kaum dass sie mich erblickt hatte, aufstand und mir entgegenging. Jetzt erkannte ich sie: Ich befand mich vor einer regierenden Prinzessin eines nahe gelegenen Staates. Sie fing als Erste an zu sprechen. Sie stellte sich mir sehr bescheiden vor und sagte mir, dass sie sich geehrt fühle, mich kennenzulernen, dass sie mein erstes Buch verschlungen habe und das zweite bereits bis zur Mitte gelesen habe. „Danke, dass Sie es geschrieben haben!", fügte sie hinzu. „Ich bin es, die sich geehrt fühlt, Sie kennenzulernen", erwiderte ich. Sie war inkognito in Belgien angekommen, mit einem Teil ihrer Familie, um von Fra' Elia gesegnet zu werden. Die Reise im Wagen war ziemlich anstrengend gewesen und im Hinblick auf die späte Stunde bat sie mich, ob es möglich sei, Fra' Elia noch vor der Messe vorgestellt zu werden. „Ich werde sehen, was ich machen kann, Signora."Und während ich mich auf der Suche nach Fra' Elia entfernte, kam mir ein nichtiger Gedanke in den Sinn: Wie hätte ich die Prinzessin ansprechen sollen? Wie hätte ich sie nennen müssen? Königliche Hoheit? Prinzessin? Signora? Dann entschloss ich mich, sie ganz einfach bei ihrem Namen zu nennen, so, wie sie sich selbst vorgestellt hatte.

Zum Glück hatte Fra' Elia die letzte Gruppe noch nicht empfangen und so konnte ich noch rechtzeitig zu ihm. Ich erklärte ihm kurz den Sachverhalt und ohne aus der Fassung zu geraten,sagte er mir, ich solle sie mit der ganzen Familie eintreten lassen. Obwohl die Prinzessin auch Italienisch sprach, bat sie mich, an ihrer Seite zu bleiben, um für sie zu übersetzen. Es war eine Begegnung genau wie alle anderen: die gleichen Probleme, die gleichen Schwierigkeiten, die allen Familien eigen sind, mit der Gesundheit, der Arbeit, nur mit dem Unterschied, dass es sich in diesem Fall um Probleme handelte, die mit der Regierungsverantwortung verbunden waren.

Folgenden Satz von Fra' Elia möchte ich hier wiedergeben: „Du weißt die Dinge schon. Du weißt, was du für dein Volk tun musst. Aber wenn du sicher sein willst, bevor du Gesetze erlässt, dann halte inne. Bitte den Herrn darum und du wirst sehen, dass er dir seine Bestätigung zukommen lassen wird!“ Fra' Elia redete und erteilte Ratschläge, als ob er schon immer bei Hof gewesen wäre! Und die Prinzessin nickte und bedankte sich. Dann folgte der Moment der Fotos ihrer Lieben, des Gebets, des Segens, genauso wie Fra' Elia es mit allen anderen machte. Und zum Schluss gab es dann noch ein Erinnerungsfoto, das ich sorgsamst hüten werde. Verständlicherweise kann ich es nicht veröffentlichen; dennoch habe ich auch dieses Zeugnis geben wollen, weil vor Gott von den Einfachen bis zu den Mächtigen alle gleich sind.

Ein kurzes Zeugnis: Nachdem die Gespräche beendet waren, begab sich Fra' Elia in die Sakristei, um sich für die heilige Messe vorzubereiten. Er musste ein Seitenschiff entlanggehen, umringt von den vier Giganten, die seine Bodyguards darstellten, Giusi, Guillaume und mir. Da stieß er auf einen Herrn, rot im Gesicht, zerzaust und mit recht verwirrter Miene, vielleicht sogar betrunken, jedenfalls fluchte er mit ziemlich lauter Stimme. Er war von zwei Ordnungskräften eingerahmt, die ihn wahrscheinlich hinausbegleiten wollten. Fra' Elia kam genau vor ihm zum Stillstand, und da er mit der Begegnung nicht gerechnet hatte, stoppte er mit versteinerter Miene. Für einige Momente schauten sich die beiden, ohne ein Wort zu verlieren, forschend an, bevor Fra' Elia ihn ganz sanft fragte: „Warum brüllst du im Haus des Herrn herum?“ Da er keine Antwort erhielt, fuhr er fort: „Du musst den Herrn um Entschuldigung bitten! Warum gehst du nicht zur Beichte? Schau doch,wie viele Priester in den Beichtstühlen sind!“Der Mann nuschelte etwas Unverständliches, doch in jedem Fall verstand Fra`Elia, dass es etwas mit Gott zu tun hatte und dass dieser ihn verlassen hatte. Guisi übersetzte. Fra' Elia: „Der Herr hat dich niemals verlassen. Du warst es, der ihn nicht mehr gesucht hat, aber er hat dich gern und wartet auf dich. Du kannst nicht alles alleine machen!“

Diese einfachen und freundlichen Worte, mit einem Lächeln und der Stimme des Herzens ausgesprochen, rührten den Mann, den man bis zu dem Moment für einen Verwirrten gehalten hatte. Sein Gesichtsausdruck entspannte sich, während er sich buchstäblich in Fra' Elias Arme warf, die dieser ihm entgegengestreckt hielt. Als sich der Mann wieder gefasst hatte, schien er ein völlig anderer zu sein, nüchtern und ruhig. „Jetzt werde ich beichten gehen, Fra' Elia, ich verspreche es dir!“ Nur wenige Sekunden später befand sich Fra' Elia schon wieder in der Sakristei.

Die heilige Messe

Ganz gewiss werde ich die heilige Messe, die in der Basilika von Brüssel gefeiert wurde, niemals vergessen können, ebenso wenig den Tag, der so reich an Ereignissen und an Emotionen war. Eingeschlossen in diese imposanten Mauern, wo man die Luft des Paradieses zu atmen schien, hatte sich spontan ein beträchtlich großer Teil von Menschen (drei- bis viertausend Personen) eingefunden, um dem Herrn die Ehre zu erweisen und gemeinsam mit Fra' Elia einen Tag, der für sie voller Hoffnung war, zu feiern - einen ganz besonderen Tag für all jene weißen, schwarzen, gelben oder andersfarbigen Menschen, die sich glücklich schätzten, mit einem Werkzeug Gottes zusammen sein zu dürfen, in der Gewissheit, dass sich dadurch eine zusätzliche Möglichkeit bot, die erbetenen Gnaden zu empfangen. Ihre Freude schien sich in der Luft zu materialisieren, aus ihren lächelnden Gesichtern zu scheinen, in ihren wunderbaren Liedern zu vibrieren, ihren suggestiven „Gospeln", die zu einer rhythmischen, jedoch harmonischen Gestik einluden und das Volk Gottes zu einer einzigen Seele vereinten. Bestimmt hatte der Herr all das so gewollt: alle seine Geschöpfe in einem Ausbruch der Liebe zu umfangen. Und ich fragte mich: Werden wir alle im Paradies so glücklich sein? Ist es das, was der Herr von uns will?

Die Zeremonie begann, als drei junge weiß gekleidete Frauen, mit dicken, angezündeten Kerzen in den Händen, langsam auf den Altar zugingen, wobei sie dem Zug, der aus zehn Zelebranten bestand, unter ihnen Fra' Elia, vorausgingen. Langsam, im Takt zur Melodie schreitend, nahm jede den für sie bestimmten Platz ein. Bevor die einführenden Worte gesprochen wurden, dankte der Pfarrer Fra' Elia für seine Anwesenheit, wobei er noch einmal wiederholte, wer er war, woher er kam und was seine Berufung war. Er sprach von seinen Stigmen, veranschaulichte seine Charismen und sein soziales Projekt. Dann kündigte er an, dass Fra' Elia am Ende der Messe allen Anwesenden die Hände auflegen würde. Er sprach: „Durch die aufgelegten Hände von Fra` Elia heilt der Herr euch. Ich werde an seiner Seite stehen und euch mit dem geweihten Öl segnen. Vergessen wir nicht, uns alle beim Herrn zu bedanken, weil heute in dieser Basilika ein außergewöhnliches Ereignis stattgefunden hat."

Danach spielte sich alles wunderbar koordiniert ab: die herrlichen Lieder, die Gebete, die Ansprache von Fra' Elia, die Ergriffenheit, die Freude und die langen Reihen der Menschen, die zur Kommunion gingen, die (als einziger Wermutstropfen) diskret, aber entschlossen alles daransetzten, um sich in der Schlange vor Fra' Elia einzureihen, um seinen Duft zu riechen, den jeder wahrnehmen konnte, der in die Nähe seiner Hände kam. Fra' Elia, unterstützt vom Pfarrer und unserer Übersetzerin Giusi, stand stundenlang am Fuß des Altars, um jedem ein kleines Kreuz auf die Stirn zu machen (bei über dreitausend Personen!), und zwar so lange, bis auch der letzte Pilger zufrieden weggegangen war. Inzwischen war es 21 Uhr!

Wir kamen spät zurück. Fra' Elia war erschöpft, doch er strahlte. Giusi und Guillaume hatten mit ihm noch eine kurze touristische Rundfahrt durch die Stadt machen wollen, aber Fra' Elia äußerte den Wunsch, gleich in die „Gemeinschaft der zwei Herzen" zurückkehren zu dürfen, damit er sich noch ein wenig bei Pater Domenico und seinen Gästen aufhalten konnte.

Interview mit dem Litauischen Fernsehen

Der letzte Termin vor unserer Heimreise nach Italien war ein Interview für einen TV-Sender aus Litauen, das ein bekannter litauischer Ingenieur-Schriftsteller-Journalist, Arydas Daskus, mit Fra' Elia machen wollte, der einige Monate zuvor ein Buch über ihn in italienischer Sprache geschenkt bekommen hatte. Zwei unserer Landsleute, die in Belgien wohnten, Fra' Elia jedoch in Italien kennengelernt hatten, hatten die übernatürlichen Fähigkeiten dieses berühmten Sehers durch einen präzisen Test nachprüfen wollen: Deshalb baten sie ihn um eine Rezension des Buches, ohne dass dieser das Buch gelesen hatte. Der Seher strich mit seiner Hand langsam über den hellblauen Buchdeckel und begann nach wenigen Momenten, Fra' Elias Geschichte zu erzählen. Er sagte, dass er ein Franziskaner gewesen sei, dass er die Wundmale erhalten und in der Folge das Kloster verlassen habe, um eine neue Gemeinschaft zu gründen. Er fügte hinzu, dass er regelmäßig mit seinem Engel, seinem Herrn und mit der Madonna spreche, und auch zum Beispiel mit Pater Pio.

Von diesem Augenblick an sprach Arydas Daskus, wo immer er sich befand, voller Begeisterung von nichts anderem mehr als von Fra' Elia. Als er, durch puren Zufall, erfuhr, dass Fra' Elia nach Brüssel kommen würde, richtete er es so ein, dass er hier sein konnte. Als ersten Schritt bat er die Organisatoren um ein Gespräch mit mir. Hochgewachsen, von imposantem Äußeren, die Augen leuchtend und tiefgründig, eroberte er mich sofort durch seine liebenswürdige Art und sein freundliches Gesicht. Ich wusste noch nicht, wer er wirklich war, noch kannte ich seine Geschichte, doch ich willigte mit Freude ein, als er mich bat, ob er meine beiden Bücher in Litauen übersetzen und vertreiben dürfe. Er war so gerührt, dass er es schaffte, auch mich zu rühren! Er fragte mich auch, ob er Fra' Elia interviewen dürfe und fügte hinzu, dass die Litauer ein großes Bedürfnis nach Personen wie ihm hätten und dass durch das Fernsehen viele Menschen berührt würden, sodass sie wieder anfingen, über vieles nachzudenken. Litauen müsse sich retten! Auch ich war von seiner Beharrlichkeit und seinem Glauben derart bewegt, dass ich ihm versprach, ihn auf der Stelle anzurufen, sobald Fra' Elia mir seine Zusage gegeben hatte. Unsere Unterhaltung fand in Englisch statt. Noch am selben Abend vereinbarten wir, uns am Montagmorgen um zehn Uhr zu treffen. Sie wollten mit ihrer ganzen Gruppe zur Gemeinschaft der zwei Herzen kommen, mit einem englischen Dolmetscher, während ich für die französische Sprache zuständig sein sollte.

Pünktlich um zehn Uhr kamen Arydas Daskus, die Kamerafrau Nikki, der englische Übersetzer, Guillaume und Giusi, in dem kleinen Speisesaal der Gemeinschaft zusammen. Nach den üblichen Vorstellungen und während die Techniker ihre Apparaturen vorbereiteten, legte Arydas Daskus ein paar Bücher, die er geschrieben hatte, auf den Tisch, darunter auch seine nächste Publikation. Er wollte Fra' Elia um sein Urteil bitten.

Fra' Elia schaute sie sich aufmerksam an, strich dann langsam mit seiner Hand darüber und gab in wenigen Augenblicken sein Urteil ab: allesamt gute Bücher. Das letzte, das noch nicht in Druck war, sei ebenfalls gut, ausgenommen der Umschlag, der für den Inhalt des Buches zu düster sei, da es ja darin um das Licht gehe. Er riet, den Buchdeckel zu ändern.

Danach kam das Interview: Der Journalist stellte seine Fragen in Englisch, ich übersetzte sie für Fra' Elia, der auf Italienisch antwortete, was ich ins Französische übersetzte und der englische Übersetzer natürlich ins Litauische. Fra' Elia erzählte von seinem Leben, angefangen bei seiner Kindheit bis zu seiner gegenwärtigen Situation, von seinen Wundmalen, die zwar sein Leben nicht verändert, ihm jedoch den Mut gegeben hätten, mit Gott zu sprechen und in dem fortzufahren, worum der Herr ihn gebeten habe.

Frage: *„Wird Litauen sich retten können?"*

Antwort: „Litauen wird durch die Fürsprache der Madonna gerettet werden. Es ist nötig, in den Familien wieder mit dem Beten des Rosenkranzes zu beginnen."

Frage: *„Was denken Sie über das zweite Kommen des Herrn?"*

Antwort: „Der Herr ist schon bei uns. Er hat uns niemals verlassen, doch heute lässt er sich mit großer Macht vernehmen und gibt sich durch viele Zeichen zu erkennen. Die Welt ist dabei, wieder zu erwachen und sein Reich vorzubereiten. Sein Wille möge geschehen!"

Am Schluss des Interviews sahen wir eine Frau, die, ein kleines Mädchen im Arm, am großen Tisch des Refektoriums saß. Sie warteten auf Fra' Elia. Hier ist ihr Zeugnis:

Ein großartiges Zeugnis
Von Anna Clara (Ärztin), gegeben in Brüssel am 24. Oktober 2005

„Ich bin Französin und lebe seit kurzer Zeit in Belgien, um hier zu arbeiten.

Am Donnerstag, den 20. Oktober, habe ich geträumt, dass ich mich in der Gegenwart von Jesus befände, der mir den Rat gebe, in die Basilika von Koekelberg zu gehen, um Fra' Elia zu treffen. Da ich noch nie von Fra' Elia gehört hatte, fragte ich ihn:

`Wer ist dieser Pater Elia?` Und er korrigierte mich: `Nicht Pater Elia, sondern Fra' Elia. Er ist ein Ordensbruder.`

Aufgrund anderer Fragen, die ich stellte, verstand ich, dass das Ganze etwas mit meiner Tochter Maria Pia zu tun hatte, die ungefähr ein Jahr alt war. Ich bin eine große Verehrerin von Pater Pio und habe meine Tochter deshalb so genannt. Ich wusste nicht, wo die Basilika von Koekelberg ist, noch, ob sie in Wirklichkeit überhaupt existiert, und versuchte daher, das im Telefonbuch nachzuprüfen. Zu meiner großen Überraschung entdeckte ich, dass es die Basilika wirklich gibt. Total aufgeregt, rief ich sofort dort an und fragte, ob es an den Tagen, Samstag oder Sonntag, in der Basilika irgendeine besondere Feier gebe. `Wie bitte?´, lautete die Antwort. `Ganz Belgien kommt dorthin, um Fra' Elia zu treffen, und Sie wissen das nicht?` An diesem Punkt erinnerte ich mich daran, dass Jesus mir im Traum gesagt hatte, ich solle auf mein Kind achtgeben, weil sehr viele Leute dort sein würden. Ich fragte mich, warum Jesus wollte, dass ich Maria Pia zu Fra' Elia bringe, und begann, mir deshalb Sorgen zu machen. Am Samstag nahm ich die Basilika in Augenschein und betete innig vor dem Allerheiligsten, dass der Herr mein Kind beschütze. Plötzlich hörte ich ganz deutlich eine Stimme, die mir sagte, nicht mehr mit ihr in die Basilika unter all diese Menschen zu gehen, sondern sie stattdessen zur Gemeinschaft von Jerusalem zu bringen, jener von den zwei Herzen. Es gelang mir, die Telefonnummer von Guillaume herauszufinden, einer der Organisatoren. Ich erzählte ihm meine unglaubliche Geschichte, worauf er mir ziemlich verblüfft mitteilte, dass Fra' Elia sich am Montag zwischen 9 und 10 Uhr bei der Gemeinschaft der zwei Herzen aufhalte. So kam es, dass sich am Montag, den 24. Oktober, die Tür jener Gemeinschaft für mich auftat und ich mich in wenigen Minuten in der Gegenwart von Fra' Elia befand. Bei ihm waren auch Frau Fiorella und Guillaume. Fra' Elia sprach mit jemandem vom Fernsehen. Unmittelbar darauf kam er zu mir und bat mich, vor ihm Platz zu nehmen.

Er hörte sich meine Geschichte aufmerksam an, streichelte mein Kind und sagte lächelnd:

`Es ist wahr, sie haben dich zu mir geschickt, weil ich dir bestätigen soll, dass dein Kind vom Herrn große Fähigkeiten bekommen hat und ihm geweiht werden wird.` Diese Enthüllung überraschte mich nicht, weil mir bereits ein

Mönch in San Giovanni Rotondo das Gleiche gesagt hatte und jetzt hatte der Herr gewollt, dass ich mir dessen ganz sicher sein sollte!

Zeugnis aus Paris

Frau Elena Lerat aus Moncel sur Var schreibt uns:

„Ich danke Gott für euch alle und möchte ein Zeugnis für eure Arbeit geben! Am 10. Februar 2005 befand ich mich in Paris in der Kirche unserer heiligen Frau von Fatima. Der Herr hatte mir eingegeben, ein neun Monate altes Kind namens Melissa zu Fra' Elia zu bringen. Um ihn treffen zu können, standen wir um zwei Uhr morgens auf und machten uns mit der Mutter der kranken Kleinen und der Schwiegermutter, die das Kind im Arm hielt, auf die Reise. Auch ihr, die Begleiter von Fra' Elia, habt all diese Menschenmassen gesehen und die Schwierigkeiten, überhaupt in die Kirche zu gelangen, sodass wir draußen in der Kälte bleiben mussten. Angesichts der Unmöglichkeit hineinzukommen waren wir bald soweit, resigniert aufzugeben. Schließlich erschien jemand vom Ordnungsdienst und als er das leidende Kind sah, erbarmte er sich und erlaubte mir, mit ihr in die Krypta einzutreten. Ich musste mit den letzten Ankömmlingen unten warten. An einem gewissen Punkt entschied der Priester, dass die Zeit nicht mehr ausreiche und wir alle miteinander ein Gebet sprechen sollten. Es sei für Fra' Elia unmöglich, diesen ganzen Strom von Menschen noch zu empfangen! An dem Punkt fing ich an zu rebellieren. (Verzeih mir, Jesus.) Ich schnappte das Kind und eilte das mittlere Kirchenschiff entlang, ohne mir überhaupt Gedanken zu machen, wohin es mich führte. Wie durch ein Wunder stand ich plötzlich vor dem lächelnden Fra' Elia, der mein Kind in den Arm nahm und weiter lächelte. Ich verlor keine Zeit, sondern sagte dem Priester, der als Dolmetscher fungierte, sofort, dass das Kind an einer schweren Herzkrankheit leide. Fra' Elia hörte zu, dann gab er es in meine Arme zurück und sagte ganz einfach: `Es wird ganz normal aufwachsen.` In dem Moment begriff ich, dass das Kind geheilt war, und Tränen der Freude liefen über mein Gesicht. Ich kann gar nicht lange genug leben, um dem Herrn genügend danken zu können! Und in der Tat: Heute ist Melissa-Maria ein Kind, das atmen kann, sich bewegt und ganz normal lebt, zum großen Erstaunen der Mediziner. Ihr seid in der Tat Zeugen der Liebe und Hoffnung."

Eine andere Frau, deren Namen ich leider vergessen habe, die von Fra' Elia in einer Kirche in Paris in Anwesenheit von Pater Jean Bernard de Langalerie „befreit" worden war, ist extra nach Brüssel gekommen, um sich zu bedanken. Seit jenem kalten Februartag (2005) hat sie keinerlei Störungen mehr.

Zeugnis aus Deutschland gegeben von Frau E. Major

„Erlauben Sie mir, Ihnen folgende Geschichte zu erzählen.

Ich habe mir im Fernsehen die Feier der heiligen Messe von Papst Benedikt in Köln (anlässlich des Weltjugendtages) angeschaut. Beim Hochheben des Ostensoriums haben meine Freundin, die neben mir saß, und ich, für ein paar Sekunden ganz deutlich das Jesus-Bild von Fra' Elia auf der Hostie sehen können.

Wir waren und sind immer noch perplex und ohne Worte, aber ich sage Ihnen, dass es die Wahrheit ist! Wir rezitieren immer das Gebet von Fra' Elia, das Ingrid Malzahn uns freundlicherweise übersetzt hat.

Ich bete immer für sie, Fra' Elia und Frau Turolli."

Fazit

Ich möchte auch hinzufügen, dass ich noch nie so viele Zeugnisse außergewöhnlicher Geschehnisse erhalten habe wie bei dieser Gelegenheit, noch der Gegenstand von so viel Aufmerksamkeit geworden bin oder so viele zusätzliche Einladungen für mich und Fra' Elia bekommen habe nach Portugal, in den Mittleren Osten, nach Afrika ... und das alles, weil Gott es so will.

Umzug ins Kloster

Endlich! Nach zweieinhalb Jahren, war die Renovierung des ersten Flügels des Klosters abgeschlossen. Das Refektorium wurde vor der Küche renoviert, die Gästezimmer noch vor den Badezimmern, oder besser gesagt, die Zimmerchen für die Aufnahme von Jugendlichen in Schwierigkeiten. Gemäß Fra' Elias Projekt waren das, wie schon erwähnt, „Jugendliche ohne Familie oder mit dem Risiko aufgrund des Fehlens familiärer und sozialer Bindungen gesellschaftlich ausgegrenzt zu werden - Jugendliche, die ohne geeigneten Wohnraum oderaufgrund mangelnder Integration im Bereich von Bildung, Arbeit und Sozialem an einem Scheideweg ihres Lebens stehen und allein waren, ohne Führung, sehr oft auch ohne Liebe, und die sich dadurch äußerst unglücklich fühlten."

Doch das „Setzen des letzten Steins" lag noch in weiter Ferne. Wie auch immer, ein erster Schritt war getan und dafür dankten wir der göttlichen Vorsehung ohne Unterlass, die uns durch den Glauben und die Großzügigkeit der Menschen zu Hilfe kam. Es erschien mir völlig unwirklich, als ich den Flur gepflastert, die Deckenbalken poliert, die Zimmertüren aus Holz, die Treppen, die große Madonnenstatue, die uns vom Flurende zulächelte, mit Blumen umgeben, vorfand. Dazu die Bäder und Duschen, die, obwohl noch immer nur mit kaltem Wasser, die Errungenschaft grundlegenden „Komforts" repräsentierten. Fra' Elia strahlte. Vorerst zogen die Brüder in den ersten Flügel um, damit der für sie bestimmte Flügel restauriert werden konnte, bevor die Arbeiten unten weitergingen, im Küchentrakt, Refektorium, Empfang usw. Danke, Herr, und danke an alle! Die göttliche Vorsehung war unermesslich groß!

Unterwegs nach Bergamo

Nach langer Zeit hatte ich wieder einmal das Vergnügen, mit Fra' Elia nach Bergamo zurückzukehren, wo er eine Woche, vollgestopft mit Verpflichtungen, eingeplant hatte. Außerdem wusste Fra' Elia, nachdem er mehrere Jahre in der Provinz Bergamo gelebt hatte, wo er sich am besten mit Vorräten fürs Kloster eindecken konnte, angefangen von der Bettwäsche bis zum Besteck, den Öfen und jeder Art von Ausstattung, wofür er sich eine lange Liste für die verschiedensten Einkäufe angelegt hatte. Während der Fahrt sagte er völlig überraschend: „Stell dich darauf ein, dass wir bald zu einem Begräbnis fahren müssen!" Wohl wissend, dass Fra' Elia sich noch nie geirrt hatte, war ich vor Schreck wie versteinert, hatte jedoch nicht den Mut ihn nach dem Sterbenden zu fragen.

Am 8.November kehrte Fra' Elia mit seinem Wagen, voll beladen mit jeglicher Art von Waren, in sein Kloster zurück. Am 9. November rief er mich morgens gegen 10 Uhr an, um mir mitzuteilen, dass uns unsere Freundin Irma aus Cercivento verlassen hatte. Ohne mir Zeit für eine Antwort zu lassen, sagte er zu mir: „Halte dich bereit, ich werde dich mit Curzio abholen kommen und wir werden zusammen nach Carnia weiterfahren!" Dann legte er auf. Lange Momente der Bestürzung. Das konnte doch nicht sein! Ich hatte doch noch drei Tage zuvor mit Irma telefoniert und sie aufgedreht wie immer erlebt! Sie hatte mich informiert, dass sie sich im Krankenhaus befinde und mir versichert, dass sie mich, sobald sie wieder herauskomme, mit Manuela besuchen komme.

Wie ein Roboter bereitete ich mich auf die Ankunft von Fra' Elia vor. Ich hatte mein Gepäck bereits fertig gepackt, da ich exakt am 10. November wieder nach Neapel aufbrechen sollte.

Unsere Irma ist ins Haus des Vaters zurückgekehrt

Ironie des Schicksals: Irma hatte uns genau an dem Tag verlassen, an dem sie aus dem Krankenhaus hätte entlassen werden sollen. Und nicht aufgrund ihrer

Krankheit, sondern wegen eines absurden Unglücksfalls. „Einer unter Millionen“, wie die Mediziner sagten: Sie starb aufgrund einer Injektion, die einen Riss in einem Blutgefäß verursachte. Schwierig für Dario und die Kinder, Manuela und Giuliano, und für alle, die sie gern hatten, ein so grausames Schicksal zu akzeptieren; doch dann, Schritt für Schritt, kam ihrer Trauer der Glaube zu Hilfe, der ihnen die Gewissheit gab, dass der Herr sie hat an seiner Seite haben wollen. Irma war jetzt glücklich, lebendiger denn je und sie würde vom Himmel aus über ihre Kinder wachen, mehr denn je zuvor. Zudem würde sie nicht für immer von ihnen getrennt bleiben, denn Irma war ihnen nur vorausgegangen, ins Haus des Herrn. Eines Tages würden ihre Lieben sie wiedersehen, um sie nie wieder zu verlassen.

Fra' Elia trifft Irma

Wir kamen um 10 Uhr am Abend desselben Tages in Cercivento an. Fra' Elia, der aus Calvi kam, traf in der Dunkelheit in Bergamo ein, doch ohne sich eine Minute auszuruhen, ließ er Curzio ans Steuer und wir fuhren auf der Stelle weiter. Nach wenigen Kilometern schien Fra' Elia einzuschlafen (das war noch nie vorgekommen). Was uns wie ein Erholungsschlaf erschien, war in Wirklichkeit der Anfang einer spirituellen Reise: Fra' Elia traf Irma, die sich ihm strahlend auf einer schönen Wiese präsentierte. Sie trug schwarze Samthosen, die an den Knöcheln hochgekrempelt waren, und eine weiße Lederjacke mit einem zotteligen Pelzkragen. (Ihr Ehemann hat uns bestätigt, dass sie bei ihrer ersten Begegnung genauso gekleidet war.) Sie trug Stiefel und war in Begleitung einer rundlichen Frau mit weißen Haaren, die zu einem dicken Haarknoten hochgekämmt waren. Fra' Elia sah auch andere Personen: eine etwas altertümlich gekleidete Frau mit einem Spitzenkragen, eine junge, wie eine Braut gekleidete, einen Herrn mit würdevollem Gesichtsausdruck und aufgezwirbeltem Schnurrbart, und andere. (Alle diese Personen waren verstorbene Verwandte, die Dario nach Fra' Elias Beschreibung identifiziere.)

Fra' Elia sprach mit ihr, und sie, die glückliche Hauptfigur unter all diesen lächelnden Personen, schien nicht den Wunsch zu haben, ihm etwas zu erwidern, sondern lediglich ihre Freude auszukosten, indem sie immer weiter lächelte.

Diesen „Traum“ erzählte Fra' Elia allen Anwesenden noch am selben Abend, dem 9. November, mit Ausnahme von Irmas Kindern, Gessica und Igor, die sich im Haus ihrer Tante und ihres Onkels, Manuela und Giuliano, befanden, und dort auch übernachten wollten.

In derselben Nacht hatte Igor genau den gleichen Traum wie Fra' Elia und erzählte ihn seiner Tante Manuela. Zusammen mit der Mutter sah er auch einen kleinen Engel mit Flügeln und einem weißen Kleid, sehr strahlend, der ihm anvertraute, dass seine Mutter nun geheilt war.

10. November - Am Mittag kamen die Kinder mit Tante und Onkel zurück ins Elternhaus.

Wir hatten sie noch nicht gesehen. Es war Manuela, die uns Igors Traum erzählte, während Fra' Elia uns wie ein Komplize zulächelte. Und auch nach dieser Nacht fuhr Igors Mutter fort, ihr Kind zu besuchen, Nacht für Nacht, wobei sie ihn in den Arm nahm und mit ihm redete. Heiter und glücklich erzählte er am Morgen allen davon.

Gessica dagegen verwandelte sich sofort in eine kleine Hausherrin. Sie wusste, dass ihre Mutter immer an ihrer Seite sein würde, sodass sie ihrerseits gelassen und heiter weiterlebte und alles, was sie von ihr gelernt hatte, in die Praxis umsetzte.

Für Irma

Du bist auf dem Weg des Friedens,
der zum Tor des Himmels führt,
glücklich und reich geschmückt,
wie es Gott gefällt.
Wer diesem Weg folgt,
wird bis in alle Ewigkeit nicht wanken
und der Gerechte wird immer erinnert werden.
Danken wir Gott!

Sonderbericht von Neapel - 12 und 13. November 2005

Nach Cercivento begleitete Curzio Fra' Elia und mich zum Flughafen von Venedig.

Als letztes Treffen für die zweite Jahreshälfte 2005 war Neapel vorgesehen, bei unseren geliebten Schwestern im Haus der Heimsuchung Marias. Die Organisatoren, unsere Freunde, die Rechtsanwälte Antonio und Giovanni Mellilo, hatten uns diesmal wirklich überraschen wollen und so wurden wir bei unserer Ankunft gleich mit einem ganzen Trupp auf uns wartender Freiwilliger konfrontiert, die für diese Gelegenheit alle in eine „blaue Uniform" gekleidet waren (einen speziellen Mantel, den Giovanni sich ausgedacht hatte), auf der in Großbuchstaben die Schriftzeichen: „Fra' Elia – Ordnungskraft" angebracht worden waren. Auch sonst fanden sich überall große Hinweisschilder, die den vorgeschriebenen Weg anzeigten, und es gab einen großen Wartesaal, wo Gebete rezitiert werden konnten, sowie ein komfortables Vorzimmer, in dem Gruppen von dreißig bis vierzig Personen auf Fra' Elias Empfang warten konnten.

Die Zahl der Pilger, die aus ganz Italien angereist waren, war doppelt so hoch wie im Vorjahr. Doch eingedenk der im Vorjahr gemachten Erfahrungen (man hatte damals eine so große Zahl von Besuchern nicht vorhergesehen) klappte diesmal dank der neuen Hilfstruppe alles wie am Schnürchen. Auch bei dieser Gelegenheit „befreite" Fra' Elia wieder einen Besessenen, besuchte einen Sterbenden und verzauberte die Anwesenden durch seine Worte. Besonders seine letzten Worte sind mir in Erinnerung geblieben:

„Es hat mich heute sehr geschmerzt, zu hören, dass Eltern ihrem Sohn verboten haben, seiner Berufung zu folgen! Wehe dem, der sich zwischen den Herrn und den, den er beruft, stellt! Wehe dem, der jene trennt, die Gott miteinander verbunden hat! Wie schön ist es, von Gott berufen zu werden! Welch ein Glück, Ja zu Gott zu sagen! Ich habe es getan und ich bin glücklich und habe die Freiheit, Jesus zu folgen, meinen Brüdern zu helfen. Wie könnte man nicht glücklich sein, wenn man die Freiheit hat, Gott zu folgen!

Auch der heilige Franziskus nannte seine Brüder „Gekreuzigte Menschen", die er dazu erzog, den Schmerz und den Tod zu lieben (welcher ja nichts anderes ist als der wunderbare Übergang zum ewigen Leben). Gekreuzigte Menschen, jedoch frei wie die Vögel, die betend, predigend und die Menschen bekehrend die Erde wie Engel durchstreifen. Wie der heilige Franziskus durchquert Fra' Elia die Erde und geht in alle vier Ecken der Welt und er geht ohne Geld und ohne Furcht, getragen, wie Pater Laurentin sagt, lediglich durch die Charismen Gottes und einen Geist, den die Welt den eines Abenteurers nennen würde, die Christen jedoch als den Geist eines Apostels bezeichnen. Er verbreitet die Liebe und folgt der Aufforderung, die Jesus an seine Apostel gerichtet hat: „Geht in alle Welt und predigt allen Menschen das Evangelium."

Der Bruder

Ich danke dir, Herr,
für jeden Bruder, den du mich begegnen lässt!
Danke, Jesus!
Wie unermesslich groß du bist!
Wie schön es ist, dein Antlitz zu sehen
in jedem meiner leidenden Brüder,
wenn jedes Antlitz sich erleuchtet
durch das Licht des Paradieses!
Ich danke dir, Jesus,

für die Sonne und die Sterne,
für alle noch schöneren Geschöpfe,
für jedes Ding, für jedes Zeichen
und für deine Hand, die voller Liebe ist
für uns und die ganze Schöpfung.

Auf dem Rückweg von Neapel nahmen wir einen neuen Mitbruder mit, Pasquale aus Caserta.

Ich kannte ihn bereits, da ich ihm schon ein paarmal während der Gebetstreffen in Calvi begegnet war. Und nun war er endlich aufgenommen worden.

Pasquale

„Als meine Jugendzeit zu Ende ging, genau an einem Scheideweg meines Lebens, war ich verwirrt und ich hatte einige Schwierigkeiten, wie alle Jugendlichen in dem Alter. Um meinenWeg nicht zu verfehlen, rückte ich näher an die Kirche und setzte mein ganzes Vertrauen in Gebete und die Sakramente. Der Herr hat mich erleuchtet und mir die Möglichkeit eröffnet, an einer Gebetsgruppe teilzunehmen.

Nach drei Jahren des Gebets um eine Berufung begab ich mich mit meiner Gruppe zu Fra' Elia ins Kloster. Ich ging mit einem Herzen voller Aufruhr zu ihm und als ich ihm gegenüberstand, gestand ich ihm meine Schwierigkeiten und auch, dass ich den starken Impuls spürte, im Kloster bleiben zu wollen. Doch Fra' Elia lehnte ab. Davor müsse ich noch einen langen Weg zurücklegen! Ein Jahr später kehrte ich wieder in das Kloster zurück, bekehrt und voller Zuversicht, aber auch diesmal wurden meine Hoffnungen enttäuscht. Fra' Elia sagte mir, ich solle nach Hause zurückkehren, fügte aber hinzu, dass wir uns wiedersehen würden. Kurz darauf war er es, der mich von seinem Handy aus anrief, doch da ich voller Zweifel war, beantwortete ich aus Angst sein Telefonat nicht.

Also rief Fra' Elia meine Telefonnummer zuhause an. Ich war in der Messe und meine Schwester nahm das Telefon entgegen. Als ich ihn zurückrief, fragte er mich ganz einfach, wie es mir denn gehe und sagte, dass er jetzt bereit sei, mich aufzunehmen.

„Wann möchtest du kommen?" „Sag du es mir, Fra' Elia", erwiderte ich tief bewegt. Schließlich verabredeten wir, uns in Neapel zu treffen.

Fra' Elias Weg ist bereits vorgezeichnet

In diesem Monat hatte unser Verleger Piero Mantero viel zu tun, um die neuen Verträge für den Vertrieb meines Buches in litauischer und in englischer Sprache für die Vereinigten Staaten, England und den Kosovo sowie für Kanada und Australien zu erstellen. Auch die Zeitschrift *Angeli e Arcangeli* sollte in Kanada und Deutschland verkauft werden. Und das alles, ohne dass er, ich und am wenigsten Fra' Elia einen einzigen Handschlag dafür getan oder dies jemandem vorgeschlagen hätten! Fra' Elia öffnen sich die Pforten zur Welt von ganz allein. Es ist wahr: Meine Bücher waren für ihn Wegbereiter und sind es noch, aber es entspricht genauso der Wahrheit, dass er sich seiner Mission gewachsen fühlt, ja, sogar alle Erwartungen übertrifft. Offensichtlich hatte der Herr entschieden, Fra' Elias Weg, *in primis* (am Anfang) mit Hilfe meiner Worte zu beschleunigen. Und heute zeigen die Leute mir nicht nur, dass sie mir glauben, sondern sie helfen mir, indem sie mir Dutzende über Dutzende von Zeugnissen zuschicken, mit der Erlaubnis, diese zu veröffentlichen. Wie auch immer - mit meiner oder ohne meine Hilfe - Fra' Elias Weg ist bereits vorgezeichnet.

Wenn ich das wunderbare Vorwort von Pater Massimo Fatato Fusarelli in meinem zweiten Buch „Das Mysterium des Lichts" erneut lese, erregen einige seiner prophetischen Sätze meine Aufmerksamkeit: „Bewertet man im Hinblick auf Fra' Elia die unzähligen Gnaden, Bekehrungen, Heilungen, Exorzismen, die aufgrund seiner Fürsprache in so kurzer Zeit erfolgt sind, so kann man leicht erahnen, dass Gott ihn in der ganzen Welt für die heilige Mutter Kirche in ihren Dienst nehmen will.

Und Jesus sagt uns, dass wir glauben, die Fakten mit der Hand berühren, mit allen Charismatikern zusammenarbeiten sollen, die er uns gesandt hat, um unser Bewusstsein wachzurütteln, zum Wohl aller seiner Erwählten. Jesus spricht: `Wenn ihr die Jahreszeiten erkennen könnt, wieso gelingt es euch dann nicht, die Zeichen dieser Zeit zu erkennen? Urteilt doch selbst: Ein jeder Baum, der gesund ist, kann keine schlechten Früchte tragen, so, wie ein schlechter Baum keine guten Früchte hervorbringen kann. Bleibt vereint und liebt einander, um meinem Vater die Ehre zu erweisen. Daran wird man erkennen, dass ihr meine Brüder seid.`

Das Geheimnis des Lebens

Von Stefano Jurgens

„Der Herr Jesus, Gott und Gottes Sohn, ist unser Erlöser. Er ist unser Schöpfer und die Pforte zum ewigen Leben. Das Geheimnis des Lebens ist genau jenes, ihn jeden Tag in unserem Herzen anzuerkennen, ihn im Geist zu suchen und uns nach einer persönlichen Begegnung mit ihm zu sehnen und jede Entscheidung, die Jesus für uns trifft, zu akzeptieren, weil nur er weiß, was für unser Heil notwendig ist. Die Wunder des Herrn manifestieren sich auf vielfältige Weise, auf konkrete Art, sichtbar und spürbar. Fra' Elia zum Beispiel, den ich kennengelernt habe, ist vom Herrn mit einer unendlichen Fülle von Charismen begnadet worden, die er zum Wohl anderer Menschen einsetzt. Und in der Tat: Der Herr bewirkt durch ihn Heilungen, Bekehrungen, Exorzismen, Wunder und andere außergewöhnliche Phänomene. Ich wiederhole: Ich habe mich nach Umbrien begeben, um ihn kennenzulernen, jedoch nicht, um eine Schießbudenfigur kennenzulernen, sondern einen einfachen Menschen, der, wenn er spricht, mit den Worten Gottes spricht und sich für unser Heil zu einem Mittler für den Willen Gottes machen ließ.

Fra' Elia hat mich in seinen Blick hineingelassen und in mir den starken Impuls geweckt, aus eigenem Willen selbst unaufhörlich zum Heiligen Geist zu beten, mir ebenfalls Charismen zu schenken, die anderen nützlich sein könnten. Ich habe schon an anderer Stelle über diese berühmten Charismen gesprochen, welche der Heilige Geist uns schenkt, und möchte einige aufzählen, wobei ich betone, dass die Vielfalt der Charismen sehr breit gefächert und es daher schwierig ist, alle hier aufzulisten. Nehmen wir zum Beispiel die Gabe, in anderen Sprachen zu sprechen. Es gibt heute Tausende Christen, die entdeckt haben, dass sie in einer fremden Sprache beten oder singen können, intellektuell erfassbar und verständlich, sogar für sie selbst. Fakt ist, dass wir, wenn wir ganz normal beten, nicht wirklich wissen, wie wir beten, welche Worte wir benutzen und um was wir Gott wirklich bitten sollen. Mit der Gabe, in fremden Zungen zu sprechen, drückt sich unser Geist hingegen in der Sprache der Engel aus und bittet Gott in der rechten Weise um das, was wir effektiv benötigen.

Dann gibt es das Charisma der Prophetie. Derjenige, der das Charisma der Prophetie hat, spürt in sich ein Wort der Erkenntnis und hat daher den starken Impuls, mit lauter Stimme das zu verkünden, was er in sich spürt und was das ist, das der Herr ihm sagt und üblicherweise etwas betrifft, was soeben passiert oder passieren wird.

Wer das Charisma der Heilung besitzt, dem gelingt es, durch das Gebet außergewöhnliche und an Wunder gemahnende Heilungen zu erzielen. Dann gibt es das Charisma der Barmherzigkeit, das der Lehre, das der Weisheit, das des Exorzismus und noch viele andere mehr.

Aber auch, wenn es eine Vielfalt von Charismen gibt, so gibt es nur einen Geist und wenn es auch verschiedene Mysterien gibt, so gibt es nur einen Herrn; alle gehen vom Herzen aus, einige werden der Katholischen Charismatischen Erneuerung gegeben, andere Menschen wie Fra' Elia, einem einfachen

Bruder, der für das Heil der Seelen leidet und Ja gesagt hat zu den Plänen Gottes.

P.S. Ciao, Fra' Elia, ich warte darauf, dass du mich wieder einlädst. Auf diese Weise kann ich bei dir ein weiteres Mittagessen „schnorren" und einen weiteren Segen, den du mir schon einmal im Namen des Herrn Jesus Christus, unseres Erlösers, erteilt hast.

Das warme Wasser

3. Dezember 2005 – Telefonat vom Kloster:

„Ciao, wir haben endlich warmes Wasser!" Fra' Elias tönende Stimme verriet Freude, Genugtuung und sehr viel Dankbarkeit für die göttliche Vorsehung.

Er kündigte mir dieses Ereignis an, als hätte er ein riesiges Geschenk bekommen. Fra' Elia war glücklich und dem Herrn für diese Gabe überaus dankbar.

Zeugnis der Liebe, des Glaubens und der Hoffnung
von Monika Ruffino

„Ich heiße Monika, bin 31 Jahre alt und leide unter Muskeldystrophie, einer genetisch bedingten Krankheit, die immer weiter fortschreitet und die Muskeln immer mehr angreift.

Als junges Mädchen fragte ich mich oft, was meine Berufung sein könnte, doch es gelang mir nicht, sie klar zu erkennen, da ich wusste, dass jede Art von Weg, den ich einschlagen wollte, stark von meinem Zustand abhängig sein würde.

Trotzdem hatte der Herr bereits einen Weg für mich vorbereitet. So begann ich in der Tat, auf völlig unerwartete Art und Weise in einer Gruppe katholischer Studenten Erfahrungen in Bildung und im Miteinander-Teilen zu machen, die zur Festigung einer tief empfundenen Freundschaft beitrugen, besonders mit einem Jungen der Gruppe: Alessandro.

Noch bevor uns beiden das bewusst wurde, nahm Gott uns von Anfang an bei der Hand und gab uns die Gelegenheit, ihm in allem während der sechs Jahre unserer Verlobungszeit zu folgen, und zwar in einem wirklich ganz speziellen Vorbereitungskurs für unsere Ehe: In diesem führte ein Karmeliterpater uns zu zwei Ehepaaren, eines jung, das andere in reifem Alter, deren Verbindung uns in all ihrem Reichtum erleuchtet hat und uns vieles offenbarte über die großen Prinzipien und kleinen Aufmerksamkeiten, die grundlegende

Harmonie, welche die christliche Ehe prägt. Die Tiefe des Glaubens des Paters eröffnete uns wunderbare Durchbrüche in das unergründliche Mysterium der Einheit mit Gott, während das Erfahren der Liebe der Ehepartner, die in den vielen Verbiegungen des täglichen Lebens zur Neige zu gehen droht, sich als eine unersetzliche Schule erwies. Wir wurden gemeinsam mit der wahren Bedeutung der spirituellen Vater- und Mutterschaft konfrontiert und konnten sie ausprobieren (wir würden keine Kinder haben können, auch wenn bis heute immer noch die Hoffnung in mir lebt, dass Gott seine Wunder wirkt) und somit auch die Bedeutung erkannten, in seinen Augen eine Familie zu sein.

Ich möchte hier nur eine kleine Einzelheit wiedergeben, die erkenntlich macht, wie viel der Kurs für uns bedeutet hat: eine Anekdote, die uns über Papst Johannes XXIII. enthüllt worden ist; sie erzählt, dass er eines Tages von seinem Fenster aus ein Ehepaar beobachtet hat, das, sich an der Hand haltend, in Richtung Peterskirche ging. Das zeigte ihm, wem sie nahestanden, als Modell einer christlichen Ehe, in dem die Eheleute vereint miteinander vorwärts schreiten, wobei jedoch nicht einer den Blick auf den anderen richtete, sondern nach oben, zu Gott.

Es war ein Weg, der uns beide geprägt hat: Alessandro wurde sich der objektiven Schwierigkeiten, denen wir uns würden stellen müssen, bewusster, genauso wie der Opfer, des Verzichts, die eine Ehe mit sich bringen würde. Ich dagegen musste lernen, in vielerlei Hinsicht meine Ängste und Zweifel, die mit meiner Krankheit verbunden waren, zu überwinden. Ganz besonders musste ich mich fragen, ob eine mögliche zukünftige Heirat ein Geschenk von Gottvater war oder ein Akt von Egoismus, der, wenn das so war, nur negative Auswirkungen haben würde, vor allem für Alessandro?

Seit unserer Heirat am 29. Juli 2000 sind bereits fünf Jahre vergangen. Während ich diese Zeilen schreibe (in Wirklichkeit ist es die Mutter, die unter dem Diktat von Monika schreibt), kann ich sagen, dass ich jeden Tag mehr entdecke, dass Gott uns aus der Ewigkeit her mit einer treuen und barmherzigen Liebe liebt, und dass er will, dass wir ihn genauso lieben, indem wir uns selbst vergessen und sich einer für den anderen vollkommen aufopfert, als Demonstration seiner Liebe.

Ich kann das bestätigen trotz der Tatsache, dass sich vom menschlichen Standpunkt alles sehr schwierig gestaltet. Ich kann das bestätigen, obwohl ich mit dem Schmerz leben muss, in allem eine Hilfe zu brauchen, auch während der Nacht. Ich kann das bestätigen, weil, dank der Gebete von Fra' Elia, der Herr mir wieder ein wenig mehr Kraft in den Gesichtsmuskeln gegeben hat, was mir erlaubt, wenigstens teilweise mit jenen zu sprechen, die an meiner Seite sind, wodurch er uns gewährt, jenes freudvolle Bedürfnis zu befriedigen, das ein echtes Sich-einander-Mit-Teilen bringt. Ich kann es bestätigen, weil, um es noch einmal zu sagen, dank der Gebete von Fra' Elia, der Herr unserer

Familie konkret geholfen hat, eine Zukunft zu haben. Er hat es so gefügt, dass Alessandro, entgegen allen menschlichen Erwartungen, sich beruflich verwirklichen kann (etwas, worauf er zu verzichten gedachte, um sich ganz mir widmen zu können); mit der Konsequenz, dass ich mich nun ihm gegenüber ein bisschen weniger als eine `Bürde` fühle. Ich kann es bestätigen, weil Gott, der die Liebe ist, uns wirklich die Möglichkeit gegeben hat, all das zu leben, jeden Tag, und ihm zu antworten:

`Ja, ich will!`

Sonderbericht Mailand – 10. und 11. Dezember 2005

Auch in Mailand war in der riesigen strengen Basilika des heiligen Augustinus wieder eine große Menge zusammengekommen, viele Freunde aus Venetien, Verona, Bergamo und Monika, die an Bord einer Ambulanz kam, und Prof. Berrino (der bekannte Onkologe) mit seiner Frau, die genau wie die anderen warteten, bis sie für ein Gespräch mit Fra' Elia an die Reihe kamen. Aus Florenz durften natürlich auch Manuela und Cesare Prandelli nicht fehlen, die mit Freunden und Verwandten anreisten. Die Überraschung unter Überraschungen: auch ein Trupp von *RAI Uno* traf ein, angeführt von unserer Journalistenfreundin Sara Verta, die beabsichtigte, mit den Interviews von Leuten und den Motiven, die sie dazu bewegten, Fra' Elia zu folgen, ein Programm zu gestalten (das wenige Tage später in der Sendung „Leben direkt“ ausgestrahlt wurde).

Die Zeugnisse, die ich in Mailand sammeln konnte, sind sehr zahlreich: von Prof. Berrino, von Pasquale, dem letzten Bruder, der ins Kloster kam, von Michele, dem Diakon aus Venetien, der unfehlbar bei jedem Treffen anwesend ist, von Cesare und Manuela Prandelli und vielen anderen. Alle stellten ihre bewegenden Erfahrungen auf großartige Weise dar und bedankten sich öffentlich.

Sara jedoch wollte sich mit den gesammelten Zeugnissen nicht begnügen, sondern wartete geduldig darauf, dass Fra' Elia aus dem Empfangszimmer kam, in der Hoffnung, mit ihm Kontakt aufnehmen zu können. Kaum dass sie ihn sah, lief sie zu ihm hin und zupfte ihn am Ärmel. Fra' Elia drehte sich überrascht um und erkannte sie. Er erklärte ihr, dass er keinerlei Fragen beantworten wollte und konnte. Doch Sara wollte unbedingt zwei Aspekte in Bezug auf die Erklärungen der Leute erhellt haben, sodass Fra' Elia gezwungen war, ihr kurz zu antworten, wobei er auf der Tatsache beharrte, dass nicht er es sei, der die Gnaden schenke, sondern einzig und allein der Herr. Darüber hinaus fügte er noch hinzu, dass das Gebet, aufrichtigen Herzens gesprochen, sehr wichtig sei.

Später schnitten die Verantwortlichen im *RAI* nach Prüfung des Films den größten Teil der Zeugnisse heraus, weil sie die Aussagen von den Prominenten Cesare und Manuela Prandelli medienwirksam in den Mittelpunkt stellen wollten, ebenso Fra' Elias Antworten, wobei sie auch da den Anfang herausschnitten, der zeigt, wie sich die Journalistin Fra' Elia in den Weg stellte. Sogar die Agentur *ANSA*, (die staatliche italienische Nachrichtenagentur) verbreitete die Nachricht, sodass Fra' Elia als Thema sogar in den Sportzeitungen landete. Die Wege des Herrn sind wirklich unergründlich!

Ein Morgen in Mailand – Bilokation?

Zeugnis, gegeben von Signora Gabriella C.S. aus Lodi

Wie seltsam das Leben doch ist! Ja, seltsam wie das Zeugnis, das ich für sie schreibe.

„Ich bin eine Person, die immer auf der Suche nach der Wahrheit ist, und lebe im Alltag für meine Pflichten, wie jeder in der Familie. Ich habe einen Mann und drei Töchter. Was die Arbeit betrifft, so übe ich den Beruf einer Architektin aus und in der Pfarrgemeinde bin ich Lektorin für das Wort Gottes. Mein Blick erhebt sich ständig zum Himmel und zwischen einer Wolke und einem Stern versuche ich immer die Mysterien der Schöpfung zu ergründen, genauso wie die Schönheit des Lebens. Manchmal kommt es vor, dass ich nicht immer gleich die Antwort auf meine Fragen finde, die oft sehr tiefgründig sind, wie zum Beispiel über die Geburt, den Tod und die Auferstehung Jesu, sodass ich bete und über den Rosenkranz der Allerheiligsten Jungfrau meditiere; und sie, die Lehrmeisterin und Mutter, hört meinen Ruf und verwendet sich bereitwillig für mich, indem sie meinem armen Herzen Frieden schenkt.Das ist die wirkliche Antwort auf meine andauernde Suche nach der Wahrheit: das Gebet.

Auf jede Antwort jedoch wurde mein Fragen immer drängender, bis ich ständig nur noch nach Gott dürstete.

Ich weiß, es klingt unglaublich, aber das Gebet ruft Gebet hervor und führt dazu, dass, wer betet, jemanden herbeiruft, der auch betet, in der Erkenntnis, dass das betende Individuum in der Sprache Gottes wie der eigene Bruder ist.

Auf diese Weise habe ich vor circa zwei Jahren Mico kennengelernt, jemanden, der den Rosenkranz zur Allerheiligsten Jungfrau überaus verehrte und dem ich mich anvertraute. Nicht, weil ich seine Vergangenheit kannte, sondern wegen seiner Art zu beten.

Er ist in das Ave Maria verliebt und wenn jemand wie er ununterbrochen Blütenblätter für die Madonna pflückt, dann können wir beruhigt sein: Wo die Madonna ist, dort befindet sich auch Jesus.

Man betet mit Mico in der Pfarrgemeinde und er ist unerbittlich. „Den Rosenkranz rezitiert man mit den Litaneien", sagte er eines Tages zu mir. So lernten wir uns kennen und erkannten uns als Brüder in Christus.

Als ich begann, ihm meine spirituellen Gedanken und meine Erfahrungen mit dem Herzensgebet anzuvertrauen, sagte er errötend zu mir: „Du musst mir das nicht alles erzählen." So lernte auch er mich kennen und eines Tages fragte er mich, ob ich mit ihm zu einem gewissen Fra' Elia mitkommen würde.

Ich fragte ihn, ob der ein Ordensbruder sei, und er antwortete mir: „Er ist kein Bruder, er ist Fra' Elia." Weil ich das nicht kapierte, fuhr ich fort: „Ja, in Ordnung, ich komme mit, aber wer ist er?" Er erwiderte: „Er ist wie Pater Pio, er hat die Stigmata." Mehr sagte er dazu nicht.

Wir verabredeten uns für den 7. Mai 2005 morgens um 7.30 Uhr vor meinem Haus, jeder mit seinem Wagen, um für die Rückfahrt unabhängig zu sein. Wir fuhren also nach Mailand, um von diesem Charismatiker Fra' Elia empfangen zu werden. Mich begleitete eine Freundin namens Mira aus dem Ort. Um 8 Uhr waren wir bereits am Ziel und die Organisatoren informierten uns, dass Fra' Elia die Leute in Gruppen von 25 bis 30 Personen auf einmal empfangen würde. Wir sollten in der zweiten Gruppe an die Reihe kommen.

Während wir warteten, befielen mich Zweifel: `Und wenn all das nicht von Gott kommt?` Also begann ich den Rosenkranz zu beten und bat den Herrn um ein Zeichen, das mir zeigte, dass ich vor einem seiner Werkzeuge stand, oder wenn nicht, dass er mich beschützen solle. In genau dem Moment wollte ich eigentlich die Flucht antreten, aber eine Kraft hielt mich zurück und mein Herz schlug wild. Es war zu spät um wegzulaufen. Die Tür öffnete sich und Mira und ich traten ein. Wir stellten uns alle in einem Kreis auf.

Wir standen hinten links, an der Eingangstür. Als Fra' Elia zu uns kam, sprach Mira als Erste mit ihm. Dann schaute Fra' Elia mich an. Ich sagte nichts, zeigte ihm aber die Fotos meiner Familie und meiner Brüder (ich habe sechs).

Er blickte mich weiter an und sagte lächelnd: `Von nun an beten wir alle gemeinsam.` Als er weiterging, roch ich den Duft von Zyklamen, lieblich und durchdringend. Ich wandte mich an Mira: `Riechst du das auch?`

`Was?` `Den Duft!` `Nein.` Aber sie kann schon seit langem keinen Geruch mehr unterscheiden, bedingt durch einige Chemotherapien, denen sie sich hat unterziehen müssen,daher konnte ich eine positive Antwort von ihr nicht erwarten. Mir kam der Gedanke, dass dieser Duft die Antwort sein könnte, um die ich gebeten hatte, in der Absicht, mir verstehen zu geben, dass ich mich zur richtigen Zeit am richtigen Ort befunden hatte. Als wir dort wieder herauskamen, gingen wir nach vorn zum Verkaufsstand, auf dem verschiedene Bücher und Zeitschriften ausgelegt waren. (Einige der Bücher hatte ich bereits gelesen.)

Mico, der dort war, um den Ordnungskräften zu helfen, empfahl mir das Buch `Der Engel mit den Wundmalen Christi` von Fiorella Turolli zu kaufen, was ich tat.

Freundlich stellte er mich Frau Turolli vor und bat sie, mir eine Widmung ins Buch zu schreiben. Ich kaufte auch zwei Zeitschriften, die über Fra' Elias Passion berichteten, in der Absicht, damit meiner Familie ein Zeugnis über den in Mailand verbrachten Morgen zu geben.

Wieder daheim, zeigte ich die beiden Magazine meinen älteren Töchtern und legte das Buch in den Bücherschrank, der in meinem Schlafzimmer steht. Aufmerksam las ich die Zeitschriften und nichts an dem Mann, der mir bis dahin unbekannt war und den ich kurz zuvor in Mailand gesehen hatte, war mir fremd. An dem Abend gingen in meinem Haus gegen 23 Uhr die Lichter aus und ich begann, meine abendlichen Gebete zu sprechen. Plötzlich, während ich betend auf dem Sofa saß, präsentierte sich meinen Augen ein Bild: der halbe Oberkörper von Fra' Elia.

Sein Gesicht war genauso, wie ich es wenige Stunden zuvor gesehen hatte, der Bart nicht rasiert, seine schwarzen Augen auf mich fixiert und sein Gewand weiß, mit smaragdgrünen Borten. Ich schloss die Augen, öffnete sie wieder und sah ihn noch einmal einen Moment lang. Er sagte nichts und verschwand. In diesem Augenblick betete ich noch intensiver, mit noch mehr Inbrunst, überzeugt davon, dass dieser Mann, Fra' Elia, einen Beitrag zu meinem spirituellen Aufstieg leisten würde, dem gegenüber ich nicht gleichgültig sein konnte.

Erst heute, am 5. Oktober 2005, kann ich ein Zeugnis davon geben, was ich erlebt habe, da ich erst vor einer Woche aus meinem Bücherschrank das Buch `Der Engel mit den Wundmalen Christi` herausgezogen und erst beim Lesen verstanden habe, was für ein Werkzeug Fra' Elia ist: welch kostbares Sprachrohr der Liebe Gottes, der Mensch geworden und der Stammvater einer Schar von Gotteskindern ist, die mit Sicherheit auf dem Weg zur Heiligkeit sind.

Die Autorin des Buches, Fiorella Turolli, ist als eine der wichtigsten Co-Sprachrohre einer froh machenden Geschichte in Erscheinung getreten, genauso, wie sie es mir in mein Buch geschrieben hat: `Für Gabriella...Die Wege des Herrn sind unergründlich...`

Und das ist wahr! Viele Wege verschließen sich, viele Wege öffnen sich, doch immer erscheint Gott am Horizont."

Gabriela C.S. (Lodi)

Bestätigung von der Insel Réunion (Madagaskar) – 18. Dezember

Die Reise sollte Ende Januar stattfinden, nach den Gebetstreffen am Monatsende, doch Fra' Elia, der an einer bösen (verschleppten) Bronchitis litt, war gezwungen, während der gesamten Weihnachtstage und sogar noch darüber hinaus das Bett zu hüten. Unter der strengen Beobachtung seines Freundes, Prof. Marcelletti, schaffte es Fra' Elia diesmal nicht (was richtig war), wie gewohnt seinen Pflichten nachzukommen. Stattdessen musste er sich die Zeit für die nötigen Kontrolluntersuchungen und die Rekonvaleszenz nehmen.Eine zweiwöchige Reise in tropischem Klima hätte eine zu große Strapaze bedeutet, und deshalb musste er sich die Insel Réunion fürs Erste aus dem Kopf schlagen!

La Vita in diretta (Das „Direkte Leben") – 19. Dezember

Nach der Nachmittagssendung von *RAI*, die auch im Ausland gesehen wurde, wurden wir alle von Briefen, Telefonaten, E-Mails und Bitten um Interviews überhäuft, die wir allesamt ablehnten. Unsere ausländischen Verleger richteten in Belgien, in Frankreich und Deutschland Internetseiten für Fra' Elia ein und die Arbeit verdoppelte sich für mich. Was für eine Freude, für den Herrn zu arbeiten! Die Bitten um Gebete, die bei mir via Internet ankamen und weiter ankommen, werden auf Dutzenden von Blättern ausgedruckt und an Fra' Elia weitergegeben, der sie seinerseits liest und in einen großen Korb in die Kapelle legt, wo täglich für alle Anliegen gebetet wird.

Meine Seele fühlte sich leicht an und nach so viel Zaudern und Unschlüssigkeit war ich mir endlich sicher, meine Arbeit entsprechend dem Willen des Herrn fortzuführen. Infolge der Mitteilung der Agentur *ANSA* über den Fall Prandelli meldeten sich zahlreiche Agenten bekannter Fernsehmoderatoren, die Fra' Elia in ihre Studios einladen wollten. Natürlich nahm dieser keine einzige dieser Einladungen an.

Eintreffen des Programms für Deutschland

Kurz vor Weihnachten erhielt ich von Pater Thomas Rimmel, dem Direktor des großen geistlichen Zentrums in Wigratzbad, das Programm über die vier Tage geistlicher Exerzitien (vom 22. bis 25. Juni 2006), unter der Teilnahme von Fra' Elia. Auf diese Art und Weise lernte ich die große Bedeutung dieses Zentrums kennen, das im Jahre 2006 sein 70-jähriges Jubiläum als Gebetsstätte feierte, dreißig Jahre Sühnegebet und zwanzig Jahre Rosenkranz-Bruderschaft. Außerdem zeigten mir die Fotos die Größe und Ausmaße dieser „Stadt des Gebets", wie sie in Deutschland genannt wird, die problemlos viertausend Gäste aufnehmen kann. Das tägliche Programm Fra' Elias sah neben den privaten Treffen das Beten des Rosenkranzes vor, die heilige Messe, eine Konferenz, die Anbetung vor dem Allerheiligsten - wie in Zug, Paris oder Brüssel.

Fra' Elia bekam nun Einladungen in große Heiligtümer in großen Städten, worüber er sehr glücklich war, weil er sagte: „Er schickt mich dorthin, wo ich sehr viele Schäfchen vorfinde."

Nach Weihnachten, im Kloster mit Fra' Elia – 26. bis 30. Dezember

Seit Fra' Elia in seinem Kloster wohnte, war es für mich zum Brauch geworden, gleich nach dem Weihnachtsfest ein paar Tage der intensiven Weihnachtsatmosphäre in diesen alten Mauern zu genießen. So kam es, dass ich mich am 26. Dezember 2005 flugs wieder in meinen üblichen Zug ab 11.20 Uhr Richtung Calvi setzte. Fra' Elia, noch immer Rekonvaleszent, kam mich mit dem Carabiniere Giovanni bei Hundewetter am Bahnhof abholen.

Doch rundherum sagten die Lichter und das bunte Blinken uns, dass es eine festliche Zeit war und unsere Herzen sich darüber freuen sollten. Es erschien mir unwirklich, keine Leute zu sehen, keine Bücher und Schildchen vorbereiten zu müssen und keinerlei Pflichten zu haben oder mit Fra' Elia über die Organisation oder andere Probleme diskutieren zu müssen, und voller Vorfreude auf die nächsten Tage „fernab von der Welt", endlich nur Ruhe und Frieden genießen zu dürfen, schritt ich über die Schwelle des Klosters.

Die Krippe

Man kann die Krippe von Calvi nicht beschreiben, ohne an ein surreales Szenarium zu denken.

Es war dunkel und sie erschien mir wie eine fantastische, glitzernde Fata Morgana, die,unter einer großen Wolke von zahlreichen weißen Engeln getragen, im Raum schwebte. Blockiert von der Tür, die Nase nach oben gerichtet (weil man die Krippe tatsächlich von unten vom Kreuzgang aus erblickte, ungefähr einen Meter hoch über der gesamten Fläche des Kreuzgangs aufgebaut), brachte ich kein Wort heraus. Meine Rührung war riesengroß als ich sah, wie viel Liebe in diese Arbeit gesteckt worden war, die das Leben in jener Zeit zeigen wollte sowie die Vorbereitung des Himmels und der Erde auf das größte Ereignis, das von allen Propheten angekündigt worden war, nämlich die Geburt des Erlösers.

Die Krippe kam mir riesig vor, sie lebte durch Pflanzen und Berge, sprudelnde Bächlein und Wasserfälle, Dörfer und Märkte, Brücken und Tunnel und all die Menschen, die über ihr Leben erzählten, über ihr Handwerk, während Maria unter dem großen Zelt auf ihr ärmliches Lager gebettet war, das Kind in den Armen, umsorgt von dem Zimmermann Josef. Die Engel flogen um sie herum und der schönste, der größte unter ihnen, jener unter dem Zelt, streute Rosenblätter, um zu zeigen, dass soeben die schönste Blume der Menschheit geboren worden war! Und dann waren da die vielen verschiedenen Klänge: die Orgel und der Dudelsack, das Wimmern des Kindes, das Blöken der Schafe, das Kreischen und Quietschen der Werkzeuge der Handwerker. Und da war das Licht in den Häusern und am ganzen Firmament über ihnen, das sich mit der Morgendämmerung und dem Sonnenuntergang veränderte. Und Fra' Elia zeigte sich wie immer glücklich, dass er mich mit seinem Werk wieder einmal hatte überraschen können!

Die Kapelle

Danach wurde ich sofort in die Kapelle geführt, um das Kind aus Jerusalem zu sehen, das am Fuß des Altars auf einem weißen Satintuch lag, zwischen goldenen Ähren und Weintrauben. Über ihm schwebten zwei Engel, die ihm mit festlichen Trompetenklängen Bewunderung zollten. Und Blumen, überall Blumen und Licht und Frieden und starke Gefühle.

Und da erschienen Schwester Domenica, Frate Sergio und die anderen - befand ich mich vielleicht im Paradies?

Jene Tage verflogen schnell, obwohl wir wegen Fra' Elias Rekonvaleszenz kein einziges Mal das Kloster verließen. Nichts als spirituelle Einkehr, Stille, Meditation, innere Klärung, wertvolle Ingredienzien, um einigen seelischen Ballast abzuwerfen und zu innerer Leichtigkeit zurückzufinden, damit der Weg mit erneuter Begeisterung fortgesetzt werden konnte. Und auch bei dieser Gelegenheit diktierte Fra' Elia mir wieder einige außergewöhnliche Gebete, die ich nachfolgend hier wiedergebe:

Bitte an Maria

„O, Maria, du bist die Sonne, die strahlt
im Zentrum des Lichts!
Du, die du unsere Mutter bist,
du, die in der Stille
die Blume des Lebens empfangen hat,
erfülle, o, Maria,
alle unsere Bedürfnisse!
Gib, dass unsere Gebete
dich erreichen, o, Maria,
als Mutter, Freundin und Vertraute.

Möge der Sinn des Lebens
uns zur Vollendung führen,
aus Liebe zu dir, o, Maria!
Nimm diesen Schleier fort,
durch den wir nicht sehen können,
um zu erkennen und zu bewundern,
wie unermesslich groß der Himmel ist -
so unermesslich groß
wie du, o, Maria,
unsere Mutter!"

An Maria, für die Familien

„O, Maria, tritt ein in unsere Familien!
Komm du, die du das Licht bist, o, Maria!
Du, die in ihrem Schoß
den Sohn Gottes getragen hat,
komm in unsere gebrochenen Herzen,
damit du der Friede in uns seist, o, Maria!
Komm, um uns von all unserer Furcht zu befreien!
Komm in unsere Mitte, o, Maria!
Auch, wenn wir rebellisch sind,
Komm, um unszu trösten, o, Maria!
Wie groß du bist, Maria, wie unermesslich
voller Freude und Liebe,
um uns allen zu helfen, o, Maria!
Wir flehen zu dir, o, Maria:
Beschütze uns und unsere Kinder,
die Kinder deiner Kinder!
Schenke uns eine Gnade
um der Verdienste Jesu willen,
damit jedes Herz sich öffne!
Wir hoffen auf dich
und auf eine Gabe Gottes, o, Maria!"

Ich glaube in der Prüfung

„Ich glaube, dass du uns führst,
auch, wenn du dich nicht bemerkbar machst,

um uns auf die Probe zu stellen,
damit wir dich noch mehr lieben.
Ich glaube an deine unermesslich große Liebe,
die uns erleuchtet und uns hilft,
den Weg zu dir zu gehen, so wie es dir gefällt.
Ich glaube, dass du uns auch in der schwersten Prüfung
mit Liebe und Zärtlichkeit hilfst,
um uns zu dir zu führen, so wie es dir gefällt.
Und ich glaube auch, dass du uns in der Stille
sogar noch mehr wachsen lässt.
Ich glaube, dass du in der Freundschaft, die du uns schenkst,
uns stark im Geist machst,
um stärker im Glauben zu werden.
Ich glaube, dass an jenem Tag
die Begegnung mit dir alles sein wird,
etwas, das unser Leben erblühen lassen wird,
weil wir in dir sein werden
und du in uns."

Warum ich geboren wurde

„Ich wurde nackt geboren, wie es mein Vater gewollt hat.
Darum könnt ihr euch von allem freimachen.
Ich bin arm, damit ihr einen einzigartigen
Schatz anschauen könnt.
Ich bin in einem Stall geboren,
damit alle mich sehen
und alle die Segnungen
in ihre Familien tragen können.
Ich bin schwach,
damit ihr niemals
Angst vor mir haben müsst.
Aus Liebe hat mein Vater
mich der Welt geschenkt,
damit ihr alle mich
lieben könnt,
so, wie ich euch liebe.
In der Nacht hat er mich
dem Licht der Welt anvertraut,
damit die Welt

das Leuchten eines Sterns sieht.
Das ist die Wahrheit!
Ich musste Mensch werden,
damit die Welt sich niemals
ihrer selbst schämen muss.
Und ihr Menschen seid,
wie Gott sie haben will.
Ich musste ein ganz einfacher Mensch sein,
damit mein Kreuzweg beginnen kann.
Und auch du musst einfach sein,
weil du nur in der Einfachheit die
Wahrheit erkennen wirst.
Ich bin mit dir auf deinem Weg und du bist nicht allein.
Warum isolierst du dich von allen, wenn ich doch bei dir bin?
Ich werde dich zum Haus meines Vaters führen!"

Gebet

„Wie das sprudelnde Wasser,
So lechzt meine Seele nach Dir, o, Gott!
Lehre mich zu schweigen
Um keinen Schaden anzurichten.
Doch mache mich zu einer Glocke,
Die, wenn sie läutet,
In den Herzen aller nachklingt.
Schenke mir Frieden und festen Glauben,
Den Glauben, der alle miteinander eint,
Ohne Zweifel und Furcht.
Mache mich immer bereit zu vergeben,
Damit die schönen Dinge ihren Anfang nehmen und wieder vergehen können.
Und danach alles so klar ist wie das Wasser, das fließt
Und weiterläuft ... doch möge der Widerschein Deiner Liebe
mit unseren Seelen vereint bleiben."

Das Geschenk eines Engels am Neujahrstag

Der 1. Januar 2006 – Bei der heiligen Messe, die ich mit meinem Ehemann besuchte, wurde ich die Protagonistin eines kleinen Wunders. Ich möchte vorausschicken, dass ich, seit ich in dem neuen Haus wohnte, hin und wieder mit ein klein wenig Nostalgie an das alte Haus dachte, wo ich die Gnade gehabt hatte, zusammen mit Fra' Elia unendlich viele außergewöhnliche Erscheinungen zu erleben: Girlanden, die von allein zu schaukeln anfingen, Trompetenklänge, die plötzlich ertönten, Gegenstände, die sich von alleine verstellten - alles Zeichen dafür, wie Fra' Elia mir erklärte, dass sich die Engel mitten unter uns befanden. Viele Male sah ich in der Kirche meiner alten Pfarrgemeinde vor meinen Augen die großen Leuchter über dem Altar schwanken oder ich nahm Fra' Elias Duft wahr, als befände er sich direkt neben mir.

Heute brauchte ich diese Erscheinungen nicht mehr für meinen Glauben, doch all das zu erleben, war derart schön, dass ich gelegentlich ein intensives Verlangen danach verspürte.

An jenem Neujahrsmorgen wurde ich in einer halb leeren Kirche, als die Messe gerade angefangen und Gualtiero und ich unsere Stammplätze eingenommen hatten, im wahrsten Sinn des Wortes von einem intensiven Rosenduft überflutet. Ich erkannte ihn auf der Stelle, drehte mich jedoch ungläubig um, um zu prüfen, ob vielleicht jemand hinter mir saß, der diesen Duft hätte an sich haben können. Doch da war niemand, außer die drei Damen vor mir. Wenn ich sonst den Duft wahrnahm, weit weg von Fra' Elia, war es wie ein leichter Hauch, der rasch an mir vorüberzog und wieder verschwand. Doch an jenem Morgen verschwand er nicht, im Gegenteil, er wurde immer intensiver. Ich fragte Gualtiero, ob er den Duft ebenfalls wahrnehme. „Leicht", antwortete er mir. Ich näherte mich mit meiner Nase den Damen vor mir und begann ohne jede Scham, möglichst unauffällig an ihnen herumzuschnuppern.

Doch von ihnen ging der Duft nicht aus. Wie ich bereits sagte, waren nur wenig Leute in der Kirche und saßen verstreut, weit weg von uns, und im Übrigen war auch nach Beginn der Messe niemand mehr in die Kirche gekommen, der eine solche Duftwolke hätte hinter sich lassen können!

Danach beschnupperte ich meine Kleidung (dieselbe, die ich im Kloster getragen hatte), doch auch sie schien mir nicht zu duften, was mir wohl sonst bereits beim Anziehen aufgefallen wäre. Der Duft hing in der Luft und hüllte mich während der ganzen Messe ein. Nur, während ich mich vor dem Allerheiligsten befand, verschwand er. Nach der Messe rief ich sofort Fra' Elia an: „Bin ich verrückt, Fra' Elia?" „Nein, nein, danke dem Herrn und beruhige dich!" Am Tag der Heiligen Drei Könige passierte das Gleiche. Vom Anfang bis zum Ende der heiligen Messe war dieser unverwechselbare Duft da, wundervoll, so intensiv duftend, dass ich „quasi" das Gefühl hatte, mich mitten unter den Engeln zu befinden. Als ich heimkam, rief mich Fra' Elia an.

„Glückwünsche, Glückwünsche!", hörte ich seine scherzende Stimme sagen.

„Danke, danke ..."

Und dann erzählte er mir, sofort, nachdem ich ihn über den Duft informiert hatte, dass er in dieser Nacht, gegen zwei Uhr morgens, Seelen aus dem

Fegefeuer hatte zurückkommen sehen. Sie waren von Flämmchen umgeben, die sich auf ihrem Weg entzündeten.

Duft in Verona
Zeugnis von Sergio Faggion di Buttapietra (Vr)

Ich heiße Sergio, bin verheiratet und habe drei Kinder. Dank lieber Freunde lernte meine Frau Fra' Elia im Juni 2003 kennen und ich im Oktober. Seither haben uns seine Worte viel Trost gegeben und uns geholfen, die schwere Krankheit, die mich vor drei Jahren befiel, zu bekämpfen. Während unserer ersten Begegnung habe ich seine Stigmata gesehen und das Zimmer, in dem wir uns befanden, war von einem intensiven Rosenduft erfüllt. Seitdem wurden die Begegnungen immer vertrauter und wir schöpften jedes Mal neue Kraft, Hoffnung und Glauben, um unseren schweren Weg weitergehen zu können.

Eines Sonntags, Ende September 2003, wollte ich mit meiner Familie in einem kleinen Dorf in der Nähe von Verona in die Abendmesse gehen. Doch wegen eines irreführenden Zeitplans kamen wir erst am Schluss der Messe dort an. Verärgert machten wir uns auf den Rückweg, als sich ganz plötzlich unser Wagen mit einem starken Rosenduft füllte.

Als wir Fra' Elia erneut trafen, erzählten wir ihm davon und er lächelte uns an. Niemals werde ich dieses Lächeln vergessen können! Am Weihnachtstag 2003 hüllte uns im Urlaub in der Karibik während des Frühstücks der uns mittlerweile so vertraute Duft erneut ein. Auch darüber lächelte Fra' Elia, als wir ihm davon erzählten. Am 2. Februar 2004, als wir Kartons für Fra' Elias Kloster mit zusammengesammelten Kleidungstücken packten, gingen wir – aus welchem Grund auch immer – kurz in den Garten hinaus. Und inmitten der Eiseskälte und des Nebels an jenem Abend nahmen wir ganz deutlich wieder jenen Rosenduft wahr, der immer stärker wurde. An diesem Punkt riefen wir auch unsere Kinder und trotz der Kälte erkannten auch sie den Duft sofort. Der Kontrast, wenn man es so bezeichnen darf, war bewegend: Poebene, Nebel, Kälte und ... ein intensiver Duft von blühenden Rosen! Auch diese Erfahrung war für uns überaus tröstlich,weil sie uns die Gewissheit gab, dass wir in unserem Kampf nicht allein waren!

Am 25. Februar 2005 war meine Frau im Krankenhaus, da unsere größere Tochter am Blinddarm operiert wurde. Während sie auf den Ausgang der Operation wartete, blieb sie vor einem Madonnenbild stehen, um zu beten. Plötzlich breitete sich in dem Raum und im Flur der gewohnte Rosen- und Blumenduft aus. Dem Kind ging es wieder besser und auch meine Untersuchungen verliefen gut.

Ein paar Tage später, an einem Donnerstag, ging meine Frau zur Messe in die *Arche Scaligere*, wo man die heilige Rita verehrte. Während sie dort die Reliquie streichelte, hüllte derselbe Duft ihre Hand ein und blieb einige Stunden lang an ihr haften. Ein paar Monate später - es war immer noch kalt - saß ich am Steuer meines Wagens. Da schien mir, als würde meine rechte Hand nach Rosen duften. Der Duft ging nicht weg und ich nahm ihn weiterhin wahr. Als ich an meinem Ziel ankam, fragte ich einen meiner Freunde, ob meine linke Hand nach irgendetwas rieche.

Er verneinte. Doch kaum hatte ich ihn an meiner rechten Hand schnuppern lassen, antwortete er sofort: Ich rieche ein angenehmes Parfum. Im August 2005, während des Urlaubs auf der Insel del Giglio, hüllte uns um die Mittagszeit der unvergessliche Duft wieder gut zweimal ein.

Und auch heute noch nimmt meine ganze Familie den Duft gelegentlich wahr. Das gibt uns die Bestätigung dafür, dass Fra' Elia immer bei uns ist und bei allen, die ihn kennen gelernt haben, und dass seine großen Leiden und seine Gebete uns auf unserem Weg ins Licht helfen.

Am Abend des 12. Januar 2006

Ich schaute mir gerade ein Vorabendprogramm im Fernsehen an, als Fra' Elia anrief, um mich darauf aufmerksam zu machen, dass im *Kanal Sieben* über Maria Magdalena gesprochen wurde. „Schau dir die ganze Sendung an und danach sprechen wir uns noch einmal", sagte er eilig und legte auf.

Nachdem ich aufmerksam jedem Wort und jedem Kommentar bis zum Ende gelauscht hatte, verglichen wir das Ganze mit dem, was uns bekannt war. Dabei rückte Fra' Elia nicht ein Quäntchen von seinem Standpunkt ab, sondern fügte darüber hinaus sogar noch einiges hinzu, worüber ich sehr erleichtert war.

Wie ich bereits andeutete, sind alle seine Enthüllungen in einem Buch gesammelt, das aber erst dann veröffentlicht wird, wenn Fra' Elia es für richtig hält, gegebenenfalls erst nach seinem Tod.

Am Nachmittag des 13. Januar 2006

Fra' Elia rief mich an, um sich zu erkundigen, ob es irgendetwas Neues gebe. „Nichts", erwiderte ich verwundert, da ich keinerlei Neuigkeiten erwartete. „Ich widme mich seit heute Morgen dem dritten Buch und sonst ist nichts passiert", sagte ich ihm. „Warum fragst du?" „Einfach so."

Exakt fünf Minuten später rief mich Frau Di Stefano an, die Frau des großen Tenors, der früher mit Maria Callas im Duett gesungen hatte. Jene teilte mir mit, dass sie nach Fra' Elias Gebeten die erbetene Gnade erhalten hatte. Ich hatte zehn Tage zuvor mit ihr gesprochen und wie alle anderen hatte auch sie mir den Namen der Person, für die sie Gebete erbat, durchgegeben. Fra' Elia hatte mit seiner Gemeinschaft für ihr Anliegen gebetet. Die Frau hatte von Fra' Elia durch mein Buch in deutscher Sprache erfahren, das ihr die verlorene Hoffnung zurückgebracht hatte und nun war es ihr ein Bedürfnis, Fra' Elia für seine Fürsprache zu danken. Als ich Fra' Elia davon erzählte, unterbrach er mich sofort und sagte: „Ich wollte dir vorhin nichts sagen, aber ich wusste es bereits."

Zeugnis aus Deutschland – Bilokation?

Gegeben von Schwester Maria-Regina, Priorin des Klosters der Ursulinen in Königstein

Am 20. Januar 2006 schrieb mir meine Freundin Ingrid folgendes: „Heute Morgen fand ich unsere Schwester Oberin sehr deprimiert vor, da sie sich wegen einer schweren Erkältung nicht ins Krankenhaus begeben konnte, wo sie sich einer Chemotherapie hat unterziehen sollen." Wir alle wussten, dass Fra' Elia für sie betete, doch an jenem Morgen sei sie ganz besonders mutlos und niedergeschlagen gewesen wegen der zermürbenden Therapie und sie habe sich gefragt, ob Fra' Elia denn wirklich für ihre Heilung bete.

Nach dem Mittagessen habe sie sich für ein kleines Nickerchen hingelegt und auf einmal habe sie Fra' Elia in einem strahlenden Lichtschein gesehen, der in vorwurfsvollem Ton zu ihr gesagt habe: „Wie kannst du nur denken, ich bete nicht für dich!" Sie sei sofort eingeschlafen, erleichtert und glücklich.

Sonderbericht Calvi – 28./ 29. Januar 2006

Das erste Treffen im neuen Jahr in Calvi! Es fing gut an: beißende Kälte und überall Glatteis, was uns dazu verführte, zu glauben, dass nur wenige Leute hierher kommen würden. Doch irgendetwas in mir sagte mir, dass das Gegenteil der Fall sein würde. Wie schon früher erwähnt, hatte die Fernsehsendung der *RAI* zum Jahresende das Interesse bei „Experten" jeder Art geweckt, ganz besonders bei Journalisten und Fernsehmoderatoren, mit nachfolgenden Einladungen in ihre Sendungen.

Natürlich ließ sich Fra' Elia nicht aus der Fassung bringen, sondern fuhr mit seinem gewohnten Leben fort und verweigerte sich jeder Kontaktaufnahme, die nichts mit seiner Mission zu tun hatte. Und nun war der Moment gekommen, wo ich etwas beichten musste: Unter den berühmten Medienleuten, die mit mir Kontakt aufgenommen hatten, war auch unser lieber Freund Piero Vigorelli (Kopf und Moderator der zwei Sendungen von *Miracoli*), der Fra'

Elia um Erlaubnis bitten wollte, während eines Gebetstreffens einfach nur die Leute interviewen zu dürfen. Er kannte Fra' Elias Abneigung gegenüber Journalisten nur zu gut und verlangte deshalb auch gar nicht, ein Interview mit ihm machen zu dürfen.

Er überzeugte mich, indem er mir sagte, dass die Zuschauer der Fernsehsendung *Miracoli* ihn schon seit langer Zeit mit Fragen in Bezug auf Fra' Elia überhäuften. Sie wollten erfahren, wie seine in den Jahren 2002 und 2003 begonnene Geschichte weitergegangen sei, und jetzt, da er der Leiter des journalistischen Formats von *Mediaset, Verissimo,* war, biete sich ihm endlich die Gelegenheit, dem nachkommen zu können.

Mir schien das gerechtfertigt, sodass ich zustimmte, ohne Fra' Elia irgendetwas davon zu sagen! So würde ihn niemand stören. „Ich werde dir eine sehr tüchtige Journalistin schicken!", fügte er hinzu. Ich rief auch den Verleger Piero Mantero an und bat ihn zu kommen, damit er sich mit mir die Verantwortung teilte. Da sich pünktlich um 8.30 Uhr die Tore des Klosters für alle jene, die hereinkommen wollten, öffneten, hatten wir entschieden, das Fernsehen ebenfalls ungestört eintreten zu lassen, genau wie alle anderen, und zwar genau am Sonntag, den 29. Januar. Ich beschränkte mich darauf, unseren ganzen Trupp von Ordnungskräften vorzuwarnen, die wie immer pünktlich auf ihrem Posten darüber wachten, dass nichts das seelische Gleichgewicht der Besucher trübte. Piero blieb bei mir. Fra' Elia betrat die Kapelle um viertel vor neun und begann sofort, die erste Gruppe von zwanzig Personen zu empfangen. Währenddessen hatte Fra' Sergio sich in sein Zimmer verkrochen, um zu lernen, weil ihn vier besonders harte Prüfungen erwarteten, und Schwester Domenica und Frate Pasquale bereiteten sich darauf vor, für die Gebete herunterzukommen.

Frate Fabio war krank. Ich blickte nach draußen: Zwei Reisebusse trafen soeben ein, gefolgt von einer Kolonne Autos, während zwei von uns bereits begonnen hatten, die nummerierten Zettelchen an die dichte Menschengruppe zu verteilen, die schon seit dem frühen Morgen wartete. Ich hatte den Eindruck, dass die Leute trotz der vereisten Straßen in größerer Zahl als üblich eintrafen, und ich begann, mir Sorgen zu machen, wie wir das Ganze in den Griff bekommen sollten. Ich wandte mich an den Herrn und damals bat ich ihn - das einzige Mal -, dass, wenn irgendetwas passieren sollte, es nicht zum Schaden von Fra' Elia sei. „Mach du!", sagte ich zu ihm. „Wenn es das ist, was du willst, übernimm du die Leitung; wenn es das Falsche ist, dann unterbrich du es!"

Die Truppe von *Mediaset* traf kurz nach neun ein: eine hübsche Journalistin und zwei Kameramänner. In wenigen Minuten hatte sie mich über Vigorellis Anweisungen in Kenntnis gesetzt: Sammeln von Zeugnissen, wenn möglich, ein Besuch in den Zellen der Brüder, ein Besuch in der Kapelle, in der Fra' Elia die Leute empfing, und, leider, auch ein paar Worte mit Fra' Elia selbst. „Hm", erwiderte ich. „Mit Fra' Elia zu sprechen wird unmöglich sein. Wie auch immer, es wird das geschehen, was Gott will!" Wir fingen mit den Interviews der Anwesenden an, die liebenswürdig zustimmten, über sich etwas zu erzählen. Danach waren einige Zooms von draußen fällig und an der Krippe rund um den Kreuzgang und während die Kameras bei dieser Arbeit immer näher an die Kapelle rückten, erblickten wir, völlig unerwartet, Fra' Elia vor der Tür, der sich mit einem Herrn im Rollstuhl unterhielt (wahrscheinlich war er herausgekommen, weil der Rollstuhl nicht über die Stufe kam, die zum Eingang der Kapelle führte). Prompt richteten sich die Fernsehkameras auf Fra` Elia, während ich zu ihm eilte, vor sein verdutztes Angesicht und, noch bevor er ein Wort verlieren konnte, zu ihm sagte: „Dein Freund Vigorelli hat uns das Fernsehen geschickt. Alle Türen waren offen und so sind sie einfach hereingekommen. Man konnte doch zu Vigorelli nicht Nein sagen! Sie wollten mit den Menschen reden und sehen, wie du lebst. " Nach ein paar Momenten des Zögerns erwiderte Fra' Elia: „Tja, in Ordnung."

Und er fuhr fort, sich weiter mit den Leuten zu unterhalten, als wäre nichts geschehen. Inzwischen machten die Fernsehleute ihre Aufnahmen und rührten sich nicht vom Fleck, so lange, bis Fra' Elia sich wieder in die Kapelle begab. „Aber wieso wollt ihr immer mit mir sprechen? Ich bin allergisch gegen Journalisten!" „Zwei Worte nur, Fra' Elia." Danach spielte sich alles in wenigen Minuten ab, wie jeder sehen konnte. Nach getaner Arbeit wollte die Journalistin Cristina noch am gemeinsamen Gebet teilnehmen und nachdem alle anderen fort waren, bat Fra' Elia sie, noch zu bleiben. Als wir sie wiedersahen, schien sie eine andere Person zu sein: erschüttert und kreidebleich, konnte sie nicht ihre Tränen zurückhalten und sie weinte immer weiter, eine halbe Stunde lang!

Am selben Tag kamen auch noch vier andere Journalisten ins Kloster und ließen sich, genau wie alle anderen Besucher, von Fra' Elia in einer Gruppe empfangen. Einer von ihnen schrieb seine Eindrücke in der Wochenzeitschrift *Visto di Venerdi* vom 24. Februar 2006 nieder. Wie machte man es, einen Strom fließendes Wasser aufzuhalten?

Nachtrag: Zwei Tage vor der Ausstrahlung von *Verissimo* fragte Vigorelli mich, ob ich jemanden kennen würde, der bereit sei, ein direktes Zeugnis zu geben. Er hatte sich entschlossen, die Geschichte von *Miracoli* zu wiederholen und das ganze Programm in drei Teilen zu senden. Im Hinblick darauf, dass die Berichte der Leute eindeutig zu lang waren, sah er sich gezwungen, alle in Calvi gesammelten Zeugnisse herauszuschneiden. Daher brauchte er jetzt neue Zeugnisse.

Fazit: Was Fra' Elia und mich anging, so erreichte ich sein Zugeständnis nur mittels eines Streits. Und so füge ich hinzu: Wären wir auf der Insel Réunion gewesen, hätte das alles gar passieren können. Also schließe ich daraus, dass die göttliche Vorsehung es so gewollt haben muss.

Zeugnis, ausgestellt von unserem Architekten Giuseppe Tomasella (genannt Pepe), verantwortlich für die Renovierung des Klosters in Calvi.

28. Januar 2006 - Liebe Fiorella, ich erlaube mir, dir zu schreiben, um dir ein Zeugnis darüber zu geben, wie ich Fra' Elia begegnet bin und inwiefern sich etwas durch seine Freundschaft in mir verändert hat, nämlich durch seine Bereitwilligkeit, mir zuzuhören und mich so zu akzeptieren, wie ich bin.

Ich erinnere mich sehr gut daran, dass im Jahr 2003 zwei meiner Freunde (von denen einer mittlerweile unser Fra' Sergio ist) zu mir über eine besondere Person sprachen, einen „Bruder“, wobei sie sehr darauf drängten, dass auch ich ihn kennenlernte. Doch meine Zurückhaltung führte dazu, dass ich die Gelegenheit für eine Begegnung mit den verschiedensten Ausreden immer wieder ablehnte oder verschob, bis zu einem Sonntag, als ich nach ihrem vielfachen Drängen (für das ich ihnen sehr dankbar bin) einwilligte, sie nach Verona zu einem Gebetstreffen zu begleiten.

Man stelle sich nur vor, wie ich, der seit Jahren keine Kirche mehr betreten und mit keinem Geistlichen Umgang hatte, an jenem Tag trotzdem dorthin ging, um an einem religiösen Treffen teilzunehmen und der Rede eines weiß gekleideten Bruders zu lauschen. All das kam mir höchst seltsam vor. Ich kam mir seltsam vor, seltsam, wie ich mich hatte überreden lassen und ich leugne es nicht: Es kam mir auch seltsam vor, dass ein Bruder ein weißes Gewand mit grünen Borten trug, was ihn in meinen Augen recht unkonventionell und sehr lustig erscheinen ließ. Als das Treffen zu Ende war, fragten meine Freunde mich nach meinem Eindruck und ob ich zufällig einen Rosenduft wahrgenommen hätte. Ich war ihnen gegenüber sehr höflich, dankte ihnen für diese Gelegenheit und erwiderte, dass ich weder an etwas Besonderes gedacht noch irgendeinen Duft wahrgenommen hätte.

So vergingen ein paar Monate, bis mir an einem Tag im Frühling dieselben Freunde mitteilten, dass Fra' Elia für ein weiteres Gebetstreffen nach Spinea kommen werde. Sie fragten mich, ob ich sie wieder dorthin begleiten wolle. Spontan lehnte ich ab, doch sie gaben nicht auf und nach einigen Tagen bekräftigten sie ihre Einladung erneut, indem sie mir die Möglichkeit eröffneten, mit ihm sprechen zu können. Sie bedrängten mich so lange, bis ich zustimmte, weniger aus Glaubensgründen als vielmehr aus dem Wunsch (nicht aus Neugier) heraus, Fra' Elia einmal aus der Nähe sehen zu können.

Wir fuhren an einem kalten, jedoch sonnigen Sonntag von Bergamo ab und erreichten Spinea, diesen riesigen Ort, eine kalte und traurig wirkende Halle, die sich immer mehr mit Menschen füllte, die beteten und sich auf die Begegnung mit Fra' Elia vorbereiteten. Fra' Sergio und sein Bruder Sandro bedrängten mich, und zwar nicht zu knapp, ebenfalls mit Fra' Elia zu reden.

Als ich dann vor ihm stand, fühlte ich mich wie blockiert, schüchtern, und ich wusste nicht, was ich sagen sollte. Während ich ihn anstarrte, schaffte ich es lediglich ihm zu sagen, dass ich gekommen war, um ihn kennenzulernen. Er sagte nichts und fragte mich nichts, sondern nickte nur ein lakonisches Ja und danach verabschiedeten wir uns. Und dennoch ist es für mich heute schwer, diese Begegnung zu vergessen: seine dunklen Augen, warm, tiefgründig... Augen voll lebendigen Feuers... seine Ruhe, seine Gelassenheit. Ein wunderschöner Augenblick.

Der Morgen verging, während wir auf die Messe warteten. Fra' Sergio und Sandro stellten mich einer blonden Dame vor: Fiorella. Nach einigen Höflichkeitsfloskeln hast du, Fiorella,mich gefragt, welchen Beruf ich ausübte. Ich antwortete dir, ich sei Architekt und - was ich noch heute merkwürdig finde - ich sagte dir auch, dass, wenn ihr einen Techniker benötigtet, ich euch zur Verfügung stünde. Ich gab dir auch meine Visitenkarte - eine weitere merkwürdige Sache, dass ich sie an dem Tag überhaupt mit dabei hatte, wo ich sie sonst immer vergaß! Endlich begann die Messe mit Fra' Elias Predigt! Ich erinnere mich sehr gut, wie er an einer bestimmten Stelle, als er über die göttliche Vorsehung sprach, allen Anwesenden mitteilte, dass seine Mission Fortschritte mache und er in diesen Tagen das Angebot eines Architekten bekommen habe, der ihm bei der Renovierung seines Klosters helfe. Sergio und Sandro blickten mich an und sagten, dass ich das sei! `Sieh mal an`,erwiderte ich, `ihr macht euch über mich lustig. Fra' Elia weiß doch noch nicht einmal, welchen Beruf ich habe, und Fiorella hat ihm noch nicht gesagt, dass ich ihm zur Verfügung stehen würde.`

Nachdem die Messe zu Ende war und wir uns den Segen geholt hatten, kehrten wir nach Bergamo zurück. Unterwegs stellten meine Freunde mir alle möglichen Fragen, darunter auch wieder jene, ob ich den Rosenduft wahrgenommen hätte. Ich verneinte, wobei ich noch nicht einmal verstand, worüber sie da sprachen. Kurze Zeit später fragten sie mich, ob ich sie zu einer kleinen angenehmen Arbeit nach Umbrien begleiten würde. Sie erklärten mir, dass Fra' Elia ein altes Kloster gefunden habe und von Bergamo nach Calvi dell' Umbria umziehe. Wir sollten ihm beim Umzug helfen.

Wir brachen an einem Freitag auf, noch vor Morgengrauen im Licht der Mondsichel und kamen an einem hübschen Ort an, offen, voller Sonne, ziemlich alt, weit weg vom Lärm und von der täglichen Hektik, an die ich gewöhnt war. So hatte ich die Gelegenheit, Fra' Elia näher kennenzulernen, nicht mehr in seiner Kutte, sondern in Bluejeans und weißem T-Shirt. Sein aus der Besonderheit der beiden vorhergehenden Begegnungen resultierender Ernst war einer Fröhlichkeit gewichen, die mich mit einschloss und durchdrang. Seine Augen waren noch lebhafter, als ich sie in Erinnerung hatte. Er scherzte, auch über meinen Spitznamen, da Fra' Sergio ihm verraten hatte, dass die Freunde mich Pepe nannten. Bis zum späten Nachmittag fuhren wir fort, Möbel auszuladen; danach erholten wir uns, indem wir uns in den Schatten der Turmmauern setzten, vorm Eingang zum Kloster. Wir sprachen über viele Dinge und als das Gespräch auch auf den Zustand des Klosters kam, fragte mich Fra' Elia, da ich ja Architekt war, ob ich, sofern ich wolle, gleich mit der Vermessung beginnen könne, damit ein Renovierungsplan erstellt werden könne.

Und so befand ich mich schneller als gedacht wenig später mitten in diesem Abenteuer, das bis heute andauert und mir noch immer den Eindruck vermittelt, als stünden wir gerade erst am Anfang.

Die Arbeiten begannen und so geschah es, dass ich in regelmäßigen Abständen quer durch Italien reiste, um die Arbeiten am Kloster zu begleiten, aber vor allem auch, um bei lieben Menschen zu sein und Fra' Elias Nähe zu spüren, der mir sehr geholfen hat, mich innerlich zu verändern, in meinem Benehmen und meinen Beziehungen zu anderen Personen. Wenn ich ankomme und das Tor öffnet sich, oder wenn mir beim Öffnen Fra' Elia persönlich entgegenkommt, fühle ich mich von einer wohltuenden Wärme und Zuneigung umfangen, so, als wäre ich nach langem Herumzigeunern endlich heimgekommen. In diesen zwei Jahren meines freiwilligen Pendelns sind viele Dinge geschehen. Wie auch immer, es macht mir Freude, dir drei Begebenheiten zu erzählen, die sich ganz besonders in mein Herz eingeprägt haben.

Die erste Episode betrifft Ostern 2004, während der Karwoche.

Ich erinnere mich, dass er mir schon am Weihnachtsabend, als ich mich am Morgen des 24. Dezember verabschiedete, um nach Bergamo zurückzukehren (es war der Geburtstag meines Sohnes) sagte, dass er mich zu Ostern erwarte; ich lächelte (wusste ich doch im Innern, dass ich die Einladung nicht würde annehmen können, weil meine Tochter genau in diesen Tagen ihren Geburtstag feiern würde), dankte ihm jedoch dafür. Ich irrte mich, wie ich später sehen sollte, und verbrachte Ostern im Kloster, um einem Ereignis beizuwohnen, das ich mir niemals hätte vorstellen können:

Als ich ankam, lag Fra' Elia unter großen Schmerzen im Bett und schwitzte Blut. Auf der Stirn sah man die Zeichen der Dornenkrone und an den Hand- und Fußgelenken hatten sich die Wundmale geöffnet. Man sah auf der Stelle, dass er entsetzlich litt. Ich muss sagen, dass ich sehr erstaunt und mir bewusst war, dass ich einem Verbundensein mit dem Göttlichen beiwohnte, genauso, wie ich es als keiner Junge bei der Katholischen Jugend gelernt hatte. Wieder einmal wurde ich von der krankhaften Neugier gepackt, welche die Leute befällt, wenn man von diesem Ereignis spricht, aber ich empfand auch Schmerz und Mitleid wegen seines Leidens. Ich war ungewöhnlich ruhig. Die Tage vergingen und ich konnte feststellen, dass am Karsamstag ein Wunder geschah: Seine Schmerzen ließen nach, alle Zeichen der Passion verschwanden, die Wunden schlossen sich. Als wir zurückkamen, fanden wir ihn auf den Beinen, lachend, mit einem freundlichen Wort für jeden von uns. Ich wurde von Gefühlen übermannt, als er mich, zusammen mit einem anderen Freund, in sein Zimmer rief und uns begrüßte. Er fragte, wie es uns gehe und zeigte uns seine Brustwunde. In diesem Augenblick nahm ich endlich einen intensiven Rosenduft wahr, nach dem meine Freunde mich dauernd gefragt hatten. Ein sanfter und durchdringender Duft, der das ganze Zimmer erfüllte sowie das ganze baufällige Kloster. In diesem Augenblick fiel, was mich betraf, jeder Zweifel von mir ab: Fra' Elia war ein Stigmatisierter, ein von Gott Erwählter, ein Führer. Ich glaubte daran und das genügte. Ich war meinem Verstand keine Rechenschaft schuldig. Ich glaubte mit dem Herzen daran und das genügte mir.

Die zweite Episode ereignete sich in der Winterzeit während einer meiner Reisen. Fra' Elia bat mich, im Kloster zu übernachten. Zu dieser Zeit waren noch nicht alle Zimmer fertig. Fra' Elia hatte sein Zimmer, Schwester Domenica ebenfalls, während Fra' Sergio und ein anderer Bruder in einem großen Raum schliefen, der Platz für drei Betten hatte, zwei Schreibtische, zwei Schränke und weiteren aufgestapelten Hausrat.

Zwei Betten waren belegt und das dritte wurde mir zugeteilt. Nach dem Abendessen zogen wir uns zurück, um zu Bett zu gehen. Wie üblich konnte ich nicht einschlafen. Die beiden Brüder jedoch schnarchten selig vor sich hin.

Plötzlich, es war noch nicht tiefe Nacht, erschien es mir, als hörte ich Glocken bimmeln. Ich dachte, ich hätte mich getäuscht. Ich spitzte die Ohren, doch es bimmelte tatsächlich. Ich fragte mich, warum die Glocken läuteten, doch schlief darüber ein. Im Morgengrauen jedoch wurde ich erneut von einem fröhlichen Geläute geweckt.

Während des Frühstücks erkundigte ich mich, wer die Glocken geläutet habe, sowohl in der Nacht als auch am Morgen.

Alle schauten mich erstaunt und amüsiert an. Fra' Elia sagte mir, ich müsse verrückt sein, zu glauben, dass er solche Scherze fabrizieren könne. Er habe seit den frühen Morgenstunden gebetet, ohne Glocken zu benutzen! Frate Sergio kam auch nicht in Frage, weil er die ganze Nacht bis zum Aufwachen durchgeschnarcht hatte, genauso wie Frate Fabio.

Doch als ich meine Frage stellte, fingen alle zu lachen an, inklusive Schwester Domenica, die mir sagte, dass ich es früher oder später schon verstehen würde. Ein paar Monate später kam ich auf das Thema zurück und sie erklärten mir, dass es die Engel gewesen seien, die mich hätten begrüßen wollen. Mir lief ein angenehmer Schauer über den Rücken, bis zum heutigen Tag, wenn ich daran zurückdenke.

Die letzte Episode passierte vor kurzem. Im Spätherbst hielt ich mich während eines meiner sporadischen Besuche wieder im Kloster auf. Ich hatte die graue Lombardei hinter mir gelassen und befand mich im sonnigen und warmen Umbrien. Es war ein Samstag und der Himmel war wolkenlos, klar und rein. Ich befand mich mit anderen Leuten und Fra' Elia sowie dem Schreiner in dem Raum, wo die zukünftige Heilkräuterapotheke untergebracht werden sollte. Wir diskutierten, wie die Tür des Geschäfts aussehen solle, als Fra' Elia auf einmal haltmachte, mich beim Arm nahm und sagte: `Schau, schau hinaus.` Ich blickte aufmerksam dorthin, wohin er zeigte, und sah, wie sich am First der Kirche eine leichte und strahlende Form abhob, ähnlich einer Person, die einen Moment lang ruhig dort verharrt hatte, und dann, sich langsam emporschwingend, im blauen Himmel verschwand. Einen Augenblick lang fühlte ich mich wie desorientiert, ich konnte mir einfach nicht erklären, was passiert war, doch ich war mir ganz sicher, mich nicht getäuscht zu haben. Ich drehte mich zu Fra' Elia um und fragte ihn, ob er auch dasselbe Bild gesehen habe wie ich. Er schaute mich an und lächelte, wobei er mir erklärte, dass die Gestalt dort `nicht allein` gewesen sei, sondern zusammen mit anderen Wesen. Ich starrte ihn an: `Engel?` Er nickte ein Ja.

Mir war diese wunderbare Gelegenheit geschenkt worden, auch wenn ich nie im Leben erwartet hätte, so etwas jemals zu `sehen` und zu glauben. Doch es war, wie geschehen, und es ist dank Fra' Elia geschehen. Er wollte, dass ich solche Erfahrungen mache, die ich vorzugsweise als `Wunder` bezeichne und die mich, langsam, Schritt für Schritt, verändert haben und dazu beitrugen, mich Gott anzunähern, obwohl ich weiß, dass ich noch einen ziemlich langen Weg vor mir habe. Ich mache gerade die ersten Schritte und mit Hilfe des Gebets bin ich viel mehr im Reinen mit mir selbst, mit den anderen und mit Gott.

Abschließend muss ich zugeben, dass ich mir in meinem fortgeschrittenen Alter niemals hätte träumen lassen, dass ich einmal begierig auf den Moment warten würde, ins Kloster zu kommen, um mich wieder im Frieden dieser alten Mauern zu befinden, in der Nähe einer ganz speziellen Person, die immer bereit ist, dir zu helfen, dir zuzuhören und dich zu ermutigen, wenn deine Moral im Keller ist, ungeachtet seiner eigenen Müdigkeit und Leiden. Oh, und was den Rosenduft betrifft, so kann ich dir sagen, dass ich, als ich eines Sonntags meine Kinder zu einem Treffen mit Fra' Elia mitnahm, die Kleine, ohne dass ich ihr irgendetwas erzählt hätte, aus der Kirche kam und zu mir sagte: `Papa, hast du diesen Rosenduft gerochen?` Es ist wirklich wahr, was Fra' Elia sagt, nämlich, dass die Herzen der Kinder viel offener sind als die der Erwachsenen und es ihnen vor allen anderen gelingt, die Gegenwart und die Güte Gottes wahrzunehmen.

Ich schließe, indem ich dich grüße und umarme. Für die liebsten Freunde: Pepe (Frieden und Wohlbefinden!)“

In der Nacht vom 30./31. Januar

In meinen Notizen lese ich: Reich waren die Emotionen und Erlebnisse jener Tage. Gestern hat auch meine Freundin Dorina gefehlt, die Freundin, die alle Etappen meines Lebens mit mir gemeinsam erlebt hat, von der Jugend an bis zur Reife. Von unserer Gruppe von Freunden war sie die Erste, die ins Haus des Vaters hat zurückkehren müssen und obwohl ich wusste, dass wir uns bald wiedersehen würden, hinterließ sie doch eine schmerzliche Lücke. In dieser Nacht konnte ich nicht schlafen und ich hatte in der Dunkelheit das deutliche Gefühl, dass Dorina auf einen kurzen Gruß vorbeigekommen war, mir sanft und zärtlich über die Haare streichelnd. „Auf Wiedersehen, bald, meine liebe Freundin!" Gegen fünf Uhr stand ich auf und setzte mich an den Computer. Ich wollte Pepes Zeugnis in mein Buch einfügen und einige Korrekturen vornehmen. Und ganz plötzlich wurde ich von einem sanften Rosenduft eingehüllt und ich verstand, dass mein Engel bei mir war. Die Seiten liefen nur so über den Bildschirm und stoppten, wenn sie mich auf einen Fehler aufmerksam machen wollten, auf ein unpassendes Wort oder ein Adjektiv zum Hinzufügen. Mein Engel war hier, um mir zu helfen.

Statt der Insel Réunion:
Cercivento, Feletto Umberto und...

10./11./12. Februar – Wie wir schon geahnt hatten, wollte die göttliche Vorsehung das Programm ändern, das für die beiden ersten Februarwochen vorgesehen war, indem sie die Zeit von Fra' Elias Rekonvaleszenz verlängerte, was die endgültige Absage der geplanten Reise zur Insel Réunion zur Folge hatte. Stattdessen wurden wir erneut nach Carnia, nach Cercivento, geführt. Unser Freund, der Bürgermeister, musste uns dringend sehen, um einige Punkte hinsichtlich des Projekts von Fra' Elia zu besprechen, was sich als überaus wichtig für den Fortgang der Arbeiten erwies. Piero Mantero nutzte die Gelegenheit, um am Sitz von *Edizioni Segno* ein Gebetstreffen mit Fra' Elia zu arrangieren, wodurch er unsere zahlreichen venezianischen und friulanischen Freunde sehr glücklich machte. Sie kamen in großer Zahl und trugen durch ihren Glauben zur Intensität dieser Tage bei, auch in Erinnerung an die erste Zeit, als genau in Venetien alles seinen Anfang nahm. Wer wusste schon, ob sich in Zukunft noch einmal eine Möglichkeit dafür bieten würde?! Doch das Wichtigste war, dass sich ausgerechnet auf diesem Boden, um genau zu sein, am 11. Februar (dem Jahrestag der Erscheinung der Madonna in Lourdes) für Fra' Elia etwas überaus Wichtiges in Bezug auf seinen spirituellen

Weg ereignete, das nirgendwo anders hätte passieren können. „Darum, Herr, sei dir gedankt für die Programmänderung!"

Reise in die Studios von *Mediaset* – 22 Februar 2006

Pepe und ich hatten uns mit zwei anderen Zeugen an der Autobahnauffahrt von Bergamo verabredet, um dann mit einem Wagen nach Cologno Monzese weiterzufahren. Ein wenig aufgeregt wegen unseres Debüts im Fernsehen, stiegen wir alle in Pepes Wagen, wobei ein jeder von uns sich von Herzen wünschte, bei dem Interview keine hässlichen Versprecher zu landen. Wie immer, wenn es sich darum handelte, für Fra' Elia eine „Arbeit" zu verrichten, machte sich das übliche „Schwänzchen" des Feindes sofort ans Werk, indem er einen langen Riss in einem der hinteren Reifen verursachte, der uns aber zum Glück nicht allzu heftig ins Schleudern geraten ließ. Jedenfalls hatten Pepe und ich etwas in der Art erwartet, auch, weil Pepe seit dem Morgen bereits andere gefährliche Unfälle passiert waren, wie die Explosion der Kaffeemaschine, wodurch er sich beinahe verbrüht hätte, und das Herabstürzen schwerer Bücher in seiner Bibliothek, neben dem Verschwinden von Dokumenten und einiger anderer Missgeschicke. Wie auch immer, der austretende Dampfschwall, der aus der Kaffeemaschine sprudelte, hat sich mit aller Macht gegen die Zimmerdecke gerichtet und dort ein wunderschönes Herz gebildet, was unsere Fotos eindrucksvoll belegen.

Gebetstreffen in Calvi – 25./ 26. Februar 2006

Trotz all unserer Absichten und Bemühungen, Fra' Elia zur Schonung zu bewegen und nur die schwersten Fälle und die Kinder zu empfangen, gab Fra' Elia uns zu verstehen, dass er zum Dienst an der ganzen Not leidenden Menschheit gesandt worden sei und daher allen Menschen zur Verfügung stehe, bis auch der letzte Pilger gegangen sei. Die Moral von der Geschichte: Fra' Elia schaffte es, in den zwei Tagen 2300 Personen zu empfangen, wobei er von 8.30 Uhr bis in die Nacht hinein in seiner Kapelle blieb, ohne auch nur die kleinste Pause für ein Mittag- oder Abendessen einzulegen. Nur einmal ging er für eine kurze Unterbrechung hinaus, als ein Monsignore im Refektorium eine heilige Messe feierte.

Oft werde ich hin und wieder von Fra' Elia gerufen, um die Anliegen ausländischer Besucher zu übersetzen. Auch bei dieser Gelegenheit musste ich eine Gruppe deutscher Jugendlicher zu ihm begleiten. Einer von ihnen fiel mir in Bezug auf seine offensichtliche Berufung auf, die ihm selbst aber noch gar nicht bewusst war. Aus dem Zwiegespräch mit Fra' Elia und dessen Antworten auf die drängenden Fragen war erkennbar, dass Klaus lediglich ein wenig Zuspruch fehlte, um das zu versuchen, was seine feurigen Augen so sehnlich wünschten. „Hoffen wir, dass es ihm gelingt, sich über sich selbst Klarheit zu verschaffen!“, dachte ich.

Milena

Ich war nicht überrascht, eine Person mehr im Kloster vorzufinden, auch weil sie von Mariucca in Spinea bereits angekündigt worden war. Und ich war auch nicht überrascht, als Mariucca mir sagte, dass es sich um Milena handele. Bereits im Jahr 2001, als ich ihr zum ersten Mal begegnet war, hatte ich den Eindruck, mich vor einer besonderen Person zu befinden, auch wenn sie noch sehr jung war und ein wenig verloren wirkte. Sie war zu jener Zeit Katechistin und hatte sich Hilfe suchend bezüglich einer pflanzlichen Therapie an mich gewandt. Ich begleitete sie ein wenig dabei und bei jedem Gebetstreffen in Spinea freute ich mich, sie zusammen mit ihren Eltern wiederzusehen.

Nachdem ich sie für eine Zeit aus den Augen verloren hatte, umarmte sie mich jetzt glückstrahlend und wir fanden in diesen zwei Tagen sogar die Zeit für ausführlichere Gespräche. Das ist ihre Geschichte:

„Ich heiße Milena und bin 22 Jahre alt. Ich wohne in einem Dorf in der Provinz Padua.

Mein Leben verlief nicht ganz leicht, aber auch voller Freude und in Etappen, die für mich eine entscheidende Rolle gespielt haben. Ich war immer ein sehr gläubiges Kind, weil meine Eltern mich seit frühester Kindheit nach christlichen Werten erzogen hatten. Ich hatte immer ein Gefühl der Unabhängigkeit, das mir erlaubte, das, was ich fühlte und gelernt habe, in die Praxis umzusetzen. Eine kurze Zeit lang, als ich drei bis vier Jahre alt war - ich erinnere mich gut daran und bewahre es im Herzen, als meine Eltern mir erklärten, wer Gott sei - habe ich mir vorgestellt, dass das Angesicht Gottes sein Reich spiegeln würde, doch das kam mir gar nicht neu vor, weil ich das schon wusste.

Im Laufe der Jahre mehrten sich meine Fragen, doch ich fand keine Antworten. Obwohl ich nicht sah und nicht verstand, glaubte mein kleines Herz ganz fest an Gott, als an etwas unfassbar Großes und Mysteriöses. Ich habe dieses Bild stets gehütet, offen, fröhlich, voller Freude und mit der Sensibilität eines Kindes, das nicht darauf vorbereitet war, mit der Bösartigkeit, der Kälte, dem Neid und den Beleidigungen gegenüber Gott konfrontiert zu werden. Meine Absichten waren gut, doch das, was mir in der Folge widerfuhr, verletzte mich innerlich zutiefst, weil die Wirklichkeit derart von meinen Vorstellungen abwich. Ich glaubte nämlich, dass alle Menschen gut seien! Jedenfalls ließ ich mich weiter nicht beirren indem ichErfahrungen in der Gesellschaft machte, in der Freundschaft, in der Arbeit, als Verlobte, wobei ich aber mein spirituelles Leben niemals vernachlässigte.

Ich habe viele Fehler begangen, weil ich den Willen des Herrn nicht verstand. Ich begriff noch nicht, dass ich mehr auf ihn hören sollte als auf die Stimme der Welt. Im Mai 2001, ich war damals siebzehn Jahre alt, begann ich seltsame körperliche, aber vor allem auch moralische Symptome zu entwickeln. Ich hatte weder Energie noch Hunger und in der Folge kündigte ich meine Arbeitsstelle. Alles begann mit starken Weinkrämpfen, was so weit ging, dass ich nicht mehr leben wollte, weil ich kein glückliches Leben vor mir sehen konnte, sondern nur noch Dunkelheit. Etwas in mir hatte sich verändert und ich war nicht mehr das lebhafte und fröhliche Mädchen von früher. Ich ließ mich gehen und ließ es zu, dass das Böse genau diese Empfindsamkeit und Zerbrechlichkeit angreifen konnte. Auf diese Weise begann ein langer Kreuzweg für mich und meine Eltern. Ich probierte viele Wege aus, um aus dieser Depression herauszukommen: Akupunktur, Schulmedizin, Gebete, Gebetsgruppen, Gespräche mit Priestern. Ich merkte, dass sich mein Zustand immer mehr verschlechterte, ich immer nervöser wurde und in inneres Chaos geriet, was wirklich alarmierend war. Die Monate gingen dahin und gegen Weihnachten 2001, als meine Eltern nicht mehr ein noch aus wussten, wollten sie einen neuen Weg versuchen: Sie baten vor dem Allerheiligsten um die Gnade, der Herr möge sich meiner annehmen und diese Leiden von mir nehmen. Und so geschah es, dass ich mich wieder in Spinea befand, in der Nähe von Venedig, wohin ein junger Bruder kam, den ich zum ersten Mal traf - es war Fra' Elia.

Ich hatte das Glück, sofort empfangen zu werden. Ich erinnere mich, dass das Gespräch kurz war, auch weil ich im Kopf noch sehr durcheinander war und nicht ganz bei mir. Ich erinnere mich jedoch an seine wenigen und ernsten Worte: `Du musst einen Schlussstrich unter die Vergangenheit ziehen, nach vorne blicken. Du lügst dir selbst etwas vor! Wie auch immer, von jetzt an wirst du nichts mehr haben!"

Ich fühlte mich miserabel bei seinen Worten, aber meine Liebe zum Herrn brachte mich dazu, die Tür zu meinem Herzen offen zu lassen und über Fra' Elias Worte nachzudenken, die in mir eine unglaubliche Erschütterung hervorriefen, mir aber auch Wärme, Kraft, Freude gaben.

Ein Licht begann die Barriere der Depression aufzulösen, der Traurigkeit, und meine innere Finsternis schwand dahin. Nach meiner Heilung traf ich Fra' Elia noch zweimal, und zwar, wenn er in unsere Gegend kam. Seither sind vier Jahre vergangen und der Himmel tat sich auf. Ich habe meine Pfarrei verlassen, weil ich ein großes Bedürfnis spürte, im Glauben und in meinem Inneren durch neue Erfahrungen zu wachsen. Ich begab mich nach Assisi und mich begann das Leben franziskanischer Armut zu faszinieren. Ich wurde immer stärker, was mir gar nicht richtig bewusst war. Ich hatte meine Zukunft mit meinem Verlobten geplant und wollte bald in den Hafen der Ehe einlaufen, mit einer netten Familie, einem schönen Haus. Aber wer konnte schon wissen, was die unergründlichen Pläne Gottes vorsahen! Ein Jahr später, beinahe zum Ende der Arbeiten an unserem Haus und kurz vor dem Hochzeitstermin, brach meine Beziehung zu meinem Verlobten entzwei und im August 2005 trennten wir uns.

Im Oktober kehrte ich nach Assisi zurück, um an einem Kurs für Berufungen teilzunehmen, und in meinem Inneren begann ein profundes Werk, auch wenn ich noch nicht verstanden hatte, was der Herr von mir wollte. Ich fühlte mich glücklich, weil er mich so reich beschenkt hatte: mit einer wunderbaren Familie, genug zu essen, einem Haus, einer Arbeit, einem Auto, doch all das machte mich nicht glücklich; ich fühlte mich nicht vollständig und spürte, dass mein Ziel ein anderes war. Schritt für Schritt kamen mir die einzelnen Abschnitte meines Lebens wieder ins Bewusstsein und dabei wurde mir vieles klar.

Indessen sammelte ich weiter in Assisi meine Erfahrungen und sprach mit meinem Pater Spiritual darüber, dass eine einzige Sache mich niemals verlassen hatte, nämlich die Erinnerung an Fra' Elia. Ein Stimmchen in meinem Inneren sagte mir, dass ich bei ihm meine Antworten finden würde. So kam es, dass ich noch vor Weihnachten des Jahres 2005 eines Abends zu meinen Eltern sagte: `Ich möchte euch warnen und ich möchte keine Kommentare: Meine nächste Etappe wird Fra' Elia sein.`

Ich war mir nicht sicher, was Fra' Elia mir sagen würde und noch nicht einmal, ob er mich überhaupt aufnehmen würde, aber in meinem Inneren wusste ich, dass es der richtige Schritt war. Alles ging ganz mühelos. Ich bat ihn, eine Woche Probezeit bei ihm verbringen zu dürfen. Es wurde mir bewilligt. Nun bin ich kürzlich nach Hause zurückgekehrt, mit den Antworten, die ich immer gesucht hatte, und mit einer großen Freude im Herzen. Jetzt weiß ich, dass ich von meinem Herrn sehr viel Liebe empfangen und ihm schenken möchte. Ich danke Gott für diesen Ruf, der nichts anderes ist als ein wunderbares Geschenk. Die Begegnung mit Fra' Elia war für mich entscheidend, auch wenn ich weiß, dass er lediglich ein Werkzeug Gottes ist und ein wahres Zeichen für die Gegenwart Christi in der Welt."

Bergamo - 28. Februar 2006

Seit meiner Heimkehr und schon während der Reise läuteten meine Telefone ununterbrochen den ganzen Tag, bis zum späten Abend, sodass ich hin und wieder gezwungen war, sie „abzuschalten“, um weiter für *Angeli e Arcangeli* sowie für mein Buch schreiben zu können, das nach Ostern erscheinen sollte. Wie viele verzweifelte Menschen es doch in diesem Tal der Tränen gab! Obwohl ich mich gegenüber so viel Leid ohnmächtig fühlte, versuchte ich mein Bestes zu geben, wenigstens in Bezug auf Informationen, indem ich meine ganze freie Zeit den Menschen widmete, die mich um Hilfe baten, mit ein paar „Auszeiten“ für meine Familie, die alles mitbekam und billigte, was ich tat.

Doch an dem Tag nach so vielen beängstigenden Telefonaten war eines dabei, das mein Herz mit Freude erfüllte. Es war von Klaus, dem Jungen aus Deutschland, den ich in Calvi getroffen hatte und der mir durch ein dringendes Ansinnen, das ihm selbst noch nicht so klar war, aufgefallen war. Er teilte mir mit, dass er in Assisi einen Stopp eingelegt hatte und möglichst bald mit einer Probezeit im Kloster von Fra' Elia beginnen wollte. Für mich war das keine Überraschung, was ich ihm auch sagte. Für eine Antwort bat ich ihn, mich am übernächsten Tag noch einmal anzurufen.

Als ich mit Fra' Elia darüber sprach, schien auch er gar nicht überrascht zu sein, im Gegenteil, er hatte den Anruf sogar erwartet.

Er sagte mir, dass er Klaus im nächsten Mai aufnehmen würde, und in der Zwischenzeit solle er anfangen, Italienisch zu lernen. Wie viel Freude war da in der Stimme von Klaus, als er die so sehnlich erwartete Antwort hörte! „Danke, Fiorella!“, sagte er mir auf Italienisch.„Ich habe bereits damit begonnen. Buona sera!“

Klaus war nicht der Einzige, der um eine Probezeit im Kloster anfragte...

Eine wunderbare Nachricht aus Deutschland – 1. März 2006

Ingrid Malzahn schickte mir folgende E-Mail: „Ich habe soeben von Christina Badde erfahren, dass ihre Redaktion (ich wusste nicht, dass sie für die englische Ausgabe der Zeitschrift *Inside the Vatican* arbeitete) dauernd Anfragen bekommt, wie man Fra' Elia unterstützen könne.“

„Wie das?“, fragte ich. „Wusstest du das nicht?! In der englischen Ausgabe von *Inside the Vatican,* die hauptsächlich für die amerikanischen Leser bestimmt ist, sind, wie jedes Jahr, die zehn wichtigsten Personen der Christenheit für das Jahr 2005 veröffentlicht worden. Die Nummer eins ist Papst Benedikt und die Nummer zwei Fra' Elia.“

Ich konnte es nicht glauben! Ich forschte sofort im Internet und in wenigen Sekunden konnte ich die Fotos der zehn Auserwählten sehen und ihre Namen lesen. Es war wahr: Fra' Elia war der zweite in der Rangliste. Aber wer hatte diese Liste erstellt? Von wem hatten sie die Informationen über Fra' Elia?

Während ich nachdachte, erinnerte ich mich, dass Ingrid und ihr Ehemann bei ihrem Osterbesuch 2005 von einigen deutschen Freunden begleitet worden waren. Mit dabei war auch Paul Badde, Christinas Vater, Italien-Korrespondent der bekannten deutschen Tageszeitung *Die Welt*, der während der Tage von Fra' Elias Passion nach Francavilla mitgekommen war und auch Fotos gemacht hatte. Paul Badde, ein international bekannter Journalist, hatte für seine Zeitung auch ein wunderbares Zeugnis geschrieben, das ich übersetzt und in *Angeli e Arcangeli* veröffentlicht habe. Ich wusste, dass Paul Badde mit vielen bekannten Persönlichkeiten im Vatikan befreundet war, und deshalb dachte ich, dass er der Urheber der „Top Ten" des Jahres 2005 sei, wenigstens, was Fra' Elia betraf.

Natürlich wurde diese wunderbare Nachricht in der März/April-Ausgabe von *Angeli e Arcangeli* aufgegriffen.

Schweiz – Italienische Mission in Zug am 4./ 5. März 2006

Auch in diesem Jahr war Fra' Elia anlässlich des Sonntags der Kranken wieder von der italienischen Mission in Zug zu einem gemeinschaftlichen Gebet eingeladen worden, um für Frieden und Heilung zu beten, den Herrn zu preisen und ihm zu danken. Es waren zwei Tage, angefüllt mit intensiven Gebeten, bewegenden Begegnungen mit der großen Familie der Italiener, aber auch mit Brüdern aus der europäischen Gemeinschaft, die im Namen des Glaubens einen weiten Weg zurückgelegt hatten, weder Kälte noch Unwetter oder sonstige Mühen scheuend. In der Tat ist das Geheimnis jeder körperlichen und geistigen Heilung der Glaube, das heißt, die innerlichste Überzeugung, dass Gott die Quelle allen Lebens ist, die Maschinen laufen lässt oder Lampen zum Glühen bringt. „Hoffnung aber lässt nicht zuschanden werden; denn die Liebe Gottes ist ausgegossen in unsere Herzen durch den heiligen Geist, der uns gegeben ist" (Römer 5,5). Und der heilige Geist, den wir mit der Taufe empfangen haben, fordert uns auf, das Leben in seiner Perfektion zu führen, wohl wissend, dass der Weg zu einem wahren Christen nie aufhört und diese Aufgabe anzunehmen,jede Stunde des Tages die vor uns liegt. Und es ist diese Überzeugung und dieser Glaube, mit dem wir alle Fra' Elias Worten zuhören und uns mit seinen spontanen Anrufungen vor dem Allerheiligsten vereinigen:

„Lieben und vergeben wir einander! Liebe und Vergebung entspringen der Liebe Gottes.

Bitten wir sie, in uns einzutreten und unser Herz zu verwandeln! Das Haus Gottes wird immer da sein. Er ist immer hier und erwartet euch: Lasst sie zu mir kommen! Wenn ihr aber nicht zu ihm kommt, nicht mit ihm sprecht, ihm nicht zuhört, wie wollt ihr dann zu ihm gelangen?

Beten wir zusammen und bieten wir ihm unsere Ängste dar, vertrauen wir ihm unsere Kinder an, bieten wir uns selbst dar und wenn wir uns ihm mit aufrichtigem Herzen darbieten, wird sich etwas ändern. Unser Ziel ist die echte Umkehr! Das Hindernis zwischen uns und dem Herrn sind Stolz und Zorn. Denken wir darüber nach und rufen wir den Heiligen Geist an, damit er uns erleuchtet. Wenn wir ihn anrufen, wird er kommen. Stellen wir uns so vor ihn, wie er uns haben möchte, damit wir ihm wohl gefallen...

Beten wir: Wenn wir dir gegenüber die Tür unseres Herzens verschlossen haben, dich beleidigt haben, vergib uns!

Herr, schenke jenen den Glauben, für die es nötig ist, dass sie dich mit der Hand berühren müssen. Nur du allein kannst es!

Herr, wir bitten dich für alle, die sich an uns wenden, um eine Gnade zu empfangen, für deine Kinder zwischen Leben und Tod und für ihre Familien, die leiden. Hilf den Kranken, die Angst haben vor der Chemotherapie, Angst vor den Kontrolluntersuchungen. Alle diese Personen brauchen deine Liebe und wünschen sich eine zärtliche Geste von dir. Schaue auf die Mütter, die leiden. Schenke jenen ein Kind, die sich eines wünschen. Nur du kannst es!

Ich bitte dich für die angsterfüllten Personen, die dich brauchen, die nicht wissen, wo sie ihr Haupt hinlegen sollen, für alle Menschen, die ausgegrenzt sind, einsam... Herr, ich bete für jene, die dich belogen und ihre Versprechen nicht gehalten haben. Erleuchte sie! Vergib uns, wenn wir es gegenüber unseren Brüdern an Barmherzigkeit haben fehlen lassen. Zeige uns dein wahres Angesicht! Lehre uns beten, weil wir nicht wissen, wie man so betet, wie du es willst. Mache uns stark, so, wie du es willst. Mache uns so gläubig, wie du es willst. Befähige uns immer mehr, frei von dir zu sprechen. Verlasse uns nie! Hilf uns in unseren Schwierigkeiten jeder Art! Gib, dass die Kinder nicht leiden, sondern gedeihen, um zu dir zu gelangen, zu deiner Liebe und an das Herz Marias. Befähige uns zu lieben und zu vergeben,jeden Tag unseres Lebens! Stehe den Jugendlichen in Schwierigkeiten bei, Gemeinschaften in ihrem Wachstum, den Priestern auf ihrem Weg. Sie brauchen den inneren Frieden. Nur du kannst es! Hilf allen von uns, die wir hier anwesend sind, den Familien, die einander nicht vergeben können und sich hassen. Schenke ihnen den Frieden! Hilf jenen, die dich nicht kennen und das Licht nicht sehen. Ich bitte dich für alle jene, die nichts besitzen, und für jene, die gesund sind, jedoch Angst vor dem Leben haben, Angst, mit anderen zu reden, Angst, eine Wahl treffen zu müssen und schließlich auch für das verschwundene Kind aus Parma, Tommaso. Bringe es zu seinen Eltern zurück!"

Wir beteten sehr viel in der Schweiz, für die Leiden der ganzen Menschheit, für alle Erkrankten, für Menschen jeden Alters, und sprachen auch viele persönliche Gebete, die uns bereicherten und in der Umarmung des Herrn vereinten. Fra' Elia, der wie immer bereits anfing, sich nicht wohlzufühlen (die Fastenzeit hatte gerade begonnen und er konnte nichts mehr im Magen behalten), nahm sich trotzdem die Zeit, ins Krankenhaus zu gehen, an das Bett eines Sterbenden, der dann in der Nacht friedlich einschlief zum letzten Schlaf - ein trauriges Ereignis, aber Fra' Elia half noch jemand anderem am selben Tag aus der Patsche: Eine junge Französin, die sich ein aktives religiöses Leben für sich wünschte, konnte ihren Weg nicht finden. Fra' Elia rief sie zu sich und stellte sie zwei Schwestern vor, einer Missionarin und einer von einer anderen Gemeinschaft, die sich um kleine Kinder kümmerte. Beide sprachen mit ihr unter anderem auch sehr liebevoll über ihr Leben, das sie dem Herrn gewidmet hatten. Danach boten sie ihr die Möglichkeit an, eine Woche Probezeit in ihren Einrichtungen zu verbringen. Als Übersetzerin war auch ich dabei, doch das junge Mädchen entschied sich am Ende für eine Woche in Fra' Elias Kloster. Wenn das nicht Rosen sind, die blühen werden!, dachte ich bei mir.

Vitti ruft mich wegen der Schauspieler des Theaters Manzoni an

Kaum aus der Schweiz zurückgekehrt, rief mich die überaus tüchtige Vitti an, die Organisatorin der Gebetstreffen in Mailand, von Beruf PR-Beraterin, die mir total aufgeregt mitteilte, dass sie zwei Berühmtheiten, Theaterschauspieler, kennengelernt hatte, die sich, als sie von der Geschichte Fra' Elias gehört hatten, anboten, ihm zu helfen. „Wie?",fragte ich neugierig. „Die berühmte Signora Primadonna des Schauspiels wird sich in Kürze zu den Leitern des Theaters Manzoni in Mailand begeben, um sie um das Theater zu bitten. Dann wird sie einige ihrer Kollegen zu einer Benefizvorstellung zusammen rufen. Aber ich habe auch noch eine andere Idee ", fuhr Vitti begeistert fort. „Ich möchte ein T-Shirtvon einer guten Schneiderin entwerfen und beschriften lassen, mit der Aufschrift „ Fra' Elias Freunde" und es dann durch unsere Kanäle verkaufen lassen. Was sagst du dazu?" „Das sind alles ganz wunderbare Ideen, die ohne Zweifel viele kleine `Bausteine` in Fra' Elias Werk einbringen werden", erwiderte ich, „aber zuerst müssen wir ihn fragen." „Okay, Fiorella, sag du es ihm. In ein paar Tagen sprechen wir uns wieder."

Ich sprach mit Fra' Elia darüber, der lächelnd antwortete: „Lassen wir sie machen! Alles ist ein Werk der göttlichen Vorsehung." Nach ungefähr einer Woche verkündete Vitti mir pünktlichst, dass die berühmte Schauspielerin bereits im Theater Manzoni sei und man ihr das Theater überlassen werde, das aber leider erst im nächsten Jahr frei sei. Der Ausgang dieser Episode lag zum Erscheinen dieses Buches noch nicht vor, doch wird die göttliche Vorsehung das Projekt Fra' Elias sicher weiterhin unterstützen.

Australien

Wie immer wechselten sich die guten Nachrichten mit den weniger guten ab und diese gehörte zur Kategorie der Enttäuschungen. Ich bekam eine E-Mail von Frau Rosella aus Adelaide, Australien, mit der ich seit über einem Jahr einen regen telefonischen Kontakt unterhielt. Es ging um die eventuelle Reise Fra' Elias in ihr Land, von dem aus die riesige italienische Gemeinde dort eingeladen hatte. Nachdem sie die Erlaubnis des Bischofs von Terni eingeholt und auch mit dem Generalvikar gesprochen hatte, der ihr versprochen hatte, persönlich an den Bischof ihrer Stadt zu schreiben, hatte sie bis dahin keine Antwort erhalten. Was also sollte man den fragenden Leuten sagen?

Ich sagte ihr, dass man abwarten müsse, bis die Kirche „ihre Observation“ beendete habe, und das brauche seine Zeit. Man müsse Geduld haben. Darüber hinaus dauere die Reise zu lange und Fra' Elia dürfe keiner Gefahr ausgesetzt werden. Ich versuchte praktisch, Rosella zu beruhigen, aber sie wollte sich nicht geschlagen geben und sagte mir, dass sie noch einmal versuchen wolle, mit der Kurie von Terni zu telefonieren. Im Bemühen, sie zu trösten, sagte ich ihr das, was Fra' Elia mir gegenüber schon öfter betont hatte, dass nämlich die Reise nach Australien stattfinden werde, doch wann, das entscheide der Herr. Sie solle also Vertrauen haben. Rosella erschien das dennoch wenig Trost zu sein, so sehr hatte sie sich auf Fra` Elias Besuch gefreut.

Wie steht es mit den Jugendlichen von Malta?

Noël und die anderen widmeten sich weiter ihrem wunderbaren Werk der Evangelisierung und mittlerweile bestand ihre Gruppe aus hundert Leuten. Jedes Jahr kamen sie nach Calvi, um Fra' Elia zu besuchen, und im Vorjahr bekam Noël, der Gruppenleiter, als Symbol der Treue zum Herrn und zur Familie von Fra' Elia sein „weißes Gewand“. Die Frage vieler Jugendlicher, die über sie gelesen hatten, lautete:

„Wie wird man ein \`spiritueller Sohn oder eine spirituelle Tochter\` von Fra' Elia, so wie die Jugendlichen in Malta?“ Diesen sei Folgendes gesagt:

Allem voran muss man Gott lieben und den Wunsch haben, sein Wort zu verbreiten, was soviel heißt, dass man eine Berufung zum Evangelisieren in sich spüren, also ganz einfach ein guter Christ sein muss. Wir haben in der Taufe den Heiligen Geist empfangen und mit der Firmung unseren Glauben bestätigt. Deshalb haben wir wie die Apostel das Recht, vom Herrn zu sprechen. Aber man muss sich darauf vorbereiten, das zu tun. Der Herr hat uns auch die Gabe der freien Entscheidung gegeben, die uns erlaubt, über unser Leben zu entscheiden, sei es im Guten oder im Bösen, doch seine größte Gabe ist das Evangelium, seine Lehren, die uns den rechten Weg weisen, dem wir folgen müssen, um dem Verderben zu entgehen. Das Evangelium können wir in seinem Haus hören und darüber mit seinen Priestern nachdenken, und wir können es als gute Christen in die Praxis umsetzen, mit unseren Taten ein Beispiel geben, mit unseren Worten, einem Lächeln, einer freundlichen Geste, und vor allem können wir glücklich sein und es den anderen zeigen. Jesus ist Freude!

Noël, der Führer der Gruppe in Malta, besuchte mich im Mai vorigen Jahres in Bergamo und dabei stellte ich ihm die Frage, die viele Jugendliche, die Fra' Elia aufgesucht hatten, an mich richteten: „Wie kann man Jesus jemandem bekannt machen, der ihn nicht kennt, jenen, die nicht in die Kirche gehen? Wie lernt man, von ihm zu sprechen? Indem man Fra' Elia als ein Beispiel nimmt?"

Ich war betroffen von Noëls Beobachtung in Bezug auf die Angestellten des Hotels, in dem er wohnte: „Sie sind alle traurig, niemand lächelt." Da seiner Meinung nach diese Haltung daraus resultierte, dass sie Gott nicht kannten, er also in ihrem Leben fehlte, begann Noël ein Gespräch mit ihnen, das er mit einem netten Lächeln eröffnete.

Nach ein paar Tagen und nachdem er ihr Vertrauen gewonnen hatte, stellte Noël ihnen scheinbar harmlose Fragen, die aber auf etwas Tieferes zielten. Zu guter Letzt, genau an dem Morgen, an dem ich ihn abholte, um ihn zum Flughafen zu bringen, sah ich, dass Noël der Frau an der Rezeption einen kleinen Rosenkranz aus Holz schenkte. „Danke Noël!", rief das junge Mädchen aus. „Bist du ein Christ?" „Ja, ich bin einer." „Du hast mir ein wirklich schönes Geschenk gemacht! Ich werde es in Ehren halten! Gute Reise! Wenn ich nach Malta komme, werde ich dich besuchen."

Wie auch immer, so hat Noël angefangen: indem er von sich selbst zu erzählen anfing, so wie auch hier:

„Das erste, was man begreifen und anderen beibringen muss, ist die Notwendigkeit, Jesus in sein Leben zu lassen. Wir müssen uns fragen: Sind wir glücklich? Fehlt uns etwas? Wenn Gott in unserem Leben fehlt, fühlen wir allgemein eine Leere in uns. In früher Jugend war ich bestimmt kein Heiliger, doch dann ist mir Gott begegnet und mein Leben hat sich verändert.

Sofort wuchs in mir das Bedürfnis, ihn besser kennenzulernen, und zwar durch die Lektüre der Bibel, durch Gebete, durch Reflexionen; ich schlug einen Weg ein, den man nicht mehr aufgeben kann, weil es der Weg zur Freude ist.

Für mich ist es unentbehrlich geworden, zu beten, zur Messe zu gehen und den täglichen Kontakt mit dem Herrn zu suchen, auch in den Gesichtern der Leute. Ich bin dreißig Jahre alt, verheiratet und habe zwei Kinder. Meine Frau und ich üben denselben Beruf aus und wie in jeder Familie fehlt es auch bei uns nicht an Problemen, aber dennoch verzichten wir nie auf unseren täglichen Rosenkranz und wir warten mit Freude auf jeden Montagabend, um mit unserer Gruppe zusammen sein zu können, das Wort Jesu zu meditieren, miteinander Musik zu machen und zu singen.

Ich lebe in Malta und bin Friseur. Und wie es in jedem Geschäft üblich ist, treffe ich viele Menschen. Deshalb ist es einfach für mich, mit den Leuten zu reden und das Thema anzuschneiden, das ich vorziehe, also Jesus. Man kann sich nicht kennenlernen, ohne mit den anderen die Erfahrung dessen, was uns verändert hat, zu teilen, die Gewissheit, einen Weg eingeschlagen zu haben, der zum wahren Glück führt. Ich habe begonnen, als Erstes mit meiner Frau darüber zu sprechen, dann mit den liebsten Freunden und dann immer weiter zu all den anderen. Miteinander haben wir eine Methode gefunden, es besser zu machen, um von den Menschen akzeptiert zu werden, und schließlich haben wir, durch die Gnade Gottes, Fra' Elia kennengelernt, der die Liebe Gottes propagiert, genauso, wie wir es tun. Von ihm haben wir sehr viel gelernt, vor allem die Einfachheit und wie man es konkret umsetzt.

Weitere Fragen von Jugendlichen an Noël: *„Noël, hast du alles allein gemacht? Seid ihr sicher, dass eure Methode richtig ist?"*

Noël: „Anfangs haben wir alles alleine gemacht, angestachelt von der Erkenntnis unseres Elends und dem Wunsch, etwas zu ändern. Man beginnt den Weg, indem man die Barmherzigkeit Gottes kostet. Die Barmherzigkeit kommt mit dem Sakrament der Beichte, um mit ihm Frieden zu schließen, und der Eucharistie, um die innere Kraft zu bekommen, das Böse in uns zu bekämpfen, das uns zur Sünde treibt. Als wir Fra' Elia kennenlernten, waren wir am halben Weg angelangt. Er hat uns ermutigt, ist nach Malta gekommen und hat uns konkret gezeigt, wie man es macht.

Wir haben uns verpflichtet, wenigstens fünfzehn Minuten lang am Tag in der Bibel zu lesen, um zu begreifen, was Gott von uns will und was nicht. All das war sehr wichtig und für unsere Persönlichkeitsbildung sehr wirksam und dann haben wir auch mit den anderen darüber gesprochen. Wir haben mit dem Neuen Testament begonnen und uns die Stellen, die unser Herz und unseren Geist am meisten berührt haben, gemerkt und über sie zusammen mit einem Priester meditiert. Und Schritt für Schritt hat sich das in den starken Wunsch übertragen, Gott zu finden und ihn mittels des Gebets zu hören. Wir haben angefangen zu gehen, allein, wie die kleinen Kinder, und dann kamen die Eltern dazu, haben uns bei der Hand genommen und uns geholfen, nicht auf die Nase zu fallen. Und wenn wir fallen, dann helfen sie uns, wiederaufzustehen. „

Frage: *„Wie hast du dich bekannt gemacht? Wie schaffst du es, neue Personen in eure Gruppe zu bringen?"*

Noël: „Ganz einfach, Schritt für Schritt. Zuerst beobachte ich und finde die Personen heraus, die Hilfe nötig haben könnten. Fast immer frage ich die Kunden in meinem Geschäft, ob es ihnen gut gehe und sie glücklich seien. Entsprechend ihrer Antwort lade ich sie dann ein, einmal am Montag an unserem Treffen teilzunehmen, und sie hören uns zu, was wir zu sagen haben.

Viele, die wir eingeladen haben, sympathisieren mit uns und kommen wieder, um mehr zu erfahren. Im Allgemeinen stellen sie dann Fragen über die ewig gültigen Fragen, wie Scheidung, Abtreibung, Euthanasie, Hilfe für Kinder und Eltern, über Furcht, Mut, Neid, Zorn, Eifersucht usw. Und wir antworten ihnen gemäß dem Wort Gottes, das immer und bei jedem Zweifel eine Antwort weiß. In der Bibel steht über das Wort \`Furcht\` 366 Mal etwas geschrieben und es gibt da so viele Gesprächsthemen zu Problemen, die wir mit der Bibel lösen können. \`Liebe deinen Nächsten wie dich selbst.\` Dies ist das Geheimnis von allem."

Frage: *„Wie fangt ihr euer Gespräch an, um die Herzen aller zu erobern?"*

Noël: Wir versuchen, das Verständnis für die Notwendigkeit von Jesu Gegenwart im Leben zu wecken. Wir wiederholen die Frage: \`Seid ihr glücklich? Fehlt euch irgendetwas?\` Wenn Gott im Leben fehlt, dann bemerkt man in der Regel eine Leere. Dann wenden wir uns an die jungen Leute:

\`Respektiert ihr eure Eltern? Habt ihr etwas genommen, das nicht euch gehört? Flucht ihr? Seid ihr auf einem unreinen Weg?\` Wir geben nicht vor, die Antworten zu wissen, doch wir regen sie zum Nachdenken an. Derjenige, der den Geboten nicht folgt, wird unglücklich und verloren sein! Aus diesem Grund gibt es so viel Unglück, Depression, Unsicherheit. Es ist, als ob wir blind wären und im Dunkeln herumtappten. Das sagt auch der Prophet Sofonia 1,7: \`Gott schickt uns Plagen und die Menschen werden wie Blinde sein, weil sie gegen den Herrn gesündigt haben.\` Ein Mensch, der sagt, dass er alles hat, ist niemals glücklich! Aber man kann lernen, es zu sein.

Das, was fehlt, ist das, was dem Leben seinen Ursprung gibt, mit einfachen Wortenausgedrückt: die Liebe Gottes. Wenn der Herr nicht da ist, dann deshalb, weil jenes Herz für Gott verschlossen ist. Es gibt nichts, was den Herrn ersetzen kann.

Man kann nicht leben und alles alleine machen, ohne das Eingreifen Gottes! Unser Gewissen ist die Stimme Gottes und wenn sie nicht zu uns spricht, dann ist der Grund der, dass wir blind und taub geworden sind."

Frage: *„Was antworten wir der Jugend, den jungen Ehepaaren, die wie du werden wollen, spirituelle Kinder von Fra' Elia, bis hin zur Einkleidung?"*

Noël: Um bis zur Einkleidung zu gelangen, sind zwei bis drei Jahre der Persönlichkeitsbildung nötig. Wer den Ruf des Herrn vernimmt, kann mit einer

Gruppe von Freunden beginnen, die bereit sind, mit ihm einen wunderbaren Weg einzuschlagen (wir waren zu zehnt) und sich darauf vorzubereiten, das Wort des Herrn zu empfangen, vor allem, wie ich schon gesagt habe, indem er sich auf die Sakramente stützt, auf die Bibel, den Rosenkranz, die heilige Messe. Wir haben eine Regel aufgestellt und wer möchte, kann sie von uns bekommen. Es sollte keine Pflichtübung sein, sondern ein Herzenswunsch. Es ist nötig, sich jede Woche der geleisteten Arbeit zu stellen, gemeinsam zu lesen, den Rosenkranz gemeinsam zu beten.

Bevor man zu lesen anfängt, ist es wichtig, den Herrn um Erleuchtung zu bitten und der Gruppe vorzuschlagen, über jene Sätze zu meditieren, die uns berührt haben. Von jenem Moment an werden wir fühlen, dass der Herr uns nahe ist und uns fragen wird: `Liebst du mich?` Und so wird der Weg mit ihm seinen Anfang nehmen und wir tauschen miteinander die Sätze aus, die unsere Herzen berührt haben, und daraus entwickelt sich dann ein spontanes Gebet. Natürlich wird sich in einer solchen Gruppe eine Persönlichkeit bilden, die Herr ihrer selbst ist. Das geschieht nicht von heute auf morgen, sondern gemäß einer natürlichen Evolution, die sich ganz natürlich nach dem Studium einstellt, nach der Arbeit, dem Gebet und nach sehr viel Demut. Eine so erleuchtete Person wird in die Welt hinausgehen und wird dank der Liebe und der Erfahrungen mit dem Herrn anderen helfen, mit dem gleichen Weg weiterzumachen. Arbeitsmaterial: die Bibel, der Rosenkranz, ein Kreuz, ein Heft, Bleistift und Kugelschreiber. (Noël hat bereits 140 Themen aus der Bibel vorgetragen, alle unterschiedlich und großartig, Anm. der Autorin.)

Das Wichtigste ist die Einheit der Gruppe: keine Rivalitäten, keinen Tratsch, keine Vorurteile: Man arbeitet für den Herrn! Der Heilige Geist ist auf die Apostel herabgekommen, in dem Moment, in dem sie sich zum Gebet vereinigt haben. Wenn keine Einheit besteht, keine Brüderlichkeit und Liebe, kann der Herr niemals in unsere Mitte kommen, weil das Herz schwer ist, voller Vorurteile und heimtückischer Gefühle, die der Feind eingegeben hat,wodurch man gegenüber dem göttlichen Licht verschlossen ist. Die Einheit ist der Schlüssel, die Brücke zum Herrn."

Bergamo – 17. März:

Fra' Elia geht es schlecht. Es ist Freitag und seine Stimme verrät am Telefon seine Schmerzen, auch wenn er das Gegenteil behauptet, doch der Herr war die ganze Nacht bei ihm und sie haben miteinander gesprochen. Hier Fra`Elias Flehen:

„Und ich bitte dich, ob du mir von dir erzählen willst
oder von meiner Bekehrung oder meiner Seele,
die dir geweiht ist und deinem Schmerz.

Eines deiner Gottesbilder zeigt dich nackt und stumm.
Doch in der Stille wird diese Menschheit, in der
deine Botschaft der Liebe nicht mehr existiert,
überflutet von der Hoffnung, dass es da einen Sinn des Lebens gibt.
Traurige Gesichter, die zur Zeit des Todes stehend auf dich schauen,
und der mächtige Gott, zerschlagen.
Unsere Erinnerung an unsere Gedanken.
Ein Lächeln, das unsere Seele erleuchtet.
Das Wiedererwachen und die Bestätigung
der Leuchtkraft deiner unermesslichen Liebe.
Von oben herab ertönt eine Glocke und dein Schrei
und deine Stimme, voll unendlicher Liebe und Barmherzigkeit.
Möge unser zerbrechliches Leben dir folgen, verbunden in Liebe zu dir,
bei deinem Ruf und zum Frieden in der Welt und für die Welt.
Bis alle sehen und hören, dass du unermesslich groß bist
Es ist die reine Wahrheit, dass der Frieden in der Welt kommen wird
und der Mensch sich ändern wird, dir zum Wohlgefallen,
für eine Heimkehr, auf ewig."

Bergamo – 18. März:

Der Leiter von *RETE 4* (des italienischen Fernsehens) rief mich an, um Fra' Elias Stiftung kostenlos alle Filme anzubieten, die ihn betrafen (*Miracoli*), um daraus einen Film zu machen. Der Ertrag aus allen verkauften DVDs sollte zur Gänze an Fra' Elias Stiftung gehen.

Ich weiß, dass wir das alles Piero Vigorelli zu verdanken haben.

Bergamo – 19. März, Sonntag:

Wie üblich brachte mir das sonntägliche Telefonat mit Fra' Elia viel Freude, weil er mir unter anderem in einem ungewöhnlich nachsichtigen Ton sagte, dass „der Herr mich gleich gern haben" würde, obwohl ich mich „in wenig erbauliche Sachen eingelassen" hätte. Ich begriff, dass Fra' Elia zweifelsohne bereits wusste, was mir soeben passiert war:

Kurz zuvor hatte mich jemand angerufen, im Zusammenhang mit gewissen „Opportunisten", die nun bereits seit längerer Zeit um Fra' Elia „herumscharwenzelten" und wieder einmal seinen Namen benutzt hatten, um sich eine gewisse Macht und einen Vorteil für ihre persönlichen Ziele herauszuschlagen. Kurz: Es handelte sich um ein Spiel von Rivalitäten und Lügen. Die betreffenden Personen waren schon vor einiger Zeit von Fra' Elia selbst verwarnt worden, aber offensichtlich wollten sie ihre Beute nicht aus den Klauen lassen. Und ich hatte mich bei dieser Nachricht von einem solchen Zorn hinreißen lassen, dass ich sogar Herzjagen bekam. Ich sagte meiner Gesprächspartnerin, dass ich über diese Personen nichts mehr hören wolle, es aber richtig fände, wenn Fra' Elia von denjenigen informiert würde, denen ein Schaden zugefügt worden sei.

Ich fragte Fra' Elia, ob er mit der Frau, die mich informiert habe, gesprochen habe, doch Fra' Elia ignorierte meine Frage und fuhr freundlich fort: „Halte dich da heraus! Unsere Freunde müssen lernen, sich zu verteidigen und keine Angst vor gewissen Personen zu haben, die schon viel zu lange eine ungerechtfertigte Macht über sie ausgeübt haben. Sie müssen sich ein für alle Mal zur Wehr setzen."

„Aber bist du nicht wütend, auch wenn sie deine Gutmütigkeit ausnutzen und die Leute dazu verführen, Dinge zu glauben, die nicht wahr sind?", fragte ich ihn. „Ich nicht, und lerne auch du. Der Herr denkt schon daran, die Dinge ins rechte Licht zu rücken. Sollten sie dich noch einmal anrufen, sage ihnen, dass du mit mir gesprochen hast, und wiederhole ihnen, was ich dir gesagt habe."

Termine im Zug – 23. März 2006

Auf der langen Reise konnte ich mich dem Telefonieren widmen. Ich tat mein Bestes, um meine Mitreisenden nicht zu stören, und antwortete schon beim ersten Klingelton. Um eine gewisse Privatsphäre zu wahren, sprach ich leise zum Fenster hin, doch nach etwa einer Stunde erkundigte sich der Passagier mir gegenüber mit größter Natürlichkeit, warum mich so viele Leute anrufen würden. Es blieb mir nichts anderes übrig als ihm zu erklären, wer ich war.

So erfuhr ich, dass der Herr neben mir mein erstes Buch bereits gelesen hatte und auf der Suche nach dem zweiten war; auch dass ein anderer die Absicht hatte, bald das Kloster zu besuchen, und dass jeder von ihnen mehr über Fra` Elia erfahren wollte. Also unterbrach ich meine Telefonate und erzählte von ihm.

Nie hätte ich erwartet, dass Fra' Elia mich bei der Ankunft in Orte am Bahnhof erwarten würde. Abgemagert von seinem langen Fasten und von den Schlägen und Quälereien (des Feindes) mitgenommen, lächelte er mir strahlend vom Ende des überdachten Bahnsteigs zu, wobei ich mich vom Leuchten seiner Augen geblendet fühlte. Ich hatte ihm vieles zu sagen, Dokumente warteten auf seine Unterschrift und es gab Schwierigkeiten wegen der möglichen Ankunft von Tausenden von Personen. Nichts... er sagte nichts! Schweigend gingen wir zum Wagen und dann hörte ich seine Worte - die Worte eines Propheten.

Calvi dell' Umbria – abends im Refektorium

Fra' Elia kam mit uns zu Tisch und trank seine Brühe. Keiner hatte den Wunsch zu reden. Schwester Domenica bestätigte mir später, dass er in der Nacht zuvor von elf Uhr abends bis fünf Uhr morgens „verprügelt" worden sei. Er sei in der Duschkabine überfallen worden und die ganze Nacht dort geblieben.

Als wir ihn morgens leichenblass und taumelnd auftauchen sahen, konnte er sich kaum auf den Beinen halten und musste sich an die Wand stützen, um nicht umzufallen. Doch Fra' Elia wollte nicht, dass wir an dem Abend betrübt waren und versuchte sogar zu scherzen. Nach dem Abendessen öffnete er seine Korrespondenz und während wir über unerledigte Sachen diskutierten, erinnerte er sich plötzlich daran, dass ihn am nächsten Tag ein Herr mit seiner Familie aus Rom besuchen kommen wollte. Man solle doch für den Besuch einen guten Kuchen vorbereiten! Also gut und alle ab in die Küche! Fra' Elia stellte sich sofort an den Herd und improvisierte höchstpersönlich eine Kuchencreme, während Fra' Sergio eine große Panettone (italienischer Kuchen) in Scheiben schnitt und Frate Pasquale Schokoladensplitter zum Schmelzen brachte. Schwester Domenica hatte sich bereits zurückgezogen und ich stand wie angewurzelt mit all meinen Zetteln in der Hand in der Küche und schaute zu, unfähig, mich nützlich zu machen.

Niemand scherte sich um mich, aber ich mich um sie und sah drei junge Leute, drei lachende junge Menschen, die mit ihrer kulinarischen Kreation zugange waren, glücklich wie drei Künstler an ihrem Meisterwerk! Ich sah sie vergnügt, gleichsam unbeschwert, junge Leute, die für kurze Augenblicke das Leben, das sie sich erwählt hatten, vergaßen, in den Mauern eines Konvents, im Rhythmus von Gebet und Arbeit. Sie genossen die Freuden der Brüderlichkeit und einer von ihnen war ein Prophet. Seine Hände, die in der Pfanne herumrührten, zeigten zum Teil rötliche Krusten, die noch in dieser Nacht aufbrechen und zu bluten anfangen und das ganze Kloster mit einem lieblichen Duft einhüllen würden.

Besuch in der Kurie mit Roberta – 24. März

Wie bereits gesagt, hatte ich mich wegen der Sache im Fernsehen mit Fra' Elia gestritten. Er hatte mich beschuldigt, unrichtige Worte in Bezug auf ihn benutzt zu haben. Während der Sendung von *Verissimo* hatte ich bestätigt, dass Monsignore Vincenzo Paglia Fra' Elia freundlich aufgenommen und ihm einen kirchlichen Beobachter und einen Arzt zugeteilt habe, die Wahrheit also. Nur konnte das Wort „aufgenommen" als „anerkannt" interpretiert werden, was dann nicht mehr der Wahrheit entsprach.

Wie jeder weiß, benötigt die Kirche lange Zeit für Entscheidungen und es dauert lange, bis sich auch der Letzte vollkommen damit einverstanden erklärt. Praktisch hätte ich also bei dieser Gelegenheit sagen müssen, dass er vom Bischof „empfangen“ und nicht „aufgenommen“ worden sei. Wie also konnte ich den Fehler ausbügeln? Die einzige Idee, die mir dazu einfiel, war, mit dem Generalvikar der Kurie von Terni einen Termin zu vereinbaren, um mich zu entschuldigen und mich beraten zu lassen, was zu sagen sei, wenn irgendwelche Journalisten oder Fernsehmoderatoren (wegen meiner Bücher werde ich dauernd von den Medien eingeladen) mir weitere Fragen zu Fra' Elia und der Kirche stellen sollten. Ich wurde von Roberta begleitet, die schon seit einiger Zeit fest als Freiwillige in Fra' Elias „Team“ mitarbeitete und mir bei jedem Gebetstreffen im Kloster am Verkaufsstand zur Seite stand. Sie übernahm auch bei Anfragen in Bezug auf Gebetswünsche oder Informationen die Rolle der Telefonistin.

Der Vikar empfing uns sofort und wir konnten mit großem Wohlwollen seinerseits alles klären. Er gab uns überdies wertvolle Ratschläge, die wir sofort in die Praxis umsetzten, um alle Missverständnisse auszuräumen, die eventuell aufgrund der Unkenntnis unserer Ex-Berater bezüglich geistlicher Fachausdrücke entstanden waren. Und am Schluss teilte er uns noch mit, dass er Bischof Wilson bereits nach Australien geschrieben habe und sein *nulla osta* (keinen Einwand) gegen die geplante Reise gegeben habe.

Roberta

Ich kannte sie seit über einem Jahr, seit dem Tag, an dem sie mir ängstlich ihre Visitenkarte in die Hand gedrückt hatte, mit der Bitte, mit uns im Dienst für Fra' Elias Gemeinschaft zusammenarbeiten zu dürfen. „Ich wohne hier in der Nähe“, fügte sie hinzu, „und ich könnte, wenn nötig, sogar jeden Tag kommen.“ Sie gefiel mir sofort, ich weiß nicht, aus welchem Grund, vielleicht wegen ihrer höflichen Art oder ihres nicht mehr ganz jungen Alters oder ihres Vertrauen erweckenden Gesichtsausdrucks.

Ich erinnere mich, wie ich am Abend Fra' Elia ihre Visitenkarte gab. Er legte sie sofort zu seinen anderen Karten. Seit diesem Tag sah ich sie oft während der Treffen im Kloster und wir konnten uns auch ein wenig miteinander unterhalten. Roberta beobachtete, hörte zu, bemühte sich zu lernen und sehr bald wurde mir bewusst, dass ich eine sehr freundliche, zurückhaltende, gebildete Frau mit reicher Lebenserfahrung vor mir hatte, die aus ihr die unendlich weise und gläubige Frau von heute gemacht hatte. Leider hatten wir zu dem Augenblick noch keinen Bedarf an ihrer Mitarbeit, aber wann immer ich sie im Kloster sah, freute ich mich. So wurden wir Freundinnen.

An einem Abend im September sahen wir während der Rückfahrt vom Bahnhof, wo Fra' Elia mich abgeholt hatte, Roberta an der Straße, begleitet von einem Herrn. Sie kamen gerade aus ihrer Villa. Fra' Elia hielt an und kurbelte das Wagenfenster herunter. „Guten Abend, Doktor, guten Abend, Roberta!" So erfuhr ich, dass Roberta die Ehefrau eines berühmten Kinder-Herzchirurgen war, zugleich Fra' Elias Vertrauensarzt! Seit einiger Zeit wusste ich,dass ein sehr tüchtiger Arzt den verstorbenen Prof. Margnelli ersetzt hatte, und jetzt erfuhr ich, dass er Robertas Mann war!

Als wir weiterfuhren, sagte Fra' Elia zu mir: „Kümmere dich während dieser Tage um sie. Ihr Ehemann ist sehr beschäftigt und sie ist viel allein." „In Ordnung, Fra' Elia, wird gemacht!" Innerlich dankte ich dem Herrn. Seit jenem Monat, Ende September, wurde Roberta offiziell ein Teil unserer Gruppe, aber nicht nur das, ich bin überzeugt, dass auch sie uns von der göttlichen Vorsehung geschickt worden war, weil sie sich auf die verschiedenste Art und Weise als hilfreich erwies, wie an jenem Tag, als sie am Telefon vom gravierenden Zustand eines herzkranken Kindes erfuhr (die Eltern hatten angerufen, um Fra' Elia um seine Gebete zu bitten) und sie Abhilfe schaffen konnte. So wirkte auch hier die göttliche Vorsehung Wunder.

Calvi – Treffen vom 25./ 26. März

Noch nie hatte man in Calvi so viele Menschen gesehen, und zwar so viele, dass ein ganzes Dorf in Aufruhr geriet, der Bürgermeister und die Ordnungskräfte mit eingeschlossen. Die Haupttageszeitungen, vom *Messaggero* bis *Nazione* und *Corriere dell' Umbria* waren sich mit Schlagzeilen einig: „Eine riesige Menschenmenge bei Fra' Elia - 5000 Personen warten in einer Schlange, um Fra` Elia zu sehen." Und weiter: „Das Kloster des heiligen Franziskus von Verehrern von Fra' Elia besetzt."

Während der Karwoche vervielfachten sich die Personen, die alle versuchten, Fra' Elia zu sehen und weiter stand zu lesen: „Gedränge und kilometerlange Schlangen, um Fra' Elia zu treffen - Die Wunder des Bruders haben inzwischen die Grenzen überschritten, jeder wetteifert, um mit dem Bruder zu sprechen."

Diese Überschriften sprechen für sich allein. Wir armen, kleinen freiwilligen Helfer, hochtrabend „Fra' Elias Ordnungskräfte" genannt, bündelten alle unsere Kräfte, um die immense Menschenmenge in Schach zu halten, die sich bis zum frühen Abend auf dem kleinen vorm Kloster gelegenen Platz zusammengedrängt hatte. Aber es war ein schwieriges Unterfangen, trotz unserer drei kühnen und korpulenten Männer in der Gruppe, die am Tor versuchten, all jene Leute zu besänftigen und zur Ruhe zu rufen, die, seit Stunden auf den

Beinen, müde und aus lauter Angst, es nicht bis ins Kloster schafften, schoben, schrien und stritten. Auch unsere Freunde von der Polizei kamen, doch auch für sie erwies sich das Problem schwieriger als erwartet.

Irgendjemand fühlte sich nicht wohl, aber leider war es unmöglich einzugreifen, weil sich dieser einzige Block von Menschen nicht von der Stelle rühren wollte, nicht einmal, um seine Nummern zu bekommen, und, wie sonst auch, den Kranken den Vortritt zu lassen. Schließlich begriff jemand trotz der Anstrengungen aller und im Hinblick auf die Unmöglichkeit, Zugang zum Kloster zu schaffen, die Situation und bemühte sich, sich langsam von seinem Platz fortzubewegen, gefolgt von einigen anderen, und in kurzer Zeit stürmten die Leute ohne jegliche Kontrolle und ohne Nummern buchstäblich ins Kloster. Alles ging in einem heillosen Durcheinander vor sich, aber als die Stunden verstrichen und die ersten Gläubigen wieder herauskamen (jene, die schon mit Fra' Elia gesprochen hatten), mit strahlendem Gesicht und leuchtenden Augen, fassten die Seelen wieder Mut und man stellte sich auf eine lange Wartezeit ein, in der Gewissheit, dass Fra' Elia auch diesmal wie immer alle empfangen würde.

Und genauso war es. Viel später, als dann der letzte Pilger das Kloster verlassen hatte, waren die Polizei und die freiwilligen Helfer gezwungen, sich für den nächsten Tag ein neues System auszuklügeln. Und so kam es, dass schon um sieben Uhr morgens der Marschall und seine Leute die Straßen etwa eineinhalb Kilometer um das Kloster herum absperrten und die Reisebusse, Camper und alle Automobile von Nord und Süd zu einer weiten „Lichtung" umgeleitet wurden, die man als Parkplatz vorgesehen hatte, von wo aus man den Pilgern einen bequemen Bustransfer zur Verfügung stellte. Die Nummern wurden bereits am Parkplatz ausgegeben und so spielte sich alles in schönster Ordnung und Zufriedenheit ab.

Lassen wir die Leute zu Wort kommen (Zeugnisse)

„Ich heiße Marisa, bin eine Frau von dreiundfünfzig Jahren, mit zwei Kindern. Ich wohne in der Region Venetien, fünfzehn Kilometer von Bassano Grappa entfernt. Ich habe durch meine Tochter von Fra' Elia erfahren, die ihn in Verona kennengelernt hatte, wo sie wohnt. Sie hatte bereits einige Begegnungen mit ihm und auch eine ihrer Freundinnen. Letztere hat mich am Freitag, dem 10. Februar, angerufen und mir gesagt, dass Fra' Elia in Udine empfangen werde, falls ich dorthin fahren wolle, da es in Oberitalien sonst keine Gebetstreffen mehr gebe. Also entschloss ich mich dazu und gemeinsam mit meinem Ehemann sind wir zu sehr früher Stunde losgefahren.

Als wir an unserem Ziel bei Edizioni Segno ankamen, mussten wir wegen der vielen Leute eine Stunde warten. Als wir an die Reihe kamen, hieß Fra' Elia uns zusammen mit anderen Leuten Platz nehmen. Meine Frage an ihn zielte auf körperliche Heilung ab. In derselben Nacht wachte ich gegen vier Uhr morgens auf. Ich hob den Kopf und sah an der Wand vor mir in der Nähe der Kommode zwei weiße, rundliche Lichter. Ich fing an, dieses kontinuierliche Leuchten zu beobachten.

Eines der Lichter wurde immer rötlicher und war ständig in Bewegung. Ich konnte nicht verstehen, was das sein sollte, und ich hatte auch ein wenig Angst. Auf einmal jedoch wurde mein ganzer Körper mit einer starken Energie erfüllt, die mir eine angenehme Linderung verschaffte. Ich brachte das, was da passiert war, sofort in Verbindung mitmeiner Begegnung mit Fra`Elia."

Marisa Cavalli

Mailand, 11. Februar 2006

„Liebste Frau Fiorella Turolli,
ich bin Raffaela aus Mailand und danke ihnen sehr für ihre Anfrage bezüglich meines Gebetswunsches an Fra' Elia von den Aposteln Gottes und für seine Gebete für mich.

Wie ich Ihnen bereits am Telefon gesagt habe, wurde bei mir im Januar am Tumorzentrum von Mailand nach einer Biopsie ein großzelliges Lymphom von neun Zentimetern Durchmesser im Brustkorb diagnostiziert, das chirurgisch nicht entfernt werden konnte. Ich wollte mich keiner Chemotherapie unterziehen, der einzigen Möglichkeit, es zu bekämpfen, mit einer Heilungsrate von 80%. Sie, Frau Turolli, haben mir empfohlen zu beten, aber auch, diese Therapie auf mich zu nehmen.

Ich habe mit Müh und Not damit begonnen: Am 20. Januar hatte ich die erste Sitzung und in der vergangenen Woche ließ ich eine Röntgenaufnahme machen, die zum Erstaunen der Radiologen gezeigt hat, dass der Tumor sich bereits um 70% reduziert hatte. Die Macht des Gebets und des Glaubens ist grandios!

Danke für alles und auch für Ihre Hilfsbereitschaft und Freundlichkeit! Dank auch an Fra' Elia, den ich während der Gebetstreffen in Piacenza vor zwei Jahren kennengelernt habe und der mir damals den Rat gegeben hat, meine Fibrome operieren zu lassen und ein Kind zu bekommen;und der in meinem Herzen gelesen und mich wegen meiner Befürchtungen gescholten hat, die zu Egoismus und Strenge meinem Mann gegenüber führten, der sehr liebevoll ist (er pflegt meinen Vater, der wegen eines Schlaganfalls behindert ist, seit unserer Heirat vor dreizehn Jahren). Wenn ich ihm damals gehorcht hätte, hätte ich mit Sicherheit diese harte Prüfung nicht durchmachen müssen.

Ich hoffe trotz allem, dass mir Jesus, die Madonna und Pater Pio mit meinem Schutzengel durch die Fürsprache Fra' Elias helfen werden, für immer gesund zu werden, und dass keine schweren Folgeschäden bleiben, dass sie die Ärzte erleuchten und es ihnen vielleicht gelingt, mir die Therapie zu erleichtern. Wenn aber der Plan Gottes für mich und meinen Mann Ermanno, wenn ich recht verstanden habe, das Geschenk eines Kindes sein sollte, dann bitte ich darum, dass sich trotz meiner 43 Jahre und meiner Fibrome, sollte ich gesund werden, diese große Freude verwirklichen wird. Ich bete viel und höre und besuche die heilige Messe, aber ich weiß noch nicht, wie man sich vollkommen der göttlichen Vorsehung überlässt.

Ich hoffe, dass wir uns eines Tages auch einmal sehen können, bei einem weiteren Treffen mit Fra' Elia. Ich bitte ihn, meiner stets in seinen Gebeten zu gedenken, und ich bitte Sie, ihm meine besten Grüße zu übermitteln.

Ich umarme Sie, mit einem lieben Gruß."

Raffaella Facchetti

Albano Laziale (Rom), 25. Februar 2006

„Meine Familie und ich waren bereits bei fünf Treffen mit Fra' Elia gewesen.

Das erste fand in Civitavecchia statt, wo Fra' Elia über Dinge gesprochen hat, die ich praktisch gerade durchmachte. Dann habe ich eines Tages durch Zufall von seinem Kloster in Calvi dell' Umbria gehört, wo wir jeden Monat hinfuhren und kranke Personen dorthin mitnahmen.

Ich hatte im Oktober im Kloster in Calvi angerufen, um zu erfahren, ob Fra' Elia Leute empfangen würde. Man bejahte und fügte hinzu: „Fra' Elia hat empfohlen, Umschläge mit Wasser und Salz zu machen, oder Wasser und Essig." Ich möchte vorausschicken, dass ich damals eine wirklich schreckliche Zeit durchmachte. Ich fuhr weiterhin jeden Monat ins Kloster, weil mir die Begegnung mit ihm so viel Frieden und Gelassenheit vermittelten.

Mein Ehemann, der von Psoriasis befallen war, hatte schon beim ersten Treffen Fra' Elia gefragt, was man dagegen machen könne; ich schicke voraus, dass sein Kopf, seine Ellbogen, seine Hand und seine Knie voll mit Schuppenflechte waren. Fra' Elia hatte geantwortet, er solle Meerwasser verwenden und mit der Pflanzenexpertin Fiorella Turolli sprechen, die Umschläge verschrieb, die er aber nie angewendet hat.

Im November fuhren wir wieder ins Kloster und Fra' Elia nahm seine Hand und berührte seine Psoriasis, wobei er fragte: `Wie steht es damit? Trägst du die Salbe auf?` Und er antwortete ihm, dass er sie ein paar Mal aufgetragen habe, jedoch jene, die ihm der Arzt verschrieben habe. Was soll man da sagen! Im Dezember verschwand die Schuppenflechte von alleine.

Am 20. Dezember besuchte ich den Dermatologen, wobei der Doktor mir jedoch das Cyclosporin gegen die Psoriasis für meinen Ehemann verschrieb. Ich sagte zu ihm: „Im Hinblick darauf, dass sie dabei sind zu verschwinden, solltest du die Stellen säubern.“ Er fing im Januar damit an, als die Psoriasis aber praktisch schon verschwunden war.

Ich habe das Cyclosporin einen Monat lang genommen, musste jedoch wegen anderer Probleme damit aufhören.

Wie wir wissen: Cyclosporin bringt die Psoriasis nicht in einem Monat zum Verschwinden (ich hatte es zwei Jahre zuvor auch schon einmal genommen) und kaum hatte ich mit diesem pharmazeutischen Präparat aufgehört, kam die Psoriasis zurück.

Was soll ich noch sagen? Es ist jetzt ungefähr einen Monat her, dass er mit dem Cyclosporin aufgehört hat, und bis heute hat mein Mann immer noch nichts an seiner Hand, den Knien, den Ellenbogen und am Kopf. Alles ist vollkommen glatt und sauber.

Urteilen Sie selbst.“

Stefania Marroni und Rocco Protano

25. Februar 2006

“Ich bin eine Frau, die in Gualdo di Narni (TR) wohnt. Ich hatte Gelegenheit, Fra' Elia kennenzulernen, eine fantastische und wunderbare Person. Was mich an ihm berührt hat, war sein Blick. Seine strahlenden Augen drückten für mich ein Licht aus, voller Liebe und Friede. Fra' Elia ist einer unserer Brüder und wenn man ihn trifft, dann läuft einem das Herz über.”

Maria Salari

Pistoia, 8. März 2006

„Liebe Fiorella und lieber Fra' Elia,
ich schreibe diesen Brief, um zu dokumentieren, was mir nach der Begegnung mit Fra' Elia am 26. Februar 2006 passiert ist. An dem Sonntagmorgen bin ich mit meiner Ehefrau - unsere Ehe war gerade dabei, Schiffbruch zu erleiden - mit dem Wagen losgefahren, um das Kloster in Calvi zu besuchen. Kurz darauf fing die rote Kontrolllampe der Einspritzpumpe in unserem Wagen an zu

blinken, was während der ganzen Hinfahrt andauerte. Auf der Rückfahrt, nach unserer Begegnung mit Fra' Elia, zeigte die Leuchte kein Problem mehr an.

Nachdem wir um 9.20 Uhr im Kloster angekommen waren, nahmen wir das Billet mit der Nummer 719 und 720 entgegen und warteten. Ich war skeptisch, bat aber Gott in diesem Moment, mir den Weg zu weisen.

Wir trafen Fra' Elia um 23 Uhr und im Gespräch mit ihm fragte ich ihn, ob er mit mir einmal zu Mittag essen wolle. Er fragte mich, wann und ich zeigte ihm meine Überraschung darüber, dass er meine Bitte annehmen wollte. Dann fragte er mich, warum ich mit ihm essen wolle, und ich sagte ihm, dass miteinander essen ein Akt der Liebe sei.

Er segnete alle Anwesenden, dann wandte er sich an meine Ehefrau und sagte zu ihr, dass er sie vergessen habe. Meine Frau erzählte ihm von ihrem kranken Sohn und Elia erkundigte sich nach dem Namen des Kindes. Dann sagte er ihr, sie könne beruhigt sein, alles werde gut ausgehen (meine Frau hatte am Vortag eine Kernspintomografie mit Kontrastmittel beim Sohn machen lassen und es zeigte sich kein Befund mehr; etwa zwanzig Tage zuvor waren über das Elektroenzephalogramm, das der Primarius der Kinderneuropsychiatrie im Krankenhaus von Pistoia gemacht hatte, aufgrund von Verletzungen im Gehirn epileptische Anfälle festgestellt worden).

Nach dem Segen bin ich noch in der kleinen Kapelle des Klosters geblieben, allein mit Fra' Elia. Ich habe ihm noch einmal gesagt, dass ich gerne mit ihm zusammen zu Mittag essen würde, aber dass es sicherlich niemals dazu komme. `Warum zweifelst du?`, antwortete er mir und ich fing, innerlich erschüttert, an zu weinen und ich begann, ihm von mir und von meiner Ehefrau zu erzählen, wobei ich ihm sagte, dass ich gerne lieben würde! Elia sagte mir, ich solle meine Handynummer dalassen und ich schrieb sie auf, doch er sagte zu mir: `Du hast mir nicht etwa eine falsche Nummer gegeben?` Ich sagte ihm, dass ich etwas durcheinander sei, und bat ihn, mir die Nummer vorzulesen, die ich ihm gegeben hatte. Fra' Elia las mir die Nummer vor. Es war tatsächlich die falsche Nummer, in der ich zwei Ziffern vertauscht hatte.

Dann kam eine Frau vom Ordnungsdienst herein und ich ging hinaus in den Kreuzgang des Klosters, mit Tränen in den Augen, und betrachtete die Gesichter der vielen Leute, die darauf warteten, Fra' Elia zu treffen.

Die Rückfahrt war sehr merkwürdig: Ich sah und sehe auch jetzt, während ich dies schreibe, noch immer Fra' Elias Blick.

Montagmorgen wachte ich auf und sah sofort wieder Fra' Elias Blick. Am Dienstagnachmittag legte ich mich hin, um mich ein wenig auszuruhen, doch ich hatte einen Albtraum und wachte auf, wobei ich das deutliche Gefühl hatte, dass ich mittels eines Hustenanfalls den Satan ausgespuckt hatte.

Jetzt fühle ich, dass sich alles, meine ganze Art zu sehen und zu denken verändert. Ich muss noch viele Wege gehen und vieles tun, um rein zu werden.

Ich bitte Gott um Vergebung.
Ich küsse Sie.“

Adriano Michelozzi

27. März – René Laurentin kommt mit Silvie ins Kloster

Ich muss hier eine Vorbemerkung machen: Kehren wir zum Vormonat September zurück, als ich die Unverfrorenheit hatte, Silvie zu bitten, meine Vermittlerin bei Pater Laurentin zu sein, damit dieser mir ein Vorwort für mein drittes Buch schrieb. Wie abgemacht schickte ich ihr sofort einen großen Teil meines Buchentwurfs zur Begutachtung für den Pater und Entscheidungsfindung. Ich musste nicht lange warten. Anfang Oktober erfuhr ich bereits, dass Pater Laurentin meine Bitte akzeptiert hatte, jedoch unter einer Bedingung: Als überaus gewissenhafter und demütiger Glaubensmensch, der er war, wollte er zuerst Seine Exzellenz, den Bischof von Terni, um Erlaubnis bitten.

Mein Herz verkrampfte sich! Wie konnte Seine Exzellenz seine Zustimmung geben, wenn er mich noch nicht einmal kannte! Daher beschloss ich auf der Stelle, ihn um eine Audienz zu bitten, um mich ihm vorstellen und ihm ebenfalls einen ersten Entwurf meines Buches geben zu können.

Leider war dies aus Gründen, auf die ich keinen Einfluss hatte, nicht möglich. Seine Exzellenz war mehr als beschäftigt, dazu oft im Ausland und wenn er am Bischofssitz weilte, dann war ich gerade wieder mit Fra' Elia im Ausland.

Vier bis fünf Monate vergingen und die so heiß erwartete Begegnung hatte noch nicht stattgefunden. „Herr, ich bin in deinen Händen. Entscheide du!“ Das war mein konstantes Gebet. Ich muss aber sagen, dass ich ziemlich ruhig blieb, da ich mir sicher war, dass die göttliche Vorsehung Fra' Elia weiterhin helfen würde, so, wie sie es immer getan hatte. Im Februar teilte Silvie mir mit, dass sie und Pater Laurentin einen Termin mit dem Bischof von Calvi für Montag, den 27. März gemacht hätten, um zehn Uhr, und dass der Pater den Wunsch geäußert habe, anschließend ins Kloster zu kommen, um dort die Messe zu lesen! Sie würden mit dem Zug, ab Rom um 8.30 Uhr, nach Terni fahren, hätten in der Zeit nach dem Gespräch keine jedoch Möglichkeit gefunden, nach Calvi zu kommen.“ „Was könnten wir tun?“, fragte Silvie mich. „Ich werde kommen, um euch abzuholen“, erwiderte ich instinktiv.

Und innerhalb eines Augenblicks ging bei mir wieder die berühmte Lampe an. „Silvie, frage Pater Laurentin, wenn es nicht unangebracht ist, ob er mich nicht Seiner Exzellenz vorstellen könnte, da er mich noch nicht kennt, damit er, vielleicht...“ Silvie verstand meine Motive vollkommen und versicherte mir, innerhalb einer Stunde eine Antwort zu bekommen.

Und diesmal hüpfte mein Herz vor Freude, als Silvies überaus angenehme Stimme zu mir sagte: „Pater Laurentin freut sich sehr, dich dem Bischof vorstellen zu dürfen."

Und so kam es, dass wir am Montag, den 27. März, bereits um 10.30 Uhr zu zweit im Wartezimmer der Kurie saßen, vor dem Zimmer des Bischofs.

Nach wenigen Minuten öffnete sich die Tür und Seine Exzellenz kam heraus, begleitet von einem jungen Priester. Wir gingen in ein anderes Büro. Nach ein paar Minuten kam Monsignore Paglia uns mit großer Liebenswürdigkeit entgegen und fragte in herzlichem Ton: „Sie sind Signora Turolli? Bitte machen Sie es sich bequem. Pater Laurentin erwartet Sie schon." Und alles spielte sich gemäß dem Willen des Herrn ab.

Während der Rückfahrt unterhielten wir uns vergnügt und der Pater sagte mir, dass Seine Exzellenz ihn ermutigt habe, das Vorwort zu schreiben, auch wenn er das Buch noch nicht gelesen habe, das ich ihm aber in jedem Fall zuschicken würde, sobald ich wieder daheim war. Und dann fragte er mich: „Wie viele Seiten möchten Sie?"

Und ich: „Hundert Seiten, Pater!" Er lachte herzlich.

Kaum im Kloster angekommen, empfing Fra` Elia uns in banger Erwartung der Neuigkeiten. Kaum hatte er uns erblickt, wusste er sofort, dass alles gut gegangen war. Allseits liebevolle Umarmung. Anschließend begaben wir uns gleich in die Kapelle für die heilige Messe: Pater Laurentin, Schwester Domenica, Fratello Pasquale, Silvie, Curzio und ich. Und dann folgte die großartige Predigt des Paters, in der er betonte, dass die heute immer öfter auftretenden, zahlreichen außergewöhnlichen Erscheinungen vielen eine zweite Schöpfung des Herrn darstellten, im Hinblick darauf, dass die erste Schöpfung von der Sünde getrübt, verdunkelt worden sei. Danke, o, Herr, für alle Gnaden, die du mir schenkst!

Am Nachmittag

Nach einem leichten und frugalen Mittagessen wollte Pater Laurentin sich auf der Stelle dem Vorwort widmen, das er auf ein Tonband sprach. Er versprach, es mir durch Silvie während der Karwoche direkt nach Calvi zukommen zu lassen. Daher blieb mir jetzt nichts anderes übrig als das letzte Kapitel zu schreiben und es danach, gegen Monatsende, meinem Verleger zuzuschicken. Die übrige Arbeit befand sich schon in seinen Händen und es war geplant, dass das Buch im Mai erscheinen sollte. Alleluja! Wir haben es geschafft! Wir alle waren über die große Vitalität des Paters sehr überrascht. Mit seinen 86 Jahren schien er alles andere als müde zu sein! Wir fragten ihn, ob er sich nicht ein wenig hinlegen wolle, aber er zog es vor, das Kloster zu besichtigen. Im neuen Flügel angekommen, führte Fra' Elia ihn zu seinem Zimmer und als er wieder herauskam, teilte er uns lächelnd mit, dass er den Pater dazu überredet habe, sich ein wenig auf seinem Bett auszuruhen.

Wir blieben so lange auf dem großen Flur über dem Kreuzgang und freuten uns über Fra' Elias Freude, die er mit uns teilen wollte. Er vertraute uns an, dass Pater Laurentin eine überaus reine Seele habe und es auf der ganzen Welt keinen wie ihn gebe. „Es werden andere wunderbare Theologen kommen, aber niemand wird mehr so sein wie er!", betonte er. Und dann massierte er sogar Silvies schmerzendes Knie, während sie uns erzählte, dass Pater Laurentin noch immer an Konferenzen in der ganzen Welt teilnahm. Sie waren gerade erst von der Insel Réunion zurückgekehrt und wenige Monate davor war der Pater auf einen Sprung zu einer sehr wichtigen Konferenz nach New York gereist, am nächsten Morgen zurückgekehrt, sich keinen Moment der Ruhe gegönnt, sondern augenblicklich wieder seine Arbeit aufgenommen. „Ich habe zu viel zu tun!", sagt er immer, „und keine Zeit zum Schlafen!"

Möge Gott ihn uns noch lange erhalten! Bis zum vorigen Jahr ist er sogar noch Ski gelaufen!

Jene wunderbaren Momente vergingen rasch und als Pater Laurentin wieder auftauchte, hatte er einen Knopf von seinem Jackett in der Hand. „Ich nähe ihn dir wieder an", sagte Fra' Elia prompt. Im Handumdrehen hatte er Nadel und Faden in der Hand, und ohne dem erstaunten Pater das Jackett auszuziehen, nähte er ihm den Knopf gekonnt an. Und jetzt, in besserer Form denn je, war der Pater bereit, nach Rom zurückzukehren. Wir schauten auf die Uhr. Es war erschreckend spät.

Flugs saßen wir wieder im Wagen, mit Curzio am Steuer, auf der Fahrt zum Bahnhof Orte. Wir mussten unter allen Umständen rechtzeitig um 18 Uhr dort sein, und in der Tat: Konnte die göttliche Vorsehung uns denn im Stich lassen? Die Strasse war völlig frei - keinerlei Absperrungen, Hindernisse oder der sonst übliche Verkehr - nichts, nichts. Alles war perfekt, wie es sein sollte! Beim Abschied konnte ich gar nicht anders als gerührt sein, als ein so großer Mann zu einer so kleinen Frau wie mir sagte: „Sie, die Sie eine so große Arbeit geleistet haben, warten jetzt nur noch auf meine kleine Arbeit, um sie zu beenden?"

Am Abend

Mit Curzio am Computer und Fra' Elia, der uns zuschaute, verabschiedeten wir unseren Umschlagentwurf, für den Fra' Elia und ich uns während unserer Reise nach Paris entschieden hatten. Ich fühlte, dass sein „Traum" vom vergangenen Jahr eine große Bedeutung hatte, vor allem, was die Vielfalt der aristokratischen Personen betraf, von denen es schien, dass sie einmal die Welt regiert hatten: Könige, Päpste, jeder Herkunft und Hautfarbe, alle in Reih und Glied geordnet, auf dem Weg zum Licht und alle in Frieden vereint. Hatte Fra' Elia, auf dem Rücken seines Löwen, von dem er geträumt hatte, vielleicht die Wiedervereinigung der Christen gesehen? Aus diesem Grund waren wir übereingekommen, dass seine „Vision" den Ehrenplatzauf dem Buchdeckel verdiente.

Obwohl Pater Laurentin Fra' Elia wegen des Wortes „Kondottiere" (Anführer) beruhigt hatte, das laut Wörterbuch nicht unbedingt „Anführer einer Schlacht" heißen musste, zeigte sich Fra' Elia in Bezug auf den Titel „Der Kondottiere Gottes und die Göttliche Vorsehung", den ich ausgewählt hatte, noch ein wenig widerspenstig. „Kondottiere" bedeutet auch so viel wie „Kapitän", und oft auch „Begründer" oder „Wegbereiter", oder auch „absoluter Führer eines ganzen Volkes"; doch trotz all dieser Erläuterungen beschloss Fra' Elia, den Titel in jedem Fall zu ändern: „Die göttliche Vorsehung ist die wahre Hauptperson des Buches und nicht ich! Sie ist die Mutter des Universums und absolute Protagonistin von allem und der Anführer Gottes ist nur ein kleines Werkzeug, ein Diener."

(Pater Rimmel, der Direktor des geistlichen Zentrums in Wigratzbad, hat für die deutsche Übersetzung das Wort „Wegbereiter" empfohlen - Anm. der Übersetzerin.)

Bergamo, 31. März – morgens

Das Telefon läutete: „Was für eine Stimme, Fra' Elia!"

„Es ist diese Zeit."

„Ich will dich gar nicht fragen, wie es dir geht. Warum legst du dich nicht wieder ins Bett?"

„Ins Bett? Da geht es mir noch schlechter! Und dann ist auch Samstag und ich muss sauber machen. Auf diese Weise denke ich wenigstens nicht daran."

„Auch ich habe Reinigungsarbeiten zu machen."

Ende März

Ich lese in meinen Notizen: ICH BEKOMME DAS HONORAR AUS MEINEN BEIDEN BÜCHERN, DAS ALS ANZAHLUNG FÜR DAS ZIMMER DES PROFESSORS BESTIMMT IST, das gegenüber der Kapelle liegt. Endlich hatte er sich entschlossen, es zu verkaufen. Er wird am kommenden

Samstag ins Kloster kommen! Gelobt sei Gott! Wir hofften, dass sich auch der Künstler noch zu einem Verkauf entschließen würde.

Die grauen Pferde und der Löwe

Anfang April erhielt ich durch ein Telefonat an meinen Mann die Nachricht, dass in einer Lokalzeitung eine Pressenachricht von Monsignore Paglia erschienen war, mit folgender Kundgabe: „Fra' Elia ist es verboten worden, in den Pfarrgemeinden der Provinz Terni die Leute zu Gebetstreffen zu verleiten und nicht..."

Ich wunderte mich nicht allzu sehr, ich hatte es sogar erwartet. Neben der Tatsache, dass Fra' Elia niemals und in keinem Teil Italiens die Menschen zu Gebetstreffen ermutigt hatte, auch nicht im Ausland (er wurde von den diversen Gemeinden immer mit dem Einverständnis des Bischofs eingeladen), hatten wir als freiwillige Helfer am Telefon, hinsichtlich konstant steigender Pilgerschar seit geraumer Zeit eher freundlichst versucht, die Leute von einem Besuch in Calvi abzuhalten, indem wir sie informierten, dass wir mittlerweile unmöglich ein auch noch so kurzes Gespräch mit Fra' Elia garantieren konnten. Dabei hatten wir hinzugefügt, dass es besser sei, den Namen der bedürftigen Person zu hinterlassen, damit die Gemeinschaft Fra' Elias für sie beten konnte.

Die Antworten jedoch waren immer gleich: „Das macht nichts! Es ist ja schon eine Gnade, eine Person nur zu sehen, die auf eine so intime Weise mit dem Herrn verbunden ist. Es macht nichts, wenn wir nicht mit ihm sprechen können. Sein Segen ist uns genug!

Und so kamen die Leute ins Kloster und kommen weiterhin und nicht nur an den dafür anberaumten Tagen, sondern an jedem Tag. Doch Fra' Elia befolgte die Regeln und vor allem würde er niemals die Aufmerksamkeit auf sich lenken, sondern ausschließlich auf ihn, den Herrn, dem allein sie gebührt! Wie oft habe ich ihn in den Pfarrgemeinden, in denen er zu Gast war, sagen hören: „Kommt nicht in dieses Haus wegen mir. Ich will euch auch am Sonntag hier sehen. Das ist das Haus des Herrn, nicht das meine! Er ist immer hier und erwartet euch!" Wie auch immer, in den darauffolgenden Tagen wurde ich von den üblichen Gutinformierten gewarnt, dass der größte Teil der Priester in der Gegend wegen Fra' Elia in Aufruhr war! Der größte Teil war gegen ihn, nicht zu sprechen von all jenen, die absolut nicht an die Gaben des Herrn glaubten, mit denen dieser ihn ausgezeichnet hatte. Und sie urteilten über ihn, ohne ihn überhaupt zu kennen! Viele schmähten ihn und verleumdeten ihn, nicht nur Gemeindepfarrer und nicht nur in der Provinz Terni! Und jetzt übten sie auf den Bischof Druck aus. Das war normal... alles wie erwartet... und wie bei allen Geschichten, die denen von Elia ähneln, muss es so sein, dass die kleinen und großen Hindernisse seinen Weg blockieren, und so wird es auch weiterhin sein.

All das erinnerte mich wieder an Fra' Elias Traum und an seine versteckten Botschaften. Die „grauen Pferde" waren eine reelle Gefahr und sie konnten ihn überrennen!

Wer würde ihm helfen? Wer würde ihn retten?

Wenn ich dir nur sagen könnte, dass alles, was du bist und tun wirst,
und alles, was du siehst und hörst,
der Fürstenstand und das Regierungsamt Gnaden Gottes sind,
dem Gehorsam der Mutter Kirche unterstellt,
erst meine Gnade, dann deine!
Wenn ich dir nur sagen könnte, dass du eine Stufe ersteigen wirst,
doch diese Stufen nie erklimmen könntest,
wenn nicht dein Sohn ihn an die Hand nähme
und ihn führen würde.
Wenn du nur wüsstest, was du alles bist...
Oder über mich... oder über deine Umkehr... reden wir davon!
Wenn ich dir nur sagen könnte, reden wir davon!
Wie unermesslich groß ist derjenige, welcher
über der Erde und der ganzen Welt Wasser und Wind bewegt!
Und der Weg ist noch lang, und du weißt es!
Doch es ist das Warten auf die Krönung, die du erwartest,
die nur durch deinen Sohn vollbracht werden wird,
der dir nahe ist. Und diese Stufe erwartet dich hier.
Die Kraft des Geistes, die dich erleuchtet,
wird dich leiden lassen, doch dein Herz wird dort sein,
dort in der Erwartung eines Rufes, und du weißt es!
Wer nimmt, gibt und schenkt, das ist Gott, der dich begleitet
auf dem Weg, den du gehen willst: den UNVERHOFFTEN Weg.
Wenn ich dir nur sagen könnte, dass du heute aufsteigen wirst,
hättest du mich morgen schon vergessen!
Du wirst nicht aufsteigen können, solange du mich nicht begleitest,
Hand in Hand, hin zum Licht und zur Gnade Gottes!
Wenn ich dir nur sagen könnte, dass dies nicht der Plan der Menschen ist...
Wie unermesslich groß ist doch die Gnade Gottes!

Aber zu meiner Beruhigung waren da das weiße Pferd des „Traumes" und darüber hinaus der große Löwe, auf dessen Rücken Fra` Elia die ganze Zeit über die Szene beobachtete. Doch warum ist der Löwe auch das Symbol des Heiligen Markus? Und warum schrieb der Heilige Markus sein Evangelium? Hier die Interpretation von Don Ruotolo über den Heiligen Markus, der als Löwe dargestellt wird.

„Das Ziel, mit dem der Heilige Markus schrieb, war, die Nachfolge des Heiligen Petrus zu erhalten, und, durch das Prinzip der Apostelnachfolge, die Göttlichkeit und das Königtum des Erlösers auszurufen, des Herrschers und Herrn der Welt und über alle Dinge. Darum beruft Markus sich nicht auf die Propheten, wie der Heilige Matthäus es tut, sondern auf die WUNDER, die ein leuchtendes Zeugnis von der Größe und Macht Gottes geben.

Er gebietet den Dämonen, den Krankheiten des Körpers und jenen der Seele, den Winden, den Fluten und selbst dem Tod; er kennt das Herz jener, zu denen er spricht, er erforscht die Zukunft und ist der Herrscher über alle Geschehnisse. SOGAR WENN DIE MENSCHLICHE BOSHEIT SICH IN DER PASSION GEGEN IHN RICHTET, zeigt er in jedem Ausdruck seiner Macht, dass er wirklich der Gott und Erlöser ist. Und wenn Jesus einen menschlichen Aspekt hatte, weil er in der menschlichen Gesellschaft auf der Erde lebte, dann hatte er auch EINEN ASPEKT DES LÖWEN, AUFGRUND SEINER ÜBERNATÜRLICHEN UND UNBESIEGBAREN KRAFT..."

Und der Heilige Markus hat sein Zeugnis weiter gegeben, genauso wie der neue Elia Zeugnis GEBEN MUSS UND WIRD GEBEN MÜSSEN, mit seinen Stigmata, vom Königtum und seiner Macht, dem starken und unbesiegbaren Löwen gegen alles Böse.

Der „Traum" sagt uns, dass alles vorübergeht (siehe den langen Zug) und alles genauso geschieht wie es vom göttlichen Willen bestimmt worden ist (auf dem Weg zum Licht), und dass Fra` Elia, für alle Zeit, direkt auf dem Rücken des Löwen (immer geführt von Gott) sich sicher fühlen können wird, um weiter voranzuschreiten, weil er von ihm nie im Stich gelassen wird.

Der Prophet
aus dem Pastoralbrief des Schweizer Bischofs Monsignore Kurt Koch für die Karwoche 2006

„Ein Prophet spricht in einem sehr familiären Ton von Gott, wie ein Freund zu einem Freund; am Anfang dieser Begegnung auf Du auf Du mit Gott, kann er sich auf eine präzise Situation in der Zeit beziehen.

Ausgehend von dem inneren Kontakt mit Gott, greift der Prophet mit Wahrheit in eine aktuelle Situation ein, wobei er unwillkürlich auch die Zukunft erhellt. Solche Propheten, die von „Angesicht zu Angesicht" mit Gott leben und auch uns in diesen intimen Dialog einführen, sind kontinuierlich bei der Durchquerung der Wüste, welche die Kirche heute ist,notwendig. In Israel, das ebenso an die Prophezeiung des Moses gebunden war, waren sie gleichfalls notwendig. Die Propheten sind keine Wahrsager, die zukünftige Ereignisse vorhersagen, noch berufsmäßige Kritiker der kirchlichen Institutionen. Gewiss sind die Propheten berufen und es ist ihr Bestreben, dem Missverständnis und Missbrauch des Wortes Gottes entgegenzuwirken; doch befinden sie sie sich in keiner Weise im Gegensatz zum Gesetz Gottes. Auch heute scheint es oft, dass wir in der Wüste stehen geblieben sind und dass sich unserem Blick die typischen Halluzinationen der Wüste aufdrängen, sinnbildlich dargestellt durch die drei Versuchungen, in die Jesus in der Wüste geraten ist: die Steine in Brot zu verwandeln, sich den Menschen durch einen Sprung von der Zinne des Tempels zum Schauspiel darzubieten, und schließlich Gott auf die Probe zu stellen und den Glauben mit Macht zu verwechseln.

Bei genauerem Hinsehen stellen die drei Versuchungen Jesu im Grunde genommen drei Variationen einer einzigen grundlegenden Versuchung dar: jener, das Wort Gottes zu umgehen, scheinbar nur ganz harmlos, und die Liebe des wehrlosen Gottes, um sie sich von den Menschen zu verschaffen, ohne Respekt vor ihren wahren Bedürfnissen, das heißt, nach dem, was sie selbst erstreben, und das sind nicht nur Brot, Sensation, Triumph und Macht. Die Wüste Israels und die Wüste der Kirche sind wirkliche Momente der Versuchung, deren Kern das „In-die-Ecke-Stellen Gottes“ ist, wie Benedikt XVI. so scharfsinnig diagnostiziert hat; ein Gott, der als eine Hypothese zweiter Ordnung erscheint, in Bezug auf das, was in unserem Leben wirklich wichtig ist und zählt: uns selbst zurückzuhalten, die momentanen Bedürfnisse und Wünsche nicht wichtiger zu nehmen als Gott. Das ist die ewige Versuchung, die uns schon immer bedroht. Auf diese Weise erkennen wir Gott nicht „in seinem Gott-Sein“ und erwählen als „unseren Gott“ uns selbst oder besser noch: die Mächte, die uns bedrohen...“

Bergamo – 5. April, 8.45 Uhr

Alessio rief mich mit höchst besorgter Stimme an: „Heute Morgen haben wir Fra’ Elia im wahrsten Sinn des Worten `ergreifen` müssen, weil er dabei war, die Treppe hinunterzurollen. Auch heute hat er wieder Prügel bekommen!!!“

Bergamo – Donnerstag, 6. April, 8.45 Uhr

Eine Stimme, die aus dem Jenseits zu kommen schien, ließ mich auf Fra’ Elia tippen. „Fra’ Elia, was ist passiert?“, fragte ich alarmiert. Die Stimme, tief, in ihrer unglaublichen Ruhe fast nicht zu erkennen, fuhr fort: „Ich berichte dir jetzt: Heute Nacht, kurz nachdem ich mich zurückgezogen hatte, ist er zurückgekommen. Diesmal wollte ich ihm entgegentreten und ihn mir anschauen."

„Wie war er, Fra' Elia?" „Er war wie ein Mensch, mit einem ledernen und spitzen Gesicht, und er hatte sehr viele krause Haare. Er war behaart wie eine Ziege. Seine Augen kamen mir vor wie die von Katzen, die dich in der Nacht beobachten und rötliche Blitze aussenden. Ich stand vor ihm und blickte ihn mit herausfordernder Miene an, worauf er den Mund öffnete und mir, wie der Rachen eines Wolfes bereit zum Angriff, seine langen spitzen Zähne zeigte.

In diesem Moment griff er mich an, presste mich mit bloßen Armen gegen die Wand und die Decke, ohrfeigte mich heftig, trampelte mit seinen Schweinsfüßen auf mir herum, gab mir mit einer furchtbaren Wut Fausthiebe und Fußtritte auf ein Knie (ich humple jetzt) und dann warf er mich hinaus in den Kreuzgang."

„In den Kreuzgang? In die Kälte? Warum hast du nicht geschrien, um Hilfe gerufen?"

„Ich konnte nicht. Ich war wie gelähmt."

„Und nun, Fra' Elia?", fragte ich ihn wie ein Automat.

„Dieses Mal glaubte ich wirklich zu sterben und meinte, es nicht mehr ertragen zu können, als ich, halb in der Luft hängend, zwei Engel mit leuchtenden Schwertern sah. Einer hielt es direkt gen Himmel und der andere zückte es in Richtung meines Feindes. Alles geschah sehr schnell. An dem Platz, wo er stand, blieb nur noch ein großer, schwarzer Rauch übrig, als hätte er sich aufgelöst. Dann waren auf einmal zwei Frauen neben mir, streichelten mich und ich spürte bei ihrer Berührung so etwas wie einen erfrischenden Schauer. Dann hießen sie mich auf einer Bank im Kreuzgang Platz nehmen, trösteten mich und sagten zu mir: `Bleib ganz ruhig, er wird jetzt nicht mehr zurückkommen!`

„Wie waren die beiden Frauen? Wie waren sie gekleidet? Kanntest du sie?"

„Sie trugen lange Tuniken und Mäntel mit einer Kapuze, sodass ich sie nicht sehen konnte."

„Eine wird wohl Maria Magdalena gewesen sein", sagte ich mit gedämpfter Stimme, doch Fra' Elia schien meine Vermutung zu ignorieren.

„Wie lange bist du im Kreuzgang geblieben? Was hast du gemacht, um wieder zu dir zu kommen, und wie geht es dir jetzt?"

Ich war so verblüfft, dass ich mir gar nicht bewusst war, ihm eine Menge unnützer Fragen zu stellen, während mein Bleistift mehr schlecht als recht über die Seiten meines Notizheftchens flog. Fra' Elia hörte mir geduldig zu und setzte dann mit größter Gelassenheit seinen Bericht fort: „Gegen sieben Uhr hörte ich Giuseppe, Alessandro und die anderen kommen. Sie redeten mit lauter Stimme. Da habe ich sie um Hilfe gerufen. Sie haben mir geholfen und mich wieder nach oben gebracht."

„Doch sage mir, in welchem Zustand bist du jetzt?"

„Nicht ein Teil meines Körpers ist heil geblieben - blaue Flecken, Kratzspuren. Ich habe das Gefühl, als wäre mein Brustkorb zertrümmert, und ich habe Mühe zu atmen. Wenn ich huste, dann habe ich im Mund den Geschmack von Blut. Und ich hinke auch. Mein größter Schmerz ist aber ein anderer: Ich habe von jenem Priester erfahren, der diese Jugendlichen missbraucht hat.

Solche Dinge dürfen einfach nicht passieren! Es ist genauso, als hätte er sie umgebracht. Zu viele Diener des Herrn sind von ihrem Weg abgekommen und Räuber geworden. Es ist notwendig, dass die Kirche wieder rein gehalten wird. Das ist der Grund, warum so viele junge Leute sich von ihr abwenden. Diese Skandale müssen aufhören! Was soll aus diesen Jungen werden, wenn sie erwachsen sind? Ich weiß es. Sie erzählen es mir, wenn sie mich besuchen kommen. Einige von ihnen werden selber Vergewaltiger, andere schaffen es noch nicht einmal, eine Familie zu gründen. Es gelingt ihnen einfach nicht, ihr Leben wieder in den Griff zu bekommen, und mir gelingt es nicht, mich damit abzufinden."

„Darf ich das alles schreiben, Fra' Elia?"

„Ja, schreibe es und sage, dass sie verzweifelt sind. Möge mein Leiden diesen jungen Leuten helfen!"

Bergamo, 7. April

Zusammen mit Pepe fotokopierten wir die Briefe und Zeugnisse, die wir erhalten hatten, um sie dem Bischof, Monsignore Vincenzo Paglia zu übergeben. Dabei ging der Fotokopierer kaputt und auch mein neuer Computer, der schon seit geraumer Zeit nicht mehr funktionierte, auch nicht nach der Überprüfung durch einen Techniker. Ich beschloss, einen neuen PC zu kaufen. Alles in allem gab es da Tausende von Schwierigkeiten, die mich am Fortgang meiner Arbeit hinderten.

Bei allem, was ich für Fra' Elia tat, traf ich Schwierigkeiten und Hindernisse auf dem Weg an, doch zu guter Letzt fand sich für alles wieder eine Lösung.

Unsere Schutzengel waren unermüdlich.

Bergamo – Samstag, 8. April

Ich schrieb gerade an den letzten Seiten meines Buches. Mir fehlte nur noch die Chronik der nächsten „Passion" und am Montag würde ich abreisen, um die Karwoche im Kloster zu verbringen.

Ich hatte soeben mit Fra' Elia telefoniert. Um 7.30 Uhr am Morgen war er von dem Arzt der Kurie besucht worden, der ihm auch eine Probe entnommen hatte. Als ich über die getane Arbeit reflektierte, dachte ich, dass ich über alles getreu berichtet hatte, soweit mir das erlaubt war. Fra' Elia war ein Großer in seiner Demut! Nicht einmal die Entscheidung seines Bischofs hatte er kommentiert! Er war gewohnt, sich allein dem Herrn anzuvertrauen, daher kümmerte er sich nicht um Dinge, in denen er sich sicher und unbesorgt fühlte.

Auch ich fühlte mich sicher und war beruhigt, was seine Zukunft betraf: Die Arbeiten am Kloster gingen trotz aller Schwierigkeiten gut voran, einer unserer Mitbrüder würde bald zum Priester geweiht, und neue Brüder würden dazukommen; vielleicht würden wir nach Australien reisen, wo eine riesige italienische Gemeinschaft (600.000 Personen) auf Fra` Elia wartete.

Möge uns unsere Gesundheit erhalten bleiben und unser Gebet Früchte tragen. Was sollte man vom lieben Gott mehr erbitten!

Apropos Gebet

Ich möchte ein Zeugnis zitieren, das man mir mündlich gab. Ein Herr aus Calvi, der Fra' Elia sehr nahestand und erfuhr, dass das kleine Kind eines Freundes im Krankenhaus im Sterben lag, bat Fra' Elia, mit ins Krankenhaus zu gehen, um dem Kind zu helfen. Das Kind, das an einer sehr seltenen Krankheit litt, war schwer krank und die Ärzte hatten die Eltern benachrichtigt, dass man nichts mehr tun könne. Aber Fra' Elia lehnte das Ansinnen ab und sagte, dass er nur den Namen des Kindes haben wolle. Doch der Freund insistierte: „Komm, Fra' Elia, das Kind liegt im Sterben!"

Der Herr, der mir die Fakten berichtet hatte, sagte mir, dass Fra' Elia über sein Drängen wütend geworden war und unbeugsam blieb. „Ich habe dir gesagt, du sollst mir seinen Namen geben!", donnerte er. Am frühen Morgen begann Fra' Elia zu beten, so, wie er es täglich für alle Personen tat, die ihren Namen im Kloster hinterließen, damit er für sie betete.

Zehn Tage später kehrte das Kind geheilt nach Hause zurück!

...und abschließend...

...möchte ich einen letzten Gedanken in Bezug auf meine Beobachtungen in dieser letzten Karwoche aufschreiben.

Ich hatte bemerkt, dass Fra' Elia „seine spirituellen Reisen" (zum richtigen Verständnis: Er verlässt seinen Körper) auch während des Tages machte, nicht nur wenn sein Körper im Bett lag. Ich konnte nicht glauben, dass sein Körper auch in Abwesenheit seines Geistes aufrecht stand und dabei so lebendig war wie sonst auch.

Obwohl sein Geist dann woanders war, war sich der andere „Geist oder Verstand", der in diesem Moment in seinem Körper wohnte, vollkommen bewusst, nicht Elia zu sein. Wenn ich bei ihm war, machte er mich sogar darauf aufmerksam, indem er mir sagte, dass jener Körper nicht der Seine sei und er sich für ihn sehr schwer anfühle. Er ging auch auf andere Art und verhielt sich anders.

Üblicherweise sagte er mir solche Dinge während der Passion, bevor er in Ekstase ging; und jetzt, während er in dieser Art mit mir sprach, erinnerte ich mich daran, dass ich ihn schon zuvor gehört hatte und ich erkannte auch den anderen Klang dieser Stimme wieder.

Wenn Fra' Elia fortging, oder besser, wenn sein Geist seinen Körper verließ, nahm ein Engel seinen Platz ein. Ich hatte immer geglaubt, dass sein Geist nur nachts „davonfliege" oder während Fra` Elia ruhte, aber ich hätte niemals gedacht, dass sein Körper dabei weiter voll bewusst blieb.

Tagebuch der Karwoche 2006

Montag, 10. April

Ich war auf dem Hauptbahnhof von Mailand, auf dem Weg zum Zug Mailand-Neapel, der mich nach Calvi bringen würde.

Ein intensiver Rosengeruch begleitete mich.

Calvi, Dienstag 11. April

Auch in dieser Nacht hatte Fra' Elia wieder Prügel bekommen. Die Wand in seinem Zimmer war über und über blutverschmiert!

Am Nachmittag trafen Fra' Elias Eltern ein, sein Bruder Antonio mit seiner Familie, seine Schwester Pina mit Mann und sein Vetter Nicola mit seiner Frau Rosanna.

Die Nacht zwischen Dienstag und Mittwoch, 11./ 12. April

Fra' Elia spricht mit dem Herrn:

„Mein Gott, kommt ihr also jetzt PERSÖNLICH, um
meine Seele zu besuchen?
Ich sehne mich glühend danach, euch zu empfangen und in meinem Herzen aufzunehmen,

oh, mein höchstes Gut!
Ich fürchte, dass mein Herz noch nicht genügend gereinigt ist
von seinen Übeln und Sünden.
Wann wäre die Stunde, um euch einen würdigeren Empfang zu bereiten?
Mein Gott und Erlöser, dafür bitte ich euch um die Gnade,
eine vollkommene Gnade, die mein Herz von allem reinigt,
was eure allerreinsten Augen betrüben könnte.
Ja, ich liebe euch aus meinem ganzen Herzen über alles,
weil ihr die unendliche Liebe seid, würdig eines aufrichtigen Herzens,
gut und liebevoll.
Ich bereue von ganzem Herzen, dass ich euch beleidigt und verabscheut habe,
und mehr noch als alle Übel, die Sünde.
Ich will euch ganz bestimmt nie mehr beleidigen, mein Gott und mein Alles!
Es gibt keine größere Liebe als dich!"

Mittwochabend 12. April – 18.30 Uhr

Fra' Elia ging es schlecht, er hatte hohes Fieber, hinkte und krümmte sich vor Schmerzen.

Dennoch wollte er an der Messe teilnehmen, doch nach der Anbetung begrüßte er die wenigen Teilnehmer (neben den Verwandten auch eine Gruppe aus Verona, das Ehepaar Marceletti, die Carabinieri, Alberta, die Briefträgerin) und zog sich danach schwankend zurück. Schon war der intensive Rosenduft in jeden Winkel des Klosters geströmt.

Endlich habe ich den Beginn fotografiert

Im Gegensatz zum Vorjahr hatte ich mir in diesem Jahr fest vorgenommen, den Beginn des Blutabsonderns mit meinem Objektiv festzuhalten, und zwar den Augenblick, in dem aus Fra' Elias Stirn die ersten Blutstropfen austraten. Ich teilte das Prof. Marceletti mit und im Hinblick darauf, dass er von Fra' Elia selbst auch zum Abendessen eingeladen worden war, bat ich ihn, auch seinen Fotoapparat mitzubringen.

Bereits während der Abendmesse sahen einige der Anwesenden die ersten Bluttränen aus seinem Auge austreten, doch er trocknete sie sich eilig ab, sodass ich es nicht schaffte, eine Aufnahme davon zu machen.

Später, im Refektorium, sahen wir - die Familienangehörigen, Schwester Domenica, der Professor und ich - während des Abendessens mit Fra` Elia kurz nach 20 Uhr, wie er sich unerwartet erhob und in die Küche rannte.

Aus seiner Stirn traten drei üppige Rinnsale von Blut aus und liefen über sein Gesicht. Diesmal waren Schwester Domenica, der Professor und ich bestens darauf vorbereitet, jeder mit dem eigenen Fotoapparat, ihm zu folgen. Währenddessen hantierte der Professor, vielleicht weil er überwältigt war, vergeblich mit seinem Apparat herum. Zum Glück konnte ich als Fotografin meiner Dokumentationsaufgabe nachkommen, bevor Schwester Domenica mit ihrem Leinentüchlein eingriff.

Danach kehrte Fra' Elia wieder zu uns an den Tisch zurück. Ihm war absolut nicht danach, in sein Zimmer zu gehen, wo ihn häufig „jener andere" erwartete. Also nahmen wir unsere Unterhaltung wieder auf, während sich auf Fra' Elias Stirn vertikale Einkerbungen bildeten, die vor unseren Augen immer länger wurden. Wir alle dachten an die Dornenkrönung. Und ich fotografierte weiter, solange Fra' Elia dies erlaubte.

All das, alle diese Beweise, sollten dazu dienen, die Anschuldigungen in Bezug auf Selbstverstümmelung zu widerlegen! Einige „Experten" vertraten auch die Theorie der Hysterie. Ich frage mich, wie ein Kind von sieben Jahren (so alt war Elia, als er die ersten Phänomene wahrnahm) so hysterisch sein konnte, dass es auf seiner Haut, genau an der Stelle der Stigmata, bläuliche Hämatome hervorbringen oder während der Fastenzeit fast keine Nahrung zu sich nehmen konnte, was bis zur Einweisung ins Krankenhaus führte.

Mit zwölf Jahren, als alle glaubten, er läge im Sterben, wachte er exakt am frühen Nachmittag des Karsamstag ausgehungert auf, wobei sein erster Gedanke war, in die Küche zu gehen und das Erstbeste hinunterzuschlingen: einen Teller voll mit eisgekühlten Auberginen! Alles in mir sträubt sich, wenn man mir glauben machen will, dies wäre ein kindgemäßes Verhalten.

Die Nacht zwischen Mittwoch und Donnerstag, 12./13. April

Fra' Elias Gebet:

„Hilf mir, o, Herr, zu leben
für all jene, die nicht wissen, wie man liebt,
für jene, die unermüdlich hören,
die das Wort Gottes mit Wohlgefallen aufnehmen,
der alles in Liebe schenkt,
jenen, den man nicht sucht,
wenn man ihn nicht braucht!
Hilf mir, eine wahre Präsenz von dir zu sein,
wenn ich mich jenen zuwende, die mich brauchen
oder denen ich deine wahre Freundschaft anbieten möchte.

Hilf du mir!
Antworte mir, damit ich durch dich bereichert werde, für dich!
Erleuchte mich, für deinen und unseren Frieden!
Bleib in meiner Seele, o, mein Herr,
bis der Gedanke an dich mich niemals mehr verlässt,
um immer in deiner Wahrheit zu bleiben
und weniger von dir beurteilt zu werden.
Hilf du mir, ohne viele Worte
außergewöhnliche Werke zu vollbringen,
und ohne eitlen Ruhm,
damit ich den anderen helfen kann und sie zu dir führen
und sie immer deine Nähe spüren lassen kann.
In meine Seele nehme ich dich auf,
in jedem Augenblick meines Lebens.
Der Friede sei mit dir und mit allen, die den Frieden
und die Liebe Gottes suchen.
Amen."

Donnerstag, 13. April – 8.30 Uhr

Alles spielte sich exakt entsprechend der Chronologie der Ereignisse ab, wie sie in Jerusalem vor etwa 2000 Jahren stattfanden: Dornenkrönung, Geißelung, Schwellungen der Haut, Auskugeln des Schultergelenks, üppiges Ausschwitzen von duftendem Blutserum, Bluttränen, bis hin zur Kreuzigung und dem Todeskampf am Karfreitag mit entsprechendreichlicher Blutabsonderung aus den Wundmalen und der Wunde an der Brust. Sein Gesicht zeigte bei allem Heiterkeit. Er sah mich und begrüßte mich mit einem schwachen Lächeln. Ich machte die ersten Aufnahmen, was ich bis zu Fra` Elias letzten Schmerzensminute fortzusetzen gedachte.

In diesem Jahr war keine Menschenmenge da. In der kleinen Kapelle waren rund um Fra' Elia nur seine Eltern, sein Bruder Antonio mit Familie, seine Schwester Pina mit Ehemann, seine Ordensfamilie, die Ärzte, sein Pater Spiritual, Pater Oronzo, einige Priester sowie seine langjährigen Mitarbeiter und engsten Freunde, versammelt. Aus der Stille und im Respekt vor den Ereignissen schöpfte man einen regenerierenden Frieden und genoss das intensive Gebet.

Gründonnerstagabend

Die Ärzte hatten ihre Arbeit erledigt, die Leute gingen stumm und respektvoll Fra' Elia besuchen und hörten zu, was er jedem von ihnen zu sagen hatte.

Danach kehrten sie wieder in die Kapelle zurück, zur heiligen Messe oder zum Gebet. Vor dem großen Christus, der mit einem weißen Seidentuch verhängt war, hatte ein jeder von uns sein Herz geöffnet, seine Leiden offengelegt und um Barmherzigkeit gebeten, für eine echte Neugeburt in der Liebe. An diesem gesegneten Ort fühlten wir uns alle in der Liebe Christi vereint, in jener wahren Liebe, die trotz all unseres Elends Freude schenkte, jener Liebe, von der unser Fra' Elia immer sprach. In jenen Momenten litt er, damit der Gott der Liebe über das Böse siegte, um über die ganze Welt triumphieren zu können.

Inzwischen stellte ich mir die Frage, wovon ich während dieser drei Tage, auf die ich so sehr gewartet hatte, würde Zeugnis geben können. Ich war mir sicher, dass ich auf dieses Ostern hatte warten müssen, um mein Buch zu Ende zu schreiben; doch bis jetzt, sei es wegen des Einschreitens der Mediziner oder der Fernsehaufzeichnung (die nicht ohne die Erlaubnis des Bischofs von Terni ausgestrahlt werden würde), sei es wegen der vielen sich abwechselnden Persönlichkeiten oder wegen der Ankunft Silvies mit dem wunderbaren Vorwort von Pater Laurentin, das wir miteinander durchgingen, kurzum, wegen all diesem Verkehr hier hatte sich meine Zeit an der Seite Fra' Elias auf nur wenige Augenblicke beschränkt. Hin und wieder hatte er mich zu sich in sein Zimmer gerufen und mir kurz von seinen Visionen erzählt, als erneut ein Arzt hereinkam.

Geduld, sagte ich mir. Es wird schon das geschehen, was Gott will.

Das Eucharistische Wunder – Gründonnerstag nach dem Abendessen

Nachdem sich alle bereits in ihre Zimmer zurückgezogen hatten, spürte ich in der absoluten Stille des Klosters den heftigen Impuls Fra` Elia zu besuchen.

In den sechs Jahren, in denen ich ihm nun während der Passion beistand, fand das Ereignis das erste Mal nach neun Uhr abends statt! Ich betrat sein Zimmer. Fra' Elia war in Ekstase. Er hatte den Mund leicht geöffnet, seine Lippen waren von etwas bedeckt, das wie weißer Schaum aussah und seine Augen wirkten glasig. Ich begriff, dass etwas Außergewöhnliches vor sich ging und rief seinen Bruder Antonio, der in wenigen Augenblicken bei mir war. Jetzt befeuchtete Fra' Elia seine Unterlippe mit der Zunge. Exakt in diesem Moment sahen wir, wie sich in seinem Mund eine weiße, vollkommene Hostie bildete, von der üblichen Größe - eine kleine, klar umrissene Hostie, vollständig und pulsierend, die Fra' Elia uns beim Versuch, sie hinunterzuschlucken, wiederholt durch Öffnen des Mundes zeigte.

Die Hostie hatte sich von ganz allein gebildet, in wenigen Augenblicken, indem sie sich aus weißem Schaum in das verwandelt hatte, was die Christen als Brot des Lebens bezeichneten.

Jene Momente der Intimität mit dem Herrn wagte ich nicht, mit der Kamera zu stören.

In dieser Nacht fand ich keinen Schlaf und ich stellte mir viele Fragen: War das der Grund gewesen, warum ich das Gefühl gehabt hatte, mit dem Ende dieses Buches bis Ostern zu warten? Hatte ich auf eine Bestätigung dessen gewartet, was Fra' Elia mir auf erschütternde Weise im Jahr zuvor übermittelt hatte?

Und so geschah in der Tat nichts von dem, was ich erwartet hatte, so als habe es ein Prophet nicht nötig, sich zu wiederholen. Was gesagt worden war, war bereits für alle Zeit sowohl in meinem Geist als auch auf dem Papier festgeschrieben worden. Nein! Dieses Ostern sollte ein großes Wunder des Herrn geschehen, der wollte, dass auch ich, die am wenigsten dafür geeignete, von der Wahrheit seiner Größe und seiner Macht ein Zeugnis ablegte, indem er sich in Form der Eucharistie im Mund von Fra' Elia, in seinem Schmerzensbett, materialisierte.

Meine Augen haben in Gegenwart eines Zeugen das gesehen, was Christus zu seinen Aposteln gesagt hat: „Das ist mein Leib. Ich bin das Brot des Lebens. Wer an mich glaubt, wird das ewige Leben haben."

Antonio und ich schauten versteinert und verblüfft zu, mit einem Herzen, das von so unbeschreiblichen Emotionen überwältigt war, dass das Wort dafür nicht ausreichte. Es war viel erhebender: WIR BEFANDEN UNS IN DER GEGENWART DES MENSCH GEWORDENEN GOTTES, DER AUF WUNDERBARE WEISE ZUM EUCHARISTISCHEN CHRISTUS GEWORDEN WAR. Und diese Eucharistie bildete in diesen vierzig Tagen die einzige Nahrung für Elia, außer dem Brot, das ihm erlaubt hat, zu leben, ihn auf den Beinen hielt und stärker und entschlossener denn je machte.

Und dieses unermesslich große Wunder des Glaubens wollte die Welt daran erinnern, DASS SICH BEI JEDER HEILIGEN MESSE DAS GLEICHE MYSTERIUM WIEDERHOLTE UND DASS GOTT WAHRHAFTIG UND LEBENDIG IN DER GEWEIHTEN HOSTIE GEGENWÄRTIG WAR.

Später fragte ich mich, ob ich das, was ich gesehen hatte, nicht doch hätte dokumentieren sollen. Wie sonst sollte man mir glauben?

Karfreitag, 14. April – 7.15 Uhr

Fra' Elia ließ nach mir rufen. Ich warf mir etwas über und lief zu ihm. Er hatte glasige Augen und sein ganzes Gesicht war eine einzige Maske aus Blut. Ich kam meiner Pflicht als dokumentierender Fotografin nach.

Ich bemerke, dass sein Mund sehr angeschwollen war und die Zähne blutverschmiert aussahen. ER KAUTE ERNEUT AN EINER WEISSEN HOSTIE! Meine Gefühle übermannten mich, sodass ich diese Sequenz nicht fotografieren konnte. „Öffne das Fenster!“, sagte er. Ich tat es: „Riechst du den Duft der frischen Luft?“„Ja, Elia, aber das ist nicht der Duft der frischen Luft. Es ist der Duft deiner Wundmale.“ Dann verlor er wieder das Bewusstsein.

Es läutete an der Tür. Seltsam, denn wir erwarteten niemanden zu dieser Zeit. Alle waren mit ihren Aufgaben beschäftigt, deshalb ging ich hinunter, um die Tür zu öffnen. Jemand war mir schon zuvorgekommen und ich traf Giulia Cucciniello, die Richterin und unsere Freundin, direkt vor dem Eingang zum Refektorium.

„Ich weiß, dass ich zu früh dran bin“, sagte sie mir, „aber ich muss gleich wieder gehen.“ „Warte hier auf mich“, antwortete ich ihr. „Ich gehe zu Fra' Elia hoch und bin gleich wieder zurück.“Doch in dem Augenblick, als ich über die Türschwelle trat, präsentierte sich mir noch einmal die gleiche Szene mit der Hostie: Fra' Elia war in Ekstase und unter seiner Zunge war deutlich eine klar umrissene, weiße Hostie zu sehen. Der Vater verließ den Sohn nicht und hielt ihn durch sich selbst am Leben, mit dem Brot des Lebens! „Giulia, Giulia!“, rief ich. Der Herr hatte mir eine zweite Chance geben wollen und mir eine angesehene Zeugin zur Seite gestellt. Und in der Tat war Giulia in wenigen Sekunden bei mir, sodass sie sah, was ich sah. Ich begriff, dass der Herr mir die Gelegenheit zur Dokumentation geben wollte, damit ich dieses Mal meine Fotos schießen konnte (die leider auch nur den Augenblick dokumentieren, in dem Fra' Elia gerade den Mund schloss, zwischen seinen Lippen erkennt man lediglich einen schmalen weißen Faden).

Und nun würden für Fra' Elia die langen Stunden der Kreuzigung beginnen. Ich schaute auf die Uhr. Es war 9 Uhr und die Ärzte trafen ein, gefolgt von ein paar Freunden und von Priestern, die in der Kapelle mit dem Beichthören beginnen.

Wenig später kamen mein Verleger, weitere Priester, Silvie, Persönlichkeiten aus Kultur und Sport und sogar gekrönte Häupter. Ich fragte mich, wie ich es schaffen sollte, die „Lichtladungen“ zu dokumentieren, die Fra' Elia in Abständen von zwei Stunden erhielt und die am Montag in der Karwoche begannen. Vielleicht würden die Ärzte das übernehmen! Und die Visionen, die Gebete, die Prophezeiungen? Ob er auch in diesem Jahr wieder Aramäisch sprechen würde? Diese Antwort sollte ich um 10 Uhr erhalten, als Pina mich darauf aufmerksam machte, dass Fra' Elia in einer fremden Sprache rede. Ich lief mit Silvie, der Sekretärin von Pater Laurentin, an sein Bett. Sie versuchte, mit ihrem Mobiltelefon das zu dokumentieren, was der Pater sehen wollte.

Mariucca aus Spinea hatte mir von einer „Lichtladung“ berichtet, die Fra' Elia einmal in ihrer Gegenwart erhalten hatte.

„Ich bedaure, dass die Ärzte nicht dabei gewesen sind", sagte sie damals zu mir und fügte noch hinzu: „Fra' Elia hatte sich den Arm über die Augen gelegt, um sich vor dem grellen Blitz zu schützen, wobei er mir erklärte, dass er es nicht aushalte, jenes blendende Licht zu ertragen. Darüber hinaus sagte er mir auch, dass sich zahlreiche Engel in seinem Zimmer befänden." Zwei Stunden später wurde mir dieselbe Geschichte von der Journalistin Cristina Bianchino erzählt, die von Piero Vigorelli geschickt worden war. Gott sei Dank gab es einen Zeugen zu dem, was er erlebt hatte und worüber ich in meinen früheren Büchern berichtet hatte. Indessen dauerte der Todeskampf Fra' Elias an.

Man hörte seine Klagen. Wieder sagte Antonio mir, ich solle zu ihm hochgehen. Ich sah Fra' Elia von Schmerzen gepeinigt. Auf die Seite gedreht, betete er, wobei er seine Klagen wieder in aramäischer Sprache formulierte.

Karfreitag, später Nachmittag, 7.15 Uhr

Fra' Elia schien eingeschlummert zu sein. Nun war alles vollbracht. Ich hatte die Ärzte miteinander reden hören und wusste, dass der Moment seines scheinbaren Todes von ihnen dokumentiert worden war. All das würde als Bericht an den Bischof geschickt werden. Kurz nach 15 Uhr trat auch ich in sein Zimmer. Als Fra` Elia die Augen wieder öffnete, erzählte er mir, was die Ärzte mit ihm angestellt hatten. Und danach hatte ein Priester ihn gefragt, ob er gerne die Kommunion bekommen würde. Fra' Elia hatte erwidert, dass er sie bereits empfangen habe. „Aber wer hat sie dir gegeben?" Fra' Elia habe die Augen gen Himmel gerichtet. Während er erzählte, lauerte ich darauf, dass er mir etwas zu den Prophezeiungen des kommenden Jahres sagen würde; stattdessen deutete er mir andere Dinge an, die sich möglicherweise ereignen konnten. „Alles hängt von ihnen ab. Ich werde allein Ihm gehorchen müssen!"

Freitag, 18 Uhr

Wieder begannen Leute zu ihm hochzukommen und er empfing sie bis 20 Uhr.

Freitagabend, 21 Uhr

Endlich Frieden und Stille. Das Kloster war eingehüllt von einer Duftwolke und einer wohltuenden regenerierenden Energie, die jeder von uns wahrnahm. Ich saß an seiner Seite und hörte ihm zu:

„Maria Magdalena und Maria sind wieder gekommen..."

„Maria, die Madonna?“

„Nein, Maria, die Mutter von Jakobus.“

„Ist Magdalena zufrieden mit dem, was ich über sie geschrieben habe?“

„Ja, und dann haben sie mich behandelt. Rieche den Duft meiner Haut!“

Ich näherte mich seinen Armen und seinem Hals und nahm vage einen aromatischen Duft wahr... Verbene, Lavendel, Thymian? Ein Duft, ähnlich gewissen Salben, die auch ich gegen Schwellungen benutzte. Fratello Sergio kam und er teilte meinen Eindruck. Dann wusch ich Fra` Elia die Augen mit einem Leinentüchlein und wünschte ihm eine gute Nacht.

Samstag, 15. April 2006, 8 Uhr

Mama, Papa und ich befanden sich in Fra' Elias Zimmer. Er war wach und während der Nacht hatte er noch einmal eine üppige Absonderung von Bluttränen und Blutschweiß. „Du hast mir die Augen gewaschen... siehst du? Alles ist schon wieder wie vorher.“ Die Sonne schien und ich öffnete ihm das Fenster. Ein Schwarm Vögel hatte sich gegenüber auf den Baum gesetzt, direkt vor unseren Augen. Ein paar Spatzen flogen auf das Fensterbrett und erfreuten uns mit ihrem Gezwitscher. „Schreib!“, forderte Fra' Elia mich auf.

Und ich schrieb:

„Was für schöne Tage, auch in der Traurigkeit,
lange, traurig, jedoch schön, dunkel, aber schön!
Wenn du im Herzen weinst, danach kommt die Heiterkeit.
Wenn du leidest, wird sich zum Schluss alles aufhellen für dich.
Und alles das begünstigt die Begegnung mit Gott,
sei es in der Freude oder im Schmerz.
Wie viel Leid gibt es in der Welt!
Wie viel Schlechtigkeit und Armut hinter jeder Ecke:
Brüder und Schwestern ohne Dach über dem Kopf...
und dennoch heiter und gelassen. Sie bitten nicht um Hilfe,
nicht einmal einen Arzt.
Alles, was sie brauchen, ist Heiterkeit, Ruhe,
weil all das sie an Gott denken lässt.
Herr, der du erhaben bist über die ganze Schöpfung,
du siehst, was fehlt.
Alles strebt vor deinem Angesicht der Vollendung zu
und nichts darf deinem Willen nach fehlen.
Amen.“

Und weiter:

„Wenn ich dir nur alles über mich sagen könnte!
Wenn ich dir nur sagen könnte, wie unermesslich groß die ganze Schöpfung ist!
Wenn ich nur mit dir reden und über mich sprechen könnte
oder von dir und meiner Umkehr! Sprechen wir darüber!

Wenn du mir nur sagen wolltest, was du für mich getan hast,
und das, was ich für dich getan habe!
Du, an welchem Ort finde ich dich?
Auch ein Stummer antwortet dir
Auch ein Tauber gibt dir ein Zeichen.

Wenn ich dir nur sagen könnte,
dass ich heute mehr gesündigt habe als du
und wie groß mein Kreuz ist.
Und dass jenes, das du siehst, ein Kreuz der Liebe ist!

Jenes Kreuz, das du umarmst,
sind wir nicht fähig, zu tragen.
Und dennoch bist du fähig, zu lieben, zu vergeben.

Wenn ich dir nur sagen könnte, wie groß
meine Liebe für dich ist!
Alles das begünstigt die Begegnung mit dir!
Amen.“

Plötzlich sagte Fra' Elia zu mir:

„Die Prophezeiung lautet so: „Nachdem es der Horde grauer Pferde nicht gelingt, mich zu überrennen, wird es zu einer Wiedervereinigung der Christen kommen, der Ostkirche mit der Westkirche... aber erst, nachdem viele von ihnen sich bekehrt haben werden. Es könnte sein, dass vorher auch noch etwas geschieht...“

Hier wurde Fra' Elia nachdenklich und beendete den Satz mit: „Es könnte passieren oder vielleicht auch nicht. Es hängt von ihnen ab.“

Samstag, 15. April 2006

Das Alltagsleben kehrte zurück. Um 15.30 Uhr kam Fra' Elia von seinem Zimmer herunter und freute sich zusammen mit uns.

Brief des heiligen Paulus an die Römer, Kapitel 14, Vers 7 -11

Zum Schluss denke ich, dass es richtig ist, noch einmal Fra' Elias Hauptbotschaft zusammenzufassen, die sich wunderbar aus einem Brief des heiligen Paulus an die Römer übertragen lässt:

„... Denn unser keiner lebt sich selber, und keiner stirbt sich selber. Leben wir, so leben wir dem Herrn; sterben wir, so sterben wir dem Herrn. Darum: Wir leben oder sterben, so sind wir des Herrn. Denn dazu ist Christus gestorben und wieder lebendig geworden, dass er über Tote und Lebende Herr sei. Du aber, was richtest du deinen Bruder? Oder du, was verachtest du deinen Bruder? Wir werden alle vor den Richterstuhl Gottes gestellt werden. Denn es steht geschrieben:`So wahr ich lebe, spricht der Herr, mir sollen sich alle Knie beugen, und alle Zungen sollen Gott bekennen!`"

ANHANG

Klinisches Tagesbuch: objektive Prüfung der Phänomenologie des stigmatisierten Fra' Elia während der Karwoche in Calvi dell' Umbria (13. bis 15. April 2006)

Bericht von Dr. Antonio Balestra, der Fra' Elia zusammen mit dem medizinischen Team, das der Bischof von Terni unter Leitung von Dr. Carlo Marcelletti mit der Prüfung beauftragt hat, untersuchte. Dr. Marcellettis Bericht ist geheim und liegt derzeit dem Bischof zur Prüfung vor:

„Ich bin Arzt, Chirurg, und habe nun das dritte Jahr in Folge, zusammen mit vier anderen Kollegen, Fra' Elia in den verschiedenen Phasen der Erscheinungen, in denen die Passion und das Sterben Christi `nachempfunden` wird, observiert. Ich beschreibe ausschließlich die objektiven Zeichen und sichtbaren Erscheinungen auf der Haut sowie sämtliche Symptome, über die Fra' Elia berichtet. Ich habe keine Untersuchungen im Labor oder mit Instrumenten durchgeführt, auch wenn von einem der von der Kurie beauftragten Ärzte in meiner Gegenwart mit Fra' Elias Einverständnis mit einem Tupfer eine Probe entnommen worden ist.

Um 13.15 Uhr am 13.04.06 (am Gründonnerstag) liegt Fra' Elia in seinem Zimmer im Bett, bereits sehr mitgenommen, seine Sinnesfunktion ist leicht getrübt, er begrüßt mich, erkennt mich und antwortet auf meine Fragen. Er berichtet mir von diffusen Schmerzen am Rumpf und im Kopf sowie an den fünf Wunden (Stigmata). Das Gesicht ist überströmt von einer Blutserum ähnlichen Flüssigkeit, farblich wie das Spülwasser von Fleisch. Auf dem Gesicht befinden sich diffuse seröse Blutkrusten, die sich besonders um die Augen herum konzentrieren (im Bereich der oberen und unteren Lider), auf der Stirnregion bemerkt man zahlreiche Verletzungen (ungefähr zehn) von geradlinigem Erscheinungsbild, aus denen, ähnlich wie bei einer Schnittverletzung, eine seröse Blutflüssigkeit tröpfelt.

Der Brustkorb ist mit einem Verband umwickelt, rechts in Höhe des 7. und 8. Rippenbogens, und zwar direkt unterhalb der Brustwarze. Die Handgelenke sind im ganzen Bereich bis zu den Mittelhandknochen bandagiert, wobei auch diese Verbände mit einer dem Blutserum ähnlichen Flüssigkeit imprägniert sind. Die Finger sind komplett sauber. Die Knöchel und Vorfüße sind ebenfalls mit Verbänden umwickelt, die mit Flüssigkeit derselben Farbe und Art getränkt sind. Das Leintuch, auf dem er liegt, aber auch die Überdecke, genauso wie sein Baumwollhemd mit langen Ärmeln, das er trägt - alles ist mit Flecken vom `Typ geografische Landkarte` getränkt, die von einer farbigen Flüssigkeit stammt, die aussieht wie das Spülwasser von Fleisch. Nachdem ich ihn mir gründlich angeschaut habe, stelle ich ihm noch ein paar weitere Fragen bezüglich seines Gesundheitszustandes: Er antwortet mir mit schwacher Stimme, dass er unter diffusen Schmerzen leide.

Um 17.30 Uhr desselben Tages finde ich ihn mit weiter getrübter Sinnesfunktion vor, doch erkennt er mich und antwortet mir auf meine Fragen, wenn auch mit deutlich mehr Anstrengung. Er ist ruhig, schlummert leicht während meiner Anwesenheit ein (cirka eine halbe Stunde). Die Manifestationen auf der Haut sind fast identisch mit jenen um 13 Uhr. Bevor ich mich wieder auf den Weg mache, frage ich ihn, ob ich am nächsten Tag wieder zur Beobachtung vorbeikommen dürfe.

Um 10 Uhr am Karfreitagmorgen ist Fra' Elia besonders mitgenommen, leidend, und sein Bewusstsein vollkommen getrübt. Er erkennt mich kaum. Er beantwortet meine Fragen nicht, außer mit einem leichten Kopfnicken. Die Erscheinungen auf der Haut sind besonders akzentuiert, speziell in seinem Gesicht, das zu 70 % mit Krusten und Verletzungen, die dem Aussehen nach deutlich wie die einer Dornenkrone angeordnet sind. Die Farbe der Krusten lässt auf die Trocknung einer Flüssigkeit, ähnlich Blutserum, schließen. Die Krusten sind besonders unter und über den Lidern beider Augen konzentriert. Im inneren Winkel seines linken Auges haben sich einige Milliliter einer Flüssigkeit abgesetzt, farblich wieder wie Spülwasser von Fleisch.

Um 12.30 Uhr, immer noch am Karfreitag, klagt Elia lautstark, er leidet extrem, auch wenn er den Schmerz nicht präzise lokalisieren kann; er ist völlig abwesend, erkennt mich nicht, sein Blick geht mit halb geschlossenen Augenlidern ins Leere. Die Erscheinungen auf der Haut sind genauso wie zwei Stunden zuvor. Ganz plötzlich bekommt er einen Brechreiz; gemeinsam mit zwei anderen Kollegen positionieren wir ihn in Seitenlage, während aus seinem Mund eine weiße Flüssigkeit, gemischt mit Blut, fließt. Wahrscheinlich handelt es sich um Magensaft. Da die Kollegen seinen Mund nicht inspizieren, kann ich nicht sagen, ob die Blutspuren aus der Mundhöhle oder aus dem Magen kommen.

Um 13.30 Uhr wird Fra' Elia plötzlich sehr erregt, schreit und hat einen einer Epilepsie ähnlichen Anfall mit diffusen, kräftigen Kontraktionen der Haut: Er krümmt sich für einige Sekunden und fällt dann nach der Krise in ein Koma. Er ist bewegungslos, bleich, aber der Puls ist voll und rhythmisch; die Herzfrequenz beträgt 88/min, die Atmung ist oberflächlich und verlangsamt. Ich beobachte ihn in diesem Zustand cirka eine Stunde lang, in der er nicht auf normale Stimuli, sondern nur auf schmerzhafte reagiert.

Um 14.30 Uhr kommt der für klinische Prüfungen von der Kurie bestellte Kollege. Er fotografiert Fra` Elias Gesicht, Hände und Füße. Wir ziehen die Decke beiseite und versuchen, teilweise den Verband von seinem Brustkorb zu entfernen, um die Brustwunde bloßzulegen, die 2 bis 3 cm lang, in derselben horizontalen Richtung wie die Rippen, 2-3 mm oberhalb, liegt und aus der eine Flüssigkeit, ähnlich dem Blutserum, tröpfelt. Elias Bewusstsein ist noch immer getrübt, er arbeitet nur wenig mit, doch es gelingt uns, sein Einverständnis für die Entnahme einer Probe aus den Wunden mit einem Tupfer zu bekommen. Der Tupfer, den wir auf die Wunde am linken Handgelenk legen, wird mit Serum und Blut befleckt.

Um 17.30 Uhr ist Fra' Elia wacher, lächelt mich an, erkennt mich, antwortet auf meine Fragen, auch wenn er hin und wieder sein Gesicht noch vor Schmerz verzerrt. Ich frage ihn, wo er Schmerzen habe, und er berichtet mir von krampfartigen Schauern am Scheitelpunkt des Schädels und in der Region des Hinterkopfs, am Hals und am rechten Brustkorb.

Ich kehre um 10.30 Uhr am 15.04.06 (Karsamstag) wieder zu ihm zurück. Elia ist immer noch leidend, jedoch klar, er spricht sehr schnell. Die Haut im Gesicht ist noch mit Krusten bedeckt, wie am Vortag. Die Verbände an den Hand- und Fußgelenken sowie an der Brust sind noch immer mit Flüssigkeit getränkt, die jetzt aber vollkommen eingetrocknet ist. Auch das Leintuch und der Kissenbezug des Kopfkissens, auf dem er liegt, sind voller Flecken, genauso wie am Tag zuvor, jedoch trocken. Wir sprechen beinahe eine Stunde lang in Ruhe miteinander. Er antwortet mir, ist sehr gesprächig, auch wenn er noch immer über diffuse Schmerzen in den Bereichen der Blutabsonderungen klagt.

Um 15. 30 Uhr finde ich Fra` Elia im unteren Stockwerk vor, vollkommen sauber, gekleidet, lächelnd, während er sich mit etwa einem Dutzend Leuten unterhält; die Wundmale an der Stirn sind gut sichtbar, aber bereits getrocknet und sie sondern keine Flüssigkeit mehr ab. Die Verbände sind entfernt und die Wunden an Brustkorb sowie Hand- und Fußgelenken sind gut sichtbar und trocken. Er sagt mir, dass er sich wohl fühle, nur etwas müde, aber erfüllt mit dem Wunsch zu leben; er bietet den Anwesenden sogar ein Stück Torte an, die er selbst anschneidet und serviert.

Danach verabschiede ich mich, ein wenig perplex, jedoch heiter und unbeschwert."

Auf der Suche nach den Zeichen Gottes

Unerklärliche Erscheinungen stehen im Mittelpunkt dieses neuen Werks von *Ingrid Malzahn*, mit dem sie sich auf die Suche nach den Zeichen Gottes nicht nur in der Vergangenheit, sondern auch in der Welt von heute macht. Dabei erzählt sie auf den ersten Blick unglaublich erscheinende Geschichten. Das Buch ist gerade erschienen und befasst sich mit zahlreichen Marienerscheinungen unserer Zeit, sowie den verbundenen unerklärlichen Phänomenen und eindringlichen Botschaften.

Ausgangspunkt für ihre umfangreichen Recherchen ist ein Bericht über das „Wunder von Bologna", eine Nonne, deren Leib ein Vierteljahrhundert nach ihrem Tod noch unversehrt in einem italienischen Kloster zu bewundern sein soll.

Ingrid Malzahn geht in ihrem Buch „Zeichen und Wunder Gottes" dieser und vielen anderen Marienerscheinungen nach. In ihrer spannenden Darstellung beschreibt sie rätselhafte Phänomene und Geschehnisse, schafft Klarheit über die echten Charismen einiger auserwählter Seelen, die von Gott zu Außergewöhnlichem berufen wurden und die mit ihren Gaben sowohl den Einzelnen als auch die Kirche bereichern. Wir begegnen außerordentlichen Ereignissen, zum Beispiel unglaublich anmutenden Zeichen, Bekehrungen, blutigen Tränen Marias und himmlischen Düften, für die selbst skeptische Wissenschaftler bisher noch keine zufrieden stellende Erklärung finden konnten.

Auf diese Weise möchte Maria den Menschen die Botschaft nahe bringen, ihren Glauben nicht leichtfertig aufzugeben.

Ingrid Malzahn
Zeichen und Wunder Gottes
Warum weint die Madonna?
Format: 13,5 x 21,2 cm,
234 Seiten mit 8 Farbbildseiten,
gebunden
€ (D) 16,90
ISBN: 978-3-931723-36-1